Mühlmeyer
Richard

Betriebslehre der Banken und Sparkassen 2

kompetenzorientiert

Mühlmeyer
Richard

Betriebslehre der Banken und Sparkassen 2

kompetenzorientiert

Merkur
Verlag Rinteln

Wirtschaftswissenschaftliche Bücherei für Schule und Praxis
Begründet von Handelsschul-Direktor Dipl.-Hdl. Friedrich Hutkap †

Verfasser:

Dipl.-Kfm. Jürgen Mühlmeyer, Studiendirektor

Dipl.-Hdl. Willi Richard, Studiendirektor

Mitarbeiter:

Dipl.-Betriebswirt Hans Werner Schwitala, Studiendirektor

Umschlagfotos:

Bild links:	Markus Goetzke, Commerzbank AG
Bild rechts oben:	Frank11 – www.colourbox.de
Bild rechts unten:	#224153 – www.colourbox.de

* * * * *

3. Auflage 2023

Gesamtherstellung:
MERKUR VERLAG RINTELN Hutkap GmbH & Co. KG, 31735 Rinteln

E-Mail: info@merkur-verlag.de
lehrer-service@merkur-verlag.de
Internet: www.merkur-verlag.de

Merkur-Nr. 0857-03
ISBN 978-3-8120-0857-0

Vorwort

Das Lernbuch „Betriebslehre der Banken und Sparkassen 2 – kompetenzorientiert" ist der zweite Teil einer zweibändigen Buchreihe für den Ausbildungsberuf „Bankkaufmann/ Bankkauffrau". Das Lernbuch beinhaltet die bankbetrieblichen Lernfelder, die im **Teil 2 der gestreckten Abschlussprüfung** (zum Ende der Ausbildung) geprüft werden, und zwar

Lernfeld 8:	Kunden über die Anlage in Finanzinstrumenten beraten
Lernfeld 9:	Baufinanzierungen abschließen
Lernfeld 12:	Kunden über Produkte der Vorsorge und Absicherung informieren
Lernfeld 13:	Finanzierungen für Geschäfts- und Firmenkunden abschließen

Die Gliederung folgt somit dem Rahmenlehrplan für den Ausbildungsberuf „Bankkaufmann/Bankkauffrau" vom 13.12.2019. Der Rahmenlehrplan ist mit der Verordnung über die Berufsausbildung zum Bankkaufmann und zur Bankkauffrau vom 05.02.2020 abgestimmt. Die Verordnung trat am 01.08.2020 in Kraft.

Für die Aneignung und Durchdringung des Grundwissens werden die zahlreichen Übersichten, Abbildungen und Zusammenfassungen eine Hilfe sein. Prägnante **Einstiege** führen in die Hauptkapitel ein, sodass Impulse für eine beratungsorientierte Erarbeitung gesetzt werden.

Am Ende eines jeden Kapitels des Lernbuchs befindet sich ein **Kompetenztraining,** das zwecks Vertiefung der Inhalte und zur Vorbereitung auf die Prüfung Aufgaben zum jeweiligen Lernfeld beinhaltet. Zudem ermöglichen **situative Aufgabenstellungen** die Aneignung, Festigung und Dokumentation der erworbenen Kompetenzen.

Zentrales Ziel der Berufsschule ist es, die **berufliche Handlungsfähigkeit** der Auszubildenden zu fördern. Die Lernfelder orientieren sich deshalb an beruflichen Handlungsfeldern, an Lernsituationen, die für die Berufsausübung bedeutsam sind. Lernen vollzieht sich in vollständigen Handlungen, möglichst selbst ausgeführt oder gedanklich nachvollzogen (vgl. Rahmenlehrplan für den Ausbildungsberuf Bankkaufmann und Bankkauffrau, Teil III Didaktische Grundsätze).

Das vorliegende Lernbuch wird deshalb durch das **Arbeitsbuch „Lernsituationen zur Betriebslehre der Banken und Sparkassen 2" (Merkur-Nr. 1857)** ergänzt. Lernbuch und Arbeitsbuch sind aufeinander abgestimmt. Im Lernbuch wird am Seitenrand durch das nebenstehende Symbol gekennzeichnet, bei welchen Unterrichtsthemen auf geeignete **Lernsituationen** aus dem Arbeitsbuch zurückgegriffen werden kann. Es ist daher ideal, wenn Lernbuch und Arbeitsbuch gemeinsam im Unterricht eingesetzt werden. Das Lernbuch eignet sich als **Informationspool** für die Erarbeitung der Lernsituationen.

Die Fachinhalte des Lernbuchs bieten im Verbund mit den Lernsituationen des Arbeitsbuchs – beispielsweise im Hinblick auf die Recherche relevanter Informationen im Internet sowie dem Einsatz von Textverarbeitungs-, Präsentations- und Tabellenkalkulationsprogrammen – vielfältige Möglichkeiten, **digitale Kompetenzen** fächerübergreifend auszubilden.

Die Erarbeitung und Umsetzung der didaktischen Jahresplanung ist zentrale Aufgabe einer dynamischen Bildungsgangarbeit. Um diesen Prozess anzustoßen, wird auf der Internetseite des Verlags zu den Lernsituationen des Arbeitsbuchs eine **modellhafte didaktische Jahresplanung** angeboten (→ www.merkur-verlag.de, Schlagwort „1857"). Das dort verwendete Schema zur **Dokumentation von Lernsituationen** integriert die **Kategorie Digitale Kompetenzen.** In dieser Kategorie wird durch die Dokumentation des digitalen Kompetenzerwerbs und mittels weiterer Arbeitsaufträge sichergestellt, dass und in welcher Weise die Integration von Aspekten digitaler Kompetenzförderung erfolgt.

Im Frühjahr 2023

Die Verfasser

Inhaltsverzeichnis

F Lernfeld 8: Kunden über die Anlage in Finanzinstrumenten beraten

G LERNFELD 9: BAUFINANZIERUNGEN ABSCHLIESSEN

H Lernfeld 12: Kunden über Produkte der Vorsorge und Absicherung informieren

I LERNFELD 13: FINANZIERUNGEN FÜR GESCHÄFTS- UND FIRMENKUNDEN ABSCHLIESSEN

11 Anlage in Effekten

Einstieg

Sie sind Kundenberater/-in in der Kundenbank AG. Ihr Kunde Max Schneider hat für heute einen Beratungstermin vereinbart. In dem Gespräch erfahren Sie, dass Herr Schneider aus einer Erbschaft ca. 75 000,00 € zu erwarten hat. Er bittet um Beratung über eine mögliche Anlage der Erbschaft in Wertpapieren.

Nach dem Wertpapierhandelsgesetz sind Sie verpflichtet, bei einer Anlageberatung Informationen vom Kunden zu erfragen, um sie später in der Geeignetheitserklärung darlegen zu können.

Führen Sie das Beratungsgespräch.

Erläutern Sie dem Kunden mögliche Anlageformen. Er legt Wert auf Langfristigkeit und Werterhaltung einer möglichen Anlage.

11.1 Wertpapiere als verbriefte Rechte

11.1.1 Begriff und Wesen

Urkunden — Wertpapiere — Effekten

Urkunden sind Schriftstücke, die i. d. R. ihren Aussteller erkennen lassen und auf denen ein rechtserheblicher Sachverhalt niedergelegt ist. So gelten als Beweisurkunden z. B. Kfz-Briefe und BankCards, als Legitimationsurkunden z. B. Gepäckscheine.

Wertpapiere sind Urkunden, die ein privates Vermögensrecht verbriefen, das ohne die Urkunde nicht geltend gemacht werden kann. Die Geltendmachung des verbrieften Rechts ist also an den Besitz der Urkunde gebunden.

11.1.2 Einteilung der Wertpapiere

Einteilung nach		
der Art der Übertragung des Rechts	**der Art des verbrieften Rechts**	**der Art des verbrieften Vermögenswerts**
▪ Inhaberpapiere ▪ Orderpapiere ▪ Rektapapiere	▪ Sachenrechtliche Papiere ▪ Schuldrechtliche Papiere ▪ Mitgliedschaftspapiere	▪ Warenwertpapiere ▪ Geldwertpapiere ▪ Kapitalwertpapiere

(1) Einteilung nach der Art der Übertragung des Rechts

Man unterscheidet:

Inhaberpapiere weisen den Inhaber als Berechtigten aus. Der bloße Besitz des Papiers genügt, um die Rechte geltend zu machen. Wenn der Verpflichtete sich auf die Nichtberechtigung des Inhabers beruft, muss er dies beweisen.

§ 929 BGB Die Übertragung des Papiers erfolgt durch Einigung über den Eigentumsübergang und Übergabe der Urkunde: „Das Recht aus dem Papier folgt dem Recht am Papier".

§ 932 BGB § 367 HGB Der jeweilige Besitzer gilt als Eigentümer. Der gutgläubige Erwerb eines Inhaberpapiers ist möglich.[1] Kreditinstitute sind jedoch vom gutgläubigen Erwerb ausgeschlossen, wenn der Verlust im elektronischen Bundesanzeiger veröffentlicht wurde und seit dem Ablauf des Jahres, in dem die Veröffentlichung erfolgte, nicht mehr als ein Jahr verstrichen ist. Die Ausgabe von Inhaberpapieren ist in Deutschland die Regel.

Inhaberpapiere sind:

- Inhaberschuldverschreibung (§§ 793ff. BGB)
- Pfandbrief, Kommunalobligation
- Inhaberscheck
- Zinsschein (§ 803 BGB)
- Inhaberinvestmentanteil
- Inhaberaktie

Orderpapiere werden i.d.R. durch Einigung und Übergabe der mit Indossament versehenen Urkunde übertragen.

Als Berechtigter gilt der in der Urkunde namentlich Benannte oder derjenige, der durch Indossament bzw. durch eine lückenlose Indossamentenkette als Berechtigter ausgewiesen ist.

Bei den Orderpapieren unterscheidet man zwischen

- geborenen Orderpapieren und
- gekorenen Orderpapieren.

Geborene Orderpapiere sind Urkunden, die durch Indossament übertragbar sind, ohne dass es der Anbringung einer positiven Orderklausel bedarf. (Positive Orderklausel: Erklärung des Ausstellers auf der Urkunde, die die Übertragung durch Indossament gestattet.)

Geborene Orderpapiere sind:

- Wechsel
- Namensscheck
- Zwischenschein
- Namensaktie
- vinkulierte Namensaktie
- Namensinvestmentanteil

Gekorene Orderpapiere sind nur mit positiver Orderklausel durch Indossament übertragbar. Sie müssen den Zusatz „an Order" tragen, um indossabel zu sein. Gekorene Orderpapiere sind z.B. die „sechs kaufmännischen Wertpapiere" des § 363 HGB:

- Konnossement (Frachtbrief im internationalen Seeverkehr),
- Ladeschein (Frachtbrief der Binnenschifffahrt),
- Orderlagerschein (von staatlich ermächtigten Lagerhaltern ausgestellte Bescheinigung über die Einlagerung von Waren).

1 Der Erwerber ist laut § 932 Abs. 2 BGB nicht im „guten Glauben", wenn ihm bekannt oder infolge grober Fahrlässigkeit unbekannt ist, dass die Sache nicht dem Veräußerer gehört.

Diese drei Wertpapiere bezeichnet man auch als *Traditions-* oder *Dispositionspapiere.* Sie verbriefen Ansprüche auf die Herausgabe von Waren (Rektalagerscheine sind keine Traditionspapiere!).

- Transportversicherungspolice (Spezialversicherungsvertrag im Transportwesen, Versicherungsansprüche gehen mit der Ware über auf einen anderen Berechtigten),
- kaufmännische Anweisung (auf einen Kaufmann ausgestellte Anweisung über die Leistung von Geld, Wertpapieren und anderen vertretbaren Sachen, ohne dass darin eine Gegenleistung gefordert wird),
- kaufmännischer Verpflichtungsschein (von einem Kaufmann ausgestellte Urkunde gleichen Inhalts wie oben, Orderschuldverschreibung).

Mit einem Blankoindossament versehene Orderpapiere können, ohne dass damit ihre Rechtsnatur geändert wird, praktisch wie Inhaberpapiere behandelt werden. Indossamente auf Ordereffekten haben lediglich Übertragungs- und Legitimationsfunktion. Nur bei Schecks und Wechseln tritt die Haftungsfunktion hinzu.

Rektapapiere. Berechtigter ist beim Rektapapier lediglich der im Papier namentlich Benannte. An ihn hat der Verpflichtete zu leisten.

Das verbriefte Recht wird durch Abtretung übertragen. Mit der Abtretung geht auch das Eigentum am Papier auf den Erwerber über: „Das Recht am Papier folgt dem Recht aus dem Papier“. Der Erwerber muss seine Berechtigung beweisen.

Rektapapiere sind:

- Hypotheken-, Grundschuldbrief,
- Anweisung gem. §§ 783ff. BGB,
- Papiere des § 363 HGB ohne positive Orderklausel,
- Wechsel und Namensscheck mit negativer Orderklausel,
- Sparbuch (§ 808 BGB),
- Sparkassenbrief.

(2) Einteilung nach der Art des verbrieften Rechts

Sachenrechtliche Papiere	Schuldrechtliche Papiere	Mitgliedschaftspapiere
	Sie verbriefen:	
Sachenrechte	Forderungen	Mitgliedschafts-/Teilhaberrechte
Hypotheken-, Grundschuldbrief	Papiere des § 363 HGB Anweisung gem. §§ 783ff. BGB Scheck Wechsel Sparbuch Schuldverschreibung Pfandbrief Zinsschein	Aktie, Genossenschaftsanteil
	Mischform: Investmentanteil	

(3) Einteilung nach der Art des verbrieften Vermögenswerts

- *Warenwertpapiere* verkörpern Rechte an schwimmender oder lagernder Ware, z. B. Konnossement, Ladeschein, Lagerschein.
- *Geldwertpapiere* verkörpern kurzfristige Forderungen, z. B. Scheck, Wechsel, Schatzwechsel, unverzinsliche Schatzanweisung (U-Schätze), Banknote.[1]
- *Kapitalwertpapiere* verkörpern langfristige Forderungen oder Teilhaberrechte, z. B. Hypothekenbrief, Grundschuldbrief, Schuldverschreibung, Aktie.

Kapitalwertpapiere können *vertretbar* oder *nicht vertretbar* sein.

Nach § 91 BGB bezeichnet man bewegliche Sachen, die im Verkehr nach Zahl, Maß oder Gewicht bestimmt zu werden pflegen, als vertretbare (fungible) Sachen. Sie sind untereinander austauschbar, weil sie nach der verkehrsüblichen Bestimmung die gleichen Rechte beinhalten.

Hypotheken- und Grundschuldbriefe sind nicht vertretbar. Jede Urkunde verbrieft individuelle, also voneinander abweichende Rechte, selbst wenn sie über den gleichen Betrag und den gleichen Zinsfuß lauten und am gleichen Grundstück eingetragen sind. Sie unterscheiden sich dann in der Rangfolge im Grundbuch (vgl. Kapitel 18.8.2.4).

Obligationen (Schuldverschreibungen) und Aktien gleicher Gattung, über gleiche Beträge lautend, verbriefen dagegen immer die gleichen Rechte. Es kommt also nicht darauf an, ob man dieses oder jenes Stück erwirbt. Mit jedem hat der Erwerber die angestrebten Rechte erhalten.

Vertretbare Kapitalwertpapiere, die einen Anspruch auf Ertrag (Zinsen, Dividenden) verbriefen, bezeichnet man als **Effekten** (Wertpapiere im engeren Sinne). Die Vertretbarkeit (Fungibilität) kommt also einer Normierung gleich, das bedeutet z. B., Aktien innerhalb einer Gattung verbriefen dieselben Rechte, unabhängig von einer numerischen Kennzeichnung. Sie verleiht den Wertpapieren ihre gute Handelsfähigkeit, insbesondere an den Wertpapierbörsen, die Börsenfähigkeit.

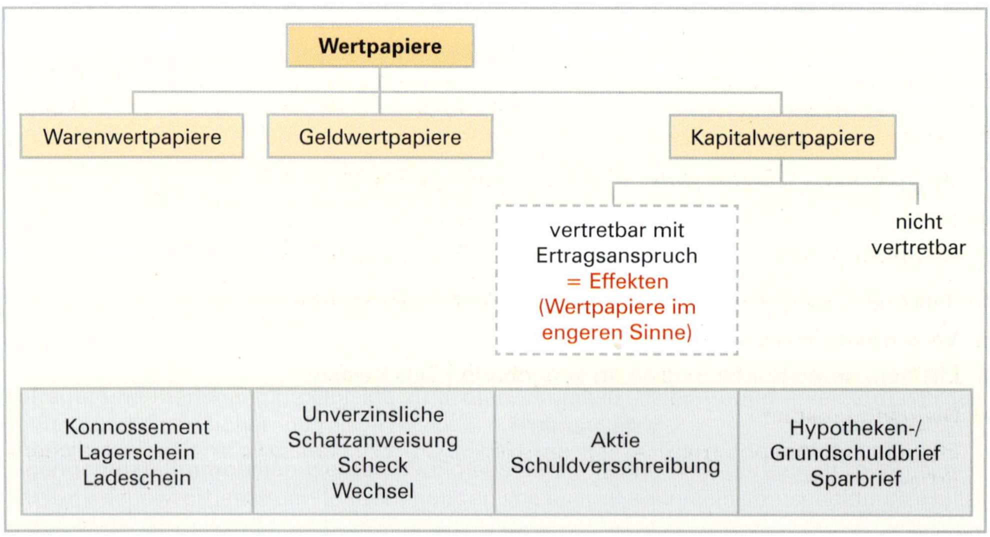

1 Die Einreihung von Banknoten in den Begriff „Wertpapiere" ist umstritten. Es wird noch die Meinung vertreten, dass Banknoten keine Rechte verbriefen, sondern nach § 14 des Bundesbankgesetzes Geldzeichen, Zahlungsmittel sind.

Wertpapiere und Finanzinstrumente im Sinne des Wertpapierhandelsgesetzes. Das Wertpapierhandelsgesetz (WpHG) definiert die Begriffe Wertpapiere und Finanzinstrumente, wobei der Begriff Finanzinstrumente weitergefasst ist als der Begriff Wertpapiere.

§ 2 Abs. 1 Wertpapierhandelsgesetz

Wertpapiere im Sinne dieses Gesetzes sind, auch wenn keine Urkunden über sie ausgestellt sind, alle Gattungen von übertragbaren Wertpapieren mit Ausnahme von Zahlungsinstrumenten, die ihrer Art nach auf den Finanzmärkten handelbar sind, insbesondere

1. Aktien,
2. andere Anteile an in- oder ausländischen juristischen Personen, Personengesellschaften und sonstigen Unternehmen, soweit sie Aktien vergleichbar sind, sowie Hinterlegungsscheine, die Aktien vertreten,
3. Schuldtitel
   a) insbesondere Genussscheine und Inhaberschuldverschreibungen und Orderschuldverschreibungen sowie Hinterlegungsscheine, die Schuldtitel vertreten,
   b) sonstige Wertpapiere, die zum Erwerb oder zur Veräußerung von Wertpapieren nach den Nummern 1 und 2 berechtigen oder zu einer Barzahlung führen [...]

§ 2 Abs. 4 Wertpapierhandelsgesetz

Finanzinstrumente im Sinne dieses Gesetzes sind

1. Wertpapiere im Sinne des Absatzes 1
2. Anteile an Investmentvermögen
3. Geldmarktinstrumente
4. derivative Geschäfte
5. [...]
6. Rechte auf Zeichnung von Wertpapieren
7. Vermögensanlagen

11.2 Effekten (Wertpapiere im engeren Sinne)[1]

LS 1

Begriff. Effekten sind vertretbare Kapitalwertpapiere mit Ertragsanspruch.

11.2.1 Einteilung der Effekten

Effekten, also Wertpapiere im engeren Sinne, unterscheidet man zunächst – wie bereits dargestellt – ebenfalls nach der Art und Weise, in der das Recht an und aus der Urkunde bestimmt und übertragen wird:

Inhaberpapiere – Orderpapiere – Rektapapiere (vgl. Kapitel 11.1.2)

Nach der Art des verbrieften Rechts unterscheidet man

- **Gläubigereffekten** und
- **Teilhabereffekten**

Daraus ergibt sich ferner eine Unterscheidung nach dem Ertrag:

- **Verzinsliche Wertpapiere**
  Effekten, deren Kundennutzen im vereinbarten Zins besteht,
- **Dividendenpapiere**
  Effekten mit Anspruch auf Anteil am Gewinn (Dividende), also mit veränderlichem Ertrag.

1 Wertpapiere im bank- und börsentechnischen Sinne.

11.2.2 Form und Ausstattung

Nach der äußeren Form der Effekten unterscheidet man Einzel- und Sammelurkunden. Effekten werden üblicherweise aus Kostengründen als dauernde Sammelurkunden begeben.

11.2.2.1 Einzelurkunden

Wenn man von den „bogenlosen Stücken“ (z. B. unverzinsliche Schatzanweisungen, Null-Kupon-Anleihen/Zerobonds) absieht, besteht ein Wertpapier als Einzelurkunde aus zwei Teilen, dem Mantel und dem Bogen (vgl. Abb., z. B. Kapitel 11.4.4.4; Kapitel 11.4.4.5 und Kapitel 11.5.1).

Mantel. Er verbrieft das Forderungs- oder Teilhaberrecht.

Bogen. Er beinhaltet das Recht auf Ertrag und besteht aus einzelnen Abschnitten, den **Kupons.**

Bei festverzinslichen Wertpapieren verbriefen die einzelnen Kupons, die Zinsscheine, den Zinsertrag für ein halbes Jahr bzw. für ein Jahr. Sie lauten auf feste Geldbeträge und Fälligkeiten (= Zinstermin).

Die Dividendenscheine der Aktien sind fortlaufend nummeriert. Sie werden bei Zuteilung der Dividende durch die Hauptversammlung zur Einlösung aufgerufen. Sie dienen aber auch bei Kapitalerhöhungen durch Ausgabe von neuen Aktien oder von Berichtigungsaktien als Legitimation für den Bezug.

Der anhängende **Talon** (Erneuerungsschein) berechtigt zum Empfang eines neuen Bogens, wenn sämtliche Kupons eingelöst sind.

Die Herstellung von effektiven Stücken, d. h. von Wertpapieren, die in Urkundenform körperlich verfügbar sind, ist aufwendig und kostspielig.

Effektive Stücke haben heute kaum noch eine Bedeutung am Markt, da die Satzungen der meisten deutschen Aktiengesellschaften das Recht der Aktionäre auf eine verbriefte Urkunde ausschließen. Auch Inhaber-Anteilscheine für Investmentfonds können nach dem Kapitalanlagegesetzbuch ab dem 01. 01. 2017 nicht mehr in Papierurkunden ausgegeben werden.

Zur Erleichterung des Effektenverkehrs hat jede Wertpapiergattung, unabhängig von der Form, eine besondere Ordnungsnummer (Kennnummer), die auch in den Kursblättern vermerkt ist. Die 1955 für Deutschland eingeführte Wertpapierkennnummer **(WKN)** wird heute durch eine europaweit gültige International Securities Identification Number **(ISIN)** ersetzt bzw. ergänzt. Die ISIN ist ein zwölfstelliger alphanumerischer Code, der mit einem zweistelligen Länderkürzel beginnt. Die ISIN einer in Deutschland emittierten Effekte beginnt mit „DE“. Danach folgen drei Nullen, woran sich die alte sechsstellige WKN anschließt. Hinzu kommt eine einstellige Prüfziffer.

So gilt für die Commerzbank AG-Aktie folgende Kennzeichnung:

WKN: CBK 100

DE 000 CBK 100 1

ISIN: DE 000 CBK 100 1

11.2.2.2 Sammelurkunden

Begriff. Unter einer Sammelurkunde versteht man ein Wertpapier, das in einer Urkunde mehrere Rechte verbrieft. Diese Rechte könnten auch in vertretbaren Wertpapieren einer und derselben Art verbrieft sein. Eine Sammelurkunde entspricht damit einer bestimmten Anzahl von Einzelurkunden. Emissionen der öffentlichen Hand und größere Teile von Wertpapieremissionen privater Emittenten werden in Sammelurkunden (Globalurkunden) verbrieft. § 9a DepotG

Man unterscheidet:

Dauernde Sammelurkunden/ Dauerglobalurkunden	Interimistische Sammelurkunden	Technische Sammelurkunden
Die Auslieferung effektiver Stücke wird für die gesamte Emission ausgeschlossen.	Treten an die Stelle effektiver Stücke bis diese verfügbar sind.	Verbriefen einen Teil der Emission, der erfahrungsgemäß nicht in effektiven Stücken benötigt wird. Das Recht auf Auslieferung effektiver Stücke bleibt bestehen.

11.2.2.3 Nicht verbriefte Effekten (Wertrechte)/elektronische Wertpapiere

Den Effekten gleichzusetzen sind die **Wertrechte.** Bei ihnen treten an die Stelle von verbrieften Schuldverschreibungen sogenannte Schuldbuchforderungen. Schuldbuchforderungen sind abstrakte Kapitalforderungen, deren Inhalt und Umfang sich aus der Eintragung im Schuldbuch ergeben. Sie kommen als Einzel- oder Sammelschuldbuchforderungen vor.

Sammelschuldbuchforderungen werden auf den Namen eines treuhänderischen Gläubigers (Clearstream Banking AG) eingetragen (vgl. Kapitel 11.4.4.2). Bei **Einzelschuldbuchforderungen** weist das Schuldbuch eine namentlich genannte Person als Gläubiger aus.

In der Bundesrepublik Deutschland werden Schuldbücher des Bundes und der Länder geführt. Die Deutsche Finanzagentur führt für den Bund das Bundesschuldbuch als Treuhänder. Die Landesschuldenverwaltung bzw. die Finanzministerien der Bundesländer führen das Schuldbuch für das betreffende Bundesland.

Mit Einführung des Gesetzes über elektronische Wertpapiere ist die Begebung von Schuldverschreibungen und Anteilscheinen als **elektronische Wertpapiere** möglich. Sie entstehen unmittelbar mit Eintragung in ein Zentralregister (= Zentralregisterwertpapier) oder in ein Kryptowertpapierregister (Kryptowertpapier). Sie haben die gleiche rechtliche Wirkung wie Urkunden in physischer Form. Außerdem gelten sie wie Sachen nach § 90 BGB. Diese Register werden entweder von einer Wertpapiersammelbank (Clearstream-Banking AG) oder einer beaufsichtigten Depotbank geführt. § 2 eWpG

Die Eintragung kann sowohl als Sammeleintragung als auch als Einzeleintragung erfolgen. Eigentümer ist grundsätzlich die ins Zentralregister eingetragene Person. Berechtigte Person ist die Person, die das Recht aus einem Wertpapier innehat. Mit zunehmender Akzeptanz dieses Verfahrens wird die Hinterlegung physischer Sammelurkunden bei einem Verwahrer entfallen.

Bei einer Einzeleintragung kann jede natürliche oder juristische Person oder rechtsfähige Personengesellschaft Inhaber der elektronischen Wertpapiere sein. Eine nachträgliche Ausgabe als echte Urkunden ist nicht möglich, es sei denn, die Emissionsbedingungen sehen dies ausdrücklich vor. § 6 eWpG

11.2.2.4 Nennwert – Kurswert – ausmachender Betrag

Nennwert. Im Innenverhältnis zwischen dem Wertpapiereigentümer und dem Emittenten (Herausgeber) spielt lediglich der Nennwert oder Nominalwert des Wertpapiers eine Rolle. Mit diesem Betrag ist der Aktionär Teilhaber. Auf diesen Betrag erhält er Dividende. Nur diesen Betrag schuldet der Emittent eines festverzinslichen Wertpapiers seinem Wertpapiergläubiger. Auf diesen Betrag erhält dieser auch den verbrieften Zins, den nominellen oder Nominalzins.

Der **Kurswert** von Wertpapieren ergibt sich aus dem Börsenhandel. Wird das Wertpapier zu „pari" (= 100 % oder bei Stücknotierung = dem Nennbetrag) notiert, dann sind Nennwert und Kurswert gleich. Das trifft aber nur selten zu. Wertpapiere werden in der Regel zu höheren oder niedrigeren Kursen gehandelt. Der Kurs ist der Preis für die notierte Einheit.

Der **ausmachende Betrag** ergibt sich bei festverzinslichen Wertpapieren durch die Verrechnung der Stückzinsen[1] mit dem Kurswert. Bei Dividendenwerten stimmt er mit dem Kurswert überein.

Beispiel:

Stück	20 X-Aktien
Kurs	60,00 €/Stück
Kurswert	1 200,00 €
Ausmachender Betrag	1 200,00 €

Nennwert	100,00 €	Pfandbriefe
Erwerbskurs	98 %	
Kurswert	98,00 €	
Stückzinsen	2,50 €	
Ausmachender Betrag	100,50 €	

11.2.3 Wirtschaftliche Bedeutung der Effekten

Effekten (Wertpapiere im engeren Sinne) sind Instrumente der Finanzierung und der Anlage.

Bei der *Finanzierung* handelt es sich um die Beschaffung von *Fremdkapital* (Ausgabe von Gläubigereffekten) oder von *Eigenkapital* (Ausgabe von Teilhabereffekten).

Fremdkapital, praktisch also Kredit, wird zu verschiedenen Verwendungszwecken aufgenommen. So dient es z. B. dem Betrieb des Emittenten zur Finanzierung des Umlaufvermögens (z. B. bei Industrieanleihen) oder es findet im Rahmen eines bestimmten Aufgabenbereichs des Emittenten Verwendung (z. B. bei Pfandbriefen). Bund und Länder, zuweilen auch Kommunen, nehmen durch Ausgabe von Wertpapieren Kredite auf. Durch diese finanzieren sie u. a. Projekte wie Straßen- und Brückenbau und andere Infrastrukturmaßnahmen.

Ausschließlich der Beschaffung von Eigenkapital (Grundkapital) dient die Ausgabe von Aktien bei Aktiengesellschaften.

Als *Kapitalanlage* bietet das Wertpapier dem Anleger die Möglichkeit einer mittel- bis langfristigen Kapitalanlage ohne besondere oder gar schwierige, langwierige Formalitäten. Sie ist im Bedarfsfall durch Verkauf oder Beleihung der Wertpapiere ebenso einfach wieder zu Geld zu machen, womit dem Wertpapier – allerdings unter Berücksichtigung von Kursrisiken – eine relativ gute Liquidität gegeben ist.

1 Vgl. Kapitel 11.4.3.1

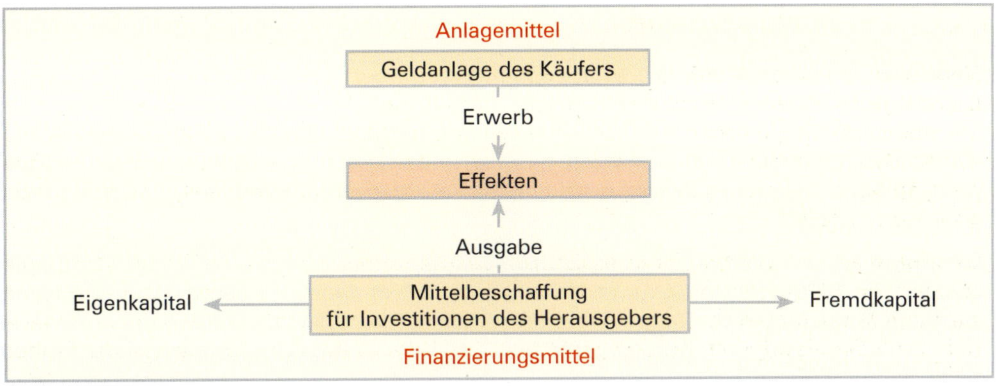

Emittenten (Herausgeber) von Effekten sind:

- Bund und Länder,
- Kommunen (Städte, Gemeinden, Provinzialverbände),
- öffentlich-rechtliche und private Pfandbriefbanken sowie Bodenkreditinstitute (Realkreditinstitute), genossenschaftliche Zentralbank und Landesbanken,
- Kreditinstitute mit Sonderaufgaben (Kreditanstalt für Wiederaufbau, Landwirtschaftliche Rentenbanken),
- Wirtschaftsunternehmen (Industrie, Banken, Versicherungen, Warenhäuser, Verkehrsbetriebe usw.),
- ausländische Staaten, Städte, Kreditinstitute, Wirtschaftsunternehmen, internationale Institutionen.

Anleger in Effekten sind Privatleute, Wirtschaftsunternehmen (Industrie, Banken, Versicherungen u. a.) und die öffentliche Hand.

11.3 Anlage- und Risikoberatung über Wertpapieranlagen

In einem Beratungsgespräch mit potenziellen Kunden werden diesen die Vorteile der Beratung anhand von Broschüren, Empfehlungen u. Ä. nahegebracht.

Um eine Anlageberatung handelt es sich, wenn

- eine persönliche Empfehlung abgegeben wird, die sich auf Geschäfte mit bestimmten Finanzinstrumenten bezieht, (§ 1 Abs. 1 a Satz 2 Nr. 1 a KWG)
- die Empfehlung gegenüber Kunden oder deren Vertretern erfolgt,
- die Empfehlung auf eine Prüfung der persönlichen Umstände des Anlegers gestützt oder als für ihn geeignet dargestellt wird, und
- die Empfehlung nicht ausschließlich über Informationsverbreitungskanäle oder für die Öffentlichkeit bekannt gegeben wird.

11.3.1 Das Beratungsgespräch

Der Prozess der Anlageberatung in Wertpapiergeschäften läuft im Wesentlichen in folgenden Stufen ab.[1]

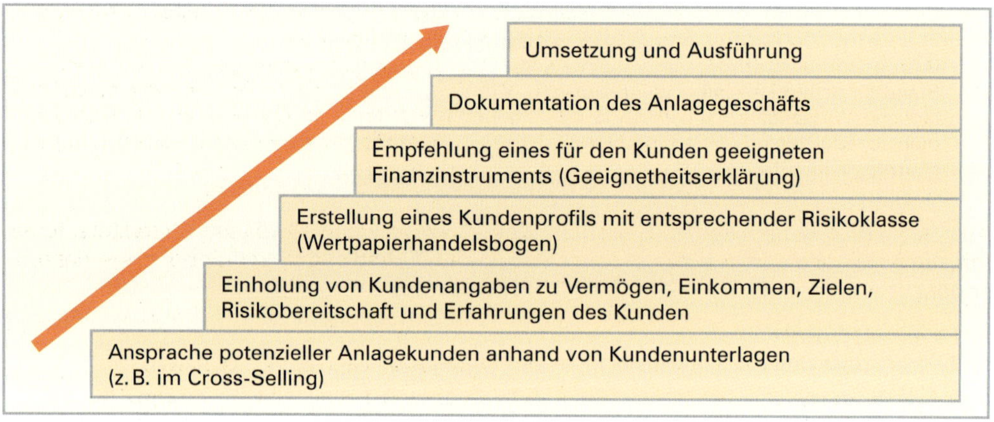

Durch das Gesetz zur Stärkung des Anlegerschutzes und Verbesserung der Funktionsfähigkeit des Kapitalmarkts (AnsFuG) wurden die Anforderungen an die Anlageberatung erhöht. Dem Anleger soll im Rahmen seiner Beratung ein kurzes und allgemein verständliches **Basisinformationsblatt (BiB)/Produktinformationsblatt (PiB)** mit wesentlichen Informationen über das jeweilige Finanzprodukt zur Verfügung gestellt werden, sofern im Rahmen der Beratung eine konkrete Kaufempfehlung für eine solche Anlage ausgesprochen wird (s. auch Kapitel 11.3.4.4). Ziel ist es, den Anleger in die Lage zu versetzen, die Risiken von Anlageprodukten besser erkennen zu können.

Die Überzeugung von der Richtigkeit der Beratung und damit letzten Endes der Anlageerfolg erfordern intensive, vertrauensvolle Gespräche mit dem Kunden.

Die Anlageberatung erfolgt durch bei der Bundesanstalt für Finanzdienstleistungsaufsicht (BaFin) registrierte Anlageberater **(Provisionsbasierte Anlageberatung)** oder durch Honorar-Anlageberater **(Honorarbasierte Anlageberatung).**

Zur Stärkung des Verbraucherschutzes wurde im Juli 2013 das Gesetz zur Förderung und Regulierung einer Honorarberatung über Finanzinstrumente (Honoraranlageberatungsgesetz) eingeführt. Mit Honorarberatung wird eine Beratung in Finanz- und Vermögensfragen bezeichnet, bei welcher der Berater keine Provision der Produkteanbieter erhält, sondern stattdessen ein Honorar vom Beratenen. Die Honorarberatung verfolgt das Ziel, losgelöst von jeglichen Produkt- und Provisionsinteressen eine Empfehlung bezüglich finanzieller Entscheidungen herzuleiten und diese dem Kunden zu erläutern. Anlageberatung in Deutschland wird heute hauptsächlich in Form der provisionsgestützten Beratung erbracht.

1 Vgl. „Praxis der modernen Anlageberatung", Bankverlag, Köln 2017, S. 45 ff.

11.3.2 Anforderungen an den Berater in Finanzdienstleistungen

Die Vielzahl und die Kompliziertheit der Aufgaben stellt an die mit der Anlageberatung betrauten Person hohe fachliche Anforderungen:

- Der Anlageberater muss in allen Fachbereichen des Anlagegeschäfts qualifiziert sein und über die für die Tätigkeit erforderliche Zuverlässigkeit verfügen. § 87 Abs. 2 WpHG
  Dazu gehört umfassendes Grundwissen, das stets zu ergänzen und auf dem jeweils aktuellen Stand zu halten ist. (Informationsquellen: Mitteilungen des eigenen Organisationsbereichs, tägliche Wirtschaftsmitteilungen der allgemeinen und der speziellen Presse, Informationsdienste, Bilanzen und Geschäftsberichte, Analysen und Prognosen, Börsendienste u. a. m.)
- Der Anlageberater sollte über Marketing-Kenntnisse verfügen.

Aus der Vielfalt der Anlagewünsche von Menschen unterschiedlichsten Charakters, jeder mit seinen eigenen Anlagevorstellungen, muss er die individuell richtige Anlage herausfinden:

- Der Anlageberater muss gründliche Menschenkenntnis besitzen.
- Der Anlageberater muss kontaktfähig sein und Vertrauenswürdigkeit ausstrahlen.
- Bei der psychologisch auf den Kunden ausgerichteten Beratung helfen ihm Kenntnisse über Menschenführung – Menschenbehandlung, Verkaufspsychologie und persönliche Informationen über den jeweiligen Kunden.
- Der Anlageberater muss die Einstellung des Kunden zum Risiko kennen und mit seinen Ertragswünschen in Einklang bringen.

Der Gesetzgeber sieht auch ein **Beraterregister** vor, das bei der Finanzaufsicht BaFin geführt wird. In dieser Datenbank werden Berater und Vertriebsmanager und ihre entsprechenden Qualifikationen registriert und Kundenbeschwerden wegen Falschberatung erfasst. Bei schwerwiegenden Verstößen einzelner Berater kann die BaFin verlangen, dass der Berater bis zu 2 Jahren nicht mehr in der Anlageberatung tätig werden darf.

11.3.3 Grundlagen einer Beratung in Finanzdienstleistungen

11.3.3.1 Anlageziele des Kunden

Grundsätzlich wird ein Anleger bei seiner Entscheidung über eine geeignete Anlage ein Höchstmaß der Ziele Sicherheit, Rentabilität und Liquidität anstreben. Diese bilden das klassische „Magische Dreieck" der Vermögensanlage.

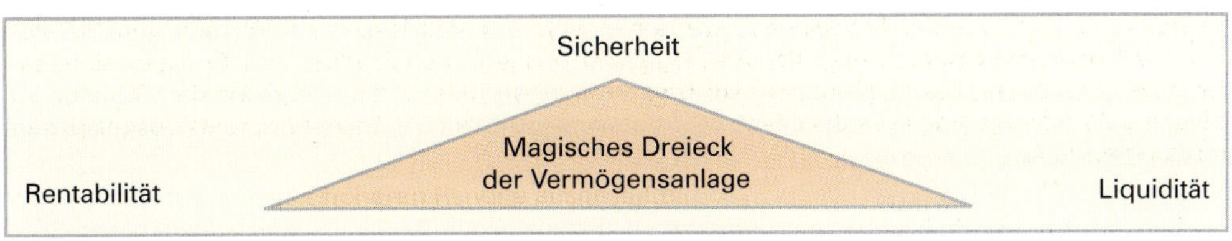

Zwischen diesen Zielen besteht i. d. R. ein widersprüchliches Verhältnis bzw. ein Zielkonflikt:

- Hohe Sicherheit geht zulasten der Rentabilität.
- Hohe Rentabilität ist mit hohem Risiko verbunden.
- Hohe Liquidität bedeutet geringere Rentabilität.

Ergänzend kommen als weitere Ziele steuerliche Gegebenheiten, Vermögensstreuung und Nachhaltigkeit der Anlage hinzu.

- **Sicherheit der Anlage**

  Bei der Beurteilung der Sicherheit einer Geld- oder Vermögensanlage wird geprüft, ob und wie die Erhaltung des angelegten Geldbetrags gewährleistet ist. Risiken sind in der Zukunft liegende Unsicherheiten, z. B. Kursrisiken, Zinsänderungs- und Ertragsrisiken, Rückzahlungsrisiken, Geldwert- und Währungsrisiken.

  Abgesehen vom reinen Spekulanten, dem „Glücksspieler" oder dem „Jobber", der ohnehin keine eigentliche Beratung wünscht und braucht, gibt es in allen Graden der Risikobereitschaft doch ein gewisses Sicherheitsbedürfnis.

  Erforderlich: Gründliche Sicherheitsanalyse, abgestimmt auf die Erwartung absoluter Sicherheit oder entsprechend dem Risiko, das der Anleger einzugehen bereit ist.

- **Rentabilität der Anlage**

  Die Rentabilität einer Geld- und Vermögensanlage richtet sich nach ihren Erträgen und nach den Kosten und Steuern, die sie verursacht. Erträge sind Zinsen, Dividenden, staatliche Zuwendungen, z. B. Prämien, Steuergutschriften, Kurs- und Veräußerungsgewinne usw. Maßstab für die Beurteilung der Rentabilität ist die Rendite, d. h. das prozentuale Verhältnis des jährlichen Ertrags bezogen auf den Kapitaleinsatz.

- **Liquidität (Verfügbarkeit) der Anlage**

  Eine Anlage ist umso liquider, je schneller und einfacher sie in Bargeld umgewandelt werden kann.

  Neben einer ausreichenden Liquidität für die Erfordernisse des täglichen Lebens, für wiederkehrende Leistungen, ist es wichtig, auch für die Beweglichkeit im Anlagegeschäft selbst liquide Mittel bereitzuhalten. Es könnte sich eine Erfolg versprechende Anlage anbieten, ohne dass eine andere, die stattdessen aufgegeben werden muss, möglicherweise ohne Verluste liquidiert werden kann. Das gilt z. B. insbesondere bei Umschichtungen im Aktienbesitz oder für die Möglichkeit des Zukaufs von Aktien zur Herabsetzung des durchschnittlichen Einstandspreises.

- **Steuervorteile – Steuerliche Gegebenheiten**

  Die steuerliche Seite spielt in der Anlageberatung – beim Vermögensaufbau und bei vorhandenem Vermögen – heute eine wesentliche Rolle. Das gilt für die Beachtung staatlicher Förderungsmaßnahmen ebenso wie für die Aspekte der Einkommenbesteuerung und der Erbschaftsteuer.

  Eine Beratung, die mögliche Vorteile des zu Beratenden außer Acht lässt, ist von vornherein zum Misserfolg verurteilt.

- **Vermögensstreuung**

  Es gibt keine Anlage, die alles Erstrebenswerte, alle Kriterien der einzelnen Anlageziele zusammen enthält, z. B. Sicherheit, hoher Ertrag, Substanzwachstum, steuerliche Vorteile, Mobilität. Durch eine Streuung der Anlagemittel nach den genannten Grundsätzen wird eine gute, nach allen Gesichtspunkten ausgerichtete Durchschnittsanlage erreicht. Die Rangordnung der Ziele bedarf der Festlegung durch den Anleger.

- **Nachhaltigkeit der Anlage**

  Neben Rendite, Risiko und Liquidität u. a. ist die Nachhaltigkeit eine weitere Orientierungsgröße bei der Geld- und Vermögensanlage. Immer mehr Anleger achten inzwischen darauf, an welchen Unternehmen sie sich beteiligen. Sie machen sich Gedanken über Produktions- und Arbeitsbedingungen oder den Klimaschutz, um Umweltbelastungen und Ressourcenverbrauch möglichst auf ein Minimum zu reduzieren.

  Eine einheitliche Definition dafür, was eine nachhaltige Geldanlage ausmacht, gibt es nicht. Als Maßstab für die Auswahl von Unternehmen gelten in der Regel die drei sogenannten ESG-Kriterien, also Umweltaspekte (Environment), Soziales (Social) und verantwortungsvolle Unternehmensführung (Governance).

  Im Segment Umwelt werden z. B. Energie- und Wasserverbrauch, Umweltverschmutzung oder Müllproduktion eines Unternehmens bewertet. Im Social-Bereich geht es unter anderem um die Einhaltung der Menschenrechte oder faire Arbeitsbedingungen. Im Segment Government werden das Handeln der Unternehmensführung und der Umgang mit Investoren unter die Lupe genommen. Diese drei Kriterien stecken den Rahmen ab, in dem Unternehmen beurteilt werden. Kreditinstitute sind gesetzlich verpflichtet, im Anlageberatungsprozess den Kunden nach seinen Vorlieben in puncto Nachhaltigkeit zu fragen und dieses in der Anlageempfehlung zu berücksichtigen. MiFID II

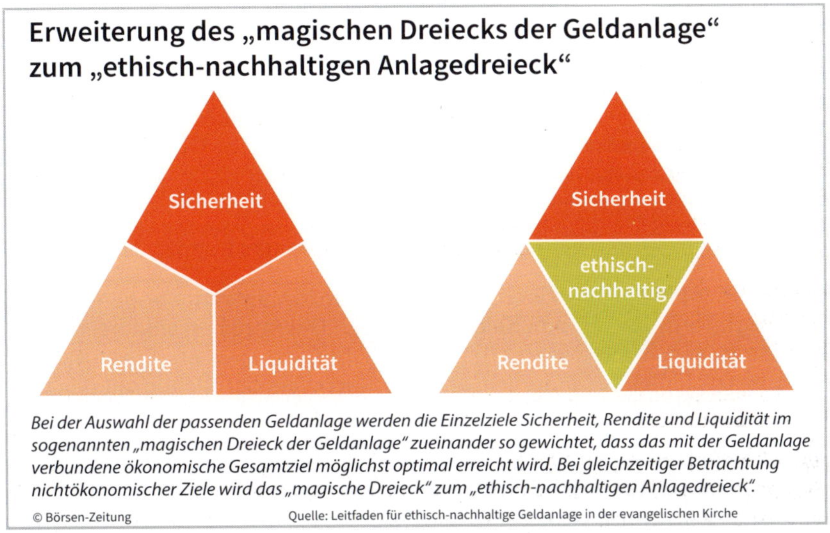

Quelle: Börsen-Zeitung vom 17. 12. 2021.

Bei der Anlageberatung kommt es nicht allein auf eine objektiv richtige Erläuterung und Empfehlung einer bestimmten Anlageart an. Mindestens ebenso wichtig ist das Eingehen auf die Anlageziele des Anlegers. Diese entspringen zwar zunächst rationalen Erwägungen wie Liquidität, Sicherheit, steuerliche Aspekte; mit ihnen verbunden sind aber die individuellen, aus der persönlichen Mentalität resultierenden Vorstellungen. Es gilt, aus dem für grundsätzlich richtig erkannten Anlagebereich die Anlage herauszufinden, die den persönlichen Anlagevorstellungen am ehesten entspricht.

In der Praxis haben sich folgende Kundentypen/Kundenkategorien herausgebildet:

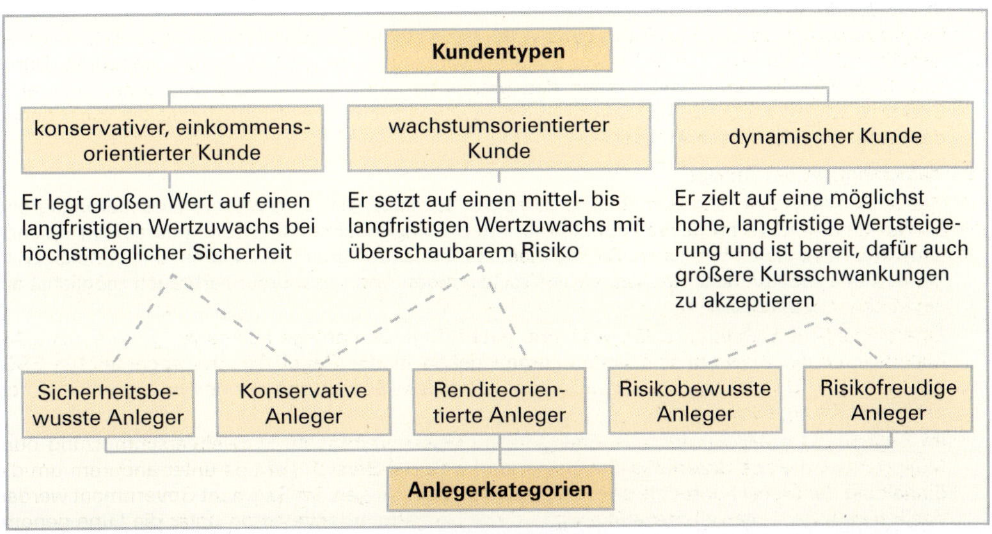

11.3.3.2 Finanzielle Verhältnisse des Anlegers

Der Anlageberater muss die für die Beratung relevanten Daten wie

- Kenntnisse und Erfahrungen des Kunden zu einzelnen Anlageformen,
- finanzielle Verhältnisse des Kunden (Vermögenszusammensetzung, Einkommen),
- Finanzierung des Geschäfts aus eigenen Mitteln oder durch Kredite,
- Anlagedauer, Risikobereitschaft und Ziele der Anlage
- Nachhaltigkeitspräferenzen des Kunden

kennen und den Anlagevorschlag mit den Vorstellungen des Kunden in Einklang bringen.

§ 16 FinVermV

Die gesammelten Informationen werden in einem Dokumentationsbogen (WpHG-Bogen) festgehalten (vgl. Formular auf den Seiten 30 bis 32). Die Angaben sind freiwillig und müssen bei eingetretenen Änderungen ergänzt oder erneuert werden. Eine Unterschrift des Kunden ist gesetzlich nicht erforderlich, aber als Nachweis der Richtigkeit der zu erfassenden Daten sinnvoll. Verweigert der Kunde die entsprechenden Angaben, darf die Bank im Zusammenhang mit einer Anlageberatung kein Finanzinstrument empfehlen.

Meine Anlagestrategie

Welche aktuelle Strategie verfolgen Sie? (Bitte nur ein Kästchen ankreuzen)

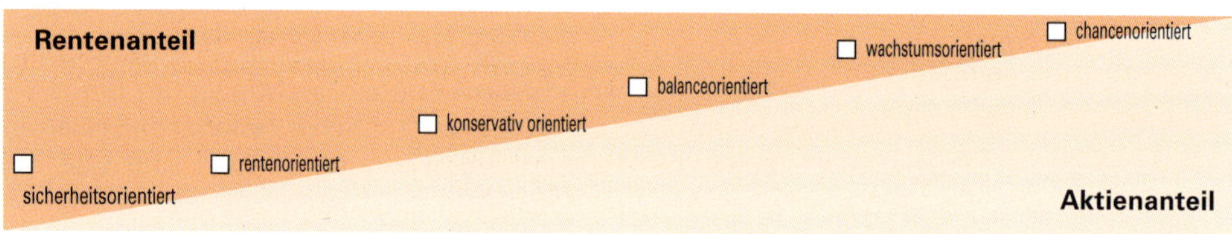

Kontinuierliche Wertentwicklung; Wertverluste auf Jahressicht unwahrscheinlich; keine Aktien	Überwiegend kontinuierliche Wertentwicklung; geringer Wertverlust auf Jahressicht möglich; eher keine Aktien	Gute Wertentwicklungschancen; zeitweilig können Wertverluste auftreten; Aktien sind beigemischt.	Große Wertentwicklungschancen; Wertverluste sind jederzeit möglich; Aktienanteil und Rentenanteil sind in etwa gleich groß.	Überdurchschnittliche Wertentwicklungschancen; Wertverluste sind jederzeit möglich; Aktienanteil ist größer als Rentenanteil.	Außergewöhnlich hohe Wertentwicklungschancen; sehr hohe Wertverluste sind jederzeit möglich; Aktien und Derivate bilden den Hauptanteil im Depot.

Hinweis: Je kurzfristiger Sie Ihr Vermögen anlegen, desto eher sollten Sie eine sicherheitsorientierte Strategie verfolgen. Je langfristiger Sie planen, desto eher können Sie von chancen- und risikoreicheren Strategien profitieren.

Quelle: Commerzbank AG

Beispiel: Ermittlung der finanziellen Verhältnisse

Aufstellung eines persönlichen Vermögensstatus (monatlich)

Bruttoeinkommen (Jahresdurchschnitt)
– Steuern (Lohn-/Kirchensteuer, Soli[1])
– Sozialversicherungsbeiträge

Laufende Monatsausgaben
(Miete, Kleidung, Fahrtkosten, Haushaltsausgaben, Wohnungsanschaffungen)

Nettoeinkommen
– Monatsausgaben
= Nachhaltig verfügbare Mittel
– lfd. Konsumausgaben (z. B. Ansparung für Urlaub)
= Grundbetrag für mtl. Geldanlage

Ermittlung der vorherrschenden Anlageziele

Ertrag und/oder Wertzuwachs ← Sicherheit ← Liquidität ← Nachhaltigkeit

Anlageempfehlung entsprechend den Anlagezielen

Informationsbestandteile einer Anlageberatung bzw. einer Empfehlung
gemäß Anforderungen an die Dokumentation nach WpDVerOV[2]

Angemessenheit
Kenntnisse und Erfahrungen des Kunden
- Vertrautheit mit Finanzinstrumenten
- Art, Umfang, Häufigkeit von Geschäften
- Ausbildung, Beruf

Gespräch
1. Anlass des Gesprächs
2. Dauer des Gesprächs
3. Unterschrift(en)

Empfehlungen
Begründung

Finanzinstrumente
1. Risiken
   - Hebelwirkung
   - Verlust
   - Volatilität
   - weitere Verpflichtungen
2. ggf. Wertentwicklung (historisch/simuliert)
3. ggf. Garantien
4. Kosten, Nebenkosten, Steuern

Geeignetheit
1. Finanzielle Verhältnisse
   - Einkommen
   - Verpflichtungen
   - Vermögen
     – Baranlagen
     – Kapitalanlagen
     – Immobilien
2. Ziele
   - Anlagedauer
   - Risikobereitschaft
   - Anlagezweck
   - Nachhaltigkeit

Quelle: In Anlehnung an: die bank 7/2011

1 Vgl. Kapitel 17.1.3 Solidaritätszuschlag

2 Wertpapierdienstleistungs-Verhaltens- und Organisations-Verordnung.

NATIONAL-BANK

Kunden-Nr.
27671001

Angaben nach Wertpapierhandelsgesetz (WpHG) - Teil A

Bei der Durchführung von Wertpapierdienstleistungen haben die Kreditinstitute von ihren Kunden Informationen über deren Erfahrungen und Kenntnisse in derartigen Geschäften, bei der Anlageberatung und Vermögensverwaltung zusätzlich über die mit diesen Geschäften verfolgten Anlageziele und über die finanziellen Verhältnisse des Kunden einzuholen. Die Angaben liegen im eigenen Interesse des Kunden.

Gesprächspartner der Bank	Telefon-Nr.	Datum letztes Gespräch
Jan Ludwig	0201 81150	05.10.2020

1. Persönliche Angaben - handelnde Person

Name, Vorname	ggf. Geburtsname	Geburtsdatum
Schulten, Georg		05.06.1987

Ausbildung / Beruf / Position	
Versicherungskaufmann/Abteilungsdirektor	☐ relevanter Beruf im Bereich Finanzen (mind. 1 Jahr)

sonstige Vermerke

☒ Der Kunde/Die Kundin wurde über den Prozess der Geeignetheitsprüfung im Rahmen der Anlageberatung informiert.

2. Kenntnisse / Erfahrungen - Welche Geschäfte wurden bisher getätigt?

Produktgruppe Wertpapiere*	Kenntnisse: keine	Kenntnisse: neu vermittelt	Kenntnisse: < 5 Jahre	Kenntnisse: > 5 Jahre	Erfahrungen: durchschnittliche Anzahl der Geschäfte p.a.	Zielmarkt-kategorie
Geldmarkt und geldmarktnahe Anlagen	☐	☐	☐	☒	3	1 ☐
Renten und Fonds auf Basis von Renten	☐	☐	☐	☒	5	
Aktien und Fonds auf Basis von Aktien	☐	☐	☐	☒	10	
Immobilienfonds	☐	☒	☐	☐		2 ☐
Zertifikate auf Basis von Renten /Aktien (inkl. Indizies)	☒	☐	☐	☐		
Total Return Fonds, Absolute Return Fonds	☒	☐	☐	☐		
Fonds /Zertifikate auf Basis von Rohstoffen	☒	☐	☐	☐		
Optionsscheine, Faktorzertifikate, Knock-Out Produkte	☐	☒	☐	☐		3 ☐
Optionen, Futures, Finanztermingeschäfte	☒	☐	☐	☐		
CFDs, CoCo-Bonds	☒	☐	☐	☐		4 ☐
Produktgruppe Zins- und Devisenderivate						
Geldmarktinstrumente (z.B. Geldmarkt OTC-Derivate)	☐	☐	☐	☒	3	3 ☐
Deviseninstrumente (z.B. Devisentermingeschäfte, Devisenoptionsgeschäfte)	☒	☐	☐	☐		
Zinsinstrumente (z.B. Zinsfutures, Zinsswaps, Zinsoptionen)	☒	☐	☐	☐		
Produktgruppe sonstige Anlagen*						
nicht wertpapierbezogene Anlageformen (z.B. Festgeld)	☐	☐	☐	☒	5	
alternative Investments (z.B. Private Equity, Hedgefonds, geschlossene Beteiligungen)	☒	☐	☐	☐		

Wie hoch war bei den Geschäften der durchschnittliche Gegenwert pro Transaktion?

☐ bis 5 TEUR ☐ bis 15 TEUR ☒ bis 25 TEUR ☐ bis 50 TEUR ☐ über 50 TEUR

Wurden bzw. werden Wertpapiergeschäfte auf Kreditbasis getätigt?

☐ ja ☒ nein

Wurden bereits Erfahrungen mit Anlagen in Fremdwährung gemacht?

☐ ja ☒ nein

Welche Wertpapierdienstleistungen wurden in der Vergangenheit genutzt?

☒ Anlageberatung ☒ beratungsfreies Geschäft ☐ reines Ausführungsgeschäft ☐ Vermögensverwaltung ☐ keine

*Interner Bearbeitungshinweis: Fakultative Angabe, sofern ausschließlich Geschäfte im Zins- und Währungsmanagement getätigt werden
PC 43054 Fassung 01.18 - EA 2060

3. Risikoinformation durch die Bank - Nachfolgende Informationen wurden ausgehändigt bzw. zur Verfügung gestellt.

Titel der Information	Ausgehändigt	zur Verfügung gestellt	Datum
Basisinformationen über Wertpapiere und weitere Kapitalanlagen	☐	☒	05.10.2020
Basisinformationen über Termingeschäfte	☐	☐	
Basisinformationen über Finanzderivate	☐	☐	

Treffen die gemachten Angaben nicht mehr zu oder treten wesentliche Änderungen ein, erfolgt eine Anpassung dieser Angaben, sobald das Kreditinstitut davon erfährt.

22. Jan. 2023 — Datum

Ludwig — Unterschrift des Beraters

Angaben nach Wertpapierhandelsgesetz (WpHG) - Teil B

1. Persönliche Angaben - Vermögensinhaber

1. Name, Vorname	ggf. Geburtsname	Geburtsdatum
Schulten, Georg		05.06.1987

Beschäftigungsverhältnis

☐ selbstständig ☒ unselbstständig ☐ befristete Anstellung ☐ ohne Beschäftigung

⋮ ⋮ ⋮

Familienstand	Anzahl unterhaltsberechtigter Kinder
☒ ledig ☐ verheiratet ☐ eingetragene Lebenspartnerschaft ☐ getrennt ☐ geschieden ☐ verwitwet	----
sonstige Vermerke	

2. Anlageziele

Welcher Anlagezweck wird mit der Vermögensanlage verfolgt?

☐ Spezifische Altersvorsorge
☒ Allgemeine Vermögensbildung/-optimierung
☐ Überproportionale Teilnahme an Kursveränderungen
☐ Sicherung von Zins- und / oder Währungsrisiken (Hedging)

Wie lang ist der Planungshorizont für die Geldanlage?

☐ kurzfristig (weniger als 3 Jahre) ☐ mittelfristig (3 bis 5 Jahre) ☒ langfristig (mehr als 5 Jahre)

Werden Sie zu einem bestimmten Zeitpunkt Liquidität aus Ihrem Vermögen benötigen (Vermögensabflüsse)?

☒ nein ☐ ja Betrag in EUR: ____________ Zeitpunkt: ____________

Welche Risikobereitschaft besteht zur Erreichung obiger Ziele?

☐ **Risikoklasse 1:** Liquiditätsverwahrung auf Konten oder Festgeldern mit fast keinem Risiko.

☐ **Risikoklasse 2:** Der gesicherte numerische Werterhalt des Gesamtportfolios steht im Vordergrund. Sie möchten daher möglichst keine Risiken aufgrund von Marktschwankungen (z.B. Kurs-, Zins- oder Währungsschwankungen) für das Gesamtportfolio eingehen. Sie nehmen dafür geringe Renditeaussichten und sonstige Nachteile (z.B. einen inflationsbedingten Kaufkraftverlust) in Kauf.

☐ **Risikoklasse 3:** Sie haben nur eine geringe Renditeerwartung. Der Werterhalt des Gesamtportfolios steht für Sie im Vordergrund. Sie möchten daher nur geringe Risiken aufgrund von Marktschwankungen (z.B. Kurs-, Zins- oder Währungsschwankungen) und nur geringe Verlustrisiken für das Gesamtportfolio eingehen.

☐ **Risikoklasse 4:** Sie haben eine moderate Renditeerwartung. Neben Zinserträgen wird auch ein Ertrag aus Kurssteigerungen angestrebt. Dafür nehmen Sie moderate Risiken aufgrund von Marktschwankungen (z.B. Kurs-, Zins- oder Währungsschwankungen) und moderate Verlustrisiken für das Gesamtportfolio in Kauf.

☒ **Risikoklasse 5:** Sie haben eine höhere Renditeerwartung, die möglichst dauerhaft und deutlich über dem Niveau weitestgehend risikofreier Kapitalanlagen liegt. Dafür nehmen Sie höhere Risiken aufgrund von Marktschwankungen (z.B. Kurs-, Zins- oder Währungsschwankungen) und höhere Verlustrisiken für das Gesamtportfolio in Kauf.

☐ **Risikoklasse 6:** Sie haben eine hohe Renditeerwartung. Es wird ein möglichst hoher Ertrag aus Kurssteigerungen angestrebt. Dafür nehmen Sie hohe Risiken aufgrund von Marktschwankungen (z.B. Kurs-, Zins- oder Währungsschwankungen) und hohe Verlustrisiken für das Gesamtportfolio in Kauf.

☐ **Risikoklasse 7:** Sie haben eine sehr hohe Renditeerwartung. Es wird ein möglichst sehr hoher Ertrag aus Kurssteigerungen angestrebt. Dafür nehmen Sie sehr hohe Risiken aufgrund von Marktschwankungen (z.B. Kurs-, Zins- oder Währungsschwankungen) und sehr hohe Verlustrisiken für das Gesamtportfolio in Kauf.

Welche speziellen Anforderungen sollen bei der Anlage mit berücksichtigt werden?

☒ keine
☐ Ökologische Investments (green investment)
☐ Ethische Investments (ethical investment)
☐ Sonstige: ____________________

3. Angaben zu den Vermögens- und Einkommensverhältnissen

Angaben basieren auf ☒ Kundenangaben ☐ EDV-Daten der Bank ☐ ____________

Vermögen	bis 50 TEUR	bis 250 TEUR	bis 500 TEUR	bis 750 TEUR	bis 1 Mio. EUR	bis 2 Mio. EUR	bis 3 Mio. EUR	über 3 Mio. EUR	oder Wert in TEUR
Bankguthaben, Wertpapiere	☒	☐	☐	☐	☐	☐	☐	☐	
Immobilien	☐	☒	☐	☐	☐	☐	☐	☐	
Sonstige Vermögenswerte	☒	☐	☐	☐	☐	☐	☐	☐	
Verbindlichkeiten									
Kredite	☐	☐	☐	☐	☐	☐	☐	☐	
Immobiliendarlehen	☒	☐	☐	☐	☐	☐	☐	☐	
Sonstige Verbindlichkeiten	☐	☐	☐	☐	☐	☐	☐	☐	
Nettovermögen	☒	☐	☐	☐	☐	☐	☐	☐	
Nettoverbindlichkeiten	☒	☐	☐	☐	☐	☐	☐	☐	

Einnahmen p.a.	bis 10 TEUR	bis 25 TEUR	bis 50 TEUR	bis 100 TEUR	über 100 TEUR	oder Wert in TEUR
Gehalt	☐	☐	☐	☒	☐	
Renten / Pensionen	☐	☐	☐	☐	☐	
Kapitaleinkünfte	☒	☐	☐	☐	☐	
Sonstige Einkünfte	☐	☐	☐	☐	☐	
Ausgaben p.a.						
Lebenshaltungskosten	☒	☐	☐	☐	☐	
Miete (inkl. Nebenkosten)	☒	☐	☐	☐	☐	
Kredite	☐	☐	☐	☐	☐	
Sonstige Ausgaben	☐	☐	☐	☐	☐	
Überschuss p.a.	☐	☒	☐	☐	☐	
Unterdeckung p.a.	☐	☐	☐	☐	☐	

Einschätzung zur finanziellen Verlusttragfähigkeit:

☐ Der Anleger kann keine bzw. nur geringe Verluste des eingesetzten Kapitals tragen.
☒ Der Anleger kann Verluste tragen (bis zum vollständigen Verlust des eingesetzten Kapitals).
☐ Der Anleger kann Verluste auch über das eingesetzte Kapital hinaus tragen.

4. Bemerkungen

Treffen die gemachten Angaben nicht mehr zu oder treten wesentliche Änderungen ein, erfolgt eine Anpassung dieser Angaben, sobald das Kreditinstitut davon erfährt.

22. Jan. 2023 — Datum

Ludwig — Unterschrift des Beraters

11.3.4 Vorgaben des Wertpapierhandelsgesetzes bei der Anlageberatung

LS 2

Von besonderer Bedeutung für das Beratungs- und Dienstleistungsgeschäft im Wertpapierbereich ist das Wertpapierhandelsgesetz (WpHG). Es gilt für alle Wertpapierdienstleistungsunternehmen. Hierzu gehören Kreditinstitute, Finanzdienstleistungsinstitute und nach § 53 Abs. 1 Satz 1 des Gesetzes über das Kreditwesen tätige Unternehmen, die Wertpapierdienstleistungen allein oder zusammen mit Wertpapiernebendienstleistungen gewerbsmäßig oder in einem Umfang erbringen, der einen in kaufmännischer Weise eingerichteten Geschäftsbetrieb erfordert.

Mit diesem Gesetz soll die Abwicklung von Anlageberatungen verbessert und die Funktionsfähigkeit, Attraktivität und Wettbewerbsfähigkeit des deutschen Finanzmarktes gefördert werden. Zusätzlich soll die MiFID II-Richtlinie (Markets in Financial Instruments Directive II)[1] der EU-Kommission, die mit Beginn des Jahres 2018 in Kraft getreten ist, für mehr Transparenz auf den Finanzmärkten sorgen und so den Anlegerschutz weiter verbessern.

Anwendungsbereich. Das Wertpapierhandelsgesetz ist u. a. anzuwenden auf § 1 WpHG

- die Erbringung von Wertpapierdienstleistungen und Wertpapiernebendienstleistungen,
- das marktmissbräuchliche Verhalten im börslichen und außerbörslichen Handel mit Finanzinstrumenten,
- die Vermarktung, den Vertrieb und den Verkauf von Finanzinstrumenten und strukturierten Einlagen,
- die Überwachung von Unternehmensabschlüssen und die Veröffentlichung von Finanzberichten von Unternehmen, die den Vorschriften dieses Gesetzes unterliegen,
- die Veränderungen der Stimmrechtsanteile von Aktionären an börsennotierten Gesellschaften sowie
- die Zuständigkeiten und Befugnisse der Bundesanstalt für Finanzdienstleistungsaufsicht und die Ahndung von Verstößen.

Regelungs- und Handlungsbereiche

Verhaltensregeln für Wertpapierdienstleistungsunternehmen und deren Mitarbeiter	Organisatorische Pflichten für Wertpapierdienstleistungsunternehmen (Compliance-Vorschriften)	Vorgaben für eine anlage- und anlegergerechte Beratung sowie damit verbundene Dokumentationspflichten	Mitteilungs- und Veröffentlichungspflichten bei Stimmrechtsveränderungen

11.3.4.1 Verhaltensregeln

Die in diesem Bereich tätigen Unternehmen sind bei ihren Geschäften zur Einhaltung bestimmter Verhaltensweisen, Organisationspflichten und Mitarbeiterregelungen verpflichtet.

1 Europäische Finanzmarktrichtlinie.

§§ 63, 64 WpHG

Verhaltensregeln für Wertpapierdienstleistungsunternehmen
Allgemeine Verhaltensregeln
■ Verpflichtung, Wertpapierdienstleistungen und Wertpapiernebendienstleistungen mit der erforderlichen Sachkenntnis, Sorgfalt und Gewissenhaftigkeit zu erbringen. ■ Bemühung, Interessenkonflikte zu vermeiden. Bei unvermeidbaren Konflikten Ausführung des Kundenauftrags unter gebotener Wahrung des Kundeninteresses. ■ Verpflichtung, den Kunden angemessene Informationen zur Verfügung zu stellen, damit diese in die Lage versetzt werden, die Art und Risiken der in Betracht kommenden Finanzinstrumente bzw. Wertpapierdienstleistungen zu verstehen, um auf dieser Basis eine fundierte Anlageentscheidung treffen zu können, ■ Verpflichtung, von den Kunden alle Informationen einzuholen über deren Kenntnisse und Erfahrungen in Bezug auf Geschäfte mit bestimmten Arten von Finanzinstrumenten oder Wertpapierdienstleistungen, über ihre Anlageziele und ihre finanziellen Verhältnisse, ■ Verpflichtung, bei jeder Anlageberatung dem Kunden eine Erklärung über die Geeignetheit der Empfehlung (Geeignetheitserklärung) zur Verfügung zu stellen.
Besondere Verhaltensregeln
Verboten sind: ■ Empfehlungen des Ankaufs oder Verkaufs von Finanzinstrumenten, – die nicht im Interesse des Kunden sind, – die bezwecken, für Eigengeschäfte den Preis in eine bestimmte Richtung zu lenken. ■ Abschluss von Eigengeschäften (aufgrund der Kenntnis des Kundenauftrags), die Nachteile für den Auftraggeber zur Folge haben können. (Die Regeln gelten für die Geschäftsleitung, gesetzliche und vertragliche Vertreter und Angestellte eines Wertpapierdienstleistungsunternehmens.)

Kapitel 2: Art. 7–16 MMVO/ MAR

Verhinderung von Marktmissbrauch mit Insiderinformationen. Insiderinformationen sind konkrete Informationen über nicht öffentlich bekannte Umstände, die sich auf Emittenten von Wertpapieren, auf die Wertpapiere oder das Unternehmen selbst bzw. auf wichtige Veränderungen beziehen. Ihre Veröffentlichung kann den Börsen- oder Marktpreis erheblich beeinflussen. Hierzu gehören z. B. unerwartete Gewinnsteigerungen, Großaufträge, wichtige personelle Veränderungen in der Unternehmensleitung, bevorstehende Übernahmen, Gewinneinbrüche, Überschuldung u. Ä.

Personen und Mitarbeiter von Wertpapierdienstleistungsunternehmen, die Zugang zu solchen Informationen haben, werden als **Insider** bezeichnet. Ein funktionierendes Börsensystem setzt aber voraus, dass allen Marktteilnehmern der Zugang zu solchen Informationen zugänglich gemacht wird. Insider könnten ihr Wissen durch vorzeitige Verwendung für private Zwecke zum eigenen Vorteil nutzen oder an fremde unberechtigte Personen weitergeben. Um einen solchen Marktmissbrauch nach der Marktmissbrauchsverordnung (MMVO/MAR → Market Abuse Regulation) durch Insider zu verhindern, hat die Bundesanstalt für Finanzdienstleistungsaufsicht Vorgaben zum Insiderbegriff und zu Insiderlisten vorgegeben.

§ 85 WpHG

Anlagestrategieempfehlungen und Anlageempfehlungen. Bei Unternehmen, die Anlageempfehlungen und Anlagestrategieempfehlungen geben, muss sichergestellt werden, dass die Mitarbeiter, die Anlageempfehlungen vorschlagen oder andere Informationen weitergeben, dies in objektiver Form tun. Mögliche Interessenkonflikte müssen nach der Verordnung Nr. 596/2014 der Europäischen Union offen gelegt werden.

Aufzeichnungs- und Aufbewahrungspflichten. Wertpapierdienstleistungsunternehmen sind verpflichtet, Beratungen, Aufträge und Anweisungen des Kunden sowie die Ausführung des Auftrags mit Namen des Mitarbeiters und der Uhrzeit der Erteilung des Auftrags aufzuzeichnen. Dies gilt sowohl für herkömmliche als auch für telefonische oder sonstige elektronische Kommunikationen. Über jede Anlageberatung bei Privatkunden ist nach Abschluss ein schriftliches Protokoll (Geeignetheitserklärung) anzufertigen, das dem Kunden unverzüglich zur Verfügung zu stellen ist. Die Aufzeichnungen und Unterlagen sind mindestens 5 Jahre aufzubewahren. § 83 WpHG

11.3.4.2 Organisatorische Pflichten (Compliance-Vorschriften)

Zu den Pflichten von Wertpapierdienstleistungsunternehmen gehört die Vorhaltung einer Compliance-Funktion, die die im Unternehmen aufgestellten Grundsätze und eingerichteten Verfahren sowie die zur Behebung von Defiziten getroffenen Maßnahmen einschließlich der Prozessabläufe für die Abwicklung von Beschwerden überwacht. **Compliance** (Regeltreue) gilt als Begriff für die Einhaltung von Gesetzen, Richtlinien und Verhaltensregeln. Der Geschäftsbetrieb ist so zu organisieren, dass die Vorgaben des WpHG und der Aufsichtsbehörden gewährleistet sind. Das Bundesamt für Finanzdienstleistungsaufsicht (BaFin) hat zur Konkretisierung „Mindestanforderungen an die Compliance-Funktion und die weiteren Verhaltens-, Organisations- und Transparenzpflichten [...] für Wertpapierdienstleistungsunternehmen" (MaComp) erlassen. § 25 a KWG § 80 WpHG

Organisatorische Maßnahmen sind

- die Trennung (auch räumlicher Art) von Beratungs-, Handels-, Abwicklungs- und Kontrollabteilungen zur Verhinderung unerlaubter Informationsflüsse und zur Vermeidung von Interessenkonflikten, insbesondere hinsichtlich der Wahrung von Kundeninteressen.
- die Einrichtung einer speziellen Compliance-Funktion mit einem Compliance-Beauftragten als Kontrollinstanz,
- die Einrichtung eines Beschwerdemanagements,
- die Aufstellung von Leitsätzen für Mitarbeiter hinsichtlich ihrer eigenen Kontoführung und Vermögensanlagen und für Mitarbeitergeschäfte.

Mitarbeitergeschäfte sind Geschäfte bestimmter Mitarbeiter (sog. relevante Personen[1]) von Wertpapierdienstleistungsunternehmen, die sie außerhalb ihrer dienstlichen Aufgabenstellung für eigene Rechnung oder für Rechnung Dritter, insbesondere ihrer Ehegatten, ihrer Eltern oder ihrer voll- oder minderjährigen Kinder in Wertpapieren oder Derivaten tätigen. Handeln Dritte außerhalb einer Vermögensverwaltung für Rechnung oder im Interesse dieser Mitarbeiter, so handelt es sich hierbei ebenfalls um Mitarbeitergeschäfte.

Diese Mitarbeiter sind zur Offenlegung aller ihrer privaten Wertpapiergeschäfte verpflichtet. In zahlreichen Fällen müssen sie sich zudem vor Ordererteilung vom Compliance-Beauftragten eine Genehmigung einholen. Ohne eine solche Genehmigung ist der Abschluss von Geschäften in Finanzinstrumenten privat nicht erlaubt. Der Kauf von eigenen Aktien der Bank durch Führungskräfte wird auf der Homepage veröffentlicht und an die BaFin gemeldet.

Wertpapierdienstleistungsunternehmen haben angemessene Mittel und Verfahren einzusetzen, die geeignet sind, unzulässige Mitarbeitergeschäfte zu verhindern. Die Unternehmen haben hierfür festzulegen, welche Mitarbeiter Tätigkeiten ausüben dürfen, die Anlass zu einem Interessenkonflikt geben könnten oder welche Mitarbeiter aufgrund

1 Für die Eigenschaft als relevante Person ist es notwendig, dass diese Person an den von der Wertpapierfirma erbrachten Wertpapierdienstleistungen und Anlagetätigkeiten beteiligt ist.

ihrer Tätigkeit Zugang zu Insiderinformationen oder anderen vertraulichen Informationen haben sollen. Der Compliance-Beauftragte im Unternehmen ist mit der Festlegung und regelmäßigen Überprüfung der entsprechenden Mitarbeiter betraut. Es ist sicherzustellen, dass er regelmäßig über das Vorliegen von Interessenkonflikten informiert wird und dass er den Zugang und die Verwendung von Insider- und anderen wichtigen vertraulichen Informationen nachvollziehen kann.

11.3.4.3 Kundenkategorien nach dem Wertpapierhandelsgesetz

Für Wertpapierdienstleistungsunternehmen besteht die Verpflichtung, ihre Kunden – aufgrund unterschiedlicher Kenntnisse, Anlageziele und finanzieller Verhältnisse – in bestimmte Kundenkategorien einzuteilen. Daraus ergibt sich ein unterschiedlicher Grad an Schutzbedürftigkeit. Das Gesetz unterscheidet folgende Gruppen:

§ 67 WpHG

- Privatkunde – hohes Schutzbedürfnis,
- Professioneller Kunde (z. B. Vermögensverwalter, Börsenmakler) – geringes Schutzbedürfnis,
- Geeignete Gegenpartei (z. B. Versicherungen, Pensionskassen) – kein Schutzbedürfnis.

Ein Wechsel der Kundenzuordnung von einer in die andere Kategorie ist erlaubt. In der Bankpraxis werden fast alle Kunden der Kategorie „Privatkunden“ zugeordnet.

Entsprechend dem Schutzniveau ergeben sich unterschiedliche Beratungsnotwendigkeiten und Verhaltenspflichten für folgende Geschäfte:

- Geschäfte mit Anlageberatung
- Beratungsfreie Geschäfte
- Reine Ausführungsgeschäfte

Geschäfte mit Anlageberatung. Die Anlageberatung zeichnet sich dadurch aus, dass das Wertpapierdienstleistungsunternehmen gegenüber einem Kunden eine persönliche Empfehlung für ein bestimmtes Geschäft mit Finanzinstrumenten abgibt. Die Empfehlung muss den Anlagezielen des Kunden entsprechen, und das empfohlene Geschäft muss so beschaffen sein, dass der Kunde etwaige Risiken finanziell tragen kann (sogenannte Geeignetheitsprüfung). Für die Geeignetheitsprüfung ist zunächst erforderlich, dass das Wertpapierdienstleistungsunternehmen Angaben über den Kunden einholt, die sich auf seine Kenntnisse und Erfahrungen, seine Anlageziele und die finanziellen Verhältnisse beziehen (vgl. Kapitel 11.3.3.2).

Beratungsfreies Geschäft. Beim beratungsfreien Geschäft geht der Anlageentscheidung des Kunden keinerlei Beratung und Empfehlung der Bank voraus. Der Berater muss lediglich prüfen, ob das vom Kunden ausgewählte Finanzinstrument für ihn angemessen ist (Angemessenheitsprüfung). Die Angemessenheit beurteilt sich danach, ob der Kunde über die erforderlichen Erfahrungen und Kenntnisse verfügt, um die Anlagerisiken beurteilen zu können. Fehlt es an der Angemessenheit, ist dem Kunden ein Warnhinweis zu geben. Hält der Kunde die Anlageentscheidung trotzdem aufrecht, kann der Auftrag ausgeführt werden.

In der Praxis wird die Geeignetheit und die Angemessenheit automatisch geprüft, indem bei Eingabe einer Kundenorder die mit dem georderten Finanzinstrument verbundene Risikoklasse mit der Risikoklasse (vgl. WpHG-Bogen, Kapitel 11.3.3.2) abgeglichen wird, für die der Kunde freigeschaltet ist.

Reines Ausführungsgeschäft (Execution-Only-Aufträge). Das reine Ausführungsgeschäft ist nur auf Initiative des Kunden möglich und ist auf Finanzinstrumente wie Aktien, Schuldverschreibungen und Investmentanteile (nicht komplexe Finanzinstrumente) beschränkt. Es wird lediglich zur Ausführung angenommen und beinhaltet keine Geeignetheits- und Angemessenheitsprüfung.

Verhaltenspflichten	
Geschäfte mit Anlageberatung	**Geeignetheitsprüfung**: Berater muss prüfen, ob die empfohlene Anlage den Anlagezielen des Kunden entspricht und vom Risikogehalt her für den Kunden tragbar ist.
Beratungsfreies Geschäft	**Angemessenheitsprüfung**: Berater muss prüfen, ob der Kunde aufgrund seiner Kenntnisse und Erfahrungen die Risiken der vorgesehenen Anlage verstehen kann.
Reines Ausführungsgeschäft	Kreditinstitut muss lediglich Hinweis darauf geben, dass **keine** Angemessenheitsprüfung erfolgt und dass der Auftrag lediglich zur Ausführung angenommen wird.

11.3.4.4 Allgemeine Kundeninformationspflichten

Die Anforderungen an die Information des Kunden bestimmen sich nach dessen Einstufung im Hinblick auf seine Schutzbedürftigkeit gemäß den drei Kategorien des WpHG. Die Informationen, die dem Kunden rechtzeitig vor Erbringung der betreffenden Dienstleistung zu erteilen sind, umfassen

- Informationen über das Institut und die angebotenen Dienstleistungen, § 63 Abs. 7 WpHG
- Informationen über die Finanzinstrumente und die vorgeschlagenen Anlagestrategien nebst damit verbundener Risiken,
- Informationen über die infrage kommenden Ausführungsplätze,
- Informationen über die mit dem Geschäft verbundenen Kosten und Nebenkosten,
- Informationen über mögliche Interessenkonflikte, die zwischen dem Institut und dem Kunden bestehen, § 63 Abs. 2 WpHG
- Informationen über Zuwendungen. § 70 WpHG

Informationen über den Wertpapierdienstleister sind nur für Privatkunden vorgeschrieben. Die Informationen sind auf einem dauerhaften Datenträger zur Verfügung zu stellen, wobei eine andere Bereitstellung in Papierform nur bei Angemessenheit und auf ausdrücklichen Kundenwunsch erfolgen kann. Hat der Kunde eine Mail-Adresse angegeben, wird die elektronische Bereitstellung akzeptiert.

Informationen über die angebotenen Produkte und Anlagestrategien können auch in standardisierter Form erteilt werden, wobei Art, Wirkungsweise und Risiko der Produkte (z. B. Hebelwirkung, Volatilität, Marginverpflichtungen usw.) ausreichend detailliert und in verständlicher Form zu beschreiben sind. Neben den *„Basisinformationen über Wertpapiere und weitere Kapitalanlagen"* kommen als Informationsmedium Produktinformationsblätter und Broschüren in Betracht.

Die Grundsätze für die Auftragsausführung legen für jede Wertpapiergruppe die Ausführungsplätze fest, an denen die Kundenaufträge ausgeführt werden können.

Über die Kosten und Nebenkosten der Dienstleistung informiert das Preisverzeichnis für Wertpapierdienstleistungen.

Das Kreditinstitut muss dem Anleger rechtzeitig vor Abschluss eines Geschäfts auf mögliche Interessenkonflikte zwischen dem Institut und dem Kunden sowie über Maßnahmen zur Vermeidung dieser Konflikte hinweisen.

Im Zusammenhang mit der Erbringung von Wertpapierdienstleistungen darf das Kreditinstitut keine Zuwendungen von Dritten annehmen oder an Dritte gewähren, die nicht Kunden dieser Dienstleistung sind. Das Verbot gilt nicht, wenn

- die Zuwendung darauf angelegt ist, die Qualität der für den Kunden erbrachten Dienstleistung zu verbessern,
- der ordnungsgemäßen Erbringung der Dienstleistung im bestmöglichen Interesse des Kunden nichts entgegensteht,
- Existenz, Art und Umfang der Zuwendung dem Anleger vor Erbringung der Wertpapierdienstleistung offen gelegt werden.

PRIIPs-VO

Um die Qualität der Anlageberatung zu erhöhen, müssen Kreditinstitute dem Kunden rechtzeitig vor Abschluss eines Geschäfts ein **Basisinformationsblatt (BiB)/Produktinformationsblatt (PiB)**[1] über jedes Finanzprodukt zur Verfügung stellen, auf das sich eine Kaufempfehlung bezieht. Es ist einheitlich aufgebaut und erklärt dem Kunden in komprimierter, leicht verständlicher und standardisierter Form die wesentlichen Eigenschaften des Produkts. In der Kategorie Produktbeschreibung wird besonders auf die Markterwartung bei Emission, die Funktionsweise des Produkts, das Auszahlungsprofil sowie marktpreisbestimmende Faktoren eingegangen. Zudem werden Szenarien für Marktverläufe beispielhaft erläutert, und es wird auf die wesentlichen Risiken hingewiesen. Anders als in einem Flyer werden keine werblichen Formulierungen verwendet. Dem Kunden sind außerdem die Grundsätze zur Auftragsausführung (sog. Best-Execution-Policy) zu übermitteln. Außerdem muss er über den zu entrichtenden Gesamtpreis für das Produkt, zusätzlich anfallende Kosten und Steuern sowie Zahlungsbestimmungen unterrichtet werden.

11.3.4.5 Mitteilungs- und Veröffentlichungspflichten

§ 26 WpHG Art. 17 MMVO/MAR	**Veröffentlichung und Mitteilung von Insiderinformationen (Ad-hoc-Publizität)**	Ein Inlandsemittent muss Insiderinformationen, die ihn unmittelbar betreffen, unverzüglich veröffentlichen. Er hat sie außerdem unverzüglich dem Unternehmensregister zur Speicherung zu übermitteln. Die Informationen sind vor der Veröffentlichung der Bundesanstalt für Finanzdienstleistungsaufsicht und den Geschäftsführungen der Börsen mitzuteilen. Die Mitteilungen erfolgen i. d. R. über elektronische Informationsverarbeitungssysteme.
§ 22 WpHG Art. 26 MiFIR	**Meldesystem und Marktüberwachung**	Der Aufdeckung von Verstößen gegen das Insiderhandelsverbot/Ad-hoc-Publizitätspflicht dient die Meldepflicht für alle Transaktionen von Wertpapieren und Derivaten an die Bundesanstalt für Finanzdienstleistungsaufsicht. Alle Geschäfte in Finanzinstrumenten, die zum Handel an einem organisierten Markt zugelassen oder in den regulierten Markt oder den Freiverkehr einer inländischen Börse einbezogen sind, sind spätestens an dem auf den Tag des Geschäftsabschlusses folgenden Werktag, der kein Samstag ist, zu melden. Die Meldung hat auf Datenträger oder im Wege der elektronischen Datenfernübertragung zu erfolgen. Das Rechenzentrum der Bundesanstalt wertet die Daten systematisch aus.

1 Das Basisinformationsblatt (BiB) gilt für alle strukturierten Finanzprodukte. Das bislang angewandte Produktinformationsblatt (PiB) gilt weiterhin für einfache Anlageprodukte (Aktien, unkomplizierte Anleihen).

Veränderung des Stimmrechtsanteils bei börsennotierten Gesellschaften	Mitteilungs- und veröffentlichungspflichtig ist die Veränderung des Stimmrechtsanteils bei börsennotierten Gesellschaften. Derjenige, der 3 %/5 % /10 %/15 %/20 %/25 %/30 %/50 % oder 75 % der Stimmrechte an einem Emittenten, für den die Bundesrepublik Deutschland der Herkunftsstaat ist, erreicht, überschreitet oder unterschreitet, muss dies der Gesellschaft und der Bundesanstalt für Finanzdienstleistungsaufsicht unverzüglich mitteilen, spätestens innerhalb von 4 Handelstagen. Außerdem muss derjenige, der die Schwelle von 10 Prozent der Stimmrechte aus Aktien oder eine höhere Schwelle erreicht oder überschreitet, dem Emittenten die mit dem Erwerb der Stimmrechte verfolgten Ziele und die Herkunft der für den Erwerb verwendeten Mittel innerhalb von 20 Handelstagen mitteilen. Eine Änderung der Ziele ist ebenfalls innerhalb von 20 Handelstagen mitzuteilen.	§ 33 WpHG § 43 WpHG

11.3.5 Dokumentation und Haftung

Kreditinstitute sind verpflichtet, die Eignung eines einem Privatkunden empfohlenen Finanzprodukts festzustellen. Diese Pflicht wird mit der **Geeignetheitserklärung**[1] erfüllt. § 64 Abs. 4 WpHG

Die Geeignetheitserklärung enthält

- Einzelheiten zur Durchführung des Gesprächs (Teilnehmer, evtl. Bevollmächtigte, Name des Beraters, Datum, Uhrzeit), § 18 FinVermV
- grundsätzliche Daten aus dem Wertpapierhandelsbogen (z. B. Risikoneigung),
- Beschreibung des empfohlenen Produkts (Vor- und Nachteile, mögliche Interessenkonflikte im Hinblick auf Eigeninteressen der Bank),
- Begründung der Eignung des Produkts bezogen auf Kenntnisse, Präferenzen, Anlageziele, Risikotoleranz (Fähigkeit, Verluste tragen zu können) und sonstige Kundenmerkmale.

Dem Kunden soll nach einer Beratung bescheinigt werden, dass der Anlageberater im besten Interesse des Kunden die aktuellen Vorstellungen, Wünsche und Ziele richtig erfasst und eingeschätzt hat und dass das empfohlene Finanzinstrument für ihn geeignet ist (Geeignetheitserklärung).

Die Geeignetheitserklärung ist dem Kunden auf einem dauerhaften Datenträger vor Vertragsabschluss auszuhändigen. Ein auf die Anlageberatung beruhender Vertragsabschluss darf erst erfolgen, nachdem die Geeignetheitserklärung dem Kunden zur Verfügung gestellt wurde, damit dieser sie zur Kenntnis nehmen kann. Durch die Geeignetheitserklärung lässt sich auch im Nachhinein noch feststellen, ob die Anlageempfehlung der Bank bzw. des Beraters den Anlagezielen des Kunden entsprochen hat.

Ausgenommen von der Dokumentationspflicht sind Beratungen für Produkte, die nicht unter das Wertpapierhandelsgesetz fallen. Hierzu gehören Tages- und Festgeldanlagen.

Telefonische Beratung. Bei einer telefonischen Beratung oder bei der Nutzung sonstiger Fernkommunikationsmittel erhält der Kunde die notwendige Geeignetheitserklärung unmittelbar nach Vertragsabschluss, spätestens nach fünf Werktagen zur Verfügung gestellt. Gespräche sind aufzuzeichnen, in einem Protokoll zu dokumentieren und für mindestens 5 Jahre zu archivieren. Möchte der Kunde direkt im Zusammenhang mit der Beratung auch Wertpapiere kaufen, räumt die Bank ihm ein Rücktrittsrecht ein für den Fall,

1 Eine Geeignetheitserklärung befindet sich in LS 6, Situation 1 des Arbeitsbuches.

dass die anschließend versandte Geeignetheitserklärung unrichtig, unvollständig oder fehlerhaft ist.

Anleger haben bei einer fehlerhaften Beratung Anspruch auf Schadensersatz. Dies ist regelmäßig dann der Fall,

- wenn die empfohlene Anlage nicht mit dem Risikoprofil, der finanziellen Situation und dem Kenntnisstand des Anlegers vereinbar ist (z.B. fehlerhafte Erläuterung der Funktionsweise von Zertifikaten),
- wenn in Prospekten falsche Angaben gemacht wurden (z.B. Verharmlosung von Verlustrisiken, falsche Renditeberechnungen).

§§ 195 ff. BGB

Ansprüche wegen Falschberatung verjähren in drei Jahren (regelmäßige Verjährung), nachdem der Anleger Kenntnis vom Schaden erlangt hat. Die Frist beginnt mit Ende des Jahres, in dem er vom Schaden Kenntnis genommen hat.

Unabhängig davon verjähren Ansprüche jedoch zehn Jahre nach ihrer Entstehung.

11.3.6 Risiken bei der Geldanlage in Wertpapieren

Im Beratungsgespräch muss der Kunde sowohl über die Risiken der Anlage in Wertpapieren im Allgemeinen als auch über die speziellen Risiken der einzelnen Wertpapier- und Anlagearten unterrichtet werden.

11.3.6.1 Grundrisiken

Konjunkturrisiko. Die Konjunktur (das Auf und Ab der wirtschaftlichen Entwicklung) wirkt auf die Kursentwicklung der Wertpapiere ein. Die Kurse entwickeln sich (mit zeitlichem Vorlauf) entsprechend dem Konjunkturzyklus. Bei einer Anlageentscheidung muss das berücksichtigt werden. Anlageformen, die in bestimmten Konjunkturphasen empfehlenswert sind und Gewinne erwarten lassen, sind in einer anderen Phase weniger geeignet und bringen möglicherweise Verlust ein. Auch der Kauf oder Verkauf zum falschen Zeitpunkt birgt ein Verlustrisiko. Die Wertpapierkurse reagieren ebenso auf Maßnahmen der staatlichen Konjunktur- und Finanzpolitik, die die Konjunktur beeinflussen oder beeinflussen sollen.

Typischer Konjunkturverlauf

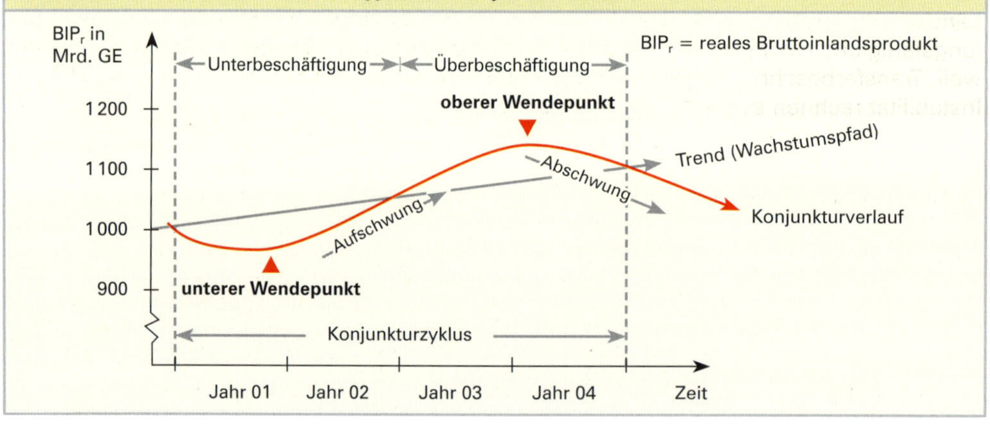

Besonders zu beachten sind die Gesamtmarktentwicklung bei Aktien und die Entwicklung der Zinsen während eines Konjunkturzyklus. Diese verlaufen regelmäßig wie nachstehend dargestellt.

Konjunktur-phase	**unterer Wendepunkt**	**Aufschwung**	**Boom (Hoch-konjunktur)**	**oberer Wende-punkt (Kon-junkturgipfel)**	**Abschwung**
Entwicklung der Zinsen	niedrig	noch niedrig	steigend	hoch	langsam sinkend
Entwicklung der Aktienkurse	hoch	hoch	sinkend	niedrig	langsam steigend

Zu beachten ist insbesondere beim Aktienmarkt, dass dieser regelmäßig einen Vorlauf von ca. sechs Monaten vor einer tatsächlichen Änderung der Konjunkturentwicklung aufweist. Der Anleger sollte daher die Frühindikatoren der Konjunkturentwicklung, z. B. Auftragslage der Unternehmen, Ergebnisse von Unternehmerbefragungen oder Lagerbestandsveränderungen, besonders beobachten.

Inflationsrisiko. Das Risiko beinhaltet die Gefahr, wegen Geldentwertung Substanz- oder Ertragseinbußen hinnehmen zu müssen. Die Realverzinsung ist hierfür ein wichtiger Indikator.

Realverzinsung
Festverzinsliche Wertpapiere
Rendite – Inflationsrate = Realverzinsung
Aktien
Realisierter Ertrag (Dividendeneinnahmen, Kursgewinn/Kursverlust) – Inflationsrate = Realverzinsung

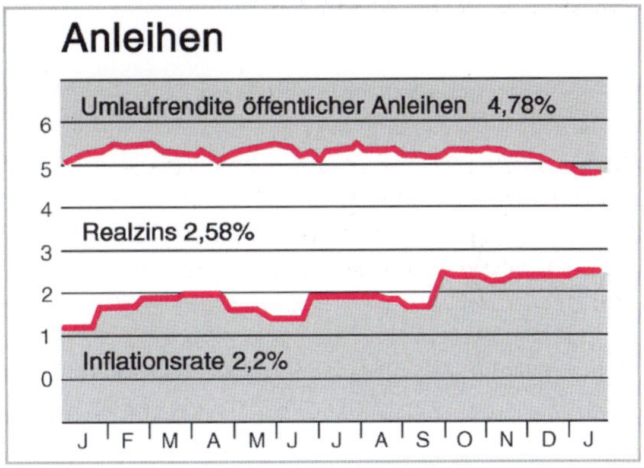

Länderrisiko/Transferrisiko besteht darin, dass ein ausländischer Schuldner, obwohl zahlungsfähig und -willig, seinen Tilgungs- und Zinsverpflichtungen nicht nachkommen kann, weil Transferbeschränkungen bestehen. Die Gefahren politischer und wirtschaftlicher Instabilität rechnen ebenfalls zum Länderrisiko.

Länderratings können als Beratungshilfe dienen. Sie stufen die Länder nach ihrer Bonität ein.

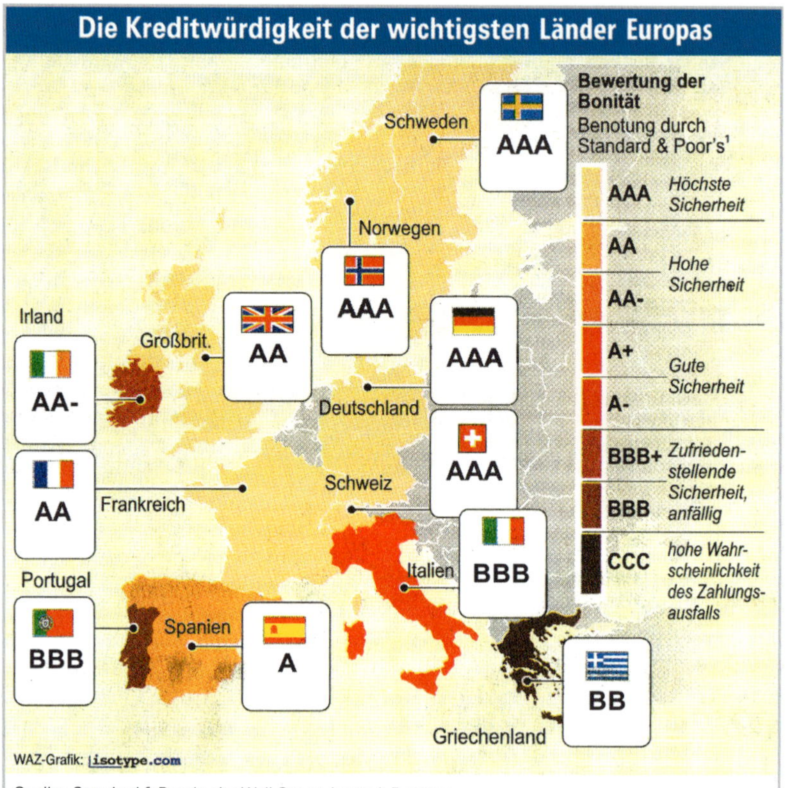

Quelle: Standard & Poor's, the Wall Street Journal, Reuters;

Quelle: In Anlehnung an: Westdeutsche Allgemeine Zeitung, Stand Januar 2023

Währungsrisiko: Anleger sind einem Währungsrisiko ausgesetzt, wenn sie auf eine fremde Währung lautende Wertpapiere halten. Durch eine Aufwertung des Euro (Abwertung der Auslandswährung) verlieren die in Euro bewerteten ausländischen Vermögenspositionen an Wert. Zum Kursrisiko ausländischer Wertpapiere kommt somit das Währungsrisiko hinzu.

Anlage von EUR in 10 000,00 USD
1,0734 USD – 1 EUR 10 000,0000 USD – x EUR Anlage: 9 316,19 EUR
Anstieg des EUR-Kurses (= Aufwertung des EUR/ Abwertung des USD)
1,1755 USD – 1 EUR 10 000,0000 USD – x EUR Rückzahlung: 8 507,02 EUR

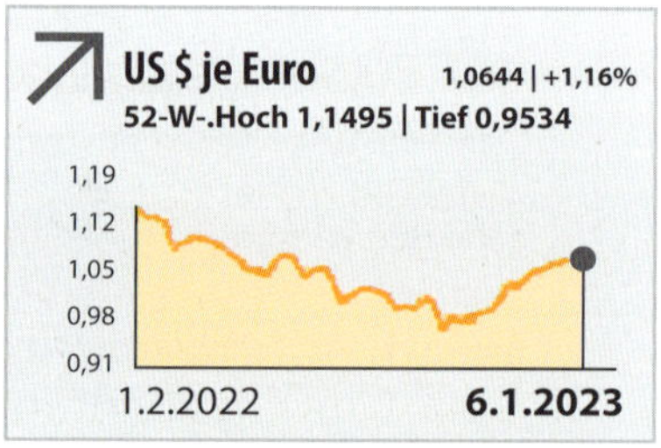

Quelle: Handelsblatt vom 9. Januar 2023

Liquiditätsrisiko. Das Risiko beinhaltet die Gefahr, dass eine Wertpapieranlage bei Geldbedarf nicht jederzeit verkauft und in liquide Mittel umgewandelt werden kann. Mögliche Ursachen für die Illiquidität einer Anlage sind: enge und illiquide Märkte (z. B. Verzögerung der Auftragsausführung bei Verkauf, wenn zu wenige bzw. keine passenden Gegenaufträge am Markt vorliegen), Ausgestaltung des Papiers (z. B. zeitaufwendige Umschreibung bei Namenspapieren) und Marktusancen (z. B. längere Erfüllungsfristen im Ausland).

1 Vgl. auch die Ratingskala im Kapitel 11.4.5.

Weitere Grundrisiken sind u.a.:

- **Steuer-Risiken.** Gefahr, dass der Wert und die Erträge einer Kapitalanlage durch steuerliche Belastungen beeinträchtigt werden (z.B. Doppelbesteuerung von Auslands-Anlagen, Steuerrechtsänderungen).
- **Nebenkosten** (Konditionen, Transaktionskosten, Depotkosten u.a.) → Auswirkungen auf den Ertrag.
- **Psychologisches Marktrisiko.** Gerüchte, Stimmungen (z.B. Panik) und Meinungen können zu einem Kursrückgang – oft zu einem Crash bei Aktien – führen, obwohl sich die fundamentalen Daten (Ertragslage der Unternehmen oder die Zinsentwicklung) nicht negativ verändert haben. „Regeln" wie „Sell in may and go away" („Verkaufe im Mai und gehe weg – von der Börse") oder „Oktober = Crash-Monat" haben sich in den Köpfen vieler Anleger festgesetzt, die sich dann entsprechend verhalten.
- **Risiko bei kreditfinanzierten Wertpapierkäufen.** Kursverluste in auf Kredit gekauften Wertpapieren können dazu führen, dass die Kredit gebende Bank wegen Überschreitung des Beleihungsrahmens weitere Sicherheiten vom Anleger nachfordert. Kann der Anleger diese zusätzlichen Sicherheiten nicht beschaffen, kommt es zu Zwangsliquidationen durch die Bank, die für den Anleger die Realisation erheblicher Verluste bedeuten kann.

11.3.6.2 Risikoklassen der Anlageprodukte

Anlageprodukte und insbesondere Wertpapiere lassen sich hinsichtlich des mit ihnen verbundenen Risikos in verschiedene Klassen einordnen (i.d.R. 5 Risikoklassen). Diese Klassifizierung ermöglicht eine passgenauere Zuordnung der Produkte zu bestimmten Kundentypen/Kundenkategorien und erleichtert ein individuelleres Kundengespräch bzw. eine zielgenauere werbliche Ansprache.

Die Zuordnung der Wertpapiergattungen wird von den Kreditinstituten vorgenommen. In der Praxis haben sich folgende Klassen herausgebildet, wobei die Risikobereitschaft mit höheren Einstufungen zunimmt:

Risikoklasse 1 (sicherheitsorientiert): umfasst Bankeinlagen wie Tages- und Festgelder, Spareinlagen und Sparbriefe, Bausparverträge, Pfandbriefe und EU-Geldmarktfonds.

Risikoklasse 2 (konservativ): hierunter fallen festverzinsliche Wertpapiere guter Bonität, europäische Rentenfonds und geldmarktnahe Fonds.

Risikoklasse 3 (ertragsorientiert mit begrenztem Risiko): hier finden sich Aktien und Aktienfonds aus europäischen Standardwerten, internationale Aktien-, Renten- und Mischfonds.

Risikoklasse 4 (spekulativ mit größerem Risiko): betrifft Anleihen mittlerer Bonität, Aktien und Aktienfonds aus europäischen Nebenwerten und außereuropäischen Standardwerten sowie Zertifikate.

Risikoklasse 5 (hochriskant und -spekulativ): umfasst spekulative Anleihen (Junk Bonds), Derivate wie Optionen, Optionsscheine und Futures sowie Aktien- und Rentenwerte aus den Emerging Markets.[1]

Die Erläuterungen der speziellen Risiken erfolgen in den jeweiligen Kapiteln der entsprechenden Wertpapiergattungen.

1 Als Emerging Markets werden solche Märkte bezeichnet, die sich gerade entwickeln und an Bedeutung gewinnen → Märkte der Schwellenländer, „aufstrebende Märkte".

11.3.7 Gesetzliche Anlegerentschädigung

Institute sind gesetzlich verpflichtet, neben ihren Einlagen auch ihre Verbindlichkeiten aus Wertpapiergeschäften durch Zugehörigkeit zu einer Entschädigungseinrichtung zu sichern. Wertpapierhandelsunternehmen (z. B. Wertpapierhandelsbanken, Finanzdienstleister, Kapitalverwaltungsgesellschaften) sichern ihre Verbindlichkeiten aus Wertpapiergeschäften bei der Entschädigungseinrichtung der Wertpapierhandelsunternehmen (EdW). Die Entschädigungseinrichtung der Wertpapierhandelsunternehmen tritt ein, wenn ein Kreditinstitut – insolvenzbedingt – nicht mehr in der Lage ist,

- die Gelder zurückzuzahlen, die es im Zusammenhang mit Wertpapiergeschäften schuldet, oder
- Wertpapiere oder Finanzinstrumente, die ihm zur Verwahrung anvertraut sind, zurückzugeben.

§ 4 AnlEntG

Im Rahmen der gesetzlichen Anlegerentschädigung (Anlegerentschädigungsgesetz – AnlEntG) haben die Kunden im Schadensfall Anspruch auf 90 % ihrer „Forderungen aus Wertpapiergeschäften", maximal aber nur auf 20 000,00 €. Der Entschädigungsanspruch mindert sich insoweit, als der durch den Entschädigungsfall eingetretene Vermögensverlust durch Leistungen Dritter ausgeglichen wird. Durch diese Regelung möchte der Gesetzgeber sicherstellen, dass der Anleger nicht über den festgestellten Schaden hinaus, beispielsweise durch die erfolgreiche Verfolgung von Schadensersatzansprüchen gegen einen Vermittler, entschädigt wird.

11.4 Gläubigereffekten – Verzinsliche Wertpapiere

11.4.1 Wesen und Merkmale

Der Erwerber eines verzinslichen Wertpapiers ist *Gläubiger des Emittenten* mit dem in der Urkunde verbrieften Betrag, dem *Nennwert* oder *Nominalwert.* Er hat Anspruch auf einen *vereinbarten Ertrag* (Zins) und auf Rückzahlung des Kapitals. Das Wertpapier gewährt also *Gläubigerrechte,* daher auch die Bezeichnung „Gläubigereffekten".

Die Zinsvereinbarungen hängen von der Ausgestaltung des Produkts ab.

Beispiele:

Festzins	variable Verzinsung	wechselnde Zinsphasen	Gleitzins	Zerobond
Nomineller Zinssatz, der für die gesamte Laufzeit gleich hoch bleibt und sich auch durch zukünftige Marktentwicklungen nicht ändert.	Zins, der sich innerhalb der vereinbarten Laufzeit periodisch bzw. aperiodisch entsprechend der Marktentwicklung ändern kann. Hierfür ist ein Referenzzins erforderlich.	Wechselnde Phasen von Festzins und variabler Verzinsung.	Im Zeitablauf steigender oder fallender Zins.	Zins (Rendite) ergibt sich aus der Differenz zwischen Kaufkurs und Rückzahlungskurs. → vgl. Kapitel 11.4.4.8

11.4.2 Laufzeit und Rückzahlung

11.4.2.1 Laufzeit

Dem Marktinteresse entsprechend sind verzinsliche Wertpapiere zurzeit mit Laufzeiten von 3–10 Jahren, selten bis zu 15 Jahren oder darüber ausgestattet. Wertpapiere mit längerer Laufzeit (ca. 30–40 Jahre), wie sie z. B. bei Hypothekenpfandbriefen und Öffentlichen Pfandbriefen üblich waren, befinden sich zwar noch am Markt, werden aber kaum noch emittiert.

11.4.2.2 Rückzahlung

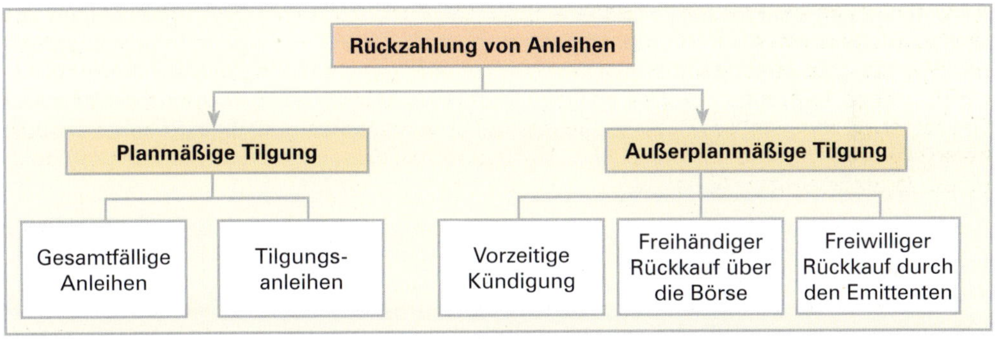

Planmäßige Tilgungen entsprechend den Tilgungsplänen sind die Regel. Bei *gesamtfälligen Anleihen* erfolgt die Rückzahlung der Anleihe in einer Summe am Ende der Laufzeit.

Bei *Tilgungsanleihen* wird der Anleihebetrag über die Laufzeit der Anleihe verteilt und in mehreren gleich bleibenden, steigenden oder fallenden Jahresraten zurückgezahlt. Die Rückzahlung beginnt in der Regel nach Ablauf einer Anzahl tilgungsfreier Jahre. Die zurückzuzahlenden Stücke können durch Auslosung von Endziffern, Serien oder Gruppen bestimmt werden.

Außerplanmäßige Tilgungen. Die Emissionsbedingungen können Rückzahlungen auch durch *vorzeitige Kündigung* der gesamten Anleihe oder von Teilen derselben vorsehen. Dem Emittenten ist dabei die Möglichkeit gegeben, die Anleihe zu kündigen, wenn der allgemeine Kapitalmarktzins wesentlich unter den der Anleihe gesunken ist. Die Kündigungsmöglichkeit wird in der Regel jedoch für die vorgeschalteten tilgungsfreien Jahre ausgeschlossen. Eine Kündigung durch den Anleihegläubiger ist in den Anleihebedingungen regelmäßig ausgeschlossen. Er kann aber die Schuldverschreibungen jederzeit über die Börse verkaufen.

Die Emissionsbedingungen können ferner die Erfüllung der Rückzahlungsverpflichtung durch *freihändigen Rückkauf* an der Börse ermöglichen. Das geschieht vorwiegend dann, wenn der Kurs zuzüglich Kosten niedriger ist als der Rückzahlungskurs. Wenn aufgrund geänderter Kapitalmarktverhältnisse die Nominalverzinsung der Anleihe nicht mehr marktgerecht ist, kann der Emittent den Anlegern die Möglichkeit anbieten, ihre niedrigverzinslichen Stücke vorzeitig zu einem günstigen Kurs zurückzugeben. Dieser *freiwillige Rückkauf* wird oft von Hypothekenbanken durchgeführt, um die Platzierungskraft für künftige Emissionen zu erhalten.

Ewige Anleihen zeichnen sich dadurch aus, dass bei der Ausgabe kein Rückzahlungstermin vereinbart ist. Die Laufzeit endet erst mit der Kündigung durch den Schuldner. Kreditinstitute begeben ewige Anleihen mit Nachrangabrede, um die Ausstattung mit bankaufsichtsrechtlich anerkanntem Eigenkapital zu verbessern (vgl. Tier 1-Anleihen, Kapitel 11.4.4.4).

§ 801 BGB **Verjährungsfristen.** Rückzahlungsansprüche erlöschen 30 Jahre nach Fälligkeit, wenn nicht die Urkunde vor dem Ablauf der 30 Jahre dem Aussteller zur Einlösung vorgelegt wird. Bei fristgerechter Geltendmachung verjährt die Forderung in 2 Jahren vom Ende der Vorlegungsfrist an. Ansprüche aus Wertpapiererträgen – Zinsen und Dividenden – unterliegen einer Vorlegungsfrist von 4 Jahren. Die Frist beginnt mit dem Schluss des Jahres, in welchem die Wertpapiererträge fällig waren. Erfolgt die Vorlegung innerhalb der Vorlegungsfrist, so verjährt der Anspruch in zwei Jahren von dem Ende der Vorlegungsfrist an. Die Dauer und der Beginn der Vorlegungsfrist können von dem Aussteller in der Urkunde anders bestimmt werden.

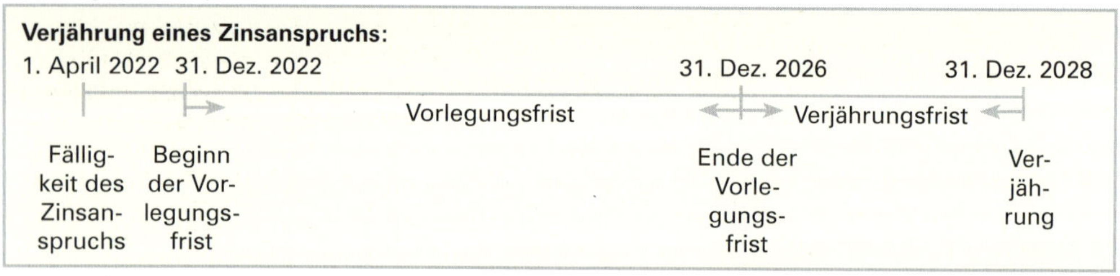

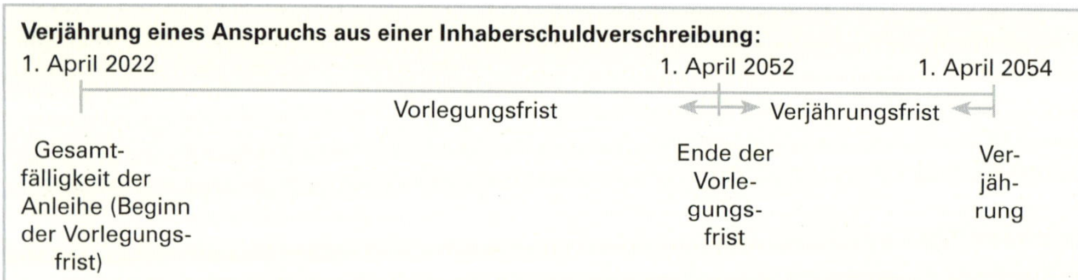

11.4.3 Verzinsung – Rendite

11.4.3.1 Nominalverzinsung

Die Nominalverzinsung stellt den jährlichen Zinsanspruch dar und wird immer auf den Nominalwert bezogen, unabhängig davon, zu welchem Kurs das Wertpapier erworben wurde. Sie ist in Zinsscheinen verbrieft und wird an den Fälligkeitstagen, den sog. Zinsterminen, rückwirkend für den vergangenen Zinszeitraum gezahlt.

Beispiel:

Bei einer Anlage im Nominalwert von 50 000,00 € in eine 3 %ige Anleihe mit dem Zinstermin 15. April gzj., zu einem Kurswert von 48 000,00 € erhält der Anleger am 15. April eines Jahres für den Zeitraum 15. April des Vorjahres (einschl.) bis zum 14. April des laufenden Jahres (einschl.) Zinsen in Höhe von 1 500,00 € (3 % von 50 000,00 €).

Die meisten festverzinslichen Wertpapiere haben einen ganzjährigen Zinskupon, wenige Anleihen bieten die Möglichkeit der halbjährlichen, unterjährigen Zinszahlung. Bei Floating-Rate-Notes werden die Zinsen vierteljährlich gezahlt.

Zinstermin	fälliger Zinsschein	Zinszeitraum
1. Mai gzj. (ganzjährig)	1. Mai des lfd. Jahres	1. Mai des Vorjahres (einschl.) bis 30. April des lfd. Jahres (einschl.)
24. April gzj.	24. April des lfd. Jahres	24. April des Vorjahres (einschl.) bis 23. April des lfd. Jahres (einschl.)
J/J ≈ 1. Jan./1. Juli	1. Jan. des lfd. Jahres	1. Juli des Vorjahres (einschl.) bis 31. Dez. des Vorjahres (einschl.)
	1. Juli des lfd. Jahres	1. Jan. des lfd. Jahres (einschl.) bis 30. Juni des lfd. Jahres (einschl.)
15. A/O ≈ 15. April/ 15. Okt.	15. April des lfd. Jahres	15. Okt. des Vorjahres (einschl.) bis 14. April des lfd. Jahres (einschl.)
	15. Okt. des lfd. Jahres	15. April des lfd. Jahres (einschl.) bis 14. Okt. des lfd. Jahres (einschl.)
Weitere unterjährige Zinstermine:	F/A ≈ 1. Feb./1. Aug., M/S ≈ 1. März/1. Sept. M/N ≈ 1. Mai/1. Nov., J/D ≈ 1. Juni/1. Dez.	

Stückzinsen. Erträge aus Wertpapieren stehen dem jeweiligen Eigentümer zu. Da der Tag des Kaufs oder Verkaufs (Schlusstag) von festverzinslichen Wertpapieren selten auch der Fälligkeitstag eines Zinskupons ist, müssen Zinsen verrechnet werden; es werden „Stückzinsen" berechnet. Die Stückzinsen stehen dem Verkäufer bis einschließlich des Kalendertages vor der Valutierung (Erfüllung) zu. Wird der nächstfällige Kupon mitgeliefert, so zahlt der Käufer Stückzinsen vom Beginn des laufenden Zinszeitraums bis einschließlich des Kalendertages vor der Valutierung (Plus-Stückzinsen). Sie werden dem Kaufpreis (Kurswert) zugeschlagen. Beim nächsten Zinstermin erhält der Käufer die vollen Halbjahres-/Jahreszinsen ausbezahlt.

Stückzinsberechnung

Der Verkäufer erhält:	Der Käufer bezahlt:
Kurswert + Stückzinsen = ausmachender Betrag	Kurswert + Stückzinsen = ausmachender Betrag
Der laufende Zinsschein geht vom Verkäufer an den Käufer. Damit wird der Zinsanspruch für die gesamte Zinsperiode auf den Käufer übertragen. Der Verkäufer hat deshalb Anspruch auf Vergütung der ihm bis einschließlich 1 Kalendertag vor dem Erfüllungsdatum zustehenden Zinsen.	Der an den Käufer gehende, laufende Zinsschein beinhaltet den Zinsanspruch für die gesamte Zinsperiode. Der Käufer muss dem Verkäufer die bis zum Kalendertag vor dem Erfüllungsdatum entstandenen Zinsen vergüten.

Beispiel:

Erwerb einer 1 % Bundesanleihe, Zinstermin 10. Februar + 10. Februar n. J. u. ff., am Mittwoch, dem 8. September 20.., des laufenden Jahres (kein Schaltjahr) (act/act).

Schlusstag **Mi. 8. Sept.**	**Zinsvaluta** **Do. 9. Sept.**	**Wertstellung (Erfüllung)** **Fr. 10. Sept.**
Die Zinsen vom 10. Februar einschl. bis 9. September einschl. stehen dem Verkäufer zu = 212 Zinstage		Die Zinsen vom 10. September einschl. bis 9. Februar n. J. einschl. stehen dem Käufer zu = 153 Zinstage

Da der Käufer den nächstfälligen Zinsschein mitgeliefert bekommt, muss er dem Verkäufer für 212 Zinstage Zinsen vergüten.

Die Kupongutschrift erfolgt am 10. Februar n. J. für 365 Zinstage zugunsten des Käufers.

Die dem Verkäufer vom Käufer erstatteten Stückzinsen unterliegen der Abgeltungsteuer (vgl. aber Verlustverrechnung Kapitel 17.2.5).

Die Stückzinsberechnung erfolgt bei Floatern, unverzinslichen Schatzanweisungen und Anleihen mit Gesamtlaufzeiten unter 2 Jahren nach der Eurozinsmethode (act/360).

Beispiel:

Erwerb von Schuldverschreibungen (Floater) J/J + 1. Januar nächsten Jahres u. ff. am Freitag, dem 6. November laufenden Jahres.

Schlusstag **Fr. 6. Nov.**	Sa. 7. Nov.	So. 8. Nov.	**Zinsvaluta** **Mo. 9. Nov.**	**Wertstellung (Erfüllung)** **Di. 10. Nov.**
Zinsen vom 1. Juli (einschl.) bis 9. November (einschl.) stehen dem Verkäufer zu = 132 Zinstage				Zinsen vom 10. November (einschl.) bis 31. Dezember (einschl.) stehen dem Käufer zu = 52 Zinstage

Da der Käufer den nächstfälligen Zinsschein mitgeliefert bekommt, muss er dem Verkäufer für 132 Zinstage Zinsen vergüten.

Da die Zinsscheine nach den Bedingungen der Clearstream Banking AG am Abend des Bankarbeitstages vor dem Zinstermin getrennt werden (gleitende Kupontrennung), gibt es für normale Effektenhandelsgeschäfte mit festverzinslichen Wertpapieren und Schuldbuchforderungen nur noch Plus-Stückzinsen, und zwar maximal für 364 bzw. 365/366 Tage.

Werden Schuldverschreibungen bereits vor Beginn des Zinslaufs verkauft, so stehen dem Kunden vom Tag der Valutierung des Effektenkaufs (einschließlich) bis zum Tag vor Beginn des Zinslaufs (einschließlich) Zinsen zu. Sie können vom Kurswert/Kaufpreis abgezogen werden (Minus-Stückzinsen), dadurch mindert sich der Kapitaleinsatz. Häufig werden diese Zinsen mit den Zinsen des ersten Zinsscheins bei dessen Fälligkeit gemeinsam ausgezahlt.In diesem Fall erhält der Anleger Zinsen für mehr als 365/366 Tage.

Bei Schuldverschreibungen, die im Rahmen der Hausverwahrung verwaltet werden, können ebenfalls Minus-Stückzinsen anfallen, wenn aus technischen Gründen der Zinsschein vor dem Zinstermin abgetrennt und somit nicht mitgeliefert wird.

11.4.3.2 Effektivverzinsung (Rendite)

Bei der Effektivverzinsung (tatsächlicher Anlageerfolg) festverzinslicher Wertpapiere werden neben der Nominalverzinsung (laufende Zinszahlungen) zusätzlich Gewinne (Rückzahlungsgewinne) oder Verluste (Rückzahlungsverluste) berücksichtigt. Sie wird dargestellt als Zinssatz pro Jahr (% p.a.). Werden auch sonstige Kosten (Depotgebühren u.Ä.) einbezogen, spricht man von Rendite. In der Praxis werden diese Begriffe häufig synonym verwendet.

Weil es sich um einen Jahreszinssatz handelt, müssen Rückzahlungsgewinn/-verlust zeitanteilig auf ein Jahr umgerechnet und zum Nominalzins addiert werden. Der Kapitaleinsatz (Erwerbskurswert) ist auf 100 % (100,00 €) umzurechnen.

Beispiel:

Der Kurs einer Anleihe mit einem Nominalzinssatz von 4 % p. a. beträgt 98,00 %. Die Rückzahlung erfolgt in 48 Monaten zu pari (= 100 %).

Durch die Kursunterschiede ergibt sich ein zusätzlicher Erfolg, hier ein Rückzahlungsgewinn von 2 %-Punkten in 48 Monaten; pro Jahr beträgt der Rückzahlungsgewinn 0,50 % p.a. oder 0,50 €. Dieser zusätzliche Ertrag muss zusammen mit der Nominalverzinsung auf den tatsächlichen Kapitaleinsatz von 98 % bezogen werden. Dann ist die so ermittelte Effektivverzinsung mit anderen Jahreszinssätzen vergleichbar.

	Nominalzins pro Jahr	4,00 €
+	Rückzahlungsgewinn pro Jahr (anteilig)	0,50 €
=	Ertrag pro Jahr	4,50 €

Kapitaleinsatz (tatsächlich)	98 % – 4,50 €
Kapitaleinsatz	100 % – ? €

$$\frac{4{,}50 \cdot 100}{98{,}00} = 4{,}591\ € \approx 4{,}591\ \%$$

Effektivverzinsung: 4,59 %

Ein Rückzahlungsverlust, der durch Kauf über 100 % und Rückzahlung zu pari entstünde, müsste ebenfalls in einen Rückzahlungsverlust pro Jahr umgerechnet werden, er würde den nominellen Jahresertrag mindern.

Die Formel („vereinfachte Bankenformel")[1] für die Errechnung der Effektivverzinsung lautet:

$$P_{eff} = \frac{P_{nom} + \frac{RK - EK}{M} \cdot 12}{EK} \cdot 100$$

P_{eff}	Effektivverzinsung
P_{nom}	Nominalverzinsung
EK	Erwerbskurs
RK	Rückzahlungskurs
M	Restlaufzeit in Monaten

Mithilfe der Effektivverzinsung ist es leichter, festverzinsliche Wertpapiere mit unterschiedlichen Nominalzinssätzen und verschiedenen Kursen rechnerisch vergleichbar zu machen. Dabei gilt:

- die Effektivverzinsung ist bei gegebenem Rückzahlungsgewinn umso höher, je kürzer die Restlaufzeit ist, sie ist umso niedriger, je länger die Restlaufzeit ist;
- die Effektivverzinsung ist bei gegebenem Rückzahlungsverlust umso höher, je länger die Restlaufzeit ist, sie ist umso niedriger, je kürzer die Restlaufzeit ist.

Mittlere Laufzeit. Im Falle einer ratenweisen Rückzahlung des Wertpapiers ist der Zeitpunkt der Fälligkeit eines Wertpapiers im Voraus nicht bekannt. Es wird ein *„wahrscheinlicher Rückzahlungstermin"* angenommen. Bei *unregelmäßiger* Tilgung ist es der Tag, an dem laut Plan die *Hälfte* der Anleihe getilgt sein wird.

1 In der Bankpraxis gelten für die Ermittlung der Effektivverzinsung besondere Bestimmungen und Formeln. Hierbei werden Rückzahlungsgewinne/-verluste, die ja nicht jährlich erzielt werden, durch Auf- bzw. Abzinsung berücksichtigt.

Bei der vorwiegend üblichen Rückzahlung in *gleichen Raten* liegt er in der Mitte zwischen dem 1. und letzten Rückzahlungstermin.

$$\frac{\text{kürzeste Laufzeit} + \text{längste Laufzeit}}{2}$$

Die Effektivverzinsung spielt im Vergleich der Wertpapiere eine wesentliche Rolle. So könnte es sich z. B. durchaus ergeben, dass ein nominal niedrig verzinstes Wertpapier infolge seiner geringeren Bewertung am Markt und eines möglichen weiteren Kursausschlags nach unten zu einem bestimmten Augenblick eine bessere Rendite ergibt als ein nominal höher verzinsliches.

Zinsniveau und Kursveränderungen. Die Kursveränderungen der festverzinslichen Wertpapiere sind insbesondere abhängig von der Veränderung des Zinsniveaus am Kapitalmarkt. Je stärker das Zinsniveau fällt, umso stärker steigt der Kurs des mit einem festen Nominalzins ausgestatteten Wertpapiers. Je stärker das Zinsniveau steigt, umso stärker fällt der Kurs des festverzinslichen Wertpapiers. Zinsniveauänderungen und Kursniveauänderungen verhalten sich also entgegengesetzt. Je länger die Restlaufzeit, desto größer ist die Kursveränderung.

11.4.4 Arten von Gläubigereffekten

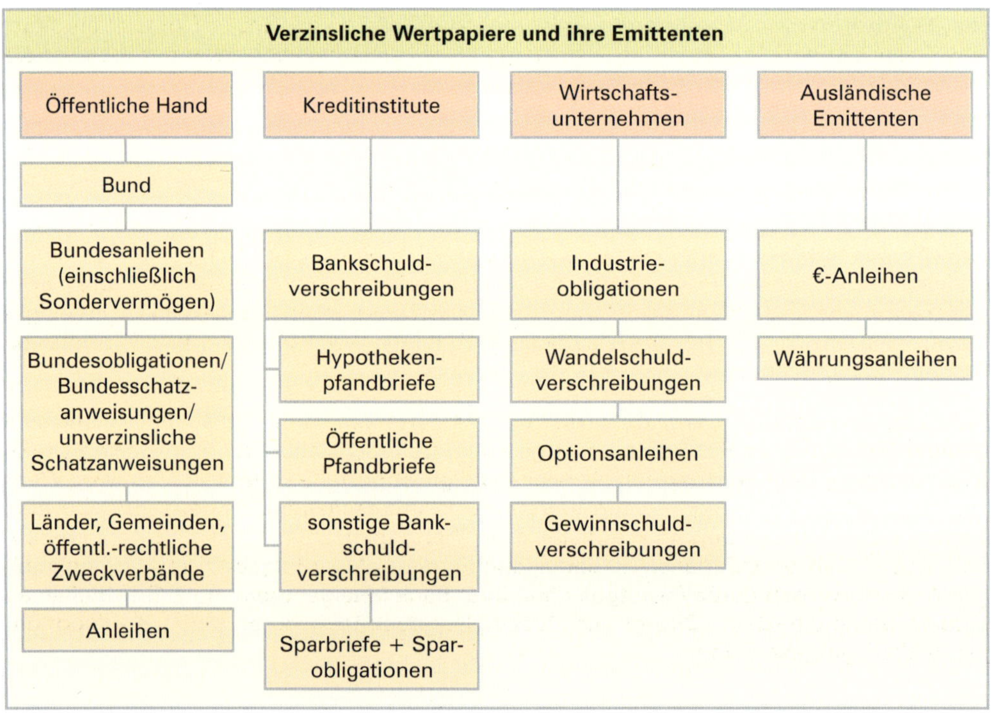

11.4.4.1 Öffentliche Anleihen

Öffentliche Anleihen sind Wertpapiere und Schuldbuchforderungen

- des Bundes einschl. der Sondervermögen.
  Sondervermögen des Bundes sind u. a.:
  Bundeseisenbahnvermögen, ERP[1]-Sondervermögen, Sonderfonds Finanzmarktstabilisierung (SoFFin), Energie- und Klimafonds, Restrukturierungsfonds für Kreditinstitute, Sondervermögen Bundeswehr.
- der Länder (Staatsanleihen) sowie der
- Gemeinden (Kommunalanleihen).

Sie sind durch das gegenwärtige und zukünftige Vermögen und die Steuerkraft bzw. Einnahmen der Aussteller gesichert.

Ausgabegründe. Die Anleihen des Bundes, der Länder und der Kommunen dienen der Beschaffung von Mitteln für Investitionen, die aus einem laufenden Etat nicht finanziert werden können:

- Sozialer Wohnungsbau, Ausbau des Verkehrsnetzes, Förderung des Bildungswesens, Mittelbeschaffung für die Beseitigung von Notständen und Katastrophenhilfe.
- Abschöpfung von Liquidität und Kaufkraft (Konjunktursteuerung), Stilllegung der Erlöse bei der Bundesbank, Verringerung des Geldumlaufs, Preisdämpfung.

Zur Optimierung des Debt-Managements (Schuldenmanagement) des Bundes wurde die „Bundesrepublik Deutschland – Finanzagentur GmbH“[2] mit Sitz in Frankfurt am Main gegründet. Aufgabe der Finanzagentur ist, durch ein effektives Schuldenmanagement die Zinsausgaben des Bundes zu senken.

11.4.4.2 Wertpapiere der Bundesrepublik Deutschland

LS 3
Situation 1

Die Wertpapiere der BRD dienen der langfristigen bis kurzfristigen Finanzierung staatlicher Aufgaben und Investitionen. Formal handelt es sich um Schuldbuchforderungen oder Wertrechte, die in die Schuldenbücher des Bundes oder seiner Sondervermögen eingetragen werden. Es liegt keine urkundliche Verbriefung vor. Eine Lieferung in effektiven Stücken ist nicht möglich.

Schuldbuchforderungen sind abstrakte Kapitalforderungen, deren Inhalt und Umfang sich aus der Eintragung im Schuldenbuch ergeben. Durch rechtliche Fiktion wird eine Schuldbuchforderung dem Wertpapiersammelbestand gleichgestellt, sodass sich insoweit Wertrechte in keiner Weise von echten Wertpapieren unterscheiden. Eingetragen wird eine Sammelschuldbuchforderung zugunsten einer Wertpapiersammelbank (Clearstream Banking AG), die als treuhänderische Gläubigerin für die Anleger fungiert. Die Anleihegläubiger/Anleger werden durch Depotgutschrift ihrer Bank Miteigentümer nach Bruchteilen an diesem Sammelbestand. Zinsen und Rückzahlungsbeträge werden durch die depotführende Bank gutgeschrieben.

---

1 European Recovery Program (Europäisches Wiederaufbauprogramm) → Nachkriegswirtschaftshilfe der USA für Westdeutschland.

2 Bundesrepublik Deutschland – Finanzagentur GmbH = Deutsche Finanzagentur (Kurzform).

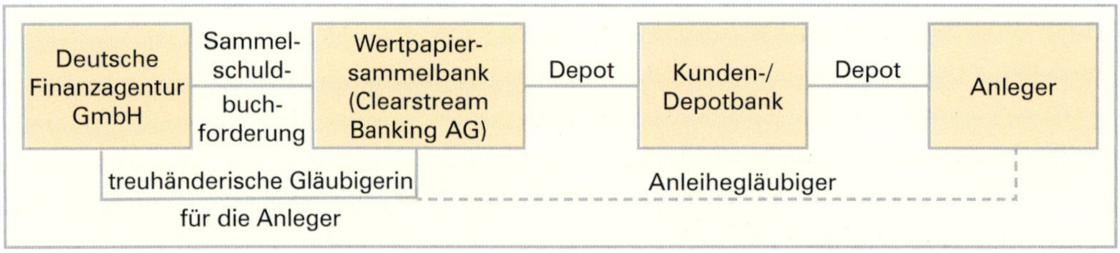

Bundesanleihen sind normalverzinsliche Anleihen mit jährlicher (bei Floatern[1] mit vierteljährlicher) nachträglicher Zinszahlung, die der Beschaffung langfristiger Mittel dienen. Ihre Laufzeit beträgt bei Neuemissionen in der Regel 10 oder 30 Jahre. Ab dem Jahr 2020 wurden aufgrund des deutlich höheren Kreditbedarfs erstmals auch Bundesanleihen mit 7 und 15 Jahren Laufzeit begeben.

Anleihen des Bundes werden als Einmalemissionen im Tenderverfahren[2] emittiert. Gleiches gilt für Bundesobligationen, Bundesschatzanweisungen und unverzinsliche Schatzanweisungen des Bundes. Die Begebung erfolgt über die „Bietergruppe Bundesemissionen". Ihr können gebietsansässige Kreditinstitute und Niederlassungen ausländischer Institute angehören; sie müssen in der Lage sein, im Schnitt mindestens 0,05 % des gesamten zugeteilten Emissionsvolumens zu ersteigern. In jedem Jahr wird eine Liste der Bieter veröffentlicht. Zur Marktpflege werden weiterhin von der Bundesbank über die Börse (freihändige Platzierung) Teilbeträge abgegeben. Privatanleger können Bundesanleihen in unbegrenzter Höhe über Sparkassen und Banken mit den üblichen Transaktionskosten über die Börse erwerben oder veräußern.

Seit Januar 2013 gehört bei allen Anleihen des Bundes mit einer Laufzeit von mehr als einem Jahr eine Umschuldungsklausel (Collective Action Clause) zu den Anleihebedingungen. Sie ermöglicht die nachträgliche Änderung der Anleihebedingungen, wenn mehr als 75 % der Anleihegläubiger dieser Änderung zustimmen (z. B. Laufzeitverlängerung, Rückzahlungseinstellung bzw. teilweise Rückzahlung u. Ä.).

1 Vgl. Kapitel 11.4.4.8 Floating Rate Notes.

2 Vgl. Kapitel 14.3.1.1.

Ausschreibung einer 10-jährigen Anleihe des Bundes im Tenderverfahren

Die Bundesrepublik Deutschland – Finanzagentur GmbH bietet für Rechnung des Bundes über die Deutsche Bundesbank im Wege des Tenderverfahrens an:

2,30 % Anleihe der Bundesrepublik Deutschland von 2023 (2033)
fällig am 15. Februar 2033
Zinstermin 15. Februar gzj., Zinslaufbeginn 13. Januar 2023
erste Zinszahlung am 15. Februar 2024 für 398 Tage
ISIN DE000BU2Z007
angestrebtes Emissionsvolumen (inkl. Marktpflegequote): 5 Mrd €

Die Trennung der Anleihe in Kapitalanspruch und einzelne Zinsansprüche („Stripping") ist möglich.

Bietungsberechtigt sind die Mitglieder der Bietergruppe Bundesemissionen. Gebote müssen über einen Nennbetrag von mindestens 1 Mio € oder einem ganzen Vielfachen davon lauten. Kursgebote müssen auf volle 0,01-Prozentpunkte lauten. Gebote ohne Angabe eines Bietungskurses sind möglich. Die vom Bund akzeptierten Kursgebote werden zu dem im Gebot genannten Kurs, Gebote ohne Kursangabe zum gewogenen Durchschnittskurs der akzeptierten Kursgebote zugeteilt. Repartierung bleibt vorbehalten.

Zeitlicher Ablauf des Tenderverfahrens:

Abgabe der Gebote:	Mittwoch, 11. Januar 2023, 8.00 Uhr bis 11.30 Uhr Frankfurter Zeit
Börseneinführung::	Mittwoch, 11. Januar 2023
Valutierungstag:	Freitag, 13. Januar 2023
Anschaffung des Gegenwertes:	im Rahmen der Lieferung-gegen-Zahlungs-Abwicklung in der Nachtverarbeitung der Clearstream Banking AG Frankfurt, beginnend am Vorabend des Valutierungstages

Im Übrigen gelten die Verfahrensregeln für Tender, die Besonderen Bedingungen der Deutschen Bundesbank für Auktionen von Bundeswertpapieren über das Bund Bietungs-System (BBS) und die Emissionsbedingungen für Bundesanleihen, Bundesobligationen, Bundesschatzanweisungen und Unverzinsliche Schatzanweisungen des Bundes vom 21. Dezember 2012 (BAnz AT 31. 12. 2012 B5).

Quelle: Deutsche Bundesbank, Pressenotiz vom 10. Januar 2023.

Stripping[1] **von Bundesanleihen** bedeutet das Trennen von Kapitalanspruch und Zinsansprüchen. Kapitalstrips und Zinsstrips werden separat gehandelt. Stripping führt zur Entstehung von:

- Nullkupon-Anleihen (Zerobonds)
  Anleihe ex und
- Zinsstrips (als Nullkupon-Anleihen mit unterschiedlicher Laufzeit entsprechend den einzelnen Zinsansprüchen)

Die Gläubiger stripbarer Anleihen können das Stripping von dem depotführenden Kreditinstitut oder der Deutschen Finanzagentur durchführen lassen. Die Wiederzusammenführung/Rekonstruktion der Anleihe cum ist nur Kreditinstituten für ihre Eigenbestände erlaubt. Die Mindestbeträge für Stripping und Rekonstruktion betragen 50 000,00 €.

1 Stripping = STRIPS → Separate Trading of Registered Interest and Principal of Securities.

Bundesobligationen („Bobls") sind Schuldbuchforderungen mit einer Laufzeit von fünf Jahren und jährlich nachträglicher Zinszahlung, die der Vermögensbildung breiter Bevölkerungskreise dienen. Sie werden jährlich in drei Serien in den Monaten Februar, Mai und Oktober mit festem Nominalzins über die „Bietergruppe Bundesemissionen" im Tenderverfahren begeben und im jeweils darauffolgenden Monat aufgestockt. Sie werden unmittelbar nach der Begebung an der Börse eingeführt. Privatanleger können Bundesobligationen in unbegrenzter Höhe über Sparkassen und Banken mit den üblichen Transaktionskosten über die Börse erwerben. Eine vorzeitige Kündigung ist weder durch den Gläubiger noch durch den Schuldner möglich, jedoch können die Papiere täglich zum Börsenkurs verkauft werden.

Bundesschatzanweisungen („Schätze" oder verzinsliche Schatzanweisungen) sind festverzinsliche Inhaberschuldverschreibungen des Bundes und seiner Sondervermögen, die mit einer Laufzeit von 2 Jahren in regelmäßigen Abständen als Einmalemissionen begeben werden. Die Verzinsung erfolgt jährlich nachträglich. Sie dienen der Refinanzierung kurzfristiger Verbindlichkeiten. Eine vorzeitige Rückgabe oder eine Kündigung durch den Emittenten ist nicht möglich. Es handelt sich um „normalverzinsliche" Wertpapiere, für die zum Erwerb weder Minimal- noch Maximal-Anlagebeträge gelten.

Bundesschatzanweisungen werden im Tenderverfahren über die Mitglieder der „Bietergruppe Bundeswertpapiere" begeben und in den regulierten Markt an allen deutschen Wertpapierbörsen eingeführt. Die Deutsche Bundesbank betreibt für Rechnung des Bundes Markt- und Kurspflege. Ein Erwerb bzw. Verkauf durch Privatpersonen ist nur über Kreditinstitute an der Börse möglich.

Unverzinsliche Schatzanweisungen (U-Schätze oder Bubills) sind Inhaberschuldverschreibungen des Bundes und seiner Sondervermögen mit einer Laufzeit von 6 oder 12 Monaten. Eine vorzeitige Rückgabe oder eine Kündigung durch den Emittenten ist nicht möglich.

U-Schätze sind Abzinsungspapiere (Diskontpapiere), d. h., der Anleger erwirbt sie zu einem um die Verzinsung verminderten Kaufpreis/Emissionspreis (= Anlagebetrag). Die Rückzahlung erfolgt zum Nennwert. Die Zinsen für die Laufzeit/Besitzdauer sind somit im Nennwert enthalten.

Kaufpreis = Nennwert – Zinsen

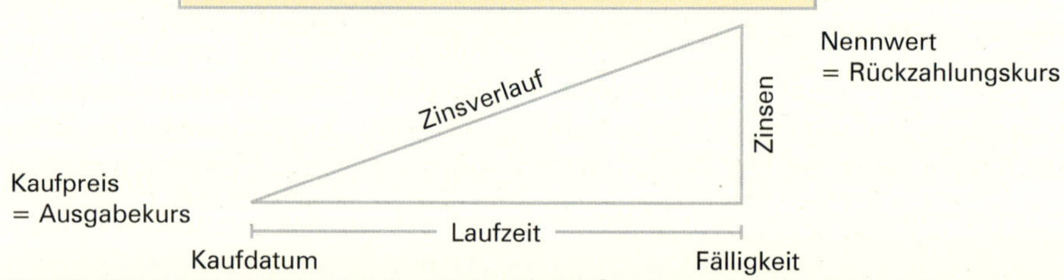

Beispiel:

Bei einem Nennwert von 100 000,00 €, einer Laufzeit von 12 Monaten und einem Zinssatz von 2 % p. a. ergibt sich ein Anlagebetrag/Kaufpreis von 98 000,00 €.

Unverzinsliche Schatzanweisungen werden monatlich als Einmalemission im Tenderverfahren über die „Bietergruppe Bundesemissionen" begeben. Ein Börsenhandel findet nur im weniger regulierten sog. Freiverkehr statt.

Obwohl auch Privatpersonen zum Erwerb unverzinslicher Schatzanweisungen berechtigt sind, werden sie überwiegend institutionellen Investoren (Banken, Sparkassen, Versicherungen u. Ä.) und ausländischen Zentralbanken angeboten.

Für den Anleger ist die Rendite im Vorhinein exakt kalkulierbar und unmittelbar mit anderen Anlageformen vergleichbar. Dagegen ist die Flexibilität eingeschränkt, da ein Handel nur im Freiverkehr stattfindet.

Bei **inflationsindexierten Bundeswertpapieren** unterscheidet man inflationsindexierte Bundesanleihen mit einer Laufzeit von 10 oder 30 Jahren sowie inflationsindexierte Bundesobligationen mit einer Laufzeit von 5 Jahren. Im Gegensatz zu „normalen" Schuldverschreibungen übernimmt der Emittent das Inflationsrisiko. Anleger erhalten feststehende Kuponzahlungen und zusätzlich einen Ausgleich für den während der Laufzeit eingetretenen inflationsbedingten Kaufkraftverlust. Die Höhe der laufenden Verzinsung und der Rückzahlung bei Fälligkeit ist im Euroraum von der Entwicklung des harmonisierten Verbraucherpreisindex (HVPI) abhängig.

Grüne Bundeswertpapiere. Immer mehr Kapitalmarktteilnehmer beziehen Klimawandel und Umweltverschmutzung als wesentliche Risikofaktoren in ihre Anlageentscheidungen ein. Dementsprechend ist die Nachfrage nach grünen und nachhaltigen Finanzprodukten deutlich gestiegen und die Märkte für diese Produkte haben in den letzten Jahren ein bemerkenswertes Wachstum verzeichnet. Mit der Emission von Grünen Bundeswertpapieren leistet der Bund einen bedeutenden Beitrag zur Weiterentwicklung des Marktes für nachhaltige Finanzprodukte und damit zur Bekämpfung des Klimawandels und zur Förderung des Umweltschutzes.[1] Hierbei orientiert er sich an etablierten internationalen Marktstandards, etwa den Nachhaltigkeitszielen der Vereinten Nationen (UN Sustainable Development Goals) oder den Green Bonds Principles der International Capital Market Association (ICMA).

Grüne Bundeswertpapiere zeichnen sich dadurch aus, dass der Bund zusätzlich angibt, welche grünen Projekte und Ausgaben den Nettoemissionserlösen gegenüberstehen. Die Investoren werden dadurch transparent über die Umwelt- und Klimaziele der Bundesregierung informiert. Diese Information ist verbindlich.

Wie konventionelle Bundeswertpapiere sind Grüne Bundeswertpapiere ein Instrument zur Kreditaufnahme des Bundes. Sie werden stets an ein konventionelles Bundeswertpapier angelehnt und mit übereinstimmenden Merkmalen ausgestattet (Zwillingskonzept). So entstehen Zwillingsanleihen mit identischem Kupon und identischem Fälligkeitstermin. Sie haben jedoch unterschiedliche Emissionsvolumen. Das konventionelle Bundeswertpapier ist jeweils deutlich größer als der grüne Zwilling. Beide erhalten jeweils eine eigene Kennnummer (ISIN). Perspektivisch plant der Bund, Zwillingsanleihen mit den Laufzeiten 2, 5, 10 und 30 Jahre anzubieten.

Grüne Bundeswertpapiere werden zz. als Bundesanleihen und Bundesobligationen begeben. Sie können sowohl im Syndikatsverfahren (Platzierung mithilfe von Banken) als auch im etablierten Tenderverfahren neu emittiert werden.

1 In Anlehnung an: Rahmenwerk für Grüne Bundeswertpapiere, Bundesrepublik Deutschland, 24.08.2020.

Beispiele für aktuell umlaufende Grüne Bundeswertpapiere und konventionelle Zwillinge

Anleihe	Fälligkeit	Kupon	Umlaufend	Letzte Emission	ISIN
2021 (2031) Bund/g	15.08.2031	0,00 %	6500 Mio. €	20.10.2021	DE0001030732
2021 (2031) II Bund	15.08.2031	0,00 %	29500 Mio. €	08.12.2021	DE0001102564
2020 (2030) Bund/g	15.08.2030	0,00 %	6500 Mio. €	02.09.2020	DE0001030708
2020 (2030) II Bund	15.08.2030	0,00 %	30500 Mio. €	18.11.2020	DE0001102507
Bobl/g	10.10.2025	0,00 %	5000 Mio. €	04.11.2020	DE0001030716
Bobl	10.10.2025	0,00 %	25000 Mio. €	02.12.2020	DE0001141828

Bundeswertpapiere auf einen Blick

Merkmale	Unverzinsliche Schatzanweisungen	Bundesschatzanweisungen	Bundesobligationen/ Grüne Bundesobligationen
Laufzeit bei Emission	12 Monate	2 Jahre	5 Jahre
Stückelung	0,01 €	0,01 €	0,01 €
Zinszahlung	Abzinsung; Nennwert abzüglich Zinsen = Kaufpreis	jährlich nachträglich	jährlich nachträglich
Zinsberechnungsmethode	actual/360	actual/actual	actual/actual
Erwerb/Anlage	kein Börsenhandel; kein Mindestauftrag; keine Höchstgrenze	gebührenpflichtiger Erwerb über Banken und Sparkassen an der Börse; kein Mindestauftrag; keine Höchstgrenze	
Übertragbarkeit auf Dritte	jederzeit zwischen Depots bei Kreditinstituten		
Lieferung	Wertrechte (= Anteile an einer Sammelschuldbuchforderung); keine effektiven Stücke		
Verwahrung/Verwaltung	Banken und Sparkassen (ggf. Depotgebühren)		
Verkauf bzw. vorz. Rückgabe	Verkauf über Finanzagentur und Börse nicht vorgesehen; sofern ein Käufer gefunden wird, ggf. als individuelle Vereinbarung möglich	Banken und Sparkassen: nach Börseneinführung täglicher Verkauf zum aktuellen Kurs möglich (ggf. Bankprovision)	
Rückzahlung	zum Nennwert	zum Nennwert	zum Nennwert

Bundeswertpapiere auf einen Blick			
Merkmale	**Inflationsindexierte Obligationen**	**Inflationsindexierte Anleihen**	**Bundesanleihen/ Grüne Bundesanleihen**
Laufzeit bei Emission	5 Jahre	10 oder 30 Jahre	7, 10, 15 oder 30 Jahre
Stückelung	0,01 €	0,01 €	0,01 €
Zinszahlung	jährlich nachträglich	jährlich nachträglich	jährlich nachträglich
Zinsberechnungsmethode	actual/actual	actual/actual	actual/actual
Erwerb/Anlage	gebührenpflichtiger Erwerb über Banken und Sparkassen an der Börse; kein Mindestauftrag; keine Höchstgrenze		
Übertragbarkeit auf Dritte	jederzeit auf Kreditinstitute oder von einem Schuldbuchkonto auf ein anderes Schuldbuchkonto		
Lieferung	Wertrechte (= Anteile an einer Sammelschuldbuchforderung); keine effektiven Stücke		
Verwahrung/ Verwaltung	Banken und Sparkassen (ggf. Depotgebühren)		
Verkauf bzw. vorz. Rückgabe	Banken und Sparkassen: nach Börseneinführung täglicher Verkauf zum aktuellen Kurs möglich (ggf. Bankprovision)		
Rückzahlung	abhängig von Inflationsentwicklung, mindestens zum Nennwert		zum Nennwert

Quelle: In Anlehnung an: Bundesrepublik Deutschland Finanzagentur GmbH

Alle Bundeswertpapiere sind mündelsicher. Bundeswertpapiere werden bei Fälligkeit zum Nennwert (inflationsindexierte Papiere mindestens zum Nennwert) zurückgezahlt. Während der Laufzeit unterliegen sie Kursschwankungen.

11.4.4.3 Kommunalanleihen

Kommunalanleihen werden von den Kommunen – den Städten, Kreisen, Provinzialverbänden u. dgl. – ausgegeben. Sie dienen zur direkten Mittelbeschaffung für die Durchführung von Aufgaben, die aus laufenden Etatmitteln nicht finanziert werden können. Sie haben damit die gleiche Zweckbestimmung wie die Staatsanleihen, nur dass sie auf kommunale Aufgaben ausgerichtet sind.

Die Ausgabe von Kommunalanleihen erfolgt vornehmlich durch die großen Städte mit umfangreichem Finanzbedarf. Für kleinere Kommunen ist sie nicht lohnend.

LS 3
Situation 2

11.4.4.4 Bankschuldverschreibungen

Bankschuldverschreibungen sind Schuldverschreibungen, die von Kreditinstituten zur Finanzierung ihres mittel- und langfristigen Kreditgeschäfts oder zur Stärkung des bankaufsichtlich anerkannten Eigenkapitals emittiert werden.

Öffentliche Pfandbriefe, Hypothekenpfandbriefe, Schiffspfandbriefe, Flugzeugpfandbriefe sind verzinsliche Wertpapiere, die von Pfandbriefbanken ausgegeben werden. Die Laufzeiten sind dem Markttrend folgend von früher ca. 30–40 Jahren auf ca. 5–10 Jahre herabgesetzt. Pfandbriefe unterliegen den besonderen Bestimmungen des Pfandbriefgesetzes.

Öffentliche Pfandbriefe sind verzinsliche Inhaberschuldverschreibungen, die durch Forderungen aus der Darlehensgewährung an Gebietskörperschaften, Staaten und Regionalregierungen gedeckt sind.

Hypothekenpfandbriefe sind verzinsliche Inhaberschuldverschreibungen, die durch Hypotheken oder Grundschulden auf Grundstücken und grundstücksgleichen Rechten gesichert sind. Sie dienen der Deckung des langfristigen Finanzierungsbedarfs des privaten Haus- und Grundbesitzes.

Schiffspfandbriefe dienen der Finanzierung größerer Schiffsbauten. Sicherheit gewähren Schiffshypotheken auf in öffentlichen Registern eingetragene Schiffe.

Flugzeugpfandbriefe dienen der Flugzeugfinanzierung. Sicherheit gewähren Hypotheken auf in öffentlichen Registern eingetragenen Flugzeugen.

Nach dem **Pfandbriefgesetz (PfandBG)** können Kreditinstitute, die bestimmte Kriterien erfüllen, zur Emission von Pfandbriefen zugelassen werden.

Die wichtigsten Voraussetzungen für die Erteilung einer Erlaubnis durch die Bundesanstalt für Finanzdienstleistungsaufsicht (BaFin) sind: Das Kreditinstitut muss

§ 2 PfandBG

- über mindestens 25 Mio. € Kernkapital verfügen,
- eine Erlaubnis für das Betreiben des Kreditgeschäfts besitzen,
- das Pfandbriefgeschäft regelmäßig und nachhaltig betreiben,
- einen für das Pfandbriefgeschäft angemessenen organisatorischen Aufbau haben,
- einen Nachweis geeigneter Instrumente zur Steuerung, Überwachung und Kontrolle der Risiken für die Deckungswerte und des darauf gründenden Emissionsgeschäfts erbringen.

Hinweis: Bei der abgebildeten Urkunde handelt es sich um ein historisches Wertpapier, dessen Druck so nicht mehr möglich ist. Sie dient hier lediglich der besseren Anschauung.

Sicherung von Pfandbriefen

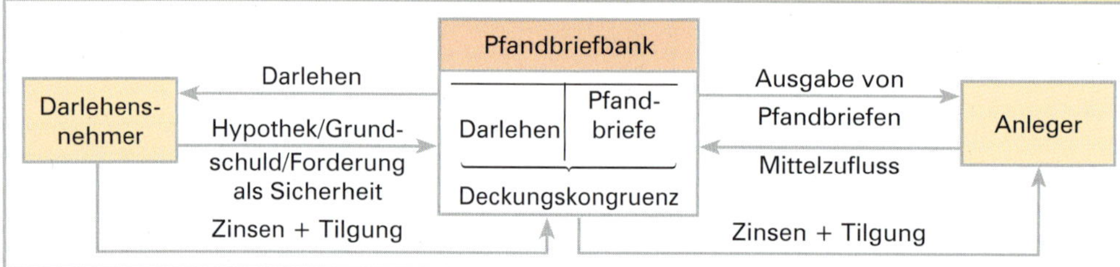

Deckungskongruenz (erhöhte Mindestdeckungsanforderungen)	Der Gesamtbetrag der im Umlauf befindlichen Pfandbriefe einer Gattung muss sowohl in Höhe des Nennwerts als auch in Höhe des Barwerts jederzeit durch Deckungswerte (Darlehen) in mindestens gleicher Höhe und mit mindestens gleichem Zinsertrag gedeckt sein. Darüber hinaus muss eine sichernde Überdeckung von mindestens 2 % der umlaufenden Pfandbriefe in besonders liquiden Deckungswerten barwertig vorgehalten werden, wobei vorgeschrieben ist, mit welchen Anlageformen die Überdeckung erfolgen kann.
Deckungsregister	Sämtliche zur Deckung der umlaufenden Pfandbriefe bestimmten Sicherheiten werden in ein Deckungsregister eingetragen. Ein von der BaFin bestellter Treuhänder kontrolliert die jederzeitige Einhaltung der Deckungsvorschriften und das Deckungsregister.
Insolvenzvorrecht	Falls über das Vermögen der Pfandbriefbank das Insolvenzverfahren eröffnet wird, fallen die in das Deckungsregister eingetragenen Werte nicht in die Insolvenzmasse. Die Pfandbriefgläubiger werden voll aus den im Deckungsregister eingetragenen Werten befriedigt.
Haftung	Außer der Summe der Deckungswerte haftet den Gläubigern der Pfandbriefe das gesamte sonstige Vermögen der Pfandbriefbank.
Bewertung der Beleihungsobjekte	Für die Bewertung der Beleihungsobjekte gelten strenge Regeln. Der Beleihungswert darf den Verkaufswert des Beleihungsobjektes nicht übersteigen. Die Beleihungsgrenze liegt bei den ersten 60 % des von der Pfandbriefbank festgesetzten Wertes des Grundstücks, des Schiffes oder des Flugzeugs (Beleihungswert).

Sonstige Bankschuldverschreibungen. Neben den Pfandbriefbanken finanzieren sich auch andere Banken durch die Ausgabe von mittel- bis langfristigen Schuldverschreibungen. Zum Teil emittieren sie auch Kassenobligationen mit Laufzeiten von ca. 4 Jahren. Es handelt sich bei den Emittenten um Zentralkreditinstitute (DZ Bank AG/Landesbanken), und Großbanken und um solche mit besonderer Zweckbestimmung.

Beispiele:

- *Kreditanstalt für Wiederaufbau,* Frankfurt am Main, Anstalt des öffentlichen Rechts unter Bundesaufsicht.

  Sie emittiert Schuldverschreibungen zur Realisierung von öffentlichen Aufträgen wie der Förderung von Mittelstand und Existenzgründern, der Finanzierung von Infrastrukturvorhaben, Wohnungsbau, Energiespartechniken, Umwelt- und Klimaschutzprojekten. Sie beteiligt sich auch an der Exportfinanzierung.

  Sicherheit: Bundesgarantie.

- *Landwirtschaftliche Rentenbank,* Anstalt des öffentlichen Rechts unter Aufsicht der Deutschen Bundesbank, der BaFin und der EZB.

  Emission von Schuldverschreibungen zur Finanzierung langfristiger Kredite an die Land- und Forstwirtschaft (u. a.).

  Sicherheiten: Grundpfandrechte an den Beleihungsobjekten.
  Die Emittenten unterliegen den gleichen Bestimmungen, wie sie bei Pfandbriefen üblich sind.

- *Deutsche Industriebank AG (IKB)*

  Ausgabe von Schuldverschreibungen zur Beschaffung von Mitteln für mittel- bis langfristige Kredite, vornehmlich an den Mittelstand sowie internationale Unternehmen.

  Sicherheiten: Grundpfandrechte an den Beleihungsobjekten.
  Überwachung durch einen vom Bundeswirtschaftsministerium zu bestellenden Treuhänder.

- *Asset Backed Securities (ABS)* sind Bankschuldverschreibungen, die durch Kreditforderungen gedeckt und besichert sind. Kreditinstitute können durch Asset Backed Securities ihre Kreditportfolios beeinflussen. Bei einer ABS-Transaktion veräußern Banken Kreditforderungen an eine Gesellschaft, die ausschließlich zum Aufkauf dieser Aktiva gegründet wurde. Die Zweckgesellschaft refinanziert sich durch den Verkauf der verbrieften Forderungen (= Wertpapiere) an Investoren.

- *Tier 1-Anleihen* sich unbesicherte nachrangige Anleihen mit unendlicher Laufzeit, die von Kreditinstituten begeben werden. Im Insolvenzfall werden die Gläubiger dieser Anleihen erst als eine der letzten Gläubigergruppen aus der Insolvenzmasse bedient. Das größere Risiko dieser Papiere wird durch eine höhere Verzinsung ausgeglichen. Tier 1-Anleihen werden in der Bilanz des Emittenten dem Kernkapital zugeordnet. Zinsen werden nur gezahlt, wenn das Unternehmen Gewinne schreibt. Ausgefallene Zinszahlungen dürfen nicht nachgezahlt werden. Der Emittent kann die Anleihe erstmalig nach 5 Jahren kündigen.

11.4.4.5 Industrieobligationen

LS 3 Situation 3

Wesen. Industrieobligationen sind das Finanzierungsinstrument der großen Industrieunternehmen für solchen Kreditbedarf, der von den Banken seines Umfangs und seiner Langfristigkeit wegen nicht unmittelbar gewährt werden kann. Die Laufzeit beträgt durchschnittlich 5 bis 10 Jahre.

Sicherheit. Industrieobligationen sind durch die Substanz und die Ertragskraft des emittierenden Unternehmens gesichert. Besondere Sicherheiten werden in der Regel nicht bestellt. Üblich ist aber eine Negativklausel in den Anleihebedingungen.

Negativklausel. Sie kann unterschiedliche Verpflichtungen des Anleiheschuldners beinhalten, u. a.:

Verpflichtung

künftige Anleihen höchstens gleichrangig zu besichern.	Grundbesitz und Vermögen nicht zur Besicherung künftiger Anleihen oder Kredite zu belasten, wenn die Anleihe nicht wenigstens gleichrangig besichert wird.	keine weitere Anleihe während der Laufzeit der Anleihe zu begeben.

Lufthansa
Nr. 000001
Zinsschein 2
2. Zinsschein zur Inhaber Teilschuldverschreibung über EUR 100,– der Euro Anleihe 2005/2010 mit 3,625 Prozent Verzinsung. Zahlbar am 3. Mai 2007.
Köln, im Mai 2005
Deutsche Lufthansa AG
Der Vorstand
Im Fall des Verlustes von Zinsscheinen ist ein Anspruch gemäß §804 Absatz 1 Satz 1 BGB ausgeschlossen.
DE000A0EKFR2
A0EKFR
EUR 3,63
3. Mai 2007

Lufthansa
Nr. 000001
Zinsschein 1
1. Zinsschein zur Inhaber Teilschuldverschreibung über EUR 100,– der Euro Anleihe 2005/2010 mit 3,625 Prozent Verzinsung. Zahlbar am 3. Mai 2006.
Köln, im Mai 2005
Deutsche Lufthansa AG
Der Vorstand
Im Fall des Verlustes von Zinsscheinen ist ein Anspruch gemäß §804 Absatz 1 Satz 1 BGB ausgeschlossen.
DE000A0EKFR2
A0EKFR
EUR 3,63
3. Mai 2006

Lufthansa
Nr. 000001
Zinsschein 4
4. Zinsschein zur Inhaber Teilschuldverschreibung über EUR 100,– der Euro Anleihe 2005/2010 mit 3,625 Prozent Verzinsung. Zahlbar am 3. Mai 2009.
Köln, im Mai 2005
Deutsche Lufthansa AG
Der Vorstand
DE000A0EKFR2
A0EKFR
EUR 3,63

Lufthansa
Nr. 000001
Zinsschein 3
3. Zinsschein zur Inhaber Teilschuldverschreibung über EUR 100,– der Euro Anleihe 2005/2010 mit 3,625 Prozent Verzinsung. Zahlbar am 3. Mai 2008.
Köln, im Mai 2005
Deutsche Lufthansa AG
Der Vorstand
DE000A0EKFR2
A0EKFR
EUR 3,63

Lufthansa

3. Mai • 3,625 % Euro Anleihe von 2005/2010 • 3. Mai 2010 • ISIN DE000A0EKFR2 // WKN A0EKFR • EUR 100,–

Lufthansa

Nr. 000001

Die Deutsche Lufthansa Aktiengesellschaft schuldet dem Inhaber dieser Teilschuldverschreibung EUR 100,–. Dieser Betrag wird jährlich mit 3,625 % ab 3. Mai 2005 einschließlich verzinst, zahlbar nachträglich am 3. Mai jeden Jahres, erstmals am 3. Mai 2006. Der Nennbetrag wird gemäß den beigefügten Anleihebedingungen zurückgezahlt.

Deutsche Lufthansa Aktiengesellschaft
3,625 % Euro Anleihe von 2005/2010
Inhaber Teilschuldverschreibung
über einhundert Euro
EUR 100,–
der 3,625 % Euro Anleihe von 2005/2010
im Gesamtnennbetrag von fünfzig Millionen Euro
EUR 50 000 000,–

eingeteilt in
250 000 Teilschuldverschreibungen zu je EUR 100,–
Nr. 000 001 bis 250 000
50 000 Teilschuldverschreibungen zu je EUR 500,–
Nr. 250 001 bis 300 000

Köln, im Mai 2005

Deutsche Lufthansa Aktiengesellschaft
Der Vorstand

Kontrollunterschrift

Hinweis: Bei der abgebildeten Urkunde handelt es sich um ein historisches Wertpapier, dessen Druck so nicht mehr möglich ist. Sie dient hier lediglich der besseren Anschauung.

Die **Bonität** der Obligationen beruht in erster Linie auf der Qualität des Unternehmens. Sie wird gemessen an der Betriebsleitung, am Wert der betrieblichen Anlagen, an der Bedeutung der Produktion, an der Ertragskraft und an der wirtschaftlichen Stellung. Ihrer Natur nach ist die Industrieobligation risikobehafteter als andere verzinsliche Wertpapiere. In der Regel wird darum ein etwas höherer Zins gewährt.

Industrieobligationen oder Industrieschuldverschreibungen bezeichnet man auch als Teilschuldverschreibungen, weil das einzelne Stück einen Teil der gesamten Anleihe darstellt.

11.4.4.6 Euro-Auslandsanleihen

LS 3
Situation 4

Unter Euro-Auslandsanleihen versteht man mittel- bis langfristige Schuldverschreibungen von ausländischen Schuldnern (ausländische Industrieunternehmen, Geschäftsbanken, Staaten sowie supranationalen Institutionen, z. B. der Weltbank), die von den Geschäftsbanken des Euroraums, auf Euro lautend, innerhalb des Euroraums emittiert werden.

Euro-Auslandsanleihen stellen nach Bankschuldverschreibungen und Schuldverschreibungen öffentlicher Emittenten das drittgrößte Segment des deutschen Kapitalmarkts dar. Sie bergen keinerlei Währungsrisiken, da der Kaufpreis, die Zins- und die Tilgungszahlung auf Euro lauten. Der einzige Unterschied zu inländischen Schuldverschreibungen besteht darin, dass es sich bei dem jeweiligen Emittenten um eine ausländische Institution oder ein ausländisches Unternehmen handelt. Demnach sollte bei Euro-Auslandsanleihen ein besonderes Augenmerk auf die Bonität des Emittenten gelegt werden. Da vor allem im Zuge der Währungsunion das Marktsegment der Auslandsanleihen um ein Vielfaches größer und damit intransparenter geworden ist und in Zukunft noch weiter werden wird, kommt dem Rating (vgl. Kapitel 11.4.5) des jeweiligen Emittenten bzw. der jeweiligen Anleihe als Bewertungskriterium eine zentrale Bedeutung zu. Im Marktsegment der Euro-Auslandsanleihen kann der Anleger ein breiteres Angebot von Risikoeinstufungen finden als bei vergleichbaren inländischen Rentenpapieren. Wegen der schwieriger einzuschätzenden Schuldnerbonität bringen Euro-Auslandsanleihen häufig einen höheren Zinsertrag.

11.4.4.7 (Fremd-)Währungsanleihen

Anleihen, bei denen Kaufpreis, Zins- und Tilgungszahlungen in ausländischer Währung geleistet werden, werden als *„echte“ Währungsanleihen* bezeichnet. Hiervon abzugrenzen sind die sogenannten Doppelwährungsanleihen, die entweder

- in einer bestimmten Währung (z. B. Euro) emittiert werden, die Zins- und Tilgungszahlungen jedoch in einer anderen Währung (z. B. US-Dollar) geleistet werden, oder
- in einer bestimmten Währung (z. B. Euro) getilgt werden, die Emission und die Zinszahlungen aber auf eine andere Währung (z. B. US-Dollar) lauten.

Doppelwährungsanleihen können zudem noch mit Zusatzrechten ausgestattet sein. Zum Beispiel kann der Emittent dem Käufer das Recht einräumen (oder sich selbst vorbehalten), im Fälligkeitszeitpunkt zu entscheiden, in welcher Währung er den Tilgungsbetrag erhalten möchte. Hierbei wird bereits zum Emissionszeitpunkt die Höhe des Tilgungsbetrags in den jeweiligen Währungen, aus denen der Käufer wählen kann, festgelegt.

Als Emittent für „echte“ Währungsanleihen kommen nicht nur Institutionen oder Unternehmen infrage, die ihren Stammsitz in dem Land haben, in dem die Währung, auf die die Währungsanleihe lautet, inländisches Zahlungsmittel ist, sondern auch inländische Institutionen und Unternehmen, die an internationalen Finanzplätzen sowie auf ihrem „Heimatmarkt“ auf andere Währungen lautende Anleihen emittieren. Ein solches Verhalten ist dadurch zu erklären, dass global agierende Emittenten, unabhängig von der Inlandswährung ihres Stammsitzes, Fremdwährungsbestände zur Durchführung internationaler Projekte benötigen. Im Unterschied zu auf Euro lautenden Rentenpapieren ist bei den Währungsanleihen neben den jeweiligen ausstattungsspezifischen Risiken somit auch das Währungsrisiko zu beachten. Bei *kursgesicherten Währungsanleihen* ist das Währungs-/Wechselkursrisiko durch ein bei Emission festgelegtes, festes Umrechnungsverhältnis ausgeschaltet.

LS 3
Situation 5

11.4.4.8 Sonstige Anleihen (einschl. Finanzinnovationen)

Zerobonds (Nullkupon-Anleihen)	Zerobonds sind Anleihen, die keine Zinskupons haben. Die Papiere existieren in der Regel als Abzinsungspapiere, die unter pari emittiert und bei Fälligkeit zum Nominalwert eingelöst werden. Durch Abzinsung wird der Abschlag vom Nominalwert ermittelt, der sich nach Zinssatz und Laufzeit richtet. Aufzinsungspapiere, die zum Nennwert ausgegeben und zu einem bestimmten Kurs über dem Nennwert zurückgezahlt werden, sind selten. Die Laufzeiten liegen zwischen 4 und 30 Jahren. Dem Emittenten bieten Zerobonds die Möglichkeit, sich auch langfristig zu finanzieren; dem Anleger bieten sie evtl. steuerliche Vorteile, da der Zinsertrag erst bei Einlösung bzw. Verkauf der Anleihe versteuert werden muss.
Floating Rate Notes (Floater)	Hierbei handelt es sich um Anleihen mit variablem Zinssatz. Der Anleihezins wird in bestimmten Zeitabständen (1, 3, 6 oder 9 Monate) dem jeweiligen Marktzins angepasst. Der Zinssatz orientiert sich dabei an den Sätzen bestimmter Euro-Geldmärkte wie „Euro-Libor“[1], und (heute häufiger) „Euribor“[2], oft auch mit einem Aufschlag von $\frac{1}{8}$ bis $\frac{1}{4}$ %, je nach Bonität des Schuldners. Die Ausstattung der Floater ist vielfältig. Dabei unterscheidet man grundsätzlich solche mit einer Mindestverzinsung („Floor-Floater“ oder „Floors“) oder einer Maximalverzinsung („Cap-Floater“ oder „Caps“). „Collared-Floater“ (auch „Mini/Max-Floater“) nennt man eine Kombination der beiden. Die Verzinsung ist während der gesamten Laufzeit durch Höchst- oder Mindestsätze begrenzt. Beim „Reverse-Floater“ wird die Verzinsung als Differenz zwischen einem festen %-Satz und dem Bezugszinssatz festgestellt, z.B. 14 % – Euribor. „Convertible-Floating-Rate-Notes“ werden mit anderen Anleihearten kombiniert oder können auch ein Wandlungsrecht in eine festverzinsliche Anleihe beinhalten. Floater sind für Anleger von Interesse, die eine Termineinlage mit laufender Prolongation suchen oder die Kursschwankungen ihrer Papiere vermeiden wollen. Der Anleger kann sicher sein, dass seine Anlage in Floatern stets zu den aktuellen Geldmarktsätzen verzinst wird. Er trägt während der Laufzeit praktisch kein Kursrisiko, weil die relativ kurzen Zinsanpassungszeiträume keine starken Kursschwankungen zulassen. Der Emittent kann sich langfristige Mittel zu Geldmarktkonditionen verschaffen.
Annuitäten-Anleihen	Im Regelfall zahlt der Emittent einer Anleihe seinen Gläubigern jährlich eine meist konstante Zinszahlung und am Ende der Laufzeit den Nominalbetrag der Anleihe zurück. Bei Annuitäten-Anleihen kommt es auch zu jährlichen Zahlungen, allerdings beinhalten diese neben den Zinsen auch schon Tilgungsleistungen. Da zumeist ein Zahlungsbetrag vereinbart wird, der sich im Zeitablauf nicht ändert (die Annuität), hat das zur Folge, dass der Zinsanteil im Zeitablauf sinkt, während sich der Tilgungsanteil im selben absoluten Umfang erhöht.

1 Der europäische Euro-Libor (European London Interbank Offered Rate) ist der durchschnittliche Interbankenzinssatz, zu dem eine große Anzahl von Banken auf dem Londoner Geldmarkt bereit ist, einander unbesicherte Kredite in Euros zu gewähren.

2 Der Euribor (European Interbank Offered Rate) ist der Zinssatz, den europäische Banken voneinander beim Handel mit unbesicherten, auf Euro lautenden Krediten erheben.

Aktienindex-Anleihen	Der Rückzahlungskurs der Anleihe ist an die Entwicklung eines Aktienmarktindex gekoppelt. Man unterscheidet: ■ *Hausse-Anleihe (Bull-Anleihe).* Ihr Wert erhöht sich mit steigendem Index und sinkt, wenn der Index fällt. ■ *Baisse-Anleihe (Bear-Anleihe).* Hier entwickelt sich die Rentabilität spiegelbildlich zur Hausse-Anleihe. Ein fallender Index bewirkt einen Wertzuwachs – ein steigender Index demgegenüber einen Wertverlust. Anleger, die mit steigenden Aktienkursen rechnen, bevorzugen Hausse-Anleihen und umgekehrt.
Inflationsindexierte Anleihen	Anleihen staatlicher Schuldner, deren Zins- und Tilgungsleistungen an einen Preisindex gekoppelt sind.
Gleitzinsanleihen (Stufenzinsanleihen)	Festzinsanleihen mit während der Laufzeit steigenden oder fallenden Zinsen. Die Zinssätze stehen bei Ausgabe fest. Sie sind in den Anleihebedingungen festgelegt.
Kombizins-Anleihen	Nach einer bestimmten Anzahl von Jahren ohne Verzinsung wird ein überdurchschnittlich hoher Zins gezahlt.
Step-up-Anleihen	Anfangs wird ein relativ niedriger Zins gezahlt, der später überdurchschnittlich aufgestockt wird.
Zinsphasen-Anleihen	Eine Mischform zwischen festverzinslichen und variabel verzinslichen Anleihen. Zeitweilig werden jeweils feste oder variable Zinsen gezahlt.
Finanz-Swaps	Bei Swaps handelt es sich um eine Finanzierungs*technik.* Zinsbeträge (Interest Rate Swap) oder Währungspositionen (Currency Swap) werden getauscht. Bei einem **Zinsswap** tauschen Schuldner feste gegen variable Zinsbeträge in derselben Währung aus. Eine gegenseitige Übernahme der Kapitalbeträge erfolgt nicht. Der **Währungsswap** besteht im Tausch von Verbindlichkeiten verschiedener Währungen (einschließlich der Zinszahlungen). Es erfolgt ein Austausch der Kapitalbeträge zu einem fixierten Devisenkurs; Rücktausch der Mittel am Ende der Laufzeit zum gleichen Kurs.
Commercial Paper	EUR-Commercial-Paper (CP) sind unbesicherte Inhaberschuldverschreibungen mit einer Laufzeit von wenigen Tagen bis unter zwei Jahren. Emittenten sind vornehmlich inländische Unternehmen mit überdurchschnittlicher Bonität (einschl. Tochtergesellschaften ausländischer Unternehmen) und staatliche Stellen. EUR-CP-Programme sind zumeist unbefristet und besitzen in der Regel eine betragsmäßige Obergrenze (Programmvolumen – Mindestprogrammgröße bisher 50 Mio. €). Die Begebung erfolgt durch einzelne Ziehungen des Emittenten (Stückelung der Teilschuldverschreibungen – Notes – bisher i. d. R. 250 000 €). Anbieter sind in Deutschland Kreditinstitute als Arrangeure (Auflegung) und Plazeure (Unterbringung). Die Konditionen legt der Emittent fest. Die Verzinsung der CP erfolgt auf Diskontbasis (Renditen – orientiert an Geldmarktsätzen). Erwerber: in- und ausländische institutionelle Anleger (Kapitalverwaltungsgesellschaften und Versicherungen), große Unternehmen u. a.
Medium Term Notes (MTN)	Inhaberschuldverschreibungen, die im Rahmen eines Programms zur Deckung des Finanzbedarfs von Unternehmen über einen Zeitraum von 9 Monaten bis 30 Jahren begeben werden. Sie werden nach Auflegung an der Börse eingeführt und gehandelt. Zinsen werden in der Regel jährlich gezahlt. Die Rückzahlung erfolgt zum Nennwert. Die Papiere werden im Namen einer Bank ausgegeben, die mit ihrem Namen für die Güte der Anleihe bürgt.
Stripped Bonds	Anleihen, von denen die Zinskupons getrennt und die gesondert gehandelt werden.

Jumbo-Pfandbriefe	Großemissionen von Pfandbriefen. Die wichtigsten Ausstattungsstandards sind: Mindestemissionsvolumen 1 Mrd. €; festverzinsliche, endfällige Pfandbriefe mit jährlich nachträglicher Zinszahlung; mindestens fünf Market-Maker je Jumbo-Pfandbrief (→ Verpflichtung, zu den üblichen Handelszeiten simultan Geld- und Briefkurse für Abschlüsse zu stellen).
Hybridanleihen	Bei Hybridanleihen (hybrid → „aus Verschiedenem zusammengesetzt") handelt es sich um eigenkapitalähnliche Schuldverschreibungen. Unternehmen beschaffen sich durch die Ausgabe dieser Anleihenform Fremdkapital, das allerdings von den Rating-Agenturen als Eigenkapital eingestuft wird. Hybridanleihen zeichnen sich durch eine unendliche oder extrem lange Laufzeit (über 100 Jahre) aus. Zugleich hat der Emittent das Recht, die Anleihe nach frühestens zehn Jahren zu tilgen und zum Nennwert zurückzuzahlen. Macht er von diesem Recht nicht Gebrauch, wird die feste Verzinsung der ersten zehn Jahre in der Folgezeit in eine variable Verzinsung mit einem zusätzlichen Renditeaufschlag gewandelt. Bei Hybridanleihen handelt es sich um nachrangige Anleihen. Im Insolvenzverfahren steht der Anleger an vorletzter Stelle der Gläubiger. Zuerst kommen die anderen Gläubiger, zuletzt – und nur wenn noch was übrig bleibt – die Aktionäre. Für dieses höhere Risiko liegt der Zins für Hybridanleihen rund 2 % über dem für klassische Unternehmensanleihen.

11.4.5 Spezielle Risiken festverzinslicher Wertpapiere

Neben den zuvor dargestellten Basisrisiken einer Geld- und Vermögensanlage in Wertpapieren gibt es für den Erwerber von Schuldverschreibungen spezielle Risiken, die zu beachten sind.

Unter dem **Bonitätsrisiko** versteht man die Gefahr der Zahlungsunfähigkeit oder Illiquidität des Schuldners, d. h. eine mögliche, vorübergehende oder endgültige Unfähigkeit zur termingerechten Erfüllung seiner Zins- und/oder Tilgungsverpflichtungen. Alternative Begriffe für das Bonitätsrisiko sind das **Schuldner- oder Emittentenrisiko** (→ Beeinflussung durch: Konjunkturlage, Veränderungen im Unternehmen des Emittenten u. a.). Das Rating kann Entscheidungshilfe leisten.

Das ABC der Bonität

Langfristige Ratings der großen Agenturen und ihre Bedeutung

	S&P	Fitch	Moody's	Bedeutung
Investment-Grade	AAA	AAA	Aaa	**Exzellente Bonität** und quasi kein Ausfallrisiko.
Investment-Grade	AA+ AA AA-	AA+ AA AA-	Aa1 Aa2 Aa3	**Sehr gute Bonität** mit sehr guter Fähigkeit des Schuldners, seinen Zahlungsverpflichtungen nachzukommen.
Investment-Grade	A+ A A-	A+ A A-	A1 A2 A3	**Gute Bonität.** Die Zahlungsfähigkeit des Schuldners ist gut, kann aber leicht beeinträchtigt werden, wenn das wirtschaftliche Umfeld schwächer wird.
Investment-Grade	BBB+ BBB BBB-	BBB+ BBB BBB-	Baa1 Baa2 Baa3	**Mittlere Bonität.** Es ist wahrscheinlicher, dass ein schlechteres wirtschaftliches Umfeld die Zahlungsfähigkeit des Schuldners belastet.
Non-Investment-Grade	BB+ BB BB-	BB+ BB BB-	Ba1 Ba2 Ba3	**Schwächere Bonität** mit spekulativen Elementen. Die Zahlungsfähigkeit gilt nur als gewährleistet, wenn das konjunkturelle Umfeld stabil bleibt oder sich verbessert.
Non-Investment-Grade	B+ B B-	B+ B B-	B1 B2 B3	**Schwache Bonität,** spekulative Anlage. Zahlungsfähigkeit schon bei stabilem Konjunkturumfeld nicht mehr ganz sicher und bei sich verschlechterndem Umfeld deutlich belastet.
Non-Investment-Grade	CCC+ CCC CCC-	CCC	Caa1 Caa2 Caa3	**Sehr schwache Bonität,** sehr spekulativ. Schuldner ist im aktuellen Umfeld anfällig für Zahlungsverzug. Bei schlechterer Konjunktur Bedienung der Schulden unwahrscheinlich.
Non-Investment-Grade	CC	CC	Ca	**Äußerst schwach und spekulativ.** Schuldner in aktuellem Umfeld extrem anfällig für Zahlungsverzug; bei Moody's teils schon in konkreter Zahlungsnot.
Non-Investment-Grade	C	C RD		Bei S&P **Konkursantrag** zum Teil schon gestellt, bei Fitch Zahlungsausfall unausweichlich (C) bzw. bei einzelnen Anleihen oder Krediten in Zahlungsverzug (RD).
Non-Investment-Grade	D	D	C	Schuldner ist in **Zahlungsverzug.**

Handelsblatt Investor **Quellen:** Standard & Poor's (S&P), Fitch, Moody's, eigene Recherche

Quelle: Handelsblatt Investor

Rating

Rating ist eine Bewertung oder Bonitätseinstufung eines Wertpapieremittenten bzw. dessen Schuldverschreibung nach einem standardisierten Verfahren. Es wird die Wahrscheinlichkeit beurteilt, ob ein Schuldner seinen Zahlungsverpflichtungen nachkommen kann. Die Bonitätseinschätzung erfolgt anhand verschiedener Kriterien. Neben unternehmens- und branchenspezifischen Besonderheiten finden auch Länderrisiken Berücksichtigung. Entsprechende Analysen werden von spezialisierten Rating-Agenturen durchgeführt. Potenziellen Kapitalanlegern wird durch die von den Agenturen ermittelten Kennziffern die Möglichkeit gegeben, ein breites Spektrum von internationalen Anleihen hinsichtlich Risiko-Rendite-Relationen zu vergleichen. Sie erhalten von den Interessen der Emittenten und anderer Marktteilnehmer unabhängige Informationen über die Bonität vieler Schuldner, ohne dass sie Kreditwürdigkeitsanalysen von allen Emittenten und deren am Markt gehandelten Anleihen durchführen müssen. Große international tätige Rating-Agenturen sind die privaten amerikanischen Organisationen Standard & Poor's, Fitch sowie Moody's. Sie untersuchen ein sehr breites Spektrum internationaler Emittenten. Die Bewertungen von Moody's gehen bei langfristigen Wertpapieren von Aaa über 17 Abstufungen bis zu C, bei kurzfristigen Wertpapieren von Prime-1 über 2 Stufen bis zu Not Prime. Standard & Poor's verwenden für Anleihen mit einer Laufzeit von mehr als einem Jahr eine Rating-Skala von AAA über 8 Stufen bis D.

...

Für Emittenten haben die Einstufungen der Rating-Agenturen Einfluss auf die Zinshöhe und damit auf die Fremdkapitalbeschaffungskosten. So kann eine Unternehmung, die mit AAA bzw. Aaa bewertet wird, zu günstigeren Bedingungen eine Anleihe auflegen als ein mit D bzw. C bewertetes Unternehmen. Darüber hinaus besteht für Emittenten mit hohem Rating die Möglichkeit, sich ein breiteres Anlegerpublikum zu erschließen. Zu beachten ist, dass ein Rating nicht mehr als eine Orientierungshilfe sein kann, da die bewertenden Organisationen ebenso wie der Anleger auf Informationen über den Verlauf des Geschäftsjahres, der Gewinnentwicklung usw. der zu bewertenden Unternehmung angewiesen sind. Bis diese Informationen vorliegen, kann die Beurteilung bereits durch die Wirklichkeit überholt sein, da sich eine Verschlechterung von Unternehmenssituationen oft sehr schnell ergeben kann.

Quelle: In Anlehnung an: Hans E. Büschgen: Das kleine Börsen-Lexikon. Verlagsgruppe Handelsblatt, 19. Auflage.

Erstklassige Anleihen (z. B. Staatsanleihen) haben eine niedrigere Rendite („Sicherheitsabschlag"), d. h., sie sind mit einem niedrigeren Nominalzins ausgestattet.

Zinsänderungsrisiko. Das Zinsniveau am Geld- und Kapitalmarkt ist ständigen Schwankungen unterworfen, demnach auch die laufende Verzinsung. Steigt das Marktzinsniveau (stark) an, ist der Käufer eines verzinslichen Wertpapiers grundsätzlich einem Zinsänderungsrisiko in Form eines (starken) Kursverlusts ausgesetzt.

Kündigungsrisiko. Der Anleiheschuldner (Emittent) kann sich grundsätzlich in den Emissionsbedingungen ein Kündigungsrecht vorbehalten. Bei sinkendem Marktzins steigt für den Anleger die Gefahr, dass der Emittent von seinem Kündigungsrecht Gebrauch macht, um sich durch Ausgabe einer neuen Anleihe billiger zu refinanzieren.

Auslosungsrisiko. Bei Tilgungsanleihen, die ausgelost werden, kann die Rendite durch den Auslosungstermin beeinflusst werden. Eine frühzeitige Auslosung kann zu einem Renditeverlust gegenüber der auf der Grundlage der durchschnittlichen Laufzeit errechneten Emissionsrendite führen.

LS 4
Situation 1

11.5 Teilhabereffekten

Bei Teilhabereffekten ist der Inhaber mit dem verbrieften, dem nominellen Betrag oder – bei nennwertlosen Effekten – mit einem Anteil Teilhaber am Unternehmen des Emittenten. Die Teilhaberrechte und -pflichten ergeben sich aus den zugrunde liegenden gesetzlichen und/oder satzungsgemäßen Bestimmungen.

Die Ertragsansprüche sind abhängig vom Reingewinn des Unternehmens und deswegen naturgemäß veränderlich. Man spricht deswegen auch von Effekten mit *veränderlichem Ertrag.*

11.5.1 Aktien

Die Aktie verbrieft Teilhaberrechte an einer Aktiengesellschaft. Der Eigentümer (der Aktionär) ist am Grundkapital der Aktiengesellschaft beteiligt.

§ 10 Abs. 5 AktG

Die Hauptversammlung kann in der Satzung den Anspruch auf Verbriefung ganz oder teilweise ausschließen.

Der sich aus den Vermögensverhältnissen ergebende tatsächliche Beteiligungswert bzw. der auf die Zukunftserwartungen nach Angebot und Nachfrage ausgerichtete *Kurswert (Marktwert)* spielt in der rechtlichen Beziehung zwischen den Aktionären und der Gesellschaft keine Rolle. Die Rechte und Pflichten des Aktionärs ergeben sich allein aus den Bestimmungen des Aktiengesetzes und aus der Satzung der Gesellschaft.

Die wichtigsten, sich aus dem Aktiengesetz ergebenden Rechte sind:

- **Anspruch auf anteilmäßigen Gewinn**

§ 58 Abs. 4 AktG
§ 60 Abs. 1 AktG

Die Aktionäre haben Anspruch auf den Bilanzgewinn. Der Anspruch ist am dritten auf den Hauptversammlungsbeschluss folgenden Geschäftstag fällig. In dem Hauptversammlungsbeschluss oder in der Satzung kann eine spätere Fälligkeit festgelegt werden. Anspruch auf Ertrag besteht nur dann, wenn das Jahresergebnis einen Gewinn ausweist und soweit dieser gemäß Beschluss der HV zur Verteilung gelangt. Man nennt ihn wegen seiner gleichmäßigen Verteilung auf alle Aktien „Dividende".

Aktien-Dividende. Einige Aktiengesellschaften bieten ihren Aktionären statt einer Barauszahlung eine Sachdividende in Form neuer Aktien an. Damit steigt auch die Bedeutung der Aktie als Bestandteil einer Altersvorsorge.

§ 118 AktG

- **Teilnahme an der Hauptversammlung**

Die Hauptversammlung ist die mindestens einmal im Jahr einzuberufende Versammlung der Aktionäre. Ihre Rechte sind begrenzt und ergeben sich aus dem AktG und der Satzung der Gesellschaft. Die Satzung kann vorsehen, dass die Aktionäre an der Hauptversammlung auch ohne Anwesenheit an deren Ort und ohne einen Bevollmächtigten teilnehmen und ihre Rechte im Wege elektronischer Kommunikation (z. B. Internet) ausüben können.

§ 134 AktG

- **Stimmrecht in der Hauptversammlung**

Das Stimmrecht in der HV wird dem Aktionär auf seinen Besitz an Aktien gewährt. Die Zahl der Stimmen und Gegenstimmen bei Beschlüssen der HV bemisst sich nicht nach der Anzahl der abstimmenden Personen, sondern nach der Höhe des vertretenen Kapitals.

Durch die Satzung der AG kann eine Stimmrechtsbeschränkung bestimmt werden. Es werden Höchstbeträge festgesetzt, bis zu denen ein Aktionär das Stimmrecht ausüben kann. Das war z. B. bei der Privatisierung (Übergang von Beteiligungskapital der öffentlichen Hand in Privatbesitz) des Volkswagenwerks der Fall, um Fremdeinflüsse zu begrenzen. (Vgl. auch Kapitel 15.2.5 „Depotstimmrecht".)

- **Auskunftserteilung durch den Vorstand in der Hauptversammlung** § 131 AktG

  „Jedem Aktionär ist auf Verlangen in der HV vom Vorstand Auskunft über Angelegenheiten der Gesellschaft zu geben, soweit sie zur sachgemäßen Beurteilung des Gegenstands der Tagesordnung erforderlich ist". Die Auskunft kann aber verweigert werden, wenn sie z. B. der Gesellschaft Nachteile im Wettbewerb bringen würde, oder wenn bestimmte, im Gesetz festgelegte geschäftsinterne Angelegenheiten offenbart werden müssten (z. B. Steueransätze, Abschreibungsmethoden oder dgl).

- **Bezugsrecht**

  Bei der Ausgabe von neuen oder jungen Aktien zum Zwecke der Kapitalerhöhung sowie bei der Ausgabe von Gewinn- und Wandelschuldverschreibungen steht dem Aktionär das Bezugsrecht auf diese Wertpapiere zu.

  Das Bezugsrecht kann nur durch einen $^{3}/_{4}$-Mehrheitsbeschluss des in der HV vertretenen Kapitals ausgeschlossen werden. § 186 AktG

  Ein Ausschluss des Bezugsrechts ist insbesondere dann zulässig, wenn die Kapitalerhöhung gegen Bareinlagen 10 % des Grundkapitals nicht übersteigt und der Ausgabebetrag den Börsenpreis nicht wesentlich unterschreitet.

  Als Ausschluss des Bezugsrechts ist es nicht anzusehen, wenn die neuen Aktien von einem Kreditinstitut oder Bankenkonsortium mit der Verpflichtung übernommen werden sollen, sie den Aktionären zum Bezug anzubieten.

  (Berechnung des Bezugsrechts vgl. Kapitel 11.5.3.1)

- **Anteil am Liquidationserlös** § 271 AktG

  Im Falle der Auflösung der Gesellschaft hat der Aktionär einen anteilsgemäßen Anspruch auf den Teil des Liquidationsvermögens, der nach Ausgleich aller Verbindlichkeiten der AG verbleibt.

Gründe für die Geldanlage in Aktien

Anlagemotiv	Sachwertmotiv	Spekulationsmotiv	Mitsprache-/ Beherrschungsmotiv
Beteiligung an einer AG als ertragbringende Kapitalanlage.	Beteiligung an einer AG, um über die Sachwertbeteiligung langfristig an Wertsteigerungen teilzunehmen und Geldwertschwankungen zu kompensieren.	Beteiligung an einer AG, um durch An- und Verkäufe kurzfristige Kursschwankungen zu nutzen.	Beteiligung an einer AG, um Einfluss auf die Geschäftsleitung zu nehmen bzw. die AG zu beherrschen.

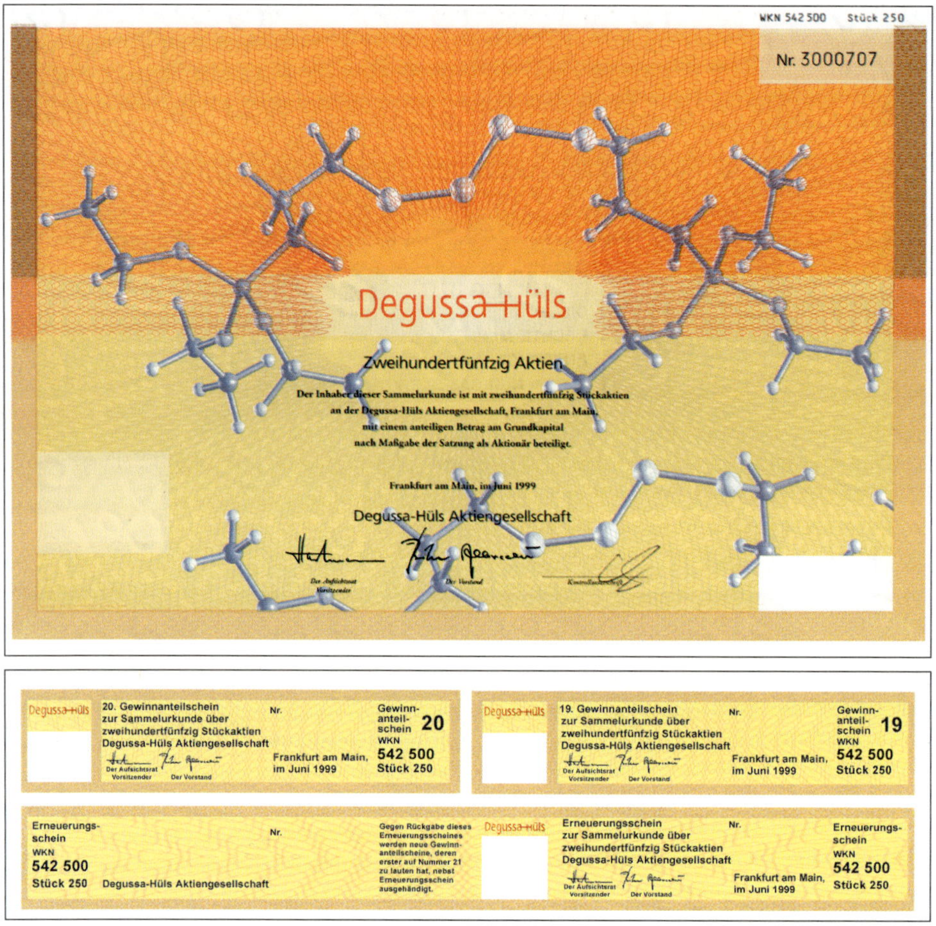

Hinweis: Bei der abgebildeten Urkunde handelt es sich um ein historisches Wertpapier, dessen Druck so nicht mehr möglich ist. Sie dient hier lediglich der besseren Anschauung.

11.5.2 Aktienarten

Aktienarten

Nach der Beteiligung am Grundkapital
- Nennbetragsaktien
- Stückaktien

Nach der Art der Übertragung
- Inhaberaktien
- Namensaktien
- Vinkulierte Namensaktien

Nach dem Umfang der verbrieften Rechte
- Stammaktien
- Vorzugsaktien

Aktien können entweder Nennbetragsaktien oder Stückaktien sein: § 8 Abs. 1 AktG

Nennbetragsaktien müssen auf mindestens 1 Euro lauten. Höhere Nennbeträge müssen auf volle Euro lauten. Der Anteil am Grundkapital bestimmt sich nach dem Verhältnis des Aktiennennbetrags zum Grundkapital.

Stückaktien lauten auf keinen Nennbetrag, sondern auf einen Anteil am Grundkapital. Der Anteil am Grundkapital bestimmt sich nach der Zahl der Aktien. Alle Stückaktien einer Gesellschaft sind am Grundkapital in gleichem Umfang beteiligt. Der auf die einzelne Aktie entfallende anteilige Betrag des Grundkapitals darf 1 Euro nicht unterschreiten.

Aktien werden an den Wertpapierbörsen in Euro pro Stück notiert.

Die überwiegende Zahl der deutschen Aktiengesellschaften hat im Zusammenhang mit der Einführung des Euro von Nennbetragsaktien auf Stückaktien umgestellt.

Beispiel:

Eine Aktiengesellschaft besitzt ein Grundkapital von nominal 8 000 000,00 €. Laut Satzung ist dieses Grundkapital aufgeteilt in:

oder

1 600 000 Stück nennwertlose Stückaktien	Nennbetragsaktien mit einem Nominalwert von 5,00 €/Stück
Eine Aktie ist mit 1/1 600 000 am Grundkapital beteiligt.	Eine Aktie ist mit 5,00 € am Grundkapital beteiligt.
Rechnerischer Nennwert der Stückaktien: $\frac{8\,000\,000 \text{ € Grundkapital}}{1\,600\,000 \text{ Stück}}$ = 5,00 €/Stück	Anzahl der Aktien: $\frac{8\,000\,000 \text{ € Grundkapital}}{5{,}00 \text{ €/Stück}}$ = 1 600 000 Stück

Stammaktien sind die gewöhnlichen, von einer AG zur Beschaffung von Grundkapital herausgegebenen Teilhaberpapiere. Sie gewähren dem Aktionär die lt. Aktiengesetz oder Satzung zustehenden Rechte.

Vorzugsaktien werden häufig nach Zusammenlegungen zur Erneuerung des Kapitals, zur Wahrung von Mehrheitsverhältnissen (vor allem bei Familiengesellschaften), aber auch zum Anreiz eines wenig kauffreudigen Markts emittiert. Sie sind – wie der Name bereits erwarten lässt – mit bestimmten Vorzügen gegenüber der Stammaktie ausgestattet. §§ 139 ff. AktG § 11 AktG § 204 AktG

Diese beziehen sich auf den Dividendenanspruch.

Die Dividendenansprüche können in unterschiedlicher Weise bei Vorzugsaktien ausgestaltet sein:

Entweder erhalten die Aktien vor den Stammaktien einen vorweg entfallenden Gewinnanteil (Vorabdividende) oder sie erhalten einen erhöhten Gewinnanteil im Vergleich zu den Stammaktien (Mehrdividende).

Von *kumulativen Vorzugsaktien* spricht man, wenn der Anspruch auf Nachzahlung der Dividende nach Verlustjahren besteht. Der Dividendenanspruch für die Vorzugsaktien kann auch limitiert werden; die Aktionäre erhalten dann prioritätisch ihre Dividende, allerdings ist die maximale Höhe festgelegt.

§ 140 (2) AktG

Bei *stimmrechtslosen Vorzugsaktien* wird der Verzicht des Aktionärs auf das Stimmrecht durch einen Vorzugsbetrag hinsichtlich der Dividendenansprüche ausgeglichen. Zu unterscheiden sind Vorzugsbeträge mit und ohne Nachzahlungspflicht.

Wird der Vorzugsbetrag mit Nachzahlungspflicht in einem Jahr nicht oder nicht vollständig erfüllt und im Folgejahr nicht in vollem Umfang nachgezahlt, so lebt das Stimmrecht wieder auf.

Bei einem Vorzugsbetrag ohne Nachzahlungspflicht lebt das Stimmrecht wieder auf, wenn der Vorzugsbetrag nicht gezahlt wird.

In beiden Fällen erlischt das Stimmrecht wieder, wenn alle Rückstände vollständig gezahlt sind.

Inhaberaktien sind dadurch gekennzeichnet, dass der Berechtigte in der Aktienurkunde nicht genannt ist. Somit ist jeder Inhaber als Berechtigter legitimiert und kann die mit dieser Aktie verbundenen Rechte ausüben. Sie sind wegen der vereinfachten, anonymen Übertragung besonders verkehrsfähig (vgl. Kapitel 11.1.2 Inhaberpapiere). Auf eine Verbriefung in Einzelurkunden kann nur verzichtet werden, wenn ein Miteigentum an einer Globalurkunde gesichert ist. Bei Inhaberaktien hat die Aktiengesellschaft kaum Informationen über die Aktionärsstruktur, und die Erreichbarkeit der Aktionäre ist nur über öffentlich zugängliche Presseorgane oder über Depotbanken möglich.

§§ 10, 67, 68 AktG

Namensaktien lauten auf den Namen einer Person. Hierbei wird der Eigentümer mit Namen, Geburtsdatum, Adresse und den Merkmalen seiner Aktie ins elektronische Aktienregister der Gesellschaft eingetragen. Die Depotbanken, die bei der Übertragung bzw. Verwahrung der Namensaktien mitwirken, sind verpflichtet, die für die Führung des Aktienregisters erforderlichen Angaben an die Gesellschaft zu übermitteln. Der Aktionär kann Auskunft über seinen Datenbestand im Aktienregister verlangen. Anstelle des Aktionärs wird häufig auch die depotführende Bank ins Aktienregister eingetragen, wenn der Inhaber von Namensaktien nicht in Erscheinung treten will. Bei Namensaktien handelt es sich um Orderpapiere (vgl. Kapitel 11.1.2). In der Bankpraxis wird die Verkehrsfähigkeit durch eine Blankozession erhöht.

Verkauft der Eigentümer die Aktie, werden dessen persönliche Daten im Aktienregister gelöscht, der neue Eigentümer wird eingetragen. Heute setzen immer mehr Publikumsgesellschaften auf die Ausgabe von Namensaktien. Gründe dafür sind u.a.:

- Das Management hat stets einen Überblick über die aktuelle Aktionärsstruktur.
- Die Gesellschaft kann ihre Aktionäre mithilfe des elektronischen Aktienregisters direkter und planmäßiger informieren. Eine gezielte Investor-Relations-Arbeit wird ermöglicht. Die Kosten für die Einladung zur Hauptversammlung können reduziert werden.
- Namensaktien bieten Schutz vor unerwünschten Übernahmen. Mithilfe des Aktienregisters sind frühzeitig u. a. Versuche unerwünschter Paketbildungen erkennbar.
- Namensaktien sind teilweise Voraussetzung für die Notierung an Auslandsbörsen, z. B. USA.

Bei großen Aktiengesellschaften ist das gesamte Aktienkapital in einer mit Blankoindossament versehenen Globalurkunde verbrieft. Die treuhänderische Verwahrung durch Clearstream ermöglicht die kostengünstige Abwicklung in der Girosammelverwahrung im System CASCADE RS (siehe hierzu auch Kapitel 15.2.1 Girosammelverwahrung bei Namensaktien).

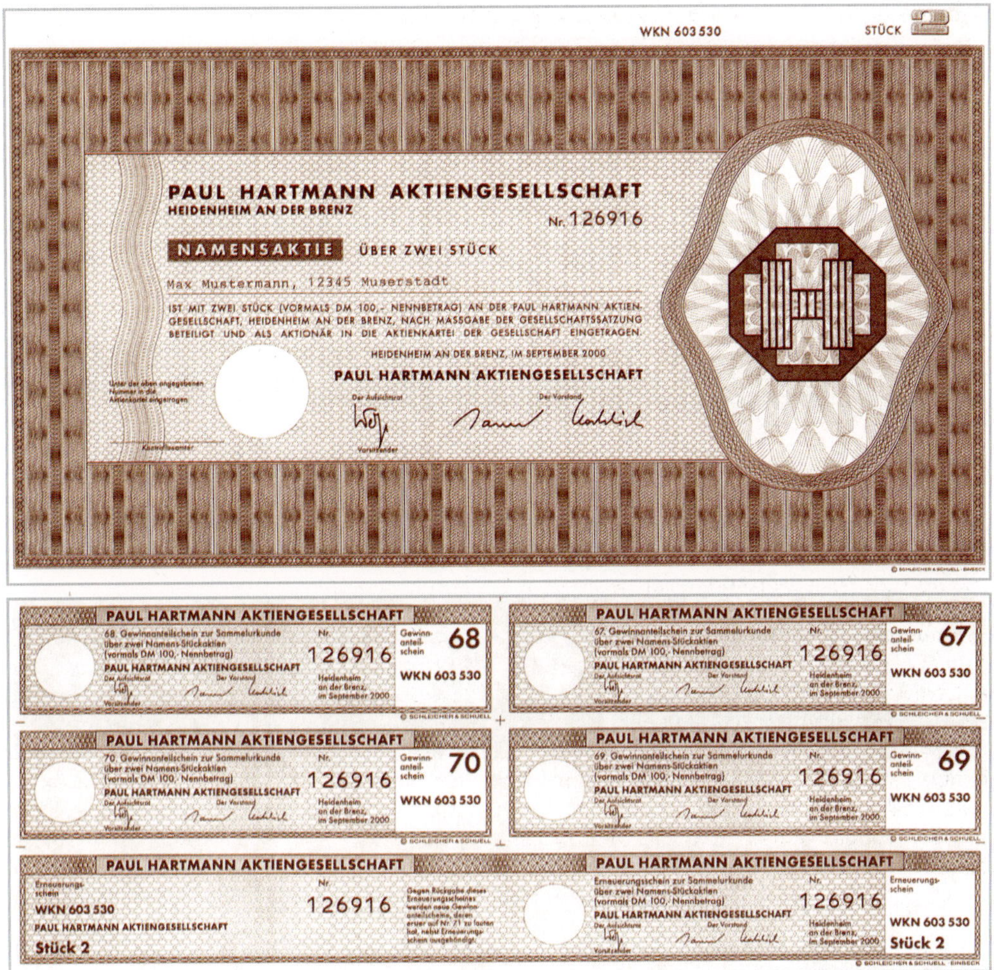
WKN 603 530 STÜCK 2

PAUL HARTMANN AKTIENGESELLSCHAFT
HEIDENHEIM AN DER BRENZ
Nr. 126916

NAMENSAKTIE ÜBER ZWEI STÜCK

Max Mustermann, 12345 Muserstadt

IST MIT ZWEI STÜCK (VORMALS DM 100,- NENNBETRAG) AN DER PAUL HARTMANN AKTIENGESELLSCHAFT, HEIDENHEIM AN DER BRENZ, NACH MASSGABE DER GESELLSCHAFTSSATZUNG BETEILIGT UND ALS AKTIONÄR IN DIE AKTIENKARTEI DER GESELLSCHAFT EINGETRAGEN.

HEIDENHEIM AN DER BRENZ, IM SEPTEMBER 2000

PAUL HARTMANN AKTIENGESELLSCHAFT

Der Aufsichtsrat Der Vorstand
Vorsitzender

PAUL HARTMANN AKTIENGESELLSCHAFT
68. Gewinnanteilschein zur Sammelurkunde über zwei Namens-Stückaktien (vormals DM 100,- Nennbetrag)
Nr. 126916
Gewinnanteilschein 68
WKN 603 530
Heidenheim an der Brenz, im September 2000

PAUL HARTMANN AKTIENGESELLSCHAFT
67. Gewinnanteilschein zur Sammelurkunde über zwei Namens-Stückaktien (vormals DM 100,- Nennbetrag)
Nr. 126916
Gewinnanteilschein 67
WKN 603 530
Heidenheim an der Brenz, im September 2000

PAUL HARTMANN AKTIENGESELLSCHAFT
70. Gewinnanteilschein zur Sammelurkunde über zwei Namens-Stückaktien (vormals DM 100,- Nennbetrag)
Nr. 126916
Gewinnanteilschein 70
WKN 603 530
Heidenheim an der Brenz, im September 2000

PAUL HARTMANN AKTIENGESELLSCHAFT
69. Gewinnanteilschein zur Sammelurkunde über zwei Namens-Stückaktien (vormals DM 100,- Nennbetrag)
Nr. 126916
Gewinnanteilschein 69
WKN 603 530
Heidenheim an der Brenz, im September 2000

PAUL HARTMANN AKTIENGESELLSCHAFT
Erneuerungsschein
WKN 603 530
PAUL HARTMANN AKTIENGESELLSCHAFT
Stück 2
Nr. 126916

PAUL HARTMANN AKTIENGESELLSCHAFT
Erneuerungsschein zur Sammelurkunde über zwei Namens-Stückaktien (vormals DM 100,- Nennbetrag)
Nr. 126916
Erneuerungsschein
WKN 603 530
Stück 2
Heidenheim an der Brenz, im September 2000

Hinweis: Bei der abgebildeten Urkunde handelt es sich um ein historisches Wertpapier, dessen Druck so nicht mehr möglich ist. Sie dient hier lediglich der besseren Anschauung.

Vinkulierte Namensaktien sind solche Namensaktien, bei denen der Emittent jede Übertragung an seine besondere Zustimmung[1] gebunden hat, z. B.: § 68 Abs. 2 AktG

- Bei nicht voll eingezahlten Aktien – wie bei einer Anzahl von Versicherungsaktien –, weil die Gesellschaft Wert darauf legen muss, dass der Aktionär gut dafür ist, weitere Einzahlungen bis zur Volleinzahlung des nominellen Betrages zu leisten.
- Bei Aktien einer Kapitalverwaltungsgesellschaft.
- Bei Aktien von Familienunternehmen zum Schutz vor Überfremdung.

Junge oder neue Aktien nennt man die Aktien aus einer Kapitalerhöhung, die für das laufende Geschäftsjahr noch nicht bzw. noch nicht voll dividendenberechtigt sind. Nach dem nächsten Dividendentermin werden sie den „alten" Aktien gleichgestellt. Die Stammaktionäre haben ein Bezugsrecht. Statt der Ausübung des Rechtes zum Bezug solcher Aktien können sie das Bezugsrecht aber auch veräußern (vgl. Kapitel 11.5.3.4). §§ 182 ff. AktG

1 Die Zustimmung erfolgt gem. der Satzung durch den Vorstand, Aufsichtsrat oder die Hauptversammlung.

§§ 207 ff. AktG **Berichtigungs- oder Gratisaktien** werden die Aktien genannt, die den Aktionären bei einer *nominellen Kapitalerhöhung,* d.h. bei einer Erhöhung des Grundkapitals zulasten der Kapital- und/oder Gewinnrücklage, zustehen.

Die Eigentümer von Altaktien haben Anspruch auf bzw. Teilrechte an Berichtigungsaktien. Mögliche Teilrechtsspitzen können durch Kauf oder Verkauf von Teilrechten ausgeglichen werden (vgl. Kapitel 11.5.3.4).

Belegschaftsaktien nennt man die Aktien der Gesellschaft, die den eigenen Belegschaftsmitgliedern – meist zu einem Vorzugskurs – angeboten werden. Für eine Weiterveräußerung sind in der Regel Sperrfristen gesetzt.

Globalaktien sind Sammelurkunden über hohe Nennbeträge von Aktienrechten. Sie dienen der Vereinfachung der Verwaltung des Aktienbesitzes von Großaktionären. Sie sind an der Börse nicht erhältlich. Ein jederzeitiger Umtausch in Stückelungen, die von der Börse für lieferbar erklärt sind, ist möglich. Die Satzung schließt nicht selten einen Umtausch in effektive Einzelstücke aus.

Vergleich Gläubigereffekten – Aktien	
Gläubigereffekten	**Aktien**
Aus der Sicht des Anlegers	
1. Forderungsrecht (Beeinträchtigung durch Geldwertschwankungen, Anspruch auf Rückzahlung) 2. Fester Ertrag (Zinsanspruch) 3. Veräußerungsmöglichkeit über die Börse 4. Kursrisiko bei steigenden Kapitalmarktzinsen 5. Emittentenrisiko	1. Miteigentumsrecht (Mitbestimmungsrecht, indirektes Eigentum an Sachwerten) 2. Variabler Ertrag (abhängig vom erzielten Gewinn) Realisierte Kursgewinne können Ertrag steigern 3. Veräußerungsmöglichkeit über die Börse 4. Teilhaberrisiken. Risiko gestreut von der solidesten Anlage (blue chips) bis zur heißesten Spekulation
Aus der Sicht des Emittenten	
1. Fremdkapital, das nur zeitweise zur Verfügung steht. Rückzahlung 2. Keine Mitspracherechte der Kapitalgeber 3. Zinsen sind Aufwand 4. Zinszahlung auch in Verlustjahren	1. Eigenkapital ist vielseitig verwendbar. Breite Eigenkapitalbasis steigert Kreditwürdigkeit. Keine Rückzahlung 2. Mitspracherechte der Anteilseigner 3. Dividende ist Gewinnausschüttung

LS 4
Situation 2

11.5.3 Kapitalerhöhungen

Kapitalerhöhungen nach dem AktG

- Kapitalerhöhung gegen Einlagen (ordentliche Kapitalerhöhung) §§ 182 ff. AktG
- Kapitalerhöhung aus Gesellschaftsmitteln durch Ausgabe von Berichtigungsaktien (nominelle Kapitalerhöhung) §§ 207 ff. AktG
- Bedingte Kapitalerhöhung bei der Ausgabe von Wandelschuldverschreibungen, Optionsanleihen und Belegschaftsaktien §§ 192 ff. AktG

11.5.3.1 Kapitalerhöhung gegen Einlagen (ordentliche Kapitalerhöhung)

Eine Kapitalerhöhung gegen Einlagen (ordentliche Kapitalerhöhung) erfolgt durch Ausgabe neuer, junger Aktien. Die jungen Aktien werden den Altaktionären im Verhältnis der Höhe des alten Aktienkapitals zur Summe der Kapitalerhöhung angeboten. Sie können einen ihrem alten Aktienbesitz entsprechenden Anteil an den neuen Aktien erwerben. Die Durchführung der Kapitalerhöhung ist vom Vorstand und dem Vorsitzenden des Aufsichtsrats zum Handelsregister anzumelden und ist von diesem Zeitpunkt an rechtsgültig. §§ 182 ff. AktG

Da die jungen Aktien die gleichen Rechte besitzen und i. d. R. unter dem Kurs der alten Aktien ausgegeben werden, sinkt der künftige Gesamtkurs. Zum Ausgleich erhalten Altaktionäre ein Bezugsrecht auf die jungen Aktien.

Das Bezugsrecht kann mit $^3/_4$-Mehrheitsbeschluss auf der Hauptversammlung ausgeschlossen werden. Dies könnte der Fall sein, wenn die jungen Aktien nur für neue Aktionärskreise bestimmt sind, für einen neuen Großaktionär reserviert werden sollen, oder für den Einstieg in einen neuen Markt (z. B. Auslandsbörse) dienen.

Der Bezugsrechtsausschluss ist auch zulässig, wenn eine Kapitalerhöhung gegen Bareinlagen zehn Prozent des Grundkapitals der Gesellschaft nicht übersteigt und der Ausgabepreis der neuen Aktien den Börsenpreis nicht wesentlich unterschreitet.

Einflussgrößen für den rechnerischen Wert des Bezugsrechts sind:

- Kurs der alten Aktie,
- Kurs der jungen Aktie,
- Bezugsverhältnis,
- gegebenenfalls ein Dividendenvorteil oder ein Dividendennachteil.

Bei einem Börsenhandel des Bezugsrechts beeinflussen auch Unternehmensnachrichten den Wert.

Beispiel:

Eine Aktiengesellschaft erhöht ihr Aktienkapital von 15 Mio. € um 5 Mio. € auf 20 Mio. €. Verhältnis der alten zu den neuen Aktien = Bezugsverhältnis 3 : 1. Der Kurs der jungen Aktien ist mit 150,00 €/Stück festgelegt.

3 alte Aktien zum Börsenkurs von 300,00 €	=	900,00 €
1 junge Aktie zum Bezugskurs von 150,00 €	=	150,00 €
4 Aktien	=	1 050,00 €

1 Aktie kostet 1 050,00 € : 4 = 262,50 € = Durchschnittskurs

Kurs der alten Aktie	300,00 €
– Durchschnittskurs	262,50 €
Innerer oder rechnerischer Wert des Bezugsrechts:	37,50 €

Der innere Wert lässt sich auch über die Wertsteigerung der jungen Aktie errechnen:

$$\frac{\text{Durchschnittskurs} - \text{Bezugskurs der jungen Aktie}}{\text{Bezugsverhältnis}}$$

Also $$\frac{262{,}50\ € - 150{,}00\ €}{3/1} = \underline{\underline{37{,}50\ €}}$$

Aus beiden Berechnungsmethoden ergibt sich die Formel:

$$B = \frac{Ka - Kn}{\frac{m}{n} + 1}$$

Ka = Kurs der alten Aktie
Kn = Kurs der neuen Aktie
$\frac{m}{n}$ = Bezugsverhältnis
B = Rechnerischer Wert des Bezugsrechts

Auf das obige Beispiel angewandt, ergibt sich daraus:

$$\frac{300 - 150}{\frac{3}{1} + 1} = \underline{\underline{37{,}50\ €}}$$

Sind Umstände gegeben, die den inneren Wert der jungen Aktie praktisch schmälern (z.B. eine Beteiligung nur an einem Bruchteil der Jahresdividende), so ist der Ausgabekurs der jungen Aktie vor der Rechnung um diesen Nachteil (Dividendennachteil = Dn) zu erhöhen.

$$B = \frac{Ka - (Kn + Dn)}{\frac{m}{n} + 1}$$

Umgekehrt ist der Ausgabekurs der jungen Aktie entsprechend zu mindern, wenn ein zusätzlicher Vorteil (Dividendenvorteil = Dv) ihn praktisch noch günstiger macht.

$$B = \frac{Ka - (Kn - Dv)}{\frac{m}{n} + 1}$$

§ 202 AktG

Von einer Kapitalerhöhung in Form eines **genehmigten Kapitals** spricht man, wenn die Hauptversammlung den Vorstand durch Satzungsänderung ermächtigt, innerhalb der nächsten 5 Jahre eine ordentliche Kapitalerhöhung durchzuführen. Der Vorstand hat so die Möglichkeit, den Zeitpunkt der Kapitalerhöhung frei zu wählen und eine für die Emission günstige Kapitalmarktsituation abzuwarten. Die Ermächtigung kann für eine Summe von maximal 50 % des bisherigen Grundkapitals erteilt werden und erlischt nach den 5 Jahren.

11.5.3.2 Kapitalerhöhung aus Gesellschaftsmitteln durch Ausgabe von Berichtigungsaktien

§§ 207 ff. AktG

Werden Kapitalrücklagen und Gewinnrücklagen in Grund-/Aktienkapital umgewandelt, spricht man von einer Kapitalerhöhung aus Gesellschaftsmitteln oder auch nominellen Kapitalerhöhung. Durch die Ausgabe von Berichtigungsaktien ändert sich die Bilanzsumme nicht, es handelt sich lediglich um einen Passivtausch. Aktionäre erhalten also einen Teil der Rücklagen, der bislang im Kurs ausgedrückt war, in Aktien umgetauscht. Gründe für eine solche Transaktion sind die Senkung des Aktienkurses oder auch eine Steigerung des Unternehmensansehens.

Die Aktionäre erhalten in einem bestimmten Verhältnis zum bisherigen Aktienbesitz Berichtigungsaktien, auch Gratisaktien genannt. Entspricht die Anzahl des alten Aktienbesitzes nicht genau dem Berichtigungsverhältnis, besitzen sie Teilrechte an den Berichtigungsaktien. Diese können als Teilrechtsspitzen durch Kauf oder Verkauf von Teilrechten ausgeglichen werden (Kapitel 11.5.3.4).

Beispiel:

Eine Gesellschaft erhöht ihr Aktienkapital durch Umwandlung von Rücklagen im Verhältnis 4 : 1. Börsenkurs der Aktie 34,00 €.

Auf je 4 Aktien der Gesellschaft entfällt also 1 Berichtigungsaktie.

Der Gegenwert von 4 Aktien, also 34,00 · 4 = 136,00 €, verteilt sich nach Zuteilung der darauf entfallenden 1 Berichtigungsaktie auf nunmehr 5 Aktien.

Eine Aktie kostet demnach künftig 136,00 € : 5 = 27,20 €. Nach Durchführung der Berichtigung lautet der Börsenkurs: 27,20 €.

Für den Aktionär ändert sich der Wert seiner Beteiligung nicht.

Teilrechte. Da nicht alle Aktionäre eine dem Berichtigungsverhältnis entsprechende Menge von Aktien besitzen, um eine Gratisaktie erhalten zu können, müssen die „Spitzen" unter den Aktionären ausgetauscht werden. Der „Spitzenhandel" findet zu den Kursen der Ganzstücke statt. (Spitzen beinhalten Rechtsansprüche auf etwas, was dem Aktionär gehört, sie sind keine selbstständigen „Bezugsrechte"!)

Beispiel:

Ein Aktionär besitzt 89 Aktien dieser Gesellschaft vor der Kapitalerhöhung und will 23 neue Aktien erwerben. Bei einem Berichtigungsverhältnis von 4 : 1 können dem Aktionär aufgrund vorhandener Berechtigungsnachweise 22 junge Aktien ohne Weiteres zugeteilt werden. Eine Aktie besitzt $^1/_4$ Teilrecht. Um seinen Zuteilungswunsch von 23 jungen Aktien erfüllen zu können, muss der Aktionär noch $^3/_4$ oder 0,75 Teilrechte erwerben (89 : 4 = 22,25; 92 : 4 = 23). Er muss $^3/_4$ von 27,20 € = 20,40 € für den Erwerb dieser Teilrechte zahlen.

Ein sogenannter **Kapitalsplit** verändert die Höhe des Grundkapitals und der Rücklagen nicht. Es kommt lediglich zu einer Neuorganisation der Anzahl der Aktien, z.B. durch Veränderung des Nennwertes pro Aktie bzw. Veränderung der Anzahl der Aktien auf die das Grundkapital verteilt ist. Hierdurch wird der Aktienkurs optisch günstiger.

Beispiel:

Eine Aktiengesellschaft senkt den Nennwert je Aktie von 20,00 € auf 5 €. Der bisherige Aktienkurs liegt bei 250,00 €. Ein Aktionär besitzt vor der Aktion 100 Stück. Durch Kapitalsplit sollen aus 1 Aktie 4 Aktien werden.

Aktienbesitz (vorher)		Aktienbesitz (nachher)	
Nominalbesitz:	100 Stück à 20,00 € = 2 000,00 €	Nominalbesitz:	400 Stück à 5,00 € = 2 000,00 €
Kurswert:	100 Stück à 250,00 € = 25 000,00 €	Kurswert:	400 Stück à 62,50 € = 25 000,00 €

Nominalwert und Kurswert der Beteiligung bleiben unverändert. Lediglich der Aktienkurs wurde von 250,00 € auf $^1/_4$ oder 62,50 € reduziert. Die Aktie erscheint dadurch handelsfähiger.

11.5.3.3 Bedingte Kapitalerhöhung

Eine **bedingte Kapitalerhöhung** soll sicherstellen, dass die Gläubiger von Wandelschuldverschreibungen (Schuldverschreibungen, die mit dem Recht zum späteren Umtausch in Aktien ausgestattet sind) und Optionsanleihen (Schuldverschreibungen, die neben dem Gläubigerrecht ein Bezugsrecht auf Aktien der Gesellschaft verbriefen) ihre Umtausch-/Optionsrechte ausüben können. Hierdurch wird die Aufstockung des Kapitals zum gegebenen Zeitpunkt ermöglicht. §§ 192 ff. AktG

Die Höhe einer bedingten Kapitalerhöhung muss sicherstellen, dass alle Umtausch- oder Optionsrechte erfüllt werden können, unabhängig davon, ob diese Rechte auch in vollem Umfang ausgeübt werden. Die endgültige Aufstockung des Grundkapitals steht erst nach Ablauf der Frist für die Ausübung der Umtausch- bzw. der Optionsrechte fest.

In allen Fällen der Kapitalerhöhung ist ein Hauptversammlungsbeschluss mit $^3/_4$-Mehrheit des auf der Hauptversammlung anwesenden Aktienkapitals erforderlich. Die Ausgabe zusätzlicher Aktien führt zu einer Schmälerung der Rechte der bisherigen Aktionäre, ihre prozentuale Beteiligungsquote am Aktienkapital sinkt. Um den Aktionären einen Ausgleich zu verschaffen, bestimmt § 186 des Aktiengesetzes, dass jedem Aktionär auf sein Verlangen hin ein seinem Anteil an dem bisherigen Grundkapital entsprechender Teil der neuen Aktien zugeteilt wird und er seine prozentuale (relative) Beteiligungsquote erhalten kann (Verwässerungsschutz).

LS 4
Situation 3

§ 186 AktG

11.5.3.4 Handel von Bezugsrechten/Verwertung von Teilrechten

Aktionäre, die bei einer Kapitalerhöhung durch Ausgabe „junger" oder „neuer" Aktien das ihnen gesetzlich zugestandene Bezugsrecht nicht ausüben wollen, veräußern ihre Rechte, um den Vermögensverlust auszugleichen, den sie sonst durch den „Bezugsrechtsabschlag" erleiden würden. Nach dem Aktiengesetz ist dafür eine Bezugsfrist von mindestens 2 Wochen festzulegen.

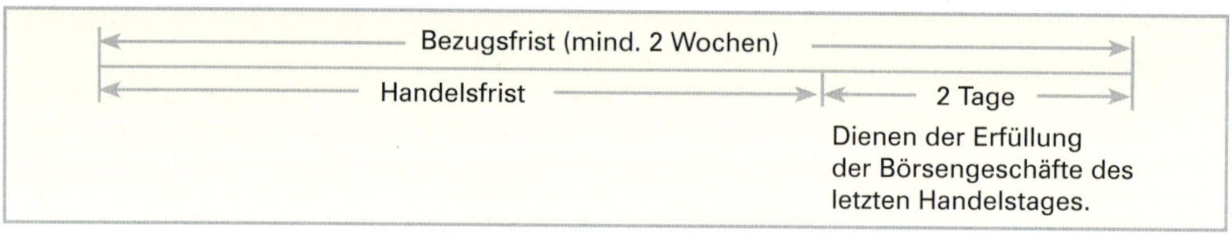

Der **Bezugsrechtsabschlag** erfolgt am 1. Tag der Bezugsfrist (Handelsfrist). Die alten Aktien werden von diesem Tag an „ex Bezugsrecht" gehandelt. Sämtliche unerledigten Aufträge in diesen Werten erlöschen mit Ablauf des vorhergehenden Börsentages.

Das Bezugsrecht wird während der gesamten Frist börsentäglich gehandelt mit Ausnahme der beiden letzten Börsentage, die der Erfüllung der abgeschlossenen Geschäfte vorbehalten sind. Spätestens 4 Tage vor Beginn des Handels sind die Aktionäre zum Bezug aufzufordern. Bezugsrechte, über die bis zum vorletzten Börsentag des Bezugsrechtshandels nicht verfügt wurde, werden von der Depotbank „bestens" verkauft.

Bezugsrechtehandel auf XETRA. Bezugsrechte können auf XETRA im fortlaufenden Handel mit untertägigen Auktionen, in der Auktion oder in der fortlaufenden Auktion gehandelt werden. Die Börsengeschäftsführung bestimmt das Handelsmodell.

Da das Bezugsrecht als selbstständiges, vertretbares Recht an der Börse gehandelt wird, ergibt sich der Kurs aus Angebot und Nachfrage und weicht deshalb vom rechnerischen Wert häufig ab. Die Abweichungen nach oben oder unten werden ggf. beeinflusst durch positive oder negative Umstände, die bei der Aktie oder ihrem Unternehmen gesehen werden oder auch von Umständen, die im Markt liegen.

Teilrechte aus einer Kapitalerhöhung aus Gesellschaftsmitteln stellen keine getrennt handelbaren Rechte dar. Eventuelle Teilrechtsspitzen aus einem bestehenden Aktienbesitz können durch Kauf bzw. Verkauf ausgeglichen werden. Dabei wird der Wert der Teilrechte als Bruchteil vom jeweils aktuellen Aktienkurs errechnet. Ein Börsenhandel findet nicht statt. Der Ausgleich erfolgt durch die Aktiengesellschaft bzw. durch von ihr beauftragte Kreditinstitute.

Beispiel:

Aufgrund des Aktienbesitzes ergeben sich – nach Zuweisung von Berichtigungsaktien – 3/7 Teilrechte.

Der Börsenkurs der Aktie beträgt 35,00 €.

Wert der Teilrechte: 3/7 von 35,00 € = 15,00 €.

11.5.4 Aktienanalyse

Aktienanalysen sind Versuche, Daten für die Prognose der künftigen Kursentwicklung zu gewinnen. Man unterscheidet Fundamentalanalyse und technische Analyse (Chartanalyse).

11.5.4.1 Fundamentalanalyse

Die Fundamentalanalyse versucht den „inneren Wert" (rational ökonomischen Wert) einer Aktie unter Verwendung externer und interner Daten des Unternehmens zu bestimmen. Liegt der berechnete innere Wert einer Aktie unter (über) ihrem Börsenkurs, so gilt die Aktie als „unterbewertet" („überbewertet") und es wird eine Kaufempfehlung (Verkaufempfehlung) ausgesprochen. Dazu bedient sie sich der „Top-Down-Analyse", die sich in drei Schritten vollzieht:

1. Globalanalyse = Analyse der gesamtwirtschaftlichen Entwicklung und Prognose der Entwicklung des Kapitalmarkts allgemein	**Grundlage der Analyse:** allgemeine nationale/internationale Wirtschaftsdaten, z. B. Konjunkturverlauf, Zinsen, Wechselkurse, Geldmenge, Preise
2. Branchenanalyse = Analyse der branchenspezifischen Entwicklung	**Grundlage der Analyse:** nationale/internationale Faktoren, z. B. Auftragseingänge, Branchenklima, Lagerbestände, Gewinnentwicklung
3. Unternehmensanalyse = Analyse der unternehmensspezifischen Entwicklung (Schwerpunkt der Analyse)	**quantitative Analyse** (z. B.): ■ Jahresabschluss ■ Presseberichte ■ Unternehmensinformationen ■ Kennziffern (u. a.): – Dividendenrendite $= \frac{\text{veröffentlichte Dividende} \cdot 100}{\text{Kapitaleinsatz}}$ – Kurs-Gewinn-Verhältnis $= \frac{\text{Börsenkurs}}{\text{erwarteter Gewinn pro Aktie}}$ – Cashflow – Kurs-Cashflow-Verhältnis $= \frac{\text{Kurs einer Aktie}}{\text{Cashflow je Aktie}}$ **qualitative Analyse** (z. B.): ■ Beurteilung des Management ■ Wettbewerbsposition

Die **Dividendenrendite** gibt an, welche Verzinsung der Aktionär jährlich durch die Ausschüttungen der Gesellschaft erhält. Vor allem bei langfristigen Anlagen ist die Dividendenrendite von Bedeutung.

Beispiel:

Der Kurs der Techno-Aktie (Kapitaleinsatz) beträgt 54,00 €. Es wird eine Bardividende je Aktie von 1,40 € veröffentlicht.

$$\text{Dividendenrendite} = \frac{1{,}40 \cdot 100}{54{,}00} = 2{,}59\,\%$$

Je höher die Dividendenrendite, desto höher verzinst sich das eingesetzte Kapital.

Beim **Kurs-Gewinn-Verhältnis** (Price-earnings-ratio) wird das Verhältnis des auf eine Aktie der Gesellschaft entfallenden Gewinns zum Börsenkurs der Aktie festgestellt.

Beispiel: [1]

Eine Aktiengesellschaft mit 10 Mio. € Aktienkapital, bestehend aus 200000 Stückaktien, schüttet eine Dividendensumme von 2 Mio. € aus. Auf eine Aktie entfallen demnach 2 Mio. : 200000 = 10,00 €.

Die Aktie wird mit 180,00 € notiert. Das Kurs-Gewinn-Verhältnis beträgt also: 180,00 € : 10 = 18.

Diese Zahl (KGV) lässt – im Gegensatz zum Cashflow – Aufschluss gebende Vergleiche mit dem KGV anderer in- oder gar ausländischer Aktien der gleichen Branchen zu. Je höher das KGV ist, desto „teurer" erscheint die Aktie. Im Gegensatz dazu scheint sie bei niedriger Kennzahl „preiswürdig" zu sein. Bei einer solchen Beurteilung sind besondere Gründe für eine relative Überhöhung oder Unterbewertung eines Kurses zu berücksichtigen.

Der **Cashflow** gibt Auskunft über die Innenfinanzierungskraft eines Unternehmens und ist eine Bezugsgröße, die eine ständige Beobachtung der Entwicklung des Unternehmens selbst ermöglicht. Für Entwicklungsvergleiche mit anderen Unternehmen (selbst der eigenen Branche) ist er beispielsweise schon wegen der bestehenden Unterschiede in der Kapitalstruktur und in den Abschreibungsverfahren weniger geeignet.

Als *Cashflow* wird in der Praxis häufig folgende Größe angesehen:

	Bilanzgewinn	Jahresüberschuss
+	Verlustvortrag bzw. – Gewinnvortrag	
+	Zuführung zu bzw. – Auflösung von Rücklagen	
+	Abschreibungen auf das Anlagevermögen	
+	Erhöhung bzw. – Auflösung langfristiger Rückstellungen	
=	Cashflow[2, 3]	

Der Cashflow lässt verschiedene analytische Auswertungen zu, z. B.:

- Feststellungen über die kontinuierliche Entwicklung der Ertragskraft des Unternehmens anhand der absoluten Cashflow-Zahl bzw. ihrer prozentualen Veränderung gegenüber dem Vorjahr.
- Nutzung der Ertragskraft des Unternehmens für Reinvestitionen, für die Bildung von Rücklagen, für Dividendenausschüttungen u. dgl. (Ausdruck der Innenfinanzierungskraft).
- Ermittlung des Cashflow je Aktie (hier ergeben sich Rückschlüsse für Kursvergleiche mit anderen Aktien) (Kurs : Cashflow je Aktie = Cashflow-ratio).

1 Der auf eine Aktie entfallende Gewinn (gemeint ist der Reingewinn nach Steuern bezogen auf eine Aktie) kann der Bilanz oder dem Geschäftsbericht des Unternehmens nicht unmittelbar entnommen werden. Er wird von Finanzanalytikern nach besonderen Verfahren geschätzt. Aus Vereinfachungsgründen wird im folgenden Beispiel der Reingewinn je Aktie mit der auf eine Aktie entfallenen ausgeschütteten Dividende gleichgesetzt.

2 Süchting, Joachim: Finanzmanagement. Wiesbaden 1984, S. 368.

3 Die Formelsammlung für die Abschlussprüfung im Ausbildungsbereich Bankkauffrau/Bankkaufmann der IHK verwendet für die Ermittlung des Cashflow folgende Formel: Cashflow = Betriebsergebnis + planmäßige Abschreibung auf Sachanlagen + Zuführung zu den langfristigen Rückstellungen.

11.5.4.2 Technische Analyse (Chartanalyse)

In der technischen Analyse werden Charts als Hilfsmittel benutzt. In Charts werden Kurs- und Umsatzentwicklungen von Aktien grafisch dargestellt. Der Analyst unterstellt, dass im Chart bereits alle Einflussfaktoren enthalten sind (die der Öffentlichkeit bekannten und vielleicht noch nicht bekannten) und dass Charts nach bestimmten Mustern (Formationen) verlaufen, die, wenn man die Formation nur frühzeitig genug erkennt, die Prognose von Aktienkursverläufen möglich machen. Er begründet die technische Analyse mit der These, dass sich bestimmte Verläufe wiederholen und dass somit aus vergangenen (historischen) Kursverläufen zukünftige abgeleitet werden können.

Ähnlich wie bei der Fundamentalanalyse werden Gesamtmarktanalysen anhand von Indizes, z. B. DAX, TecDAX, Dow Jones, Nasdaq, Branchenanalysen anhand von speziellen Branchenindizes und Einzelwertanalysen für einzelne Unternehmen durchgeführt.

Die technische Aktienanalyse spaltet Aktienzeitreihen in die Komponenten: Trend, Zyklus und Zufall. Daraus werden Handelsstrategien abgeleitet:

- Kursentwicklung folgt Trend: → Buy- and Hold-Strategie
- Kursentwicklung ist zyklisch: → Umschichtungsstrategie
- Kursentwicklung folgt Zufall (kein Trend/keine zyklischen Bewegungen): → Diversifikationsstrategie.

Beispiele für Formationen:

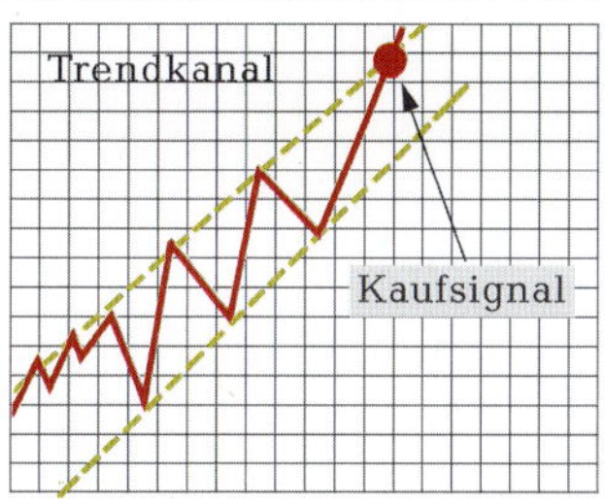

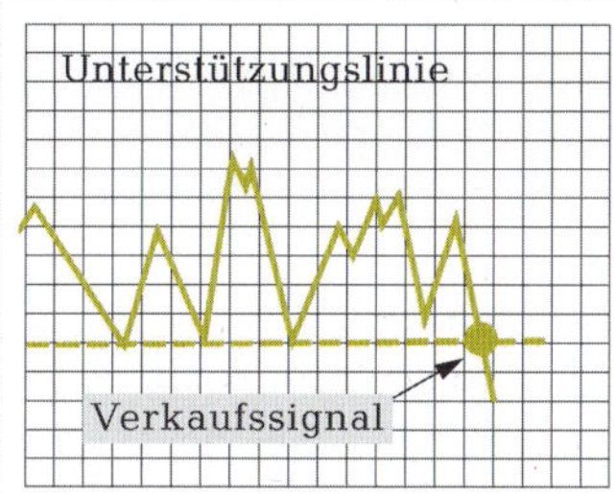

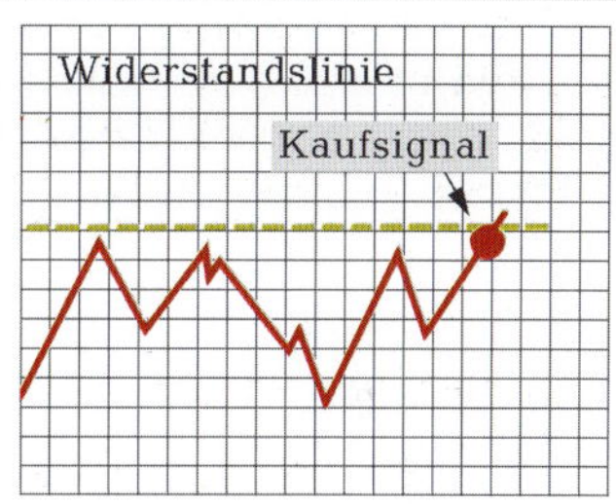

„Trendgeraden". Lassen sich anhand des bisherigen Kursverlaufs Höchst- bzw. Tiefstkurse mit einer geraden Linie verbinden, spricht man von Trendgeraden sowie auch von Trendkanälen.
Ein Ausbrechen aus diesen Linien lässt auf eine fortgesetzte Reaktion des Kurses in die Ausbruchsrichtung rechnen.

„Unterstützungs- und Widerstandslinien". Durchbricht ein Kurs eine bestimmte Marke regelmäßig nicht, weder nach unten noch nach oben, so spricht man von einer Unterstützungslinie bzw. Widerstandslinie. Ein mehrfaches Testen dieser Linie durch den Tageskurs wird als Stabilisierung dieser Linie gedeutet.

„W-Formation". Der Kurs verläuft in der Formation des Buchstabens W. Geht er nach Vollenden dieser Formation weiter nach oben, wird mit deutlichen weiteren Steigerungen gerechnet.

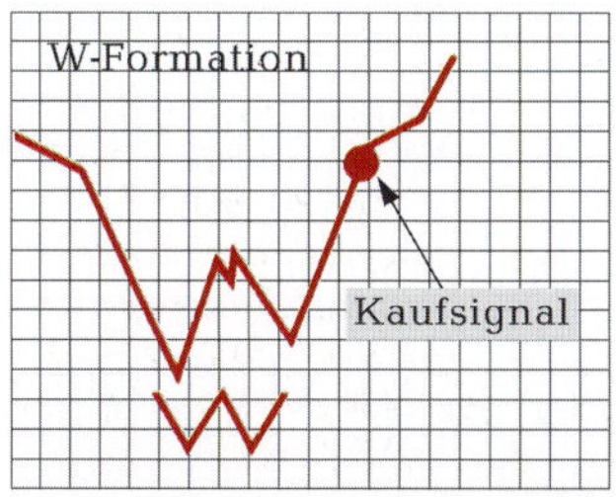

„M-Formation". Den umgekehrten Effekt der W-Formation hat die M-Formation.

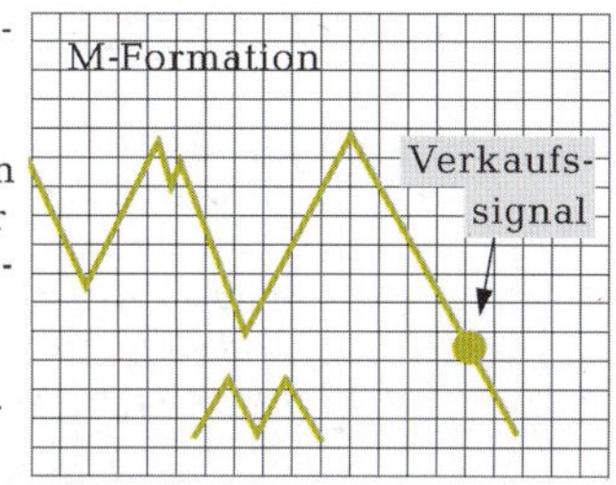

Quelle: Planspiel Börse, Deutscher Sparkassenverlag GmbH, Stuttgart.

Zu berücksichtigen ist jedoch, dass Schlüsse aus der Chart-Technik letzten Endes nur einen mehr oder weniger hohen Wahrscheinlichkeitswert haben. Sie sollten deshalb niemals ausschließlich einer Anlageentscheidung zugrunde gelegt werden.

In der Praxis werden zur Prognose von Aktienkursverläufen regelmäßig die Fundamentalanalyse und die technische Analyse zusammen herangezogen.

11.5.5 Spezielle Risiken bei Aktien

Neben den in Kapitel 11.3.6 dargestellten Basisrisiken einer Geld- und Vermögensanlage in Wertpapieren sind in der Kundenberatung bei Aktien spezielle Risiken zu beachten.

Gewinner und Verlierer im DAX am 06.01.2023

Tops	
Siem.Energy	+3,53
Linde PLC	+2,47
Infineon NA	+2,40

Flops	
Henkel Vz.	-2,34
Sartorius Vz.	-1,76
Siem.Heath.	-0,70

Quelle: Handelsblatt, 09.01.2023

Insolvenzrisiko (unternehmerisches Risiko). Die Position als Miteigentümer beim Erwerb von Aktien bedingt – im Extremfall – den Verlust des Anlagebetrags.

Kursänderungsrisiko. Aktienkurse unterliegen Schwankungen, die nicht vorhersehbar sind (→ Einflüsse → Konjunktur → Wirtschaftspolitik). Das *allgemeine Marktrisiko* liegt in Kursänderungen, die bedingt sind durch Tendenzen am Aktienmarkt. Das *unternehmensspezifische Risiko* bezeichnet die Gefahr von Kursverlusten, die betriebswirtschaftlich bedingt sind, also mit der unmittelbaren Unternehmenssituation zu tun haben.

Dividendenrisiko. Die Dividendenzahlung ist von dem erzielten Gewinn abhängig. Sie kann gekürzt werden oder ausfallen.

Psychologie der Marktteilnehmer. Die Einschätzung der Marktteilnehmer und ihr Anlageverhalten können steigende und fallende Aktienkurse verursachen. Vgl. Kapitel 12.5.

Risiko der Kursprognose. Die tatsächliche Marktentwicklung entspricht nicht der Kursprognose. Vgl. Kapitel 11.5.4 Fundamentalanalyse/Chartanalyse.

11.6 Investmentanteile

11.6.1 Grundlagen des Investmentgeschäfts

LS 5
Situation 1

§ 1, § 17 KAGB

Investmentanteile sind Beteiligungen an Sondervermögen (Investmentfonds), die von Kapitalverwaltungsgesellschaften (Investmentgesellschaften) gebildet und verwaltet werden. Die Kapitalverwaltungsgesellschaft bündelt die Gelder vieler Anleger in einem Sondervermögen, um sie nach dem Prinzip der Risikomischung – entsprechend den Anlagegrundsätzen des jeweiligen Sondervermögens – in verschiedenen Vermögenswerten (Wertpapieren, Geldmarktinstrumenten, Bankguthaben, derivativen Instrumenten, Immobilien) anzulegen und fachmännisch zu verwalten.

Aufgrund der Höhe des Fondsvermögens lassen sich wesentlich bessere Diversifikationseffekte[1] erzielen, als dies mit den jeweiligen kleinen Anlagebeträgen der Investoren möglich wäre. Über die sich aus dem Sondervermögen ergebenden Rechte der Kapitalanleger gibt die Kapitalverwaltungsgesellschaft Anteilscheine aus.

Der Druck von Anteilscheinen und die Ausgabe in Form konkret zu übergebender Urkunden ist seit dem 1. Januar 2017 nicht mehr möglich. Noch existierende Anteilscheine in Urkundenform werden zu diesem Datum kraftlos und sind nicht mehr handelbar. Da sie aber ihren Wert nicht verlieren, können sie weiterhin bei den Verwahrstellen eingeliefert werden.

Anlageziel. Zweck der Ausgabe von Investmentanteilen ist es, bereits mit dem Einsatz kleinerer Beträge eine Vermögensanlage nach dem Grundsatz der Risikomischung zu ermöglichen. Jeder Erwerber

- wird mit seinem Anteil Miteigentümer (Bruchteileigentümer) am gesamten Fondsvermögen,
- hat seinem Anteil entsprechend Anspruch auf die Erträge, die das Fondsvermögen erbringt,
- hat das Recht, Fondsanteile zulasten des Sondervermögens zum aktuellen Rücknahmepreis an die Kapitalverwaltungsgesellschaft zurückzugeben. Einzelheiten regeln die Anlagebedingungen (gesetzliche Regelung für offene inländische Fonds mindestens zweimal pro Monat). Für offene Immobilienfonds, Dachfonds und Spezialfonds gelten abweichende Regelungen. § 98 KAGB

  Anstelle einer Rückgabe an die Kapitalverwaltungsgesellschaft können Anteile börsengehandelter Fonds, sog. ETF (vgl. Kapitel 12.3.3 Exchange Traded Funds), während der Börsenzeiten zu aktuellen Preisen gekauft und verkauft werden.
- hat Anspruch auf ordnungsgemäße Verwaltung des Fondsvermögens durch die Verwahrstelle.

Funktionsweise eines Investmentfonds

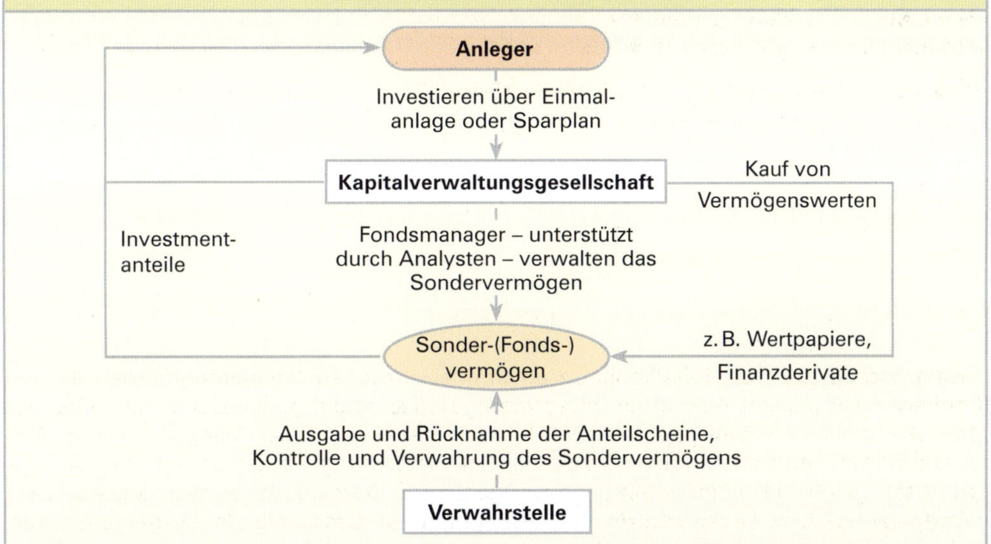

1 Diversifikation = breite Risikostreuung

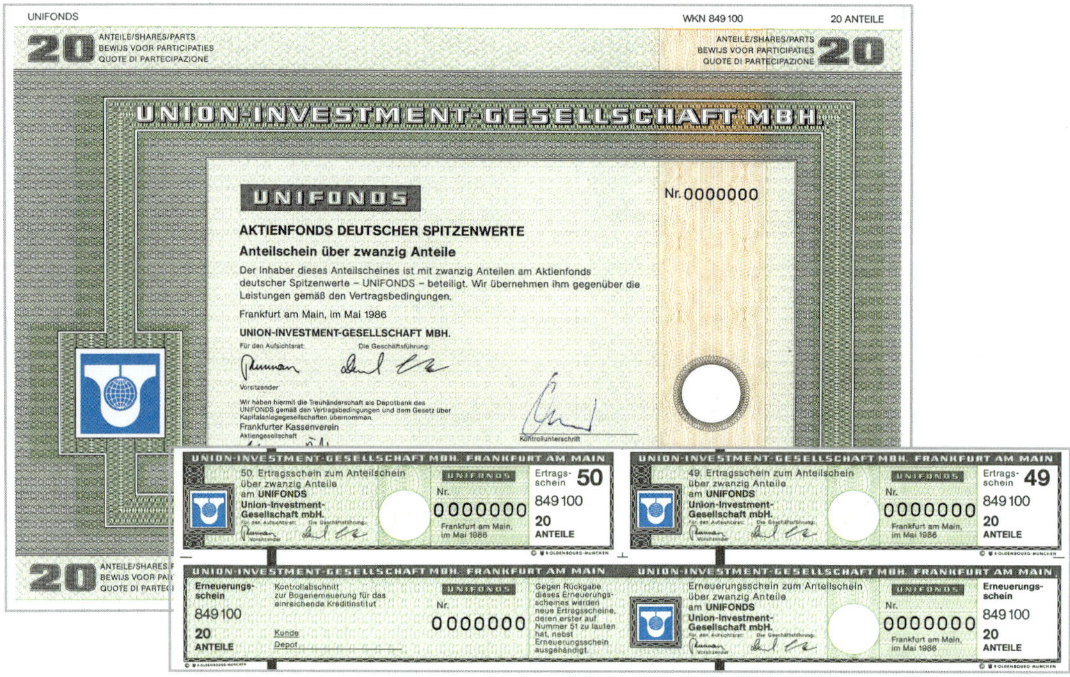

Hinweis: Bei der abgebildeten Urkunde handelt es sich um ein historisches Wertpapier, dessen Druck so nicht mehr möglich ist. Sie dient hier lediglich der besseren Anschauung.

11.6.2 Rechtliche Grundlagen nach dem Kapitalanlagegesetzbuch

Als Rechtsgrundlage für das Geschäft mit Investmentanteilen gilt seit dem 22. Juli 2013 das **Kapitalanlagegesetzbuch** (KAGB). Es vereint die europäischen Richtlinien zu den „Organismen für gemeinsame Anlagen in Wertpapieren" (OGAW) und den „Alternativen Investmentfonds" (AIF) in einem einheitlichen Gesetz.

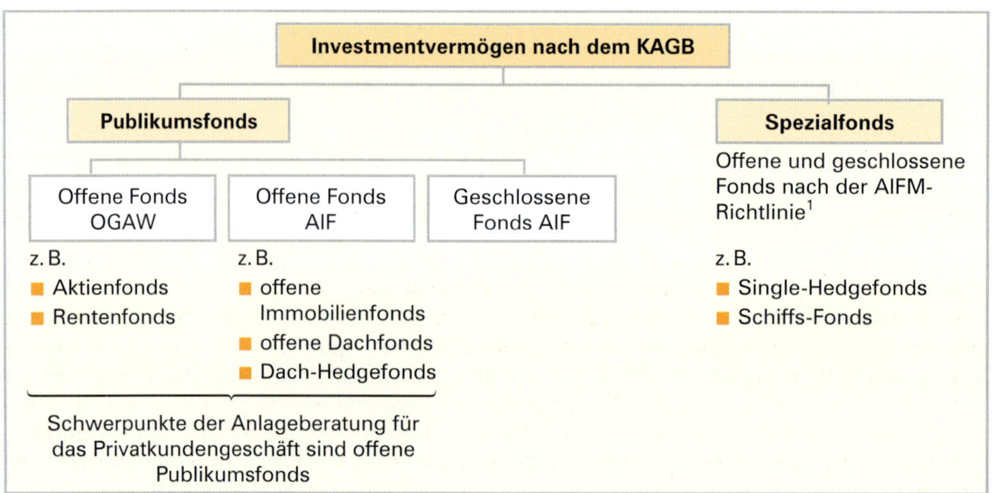

1 EU-Richtlinie über die Verwaltung alternativer Investmentfonds.

Kapitalverwaltungsgesellschaften sind Unternehmen, deren Geschäftsbetrieb auf die Verwaltung von Investmentvermögen ausgerichtet ist. Sie unterscheiden sich nach der Art des verwalteten Investmentvermögens in OGAW-Kapitalverwaltungsgesellschaften oder AIF-Kapitalverwaltungsgesellschaften. Für sie gilt die Rechtsform der AG, der GmbH oder der GmbH & Co KG. Ihre Tätigkeit muss von der Aufsichtsbehörde (BaFin) genehmigt werden. Mit dem von der BaFin ausgestellten „Europäischen Pass" haben die Kapitalverwaltungsgesellschaften die Möglichkeit, grenzüberschreitend innerhalb der Europäischen Union ihre Dienstleistungen anzubieten oder Zweigstellen zu errichten, ohne dass eine zusätzliche Genehmigung durch die örtlichen Behörden erforderlich ist. Diese Regelungen gelten auch für ausländische Anbieter. § 17 KAGB

11.6.3 Arten von Investmentfonds

Investmentfonds				
nach der Art der Kapitalbeschaffung	**nach dem Anlegerkreis**	**nach der Laufzeit**	**nach der Art der Gewinnausschüttung**	**nach der Berechnung eines Ausgabeaufschlags**
■ offene Fonds ■ geschlossene Fonds	■ Publikumsfonds ■ Spezialfonds	■ Fonds mit unbegrenzter Laufzeit ■ Fonds mit begrenzter Laufzeit	■ gewinnausschüttende Fonds ■ Fonds ohne Gewinnausschüttung (thesaurierende Fonds)	■ Fonds mit Ausgabeaufschlag ■ Fonds ohne Ausgabeaufschlag (Tradingfonds)

11.6.3.1 Offene/geschlossene Fonds

Bei **offenen Fonds** ist die Zahl der Anteile (und damit der Teilhaber) von vornherein unbestimmt. Die Fondsgesellschaft gibt neue Anteile aus, verwendet die Erlöse zum Erwerb weiterer Anlagewerte und nimmt ausgegebene Anteile vom Anleger zurück. Bei den in Deutschland aufgelegten Investmentfonds handelt es sich regelmäßig um offene Fonds.

Die Gesellschaft ist verpflichtet, Anteilscheine – im Rahmen der vertraglichen Bedingungen – zulasten des Fondsvermögens zum jeweiligen Rücknahmepreis zurückzunehmen. In den Vertragsbedingungen kann vorgesehen sein, dass die Kapitalverwaltungsgesellschaft die Rücknahme der Anteile aussetzen darf, wenn außergewöhnliche Umstände vorliegen.

Bei **geschlossenen Fonds** wird i.d.R. nur ein Projekt/Objekt finanziert. Über das Gesamtvolumen wird eine begrenzte Anzahl von Anteilscheinen ausgegeben. Die Rechtsform geschlossener Fonds ist häufig die GmbH & Co. KG. Typische Vermögensgegenstände solcher Fonds sind Schiffe, Immobilien, Windenergieanlagen und Filmrechte. Im Gegensatz zu offenen Fonds ist die Gesellschaft nicht zur Rücknahme verpflichtet, damit besteht für den Anleger eine eingeschränkte Liquidität. Anteilscheine können nur – soweit vorhanden – über einen evtl. bestehenden Sekundärmarkt veräußert werden. Erträge unterliegen nicht der Abgeltungsteuer, sondern werden zum individuellen Einkommensteuer-Satz veranlagt.

11.6.3.2 Publikums-/Spezialfonds

Publikumsfonds sind Sondervermögen ohne Einschränkung des Erwerberkreises. Anteile an Publikumsfonds werden öffentlich angeboten und können von jedermann erworben werden. Publikumsfonds in Form von offenen Fonds sind die übliche Anlageform für den Privatanleger. Der Anleger hat hierbei die Auswahl unter einer Vielzahl von Angeboten an Investmentfonds. Die einzelnen Fonds unterscheiden sich vor allem darin, wie das von den Anteilsinhabern eingebrachte Kapital angelegt wird. Es ergeben sich fast unbegrenzte Gestaltungsmöglichkeiten von Publikumsfonds: Danach kann ein Aktienfonds, ein Rentenfonds, ein gemischter Fonds, ein Spezialitätenfonds, ein Geldmarktfonds oder ein Dachfonds[1] sein Sondervermögen zum Beispiel in einem bestimmten Land (Länderfonds) oder in einer bestimmten Region (Regionen-/Hemisphärenfonds) oder auch weltweit (internationaler Fonds) anlegen.[2] Er kann dabei mit fester oder unbegrenzter Laufzeit ausgestattet sein, entweder keine Garantie oder aber eine Garantie auf die Ausschüttung oder auf die Wertentwicklung gewähren. Er kann Erträge ausschütten (Ausschüttungsfonds) oder sofort wieder anlegen (thesaurierender Fonds). Er kann mit Ausgabeaufschlag (Classicfonds) oder ohne Ausgabeaufschlag (Tradingfonds) ausgestattet sein. Der Preis der Anteile kann in Euro oder Fremdwährung festgesetzt sein.

Im Gegensatz zu Publikumsfonds haben **Spezialfonds** einen begrenzten Anlegerkreis. Anteile an solchen Fonds können nur von semiprofessionellen[3] oder professionellen Anlegern[4] erworben werden. Für Spezialfonds gelten bestimmte Erleichterungen, z. B. müssen keine Verkaufsprospekte erstellt und keine Ausgabe- und Rücknahmepreise veröffentlicht werden.

11.6.3.3 Fonds mit unbegrenzter/begrenzter Laufzeit

Investmentfonds mit **unbegrenzter Laufzeit** verwalten das ihnen überlassene Kapital auf Dauer ohne einen Termin zur Abwicklung und Verteilung des Vermögens an die Anleger. Diese besitzen die Möglichkeit, entsprechend den vertraglichen Bedingungen, ihre Anteile an die Kapitalverwaltungsgesellschaft zurückzugeben oder über die Börse zu verkaufen (siehe Kapitel 12.3.3).

Wird die Laufzeit eines Fonds von vornherein durch einen festen Termin begrenzt, spricht man von sogenannten **Laufzeitfonds.** Das angelegte Kapital bleibt bis zum Laufzeitende im Fonds. Danach wird der Fonds aufgelöst, die Vermögenswerte veräußert und das Kapital einschließlich der Erträge an die Anleger ausgeschüttet.

11.6.3.4 Gewinnausschüttende/gewinnthesaurierende Fonds

Kapitalverwaltungsgesellschaften erwirtschaften mit dem angelegten Kapital Zins- und Dividendenerträge, Kursgewinne/Kursverluste und sonstige Erträge. Diese Erträge werden einmal jährlich nach Abzug der Verwaltungskosten (Managementkosten) bei **ausschüttenden Fonds** an die Anleger gezahlt und unterliegen dann der Abgeltungsteuer.

---

1 Dachfonds legen das bei ihnen angelegte Geld überwiegend in Anteilen anderer deutscher Fonds oder in ausländischen Investmentanteilen an (Kapitel 11.6.5).

2 Siehe auch folgende Übersicht „Investmentfonds und ihre Gestaltungsmöglichkeiten".

3 Z. B. Anleger, die eine schriftliche Erklärung abgeben, dass sie sich der Risiken im Zusammenhang mit der beabsichtigten Verpflichtung oder Investition bewusst sind.

4 Anleger, die besondere Anforderungen erfüllen, u. a. in Bezug auf ausreichende Erfahrung, Kenntnisse und Sachverstand, um ihre Anlageentscheidung zu treffen und die damit verbundenen Risiken angemessen beurteilen zu können, z. B. Versicherungen.

Bei **thesaurierenden Fonds** werden die jährlich erzielten Erträge nicht an den einzelnen Anleger ausgeschüttet, sondern verbleiben im Fonds und werden laufend reinvestiert (thesauriert). Damit erhöht sich automatisch das Fondsvermögen, wodurch der Wert der einzelnen Anteile steigt. Obwohl dem Anleger keine Erträge unmittelbar zugeflossen sind, unterliegen diese im Veranlagungszeitraum als sogenannte ausschüttungsgleiche Erträge der Abgeltungsteuer.

11.6.3.5 Fonds mit/ohne Ausgabeaufschlag

Investmentanteile werden i.d.R. **mit einem Ausgabeaufschlag** ausgegeben. Er stellt die Differenz zwischen dem Ausgabe- und Rücknahmepreis dar. Es handelt sich um eine einmalige Gebühr, die mit dem Ausgabepreis entrichtet wird. Darüber hinaus berechnen die Kapitalverwaltungsgesellschaften für die laufende Verwaltung des Fonds jährlich sogenannte Managementgebühren.

Bei Investmentanteilen **ohne Ausgabeaufschlag** (Ausgabepreis = Rücknahmepreis), den sog. **Tradingsfonds** (No-load-Fonds), verzichtet die Gesellschaft auf diese Gebühr, berechnet dafür aber eine im Vergleich zu Fonds mit Ausgabeaufschlag höhere laufende Managementgebühr. Während Fonds mit Ausgabeaufschlag eher für langfristig orientierte Anleger geeignet sind, bieten sich Tradingfonds für kurzfristig orientierte Anleger an.

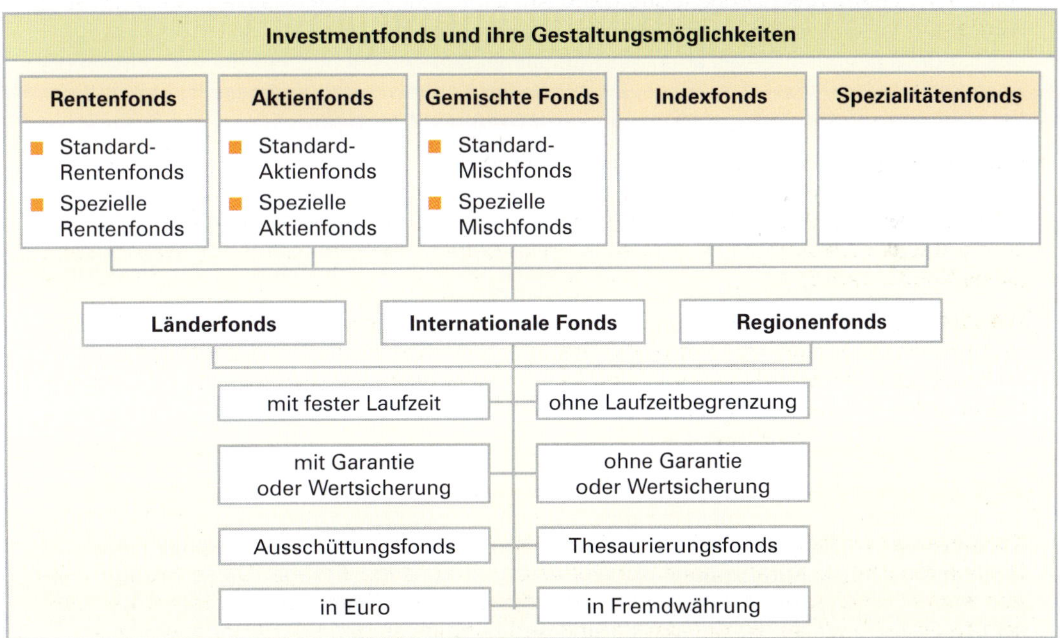

Quelle: Basisinformationen über Wertpapiere und weitere Kapitalanlagen, Köln 2014, Bank-Verlag GmbH.

11.6.4 Kapitalanlage in offenen Publikumsfonds (OGAW-Fonds)

11.6.4.1 Anlagebedingungen

LS 5 Situation 2

§§ 162 ff. KAGB

Vor Ausgabe von Fondsanteilen hat die Kapitalverwaltungsgesellschaft die Anlagebedingungen schriftlich festzulegen. Diese bedürfen der Genehmigung der BaFin. Sie überprüft, ob die Bedingungen den gesetzlichen Regelungen entsprechen.

Die Anlagebedingungen müssen u. a. folgende Angaben enthalten:

- die Anlagegrundsätze des Fonds, insbesondere Art und Umfang der zu erwerbenden Vermögensgegenstände,
- Höhe des Ausgabeaufschlags bei Ausgabe oder des Abschlags bei der Rücknahme der Anteilscheine und Beträge, die zur Deckung von Kosten verwendet werden,
- Rücknahmebedingungen für die Fondsanteile,
- Zeitpunkt der Berichterstattung (Halbjahres-/Jahresbericht),
- Ausschüttung oder Wiederanlage der Fondserträge,
- Anlagezeitraum (unbegrenzt, begrenzt),
- Höhe der Vergütungen aus dem Sondervermögen, die an die Kapitalverwaltungsgesellschaft, an die Verwahrstelle bzw. an Dritte zu zahlen sind.

§§ 68 ff. KAGB

Die Kapitalverwaltungsgesellschaft hat mit der Verwahrung des Investment-/Sondervermögens sowie für die damit verbundenen Verwaltungsaufgaben ein anderes Kreditinstitut als **Verwahrstelle** zu beauftragen. Dieses unterliegt sowohl den Bestimmungen des Kreditwesengesetzes als auch des Kapitalanlagegesetzbuches. Für die Auswahl ist die Zustimmung der BaFin erforderlich. Zwischen der Kapitalverwaltungsgesellschaft und der Verwahrstelle dürfen keine personellen Verflechtungen bestehen.

Zu den wesentlichen Aufgaben der Verwahrstelle gehören die

- Verwahrung und Verwaltung des Investmentvermögens. Die zum Investmentvermögen gehörenden Wertpapiere und Einlagen sind von der Verwahrstelle in gesperrte Depots zu legen.
- Ausgabe und Rücknahme von Anteilen eines Sondervermögens. Anteile dürfen nur gegen die volle Leistung des Ausgabepreises ausgegeben werden.
- Mitwirkung und Überwachung der Anteilspreisberechnung. Sie hat darauf zu achten, dass der Wert der Anteile entsprechend den gesetzlichen Vorschriften und gemäß den Vertragsbedingungen festgestellt wird.
- Auszahlung von Ausschüttungen an die Anteilsinhaber entsprechend den Vorgaben der Kapitalverwaltungsgesellschaft.

Die Verwahrstelle ist berechtigt und verpflichtet, im eigenen Namen Ansprüche der Anleger wegen Verletzung der gesetzlichen Vorschriften oder der Anlagebedingungen gegen die Kapitalverwaltungsgesellschaft geltend zu machen. Sie übernimmt zum Schutz der Anleger eine Treuhandfunktion.

§ 101 KAGB

Publizitätspflicht/Rechenschaftslegung. Die Kapitalverwaltungsgesellschaft hat für jedes Sondervermögen für den Schluss eines Geschäftsjahres einen **Jahresbericht** zu erstellen und diesen im elektronischen Bundesanzeiger bekannt zu machen. Der Jahresbericht muss nachstehende Angaben enthalten:

- einen Tätigkeitsbericht über das abgelaufene Geschäftsjahr,
- eine Vermögensaufstellung der zum Sondervermögen gehörenden Vermögensgegenstände,
- die während des Berichtszeitraums abgeschlossenen Geschäfte, insbesondere die Käufe und Verkäufe,

- die Anzahl der am Berichtsstichtag umlaufenden Anteile und den Anteilswert,
- eine nach Art der Erträge und Aufwendungen gegliederte Ertrags- und Aufwandsrechnung,
- eine vergleichende Übersicht der letzten drei Geschäftsjahre.

Ein Halbjahresbericht ist in der Mitte des Geschäftsjahres zu erteilen.

Vor dem Verkauf von Fondsanteilen an den Anleger müssen diesem kostenlos und unverbindlich der vereinfachte und auf Verlangen der ausführliche Verkaufsprospekt, die Anlagebedingungen, der letzte Jahresbericht und der anschließende Halbjahresbericht, sofern er veröffentlicht ist, angeboten werden.

Der Verkaufsprospekt muss alle Angaben enthalten, die erforderlich sind, damit sich der Anleger über die ihm angebotene Anlage und insbesondere über die damit verbundenen Risiken ein begründetes Urteil bilden kann.

Der vereinfachte Verkaufsprospekt ist im Vergleich zum ausführlichen Verkaufsprospekt standardisiert. Er muss die notwendigen Informationen in für den Durchschnittsanleger leicht verständlicher Form enthalten (z.B. Angaben über Fondsrisiken und über die Gesamtkostenquote[1] des Fonds).

Im Falle eines Sondervermögens mit zusätzlichen Risiken (Hedgefonds; vgl. Kapitel 11.6.5) sind dem Privatanleger die Verkaufsunterlagen auszuhändigen.

11.6.4.2 Anlagevorschriften

Das Kapitalanlagegesetzbuch regelt die Struktur der Zusammensetzung der Sondervermögen bzw. der zu erwerbenden Vermögenswerte. Für OGAW-Fonds darf die Kapitalverwaltungsgesellschaft im Wesentlichen nur erwerben §§ 192 ff. KAGB

- Wertpapiere: Aktien, Anleihen, Optionsscheine, die an Börsen zum Handel zugelassen oder in einen anderen organisierten Markt einbezogen sind; Aktien, die dem Sondervermögen bei einer Kapitalerhöhung aus Gesellschaftsmitteln zustehen; Aktien, die in Ausübung von Bezugsrechten, die zum Sondervermögen gehören, erworben werden; Anteile an Fonds, wenn deren zuverlässige Bewertung möglich ist, das Verlustrisiko auf den Kaufpreis begrenzt ist und die börsentägliche Rücknahmepflicht durch diese Anlage nicht beeinträchtigt wird.
- Geldmarktinstrumente: Instrumente, die üblicherweise auf dem Geldmarkt gehandelt werden; verzinsliche Wertpapiere mit einer Restlaufzeit bis zu 397 Tagen oder deren Verzinsung während ihrer gesamten Laufzeit regelmäßig – mindestens aber einmal in 397 Tagen – marktgerecht angepasst wird.
- Bankguthaben mit einer Laufzeit von höchstens 12 Monaten.
- Investmentanteile: Anteile an anderen Investmentfonds, wenn diese nach ihren Vertragsbedingungen nicht mehr als 10 % ihres Fondsvermögens in Anteilen an anderen Investmentfonds investieren dürfen.
- Derivate (z.B. Optionen und Futures), wenn sie sich aus den Vermögensgegenständen ableiten, in die das Sondervermögen nach seinen Vertragsbedingungen investieren darf und sich durch den Einsatz der Derivate das Marktrisikopotenzial des Fonds höchstens verdoppelt.

1 Gesamtkostenquote = jährlich anfallende Gesamtkosten des Fonds (Managementvergütung, Verwaltungsaufwand, Depotbankgebühr, Kosten für den Druck und die Veröffentlichung von Verkaufsprospekten, die Wirtschaftsprüfung und die Rechtsberatung) im Verhältnis zu dem durchschnittlichen Anlagevolumen innerhalb eines Geschäftsjahres. Das Ergebnis ist eine Prozentzahl, welche die reale Gesamtkostenbelastung ausdrückt → TER = total expense Ratio.

Edelmetalle und Zertifikate über Edelmetalle dürfen von der Kapitalverwaltungsgesellschaft für ein Sondervermögen nicht erworben werden.

§§ 206 ff. KAGB

Anlagegrenzen für OGAW-Fonds	
Wertpapiere und Geldmarktinstrumente desselben Ausstellers (Schuldners)	Anlage nur bis zu 5 % des Wertes des Sondervermögens. Bis zu 10 %, wenn die Anlagebedingungen dies vorsehen und der Gesamtwert der Wertpapiere und Geldmarktinstrumente derselben Aussteller 40 % des Sondervermögens nicht übersteigt.
Schuldverschreibungen und Schuldscheindarlehen staatlicher Stellen	Anlage nur bis zu 35 % des Wertes des Sondervermögens, wenn dies in den Anlagebedingungen vorgesehen ist.
Pfandbriefe und gedeckte Bankschuldverschreibungen	Anlage nur bis zu 25 % des Wertes des Sondervermögens, wenn dies in den Anlagebedingungen vorgesehen ist.
Bankguthaben	Nur bis zu 20 % des Wertes des Sondervermögens dürfen bei einem einzelnen Kreditinstitut angelegt werden.
Investmentfondsanteile	Nur bis zu 20 % des Wertes des Sondervermögens dürfen in Anteilen eines einzelnen Investmentfonds angelegt werden.
Stammaktien desselben Ausstellers	Für alle von einer Kapitalverwaltungsgesellschaft verwalteten Sondervermögen dürfen Aktien desselben Ausstellers nur erworben werden, soweit die Stimmrechte 10 % der gesamten Stimmrechte an dieser Gesellschaft nicht übersteigen.

Beispiel:

Ein Investmentfonds mit einem Volumen von 450 Mio. € will Aktien folgender Gesellschaft erwerben.

Grundkapital: 75 Mio. € (7,5 Mio. Stück Aktien à 10,00 €/nominal)
Börsenkurs: 20,00 €/Stück

Begrenzung 1: Beteiligungsgrenze bezogen auf das Fondsvolumen:
5 % von 450 Mio. € = max. 22,5 Mio. € Kurswerte

Begrenzung 2: Beteiligungsgrenze bezogen auf die Stimmrechte der Aktiengesellschaft:
10 % von 75 Mio. € = max. 7,5 Mio. € Nennwerte

Ergebnis:

Begrenzung 1	Begrenzung 2
22,5 Mio. € Kurswerte	7,5 Mio. € Nennwerte
: 20,00 € (Kurs je St.)	: 10,00 € (Nennwert je St.)
= 1,125 Mio. Stück Aktien	= 750 Tsd. Stück Aktien

Die Investmentgesellschaft kann max. 750 Tsd. Stück Aktien im Kurswert von 15 000 000,00 € erwerben.

11.6.5 Kapitalanlage in sonstigen Fonds

§§ 230 ff. KAGB

Offene Immobilienfonds gehören zu den alternativen Investmentfonds (AIF). Die Fonds erwerben mit den Geldern der Anleger – je nach Vertragsgrundlage – Mietwohngrundstücke, Geschäftsgrundstücke, gemischt genutzte Grundstücke, Grundstücke im Zustand der Bebauung, unbebaute Grundstücke, Erbbaurechte und Beteiligungen an Immobiliengesellschaften.

Dem Diversifikationsgedanken wird u.a. durch folgende Bestimmungen Rechnung getragen:

- Der Anteil der gehaltenen Immobilien am Fondsvermögen muss mindestens 51 % betragen, d.h., dass höchstens 49 % des Wertes des Sondervermögens als Liquidität in Form von Bankguthaben, Geldmarktinstrumenten, Geldmarktfonds und bestimmten Wertpapieren gehalten werden darf. Die Mindestliquiditätsreserve beträgt 5 % des Fondsvermögens.
- Der Wert einer einzelnen Immobilie zur Zeit des Erwerbs darf 15 % des Wertes des Sondervermögens nicht übersteigen.

Wegen fehlender Marktpreise ist die Bewertung des Immobilienvermögens (Inventarwert) erheblich schwieriger als bei Wertpapierfonds. Die Kapitalverwaltungsgesellschaft ist verpflichtet, einen Ausschuss mit unabhängigen Sachverständigen zu bilden, dem die Bewertung des Immobilienvermögens zu Verkehrswerten nach der deutschen Wertermittlungsverordnung obliegt.

Vorteil dieser Anlageform ist die Möglichkeit, mit relativ kleinen Beträgen an der langfristig orientierten Wertentwicklung des gewerblichen Immobilienmarktes teilzunehmen. Da die Gesellschaft bei den Immobilien Werbungskosten und Abschreibungen berücksichtigen kann, können sich steuerliche Vorteile für den Anleger ergeben.

Als Nachteil gilt eine eingeschränkte Liquidität **(Liquiditätsrisiko)**, da die Verwertung von Immobilien zur Liquiditätsbeschaffung langfristig sein kann. Grundsätzlich kann ein Anleger seine Anteile zulasten des Sondervermögens zurückgeben. Die Anlagebedingungen für Immobilien-Sondervermögen können dafür bestimmte Rückgabetermine vorsehen (gesetzlich ist eine Rückgabe mindestens einmal jährlich möglich).

Dabei gelten folgende Bedingungen:

- Für Anteile , die nach dem 21.07.2013 erworben wurden, besteht eine **Haltefrist** von mindestens 24 Monaten. § 255 KAGB
- Zusätzlich ist eine unwiderrufliche **Rückgabefrist** (Kündigungsfrist) von 12 Monaten einzuhalten. Die Kündigung kann bereits innerhalb der Haltefrist ausgesprochen werden.
- Wurden Anteile vor dem 21.07.2013 erworben (sog. Altanleger), besteht die Möglichkeit, Anteile im Wert von 30 000,00 € je Kalenderhalbjahr ohne Einhaltung einer Mindesthalte- und Rückgabefrist zurückzugeben. Für darüber hinausgehende Beträge gilt ebenfalls die Rückgabe- bzw. Kündigungsfrist von 12 Monaten.

Die Gesellschaft kann aber die Rücknahmepflicht aussetzen, wenn außergewöhnliche Umstände vorliegen, die im Interesse des Anlegers sind.

Indexfonds bilden in ihrer Zusammensetzung einen bestimmten Börsen- oder Marktindex (z.B. DAX, Dow Jones u.a.) möglichst exakt ab. Dies wird erreicht, indem das Fondsmanagement die Mittel im gleichen Verhältnis investiert, wie sie auch im zugrunde liegenden Index enthalten sind.

Eine Sonderform stellen die **ETFs (Exchange Traded Funds)** dar. Es handelt sich um Investmentfonds, die die Zusammensetzung eines bestimmten Index nachbilden (Indexfonds). Wird z.B. der DAX nachgebildet, kauft man genau die 40 Börsenwerte – entsprechend ihrer Gewichtung –, die im DAX enthalten sind. Ändert sich die Zusammensetzung des Index, wird der Fonds entsprechend umgeschichtet. Er wird sich dann wertmäßig genauso entwickeln wie der DAX. Im Vergleich zu einem klassischen Indexfonds verzichtet man beim ETF auf ein aktives Fondsmanagement. Ziel eines ETFs ist es, genau die Rendite zu erzielen, wie sie der zugrunde liegende Index erreicht.

Im Gegensatz zu Zertifikaten, die rechtlich als Schuldverschreibung gelten, sind ETFs Sondervermögen einer Kapitalverwaltungsgesellschaft im Sinne des KAGB und getrennt zu verwalten.

Man unterscheidet nach der Rechtskonstruktion zwei Arten von ETFs.

Physische ETFs	Synthetische ETFs
Ein physisch replizierender (nachbildender) ETF bildet den zugrunde liegenden Index eins zu eins ab, d. h., die Gewichtung der Aktien, die der ETF enthält, entspricht der des Index. Es findet eine 100-prozentige Nachbildung statt. Diese Methode ist besonders transparent, ist allerdings nur für Indizes möglich, die aus einer geringen Anzahl liquider Aktien bestehen (wie beispielsweise der DAX).	Bei dieser Form der Indexnachbildung wird nicht direkt in die Titel, die im Index enthalten sind, investiert. Der Index wird mit einem Tauschgeschäft (Swap) nachgebildet. Der ETF-Anbieter stellt ein vollkommen anderes Portfolio zusammen und vereinbart mit dem Swap-Partner (anderes Finanzinstitut), dass er die Rendite des Index überwiesen bekommt. Auf der anderen Seite stellt er die mit seinem Portfolio erzielte Rendite dem Swap-Partner bereit. Auf die synthetische Nachbildung wird zurückgegriffen, wenn der Index zu viele Positionen enthält. Synthetische ETFs haben den Vorteil, dass der Anleger so auch an schwer erreichbaren Märkten partizipieren kann.

Hinsichtlich der Ausschüttung unterscheidet man ausschüttende ETFs, bei denen der erwirtschaftete Erfolg regelmäßig an die Anleger weitergegeben wird. Bei wiederanlegenden ETFs werden Erfolge thesauriert, d. h., sie verbleiben im Fonds und werden wieder angelegt. Sie sind insbesondere für die Anleger interessant, die langfristig Vermögen aufbauen wollen.

ETFs werden in der Regel von Banken und Fondsgesellschaften ausgegeben, z. B. iShares vom amerikanischen Vermögensverwalter Blackrock oder Xtrackers von der Fondsgesellschaft DWS International. Weitere Anbieter sind Comstage, UBS, ING u. a.

ETFs sind sowohl beim Erwerb als auch in der Verwaltung wesentlich günstiger als normale Investmentfonds. Sie können täglich wie Aktien im XETRA- oder maklergestützten Handel an der Börse im Marktsegment XTF zu Geld- und Briefkursen gekauft und verkauft werden. Statt des Ausgabeaufschlags werden ETFs mit einem „Spread" (Differenz) zwischen dem Ankaufs- und Verkaufskurs – in der Regel 0,25 % – gehandelt. Damit entfällt ein Ausgabeaufschlag wie z. B. von 3–5 % bei einem klassischen Fonds. Auch die jährlichen Verwaltungskosten sind wesentlich geringer, da kein aktives Fondsmanagement nötig ist. Der Erwerb von ETFs wird mit einer normalen Börsenorder über die Hausbank, über eine Online-Bank oder einen Broker (Wertpapierhändler im Internet) ausgeführt. Hier fallen die üblichen Ordergebühren der beauftragten Bank an.

Das Risiko der Geldanlage in einen ETF entspricht dem gleichen Risiko einer Anlage in einen aktiv gemanagten Fonds mit ähnlichem Anlageschwerpunkt. Fällt z. B. der Aktienindex DAX, so fällt auch der Kurs des entsprechenden ETFs, der in den DAX investiert.

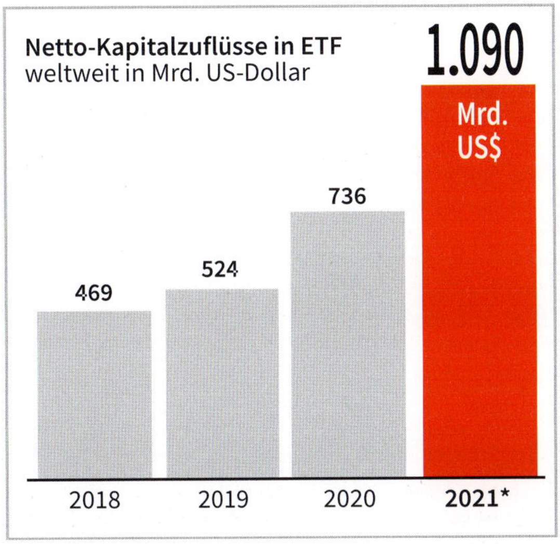

Quelle: Handelsblatt, 14.12.2021

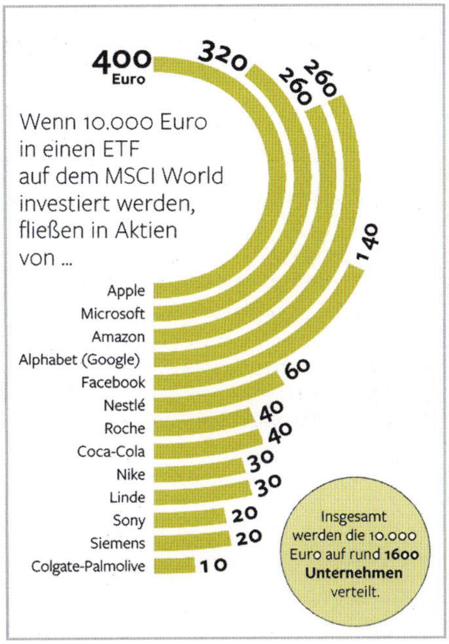

Quelle: Westdeutsche Allgemeine Zeitung, 16.08.2021

Bei **Dachfonds** handelt es sich um Investmentfonds, die die Gelder der Anteilseigner in Anteile anderer Investmentfonds investieren. Dabei können die Anlageschwerpunkte unterschiedlich gelagert sein. § 196 KAGB

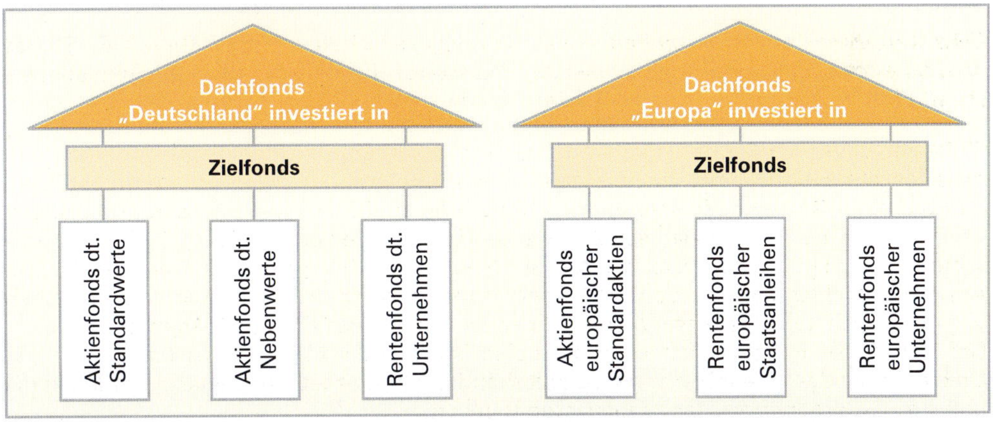

Grundsätzlich stehen zur Anlage alle in Deutschland zugelassenen Investmentfonds zur Verfügung, außer andere Dachfonds. Für die Beteiligung an anderen Investmentfonds sieht das Gesetz prozentuale Obergrenzen vor. So darf ein Dachfonds nicht mehr als 25 % des Vermögens eines anderen Fonds besitzen und die Beteiligung an einzelnen Unterfonds (Zielfonds) kann nur maximal 20 % des Vermögens des Dachfonds ausmachen. § 210 Abs. 3 KAGB § 207 KAGB

§ 283 KAGB **Sondervermögen mit zusätzlichen Risiken (Hedgefonds).** Hierbei handelt es sich um Investmentvermögen, die den Grundsatz der Risikomischung beachten und im Übrigen im Rahmen ihrer Anlagestrategien grundsätzlich keinen Beschränkungen bei der Auswahl der Vermögenswerte unterworfen sind. Hedgefonds investieren nach definierten Anlageprinzipien an globalen Kapitalmärkten. So können Hedgefonds z. B. als unterbewertet eingeschätzte Aktien kaufen und als überbewertet geltende Aktien verkaufen, in Unternehmen investieren, bei denen bestimmte Ereignisse wie z. B. Fusionen oder Übernahmen noch nicht im Kurs berücksichtigt sind, Leerverkäufe[1] oder Wertpapierdarlehen tätigen. Darüber hinaus können für gemeinsame Rechnung der Anleger Kredite aufgenommen werden. Hedgefonds, die in Deutschland als Dach-Hedgefonds oder Single-Hedgefonds aufgelegt und vertrieben werden, unterliegen der Aufsicht nach dem Kapitalanlagegesetzbuch.

§ 225 KAGB **Dach-Hedgefonds** gehören zu den alternativen Investmentfonds (AIF). Sie investieren in Single-Hedgefonds als sog. Zielfonds. Dabei unterliegen sie dem Grundsatz der Risikostreuung und dürfen z. B. nicht mehr als 20 % des Fondsvermögen in einen einzelnen Zielfonds anlegen. Ihnen sind Leerverkäufe und Geschäfte mit Produkten mit Hebelwirkung nicht erlaubt. Sie werden als Publikumsfonds einer breiten Schicht von Privatanlegern angeboten.

Single-Hedgefonds dürfen nur als Spezialfonds professionellen und semiprofessionellen Anlegern angeboten werden. Es handelt sich im Sinne des KAGB um offene Spezialfonds-AIF, die in ihrer Anlagestrategie kaum gesetzlichen Anlagebeschränkungen unterliegen, d. h., Leerverkäufe und Hebelprodukte sind hier erlaubt.

Geldmarktfonds sind Investmentsondervermögen, die ihre Mittel in Bankguthaben, Tagesgeldern, kurzfristigen Termineinlagen, in Geldmarktinstrumenten (Schuldscheindarlehen, Schatzbriefe des Bundes, der Länder und Staaten der OECD) und in Wertpapieren mit einer Laufzeit/Restlaufzeit von max. 12 Monaten anlegen. Ihre Rendite und ihr Risiko werden vornehmlich durch das kurzfristige Zinsniveau sowie durch Zinsänderungen bestimmt. Um dem Diversifizierungsgedanken Rechnung zu tragen und damit das Ausfallrisiko zu mindern, wählt man für die Geldanlage verschiedene Emittenten und Kreditinstitute aus. Geldmarktfonds werden ohne Ausgabeaufschlag ausgegeben. Sie eignen sich, um Gelder kurzfristig zu „parken" oder zur kurzfristigen Anlage bei Erwartung steigender Zinsen.

11.6.6 Wertermittlung und Split von Investmentanteilen

§ 71 KAGB Der rechnerische Wert eines Investmentanteils, der sogenannte Inventarwert, wird bei deutschen Kapitalverwaltungsgesellschaften in Zusammenarbeit mit den jeweiligen Verwahrstellen einmal börsentäglich ermittelt. Der Inventarwert je Anteil ist die Basis für die Feststellung des Ausgabe- und Rücknahmepreises. Zum Inventarwert je Anteil wird üblicherweise ein Ausgabeaufschlag (3–5 % gemäß vertraglicher Regelung) hinzugerechnet, um den Ausgabepreis zu ermitteln. Der Rücknahmepreis entspricht meist dem Inventarwert je Anteil.[2]

Ausgabe- und Rücknahmepreis werden meist börsentäglich, mindestens aber zweimal im Monat veröffentlicht.

---

1 Bei einem Leerverkauf leiht sich der Fonds Aktien von institutionellen Anlegern und verkauft sie in der Erwartung, sie später zu einem niedrigeren Preis zurückkaufen zu können. Dadurch kann der Hedgefonds z. B. auf fallende Kurse spekulieren.

2 Der Rücknahmepreis kann um einen Rücknahmeabschlag gemindert werden, wenn die Anlagebedingungen dies vorsehen.

1. Schritt:

	Tagesaktuelle Kurswerte aller im Fonds enthaltenen Wertpapiere
+	Barvermögen aus Verkaufserlösen und Einlagen (Liquiditätsreserve)[1]
+	aufgelaufene Erträge
+	sonstige Forderungen
–	(Verbindlichkeiten aus Krediten)[1]
=	Inventarwert des Fonds

2. Schritt:

$$\text{Inventarwert je Anteil} = \frac{\text{Inventarwert des Fonds}}{\text{Anzahl der Anteile}}$$

3. Schritt:

Inventarwert je Anteil

Inventarwert je Anteil + Ausgabeaufschlag	Inventarwert je Anteil
= Ausgabepreis	= Rücknahmepreis

Beispiel:

In einem Wertpapierfonds befinden sich am 21. Februar 20..

1 300 000 Stück	Aktien verschiedener Gesellschaften	Gesamtkurswert:	8 643 000,00 €
8 000 000,00 €	Anleihen und Pfandbriefe verschied. Emissionsstellen	Gesamtkurswert:	7 152 000,00 €
Barkapital (Dividenden, Zinsen und Erlöse aus Bezugsrecht- und Wertpapierverkäufen):			120 000,00 €
	Gesamtwert des Fondsinhalts:		15 915 000,00 €

Ausgegeben sind insgesamt 300 000 Anteile. Der Inventarwert eines Anteils beträgt somit:

15 915 000 : 300 000 = 53,05 €

Ausgabepreis:	Inventarwert je Anteil	53,05 €	→ Rücknahmepreis
	+ 5 % Ausgabeaufschlag	2,65 €	
		55,70 €	→ Ausgabepreis

Aufgelaufene Erträge werden bei ausschüttenden Fonds gleichmäßig auf die Anteile des Fonds verteilt und zu einem festen Termin an die Anleger ausgeschüttet. Durchweg bieten die Gesellschaften dem Anteilsinhaber die Möglichkeit an, diese Erträge mit einem **Wiederanlagerabatt** in neue Anteile anzulegen, d.h., sie berechnen einen verringerten Ausgabeaufschlag.

Split. Dem Anlagegedanken entsprechend wird der Ausgabepreis von Investmentanteilen zunächst möglichst niedrig angesetzt. Wächst dieser Preis durch anhaltende Kurssteigerungen, sodass der Ausgabepreis zu hoch wird, führt man ihn durch Aufteilung der Anteile auf die gewünschte Ebene zurück. Diesen Vorgang nennt man „Splitting" oder „Split".

Beispiel:

Anteilspreis	250 €
Zahl der Anteile	100 000
Wert des Fondsinhalts	25 000 000 €

Der Preis des Anteils soll auf 50,00 € zurückgeführt werden. Split im Verhältnis 1 : 4 (statt 1 Anteil hat der Eigner nunmehr 5 Anteile).

Neue Zahl der Anteile	500 000
Fondsvermögen nach wie vor	25 000 000 €
Wert eines Anteils jetzt	50 €

1 Die Fondsrichtlinien haben Angaben darüber zu enthalten, welche Barvermögen mindestens oder höchstens im Fonds enthalten sein dürfen, ferner ob und in welcher Höhe Kredit aufgenommen werden darf.

11.6.7 Cost-Averaging

Legt der Wertpapierkäufer regelmäßig einen gleich hohen Geldbetrag zum Erwerb von Investmentanteilen an, kann er den Vorteil der Durchschnitts-Einstandspreise nutzen. Er erhält bei niedrigeren Preisen mehr Anteile für sein eingesetztes Geld, bei höheren Preisen weniger Anteile.

Die Ausgabepreise für einen Investmentanteil betragen am 2. Januar 71,50 €; am 1. April 77,10 €; am 1. Juli 85,10 € und am 1. Oktober 90,90 €.

Kunde A kauft vierteljährlich 25 Stück eines bestimmten Investmentanteils.

Aufwendungen:

25 · 71,50 €	= 1 787,50 €
25 · 77,10 €	= 1 927,50 €
25 · 85,10 €	= 2 127,50 €
25 · 90,90 €	= 2 272,50 €
	8 115,00 €
	: 100 Anteile

Der Durchschnittserwerbspreis beträgt 81,15 € pro Stück.

Kunde B legt vierteljährlich 2 000,00 € in Investmentanteilen desselben Fonds an.

2 000,00 € : 71,50 €	= 27,972 Anteile
2 000,00 € : 77,10 €	= 25,940 Anteile
2 000,00 € : 85,10 €	= 23,502 Anteile
2 000,00 € : 90,90 €	= 22,002 Anteile
	99,416 Anteile

8 000,00 € : 99,416 Anteile = 80,47 €

Der Durchschnittserwerbspreis beträgt 80,47 € pro Stück.

Der Durchschnittserwerbspreis für den Kunden B ist günstiger. Er kauft mehr Anteile, wenn diese billiger sind, und weniger, wenn diese teurer sind.

11.6.8 Beurteilung der Anlage in Investmentanteilen

Der Erfolg einer Kapitalanlage hängt im Wesentlichen von seiner Wertentwicklung im Vergleich zur Marktentwicklung bzw. zur Entwicklung ähnlicher Anlagemöglichkeiten und von den speziellen Risiken dieses Anlageproduktes ab.

Beurteilung der Kapitalanlage in Investmentanteilen	
Vorteile	**Nachteile**
■ **Geringes Risiko durch weiteste Streuung der Anlage (Risikomischung)** Wertpapierfonds enthalten Effekten vieler Emittenten. Einzelne Verluste verteilen sich auf das gesamte Fondsvermögen. Sowohl das Kursrisiko als auch das Ertragsrisiko sind gemindert.	■ **Eingegrenzte, nur durchschnittliche Wertentwicklung** Die Diversifizierung bewirkt, dass sich sowohl erfolgreiche als auch weniger erfolgreiche Wertpapiere im Bestand befinden und es nur zu einem durchschnittlichen Gesamterfolg kommt.
■ **Geringer Kapitaleinsatz durch kleine Stückelung** Investmentanteile können mit kleinen Anlagebeträgen erworben werden. Selbst bei extrem steigenden Anteilswerten bleibt dieser Grundsatz durch Splitting erhalten (vgl. Kapitel 11.6.6).	■ **Kostennachteile** Ausgabeaufschläge, laufende Managementgebühren und ggf. Kontoführungsgebühren der Kapitalverwaltungsgesellschaft führen im Verhältnis zum Direkterwerb von Aktien und Anleihen zu höheren Kosten.

Beurteilung der Kapitalanlage in Investmentanteilen	
Vorteile	**Nachteile**
■ **Verwaltung durch Fachleute** Die Größe des Depots und entsprechende Barreserven ermöglichen einem geschickten und verantwortungsbewussten Fondsmanagement durch Umschichtung, Gewinnmitnahme bei kurzfristigen Kursbewegungen, Ausnutzung von Bezugsrechten und dgl. eine optimale Fondsverwaltung zugunsten des Anlegers.	■ **Unbeweglichkeit großer Fondsvermögen** Gravierende Kursbewegungen erfordern oft eine rasche Umschichtung des Fondsvermögens. Insbesondere große Fonds können oft nicht schnell genug auf Marktveränderungen reagieren, ohne selbst kursbeeinflussend zu wirken.
■ **Jederzeitige Veräußerbarkeit** Eine Trennung von der Anlage ist durch die Rücknahmeverpflichtung der Kapitalverwaltungsgesellschaft oder bei bestimmten Fonds durch Verkauf der Anteile über die Börse möglich.	■ **Gefahr der Substanzausschüttung** Das Fondsmanagement könnte bei fehlenden, laufenden Erträgen versuchen, Kursgewinne zu realisieren, um Erträgen an die Anleger ausschütten zu können, die zulasten der Substanz des Fondsvermögens gehen.

11.6.9 Spezielle Risiken bei Investmentanteilen

Auch wenn das Vermögen eines Investmentfonds nach dem Grundsatz der Risikomischung angelegt ist, treten bei der Anlage in Investmentfonds spezielle Risiken auf, die den Wert der Vermögensanlage nachhaltig beeinträchtigen können.

Risiko des Fondsmanagements. Das Management der Fondsgesellschaft trifft die konkreten Anlageentscheidungen für das Fondsvermögen. Der Anleger hat keinen Einfluss auf diese Entscheidungen. Er kann sich lediglich an den Anlagegrundsätzen seines ausgewählten Fonds orientieren. Der Erfolg eines Fonds ist somit in erster Linie von der Eignung der handelnden Personen und deren richtigen Entscheidungen abhängig.

Kostenrisiko. Ein Ausgabeaufschlag (z. B. 3–5 %) bzw. Kosten für die Verwaltung des Fonds können sich nachteilig für den Anleger auswirken, wenn er seine Investmentanteile nur kurze Zeit hält. Diese Kosten müssen erst einmal durch entsprechende Anlagen verdient werden.

Risiko rückläufiger Anteilspreise. Da die im Fondsvermögen enthaltenen Wertpapiere Kursschwankungen unterliegen, besteht für den Anleger auch das Risiko sinkender Anteilspreise, wie bei einer Direktanlage in die entsprechenden Wertpapiere. Möglicherweise ist der Preisrückgang aufgrund der Streuung des Fondsvermögens aber weniger stark.

Risiko der Rücknahme-Aussetzung. Wenn außergewöhnliche Umstände vorliegen, darf die Kapitalverwaltungsgesellschaft die Rücknahme der Anteilscheine aussetzen, wenn dies im Interesse der Anteilsinhaber erfolgt und in den Vertragsbedingungen vorgesehen ist.

Risiko der Fehlinterpretation von Performance-Statistiken. Zur Beurteilung der Wertentwicklung von Investmentfonds werden Performance-Statistiken herangezogen, die die Wertentwicklung eines Fonds in der Vergangenheit (z. B. seit dem 01. 01. eines Jahres, seit einem Jahr oder seit fünf, zehn oder mehr Jahren) messen. Dabei wird davon ausgegangen, dass die Erträge des Fonds wieder angelegt werden. Die Wertentwicklung wird auch zur Beurteilung der Leistung des Anlagemanagements herangezogen.

Der Anleger sollte dabei aber beachten, dass diese Performance-Statistiken in der Regel den Ausgabeaufschlag nicht berücksichtigen, sondern immer vom Inventarwert ausgehen. Auch fließen steuerliche Aspekte nicht in die Auswertungen mit ein, da im Modell alle Erträge inklusive der darauf entfallenden Steuern wieder angelegt werden.

Risiko der Übertragung des Fondsvermögens auf ein anderes Fondsvermögen. Kapitalanlagegesellschaften können unter bestimmten, gesetzlich erlaubten Bedingungen Werte eines Sondervermögens auf ein anderes Sondervermögen übertragen. Obwohl dabei die Anlagegrundsätze des alten Fonds zu beachten sind, muss der neue Fonds nicht mit den Risiken des bisherigen Fonds in vollem Maße übereinstimmen.

11.7 Andere Anlageformen

11.7.1 Anlage in Immobilien

Für eine Anlage in Immobilien kommen grundsätzlich folgende Formen infrage:

- Ein- oder Mehrfamilienhäuser,
- Eigentumswohnungen,
- Grundstücke (darunter Baugrundstücke und sog. Bauerwartungsland),
- gewerblich genutzte Grundstücke und Gebäude,
- gemischt genutzte Grundstücke und Gebäude (direkte Immobilienanlage).

Im Vergleich zu anderen Anlagearten hat die Immobilienanlage einige Besonderheiten. Der entscheidende Aspekt einer Immobilienanlage ist – langfristig – ein geringes Sicherheitsrisiko. Immobilien bieten dem Anleger eine besonders gute Sicherheit, da sie als klassische Wertanlage unter Berücksichtigung der Knappheit des Bodens und der Dauerhaftigkeit von Bauwerken einen beständigen Anlagewert darstellen. Wertverluste treten bei Immobilien in normalen Zeiten und unter normalen Bedingungen kaum auf. Sicherheitsrisiken sind nur in Ausnahmefällen, wie z. B. bei Naturkatastrophen oder im Kriegsfall, gegeben. Erfahrungsgemäß bieten Immobilien dem Anleger langfristig einen sicheren Schutz durch laufende Anpassung des Wertes an die allgemeine Preisentwicklung. Jedes Risiko ist allerdings – insbesondere kurzfristig – nicht auszuschließen, da auch der Immobilienmarkt in gewissem Maße konjunkturellen und sonstigen Marktschwankungen unterworfen sein kann. Als Sachwert gewähren Immobilien einen guten Inflationsschutz.

Jede Immobilie hat ihre besonderen Eigenschaften und stellt damit ein besonderes, einzigartiges Anlageobjekt dar. Faktoren wie Bausubstanz, Größe, Lage, Verkehrsverbindung, Alter, Standortgegebenheiten, Vermieterrisiko, Geräusch- und Geruchsbelästigung u. a. ist besondere Beachtung zu schenken. Je mehr Informationen über diese einzelnen Faktoren vorhanden sind, desto geringer wird das Risiko einer Immobilienanlage sein.

Immobilien haben grundsätzlich nur einen geringen Liquiditätsgrad. Wichtig ist, auf gefragte und marktgängige Objekte zu achten, da diese – wenn nötig – verkauft werden können und einen höheren Preis erzielen.

Eigengenutzte Immobilien werden häufig aus persönlichen Erwägungen und Wünschen gebaut oder erworben. Renditeüberlegungen spielen nur selten eine entscheidende Rolle.

Fremd genutzte Immobilien werden unter dem Gesichtspunkt der Wertsicherung und vor allem unter Rentabilitätsgesichtspunkten gebaut oder erworben. Die erzielbaren Renditen liegen zurzeit sogar über dem Kapitalmarktzins.

Indirekte Immobilienanlagen sind Beteiligungen an offenen Immobilienfonds (vgl. Kapitel 11.6.5), an geschlossenen Immobilienfonds oder sie stellen den Erwerb von börsennotierten Immobilienaktien (REITs) dar.

Real Estate Investment Trusts (REITs)
Begriff
Deutsche REIT (**R**eal **E**state **I**nvestment **T**rust)-Aktiengesellschaften sind inländische, börsennotierte Aktiengesellschaften, deren Unternehmensgegenstand sich darauf beschränkt, Eigentum oder dingliche Nutzungsrechte an in- und ausländischen Immobilien mit Ausnahme von Bestandsmietwohnimmobilien[1] zu erwerben, zu halten, im Rahmen der Vermietung, der Verpachtung und des Leasings zu verwalten und zu veräußern.
Gesetzliche Vorschriften gem. REIT-Gesetz (REITG)
Mindestnennbetrag des Grundkapitals. 15 Mill. €   **Mindestausschüttung.** REIT-Aktiengesellschaften werden verpflichtet, mindestens 90 Prozent ihres ausschüttungsfähigen Gewinns an die Aktionäre auszuschütten.   **Schwerpunkt bei der Immobilienanlage.** REITs müssen einen deutlichen Anlageschwerpunkt bei Immobilien aufweisen. Die Untergrenzen für den Anteil der Einkünfte der REITs aus Immobilien an den gesamten Einkünften und der Anteil des Immobilienvermögens am Gesamtvermögen der REIT-AG liegen jeweils bei 75 Prozent.   **Mindeststreuung der REIT-Aktien.** Dauerhaft müssen sich mindestens 15 Prozent der Aktien in den Händen von Aktionären befinden, die jeweils weniger als 3 Prozent der Aktien halten. Außerdem ist die direkte Beteiligung eines einzelnen Aktionärs auf weniger als 10 Prozent des Grundkapitals begrenzt (Höchstbeteiligung). Schließlich müssen sich zum Zeitpunkt der Börsenzulassung mindestens 25 Prozent der REIT-Anteile im Streubesitz befinden (initiale Streubesitzquote).
Gesetzliche Vorschriften gem. REIT-Gesetz (REITG)
Ausschluss des Immobilienhandels. Kerngeschäft der REIT-Aktiengesellschaft ist das Halten und die Bewirtschaftung ihrer Immobilien, nicht der Handel mit ihnen. Innerhalb von 5 Jahren darf höchstens die Hälfte des REIT-Portfolios umgeschlagen werden. Damit bleibt „eine flexible Umschichtung des Portfolios" möglich.   **Besteuerung.** Sofern eine REIT-Aktiengesellschaft die gesetzlichen Voraussetzungen erfüllt, ist sie von der Körperschaftsteuer und der Gewerbesteuer befreit.   Ausschüttungen einer REIT-Aktiengesellschaft werden bei den Anlegern versteuert. Die Dividenden und Kursgewinne unterliegen der Abgeltungsteuer.
Vorteile für den Anleger
Die Investition in Immobilien mittels REITs bietet gegenüber anderen Investitionsarten in Immobilien mehrere Vorteile. Durch die Börsennotierung sind die REITs-Anteile leicht handelbar. Da der Handel mit Immobilien mittelfristig ausgeschlossen ist, kann von relativ stabilen Erträgen ausgegangen werden. Ein hohes Maß an Transparenz durch Publizitätspflichten und Aktionärskontrolle bieten Schutz vor finanziellen Schwierigkeiten. Wenn viele Anleger REIT-Aktien verkaufen, führt dies zwar zu Kursverlusten, aber nicht zu Notverkäufen von Immobilien aufgrund mangelnder Liquidität, wie bei offenen Immobilien-Fonds.

§§ 1–20 REITG

1 Bestandsmietwohnimmobilien sind Immobilien, die überwiegend Wohnzwecken dienen und vor dem 01.01.2007 erbaut worden sind.

11.7.2 Anlage in Gold

Die Anlage in Gold wird von Kunden bevorzugt, die

- eine krisenfeste Anlage suchen und dafür auf laufende Erträge verzichten (Gold als eine Art von Katastrophenreserve),
- sich am Goldmarkt spekulativ engagieren bzw. im Rahmen einer optimalen Vermögensstreuung ein Goldvermögen allmählich aufbauen wollen (Anlageberater raten zu einem Goldanteil von bis zu 10 % am Gesamtvermögen).

Kreditinstitute bieten ihren Kunden unterschiedliche Formen der Goldanlage an.

Goldbarren	Es werden unterschiedliche Gewichte angeboten, z. B. 10, 100, 1 000 Gramm und 31,104 g = 1 Unze Feingold. Der Preis richtet sich nach der Notierung an der Frankfurter Börse.
Goldmünzen	Als Rücklage für Krisenzeiten sind Goldmünzen bei Anlegern immer noch beliebt, denn sie sind problemlos zu verwahren und können i.d.R. bei jeder Bank veräußert werden. Kreditinstitute kaufen oder verkaufen Goldmünzen, die als gesetzliche Zahlungsmittel oder als offizielle Nachprägung gesetzlicher Zahlungsmittel ausgegeben wurden und in großen Auflagen vorhanden sind. Gängige Anlagemünzen sind z. B. der kanadische Maple Leaf, der US-amerikanische Eagle, der südafrikanische Krügerrand, der australische Nugget, die britische Britannia und der österreichische Wiener Philharmoniker. Goldmünzen haben einen gesetzlich festgelegten Goldgehalt. Der Preis orientiert sich am Preis für ungemünztes Gold. Aufschläge ergeben sich aus der Seltenheit einzelner Münzserien und deren Bearbeitungs-, Präge- und Sicherheitskosten.
Goldmedaillen	Privat geprägte Goldstücke ohne Nennwert, die zu bestimmten Anlässen als Sondermünzen herausgegeben wurden. Sie sind keine Zahlungsmittel. Durch ein hohes Aufgeld (oder Agio = Differenz zwischen dem Goldpreis und dem Medaillenpreis), das sich zusammensetzt aus den Prägekosten, dem Honorar für den Künstler, der die Medaille entworfen hat sowie aus dem Gewinn und den Vertriebskosten des Herstellers, liegt der Preis von Medaillen weit über dem reinen Goldwert. Da Medaillen keinen Markt haben, wird beim Wiederverkauf häufig nur der Goldpreis zugrunde gelegt. Goldmedaillen sind zur Kapitalanlage wenig geeignet.
Goldzertifikate	Verbriefen den Anspruch auf eine bestimmte Menge effektiven Goldes. Ausgabe- und Rücknahmepreis sind abhängig vom aktuellen Goldpreis. Die Auslieferung von Gold kann jederzeit verlangt werden.
Goldanlagepläne	Der Anleger zahlt wie beim Investmentsparplan regelmäßig bestimmte Beträge und erwirbt damit Miteigentum an einem Goldbestand.
Goldminen-Aktien	Goldminen-Aktien sind eine Mischform von Wertpapier- und Goldanlage. Das eingezahlte Kapital verzinst sich durch die gezahlte Dividende. Die Aktien rentieren sich aber nur, solange der Goldpreis über den Förderkosten liegt.

11.8 Anlageformen im Vergleich

LS 6
Situation 1-4

Alternative Anlagearten	Zweck/ Bedarfsadäquanz	Sicherheit	Verfügbarkeit/ Liquidität	Ertrag/Rentabilität	Kosten
1 Spar-einlagen	Kurz- und mittelfristige Anlage bzw. Ansammlung von Vermögen	Rückzahlung ist gesichert, kein Kursrisiko, aber das Sparkapital unterliegt der Geldentwertung (Geldwertrisiko), die von Zinsen z. T. nicht ausgeglichen wird	Jederzeitige Verfügbarkeit bei Spareinlagen mit vereinbarter Kündigungsfrist von 3 Monaten bis zu 2 000,00 € je Kalendermonat. Bei Verfügungen ohne Beachtung der Kündigungsfrist bzw. bei Überschreitung des Freibetrags Vorfälligkeitspreis	Geringe Rendite; weitgehend fester Ertrag; Zinsanpassung bei steigendem, aber auch sinkendem Kapitalmarktzins; zusätzliche Erträge durch Bonusvereinbarung	Keine Kosten
2 Spar-(kassen)-briefe/ Spar-schuld-verschrei-bungen	Mittel- bis langfristige Kapitalanlage ohne Kursrisiko	Rückzahlung ist gesichert, kein Kursrisiko; aber Geldwertrisiko	Zum Teil eingeschränkte Liquidität, da keine vorzeitige Rückgabemöglichkeit. 100 %-Beleihung ist aber möglich. Zum Teil jederzeitiger Verkauf zum Tageskurs möglich, wenn die Papiere an der Börse eingeführt sind oder jederzeitige Rücknahme durch das ausgebende Institut zum „Hauskurs"	Fester Zinssatz für die gesamte Laufzeit, der meist über den Sätzen der Spareinlagen liegt (wertpapierähnliche Verzinsung). Keine Anpassung an steigenden oder sinkenden Kapitalmarktzins	Keine Kosten
3 Bau-sparen	Erwerb eines zinsgünstigen Darlehens zur Finanzierung des Baus, des Kaufs, der Modernisierung oder der Umschuldung von Immobilien. Ggf. Ausnutzung der staatlichen Förderung (Arbeitnehmersparzulage bzw. Wohnungsbauprämie)	Kein Kursrisiko, aber Geldwertrisiko	Eingeschränkte Verfügbarkeit. Bei vorzeitiger Verfügung u. U. Verlust der Arbeitnehmersparzulage bzw. Wohnungsbauprämie	Fester Guthabenzins, Renditeerhöhung durch staatliche Sparförderung; Anspruch auf ein zinsgünstiges Baudarlehen	Abschlussgebühr (meist 1 % der Vertragssumme)
4 Festver-zinsliche Wert-papiere	Mittel- bis langfristige Kapitalanlage	Kursrisiko bei vorzeitigem Verkauf, Geldwertrisiko, garantierte Rücknahme am Ende der Laufzeit, ggf. Bonitätsrisiko des Emittenten	Schnelle Verfügbarkeit durch Verkauf an der Börse	Regelmäßiger, fester Ertrag (meist über der Geldentwertungsrate)	Kosten für An- bzw. Verkauf und für die Verwahrung und Verwaltung
5 Aktien	Erwerb von Anteilsrechten an Unternehmen; spekulatives Engagement	Inflationsunabhängige Geldanlage (Sachwertpapier). Sicherheit wird durch Vermögen und Ertragskraft des Unternehmens gewährleistet, trotzdem besteht ein Kursrisiko (aufgrund der allgemeinen wirtschaftlichen und politischen Entwicklung und aufgrund der Geschäftsentwicklung der Gesellschaft) und ein Dividendenrisiko	Jederzeit an der Börse veräußerbar	Erträge je nach Ertragslage der Unternehmen; Kursgewinne möglich	Kosten für An- und Verkauf und für die Verwahrung und Verwaltung

Alternative Anlagearten	Zweck/ Bedarfsadäquanz	Sicherheit	Verfügbarkeit/ Liquidität	Ertrag/Rentabilität	Kosten
6 Investmentanteile	Langfristige Anlage bereits kleiner Geldbeträge mit eingeschränktem Risiko	Gemindertes Risiko durch breite Anlagestreuung, Anlage durch fachkompetentes Fondsmanagement; strenge gesetzliche Vorschriften für in Deutschland vertriebene Fonds; bei Rentenfonds allgemeines Geldwertrisiko	Rückgaberecht zum aktuellen Tageswert (kann unter bestimmten Bedingungen eingeschränkt werden)	Erträge je nach Anlage des Fondsvermögens (Mischrendite aus den verschiedenen Erträgen des Fondsvermögens)	I.d.R. Aufschlag auf den Inventarwert bei Ausgabe; Kosten für Verwahrung und Verwaltung
7 Immobilienanteile (offene Fonds)	Langfristige Anlage auch kleiner Geldbeträge in Immobilien	Gemindertes Risiko durch breite Anlagestreuung, strenge gesetzliche Vorschriften, inflationsunabhängig (Sachwerte)	Rückgabemöglichkeit unter Beachtung von Halte- und Kündigungsfristen	Laufende Erträge z.B. aus Mieten, Wertsteigerungen durch steigende Immobilienpreise und durch Neuanlage der erwirtschafteten Abschreibung	I.d.R. Aufschlag auf den Inventarwert bei Ausgabe; Kosten für Verwahrung und Verwaltung
8 Immobilien	Erwerb von Haus- und Grundbesitz	Inflationsunabhängige Anlage (Sachwert); u.U. auch Verkaufspreis- und Vermietungsrisiko	Unter Umständen Verkaufsschwierigkeiten	Vom Einzelfall abhängig, zum Teil Wertsteigerungen, zum Teil Wertverluste z.B. nach vorangegangenem Preisboom	Diverse Kosten, ggf. auch Verwaltungs- und Instandhaltungsaufwand
9 Kapital-Lebensversicherung	Alters- und Hinterbliebenenvorsorge; Vermögensbildung	Hohe Sicherheit durch vorsichtige breit gestreute Kapitalanlagen	Langfristige Anlage, bei vorzeitiger Verfügung evtl. Einbußen (geringer Rückkaufswert)	Laufende Verzinsung, Überschussbeteiligung	Keine Kosten
10 Edelmetalle	Krisenfeste, sachwertorientierte Anlage; optimale Vermögensstreuung	Weitgehend inflationsunabhängig	Zum Teil gering; ggf. Abschlag beim Verkauf	Kein Ertrag; evtl. Preissteigerungen wegen zunehmender Knappheit der Vorkommen	evtl. Kosten für die Verwahrung

11.9 Vermögensverwaltung

Wesen. Die Vermögensverwaltung ist eine von den Kreditinstituten in zunehmendem Maße in die bankgeschäftliche Tätigkeit einbezogene Dienstleistung. Das stetig größer werdende Bedürfnis, solche Dienstleistungen in Anspruch zu nehmen, resultiert vornehmlich aus der Tatsache, dass der Vermögensinhaber entweder keine Zeit hat oder nicht genügend Spezialkenntnisse besitzt, die über die bloße Verwaltung der Wertpapiere hinausreichenden Probleme selbst zu verfolgen und zu lösen. Derartige Probleme werden z.B. durch folgende Fragen ausgelöst:

- Wann ist der günstigste Zeitpunkt für eine Umschichtung? – Welche Papiere sollen dabei abgestoßen und welche hinzugekauft werden?
- Wie lässt sich das Risiko optimal streuen?

Wenn die Sicherheit im Vordergrund steht

Anleger, die in erster Linie ihr Vermögen erhalten wollen, achten auf einen hohen Anteil festverzinslicher Anlageformen mit fixiertem Rückzahlungstermin.

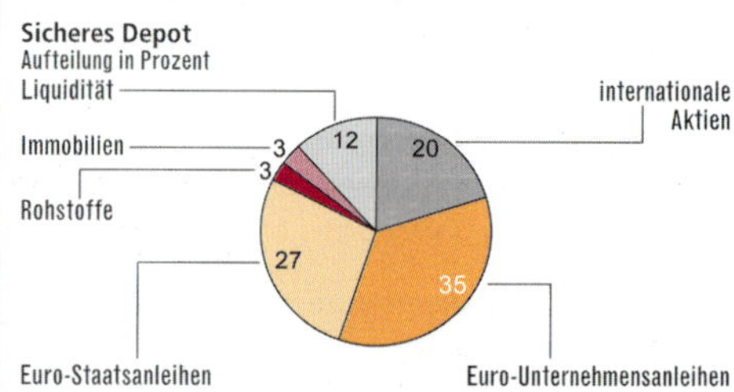

- Soll man ausländische Aktien einbeziehen? – Wie ist das subjektive Risiko einzuschätzen? – Wie ist das Währungsrisiko zu beurteilen?
- Soll der Aktienbestand zeitweise abgebaut und in eine Anlage von festverzinslichen Wertpapieren oder Festgeld ausgewichen werden?

Alle diese Probleme und viele andere sollen durch die Vermögensverwaltung gelöst werden.

Analysegespräch. Vor der Übernahme einer Vermögensverwaltung findet ein ausführliches Analysegespräch statt, in dem auf der Grundlage der persönlichen Ziele und Präferenzen (u.a. individuelle Vermögens- und Einkommenssituation, vorhandene Depotstruktur, Anlegermentalität, Zeithorizont der Anlage, persönliche Renditeerwartung, Liquiditätsbedarf, steuerliche Aspekte) eine Anlagestrategie vereinbart wird.

Anlagestrategie. Gewöhnlich kann der Kunde drei unterschiedliche Anlagestrategien wählen: Die erste wäre Wachstum, bei der die Wertsteigerung vor Erzielung einer laufenden Verzinsung rangiert. Die Risikobereitschaft des Kunden ist ausgeprägt. Dieses Wachstumsdepot wird, je nach Markterwartungen, überwiegend in Aktien investiert sein. Die Beimischung derivativer Produkte (Optionen und Futures) zur Optimierung des Anlageerfolgs rundet die Anlagepalette ab. Den Gegenpol bildet bei wenig ausgeprägter Risikobereitschaft die renditeorientierte Anlagestrategie, bei der der Schwerpunkt auf der Erzielung eines laufenden Einkommens liegt. Die Mittel werden vornehmlich in Rentenwerten angelegt. Das Mischungsverhältnis aus auf Euro und auf andere Währungen lautenden festverzinslichen Wertpapieren sollte ausgewogen sein. Eine Mischform dieser beiden Grundtypen ist das Rendite- und Wachstumsdepot. Hier ist die Anlage sowohl in Rentenwerten als auch in Aktien einschließlich derivativer Produkte möglich. Maximalquoten von Renten/Aktien und Euro/Fremdwährung sollten von vornherein festgelegt werden.

Ausgewogen für alle Fälle

Wer viel Zeit und Geduld hat, strebt eine 50:50-Lösung an. Auf Aktien sollte er wegen der Chancen nicht verzichten, die Anleihen geben dem Depot Stabilität.

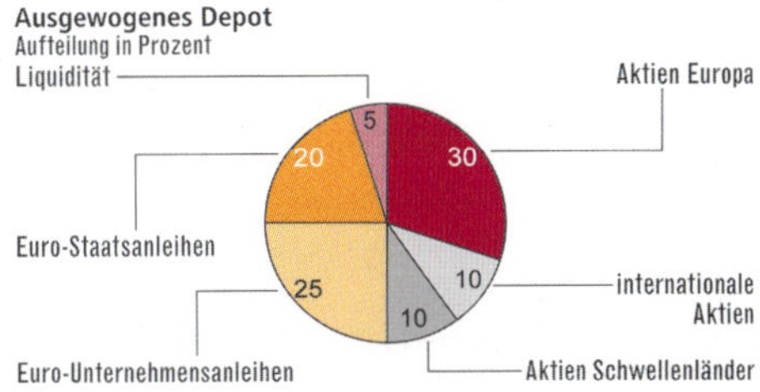

Mischung für Mutige

Bei einem langen Anlagehorizont und einer ordentlichen Portion Risikobereitschaft empfiehlt das Institut für Vermögensaufbau einen Aktienanteil von immerhin 75 Prozent.

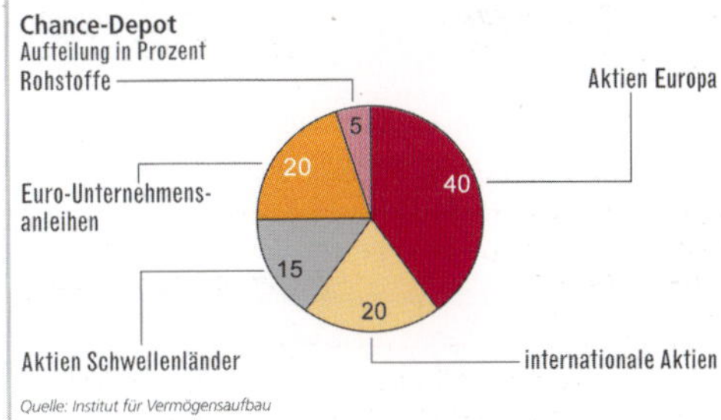

Beispiele für drei Anlagestrategien

Vermögensverwaltungsvertrag. Mit dem Abschluss eines Vermögensverwaltungsvertrags überträgt der Kunde die Befugnis auf sein Kreditinstitut, Wertpapiere und Optionen in seinem Namen und für seine Rechnung zu kaufen oder zu verkaufen, Bezugsrechte auszuüben, zu kaufen oder zu verkaufen. Die vermögensverwaltende Bank wird ermächtigt, alle Maßnahmen zu ergreifen, die ihr geeignet erscheinen, den übernommenen Auftrag optimal zu erfüllen. Frei von Weisungen und Anordnungen handelt sie nach bestem Wissen und Gewissen als Treuhänderin des Vermögens mit dem Ziel, die Interessen des Auftraggebers zu wahren. Im Vermögensverwaltungsvertrag müssen festgelegt sein:

- das zu verwaltende Vermögen,
- die Anlageziele des Auftraggebers,
- die Anlagestrategie,
- das Honorar des Kreditinstituts,
- die Berichterstattung.

Gebühren. Zur Kostendeckung wird eine Grundgebühr in Höhe von etwa 7,5 ‰, bei größeren Vermögen von etwa 5 ‰ pro Jahr erhoben. Dazu wird in der Regel eine Erfolgsgebühr in Höhe von etwa 2,5 % des Wertzuwachses berechnet.

Informationen des Vermögensinhabers. Die verwaltende Bank verpflichtet sich, aufgrund des Vermögensverwaltungsvertrags dem Vermögensinhaber kurzfristig alle Informationen über die Zusammensetzung und den jeweiligen Entwicklungsstand des Vermögens zukommen zu lassen, d. h.,

- über jeden Geschäftsvorgang werden Abrechnungen erteilt und Kontoauszüge übersandt;
- halbjährlich wird ein umfassender Bericht über alle getroffenen Verwaltungsmaßnahmen gegeben;
- ebenso wird halbjährlich eine genaue Aufstellung über den Wert des Vermögens erstellt;
- zu einzelnen wichtigen Entscheidungen werden eingehende Erläuterungen gegeben.

Vermögensverwaltung – Einflussfaktoren

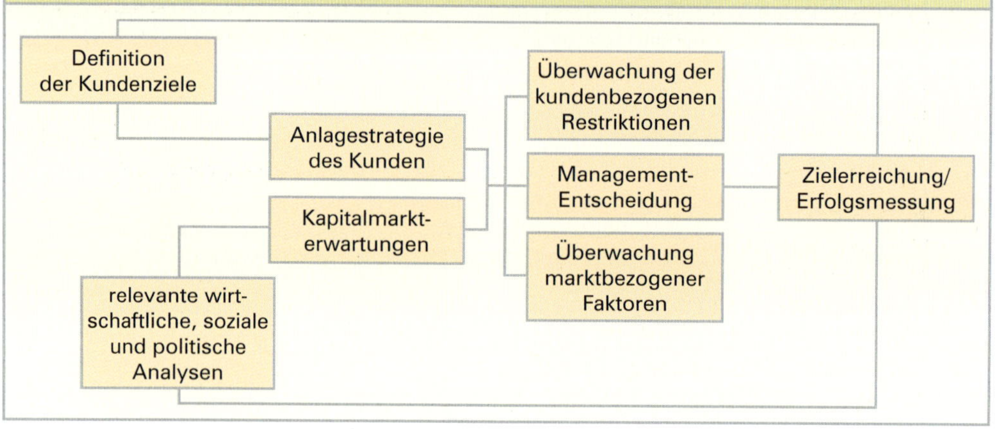

Quelle: Grübel/Schubert; Wertpapiergeschäft/Vermögensberatung; Deutscher Sparkassenverlag, Stuttgart 1999.

Erfolgs-(Performance-)messung. Der Vermögensverwalter sollte sich darüber klar sein, dass sein Anlageerfolg auch gemessen wird. Die einfachste Methode, auch vom Kunden leicht nachzuvollziehen, ist die Wertentwicklung der entsprechenden Indizes (z. B. EURO STOXX 50, REX). Nur wenig aufwendiger ist die Messung des Anlageerfolgs an einer sogenannten Benchmark. Hierbei wird beim Analysegespräch festgelegt, in welchen Kategorien die Anlage erfolgen soll. Sollen z. B. 50 % in deutschen Aktien sowie 50 % in Rentenwerten angelegt werden, so ist der Erfolg der beiden Indizes (je 50 % DAX, REX) als Messlatte für die Wertentwicklung des Depots zu verwenden. Der Vermögensverwalter ist gefordert, durch ein zur Benchmark unterschiedliches Depotmix die mit dem Kunden definierte Benchmark möglichst zu übertreffen.

Kompetenztraining: Anlage in Effekten

1 Folgender Textausschnitt ist den Anleihebedingungen einer Neuemission entnommen:

> „Die Rückzahlung dieser Anleihe erfolgt am Ende der Laufzeit entweder in Höhe des Nominalbetrages in Geld oder stattdessen durch die Lieferung einer bestimmten, vorher festgelegten Anzahl an Aktien (vgl. § 5). Die Zinszahlung von 6,5 % p. a. erfolgt in jedem Fall."

Um welches Wertpapier handelt es sich?

---

2 Ihre Kundin Paula Lengerich interessiert sich für den Kauf einer Unternehmensanleihe, die mit 4 % p. a. verzinst wird. Die Anleihe hat eine Restlaufzeit von 48 Monaten und wird heute an der Börse mit 106,80 % notiert. Berechnen Sie die Effektivverzinsung dieser Anleihe. Entgelte bleiben unberücksichtigt. Runden Sie das Ergebnis auf zwei Stellen nach dem Komma.

---

3 Eine 6 %ige Anleihe wurde am 01.08.2017 zur Zeichnung aufgelegt. Ausgabekurs 98 %. Rückzahlung zu pari nach 4 tilgungsfreien Jahren ab 01.08.2022 in 8 gleichen Jahresraten.

a) Berechnen Sie die mittlere Laufzeit!

b) Wie hoch ist der Rückzahlungsgewinn pro Jahr?

c) Wie hoch ist die Effektivverzinsung?

---

4 Auf welche der genannten Bundeswertpapiere treffen die folgenden Aussagen zu?

Bundeswertpapiere:

(1) Bundesanleihen
(2) Bundesobligationen
(3) Unverzinsliche Schatzanweisungen
(4) Inflationsindexierte Anleihen
(5) Bundesschatzanweisungen

Aussagen:

a) Diese Papiere sind Inhaberschuldverschreibungen des Bundes und seiner Sondervermögen mit einer Laufzeit von 12 Monaten. Sie werden als „Bubills" bezeichnet und abgezinst ausgegeben.

b) Anleger erhalten feststehende Kuponzahlungen und zusätzlich einen Ausgleich für den während der Laufzeit eingetretenen Kaufkraftverlust.

c) Sie dienen der Beschaffung von Mitteln mit einer Laufzeit von fünf Jahren.

---

5 Der Kunde Kevin Schmidt interessiert sich für die Anlage in Industrieanleihen der Thyssen-Krupp AG. Welche der folgenden Aussagen sind richtig?

a) Mit dem Kauf einer Industrieanleihe erwirbt Herr Schmidt Miteigentum am Grundkapital der Thyssen-Krupp AG.

b) Industrieanleihen sind risikobehafteter als andere verzinsliche Wertpapiere. Deshalb sind sie oft mit einer höheren Rendite ausgestattet.

c) Industrieanleihen können jederzeit an den Emittenten, die Thyssen-Krupp AG, zurückgegeben werden.

d) Industrieanleihen sind auch ohne grundpfandrechtliche Absicherung für die Anlage von Mündelgeldern geeignet.

e) Industrieanleihen sind grundsätzlich durch die Substanz und Ertragskraft des emittierenden Unternehmens gesichert. Besondere Sicherheiten werden in der Regel nicht bestellt. Üblich ist aber die Abgabe einer Negativerklärung.

6 Setzen Sie für die nachfolgenden Definitionen die entsprechende Wertpapierbezeichnung ein.

Wertpapierbezeichnungen:

(1) Auslandsanleihen
(2) Genussrechte
(3) Gewinnschuldverschreibungen
(4) Kommunalanleihen
(5) Optionsanleihen
(6) Pfandbriefe/öffentliche Pfandbriefe
(7) Staatsanleihen
(8) Unternehmensanleihen (Industrieobligationen)
(9) Wandelschuldverschreibungen

Definitionen:

a) ... sind Obligationen, die neben dem Forderungsrecht ein Umtauschrecht in Aktien der ausgebenden AG verbriefen.
b) ... sind von ausländischen Schuldnern in Deutschland aufgelegte Schuldverschreibungen.
c) ... sind Obligationen, die neben dem Forderungsrecht ein Bezugsrecht auf Aktien der emittierenden Gesellschaft verbriefen.
d) ... sind festverzinsliche Wertpapiere, die von Pfandbriefbanken ausgegeben werden.
e) ... sind Anleihen des Bundes (einschl. Sondervermögen) und der Länder.
f) ... sind Anleihen, die von Kommunen ausgegeben werden und zur direkten Mittelbeschaffung für die Durchführung von Aufgaben dienen.
g) ... sind Inhaber- oder Orderpapiere, die sowohl anleiheähnliche als auch aktienähnliche Rechte beinhalten. Die Ausstattung kann auch eine Teilnahme am Verlust vorsehen.
h) ... sind Schuldverschreibungen, mit denen sich große, namhafte Unternehmen langfristiges Kapital beschaffen.
i) ... sind von deutschen Schuldnern im Ausland aufgelegte Schuldverschreibungen.
j) ... sind Anleihen, die neben einer festen Grundverzinsung mit einer dividendenabhängigen Zusatzverzinsung ausgestattet sind.

7 Anita Borchert ist Kundin Ihrer Bank und möchte für 200,00 € monatlich Investmentanteile erwerben. Sie ist an einer Anlage im DWS-Vermögensbildungsfonds I interessiert.

DWS VERMÖGENSBILDUNGSFONDS I

WKN:	847652	**Typ:**	Aktienfonds	**Domizil:**	Deutschland
ISIN:	DE0008476524	**Schwerpunkt:**	Aktien International	**KAG:**	DWS Investment GmbH
Ertragsverwendung:	Ausschüttung	**Verwahrstelle:**	State Street Bank GmbH, München		

Rücknahmepreis	**Ausgabepreis**	**Rücknahmepreis Vortag**	**Ausgabeaufschlag**	**52 Wochen Tief**	**52 Wochen Hoch**
242,96 EUR	255,11 EUR	242,92 EUR	5,00 %	179,13 EUR	245,10 EUR

Anlagepolitik

Mit DWS Vermögensbildungsfonds I beteiligen Sie sich an aussichtsreichen Branchen und Unternehmen rund um den Globus. Der Fonds wird aktiv gemanagt – in Form hochwertiger Stock Pickings[1] ohne starre Index-Orientierung. Das gibt dem Fondsmanagement den notwendigen Freiheitsgrad, um performanceträchtige Anlageideen umsetzen zu können.

1 Stock Picking ist eine Anlagestrategie, die darauf basiert, Aktien zu erwerben, die sich besser entwickeln als der Gesamtmarkt.

Welche der folgenden Aussagen zur Anlage in diesem Fonds sind zutreffend?

a) Der DWS-Vermögensbildungsfonds I ist ein thesaurierender Fonds, der seine Erträge sofort wieder anlegt.

b) Der DWS-Vermögensbildungsfonds I beinhaltet nur Aktien. Der Cost-Avarage-Effekt kann deshalb bei dieser Anlageform nicht genutzt werden.

c) Für die Anlegerin bestehen Kursrisiken im Aktien- und Währungsbereich sowie Bonitätsrisiken, die zu Kursverlusten führen können.

d) Die Anlegerin kann nur ganze Fondsanteile dieses Fonds erwerben.

e) Die Wertentwicklung der Fondsanteile ist abhängig von der Entwicklung der internationalen Aktienmärkte, der unternehmens- und branchenspezifischen Entwicklungen und der Entwicklung der Anlagewährungen.

f) Da der Vermögensbildungsfonds I aktiv gemanagt wird, können für die Anlegerin keine größeren Kapitalverluste entstehen.

g) Das Fondsmanagement analysiert bei der Auswahl der Fondswerte die Aktienmärkte und kauft in Form des Stock-Pickings die nach seiner Ansicht aussichtsreichsten Werte mit dem Ziel, die Wertentwicklung des Referenzindexes zu übertreffen.

h) Die Anlagestrategie des Fonds ist passiv ausgerichtet, da sich die Zusammensetzung des Fondsvermögens an einem Index orientiert. Die Wertentwicklung des Fonds entspricht somit weitgehend der Performance des Indexes.

i) Die Anlegerin wird beim Kauf von Fondsanteilen nicht am Grundkapital der Aktiengesellschaften des Fonds, sondern am Sondervermögen der DWS Investment GmbH beteiligt. Die DWS übt das Stimmrecht in den Hauptversammlungen der Aktiengesellschaften für die Anlegerin aus.

j) Der Ausgabe- und Rücknahmepreis des Fonds wird börsentäglich durch die Kapitalverwaltungsgesellschaft in Zusammenarbeit mit der Verwahrstelle ermittelt.

---

8 Wie wirkt ein Steigen des Zinsniveaus am Kapitalmarkt auf die Kurse festverzinslicher Wertpapiere?

a) Die Kurse werden hierdurch nicht beeinflusst.

b) Sie steigen, jedoch höchstens bis pari.

c) Sie steigen, ggf. auch über pari.

d) Sie fallen so weit, bis ihre Effektivverzinsung dem Kapitalmarktzins entspricht.

---

9 Welche Aussage trifft auf Floating-Rate-Notes (zinsvariable Anleihen) zu?

a) Die Zinsen werden erst am Ende der Laufzeit gezahlt (Aufzinsungspapier).

b) Zinsschwankungen schlagen sich durch die Hebelwirkung der Floating-Rate-Notes deutlich im Kurs nieder.

c) Bei steigendem Marktzins wird der Anleihezins nach oben, bei sinkendem Marktzins nach unten angepasst.

d) Zinsen aus Floating-Rate-Notes müssen erst bei Fälligkeit der Anleihe versteuert werden.

e) Floating-Rate-Notes sind Indexanleihen.

---

10 Prüfen Sie, ob die nachfolgenden Aussagen richtig oder falsch sind.

a) Die Übertragung von Vorzugsaktien ist stets von der Zustimmung der Gesellschaft abhängig.

b) Beschließt die Hauptversammlung die Ausgabe von Wandelschuldverschreibungen, so muss sie gleichzeitig eine bedingte Kapitalerhöhung beschließen.

c) Genussscheine sind Wertpapiere, die „vorläufige Aktien" darstellen, aber später in die eigentliche Aktienurkunde getauscht werden.

d) Scheck, Wechsel, Konnossement und Orderlagerschein gehören zu den Effekten.

e) Vorzugsaktien sind Aktien, die zu einem Vorzugskurs an Mitarbeiter ausgegeben werden und i. d. R. nicht vor Ablauf einer Sperrfrist verkauft werden dürfen.

---

11 In den Anleihebedingungen einer 4 %igen Industrieanleihe heißt es:

„Die Laufzeit der Anleihe beträgt längstens 15 Jahre. Die Tilgung erfolgt nach 5 tilgungsfreien Jahren vom 1. Juli 2015 an in 10 Jahren durch jährliche Auslosung zum Nennbetrag. Die gesamte Anleihe wird spätestens am 1. Juli 2024 getilgt sein.

Die Anleiheschuldnerin ist berechtigt, eine zusätzliche Tilgung der Anleihe durch zusätzliche Auslosung vorzunehmen, die auf spätere Tilgungsraten anrechenbar sind. Die Anleiheschuldnerin ist ferner berechtigt, die gesamten noch nicht getilgten Teilschuldverschreibungen mit einer Frist von 3 Monaten zu einem Zinstermin, frühestens jedoch zum 1. Juli 2015 zur Rückzahlung zum Nennwert zu kündigen."

Welche Möglichkeiten der Anleiherückzahlung sind vorgesehen (Begriffe)?

---

12 Welche Vorteile bringt eine Kapitalanlage in Investmentanteilen?

a) Die Erträge sind für private Anleger immer steuerfrei.

b) Wertminderungen des Fonds sind durch Risikostreuung ausgeschlossen.

c) Die Anteile können über die Kapitalverwaltungsgesellschaft zulasten des Fondsvermögens zurückgegeben werden. Anteile von in Xetra Funds Fonds zugelassenen Indexfonds und aktiv gemanagten Fonds können auch während der Börsenzeit zu aktuellen Kursen veräußert werden.

d) Die bei Teilen des Fondsvermögens entstandenen Verluste wirken sich durch Risikostreuung nur begrenzt auf den Anteilswert aus.

---

13 In den Anleihebedingungen befindet sich folgender Satz:

„Die Emittentin verpflichtet sich, solange eine Schuldverschreibung noch aussteht, ihr Vermögen nicht mit Sicherungsrechten zur Besicherung von anderen Schuldverschreibungen zu belasten, ohne gleichzeitig die Gläubiger an derselben Sicherheit in gleicher Weise und anteilmäßig teilnehmen zu lassen."

Wie bezeichnet man diese Sicherstellung der Anleihe und bei welchen Anleihen kommt sie häufig vor?

---

14 Welche Rechte verbrieft eine Stammaktie?

a) Rücknahme zulasten des Grundkapitals bei Vorlage.

b) Anspruch auf Rücknahme bei Fälligkeit.

c) Anspruch auf Beteiligung am Bilanzgewinn.

d) Stimmrecht in der Hauptversammlung.

e) Anspruch auf die in der Aktie verbrieften Zinsen.

f) Anspruch auf Umtausch in Vorzugsaktien gemäß Beschlüssen von Vorstand und Aufsichtsrat.

g) Bezugsrecht bei Kapitalerhöhungen.

---

15 Geben Sie an, welche nachfolgenden Sachverhalte hinter folgenden Begriffen stecken. Ordnen Sie zu.

Aussagen:

(1) Volatilität
(2) Trading Fonds
(3) aktiv gemanagter Fonds
(4) Dachfonds
(5) Indexfonds
(6) Indexzertifikate
(7) Discountzertifikate
(8) Bonuszertifikate
(9) Turbozertifikate
(10) Geeignetheitsprüfung
(11) Angemessenheitsprüfung
(12) Stop-loss-Auftrag
(13) Stop-buy-Auftrag
(14) Kursindex
(15) Performanceindex
(16) Option
(17) Future
(18) Wandelanleihe
(19) Optionsanleihe
(20) Kurs-Gewinn-Verhältnis
(21) Dividendenrendite

Sachverhalte:

a) Die Fondsmanager analysieren den Aktienmarkt und kaufen die nach ihrer Ansicht aussichtsreichsten Werte mit dem Ziel, die Wertentwicklung des Referenzindexes zu übertreffen.

b) Diese Fonds investieren die Fondsmittel ausschließlich in anderen Investmentfonds.

c) Berater müssen prüfen, ob die empfohlene Anlage den Anlagezielen des Kunden entspricht und vom Risikogehalt her für den Kunden tragbar ist.

d) Kennzahl, die das Ausmaß der Kursschwankungen bestimmter Basiswerte am Aktienmarkt erfasst.

e) Der Inhaber dieses Zertifikats partizipiert mithilfe des Hebeleffekts überdurchschnittlich an Kursgewinnen eines Basiswerts. Dies gilt aber auch im umgekehrten Fall für Kursverluste. Darüber hinaus besteht das Risiko, dass das Zertifikat schon während der Laufzeit seinen Wert vollständig verliert.

f) Effektenorder, die billigst ausgeführt wird, sobald der Kurs ein gesetztes Limit erreicht bzw. überschreitet.

g) Dieser Index stellt die Wertentwicklung eines Portefeuilles dar, in das die laufenden Erträge (z. B. Dividendenzahlungen und Bezugsrechtserlöse) rechnerisch wieder in das jeweilige Wertpapier reinvestiert werden. Ausschüttungen erhöhen den Indexwert.

h) Unbedingtes Termingeschäft, bei dem das Verpflichtungsgeschäft und das Verfügungsgeschäft zeitlich auseinander fallen. Die im Kaufvertrag versprochenen Leistungen werden erst bei Fälligkeit erbracht. Beide Vertragspartner müssen das Geschäft bei Fälligkeit erfüllen.

i) Gläubigerpapier, das neben dem Forderungsrecht ein Bezugsrecht auf Aktien verbrieft.

j) Rentabilitätskennziffer im Rahmen der fundamentalen Aktienanalyse. Sie gibt an, mit dem Wievielfachen des Jahresgewinns eine Aktie an der Börse gehandelt wird. Je höher diese Kennziffer, umso teurer ist die Aktie und umgekehrt.

16 Ein Kunde möchte sich wegen eines kurzfristigen Geldbedarfs über die Verfügbarkeit seiner Anlage informieren. Ordnen Sie zu.

Anlageform:

(1) 100 Stück Telekom-Aktien; Kurs 21,20; GS-Verwahrung

(2) Spareinlage mit 3-monatiger Kündigungsfrist, Guthaben 15 473,13 €

(3) 30-Tage-Termineinlage über 40 000,00 €

(4) Bundesobligationen, Nennwert insgesamt 30 000,00 €

(5) Eurofonds, Ausgabepreis 69,01 €, Rücknahmepreis 67,00 €, GS-Verwahrung, kein Börsenhandel

Verfügbarkeit:

a) 2000,00 € innerhalb eines Kalendermonats

b) Börsentäglich zum Kurswert

c) Börsentäglich zum Rücknahmepreis

d) Am Ende des Festlegungszeitraums

e) 5000,00 € je 30 Zinstage nach dem ersten Laufzeitjahr

f) Börsentäglich zum Nennwert

17 Die Tagesordnung zur Hauptversammlung der Mologen AG sieht unter TOP 10 die „Ermächtigung des Vorstands zur Schaffung eines genehmigten Kapitals" vor. Welche der folgenden Aussagen zum genehmigten Kapital treffen zu?

a) Bei einem genehmigten Kapital muss der Vorstand die Kapitalerhöhung in jedem Fall innerhalb der nächsten 5 Jahre durchführen.

b) Das genehmigte Kapital dient dem Vorstand dazu, kurzfristig auf Entwicklungen am Kapitalmarkt reagieren zu können. Daher wird diese Ermächtigung ohne Befristung erteilt.

c) Durch Schaffung eines genehmigten Kapitals wird der Vorstand ermächtigt, das Kapital innerhalb von 5 Jahren gegen Einlagen zu erhöhen.

d) Der Nennbetrag des genehmigten Kapitals darf maximal 50 % des bisherigen Grundkapitals betragen.

18 a) Das Aktienrecht unterscheidet verschiedene Formen der Kapitalerhöhung. Stellen Sie fest, auf welche Form der Kapitalerhöhung die folgenden Aussagen zutreffen.

Formen der Kapitalerhöhung:

(1) bedingte Kapitalerhöhung

(2) ordentliche Kapitalerhöhung

(3) Kapitalerhöhung aus Gesellschaftsmitteln

Aussagen:

aa) Die AG erhält kein zusätzliches Eigenkapital. Die Aktionäre erhalten Berichtigungsaktien. Das Vermögen der Gesellschaft ändert sich nicht.

ab) Die AG erhält durch die sofortige Ausgabe junger Aktien zusätzliches Eigenkapital. Die Aktionäre zahlen für die jungen Aktien den Emissionspreis. Das Vermögen der Gesellschaft steigt.

ac) Bei dieser Form der Kapitalerhöhung soll sichergestellt werden, dass die Gläubiger von Wandelschuldverschreibungen und Optionsanleihen ihre Umtausch- bzw. Optionsrechte ausüben können.

ad) Da nicht alle Aktionäre eine dem Berichtigungsverhältnis entsprechende Menge von Aktien besitzen, um eine ...aktie erhalten zu können, müssen die „Spitzen" unter den Aktionären ausgetauscht werden.

ae) Die Aktionäre erhalten einen Teil der Rücklagen, der bislang im Kurs ausgedrückt war, in Aktien umgetauscht.

af) Diese Form der Kapitalerhöhung wird auch zur Ausgabe von Belegschaftsaktien beschlossen.

ag) Bei dieser Form der Kapitalerhöhung ist die opération blanche eine sinnvolle Alternative.

b) Eine Gesellschaft erhöht ihr Aktienkapital durch Umwandlung von Rücklagen im Verhältnis 4 : 1. Der Börsenkurs der Aktie beträgt 340,00 €.
Wie lautet der nach der Erfüllung des Anspruchs auf Berichtigungsaktien erstmals notierte, herabgesetzte Kurs?

19 Ergänzen Sie die entsprechende Aktienbezeichnung.

Aktienbezeichnungen:

(1) Belegschaftsaktien
(2) Berichtigungs-(Gratis-)aktien
(3) Globalaktien
(4) junge (neue) Aktien
(5) kumulative Vorzugsaktien
(6) Namensaktien
(7) Stammaktien
(8) vinkulierte Namensaktien
(9) Vorzugsaktien

Definitionen:

a) ... verbriefen die gesetzlichen und satzungsmäßigen Aktionärsrechte.

b) ... nennt man die Aktien der Gesellschaft, die den eigenen Belegschaftsmitgliedern angeboten werden.

c) ... werden die Aktien genannt, die den Aktionären bei einer Erhöhung des Grundkapitals zulasten der offenen Rücklagen zustehen.

d) ... sind solche Namensaktien, bei denen der Emittent jede Übertragung an seine besondere Zustimmung gebunden hat.

e) ... gewähren Vorrechte gegenüber den Rechten der Stammaktionäre.

f) Bei ... werden Dividendenausfälle in einem Geschäftsjahr in späteren Jahren nachgezahlt.

g) ... sind Sammelurkunden über hohe Nennbeträge von Aktienrechten.

h) ... nennt man die Aktien, die aufgrund einer von der HV beschlossenen Kapitalerhöhung ausgegeben werden.

i) Bei ... ist der Eigentümer in einem Aktienregister bei der AG eingetragen.

20 Welche Aussagen sind richtig, welche falsch?

a) Das Gesetz erlaubt für Kapitalverwaltungsgesellschaften ausschließlich die Rechtsform einer AG oder GmbH.

b) Kapitalverwaltungsgesellschaften unterliegen der Aufsicht der Bundesanstalt für Finanzdienstleistungsaufsicht (BaFin).

c) Fondswerte dürfen beliehen oder verpfändet werden.

d) Nur die offenen Wertpapierfonds unterliegen dem Kapitalanlagegesetzbuch.

e) Mit der Verwaltung der Sondervermögen ist unter Zustimmung der Bundesanstalt für Finanzdienstleistungsaufsicht (BaFin) eine Verwahrstelle zu betrauen.

f) Einige Investmentfonds schütten regelmäßig keine Erträge aus.

g) Der Inhaber eines Investmentanteils ist Aktionär bei allen Aktiengesellschaften, deren Aktien im Sondervermögen vorhanden sind.

h) Für Investmentanteile müssen Kapitalverwaltungsgesellschaften börsentäglich in Zusammenarbeit mit der Verwahrstelle den Inventarwert je Anteil ermitteln und Ausgabe- und Rücknahmepreise veröffentlichen.

21 Eine Aktiengesellschaft gibt Berichtigungsaktien aus. Welche Folge hat dies für die Bilanz der AG?

a) Das Eigenkapital der AG steigt.

b) Das gezeichnete Kapital (Grundkapital) der AG steigt.

c) Die Rücklagen der AG steigen.

d) Das Eigenkapital der AG sinkt.

e) Das Fremdkapital der AG sinkt.

22 Die ordentliche Hauptversammlung einer AG hat beschlossen, das Grundkapital von 416 000 000 € durch Ausgabe von 15 255 474 nennwertlosen Stückaktien – mit einem rechnerischen Anteil am Grundkapital von jeweils 2,5564594 € – auf 455 000 000 € zu erhöhen.

Den Aktionären werden die neuen Aktien zum Bezugspreis von 39,00 € je Stückaktie zum Bezug angeboten.

Berechnen Sie die bilanziellen Veränderungen der Kapitalerhöhung in Bezug auf

a) die Barmittel,

b) das gezeichnete Kapital,

c) die Kapitalrücklagen.

Gehen Sie davon aus, dass alle neuen Aktien platziert werden können und der Gegenwert der Kapitalerhöhung der Barreserve der AG zufließt.

---

23 Eine Aktiengesellschaft erhöht ihr Grundkapital von 180 Mio. EUR auf 247,50 Mio. EUR. Der Börsenkurs der alten Aktien beträgt 382,00 EUR je Aktie. Der Bezugskurs für eine junge Aktie wurde auf 250,00 EUR festgelegt.

a) Stellen Sie das Bezugsverhältnis fest.

b) Ermitteln Sie den rechnerischen Wert des Bezugsrechts.

c) Ein Aktionär besitzt 300 Stück Aktien dieser Gesellschaft. Er möchte einen Teil seiner Bezugsrechte verkaufen, um aus dem Verkaufserlös den Bezug junger Aktien aufgrund der restlichen Bezugsrechte bezahlen zu können. Der Börsenkurs der Bezugsrechte beträgt 37,50 EUR. (Kosten bleiben unberücksichtigt.)

ca) Wie viele junge Aktien kann er beziehen?

cb) Wie viele Bezugsrechte sind infolgedessen verkäuflich?

---

24 Eine Aktiengesellschaft mit einem Stammkapital von 1,5 Mio. € will 500 000,00 € Vorzugsaktien herausgeben und bietet sie ihren Aktionären zum Bezugskurs von 210,00 € an. Die Vorzugsaktien werden mit einem Dividendenvorteil von 2,00 € ausgestattet. Wie lautet der rechnerische Wert des Bezugsrechts, wenn der Kurs der alten Aktien 300,00 € beträgt?

---

25 Wichtige Kennzahlen der Unternehmensanalyse sind das Kurs-Gewinn-Verhältnis (KGV) und die Dividendenrendite. Sie sind auch Grundlage der Kundenberatung. Welche der folgenden Aussagen sind richtig?

a) Die Beiersdorf-Aktie besitzt aufgrund des höheren KGV ein größeres Kurspotenzial als die anderen Aktien.

b) Die Adidas-Aktie wird mit dem 13,8- bzw. 12,0-Fachen des erwarteten Jahresgewinns pro Aktie gehandelt.

DAX – Frankfurter Kurse (Angaben in Euro)

	ISDN	Börsenkap. in Mill. Euro	Schluss	KGV Jahr 01	KGV Jahr 02	Div. Rend.
Adidas	DE000A1EWWW0	9915,8	47,36 h	13,8	12,0	2,1
Allianz SE vink.	+DE0008404005	48336,1	106,36 h	8,3	7,9	4,9
BASF NA	DE000BASF111	53106,5	57,92 h	9,8	8,9	3,8
Bayer	DE000AY0017	45730,2	55,17 h	11,9	11,0	2,9
Beiersdorf	+DE0005200000	10503,4	41,72 h	23,0	19,5	1,8

c) Analysten erwarten bei der Allianz AG eine Dividendenzahlung von 5,21 € je Aktie.

d) Der für das Jahr 01 erwartete Gewinn je Aktie ist bei der Bayer AG größer als bei der Allianz AG.

26 Für den Erwerber von Aktien bestehen neben allgemeinen Risiken auch spezielle Risiken bei der Vermögensanlage. Welches sind spezielle Risiken bei Aktien?

a) Das Risiko von Schwankungen im Zinsniveau am Geld- und Kapitalmarkt (Zinsänderungsrisiko).

b) Das Risiko, dass die Aktiengesellschaft von einem Kündigungsrecht Gebrauch macht (Kündigungsrisiko).

c) Das Risiko einer rückläufigen Kursentwicklung aufgrund von Faktoren, die mittelbar oder unmittelbar die emittierende Gesellschaft betreffen (Kursänderungsrisiko).

d) Das Risiko, das eingesetzte Kapital vom Emittenten zurückzuerhalten (Rückzahlungsrisiko).

e) Das Risiko, dass die Gesellschaft bei Verlustsituationen keine Gewinne ausschüttet (Dividendenrisiko).

---

27 Erläutern Sie einem Anleger stichpunktartig die Vorteile einer Anlage in Investmentanteilen.

---

28 Die Kundin Juliane Lang möchte 50 000,00 € für die Dauer von sechs bis sieben Jahren anlegen. Sie wünscht sich eine Anlageberatung.

Welche Aussagen sind in diesem Zusammenhang richtig?

a) Der (die) Anlageberater(in) muss, um der Kundin geeignete Finanzinstrumente empfehlen zu können, angemessene Informationen über ihre Kenntnisse und Anlageerfahrungen, ihre finanziellen Verhältnisse, ihre Anlageziele (z. B. Renditeerwartungen, Risikotoleranz) und über ihren Bildungsstand und Beruf einholen.

b) Um im Rahmen der Anlageberatung geeignete Finanzinstumente empfehlen zu können, benötigt der (die) Anlageberater(in) lediglich Informationen über die bisherigen Kenntnisse und Erfahrungen der Kundin in Wertpapiergeschäften, nicht aber Informationen über ihre Anlageziele und ihre finanziellen Verhältnisse.

c) Der (die) Anlageberater(in) muss der Kundin eindeutige und nicht irreführende Informationen über die empfohlenen Finanzinstrumente zur Verfügung stellen, damit die Kundin die Art und Risiken der Produkte verstehen und ihre Anlageentscheidung treffen kann.

d) Der (die) Anlageberater(in) muss der Kundin ein Produktinformationsblatt über jedes empfohlene Finanzinstrument bereitstellen und vor Vertragsabschluss eine Erklärung über die Geeignetheit der Empfehlung zur Verfügung stellen.

e) Verweigert die Kundin die Angaben über ihre Anlageerfahrungen, Anlageziele und finanziellen Verhältnisse, darf der (die) Anlageberater(in) die Empfehlung für ein Finanzprodukt nur unter Vorbehalt abgeben.

f) Falls auf die Anlageberatung kein Vertragsabschluss folgt, braucht eine Geeignetheitserklärung der Kundin nicht zur Verfügung gestellt zu werden.

Situation: In Effekten anlegen

Situation 1: Bund-Länder-Anleihe

Der Kunde Sven Möllering ist an einer sicheren Anlage mit jährlich festen Zinszahlungen interessiert. Er bittet um nähere Informationen über die wesentlichen Merkmale der folgenden Anleihe:

Bundesrepublik Deutschland Finanzagentur GmbH

1,50 % Bund-Länder-Anleihe von 20.. (20..)

Auf einen Blick

Emittenten	Bundesrepublik Deutschland und die Bundesländer Berlin, Brandenburg, Bremen, Hamburg, Mecklenburg-Vorpommern, Nordrhein-Westfalen, Rheinland-Pfalz, Saarland, Sachsen-Anhalt und Schleswig-Holstein. Die Emittenten haften für alle sich aus der Bund-Länder-Anleihe ergebenden Verpflichtungen teilschuldnerisch zu festen, vorab bestimmten Anteilen.
Laufzeit	7 Jahre (ab Auflegung) Der **Verkauf** ist börsentäglich über Banken und Sparkassen an der Börse (zum aktuellen Kurs) möglich.
Rendite	Die **effektive Verzinsung** ist bei Verkauf während der Laufzeit abhängig von der Kursentwicklung, bei Halten der Bund-Länder-Anleihe bis zum Laufzeitende hingegen lediglich von Kaufkurs und Nominalzins (Rückzahlung erfolgt stets zu 100 %). **Zinszahlung**: jährlich am 15.07. zum festen Zinssatz (Kupon) von 1,5 %
Risiken	Die Bund-Länder-Anleihe ist mündelsicher. Wie bei allen Anleihen sind grundsätzlich Emittenten-, Kurs- und Liquiditätsrisiken zu berücksichtigen.
Erwerb	Die Bund-Länder-Anleihe kann über Banken und Sparkassen an der Börse erworben werden. WKN: A1X230/ISIN: DE000A1X2301
Verwahrung	Die Bund-Länder-Anleihe kann in Depots bei Banken und Sparkassen verwahrt werden. Eine Verwahrung bei der Finanzagentur ist nicht möglich.
Kosten	Bei Banken und Sparkassen fallen üblicherweise Provisionen für Kauf und Verkauf sowie Depotgebühren für Verwaltung und Verwahrung an.

Funktionsweise

Die Bund-Länder-Anleihe ist ein festverzinsliches Wertpapier mit einer Laufzeit von rund 7 Jahren ab Emissionszeitpunkt. Die Zinszahlung erfolgt einmal pro Jahr.

Die Bund-Länder-Anleihe wurde am 26.06.20.. über ein Bankenkonsortium emittiert und ist seitdem an der Börse handelbar. Der Bund ist, anders als bei Bundeswertpapieren, nicht alleiniger Emittent, sondern mit einem Haftungsanteil von 13,5 % einer von mehreren Emittenten.

Emissionsanteile von Bund und Bundesländern

Bundesrepublik Deutschland	13,50 %	Nordrhein-Westfalen	20,00 %
Berlin	13,50 %	Rheinland-Pfalz	6,75 %
Brandenburg	6,75 %	Saarland	6,75 %
Bremen	13,50 %	Sachsen-Anhalt	2,75 %
Hamburg	5,25 %	Schleswig-Holstein	8,00 %
Mecklenburg-Vorpommern	3,25 %		

AUFGABEN:

1 Erklären Sie Herrn Möllering die Besonderheit dieser Anleihe.

2 Erläutern Sie Herrn Möllering die Chancen und Risiken einer Anlage in dieser Anleihe.

3 Verdeutlichen Sie dem Kunden den Einfluss der Renditeentwicklung am Rentenmarkt auf den Kurs der Bund-Länder-Anleihe.

4 Herr Möllering erwirbt nom. 50 000,00 € der Bund-Länder-Anleihe. Unterstellen Sie, dass die Länder Rheinland-Pfalz und Brandenburg am Fälligkeitstag der Anleihe ihren Zahlungsverpflichtungen aus den Schuldverschreibungen nicht nachkommen können. Mit welchem Rückzahlungsbetrag kann Herr Möllering rechnen?

Situation 2: Kapitalerhöhung durch Ausgabe junger Aktien

Jens Willeke ist Kunde der Kundenbank AG. Er besucht Sie in der Kundenbank AG zu einem Beratungsgespräch. In seinem Depot befinden sich 360 Stück Aktien der Intex Aktiengesellschaft. Herr Willeke hat von der Intex AG das folgende Bezugsangebot erhalten. Er bittet Sie als Kundenberater(-in), ihn darüber zu informieren.

INTEX Aktiengesellschaft
Bonn

Bezugsangebot (Auszug)

Die ordentliche Hauptversammlung vom 31. März 20 . . hat u. a. ein genehmigtes Kapital in Höhe von 39 000 000,00 € beschlossen. Der Vorstand der Intex Aktiengesellschaft hat von der eingeräumten Ermächtigung Gebrauch gemacht und mit Zustimmung des Aufsichtsrats vom 31. März 20 . . beschlossen, das Grundkapital der Intex Aktiengesellschaft von 416 000 000,00 € durch Ausgabe von 15 255 474 nennwertlosen Stückaktien – mit einem rechnerischen Anteil am Grundkapital von jeweils 2,5564594 € – auf 455 000 000,00 € zu erhöhen.

Ein Bankenkonsortium unter Federführung der Deutschen Bank Aktiengesellschaft hat die neuen Aktien mit der Verpflichtung übernommen, diese den Aktionären der Intex Aktiengesellschaft zum Bezugspreis von 39,00 € je Stückaktie zum Bezug anzubieten.

Nachdem die Durchführung der Kapitalerhöhung in das Handelsregister des Amtsgerichts Bonn eingetragen worden ist, fordern wir hiermit unsere Aktionäre auf, ihr Bezugsrecht auf die neuen Stückaktien zur Vermeidung des Ausschlusses in der Zeit vom **20. April bis 3. Mai 20 . . einschließlich** über ihre jeweilige Depotbank auszuüben.

[. . .]

Die Bezugsrechte auf die neuen Stückaktien (ISIN DE000A0LR563) werden in der Zeit vom **20. bis 30. April 20 . . einschließlich** an allen deutschen Wertpapierbörsen gehandelt und notiert. Die neuen nennwertlosen Stückaktien sind ab 1. Juli des laufenden Jahres gewinnberechtigt und an allen deutschen Wertpapierbörsen zum Börsenhandel im regulierten Markt zugelassen. Der Börsenhandel im regulierten Markt für die neuen nennwertlosen Stückaktien wird voraussichtlich am 5. Mai 20 . . aufgenommen. Die neuen nennwertlosen Stückaktien werden den Aktionären aufgrund einer bei der Clearstream Banking AG hinterlegten Globalurkunde im Girosammelverkehr zur Verfügung gestellt. Ein Ausdruck von neuen Aktienurkunden ist zz. nicht vorgesehen. Ansprüche auf Auslieferung von Einzelurkunden können nicht geltend gemacht werden.

Bonn, im April 20 . .

Der Vorstand

Beantworten Sie dem Kunden seine im Zusammenhang mit der Bezugsausübung anstehenden Fragen.

AUFGABEN:

1 Erklären Sie dem Kunden, warum bei einer Kapitalerhöhung den Aktionären ein Recht zum Bezug neuer Aktien zusteht.

2 Geben Sie ihm an, wie hoch der rechnerische Wert des Bezugsrechts ist. Der Börsenkurs der alten Aktien beträgt 49,00 €. Voraussichtliche Dividende 0,77 €. Das Geschäftsjahr ist gleich dem Kalenderjahr.

3 Wie viel Stück Aktien kann er aufgrund der zur Verfügung stehenden Bezugsrechte maximal erwerben?

4 Wie viel Stück Aktien können ohne Einschuss neuer Barmittel bezogen werden? (Kosten bleiben unberücksichtigt.)

5 a) Wie viel Stück zusätzlich erforderliche Bezugsrechte muss der Kunde hinzukaufen, wenn er uns die Weisung zum Bezug von insgesamt 39 Stück neuer Aktien erteilt?

b) Ermitteln Sie den Abrechnungsbetrag für den Kauf der Bezugsrechte (Börsenkurs = rechnerischer Wert).

Gebühren		
An- und Verkauf von Bezugsrechten	1 % vom Kurswert: bei Kurswert bis 6,00 € Kurswert 6,01 € bis 77,00 € Kurswert ab 77,01 €	 provisionsfrei mind. 1,30 € mind. 5,00 €
Junge Aktien	1 % vom Kurswert	

c) Ermitteln Sie den Abrechnungsbetrag für den Bezug der jungen Aktien.

6 Wie erfolgt die Verschaffung der Rechte an den jungen Aktien?

12 Effektenbörse und Effektenhandel

Einstieg

Die Kauforder eines Kunden kann entweder über XETRA oder über den Präsenzhandel abgewickelt werden.

Erläutern Sie dem Kunden, wie die Abwicklung über XETRA verläuft.

12.1 Begriff und Bedeutung der Effektenbörse

LS 7
Situation 1

§ 91 BGB

Begriff. Börsen sind Märkte, an denen vertretbare – fungible – Güter und Sachen gehandelt werden, Sachen, die im Verkehr nach Zahl, Maß oder Gewicht bestimmbar sind. Dazu zählen auch Effekten (vgl. Kapitel 11.2).

Man unterscheidet:

- Effektenbörsen
- Warenbörsen/Rohstoffbörsen

Zum Handel müssen die Güter und Sachen nicht körperlich am Handelsplatz vorliegen. Über die Börse erfolgt nur der Vertragsabschluss, das Verpflichtungsgeschäft. Die Lieferung und Zahlung, das Erfüllungsgeschäft, findet außerhalb der Börse statt.

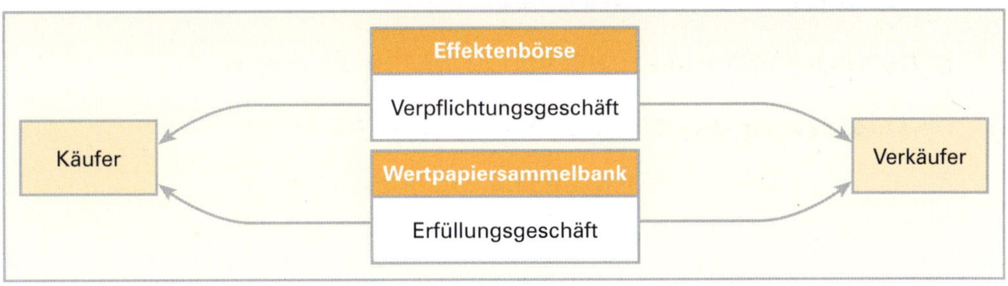

Für Geschäfte an der Frankfurter Wertpapierbörse und im XETRA-Handel fungiert die Eurex Clearing AG als zentrale Gegenpartei (CCP = Central Counterparty), um dem Handelspartner als Garant für die Erfüllung zu dienen (vgl. Kapitel 13.3.4).

Effekten. Unter Effekten versteht man am Kapitalmarkt handelbare – börsenfähige – Wertpapiere. Börsenfähig sind nur vertretbare bzw. austauschbare Wertpapiere, die nach allgemeinen Merkmalen wie Emittent, Gattung, Ausstattung (z. B. Nominalzins, Dividendenberechtigung), Stückzahl oder Nennwert bestimmbar sein müssen, um börsenfähig zu sein, wie z. B. Aktien, Anleihen oder Investmentanteile.

Börsenplätze. Die Frankfurter Wertpapierbörse (FWB) ist mit einem Anteil von mehr als 80 % am börsenmäßigen Wertpapierumsatz die größte deutsche Börse. Weitere Wertpapierbörsenstandorte sind Berlin, Düsseldorf, Hamburg/Hannover, München und Stuttgart, die auch als „Regionalbörsen" bezeichnet werden. Die kleineren Börsen haben teilweise Handelsschwerpunkte gesetzt wie z. B. Handel in Optionsscheinen, in ausländischen Aktien oder in entsprechenden Regionalwerten.

Die Wertpapierbörse hat **drei Hauptaufgaben:**

Kapital-umschlag	Die Börse führt Angebot und Nachfrage im Wertpapiergeschäft zusammen und vermittelt zwischen Käufern und Verkäufern von Wertpapieren. Anleger können so überschüssige liquide Mittel in Wertpapiere anlegen bzw. sich durch Verkauf von Wertpapieren liquide Mittel beschaffen. Ferner ist es möglich, kurzfristige Anlagen in längerfristige umzuwandeln (z. B. Verkauf einer Anleihe mit 2 Jahren Restlaufzeit in eine Anleihe mit einer Restlaufzeit von 10 Jahren). Auch kann der Anleger die Rechtsposition eines Eigentümers in die eines Gläubigers wechseln (Verkauf von Aktien und Kauf von Anleihen).
Kapital-bewertung	Die Kursfeststellung – Notierung – erfolgt nach den Grundsätzen einer objektiven Bewertung unter Berücksichtigung des inneren Werts eines Wertpapiers, von Angebot und Nachfrage sowie der Marktlage (Tendenz, Stimmung). Diese wird stark von wirtschaftlichen und auch politischen Einflüssen bestimmt. So ist die Börse ein Spiegelbild der wirtschaftlichen und auch politischen Situation, das lediglich durch spekulative Sonderbewegungen, und dann nur kurzfristig, gestört wird.
Kapital-beschaffung	Kapitalsuchende beschaffen sich über die Börse notwendiges Kapital durch Ausgabe von Aktien oder Schuldverschreibungen. Der direkte Zugang der Emittenten ist i. d. R. nicht gegeben, vielmehr werden den Anlegern die Effekten über Kreditinstitute bereitgestellt (vgl. Kapitel 14 Emissionsgeschäft). Ohne einen späteren Börsenhandel wären die benötigten Kapitalsummen nicht erreichbar bzw. wären Anleger nicht bereit, Aktien und Schuldverschreibungen zu erwerben.

Wertpapierbörsen können Parkettbörsen (Präsenzbörsen) oder Computerbörsen sein. An Parkettbörsen werden Geschäfte unter Einschaltung von Skontroführern (vgl. Kapitel 12.2.3) abgeschlossen. An Computerbörsen kommen Geschäfte vollautomatisch durch Zusammenführung von Kauf- und Verkaufsaufträgen zustande.

12.2 Rechtsgrundlagen, Organe und Mitglieder der Börse

12.2.1 Rechtsgrundlagen

Gesetzliche Grundlage ist das **Börsengesetz.** Es definiert Börsen als teilrechtsfähige Anstalten des öffentlichen Rechts. Wesentliche Inhalte des Gesetzes sind:

§§ 1/2 BörsG

- Allgemeine Bestimmungen über die Börsen und deren Organe,
- Ermittlung des Börsenpreises,
- Zulassung von Handelsteilnehmern und Wertpapieren zum Börsenhandel,
- Straf- und Bußgeldvorschriften.

§§ 3/4 BörsG

Börsenaufsichtsbehörde. Die Errichtung und der Betrieb einer Börse unterliegen der Genehmigungspflicht der zuständigen obersten Landesbehörde (Börsenaufsichtsbehörde), die auch befugt ist, bestehende Börsen aufzuheben. Die Aufsicht erstreckt sich auf die Einhaltung der börsenrechtlichen Vorschriften und Anordnungen sowie die ordnungsgemäße Durchführung des Handels an der Börse und der Börsengeschäftsabwicklung.

Zuständig für die Börsenaufsicht sind neben der Börsenaufsichtsbehörde der Bundesländer mit einer Wertpapierbörse die Bundesanstalt für Finanzdienstleistungsaufsicht (BaFin) und die Handelsüberwachungsstellen der jeweiligen Wertpapierbörsen (vgl. Übersicht Börsenaufsicht im Kapitel 12.2.6).

Träger der deutschen Börsen sind i. d. R. zu diesem Zweck gegründete Aktiengesellschaften und in Ausnahmefällen privatrechtliche Börsenvereine.

12.2.2 Organe der Börse

Die **Organe der Börse** und deren Aufgaben werden in der Börsenordnung beschrieben.

Übersicht: Börsenorgane und ihre Aufgaben	
Börsenorgane	**Aufgaben (Auszug)**
Börsenrat (Dem Börsenrat gehören u. a. Mitglieder aus dem Kreis der Kreditinstitute, der Kapitalverwaltungsgesellschaften, Versicherungen, Emittenten, Skontroführer und Privatanleger an)	■ Erlass der Börsen-, der Gebühren- und der Geschäftsordnung ■ Erlass der Geschäftsbedingungen für den Börsenhandel ■ Erlass einer Prüfungsordnung für die berufliche Eignung als Börsenhändler ■ Bestellung und Abberufung der Geschäftsführung ■ Überwachung der Geschäftsführung ■ Bestellung und Abberufung des Leiters der Handelsüberwachungsstelle
Börsengeschäftsführung	■ Leitung der Börse ■ Zulassung oder Einbeziehung von Wertpapieren zum bzw. in den regulierten Markt ■ Zulassung von Unternehmen und Personen zum Börsenhandel ■ Organisation und Geschäftsablauf der Börse ■ Aufnahme, Aussetzung und Einstellung der Notierungen ■ Beauftragung von Skontroführern mit der Feststellung des Börsenpreises ■ Allgemeine Überwachung
Handelsüberwachungsstelle (HüSt)	■ Überwachung des Börsenhandels ■ Überwachung der Börsengeschäftsabwicklung ■ Datenerfassung und -auswertung ■ Ermittlung des Sachverhalts und Unterrichtung der Geschäftsführung bei Zweifeln an der richtigen Feststellung des Börsenpreises ■ Überwachung des Sicherheitsrahmens bei den Handelsteilnehmern
Sanktionsausschuss	■ Beschluss von Sanktionen gegen Handelsteilnehmer (Verweis, Ordnungsgeld oder Ausschluss von der Börse)

12.2.3 Mitglieder der Börse (Börsenteilnehmer)

Als Mitglieder der Börse sind zurzeit folgende Gruppen zugelassen:

Kreditinstitute und Finanzdienstleistungsinstitute z. B. Wertpapiermakler und Wertpapierhandelsunternehmen	Sie betreiben Handel mit Wertpapieren für fremde oder eigene Rechnung. Sie bringen die Kauf- und Verkaufsaufträge von Wertpapieren an die Börse. Sie müssen von der Geschäftsführung der Wertpapierbörse zum Börsenhandel zugelassen werden. Personen, die berechtigt sein sollen, für ein zugelassenes Unternehmen Börsengeschäfte abzuschließen, sog. Börsenhändler, werden auf Antrag von der Börsengeschäftsführung zugelassen, wenn sie zuverlässig sind und die notwendige berufliche Eignung durch Ablegung einer Börsenhändlerprüfung nachweisen.

§ 19 BörsG

Designated Sponsors	Banken und sonstige Finanzdienstleister, die im elektronischen Handel verbindliche Preislimits für den An- und Verkauf von Wertpapieren zur Verfügung stellen und damit temporäre Ungleichgewichte zwischen Angebot und Nachfrage in weniger liquiden Werten überbrücken. Designated Sponsors sind ausschließlich im fortlaufenden Handel mit untertägigen Auktionen auf XETRA aktiv und müssen dort als Handelsteilnehmer zugelassen sein. Sie sorgen für zusätzliche Liquidität in den von ihnen betreuten Wertpapieren.
Spezialisten/ Market Maker	Spezialisten und Market Maker sind von der Börsengeschäftsführung zugelassene Handelsteilnehmer, die für die von ihnen betreuten Wertpapiere verbindliche An- und Verkaufskurse (Quotes) stellen. Sie garantieren die fortwährende Handelbarkeit der Wertpapiere und stellen so die Marktliquidität und Funktionsfähigkeit der Börse sicher. Sie stabilisieren kurzfristige Marktungleichgewichte. Spezialisten und Market Maker werden in der fortlaufenden Auktion auf XETRA aktiv und vor allem bei umsatzschwachen Werten eingesetzt. Market Maker bieten auch an der Eurex die Möglichkeit ständiger Geschäftsabschlüsse.
Skontroführer (nur im Präsenz-/ Parketthandel oder im Freiverkehr)	Skontroführer stellen im börslichen Präsenzhandel, der nur noch an den Regionalbörsen stattfindet, das Bindeglied zwischen Käufer und Verkäufer eines Wertpapiers dar. Sie haben die Vermittlung und den Abschluss von Börsengeschäften in den zur Skontroführung zugewiesenen Wertpapieren zu betreiben und auf einen geordneten Marktverlauf hinzuwirken. Zum Skontroführer kann auf Antrag von der Börsengeschäftsführung zugelassen werden, wer als Kredit- oder Finanzdienstleistungsinstitut zugelassen ist. Personen, die berechtigt sein sollen, für einen Skontroführer zu handeln, sind zuzulassen, wenn sie zuverlässig sind und die für die Skontroführung erforderliche berufliche Eignung haben.

12.2.4 Deutsche Börse AG

Die **Deutsche Börse AG** bietet im Rahmen des Wertpapierhandels selbst bzw. über Tochtergesellschaften eine Vielzahl von Dienstleistungen an. Geschäftsfelder sind:

- Handel mit Wertpapieren (Handelsplattform XETRA/Terminbörse Eurex)
- Abrechnung und Abwicklung von Wertpapiergeschäften sowie Verwahrung der Wertpapiere (Clearstream International S. A.)
- Infrastruktur-Dienstleistungen: Software-Entwicklung, Systemarchitektur, Entwicklung, Betrieb, Netzwerke (Deutsche Börse Systems)
- Termingeschäfte mit Clearing: Abwicklung, Verrechnung, Ausschalten des Ausfallrisikos (Eurex)

Clearstream International S. A. fungiert als nationaler und internationaler Verwahrer. Clearstream bietet den Kunden sichere Wertpapierverwahrung und -verwaltung, sorgt für die Abwicklung börslicher und außerbörslicher Handelsgeschäfte. Für die Abwicklung internationaler Geschäfte unterhält Clearstream International S. A. ein Netzwerk von Lagerstellen im In- und Ausland und Verbindung zu Geschäftspartnern in aller Welt.

Die **Deutsche Börse Systems AG** betreibt die elektronischen Handelssysteme Xetra und Eurex.

12.2.5 Handelssysteme an der Frankfurter Wertpapierbörse

Die Ermittlung des Börsenpreises erfolgt an der Frankfurter Wertpapierbörse im elektronischen Handel:

XETRA: ordergetriebenes elektronisches Handelssystem (Computerbörse) mit automatischer Zusammenführung von Orders (Matching/ automatischer Geschäftsabschluss; vollelektronischer Markt) und einem offenen Orderbuch im fortlaufenden Handel (Exchange Electronic Trading)	■ Marktteilnehmer stellt über den Bildschirm Geld- oder Briefkurse ■ offenes (Ausnahme: Auktionsphasen) und transparentes Orderbuch ■ Geschäftsabschluss am Bildschirm ■ Eurex Clearing AG nimmt die Rolle der Gegenpartei für Käufer und Verkäufer ein ■ automatische Weiterleitung der Geschäftsdaten in das Abwicklungszentrum
XETRA Frankfurt Spezialist: Die Orderausführung erfolgt ebenfalls automatisch	■ Spezialisten betreuen den Handel ■ Sie stellen ggf. Liquidität bereit und beziehen Referenzmärkte ein ■ In der Ordermaske erscheint als Börsenplatz Frankfurt
Eurex Deutschland: vollelektronische Börse für Optionen und Futures (Derivate)	■ Eingabe von Aufträgen oder Quotes (Geld- und Briefkurse) über Eingabestellen in das EDV-System der Eurex ■ automatische Zuordnung und Zusammenführung ■ fortlaufender Handel ■ Die Eurex Clearing AG als Clearing-Stelle wird Vertragspartner von Clearing-Mitgliedern

12.2.6 Aufsicht über den Wertpapierhandel

Aufgrund der allgemeinen wirtschaftlichen Bedeutung und der notwendigen Vertrauensfunktion für Anleger unterliegen Wertpapierbörsen strengen Aufsichtsregelungen. Neben der rechtlichen Aufsicht durch die zuständigen staatlichen Organe (Fachminister des jeweiligen Bundeslandes) und der börseninternen Aufsicht (Handelsüberwachungsstelle) hat die Bundesanstalt für Finanzdienstleistungsaufsicht (BaFin) eine besondere Aufsichtsfunktion. Sie soll Missständen entgegenwirken, „welche die ordnungsgemäße Durchführung des Handels mit Finanzinstrumenten oder von Wertpapierdienstleistungen oder Wertpapiernebendienstleistungen beeinträchtigen oder erhebliche Nachteile für den Finanzmarkt bewirken können“. Ihr obliegt auch die Überwachung der im WpHG enthaltenen Bestimmungen. Straf- und Bußgeldvorschriften unterstützen die Durchsetzung der Bestimmungen. § 6 WpHG

Übersicht Börsenaufsicht		
Gewährleistung der ordnungsgemäßen Durchführung des Wertpapierhandels	Bundesanstalt für Finanzdienstleistungsaufsicht	Eingreifen bei Missständen, die den Wertpapierhandel/Finanzmarkt beeinträchtigen
■ Überwachung aller Geschäfte in Wertpapieren und Derivaten (Stock Watch) ■ Ermittlung von Insiderdelikten ■ Überwachung der Ad-hoc-Publizität	**Aufsicht** Börslicher und außerbörslicher Handel	■ Überwachung der Publizität bei bedeutenden Stimmrechtsveränderungen ■ Überwachung der Wohlverhaltensregeln
Rechtsaufsicht über Einhaltung der börsenrechtlichen Bestimmungen	Börsenaufsichtsbehörden der Länder ↓ (Staatskommissar)	Eingreifen bei Verstößen gegen die börsenrechtlichen Bestimmungen
■ Missstandsbekämpfung an den Börsen ■ Ermittlungen bei Verstößen gegen Börsenregeln	**Aufsicht** Börslicher Handel	■ Zulassung und Überwachung der Kursmakler/Skontroführer ■ Aufsicht über die Handelsüberwachungsstellen
	Handelsüberwachungsstelle der Börse	
■ Überwachung der Preisfindung und der Handelsusancen ■ Engagementskontrolle bei Skontroführern	Aufsicht Börslicher Handel	■ Systematische Erfassung und Auswertung des Börsenhandels und der Geschäftsabwicklung

12.3 Handelssegmente an der Frankfurter Wertpapierbörse (FWB)

Emittenten haben an der FWB die Möglichkeit, zwischen verschiedenen Handelsplattformen als Zugang zum Kapitalmarkt zu wählen. Je nach Unternehmensgröße und Bedeutung wird man sich für eines dieser Segmente entscheiden.

Handelssegmente an der Frankfurter Wertpapierbörse

- Regulierter Markt
- Open Market (Freiverkehr)
- Exchange Traded Funds (XTF) Handel von Investmentanteilen ohne Ausgabeaufschlag

Mit der Wahl eines Handelssegments sind bestimmte Verpflichtungen hinsichtlich der Veröffentlichung von Informationen über das Unternehmen und andere kursrelevante Tatsachen verbunden. Es gelten spezielle Transparenzlevels.

Handelssegment	Transparenzlevel (Teilsegment)
Regulierter Markt	General Standard oder Prime Standard
Open Market (Freiverkehr)	Scale oder Quotation Board
Exchange Traded Funds (XTF)	–

12.3.1 Regulierter Markt

Der Regulierte Markt ist ein organisierter Markt. Die Zulassung ist vom Emittenten der Wertpapiere zusammen mit einem Kredit-/Finanzdienstleistungsinstitut oder einem anderen Unternehmen, das an einer inländischen Börse mit dem Recht auf Teilnahme am Handel zugelassen ist, zu beantragen. Das Institut oder Unternehmen muss ein haftendes Eigenkapital im Gegenwert von mindestens 730 000,00 € nachweisen. Ist der Emittent ein solches Institut, kann er den Antrag allein stellen. § 2 Abs. 11 WpHG § 32 Abs. 2 BörsG

Der Antrag ist vor der Aufnahme des Handels bei der Geschäftsführung der FWB zu stellen.

Die rechtlichen Grundlagen für die Zulassung sind im Einzelnen im Börsengesetz, in der Börsenzulassungsverordnung, im Wertpapierprospektgesetz sowie in der Börsenordnung geregelt.

Wesentliche Kriterien bei der Erstzulassung von Aktien:

- Bestehen des Emittenten als Unternehmen seit mindestens 3 Jahren §§ 2, 3, 9 BörsZulV
- Der voraussichtliche Kurswert der zuzulassenden Aktien oder – falls eine Schätzung nicht möglich ist – das Eigenkapital des Unternehmens beträgt mindestens 1,25 Mio. €
- Mindestanzahl der Aktien beträgt bei Stückaktien 10 000
- Streubesitzanteil von mindestens 25 Prozent
- Das Zulassungsdokument ist ein Börsenzulassungsprospekt mit den Angaben über die tatsächlichen und rechtlichen Verhältnisse, die für die Beurteilung des Emittenten und des Wertpapiers wesentlich sind. Der Börsenzulassungsprospekt muss richtig und vollständig sein und muss u. a. die Bilanzen, Gewinn- und Verlustrechnungen der letzten drei Geschäftsjahre und den Anhang sowie den Lagebericht der letzten drei Geschäftsjahre enthalten § 48 BörsZulV
- Publikationssprache: Deutsch, für ausländische Emittenten auch Englisch
- Entscheidungsgremium ist die Geschäftsführung der FWB

Das Marktsegment „Regulierter Markt" ist in die Teilsegmente General Standard und Prime Standard, den sog. Transparenzlevels, gegliedert. Die Aufnahme in den General Standard erfolgt automatisch mit der Zulassung der Wertpapiere zum Regulierten Markt. Die Zulassung zum Prime Standard erfolgt auf Antrag des Emittenten nach Prüfung durch die Geschäftsführung der FWB. Die Teilsegmente unterscheiden sich durch besondere Publikationspflichten. Dadurch stehen für Anlageentscheidungen erweiterte Informationen des Unternehmens zur Verfügung.

Transparenzstandards des Regulierten Marktes (EU-reguliertes Segment)	
General Standard	**Prime Standard**
Teilsegment, das die gesetzlichen Mindestanforderungen des Regulierten Marktes erfüllt.	Teilsegment, das über den General Standard hinaus hohe internationale Transparenzanforderungen erfüllt.
Informationspflichten: ■ Veröffentlichung eines Jahres- und eines Halbjahresfinanzberichts. ■ Veröffentlichung von Ad-hoc-Mitteilungen, von Veränderung von Stimmrechtsanteilen (§ 21 WpHG), von Börsengeschäften bestimmter Manager (Insider-Trades) und von Insiderlisten ■ Anwendung internationaler Rechnungslegungsstandards (IFRS[1]/IAS oder US-GAAP[2]).	**Informationspflichten:** ■ Veröffentlichung eines Jahres-, Halbjahres- und Quartalsfinanzberichts in deutscher und englischer Sprache. ■ Anwendung internationaler Rechnungslegungsstandards (IFRS[1]/IAS oder US-GAAP[2]). ■ Veröffentlichung eines Unternehmenskalenders mit wichtigen Terminen. ■ Durchführung mindestens einer Analystenkonferenz pro Jahr. ■ Veröffentlichung von Ad-hoc-Mitteilungen auch in englischer Sprache.
Geeignet für Unternehmen, die nationale Investoren ansprechen wollen. Kostengünstigere Notierung als im Prime Standard.	
Deutsche Unternehmen gehen automatisch in den CDAX (vgl. Kapitel 12.7).	

12.3.2 Open Market (Freiverkehr)

Der Open Market der FWB ist ein nicht amtliches, privatrechtliches Segment. Wenn Wertpapiere nicht im Regulierten Markt zugelassen oder einbezogen sind, aber eine ordnungsgemäße Durchführung des Handels und der Geschäftsabwicklung gewährleistet erscheint, steht für sie dieses Segment zur Verfügung.

Der Open Market ist kein organisierter bzw. geregelter Markt im Sinne des Wertpapierhandelsgesetzes. Rechtliche Grundlage für die Einbeziehung von Wertpapieren in diesen Markt sind die Freiverkehrsrichtlinien der Deutschen Börse AG.

Im Freiverkehr der Deutschen Börse AG werden neben deutschen Aktien überwiegend ausländische Aktien, Renten deutscher und ausländischer Emittenten, Zertifikate und Optionsscheine gehandelt.

Das Börsensegment Open Market gliedert sich in die Teilsegmente Scale und Quotation Board mit unterschiedlichen Transparenzanforderungen.

Scale ist ein Börsensegment für Nebenwerte und soll kleinen und mittleren Unternehmen den Börsenzugang erleichtern, um ihnen so Finanzierungsmöglichkeiten durch Aktien- und Anleihe-Emissionen für ihr Wachstum und zum Ausbau der internationalen Wettbewerbsfähigkeit zu eröffnen. Zur Aufnahme in dieses Segment müssen Emittenten mindestens 2 Jahre bestehen, eine Mindestmarktkapitalisierung von 30 Mio. €, einen Streubesitz von 20 % (oder 1 Mio. Aktien) haben und drei der folgenden fünf Kriterien oder Kennzahlen erfüllen:

- Umsatz von mindestens 10 Mio. €,
- Jahresüberschuss von mindestens 0,00 €,

1 IFRS = „International Financial Reporting Standards“.

2 US-GAAP = US-amerikanische „Generally Accepted Accounting Principles“.

- bilanzielles Eigenkapital größer 0,00 €,
- Mitarbeiterzahl von mindestens 20 Personen,
- kumuliertes eingesammeltes Eigenkapital vor dem Börsengang von mindestens 5 Mio. €.

Im Vergleich zum „Regulierten Markt" bestehen geringere Transparenzpflichten. Eine Notierungsaufnahme wählen Unternehmen, die sich innerhalb des Open Market erkennbarer positionieren wollen. Die Deutsche Börse führt zur Erfassung der Wertentwicklung aller im Segment notierten Aktien den Scale All Share-Index.

Im **Quotation Board** werden alle Unternehmen einbezogen, deren Aktien bereits an einem anderen internationalen oder nationalen von der Deutschen Börse AG anerkannten börsenmäßigen Handelsplatz zugelassen oder einbezogen wurden und die die Einbeziehung in den Open Market beantragen. Ein sogenannter Spezialist übernimmt die Rolle des Antragstellers und verpflichtet sich somit, Kapitalmaßnahmen und andere relevante Informationen unverzüglich der Börse mitzuteilen. Anlagen in Aktien, die im Quotation Board notiert werden, sind mit einem höheren Risiko verbunden.

Transparenzstandards des Open Markets (Freiverkehr)	
Scale	**Quotation Board**
Informationspflichten: - Übermittlung des geprüften Jahres- und Halbjahresabschlusses samt Lageberichte und eines fortlaufend aktualisierten Unternehmenskalenders an die Deutsche Börse AG. - Veranstaltung für Analysten und Investoren (mindestens einmal jährlich). - Ad-hoc-Mitteilungen, Directors' Dealings, Insiderlisten und wesentliche Veränderungen in Bezug auf den Emittenten.	Auf der Internetseite des Unternehmens sind alle Umstände zu veröffentlichen, die für den Handel und die Beurteilung des Wertpapiers oder des Emittenten relevant sind.

Überwachung:
Aktien im Open Market werden im Hinblick auf Regeln zur Insidergesetzgebung und Marktmissbrauch von der BaFin beaufsichtigt. Die Überwachung der Preisfindung liegt bei der Handelsüberwachungsstelle (HüSt). Transparenzanforderungen an Unternehmen im Segment Scale werden von dem Antrag stellenden FWB-Handelsteilnehmer überwacht.

12.3.3 Börsenhandel von Investmentanteilen („Exchange Traded Funds XTF")

Unter dem Namen „Exchange Traded Funds XTF" bietet die Deutsche Börse AG am Handelsplatz XETRA ein Marktsegment für den Handel von Fondsanteilen zugelassener Kapitalverwaltungsgesellschaften an. Es handelt sich dabei um eine Handelsplattform, auf der sowohl aktiv gemanagte Fonds[1] als auch passiv geführte Indexfonds[2] (ETFs) ohne Ausgabeaufschlag fortlaufend gekauft und verkauft werden können. Anleger können hier schnell auf Marktveränderungen reagieren. Für ausreichende Liquidität sorgen Designated Sponsors (Market-Maker), die auf Anfrage verbindliche Kauf- und Verkaufsangebote (Geld- und Briefkurse) stellen.

1 Fonds, die die Zusammensetzung der von ihnen verwalteten Wertpapiere frei bestimmen.

2 Fonds, die einen Index nach- oder abbilden.

Marktsegmente des Effektenhandels

Börsenhandel im Regulierten Markt

- Zulassungsvoraussetzungen:
  - Unternehmen muss mindestens drei Jahre bestanden und Jahresabschlüsse offengelegt haben.
  - Voraussichtlicher Kurswert zuzulassender Aktien mindestens 1 250 000,00 €. Bei festverzinslichen Wertpapieren Gesamtnennbetrag mindestens 250 000,00 €. Bei Stückaktien Mindestanzahl der Aktien 10 000.
  - Ausreichende Streuung der zuzulassenden Aktien.
- Zulassung ist vom Emittenten zusammen mit einem Kredit-/Finanzdienstleistungsinstitut oder einem nach § 53 Abs. 1 Satz 1 oder § 53b Abs. 1 Satz 1 des Kreditwesengesetzes tätigen Unternehmen bei der Geschäftsführung der jeweiligen Wertpapierbörse zu beantragen.
- Dem Antrag auf Zulassung ist ein Börsenzulassungsprospekt beizufügen.
- Prospekthaftung durch Emittenten und antragstellendes Kredit-/Finanzdienstleistungsinstitut bzw. Unternehmen.

Prime Standard – hohe Transparenzanforderungen

- Veröffentlichung eines Jahres-, Halbjahres- und Quartalsfinanzberichts in deutscher und englischer Sprache.
- Anwendung internationaler Rechnungslegungsstandards (IFRS/IAS oder US-GAAP).
- Veröffentlichung eines Unternehmenskalenders mit wichtigen Terminen.
- Durchführung mindestens einer Analystenkonferenz pro Jahr.
- Veröffentlichung von Ad-hoc-Mitteilungen auch in englischer Sprache.

General Standard – gesetzliche Mindestanforderungen

- Veröffentlichung eines Jahres- und eines Halbjahresfinanzberichts.
- Mitteilungspflicht in Bezug auf die Veränderung des Stimmrechtsanteils (§ 21 WpHG).
- Anwendung internationaler Rechnungslegungsstandards (IFRS/IAS oder US-GAAP).
- Veröffentlichung der Ad-hoc-Mitteilungen auf Deutsch.

Open Market (Freiverkehr)

- Zulassungsvoraussetzungen:
  - Die Einbeziehung von Wertpapieren in den **Quotation Board** erfolgt auf Antrag eines Handelsteilnehmers, der zugleich Spezialist ist.
  - Die Einbeziehung von Wertpapieren in das Segment **Scale** erfolgt auf Antrag des Emittenten der Wertpapiere zusammen mit einem Kredit-/Finanzdienstleistungsinstitut. Sie setzt voraus, dass ein Wertpapierprospekt erstellt wurde. Der Emittent muss mindestens 2 Jahre als Unternehmen bestanden haben, über ein kumuliertes eingesammeltes Eigenkapital von mindestens 5 Mio. € verfügen. In Scale einzubeziehende Aktien müssen einen Mindeststreubesitz von 20 % aufweisen.

Scale

- Transparenzanforderungen: Über das Exchange Reporting System der Deutschen Börse sind zu übermitteln:
  - Geprüfter Jahresabschluss und Halbjahresabschluss einschließlich der Lageberichte.
  - Fortlaufende Aktualisierung des Unternehmenskalenders.
  - Notwendige Informationen für einen Research Report durch einen Provider der Deutschen Börse AG.
  - Kursbeeinflussende Unternehmensnachrichten (Ad-hoc-Mitteilungen, Directors' Dealings, Insiderlisten, Veränderungen in Bezug auf den Emittenten).

Quotation Board

- Transparenzanforderungen: Bekanntgabe aller Umstände, die für den Handel und die Beurteilung des Wertpapiers oder des Emittenten relevant sind.

Exchange Traded Funds (XTF)
Handel von Investmentfondsanteilen ohne Ausgabeaufschlag

- Zulassungsvoraussetzungen:
  - Im Marktsegment „Exchange Traded Funds" gehandelte Investmentfondsanteile müssen in Deutschland zum Vertrieb zugelassen sein.
  - Die Zulassung zum Regulierten Markt muss vorliegen.
  - Es muss der Nachweis erfolgen, dass mindestens ein Designated Sponsor im fortlaufenden Handel auf XETRA verpflichtet ist.
  - Vorlage eines Prospekts/Unternehmensberichts sowie der Jahres- und Halbjahresberichte in elektronischer Form.
  - Angaben über die der Fondsgesellschaft und dem Fondsvermögen zugrunde liegende Vertragsstruktur.

12.4 Ermittlung des Börsenpreises

Die Ermittlung der Börsenpreise (= Kurse) erfolgt an Wertpapierbörsen entweder im elektronischen Handel oder durch zur Feststellung des Börsenpreises zugelassene Skontroführer. Seit dem 20. Mai 2011 wurde der durch Skontroführer gestützte Parketthandel an der Frankfurter Wertpapierbörse eingestellt und der gesamte Handel auf das international etablierte Handelssystem XETRA übertragen. Parketthandel findet nur noch an Regionalbörsen statt.

Auf XETRA wird mit zwei unterschiedlichen Marktmodellen gehandelt:

- Das klassische XETRA mit dem bekannten Marktmodell des fortlaufenden Handels, bei dem die Preise voll elektronisch gestellt werden.
- „XETRA Frankfurt Specialist": Die individuelle Betreuung jeder Order erfolgt durch Spezialisten (ehemals Skontroführer). Zu ihren Hauptaufgaben zählen das Erstellen von indikativen Preisinformationen[1] und die Bereitstellung von zusätzlicher Liquidität auf XETRA. Pro Wertpapier gibt es nur einen Spezialisten.

12.4.1 Der Börsenpreis

Das Börsengesetz definiert Börsenpreise als „Preise, die während der Börsenzeit an einer Börse festgestellt werden". Dies gilt auch für Preise, die für Derivate an einer Börse festgestellt werden. Die Feststellung von Börsenpreisen für eine Wertpapiergattung erfolgt auf der Basis der vorliegenden Kauf- und Verkaufsaufträge. § 24 BörsG

Börsenpreise müssen ordnungsgemäß zustande kommen und der wirklichen Marktlage des Börsenhandels entsprechen:

- den Handelsteilnehmern müssen Angebote zugänglich und die Annahme der Angebote möglich sein,
- den Handelsteilnehmern müssen die Börsenpreise und die ihnen zugrunde liegenden Umsätze unverzüglich bekannt gemacht werden.

12.4.2 Stücknotierung – Prozentnotierung

Die Darstellung und Veröffentlichung der Börsenpreise oder Kurse erfolgt auf zwei Arten.

Börsenpreise/Kurse

Stückkurs	**Prozentkurs**
Preis für ein Stück des gehandelten Wertpapiers	Prozentsatz vom Nominalwert des gehandelten Wertpapiers
Beispiele:	**Beispiele:**
■ Aktien ■ Optionsscheine ■ Bezugsrechte	■ Anleihen ■ Genussscheine ■ Optionsanleihen

1 Indikative Preisinformationen sind unverbindliche Informationen des Spezialisten über den Geld- oder Briefkurs sowie das Volumen.

Unternehmensanleihen

Zins	Laufzeit	Zins-termin	11.01. 16.25 h	11.01. Rend.
1,5	3M 16/31	2.6.	86,78	3,3326
2	AB Inbev 18/35	23.1.	83,77	3,6958
2,25	Adidas 14/26	8.10.	99,50	2,3901
2,375	Airbus 20/40	9.6.	77,88	4,1896
2,121	Allianz 20/50	8.7.	82,41	3,0783
0,5	Apple 19/31	15.11.	81,07	2,9661
0,75	BASF SE 22/26	17.3.	93,46	2,9403
1,125	Bayer 20/30	6.1.	84,29	3,7218
4,5	Bilfinger 19/24	14.6.	99,53	4,8334
4	Coba 17/27	30.3.	98,00	4,5287
1,375	Colgate-Pal. 19/34	6.3.	84,37	3,0504
2,5	Continental 20/26	27.8.	97,22	3,3251
1,375	Covestro 20/30	12.6.	82,24	4,2137
1,5	Delivery Hero 20/28	15.1.	70,49	9,1416
2	Dt. Bahn 12/23	20.2.	99,84	3,5348
4	Dt. Bank 22/27	29.11.	99,98	4,0027
1,625	Dt. Börse 10/25	8.10.	99,50	1,8130
2,875	Dt. Post 12/24	11.12.	100,17	2,7784
2,25	Dt. Telekom 19/39	29.3.	82,28	3,7257
1,5	Dt. Wohnen 20/30	30.4.	79,07	4,9930
5,528	E.ON 08/23	21.2.	100,34	2,2507
1,375	Equinor 20/32	22.5.	84,75	3,2955
2,25	Evonik Ind. 22/27	25.9.	94,13	3,6293
0,25	EWE 21/28	8.6.	82,85	3,8251
5,875	Fraport 09/29	10.9.	138,00	0,1371
1	Fresenius 20/26	29.5.	91,60	3,6950
1,5	Heid.Cem. 16/25	7.2.	96,19	3,4389
2,5	ING Groep 18/30	15.11.	91,95	3,7010
1,65	Johns. & J. 16/35	20.5.	85,55	3,0734
3	JP Morgan 14/26	19.2.	98,66	3,4615
3,25	K+S 18/24	18.7.	98,78	4,0884
1,75	Lanxess 22/28	22.3.	89,01	4,1474
1,625	LEG Immob. 19/34	28.11.	73,13	4,6143
0,55	Linde 20/32	19.5.	79,30	3,1400
0,25	Lufthansa 19/24	6.9.	96,31	2,5669
0,375	LVMH 20/31	11.2.	82,03	2,9020
1,875	Mercedes-B. 14/24	8.7.	98,35	3,0252
2,5	Merck & Co. 14/34	15.10.	93,52	3,1682
2,625	Microsoft 13/33	2.5.	97,00	2,9664
0,75	Nestlé 15/23	16.5.	99,57	2,0534
0	NRW.Bank 20/30	18.2.	82,12	2,8139
3	ÖBB-Infr. 13/33	24.10.	100,96	2,8942
1,875	Sanofi 18/38	21.3.	85,41	3,0933
1	SAP SE 15/25	1.4.	97,77	2,0421
1,875	Schaeffler 19/24	26.3.	97,80	3,7842
2,375	Stellantis 16/23	14.4.	99,79	3,2257
3,125	Talanx 13/23	13.2.	100,03	2,7274
1,528	Telefonica 17/25	17.1.	96,79	3,2015
2,875	Vier Gas 13/25	12.6.	98,02	3,7435
1,125	Vonovia 19/34	14.9.	68,00	4,7621
1	Würth 18/25	26.5.	95,78	2,8701

Quelle: Frankfurter Allgemeine Zeitung, 12.01.2023.

DAX	Dividende	09.01.	± z.Vortag in %	52W Hoch/Tief	
Adidas NA	3,30	141,66	+0,70	259,95	93,40
Airbus	1,50	117,52	+0,82	120,34	86,53
Allianz vNA	10,80	213,65	+0,87	232,50	156,22
BASF NA	3,40	52,84	+0,06	69,15	37,90
Bayer NA	2,00	51,86	+2,59	67,99	46,70
Beiersdorf	0,70	109,20	+0,83	109,25	79,00
BMW St.	5,80	89,98	+0,50	100,42	67,58
Brenntag NA	1,45	65,92	+0,89	79,70	53,58
Continental	2,20	64,34	+1,29	97,54	44,31
Covestro	3,40	42,85	+1,13	56,96	27,69
Daimler Truck		30,55	+1,01	35,76	20,29
Dt. Bank NA	0,20	11,71	+1,02	14,64	7,25
Dt. Börse NA	3,20	159,95	+1,78	180,00	135,80
Dt. Post NA	1,80	37,85	+2,34	55,47	29,68
Dt. Telekom	0,64	19,86	+0,38	19,86	14,47
E.ON NA	0,49	9,79	−0,89	12,54	7,28
Fres. M.C.St.	1,35	32,17	−1,62	63,66	25,95
Fresenius	0,92	28,30	−1,15	38,11	19,69
Hann. Rück NA	5,75	189,10	−0,45	193,20	131,35
Heidelb.Cem.	2,40	59,48	+1,88	68,08	38,73
Henkel Vz.	1,85	65,50	+0,40	83,40	56,56
Infineon NA	0,27	31,18	+2,36	40,53	20,68
Linde PLC	4,68[4x]	301,20	+1,64	334,70	244,00
Mercedes-Benz	5,00	67,32	+1,29	77,90	50,19
Merck	1,85	193,05	+3,15	203,90	153,10
MTU Aero	2,10	217,20	+0,18	221,10	149,20
Münch. R. vNA	11,00	324,30	−0,06	327,40	205,15
Porsche AG Vz.		99,85	+4,28	112,15	81,00
Porsche Vz.	2,56	55,94	+1,89	97,66	49,79
Qiagen		46,61	−0,62	49,37	37,95
RWE St.	0,90	39,07	−0,18	43,97	32,52
SAP	2,45	104,56	+2,17	123,60	79,58
Sartorius Vz.	1,26	384,10	+5,84	516,20	293,30
Siem.Energy	0,10	18,18	−0,82	23,10	10,25
Siem.Health.	0,85	47,97	+1,89	62,62	40,32
Siemens NA	4,00	138,34	+1,62	153,34	93,67
Symrise	1,02	106,15	+1,43	123,10	91,94
Vonovia NA	1,66	25,36	+3,64	51,30	18,59
VW Vz.	26,62	128,02	−0,11	195,14	112,84
Zalando		40,20	+2,24	71,90	19,18

Quelle: Westdeutsche Allg. Zeitung, 10.01.2023.

12.4.3 Verfahren der Ermittlung des Börsenpreises

Börsenpreise werden durch Auktionen oder im fortlaufenden Handel ermittelt.

Auktion. In der Auktion werden alle zu einem bestimmten Zeitpunkt für ein Wertpapier vorliegenden Kauf- und Verkaufsaufträge berücksichtigt. Die Feststellung des Börsenpreises beginnt mit einer *Aufrufphase.* In dieser Phase können die Marktteilnehmer ihre Aufträge an einen Skontroführer erteilen oder in ein elektronisches Handelssystem eingeben. In der folgenden *Preisermittlungsphase* wird auf der Basis der aktuellen Auftragslage der Auktionspreis nach dem Meistausführungsprinzip ermittelt.

Bei der Ermittlung des Börsenpreises nach dem **Meistausführungsprinzip** sollen durch den Skontroführer oder durch das elektronische Handelssystem folgende Vorgaben berücksichtigt werden:

- Zum Kurs muss der größtmögliche Umsatz zustande kommen.
- Zum Kurs müssen alle „billigst" und „bestens"-Aufträge (nicht limitierte Aufträge) ausgeführt werden.
- Alle mit Ankaufslimit über dem notierten Kurs erteilten Aufträge müssen ausgeführt werden.
- Alle mit Verkaufslimit unter dem notierten Kurs erteilten Aufträge müssen ausgeführt werden.
- Zum Kurs limitierte Kauf- und Verkaufsaufträge müssen wenigstens teilweise ausgeführt werden.

Phasen der Auktion vgl. Kapitel 12.4.4.

Fortlaufender Handel. Im fortlaufenden Handel werden für alle anfallenden Geschäfte von Fall zu Fall (fortlaufend) zwischen den einzelnen Marktteilnehmern Preise vereinbart, sodass es hier während der Börsenzeit zu einer Vielzahl verschiedener Preisnotierungen kommen kann (vgl. Kapitel 12.4.4).

12.4.4 Handel und Preisermittlung im elektronischen Handelssystem XETRA

LS 7
Situation 2 u. 3

XETRA (Exchange Electronic Trading) ist ein elektronisches Handelssystem der Deutsche Börse AG für den Kassahandel mit automatischer Zusammenführung von ausführbaren Orders (Matching/automatischer Geschäftsabschluss) und mit einem offenen Orderbuch im fortlaufenden Handel.

Marktteilnehmer kann sein, wer die Voraussetzungen für die Teilnahme am Börsenhandel der Frankfurter Wertpapierbörse (FWB) erfüllt oder an einer anderen deutschen Wertpapierbörse zugelassen ist.

Gehandelt wird am Bildschirm durch Eingabe der Orders, die dann von einem Zentralrechner zusammengeführt werden („Matching"). Die Vertragspartner erhalten sofort eine Ausführungsanzeige am Bildschirm. Alle an der FWB notierten Aktien, Bezugsrechte, Optionsscheine, Aktienanleihen, Bundesanleihen, Jumbopfandbriefe und Investmentanteile, die im Marktsegment Exchange Traded Funds (XTF) notiert werden, sind elektronisch handelbar. Auch kleinere Orders können in dem System gehandelt werden, sodass auch Kleinanleger die Vorteile dieses Systems nutzen können.

Merkmale von XETRA	
Zentrales Orderbuch	Alle Kauf- und Verkaufsaufträge werden in einem elektronischen Orderbuch zusammengeführt. Es zeigt, zu welchen Preisen und zu welchen Mengen jeder gehandelte Wert angeboten und nachgefragt wird.
Transparenz	Alle Marktteilnehmer haben unabhängig von ihrem Standort am Terminal einen gleichberechtigten Zugang zum Handelssystem. Da auf dem Handelsbildschirm stets die aktuelle Orderlage dargestellt ist, besitzen alle Marktteilnehmer gleiche Marktchancen.
Liquidität	Durch die zentrale Zusammenführung von Kauf- und Verkaufsaufträgen ist der Umsatz in den einzelnen Wertpapieren und damit die Liquidität sehr hoch. Darüber hinaus wird durch Designated Sponsors, die auf Anfrage Geld- und Briefkurse („Quotes") in das Orderbuch einstellen, die Liquidität in den Nebenwerten weiter erhöht.
Schutz-mechanismen	Sowohl im fortlaufenden Handel als auch in Auktionen greifen Volatilitätsunterbrechungen (Aussetzung des Handels bei starken Kursänderungen) als Schutzmechanismen, um eine kontinuierliche Preisbildung sicherzustellen. Ein weiterer Schutzmechanismus setzt bei einem Market-Order-Überhang[1] ein, wobei es zu einer zeitlich begrenzten Verlängerung der Aufrufphase kommt. Dies erhöht die Ausführungswahrscheinlichkeit von Market Orders in Auktionen.
Niedrige Transaktionskosten	XETRA führt auf elektronischem Wege Aufträge automatisch zusammen. Durch die Automatisierung sinken die mit einer Order verbundenen Transaktionskosten.

1 **Market-Order:** unlimitierter Auftrag (vgl. Orderformen).

XETRA-Bildschirm

Der XETRA-Bildschirm zeigt alle notwendigen Informationen zum vollelektronischen Aktienhandel. Um eine Kauf- oder Verkaufsorder zu platzieren, wählt der Händler per Mausklick ein Wertpapier aus und überträgt es dadurch in seine Ordereingabe-Maske. Dann werden weitere Angaben ergänzt wie Wertpapiermenge und – eventuell – Limitierung und Gültigkeit. Im fortlaufenden Handel prüft XETRA jede Kauf- und Verkaufsorder auf ihre Ausführbarkeit. Liegt ein passendes Gegenangebot vor, wird das Geschäft unverzüglich ausgeführt, zeitgleich erhält der Teilnehmer eine Bestätigung. In Auktionen ermittelt XETRA für alle offenen Orders den Preis, der den größten Umsatz ermöglicht. Zusätzlich stellen Designated Sponsors (Banken, die einzelne Aktien betreuen) verbindliche Kauf- und Verkaufsangebote ins System. Dadurch steigen auch für Kleinanleger die Chancen, Orders jederzeit erfolgreich zu platzieren.

Handelsmodelle. Für den börslichen Handel sieht XETRA die Handelsmodelle der Auktion, der fortlaufenden Auktion und des fortlaufenden Handels mit untertägigen Auktionen vor.[1]

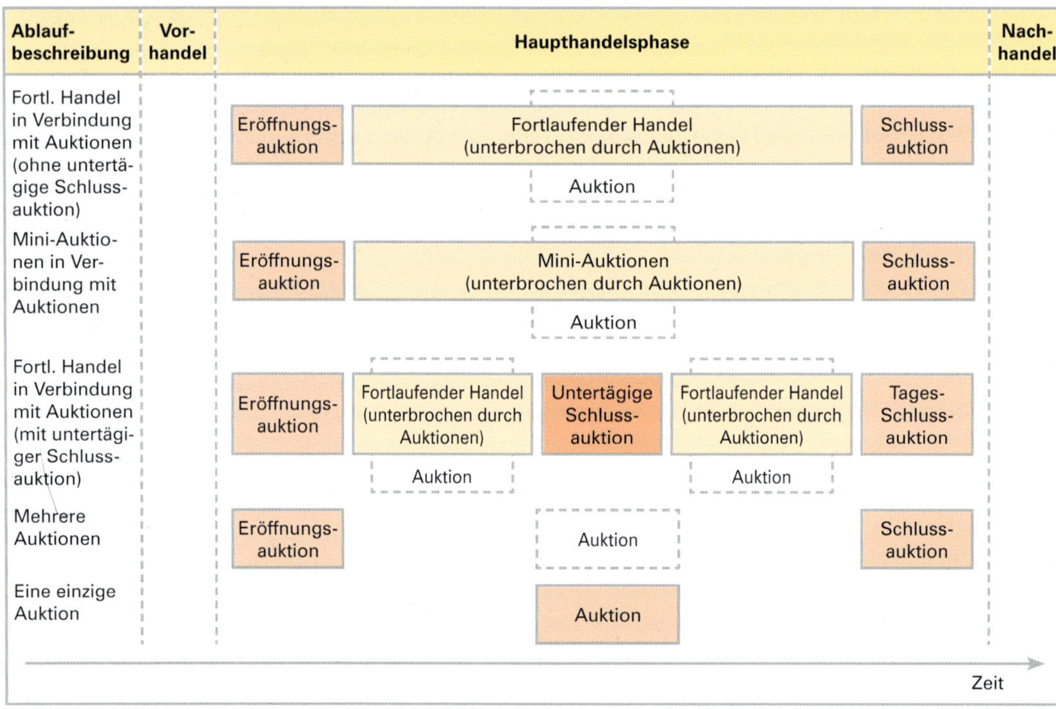

In Anlehnung an: Deutsche Börse AG, Marktmodell Aktien Xetra Release 16.0.

Phasen der Auktion. Eine Auktion besteht aus der Aufrufphase, der Preisermittlungsphase und der Marktausgleichsphase. In der *Aufrufphase* können die Marktteilnehmer Kauf- und Verkaufsaufträge (Orders) eingeben, ändern oder löschen. Handelsbetreuer (Designated Sponsors) können für zusätzliche Liquidität durch limitierte Kauf- und Verkaufsaufträge (Quotes) sorgen. Das Orderbuch ist während der Aufrufphase teilweise geschlossen. Lediglich der beste (höchste) Preis, zu dem Nachfrage besteht (Geldkurs/best bid), und der beste (niedrigste) Preis, zu dem Angebot besteht (Briefkurs/best ask), werden ange-

1 Das Midpoint Order Matching bleibt hier unberücksichtigt. Anmerkungen dazu finden Sie am Ende dieses Kapitels.

zeigt, um eine Marktorientierung zu ermöglichen. Die Aufrufphase hat ein zufälliges Ende, um Preisbeeinflussungen zu vermeiden. An die Aufrufphase schließt sich die *Preisermittlungsphase* an. Auf Basis der mit Ende der Aufrufphase fixierten Orderbuchlage wird der Auktionspreis nach dem Meistausführungsprinzip (vgl. Kapitel 12.4.3) ermittelt. Dies ist der Preis, zu dem das höchste ausführbare Ordervolumen und der niedrigste Überhang je im Orderbuch vorhandenem Limit entsteht. Stehen sich nur Market-Orders gegenüber, werden diese zum Referenzpreis ausgeführt. Als Referenzpreis dient grundsätzlich der zuletzt in einem Wertpapier ermittelte Preis aus einer Auktion oder dem fortlaufenden Handel. Wenn ein Teil der ausführbaren Orders in der Preisermittlungsphase nicht ausgeführt werden konnte (Überhang der Käufe oder der Verkäufe), schließt sich die *Marktausgleichsphase* an. Der Überhang wird zunächst dem zuständigen Designated Sponsor und dann dem gesamten Markt zum Auktionspreis angeboten.

Fortlaufende Auktion mit Spezialisten/Market Makern. Der Handel von Wertpapieren in der fortlaufenden Auktion erfolgt im Spezialistenmodell oder im Market-Maker-Modell. Der Handel findet ganztägig in mehreren aufeinanderfolgenden Auktionen statt, in denen die Orders zusammengeführt werden. Im Handelsmodell „Fortlaufende Auktion mit Spezialist" übernimmt der Spezialist, der zum Handel an der Börse zugelassen ist, durch Eingabe von Quotes in das System die Rolle als Informations- und Liquiditätsanbieter. Der Spezialist ist zudem in der Lage, in ihm zugewiesenen Wertpapieren Orders für andere Handelsteilnehmer in das Orderbuch einzustellen, zu ändern und zu löschen.

Im Handelsmodell „Fortlaufende Auktion mit Market Maker" gibt es neben den Händlern den Market Maker, der zum Handel an der Börse zugelassen ist und durch Eingabe verbindlicher Quotes in das System als Liquiditätsanbieter fungiert.

Fortlaufender Handel (Continuous Trading). Der fortlaufende Handel mit untertägigen Auktionen beginnt mit einer Eröffnungsauktion, die wie oben beschrieben verläuft. Nach deren Abschluss wird der fortlaufende Handel aufgenommen, der durch eine oder mehrere untertägige Auktionen unterbrochen werden kann. Im Anschluss an den fortlaufenden Handel erfolgt am Ende eines Börsentages eine Schlussauktion.

Im fortlaufenden Handel mit untertägigen Auktionen ist das Orderbuch offen. Es werden die Limite und die je Limit vorhandenen Ordervolumina angezeigt. Jede neu eingestellte Order und jede Quote wird vom System sofort auf Ausführbarkeit geprüft. Ist keine Ausführung möglich, verbleibt der Auftrag im Orderbuch. Für die Ausführung gilt zunächst das Preis- und dann das Zeitprinzip. Das **Preisprinzip** besagt, dass als erstes nicht limitierte Aufträge, dann die Kaufaufträge mit dem höchsten Limit und die Verkaufsaufträge mit dem niedrigsten Limit ausgeführt werden. Nach dem **Zeitprinzip** wird bei einem gleichen Limit der Auftrag zuerst ausgeführt, der als erster in das System eingegeben worden war. Dies gilt auch für unlimitierte Orders. Bei größeren Orders ist eine Teilausführung möglich.

Auch im fortlaufenden Handel mit untertägigen Auktionen sorgen – wie im Handelsmodell der Auktion – Designated Sponsors für zusätzliche Liquidität durch Eingabe von limitierten Kauf- und Verkaufsaufträgen (Quotes) in das XETRA-Orderbuch.[1]

1 Seit Einführung des Spezialistenhandels gibt es keine Kurszusätze mehr.

<table>
<tr><th colspan="4">Fortlaufender Handel mit untertägigen Auktionen</th></tr>
<tr><td rowspan="2">Vorhandelsphase</td><td colspan="2" rowspan="2">Ordereingabe, -änderung und -löschung durch die Marktteilnehmer</td><td>Orderbuch</td></tr>
<tr><td>geschlossen</td></tr>
<tr><td rowspan="9">Haupthandelsphase</td><td colspan="2">Die Haupthandelsphase beginnt mit einer Eröffnungsauktion und endet mit einer Schlussauktion; dies ermöglicht eine bessere Orientierung des Marktes zu Beginn und zum Ende eines Handelstages.</td><td rowspan="5">teilweise geschlossen</td></tr>
<tr><td colspan="2">Eröffnungsauktion (ab 08:50 Uhr)</td></tr>
<tr><td>1. Aufruf</td><td>→ 2. Preisermittlung</td></tr>
<tr><td>Der Aufruf hat eine vorbestimmte Mindestdauer und endet zufallsbestimmt. Am Phasenende erfolgt aufgrund der fixierten Orderlage die →</td><td>Auktionspreis wird der Preis, zu dem das höchste ausführbare Ordervolumen und der niedrigste Überhang je im Orderbuch vorhandenem Limit bestehen. Alle nicht oder nur teilweise ausgeführten Orders werden grundsätzlich in den fortlaufenden Handel übernommen.</td></tr>
<tr><td colspan="2">Liegt ein in der Preisermittlungsphase berechneter Auktionspreis außerhalb des Preiskorridors, so wird der Aufruf einmal verlängert, um weitere Aufträge aufzunehmen (Volatilitätsunterbrechung).</td></tr>
<tr><td colspan="2">Fortlaufender Handel (9:00–17:30 Uhr)</td><td rowspan="2">offen
(Kauf- und Verkaufseite)</td></tr>
<tr><td colspan="2">Bei jeder neu eintreffenden Order wird sofort deren Ausführbarkeit gegen Orders im Orderbuch nach dem Prinzip der Preis-/Zeit-Priorität überprüft. Der Ausführungspreis wird grundsätzlich durch das jeweils höchste Kauf- oder niedrigste Verkaufslimit der Order im Orderbuch bestimmt. Nicht sofort ausführbare Orders werden in das Orderbuch aufgenommen.
Ergibt sich im fortlaufenden Handel ein potenzieller Preis, der außerhalb des Preiskorridors liegt, wird zur Unterstützung von Preiskontinuität eine Volatilitätsunterbrechung in Form einer Auktion eingeleitet.</td></tr>
<tr><td colspan="2">Schlussauktion (ab 17:30 Uhr)</td><td rowspan="2">teilweise geschlossen</td></tr>
<tr><td colspan="2">Zusammenführung aller zu einem Wertpapier vorliegenden Orders (→ aus fortlaufendem Handel übernommene Orders/zur Schlussauktion eingestellte Orders).
↓
Aufruf → Schlussauktionspreis</td></tr>
<tr><td>Nachhandelsphase</td><td colspan="2">Eingabe von Orders für den nächsten Tag, Orderänderungen und -löschungen</td><td>geschlossen</td></tr>
</table>

Orderformen.

<table>
<tr><th>Market-Order</th><th>Limit-Order</th></tr>
<tr><td>Unlimitierte Kauf- und Verkaufsorder, die zum nächsten erhältlichen Preis nach Eingabe in das Handelssystem ausgeführt wird.
Kaufaufträge werden „billigst“, Verkaufsaufträge „bestens“ ausgeführt.</td><td>Limitierte Order, die zum angegebenen Limit oder besser ausgeführt wird.
Das Limit von z. B. 48 darf bei einem Kauf nicht überschritten, bei einem Verkauf nicht unterschritten werden.</td></tr>
<tr><th colspan="2">Stop-Market-Order</th></tr>
<tr><td colspan="2">Kauf- oder Verkaufsorder, die nach Erreichen oder Über-/Unterschreiten eines bestimmten Preises als unlimitierte Order ins Orderbuch gestellt wird.
Stop-Loss-Order
Die Stop-Loss-Order ist eine Verkaufsorder, die automatisch ausgeführt wird, wenn ein vom Kunden bestimmter unterhalb der aktuellen Notierung liegende Kurs erreicht oder unterschritten wird.
Stop-Buy-Order
Die Stop-Buy-Order ist eine Kauforder, die ausgeführt wird, sobald ein vom Kunden bestimmter oberhalb des aktuellen Börsenpreises liegender Kurs erreicht oder überschritten wird.</td></tr>
<tr><th colspan="2">Stop-Limit-Order</th></tr>
<tr><td colspan="2">Kauf- oder Verkaufsorder, die nach Erreichen oder Über-/Unterschreiten eines bestimmten Preises als Limit-Order ins Orderbuch gestellt wird.
Stop-Loss 64 Limit 60
Bei Erreichen des Stop-Loss-Kurses von 64 wird eine limitierte Verkaufsorder erzeugt, die dann ausgeführt wird, wenn das Limit von 60 nicht unterschritten wird.
Stop-Buy 65 Limit 68
Bei Erreichen des Stop-Buy-Kurses von 65 wird eine limitierte Kauforder erzeugt. Diese kommt zur Ausführung, wenn das Limit von 68 nicht überschritten wird.</td></tr>
<tr><th colspan="2">Market-to-Limit-Order</th></tr>
<tr><td colspan="2">Unlimitierte Kauf- oder Verkaufsorder, die ausschließlich zum besten im Orderbuch befindlichen Limit ausgeführt wird und im Falle einer Teilausführung mit dem nicht ausgeführten Volumen mit einem Limit entsprechend dem Preis der erfolgten Teilausführung ins Orderbuch eingestellt wird.</td></tr>
<tr><th>Gültigkeit der Order</th><th>Ausführung der Order</th></tr>
<tr><td>■ Good-for-day: für den laufenden Handelstag, an dem die Aufgabe erfolgte
■ Good-till-date: bis zu einem bestimmten Datum
■ Good-till-cancelled: bis zur Rücknahme der Order, bis zur Ausführung oder Löschung nach 90 Tagen</td><td>■ Auction only: nur im Auktionshandel
■ Opening Auction only: nur in der Eröffnungsauktion
■ Closing Auction only: nur in der Schlussauktion
■ Fill-or-Kill: Kann die Order nicht sofort vollständig ausgeführt werden, verfällt die Order
■ Immediate-or-Cancel: Kann die Order nicht sofort vollständig oder teilweise ausgeführt werden, verfällt die Order</td></tr>
</table>

Offene Orderbücher ermöglichen dem Anleger eine Übersicht über Angebot und Nachfrage. Das unten beispielhaft aufgezeigte Orderbuch zeigt, dass beispielsweise ein Anleger bereit ist, 1900 Aktien zum Preis von 19,02 € zu kaufen. Weitere Investoren wollen 500 Stück zu 19,025 €, 6 240 Stück zu 19,03 € und so weiter kaufen. Diese Offerten stehen auf der Geld-Seite. Noch werden die Orders nicht bedient. Denn auf der Brief-Seite will ein Verkäufer mindestens 19,09 €. Dafür ist er bereit, 140 Aktien abzugeben.

Offenes Orderbuch: Mithilfe von Informationsdiensten haben Anleger die Möglichkeit, einen Blick in das XETRA-Orderbuch zu werfen. Es werden die jeweils zehn besten Geld- und Briefkurse samt Stückzahl angezeigt.

Quelle: Onvista

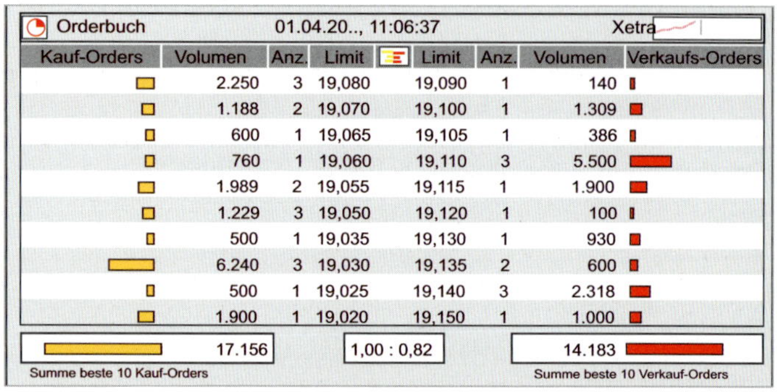

Kauf-Orders	Volumen	Anz.	Limit	Limit	Anz.	Volumen	Verkaufs-Orders
	2.250	3	19,080	19,090	1	140	
	1.188	2	19,070	19,100	1	1.309	
	600	1	19,065	19,105	1	386	
	760	1	19,060	19,110	3	5.500	
	1.989	2	19,055	19,115	1	1.900	
	1.229	3	19,050	19,120	1	100	
	500	1	19,035	19,130	1	930	
	6.240	3	19,030	19,135	2	600	
	500	1	19,025	19,140	3	2.318	
	1.900	1	19,020	19,150	1	1.000	

17.156 — Summe beste 10 Kauf-Orders; 1,00 : 0,82; 14.183 — Summe beste 10 Verkauf-Orders

Preisermittlung in der Auktion. Der Auktionspreis wird der Preis, zu dem das höchste ausführbare Ordervolumen und der niedrigste Überhang je im Orderbuch vorhandenem Limit besteht.

Bei der Eröffnungsauktion für Aktien der SOL AG stehen sich folgende Aufträge gegenüber:

Orders und Quotes während der Aufrufphase			
Kaufaufträge		**Verkaufsaufträge**	
Volumen (Stück)	Preis in €	Volumen (Stück)	Preis in €
500	billigst	700	bestens
300	Limit: 88,00	200	Limit: 89,00
200	Limit: 87,00	400	Limit: 88,00
500	Limit: 86,50	300	Limit: 87,00
100	Limit: 86,00	400	Limit: 86,50

Daraus ergibt sich folgende Orderlage:

Orderbuch am Ende der Aufrufphase				
Kauforder	**ausführbare Kaufaufträge (kumuliert)**	**Preis**	**ausführbare Verkaufsaufträge (kumuliert)**	**Verkaufsorder**
	500	89,00	2000	200
300	800	88,00	1800	400
200	1000	87,00	1400	300
500	1500	86,50	1100	400
100	1600	86,00	700	

Nach dem Meistausführungsprinzip ergibt sich für die Aktien der SOL AG ein Auktionspreis von 86,50 €. Bei diesem Preis verbleibt ein Nachfrageüberhang von 400 Aktien.

Folgende Aufträge werden ausgeführt:

- alle nicht limitierten Kauf- und Verkaufsaufträge,
- alle über 86,50 limitierten Kaufaufträge,

- alle zu 86,50 und darunter limitierten Verkaufsaufträge,
- 100 Stück der zu 86,50 € limitierten Kaufaufträge. Hier gilt das Zeitprinzip: Die zuerst eingestellten Orders haben Vorrang vor später erteilten Aufträgen.

Preisermittlung im fortlaufenden Handel. Während des fortlaufenden Handels stehen im Orderbuch der POSCO-Aktie folgende limitierte Orders:

Orderbuchkonstellation – vereinfachte Darstellung –			
Kaufseite		Verkaufsseite	
Bid Qty (Kaufvolumen)	Bid (Kauflimit)	Ask (Verkaufslimit)	Ask Qty (Verkaufsvolumen)
100	16,00	16,50	200
250	15,50	17,00	200
200	15,00	17,50	250
250	14,50	18,00	500
300	14,00		
100	13,50		
100	13,00		

Es geht eine Kauforder über 300 Stück POSCO-Aktien mit Limit 16,50 € ein.

Die Order wird nach den Kriterien Preis- und Zeitpriorität ausgeführt.

200 Aktien der POSCO AG werden sofort mit der auf der Verkaufsseite stehenden, auf 16,50 € limitierten Order gematcht (ausgeführt). Über diese Teilausführung der Order erhalten die Kontrahenten umgehend eine Ausführungs- und Geschäftsbestätigung. Die restlichen 100 Aktien der Order können bei der derzeitigen Orderlage nicht ausgeführt werden. Sie verbleiben im Orderbuch.

Neue Orderbuchkonstellation			
Kaufseite		Verkaufsseite	
Bid Qty (Kaufvolumen)	Bid (Kauflimit)	Ask (Verkaufslimit)	Ask Qty (Verkaufsvolumen)
100	16,50	17,00	200
100	16,00	17,50	250
250	15,50	18,00	500
200	15,00		
250	14,50		
300	14,00		
100	13,50		
100	13,00		

Wenn jetzt eine neue, nicht limitierte Verkaufsorder über 400 Stück Aktien erteilt wird, wirkt sich das wie folgt aus: Da auf der gegenüberliegenden Orderbuchseite nur Limitorders entgegenstehen, wird die Verkaufsorder zum höchsten Kauflimit bzw. zu den höchsten Kauflimits ausgeführt.

Es kommen folgende Teilausführungen zustande:

- Abschluss eines Geschäfts über 100 Aktien zu 16,50 €,
- Abschluss eines Geschäfts über 100 Aktien zu 16,00 €,
- Abschluss eines Geschäfts über 200 Aktien zu 15,50 €.

Über jede Teilausführung erhält der Verkäufer eine separate Abrechnung.

Weitere Ordertypen	
XETRA-Best-Execution	XETRA-Best-Execution ist die elektronische Handelsplattform für Aufträge von Privatanlegern. Wertpapieraufträge von Privatkunden einer am XETRA-System teilnehmenden Bank werden gegeneinander ausgeführt, ohne an die Börse zu gelangen. Der Best-Execution-Preis muss aber besser sein, als der Preis, der gleichzeitig im XETRA-Orderbuch entstanden wäre (sog. Price Improvement). Die Ausführung erfolgt „intern".
Iceberg Order	Die Iceberg Order ermöglicht Marktteilnehmern die Einstellung von Orders mit großem Volumen in das Orderbuch, ohne das Gesamtvolumen der Order preiszugeben.
Midpoint Order	Bei der Midpoint Order handelt es sich um einen Ordertyp, der Marktteilnehmern eine Ausführung zum Midpoint (Mittelkurs) der aktuell vorliegenden sichtbaren XETRA Geld-/Briefspanne ermöglicht.
Hidden Order	Hidden Orders ermöglichen Handelsteilnehmern das Einstellen von unsichtbaren Limit-Orders in das XETRA-Orderbuch. Hidden Orders sind von der Verpflichtung zur Vorhandelstransparenz gemäß der „Markets in Financial Instruments Directive" (MiFID) ausgenommen, da sie ein großes Volumen im Vergleich zum marktüblichen Geschäftsumfang aufweisen müssen.
Strike Match Order	Eine Strike Match Order ist eine Order mit zwei Limiten, die nur in der Schlussauktion im Handelsmodell „Fortlaufender Handel" eingesetzt werden kann. Das erste Limit entspricht dabei dem regulären Limit einer Limit-Order. Mit dem zweiten Limit wird der Mindestpreis für eine Kauforder oder der Höchstpreis für eine Verkaufsorder festgelegt. Die Strike Match Order ist für Handelsteilnehmer konzipiert, welche ihre Absicherungsgeschäfte auf XETRA effizienter ausführen möchten.

12.5 Kursbeeinflussende Faktoren

Kurse sind Preise, die der Markt dem Wert der Ware, hier dem des betreffenden Wertpapiers, beimisst. Die Kursfeststellung ergibt sich aus *Angebot* und *Nachfrage,* den eigentlichen Preis- oder Kursregulatoren. Erscheint ein Wertpapier „billig", setzt Nachfrage ein, der Kurs steigt. Hält man das Wertpapier dagegen für zu „teuer", wird das Angebot die Nachfrage übersteigen. Der Kurs sinkt.

Angebot und Nachfrage orientieren sich nicht ausschließlich an dem inneren Wert der Effekten. Die mannigfaltigen Einflüsse aus dem gesamtwirtschaftlichen Bereich, aus dem Wirtschaftsbereich der Branche oder des Unternehmens selbst und nicht zuletzt *einzel- oder massenpsychologische* Einflüsse wirken auf Angebot und Nachfrage und damit auf die Wertpapierkurse. Entwicklungen zeichnen sich meist frühzeitig ab, entsprechend frühzeitig reagiert die Börse. Sie zeigt also die Entwicklung an. Deshalb bezeichnet man die Börse gern als *„Barometer der Wirtschaft".*

Kursbeeinflussende Faktoren im Überblick (Auswahl)	
Einzelwirtschaftliche Einflüsse	**Markttechnische Einflüsse**
Positive oder negative Entwicklung des Unternehmens (Produktion, Auftragslage, Sortiment, Import/Export, Management usw.).	Kauf oder Abgabe (Aufnahme oder Glattstellung) durch Marktteilnehmer. Technische Reaktion durch Verkäufe (Gewinnmitnahmen) nach anhaltender Hausse oder Käufe in Spekulation auf steigende Kurse nach anhaltender Baisse.
Politische Einflüsse	**Gesamtwirtschaftliche Einflüsse**
■ Spannung oder Entspannung im internationalen politischen Bereich. ■ Ruhige oder unruhige innenpolitische Verhältnisse. ■ Gesellschafts- oder wirtschaftspolitische Ausgeglichenheit oder Unruhe.	■ Hochkonjunktur, Vollbeschäftigung, ■ Rezession, ■ Arbeitslosigkeit, ■ positive und negative Zukunftserwartungen.
Einflüsse des Geld- und Kapitalmarkts	**Anlegerentscheidungen**
Abschöpfung oder Verstärkung der Liquidität, Hoch- und Niedrigzinsphasen; sie stärken oder mindern Angebot und Nachfrage, führen zu Verschiebungen zwischen Aktienmarkt und Rentenmarkt. Zinssteigerungen bedeuten für festverzinsliche Wertpapiere Kursverfall, Zinssenkungen dagegen Kursgewinn.	Sie sind abhängig von z. B. Sicherheits- und Risikoeinschätzungen, unterschiedlicher Risikobereitschaft, Einkommens- und damit Liquiditätsverhältnissen, unterschiedlichen Ertrags- oder Wachstumserwartungen, individuellen Anlagewünschen u. dgl.
Unternehmensstrategien	
■ **Shareholder Value.** Die Shareholder-Value-Strategie (Aktien) ist ausschließlich darauf ausgerichtet, den Unternehmenswert zu steigern. Die Interessen von Aktionären (Shareholder) stehen im Vordergrund (marktgerechte Verzinsung des eingesetzten Kapitals). Die Aktivitäten der AG werden daran gemessen, welche langfristigen Gewinne sie erzielt. ■ **Stakeholder Value.** Die Stakeholder-Value-Strategie (Aktien) ist darauf ausgerichtet, insbesondere die Kunden des Unternehmens zufrieden zu stellen. Nur ein Unternehmen, das zufriedene Kunden hat, wird auch zufriedene Aktionäre haben.	

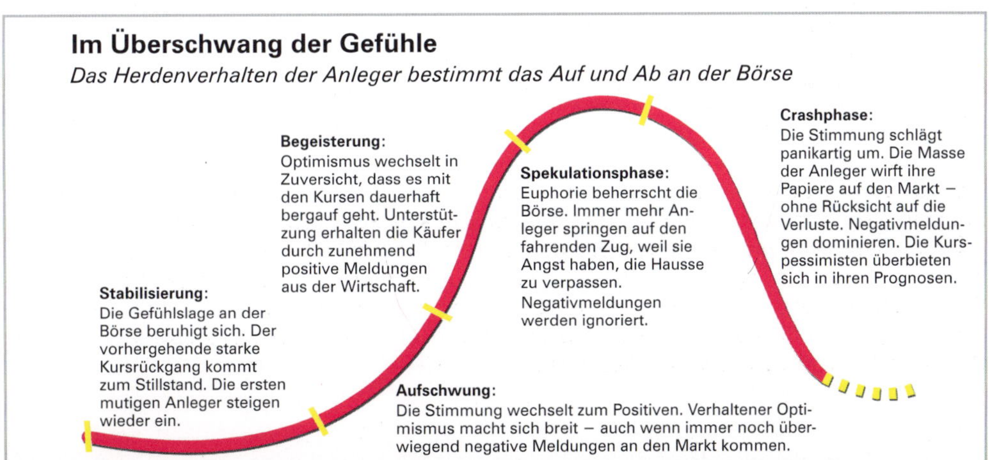

Quelle: Handelsblatt-Grafik

12.6 Veröffentlichung der Kurse und Börsenberichte

12.6.1 Informationssysteme an der Börse

Die Deutsche Börse AG, Market Data + Services, bietet Informationsprodukte an, die das Handelsgeschehen an der Börse transparent machen sollen.

Market Data + Services bietet Handelsinformationen aus zahlreichen verschiedenen Quellen. CEF® (**C**onsolidated-**E**xchange-**F**eed) – der Realtime-Daten-Feed, das zentrale Informationssystem der Deutschen Börse AG – bündelt Marktdaten wie Kurse, Indizes und Volumina zu Informationsprodukten und verteilt diese weltweit. Die Kunden erhalten schnellsten Zugang zu Echtzeit-Handelsdaten von Märkten wie Eurex und Xetra sowie Kooperationspartnern, darunter STOXX Ltd., European Energy Exchange, International Index Company (iBoxx) und Irish Stock Exchange.

Erhebung von Marktdaten	**Veredelung von Marktdaten**
Datengewinnung (z. B. Kurse, Umsätze) ↓ aus elektronischen Handels- und Abwicklungsplattformen der Deutsche Börse AG → Xetra, Eurex ↓ von Kooperationspartnern → STOXX AG, International Index Company Ltd.	Schaffung von Indexprodukten (z. B. DAX) Indexprodukte sind die Grundlage für Handelsentscheidungen und für die Ableitung von Indexderivaten

↓

Angebot von Informationsprodukten für

- Banken
- Händler
- Vermögensverwalter
- Fondsmanager
- internationale Informationsanbieter
- Medien
- private Investoren

Mit dem Wertpapier Service System (WSS) bietet die Deutsche Börse internationalen Marktteilnehmern einen umfassenden Informationsdienst. Geliefert werden Stamm-, Termin- und Kursdaten zu im In- und Ausland notierten Wertpapieren, die an deutschen Börsen gehandelt werden. Die Informationen werden einmal börsentäglich in weiterzuverarbeitender maschinenlesbarer Form geliefert.

12.6.2 Bekanntmachungen der Börse/Berichterstattung

Nach Börsenschluss werden alle Kurse der an der Frankfurter Wertpapierbörse gehandelten Wertpapiere im Internet als Kursblatt veröffentlicht. Ein amtliches Kursblatt in gedruckter Form ist nicht mehr verfügbar. Andere Börsenplätze haben sich der Vorgehensweise angeschlossen.

Rundfunk, Fernsehen und *Presse* berichten täglich über die Börse. Neben der Bekanntgabe der Kurse der wichtigsten und interessantesten Börsenwerte wird in der Regel ein Gesamtbild der Tagesbörse gegeben – ein *Tendenzbericht.*

Wirtschaftsblätter veröffentlichen umfangreichere Berichte. Die Kursveröffentlichungen gleichen denen der Mitteilungsblätter. Es werden eigene Feststellungen getroffen und Meinungen dargestellt. Diese beruhen häufig auf eigenen Analysen.

Zahlreiche Wertpapierdienste versuchen sich auf ihre Art in Analysen des Augenblickgeschehens und in Prognosen über die Fortentwicklung. Sie sind (unter Hinweis auf die Richtigkeit früherer Voraussagen) laufend mit eigenen Berichten und Anlageempfehlungen zur Stelle.

Berichterstattung der Kreditinstitute. Kreditinstitute unterrichten ihre Kunden über das Börsengeschehen durch Aushang oder über Monitore. Eigene Hausmitteilungen fassen die Ereignisse periodenmäßig zusammen und bringen darüber hinaus die Ergebnisse der Untersuchungen eigener Analyseabteilungen sowie darauf beruhende Prognosen dem Kundenkreis zur Kenntnis.

Börsenkurse (Echtzeitkurse) können auch über spezielle Telefondienste abgefragt werden. Das Datenwissen wird von Banken (Information-Banking) und speziellen Dienstleistern vermarktet. Videotext von „ntv" veröffentlicht Kurse im 15-Minuten-Rhythmus.

Aktienmarkt

XETRA

DAX

17.1.2023 / 17:01 h	Tages- Hoch	Tief	Verlauf	± % Vortag	± % 1 Jahr	52 Wochen Hoch	Tief	Umsatz Stück
Adidas NA [1]	152,28	147,70	**150,46**	+0,56	-40,45	259,95	93,40	282.620
Airbus [1,2]	116,80	114,80	**116,02**	+0,62	-0,67	120,34	86,53	317.258
Allianz vNA [1,2]	219,60	217,95	**218,45**	-0,25	-3,79	232,50	156,22	548.810
BASF NA [1,2]	53,38	52,72	**52,77**	-0,43	-22,56	69,15	37,90	1.444.457
Bayer NA [1,2]	57,69	56,78	**57,07**	-0,64	+8,05	67,99	46,70	1.337.230
Beiersdorf	111,60	109,85	**110,85**	+0,23	+22,98	111,60	79,00	96.409
BMW St. [1]	92,56	90,52	**91,95**	+0,12	-7,14	99,35	67,58	758.459
Brenntag NA	68,88	67,32	**68,34**	+1,64	-13,89	79,28	53,58	234.810
Continental	68,70	66,86	**67,98**	+0,35	-30,09	95,83	44,31	212.290
Covestro	41,69	40,98	**40,98**	-0,27	-25,63	55,38	27,69	657.297
Daimler Truck	29,67	28,96	**29,37**	-0,56	-17,14	34,83	20,29	1.085.340
Deutsche Bank NA	12,06	11,78	**11,90**	+0,83	-0,98	14,64	7,25	6.913.477
Deutsche Börse NA [1]	165,25	162,60	**163,75**	-0,27	+5,17	180,00	135,80	143.838
Deutsche Post NA [1,2]	40,12	38,99	**39,98**	+2,07	-26,25	55,21	29,68	1.867.562
Deutsche Telekom NA [1,2,3]	20,66	20,45	**20,63**	+0,27	+29,34	20,66	14,47	3.599.300
E.ON NA	9,90	9,75	**9,85**	-0,99	-19,59	12,54	7,28	3.016.760
Fresenius	28,78	28,24	**28,55**	0	-23,77	38,11	19,69	689.068
Fresenius Medical Care St.	34,21	33,30	**33,61**	-0,97	-44,59	63,66	25,95	344.732
Hannover Rück SE NA	184,75	181,35	**182,75**	+0,74	+4,01	193,20	131,35	74.247
HeidelbergCement	60,48	59,34	**59,42**	-0,67	-9,28	68,08	38,73	274.887
Henkel Vz.	67,58	65,54	**67,00**	+2,26	-16,25	79,86	56,56	315.809
Infineon NA [1,3]	32,58	31,75	**32,11**	+1,09	-18,85	38,73	20,68	2.275.180
Linde PLC [1,2]	310,10	305,30	**307,00**	+0,72	+6,84	334,70	244,00	508.707
Mercedes-Benz Group [1,2]	67,80	66,45	**67,15**	-0,01	-9,57	77,90	50,19	974.455
Merck	200,30	195,80	**196,95**	-1,5	+1,6	202,80	153,10	140.943
MTU Aero Engines NA	228,00	222,70	**226,30**	+1,66	+14,24	228,00	149,20	75.267
Münchener Rück vNA [1]	326,20	322,60	**323,10**	-0,03	+18,01	327,40	205,15	139.090
Porsche AG Vz.	105,90	102,60	**105,70**	+2,22	0	112,15	81,00	323.439
Porsche Vz.	55,98	54,86	**55,40**	+0,22	-37,29	97,66	49,79	513.404
Qiagen [3]	47,22	46,47	**46,72**	-0,79	+8,27	49,37	37,95	148.427
RWE St.	41,83	41,11	**41,44**	-0,58	+13,29	43,97	32,52	1.126.123
SAP [1,2,3]	108,28	106,18	**107,46**	+0,04	-12,29	123,16	79,58	914.753
Sartorius Vz. [3]	412,50	400,60	**410,50**	-1,06	-10,74	489,50	293,30	47.773
Siemens Energy	19,40	18,89	**19,39**	+0,28	-14,24	22,94	10,25	1.099.086
Siemens Healthineers [3]	50,16	49,21	**49,79**	-0,86	-16,4	62,12	40,32	240.201
Siemens NA [1,2]	145,26	141,76	**144,52**	+1,55	-1,01	149,26	93,67	751.341
Symrise Inh.	106,50	103,60	**106,00**	+1,15	-9,21	115,90	91,94	127.194
Volkswagen Vz. [1]	126,54	123,16	**124,90**	-0,65	-35,14	195,14	112,84	1.148.820
Vonovia NA [1]	28,72	27,20	**27,89**	-0,53	-41,84	51,30	18,59	2.171.708
Zalando	43,94	41,94	**42,82**	-3,52	-35,2	71,90	19,18	1.127.455

Quelle: Handelsblatt, 18. Januar 2023.

Rentenmarkt

Anleihen (Auszug)

Konventionelle Wertpapiere

Wertpapier	Fälligkeit	Kupon	Kurs am 22.05.2023	Rendite	ISIN
Schatz	12.06.2025	2,80 %	100,028	2,740 %	DE000BU22015
Bobl	13.04.2028	2,20 %	99,080	2,400 %	DE000BU25000
Bund10	15.02.2033	2,30 %	98,677	2,458%	DE000BU2Z007
Bund30	15.08.2053	1,80 %	83,420	2,598%	DE0001102614

Grüne Wertpapiere

Wertpapier	Fälligkeit	Kupon	Kurs am 22.05.2023	Rendite	ISIN
Bobl/g	15.10.2027	1,30 %	95,72	2,334 %	DE0001030740
Bund/g10	15.02.2033	2,30 %	98,98	2,419 %	DE000BU3Z005
Bund/g30	15.08.2050	0,00 %	50,67	–	DE0001030724

Inflationsindexierte Wertpapiere

Wertpapier	Fälligkeit	Kupon	Kurs am 22.05.2023	Rendite	ISIN
Bund/€i10	15.04.2033	0,10 %	99,80	0,136 %	DE0001030583
Bund/€i30	15.04.2046	0,10 %	101,099	0,122 %	DE0001030575

Quelle: In Anlehnung an: Deutsche Finanzagentur

Unternehmensanleihen

Unternehmen/ Laufzeit	Fälligkeit	Kupon	Kurs am 22.05.2023	Rendite	WKN
Adidas 22/29	22.11.2029	3,125 %	97,52	3,5569 %	A3OV3N
Allianz 20/50	08.07.2050	2,121 %	81,47	3,1466 %	A254TM
Linde 20/32	19.05.2032	0,550 %	76,90	3,6050 %	A28XE5
Sanofi 18/38	21.03.2038	1,875 %	82,52	3,3947 %	A19X5N
Vonovia 19/34	14.09.2034	1,125 %	61,38	5,9003 %	A2R7JE

Quelle: Kurse und Renditen über www.finanzen.net

Ausländische Staatsanleihen in Euro

Land/ Laufzeit	Fälligkeit	Kupon	Kurs am 22.05.2023	Rendite	WKN
Argentinien 20/29	09.07.2029	0,50 %	22,61	28,747 %	A282B6
Belgien 12/32	28.03.2032	4,00 %	107,10	3,072 %	A1G2KY
Irland 15/45	18.02.2045	2,00 %	78,60	3,409 %	A1ZVUJ
Spanien 07/40	30.07.2040	4,90 %	112,10	3,920 %	A0NXYY
Portugal 06/37	15.04.2037	4,10 %	105,74	3,569 %	A0GP0C
Luxemburg 13/28	19.03.2028	2,25 %	96,27	3,094 %	A1HHF1
Italien 18/28	01.12.2028	2,80 %	95,09	3,801 %	A19387
Polen 10/25	20.01.2025	5,25 %	102,60	3,600 %	A1ASBP

Quelle: Kurse und Renditen über www.finanzen.net

12.7 Wertpapierindizes

Index. Unter einem Index versteht man eine Kennziffer (Messzahl). Indizes dienen der Darstellung der allgemeinen Kurs- und Ertragsentwicklung. Man unterscheidet:

Kursindex (Preisindex)	Performanceindex
Reine Kursindizes spiegeln allein die Preisentwicklung eines konstant gehaltenen Wertpapierdepots wider. Die Menge der im Index enthaltenen Wertpapiere wird beibehalten. Ausschüttungen in Form von Dividenden oder laufenden Zinszahlungen bleiben unberücksichtigt.	Performanceindizes stellen die Wertentwicklung eines Portefeuilles dar, in das die laufenden Erträge (z.B. Dividendenzahlungen und Bezugsrechtserlöse) rechnerisch wieder in das jeweilige Wertpapier reinvestiert werden. Ausschüttungen erhöhen den Indexwert. **Beispiel:** DAX

Preisgewichteter Index	Marktgewichteter Index
Dieser Index berücksichtigt nur die Kurse der im Index vertretenen Wertpapiere. **Beispiel:** Dow Jones Index	Dieser Index berücksichtigt das „Marktgewicht" eines Wertpapiers und gibt einem regelmäßig stärker vertretenen Wertpapier einen größeren Anteil am Index. **Beispiel:** DAX

Indizes werden von der Wirtschaftspresse, von Banken, von Spezialunternehmen und auch vom Statistischen Bundesamt ermittelt. Sie stellen Hilfen für die Einschätzung von Wertpapiermärkten dar und können insbesondere für die technische Analyse genutzt werden. Für die Beurteilung von Teilmärkten stehen Subindizes bzw. Branchenindizes zur Verfügung. Der Anleger kann die Indizes als Vergleichsmaßstab heranziehen, wenn er die Entwicklung des eigenen Portefeuilles (Depots) oder eines Investmentfonds bewerten will.

Die wichtigsten Aktienindizes der Deutschen Börse sind:

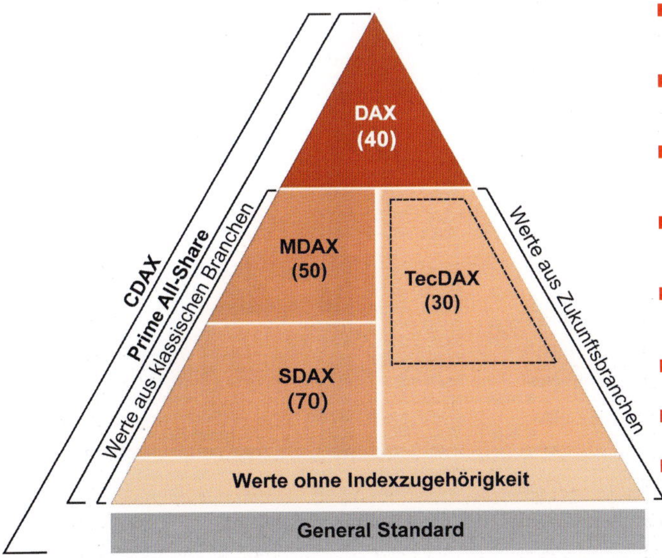

Quelle: Deutsche Börse

- **DAX:** die 40 größten Unternehmen des deutschen Aktienmarktes aller Branchen
- **MDAX:** die auf den DAX folgenden 50 größten deutschen Werte aus traditionellen Branchen
- **SDAX:** die auf den MDAX folgenden 70 größten deutschen Werte aus traditionellen Branchen
- **TecDAX:** die auf den DAX folgenden 30 größten deutschen Technologiewerte
- **CDAX:** Segmentübergreifend alle deutschen Werte (Prime Standard + General Standard)
- **Prime All-Share:** alle Aktien im Prime Standard
- **HDAX:** alle Aktien aus DAX, MDAX und TecDAX
- **DAX 50 ESG:** (Grüner DAX) bildet die Wertentwicklung der 50 größten deutschen Unternehmen ab, die im regulierten Markt notiert sind und über gute ESG-Werte verfügen (Environmental/Umwelt, Social/Soziales, Governance/Unternehmensführung)

Der Deutsche Aktienindex wird während der XETRA-Handelszeiten zwischen 9:00 Uhr und 17:30 Uhr börsentäglich berechnet. Um Anlegern einen Indikator für die Marktentwicklung außerhalb der XETRA-Handelszeiten zu geben, berechnet die Deutsche Börse AG zwischen 8:00 Uhr und 9:00 Uhr und zwischen 17:30 Uhr und 20:00 Uhr im Minutentakt basierend auf Preisen des XETRA Frankfurt Spezialistenmodells zusätzliche Late/Early-Indizes **(L/E-DAX, L/E-MDAX, L/E-SDAX und L/E-Tec-DAX).**

Quelle: www.finanzen.net/index/dax

Über Veränderungen in den Indizes entscheidet in regelmäßigen Abständen der Vorstand der Deutschen Börse AG. Grundlage der Entscheidungen sind z. B. Veränderungen in der Marktkapitalisierung der Gesellschaft, der Nachweis von Profitabilität, ein Mindest-Börsenumsatz, die Vorlage von Finanzberichten, das Vorhandensein eines Prüfungsausschusses im Aufsichtsrat oder Verlust der Eigenständigkeit durch Fusion.

Ausländische Aktienindizes stehen dem Anleger ebenfalls zur Verfügung.

Beispiele:

EURO STOXX 50	die 50 wichtigsten und höchst kapitalisierten Unternehmen des Euro-Währungsgebiets werden erfasst
STOXX Europe 50	ist ein Aktienindex, der sich aus 50 großen, bösennotierten, europäischen Unternehmen zusammensetzt. Er gilt als eines der führenden Börsenbarometer Europas.
Dow Jones (USA)	im Dow Jones Industrial Average sind 30 Großunternehmen der amerikanischen Börse vertreten
S & P 500	bildet branchenübergreifend die 500 größten amerikanischen Unternehmen ab
NASDAQ 100	enthält die 100 wichtigsten Technologie- und Wachstumswerte
CAC 40 (Paris)	der Cotation Assistée en Continu 40 Index setzt sich aus den 40 umsatzstärksten Aktien der Pariser Börse zusammen
Nikkei 225 (Tokio)	erfasst 225 an der Börse Tokio gehandelte Aktien; Berechnung durch die Finanzzeitung **Ni**hon **Kei**zai

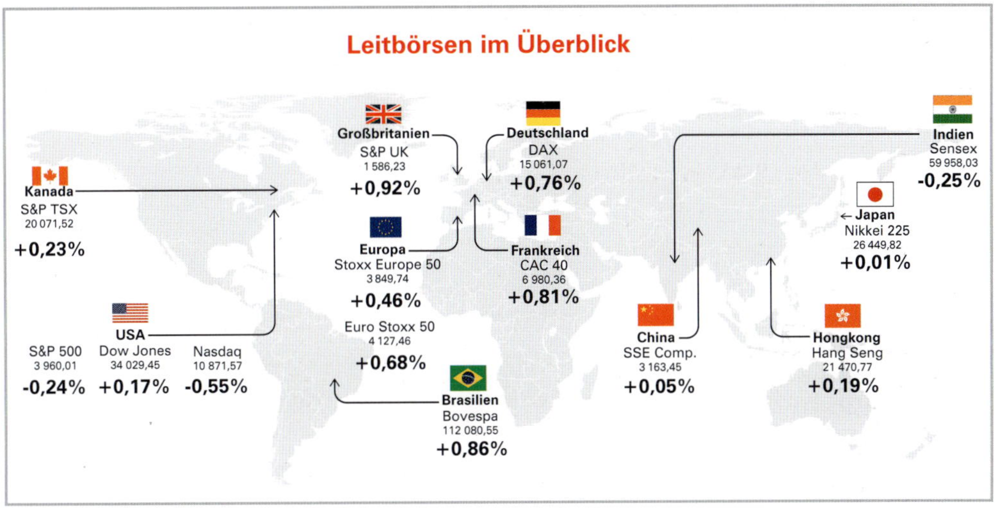

Quelle: Handelsblatt, 12. Januar 2023

Nachhaltigkeitsindizes – wie z. B. der Dow Jones Sustainability Index, veröffentlicht von der Schweizer Investmentfirma Sustainable Asset Management (SAM) –, bilden die Aktienkursentwicklung von Konzernen ab, die sich der Einhaltung von Sozial- und Umweltstandards verpflichtet fühlen.

Rentenindizes für verschiedene verzinsliche Wertpapiere (Euro-Staatsanleihen, Bundesanleihen, Pfandbriefe [Jumbo], Unternehmensanleihen, Emerging Markets Anleihen) werden veröffentlicht.

Der **REX** ist ein Kursindex und beinhaltet Anleihen, Obligationen und Schatzanweisungen mit fester Verzinsung und einer Restlaufzeit zwischen 1 und 10 Jahren (Markt der Staatspapiere). Er ist ein gewogener Durchschnitt aus den Kursen von 30 fiktiven Anleihen.

Der **REX-Performance-Index (REXP)** gibt die Wertentwicklung des REX-Portfolios an, in das die Kuponzahlungen unter Beibehaltung der Portfoliostruktur reinvestiert werden.

Kompetenztraining: Effektenbörse und Effektenhandel

1 Erläutern Sie den Begriff Börse.

---

2 Welche Kriterien der Kursfeststellung sollen bei der Ermittlung des Börsenpreises nach dem Meistausführungsprinzip beachtet werden?

a) Alle über den Börsenpreis limitierten Verkaufsaufträge müssen ausgeführt werden.

b) Zum Börsenpreis limitierte Kauf- und Verkaufsaufträge müssen vollständig ausgeführt werden.

c) Zum Börsenpreis limitierte Kauf- und Verkaufsaufträge müssen wenigstens teilweise ausgeführt werden.

d) Zum Börsenpreis muss der größtmögliche Umsatz zustande kommen.

e) Alle unter dem Börsenpreis limitierten Kaufaufträge müssen ausgeführt werden.

f) Alle nicht limitierten Aufträge (Bestens- und Billigstaufträge) müssen zum Börsenpreis ausgeführt werden.

---

3 In der Aufrufphase einer Auktion in Aktien gehen die folgenden Aufträge ein:

Käufe:	**Verkäufe:**
80 Stück billigst	120 Stück bestens
100 Stück 443,00	80 Stück 442,00
160 Stück 444,00	100 Stück 443,00

Welcher Auktionspreis ergibt sich in der Preisermittlungsphase?

---

4 Xetra ist das elektronische Handelssystem der Deutschen Börse AG. Welche Aussagen zum Xetra-Handelssystem sind richtig?

a) Xetra sieht grundsätzlich die Handelsformen Auktion und fortlaufender Handel (Continuous Trading) vor.

b) In der Auktion, die einmal oder mehrmals täglich stattfinden kann, wird auf Basis der mit Ende der Aufrufphase fixierten Orderbuchlage ein Auktionspreis nach dem Meistausführungsprinzip ermittelt.

c) Für die Ausführung im laufenden Handel gilt das Zeit- und dann das Preisprinzip: Zunächst haben die Aufträge Vorrang, die als erste in das System eingegeben wurden. Für den Fall der zeitgleichen Erfassung der Aufträge hat bei Kaufaufträgen das höhere Limit und bei Verkaufsaufträgen das niedrige Limit Vorrang.

d) Eine Teilausführung der Aufträge ist im Xetra-System nicht möglich.

e) Das Orderbuch ist zur Sicherung der Anonymität der Handelsteilnehmer sowohl bei einer Auktion als auch im fortlaufenden Handel geschlossen.

f) Im fortlaufenden Handel nicht ausgeführte Aufträge nehmen automatisch an der nächstfolgenden Auktion teil.

---

5 a) Erklären Sie die Aktienmarktsegmentierung „Prime Standard" und „General Standard" und unterscheiden Sie die einzelnen Aktienindizes.

b) Worüber gibt ein Aktienindex Aufschluss?

Situation: In der Auktion Preise ermitteln und Order ausführen

Das Orderbuch der Selke Tankschutz AG weist folgende aktuelle Orderlage aus:

Orderbuch Selke Tankschutz AG

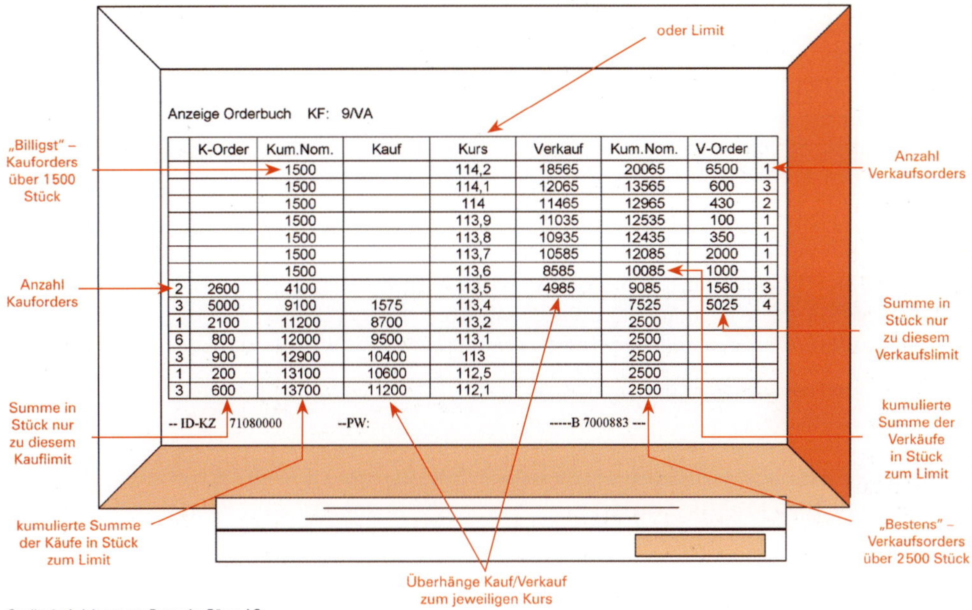

Anzeige Orderbuch KF: 9/VA

	K-Order	Kum.Nom.	Kauf	Kurs	Verkauf	Kum.Nom.	V-Order	
		1500		114,2	18565	20065	6500	1
		1500		114,1	12065	13565	600	3
		1500		114	11465	12965	430	2
		1500		113,9	11035	12535	100	1
		1500		113,8	10935	12435	350	1
		1500		113,7	10585	12085	2000	1
		1500		113,6	8585	10085	1000	1
2	2600	4100		113,5	4985	9085	1560	3
3	5000	9100	1575	113,4		7525	5025	4
1	2100	11200	8700	113,2		2500		
6	800	12000	9500	113,1		2500		
3	900	12900	10400	113		2500		
1	200	13100	10600	112,5		2500		
3	600	13700	11200	112,1		2500		

-- ID-KZ 71080000 --PW: -----B 7000883 ---

Quelle: In Anlehnung an Deutsche Börse AG

AUFGABEN:

1 Welcher Auktionspreis wird ermittelt, wenn bei dieser Orderlage der Annahmeschluss verfügt wird?

2 Nach welchen Regeln erfolgt die Preisermittlung?

13 Effektengeschäfte (Kauf und Verkauf)

Einstieg

Sie haben mit der Kundin Dunja Koskmaz ein Beratungsgespräch geführt, sie über die Risiken und Chancen der verschiedenen Finanzprodukte aufgeklärt und dabei die persönlichen und wirtschaftlichen Verhältnisse der Kundin berücksichtigt. Die Kundin erteilt Ihnen nun einen Wertpapierkaufauftrag. Sie wünscht aber noch genauere Informationen über die Auftragserteilung und die Auftragsausführung.

Informieren Sie die Kundin über die notwendigen Bestandteile des Auftrags, über die Möglichkeiten einer (Preis-)Limitierung und über die Gültigkeitsdauer ihres Auftrags. Beschreiben Sie ihr auch die Rechtsstellung der Kreditinstitute bei der Auftragsausführung.

LS 8
Situation 1 u. 2

13.1 Kundengeschäfte

Geschäftsarten bei Wertpapierkundengeschäften. Kreditinstitute führen Kundenaufträge zum Kauf oder Verkauf von Wertpapieren aus als

- Kommissionsgeschäfte oder
- Festpreisgeschäfte.

13.1.1 Kommissionsgeschäfte

§ 383 HGB Kommissionär ist, wer es gewerbsmäßig übernimmt, Waren oder Wertpapiere für Rechnung eines anderen (des Kommittenten) im eigenen Namen zu kaufen oder zu verkaufen.

§ 384 HGB Im Effektenkommissionsgeschäft wird die Bank als Kommissionär tätig. Sie schließt für Rechnung des jeweiligen Kunden mit einem anderen Marktteilnehmer oder mit einer zentralen Gegenpartei[1] ein Kauf- oder Verkaufsgeschäft (Ausführungsgeschäft) ab. Der Kommissionär ist verpflichtet, mit der Sorgfalt eines ordentlichen Kaufmanns zu handeln. Er hat von der Ausführung unverzüglich Nachricht zu geben, Rechenschaft über das Geschäft abzulegen und die Wertpapiere zu liefern bzw. den Gegenwert gutzuschreiben. Der Kommissionär haftet dem Kommittenten für die Erfüllung des Geschäfts, wenn er ihm nicht denjenigen Dritten nennt, mit dem er das Geschäft abgeschlossen hat.

§ 385 HGB
§ 386 HGB
Handelt der Kommissionär nicht den Weisungen seines Auftraggebers entsprechend, haftet er diesem für den Schaden, der entsteht. Der Kommissionär darf z. B. die vorgeschriebenen Preisgrenzen beim Kauf nicht nach oben überschreiten.

Die ordnungsgemäße Rechenschaftspflicht gem. § 384 Abs. 2 HGB (→ unverzügliche Anzeige von der Ausführung der Kommission/Rechenschaft über das Geschäft) erfüllt das Kreditinstitut durch Übermittlung aller für den Kunden wichtigen Informationen: Kurs, Ausführungsart (Präsenzhandel/elektronischer Handel), Ausführungsort u. a. Das geschieht in der Regel durch die Effektenabrechnung. Kundenaufträge werden durch eine Kennnummer erfasst. Diese ermöglicht es, Kundenaufträge von der Order bis zur Schlussnotenerstellung nachvollziehbar zu machen. Grundsätzlich wäre es so auch möglich, die Benennung des Vertragspartners gem. § 384 Abs. 3 HGB vorzunehmen. In der Regel ist der Vertragspartner ein zum Börsenhandel zugelassenes Kreditinstitut. Die Sonderbedingungen für Wertpapiergeschäfte sehen keine Benennung des Kontraktpartners vor. Kredit-

1 Vgl. Kapitel 13.3.4

institute werden aber ausnahmsweise den Kontraktpartner benennen, wenn ein Kunde – unter Berufung auf § 384 Abs. 3 HGB – es wünscht.

Das Kreditinstitut haftet dem Kunden gegenüber, der den Kommissionsauftrag erteilt hat, für die Erfüllung, d. h. Verschaffung des Eigentums an den Wertpapieren bzw. Gutschrift des Gegenwerts beim Verkauf.

Ein Zwischenkommissionsgeschäft liegt vor, wenn ein Kreditinstitut, das an einer Börse nicht vertreten ist, ein an einer Börse zugelassenes Kreditinstitut oder Wertpapierdienstleistungsunternehmen beauftragt, ein Ausführungsgeschäft für einen Kundenauftrag abzuschließen.

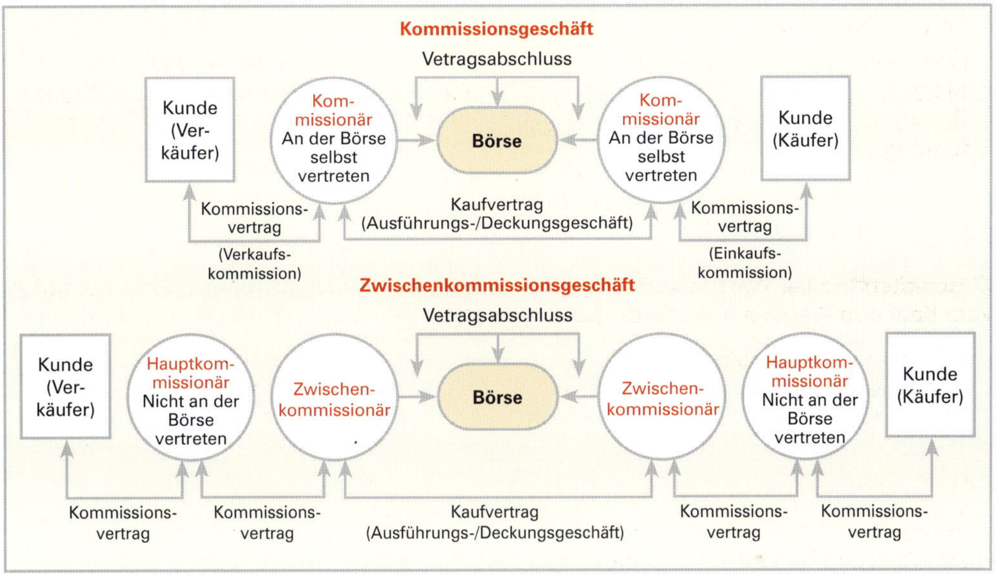

Sonderbedingungen für Wertpapiergeschäfte

(Stand: Juli 2019)

Diese Sonderbedingungen gelten für den Kauf oder Verkauf sowie für die Verwahrung von Wertpapieren, und zwar auch dann, wenn die Rechte nicht in Urkunden verbrieft sind (nachstehend: „Wertpapiere").

Geschäfte in Wertpapieren

1 Formen des Wertpapiergeschäfts

(1) Kommissions-/Festpreisgeschäfte

Bank und Kunde schließen Wertpapiergeschäfte in Form von Kommissionsgeschäften (2) oder Festpreisgeschäften (3) ab.

(2) Kommissionsgeschäfte

Führt die Bank Aufträge ihres Kunden zum Kauf oder Verkauf von Wertpapieren als Kommissionärin aus, schließt sie für Rechnung des Kunden mit einem anderen Marktteilnehmer oder einer Zentralen Gegenpartei ein Kauf- oder Verkaufsgeschäft (Ausführungsgeschäft) ab, oder sie beauftragt einen anderen Kommissionär (Zwischenkommissionär), ein Ausführungsgeschäft abzuschließen. Im Rahmen des elektronischen Handels an einer Börse kann der Auftrag des Kunden auch gegen die Bank oder den Zwischenkommissionär unmittelbar ausgeführt werden, wenn die Bedingungen des Börsenhandels dies zulassen.

(3) [...]

2 Ausführungsgrundsätze für Wertpapiergeschäfte

Die Bank führt Wertpapiergeschäfte nach ihren jeweils geltenden Ausführungsgrundsätzen aus. Die Ausführungsgrundsätze sind Bestandteil der Sonderbedingungen. Die Bank ist berechtigt, die Ausführungsgrundsätze entsprechend den aufsichtsrechtlichen Vorgaben zu ändern. Über die Änderungen der Ausführungsgrundsätze wird die Bank den Kunden jeweils informieren.

Besondere Regelungen für das Kommissionsgeschäft

3 Usancen/Unterrichtung/Preis

(1) Geltung von Rechtsvorschriften/Usancen/Geschäftsbedingungen

Die Ausführungsgeschäfte unterliegen den für den Wertpapierhandel am Ausführungsplatz geltenden Rechtsvorschriften und Geschäftsbedingungen (Usancen); daneben gelten die Allgemeinen Geschäftsbedingungen des Vertragspartners der Bank.

(2) Unterrichtung

Über die Ausführung des Auftrags wird die Bank den Kunden unverzüglich unterrichten. Wurde der Auftrag des Kunden im elektronischen Handel an einer Börse gegen die Bank oder den Zwischenkommissionär unmittelbar ausgeführt, bedarf es keiner gesonderten Benachrichtigung.

(3) Preis des Ausführungsgeschäfts/Entgelt/Aufwendungen

Die Bank rechnet gegenüber dem Kunden den Preis des Ausführungsgeschäfts ab; sie ist berechtigt, ihr Entgelt in Rechnung zu stellen. Ein möglicher Anspruch der Bank auf Ersatz von Aufwendungen richtet sich nach den gesetzlichen Vorschriften.

4 Erfordernis eines ausreichenden Kontoguthabens/Depotbestandes

Die Bank ist zur Ausführung von Aufträgen oder zur Ausübung von Bezugsrechten nur insoweit verpflichtet, als das Guthaben des Kunden, ein für Wertpapiergeschäfte nutzbarer Kredit oder der Depotbestand des Kunden zur Ausführung ausreichen. Führt die Bank den Auftrag ganz oder teilweise nicht aus, so wird sie den Kunden unverzüglich unterrichten.

5 Festsetzung von Preisgrenzen

Der Kunde kann der Bank bei der Erteilung von Aufträgen Preisgrenzen für das Ausführungsgeschäft vorgeben (preislich limitierte Aufträge).

6–8 [...]

9 Haftung der Bank bei Kommissionsgeschäften

Die Bank haftet für die ordnungsgemäße Erfüllung des Ausführungsgeschäfts durch ihren Vertragspartner oder den Vertragspartner des Zwischenkommissionärs. Bis zum Abschluss eines Ausführungsgeschäfts haftet die Bank bei der Beauftragung eines Zwischenkommissionärs nur für dessen sorgfältige Auswahl und Unterweisung.

13.1.2 Botengeschäfte

Sparkassen und Genossenschaftsbanken, die nicht selbst zum Börsenhandel zugelassen sind, können Wertpapierkauf- oder -verkaufsaufträge zum Zwecke ihrer Ausführung an ihre Zentralen weitergeben. Damit wird bewirkt, dass nicht das beauftragte Institut, sondern die Zentrale als Kommissionär fungiert und auch die Abrechnung erteilt. Lediglich die Verrechnung des ausmachenden Betrags erfolgt über die erstbeauftragte Stelle. Die Provision wird zwischen dem beauftragten Institut und der Zentrale geteilt. Man spricht vom Botenverfahren.

13.1.3 Festpreisgeschäfte

§ 433 BGB

Beim Festpreisgeschäft kaufen oder verkaufen Banken in eigenem Namen und für eigene Rechnung. Käufer und Verkäufer einigen sich über einen festen Preis. Sie schließen einen Kaufvertrag ab. Gehandelt wird zu Nettokursen, also ohne Berechnung von Provision, Kosten usw. Es können Kunden- und Eigengeschäfte sein.

Sonderbedingungen für Wertpapiergeschäfte

Formen des Wertpapiergeschäfts

(3) Festpreisgeschäfte

Vereinbaren Bank und Kunde miteinander für das einzelne Geschäft einen festen oder bestimmbaren Preis (Festpreisgeschäft), so kommt ein Kaufvertrag zustande; dementsprechend übernimmt die Bank vom Kunden die Wertpapiere als Käuferin oder sie liefert die Wertpapiere an ihn als Verkäuferin. Die Bank berechnet dem Kunden den vereinbarten Preis, bei verzinslichen Schuldverschreibungen zuzüglich aufgelaufener Zinsen (Stückzinsen).

Festpreisgeschäfte kommen besonders häufig beim Erwerb von festverzinslichen Wertpapieren (z. B. Pfandbriefe), Investmentanteilen und hauseigenen Emissionen vor.

Für Festpreisgeschäfte besteht gegenüber dem Kunden keine Rechenschaftspflicht über das Deckungsgeschäft.

13.2 Eigengeschäfte

Eigengeschäfte sind Geschäfte auf eigene Rechnung, die auf der Initiative des Kreditinstituts beruhen.

Das Eigengeschäft der Banken beruht auf verschiedenen Motiven:

- **Liquiditätshaltung.** Banken legen einen Teil ihrer Liquidität bzw. ihrer Überliquidität in festverzinslichen Wertpapieren an. Dabei handelt es sich um Wertpapiere von besonders sicheren Emitteten, die schnell veräußerlich sind.
- **Anlage.** Im Zuge ihrer langfristigen Anlagepolitik bevorzugen Kreditinstitute gut verzinsliche Rentenwerte und Investmentanteile.
- **Beteiligungen.** Kreditinstitute erwerben durch Kauf von Aktien Beteiligungen an Gesellschaften, an denen sie interessiert sind.
- **Absicherung von Risiken/Begründung von Spekulationen.** Derivate dienen der Absicherung von Risiken oder der Begründung von Spekulationen.
- **Kurspflege.** Banken pflegen eigene Emissionen und Emissionen von Kunden vom Markt aufzunehmen, wenn durch ein Überangebot Kurseinbußen drohen. Umgekehrt geben sie aus eigenen Beständen ab, damit die Kurse bei extremer Nachfrage nicht „davonlaufen". Zu diesem Zwecke werden zuweilen auch sogenannte „Kursstützungskonsortien" gebildet.
- **Ertragsdenken.** Kreditinstitute kaufen oder verkaufen Wertpapiere, um Erträge aus Kursgewinnen zu erzielen.

<table>
<tr><th colspan="3">Effektengeschäfte</th></tr>
<tr><th colspan="2">Kundengeschäfte</th><th>Eigengeschäfte</th></tr>
<tr>
<td>Effektenkommissionsgeschäfte
Kreditinstitut (Kommissionär) übernimmt es, Wertpapiere für Rechnung des Kunden im eigenen Namen zu kaufen oder zu verkaufen.
Beispiel: Handel in zum Regulierten Markt zugelassenen Werten.</td>
<td>Festpreisgeschäfte
Kreditinstitut kauft oder verkauft im eigenen Namen für eigene Rechnung. Kaufvertrag mit vereinbartem Festpreis.
Beispiel: Erwerb von festverzinslichen Wertpapieren. Handel in nicht zum Regulierten Markt zugelassenen Werten.</td>
<td>Geschäfte des Kreditinstituts für eigene Rechnung auf eigene Initiative.
Beispiel: Erwerb von Effekten für den eigenen Bestand.</td>
</tr>
<tr>
<td>Kommissionsgeschäft
Beauftragtes Kreditinstitut
→ an der Börse selbst vertreten</td>
<td>Zwischenkommissionsgeschäft
Beauftragtes Kreditinstitut
→ nicht an der Börse vertreten</td>
<td>Botengeschäft
Zentrale eines Kreditinstituts
→ tritt als Kommissionär auf</td>
</tr>
</table>

13.3 Abwicklung von Kundenaufträgen

13.3.1 Auftragserteilung

Kauf- und Verkaufsaufträge können schriftlich, telefonisch oder über sonstige Fernkommunikationsmittel erteilt werden. Sie müssen folgende Daten enthalten:

- Name und Anschrift des Auftraggebers,
- eine eindeutige Bezeichnung als An- oder Verkaufsauftrag (Kommission/Festpreis-Kaufvertrag),
- Nominalwert (Nennbetrag oder Nennwert) bei Schuldverschreibungen, Stückzahl bei Aktien und Investmentanteilen oder Anzahl der Kontrakte bei Eurex-Optionen und -Futures – keinesfalls ist der Betrag anzugeben, den man unter Berücksichtigung eines Kurses anzulegen oder zu erhalten wünscht,
- genaue Bezeichnung des Wertpapiers – ggf. Zinssatz, Serie, Ausgabekennzeichen, Ausgabejahr und dgl. –, wenn möglich auch Angabe der ISIN (International Securities Identification Number) bzw. genaue Bezeichnung des Eurex-Kontraktes,
- die Angabe billigst (beim Kauf) oder bestens (beim Verkauf) oder Angabe einer Kursbegrenzung, eines Limits. Billigst oder bestens bedeutet, dass der Auftrag auf jeden Fall ausgeführt werden soll. Der Kunde ist mit jedem erzielten Kurs einverstanden (preislich unlimitierter Auftrag bzw. *Market-Order*). Das Limit ist der Betrag, den der Kunde höchstens ausgeben will bzw. den er mindestens zu erhalten wünscht (preislich limitierter Auftrag/Limit-Order). Wird dem Limit ein circa (ca.) vorangestellt, kann vom angegebenen Limit bei Festverzinslichen bis zu $^1/_4$ %, bei Aktien bis zu $^1/_2$ % nach oben oder unten abgewichen werden.

  Mit Stop-Orders legen Anleger bei Orderaufgabe fest, dass ihre Order erst dann ausgeführt wird, wenn ein bestimmter Preis erreicht, über- bzw. unterschritten wird. Eine Stop-Order kann als Market- oder als Limit-Order erteilt werden.

  Stop-loss-Aufträge sind Verkaufsorders, die bestens ausgeführt werden, sobald der Kurs das vom Anleger gesetzte Limit erreicht bzw. unterschreitet.

  Stop-buy-Aufträge sind Kauforders, die billigst ausgeführt werden, sobald der Kurs ein gesetztes Limit erreicht bzw. überschreitet.

  Stop-Limit-Aufträge werden ähnlich wie die obigen Stop-Aufträge gehandhabt.

  Beim *Kauf-Stop-Limitauftrag* wird bei Erreichen des Stop-Buy-Kurses eine limitierte Kauforder erzeugt. Diese kommt dann zur Ausführung, wenn das gesetzte Limit nicht überschritten wird.

  Bei einem *Verkauf-Stop-Limitauftrag* wird nach dem Erreichen des Stop-Loss-Kurses eine limitierte Verkaufsorder erzeugt, die dann zur Ausführung kommt, wenn das gesetzte Limit nicht unterschritten wird.

  Ein *Market-to-Limit-Auftrag* ist eine unlimitierte Kauf- oder Verkaufsorder, die ausschließlich zum besten im Orderbuch befindlichen Limit ausgeführt wird und im Falle einer Teilausführung mit dem nicht ausgeführten Volumen mit einem Limit entsprechend dem Preis der erfolgten Teilausführung ins Orderbuch eingestellt wird (vgl. auch Orderformen im XETRA-Handel, Kapitel 12.4.4).

- Gültigkeitsdauer des Auftrags. Sofern keine Weisungen über die Gültigkeitsdauer vorliegen, gilt: Ein preislich unlimitierter Auftrag besitzt Tagesgültigkeit. Preislich limitierte, unbefristete Aufträge gelten bis Ultimo. Aufträge, die am letzten Handelstag eines Monats eingehen und nicht am gleichen Tag ausgeführt werden können, gelten für den gesamten nächsten Monat.

  Wenn an einer inländischen Börse die Preisfeststellung wegen besonderer Umstände unterbleibt (Kursaussetzung), erlöschen sämtliche Aufträge für die betreffenden Wertpapiere.

Gültigkeitsdauer bei Dividendenzahlungen	**Gültigkeitsdauer bei Einräumung von Bezugsrechten, Kapitalerhöhung aus Gesellschaftsmitteln**	**Gültigkeitsdauer beim Bezugsrechtshandel**
Preislich limitierte Aufträge in Aktien erlöschen bei Dividendenzahlungen und sonstigen Ausschüttungen mit Ablauf des letzten Börsentages vor dem Dividendenabschlag.	Preislich limitierte Aufträge zum Kauf oder Verkauf von Aktien erlöschen mit Ablauf des Börsentages vor dem Beginn der Bezugsrechtshandelsfrist. Das Gleiche gilt für Kapitalerhöhungen aus Gesellschaftsmitteln.	Unlimitierte Aufträge zum Kauf oder Verkauf von Bezugsrechten sind für die Dauer des Bezugsrechtshandels gültig. Limitierte Aufträge erlöschen mit Ablauf des vorletzten Tages des Bezugsrechtshandels.

- die Verwahrungsart, in welcher zu kaufende Wertpapiere verwahrt oder aus welcher zu liefernde Wertpapiere entnommen werden sollen (Girosammel-, Streifbandverwahrung, effektive Auslieferung),
- Angabe der Börse, wenn der An- oder Verkauf an einem bestimmten Platz durchgeführt werden soll. Liegen keine speziellen Anweisungen des Kunden vor, bestimmt das Kreditinstitut nach pflichtgemäßem Ermessen: Ausführung im Inland oder Ausland/börsliche – außerbörsliche Ausführung/Börsenplatz/Präsenzhandel oder elektronischer Börsenhandel (gem. „Sonderbedingungen“),
- Kontonummern des Geld- und des Depotkontos,
- Datum und Uhrzeit der Auftragsannahme, Unterschrift.

Wertpapierankäufe und -verkäufe in außergewöhnlicher Größenordnung oder mit besonderen Merkmalen, die Einfluss auf Kurse und Börsengeschehen nehmen können, werden auch Interesse wahrend aufgegeben. Die Bank handelt in diesen Fällen nach eigenem Ermessen der Börsenlage entsprechend, sodass dem Kunden möglichst keine Nachteile entstehen. Die Ausführung solcher Aufträge kann sich über mehrere Börsentage erstrecken.

Bei Kundenaufträgen über Optionen und Finanz-Termin-Kontrakte (vgl. Kapitel 16.9) sind weiterhin folgende Angaben notwendig:

- Verfallmonat,
- Ausübungspreis (nicht bei Futures),
- Opening-Transaction (Eröffnen einer Position) oder
- Closing-Transaction (Schließen oder Glattstellen einer Position).

Wertpapierorder | Verkaufen | Bayer AG Namensaktien o. N.
ISIN: DE000BAY0017 **WKN:** BAY001

Orderbestätigung Verkauf

Datum und Uhrzeit	27.07.20.. – 09:26:00
Depot	261243086500
Ordernummer	1607270926581134
Nominal/Stück	200 Stück
ISIN	DE000BAY0017
Wertpapier/Name	Bayer AG Namensaktien o. N.
Handelsplatz	Börslich: XETRA/Ohne Orderzusatz (Fortl. Handel)
Limit	Bestens
Auftrag gültig bis	27.07.20..
Dispositionspreis	57,40 EUR
Gesamtwert der Order	11480,00 EUR
Online-Orderprovision	34,90 EUR
Börsenplatzentgelt	2,00 EUR
Zuzüglich fremder Kosten	für den Börsenplatz XETRA

13.3.2 Auftragsausführung

§ 82 WpHG

Ein Wertpapierdienstleistungsunternehmen hat für die bestmögliche Ausführung von Kundenaufträgen zu sorgen. Dazu sind Grundsätze zur Auftragsausführung festzulegen.

Vor der Freigabe der Aufträge im Rahmen ihrer Handelssysteme prüfen die Kreditinstitute, ob der Kunde bei Kaufaufträgen auf dem Geldkonto ausreichende Deckung oder eine ausreichende Kreditlinie besitzt. Bei Verkaufsaufträgen wird geprüft, ob die zu verkaufenden Wertpapiere im Depotbestand des Kunden sind.

Die Kundenaufträge werden ausgeführt durch Weiterleitung an die Börse bzw. durch Kauf für den eigenen Bestand oder Verkauf aus dem eigenen Bestand.

Alle Orders, die in das XETRA-Handelssystem eingegeben und von diesem akzeptiert worden sind, erhalten einen Zeitstempel und eine Ordernummer. Die ausführbaren Aufträge werden automatisch miteinander verknüpft und die abgeschlossenen Geschäfte in das Abwicklungssystem der Clearstream Banking AG übermittelt. Durch die vollautomatische Ausführungsbestätigung wird die Bank in die Lage versetzt, ohne manuellen Aufwand die Kundenabrechnung direkt nach der Kursfeststellung zu erzeugen und den Kunden ohne Zeitverzögerung zu informieren. Über ausgeführte Aufträge werden Schlussnoten und nach Ende der Börsenzeit für jeden Börsenteilnehmer Lieferlisten ausgedruckt oder auf Datenträgern oder über Datenfernübertragung zur Verfügung gestellt. Die Lieferlisten werden für Käufe und Verkäufe getrennt erstellt.

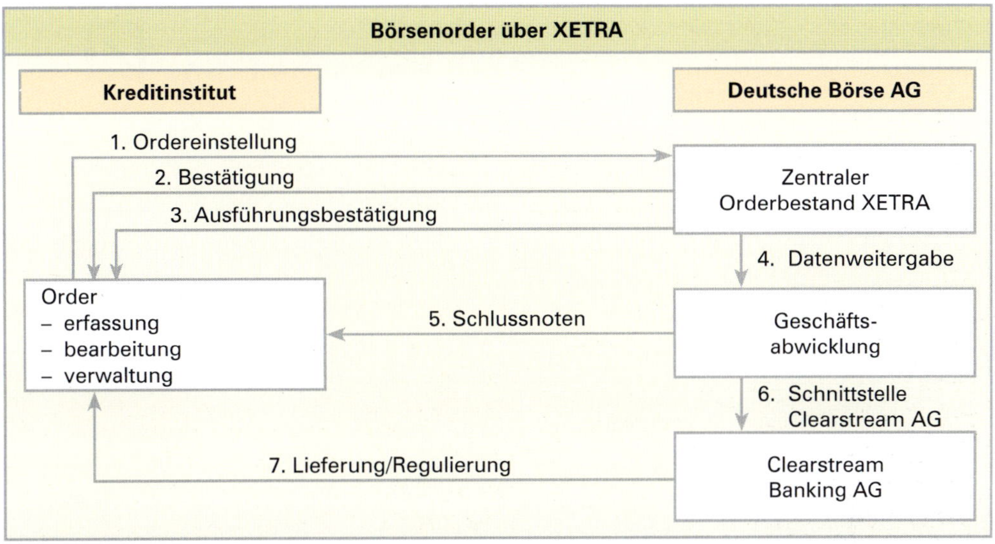

13.3.3 Kauf- und Verkaufsabrechnungen

Bruttoabrechnung. Kundenaufträge werden anhand der Schlussnoten abgerechnet. Die Abrechnungen werden in der Regel am Ausführungstag erstellt. Sie dienen zugleich als Ausführungsanzeige und sind Grundlage für die Geld- als auch die Depotbuchung auf den Kundenkonten. Kommissionsgeschäfte werden brutto abgerechnet. Die Abrechnung weist den ausmachenden Betrag, die Provision für das vermittelnde Geldinstitut und ggf. eine Handelsplatzgebühr aus. Die Transaktionspreise im Einzelnen enthalten die jeweiligen Gebühren-Tableaus.

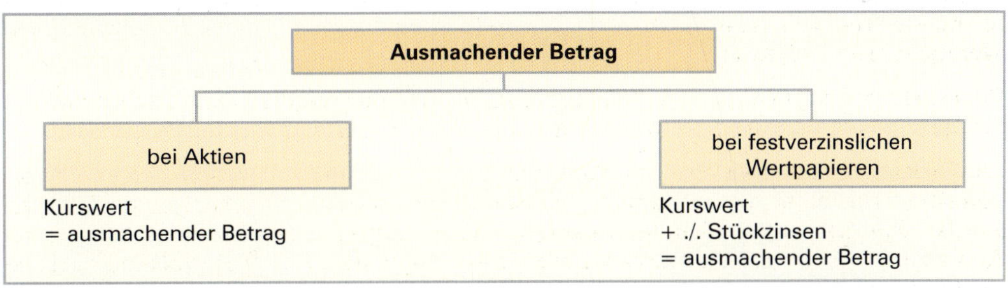

Bei Aktienwerten werden keine Erträge verrechnet, da die Höhe der Dividende und ihre Fälligkeit in der Regel am Tag des Kaufs/Verkaufs nicht bekannt sind. Die erwarteten Erträge sind im Börsenkurs enthalten. Am Tag der Auszahlung wird die Dividende „abgeschlagen". Der ausmachende Betrag ist also bei Aktien gleich dem Kurswert.

Deutsche Bank

Deutsche Bank Privat- und Geschäftskunden AG

maxblue
Kundenservice
53255 Bonn
24h-Kundenservice (0 18 18) 10 00

Josef Roth
Moosstr. 12
12439 Berlin

7. Januar 20..

Abrechnung: Verkauf von Wertpapieren
Depotinhaber: Josef Roth

Filialnummer	Depotnummer	Wertpapierbezeichnung		Seite
100	678190877	6,5 % BUNDESREP.DEUTSCHL. ANL.	fällig 4.7.2027	1/1

WKN	113504	Nominal	EUR	10.000,00
ISIN	DE0001135044	Kurs		153,79
Verwahrart	Girosammeldepot			
Geschäft	Kommissionsgeschäft			
Belegnummer	615435461 / 615435461	Schlusstag		07.01.20..
Ihre Referenz	TEST FUF PROD			

Abrechnung	Währung	Betrag
Kurswert	EUR	15.379,00
Zinsen für 189 Zinstage (Zinstermin 04.07. gzj.)[1]	EUR	336,58
Provision	EUR	-34,90
Kapitalertragsteuer (24,4499 % von 2.024,21 EUR)	EUR	-494,92
Solidaritätszuschlag auf Kapitalertragsteuer (5,5 % von 494,92 EUR)	EUR	-27,22
Kirchensteuer auf Kapitalertragsteuer (9 % von 494,92 EUR)	EUR	-44,54

		Gutschrift
Buchung auf Kontonummer 678190877 mit Wertstellung 09.01.20..	**EUR**	**15.114,00**

Informationen zum Steuerabzug[2] - keine Steuerbescheinigung -	Währung	Betrag
Veräußerungsgewinn	EUR	2.279,00
Angerechneter Verlusttopf 'Sonstiges'	EUR	254,79
KESt-pflichtiger Kapitalertrag	EUR	2.024,21

1 Stückzinsen vgl. Kapitel 11.4.3.1

2 Vgl. Kapitel 17.2 „Besteuerung von Einkünften aus Kapitalvermögen".

Nettoabrechnung erteilt die Bank bei Festpreisgeschäften (→ Kaufvertrag). Es wird nur der den vereinbarten Kursen entsprechende ausmachende Betrag in Rechnung gestellt.

Datenübermittlungspflicht. Alle Geschäfte in meldepflichtigen Wertpapieren oder Derivaten, die an einem organisierten Markt (geregelter Markt, Freiverkehr) gehandelt wurden, sind der Bundesanstalt für Finanzdienstleistungsaufsicht anzuzeigen. Hier erfolgt eine Prüfung auf verbotene Insidergeschäfte. Die Datensätze werden automatisch im System TRICE aus den Anwendungen der Deutschen Börse AG erstellt und spätestens 1 Börsentag nach Geschäftsabschluss in elektronischer Form weitergeleitet. Art. 26 MiFIR

13.3.4 Erfüllung von Effektengeschäften

Unter „Erfüllung" wird in diesem Zusammenhang die Bezahlung eines Wertpapiergeschäfts und die Lieferung der Effekten verstanden. Wertpapiergeschäfte sind am 2. Börsentag nach Abschluss zu erfüllen.

Die Bezahlung erfolgt in der Regel bargeldlos.

Tafelgeschäfte werden gegen Barzahlung abgewickelt. Bei Tafelgeschäften kaufen oder verkaufen Kreditinstitute am Schalter effektive Stücke Zug um Zug gegen Barzahlung. Es muss eine Legitimationsprüfung des Kunden und die Prüfung seiner devisenrechtlichen Stellung durchgeführt werden.

Die Lieferung der Effekten und die Verschaffung des Eigentums werden entsprechend den getroffenen Vereinbarungen vorgenommen:

- durch Verschaffung des Miteigentums an einem Sammeldepot, § 24 Abs. 2 DepotG
  Mit der Kaufabrechnung erfolgt die Benachrichtigung des Kunden über die Einräumung des Miteigentums.
- durch Übernahme ins Sonderdepot (Streifbanddepot), § 18 Abs. 3 DepotG
  Das Eigentum an diesen Stücken wird verschafft durch Absendung des Stückeverzeichnisses. Das Stückeverzeichnis enthält die Wertpapiergattung, den Nennbetrag bzw. die Stückzahl und die Nummern der gekauften Wertpapiere.
- durch Auslieferung (Übergabe) effektiver Stücke,
  (Aushändigung oder Übersendung),
- durch Eintragung der Clearstream Banking AG ins Bundesschuldbuch (Sammelschuldbuchforderung). Käufer erhalten an dem so gebildeten Wertpapiersammelbestand durch Depotgutschrift ihres Kreditinstituts Miteigentum nach Bruchteilen.

Sonderbedingungen für Wertpapiergeschäfte

ERFÜLLUNG DER WERTPAPIERGESCHÄFTE

10. Erfüllung im Inland als Regelfall
Die Bank erfüllt Wertpapiergeschäfte im Inland, soweit nicht die nachfolgenden Bedingungen oder eine anderweitige Vereinbarung die Anschaffung im Ausland vorsehen.

11. Anschaffung im Inland
Bei der Erfüllung im Inland verschafft die Bank dem Kunden, sofern die Wertpapiere zur Girosammelverwahrung bei der Deutschen Wertpapiersammelbank (Clearstream Banking AG, Frankfurt) zugelassen sind, Miteigentum an diesem Sammelbestand – Girosammel-Depotgutschrift – **(GS-Gutschrift).** Soweit Wertpapiere nicht zur Girosammelverwahrung zugelassen sind, wird dem Kunden Alleineigentum an Wertpapieren verschafft. Diese Wertpapiere verwahrt die Bank für den Kunden gesondert von ihren eigenen Beständen und von denen Dritter **(Streifbandverwahrung).**

Zentrale Gegenpartei. Die Eurex Clearing AG fungiert als zentrale Gegenpartei (CCP = Central Counterparty) bei Geschäften mit Aktien und Anleihen, die an der Frankfurter Wertpapierbörse über Xetra abgeschlossen werden. Kommt ein Geschäft zustande, tritt die Eurex Clearing in das Geschäft ein und wird somit zur Gegenpartei. Die Handelsteilnehmer schließen ein Geschäft nicht mehr miteinander ab, sondern jeweils mit der Eurex Clearing AG. Die zentrale Gegenpartei bringt den Handelsteilnehmern drei wesentliche Vorteile:

- Jede Transaktion bleibt auch in der Abwicklung vollständig anonym.
- Die zentrale Gegenpartei übernimmt das Risiko, sollte ein Kontrahent ausfallen.
- Käufe und Verkäufe eines Handelspartners über das gleiche Wertpapier werden gegeneinander aufgerechnet (Netting); nur noch der daraus resultierende Saldo muss ausgeglichen werden. Dies senkt die Abwicklungskosten im Wertpapiergeschäft.

Clearstream Banking AG. Die automatische Geschäftsabwicklung der Wertpapierumsätze der Kreditinstitute erfolgt durch die Clearstream Banking AG. Für die Abwicklung der Wertpapiergeschäfte setzt die Clearstream Banking AG das **Cascade**-System ein. Cascade steht für **C**entral **A**pplication for **S**ettlement, **C**learing **A**nd **D**epository **E**xpansion. Das System umfasst die Auftragserteilung, den Settlement-Dienst und die Regulierung für die Wertpapiere und die Zahlung.

Die Börsengeschäfte werden über eine spezielle Schnittstelle von dem Handelssystem XETRA über den Zentralen Kontrahenten automatisch an Cascade geleitet. Dort gelangen sie direkt in den Auftragsstatus. Parallel übermittelt der Zentrale Kontrahent die Daten der Börsengeschäfte an das Börsenabrechnungssystem, das Lieferlisten erstellt und an die Kreditinstitute des Verkäufers und des Käufers als Liefer- bzw. Erwartungsbeleg elektronisch übermittelt.

Das zentrale Abwicklungssystem Cascade führt die Übertragung und Verbuchung der Wertpapiere durch. Die Geldverrechnung erfolgt gleichzeitig über die Konten der Kreditinstitute bei der Deutschen Bundesbank.

Clearstream wird grundsätzlich auch bei der Erfüllung außerbörslicher Geschäfte eingeschaltet.

Geldverrechnung bei Wertpapiertransaktionen. Mit dem Abwicklungsmodell Release I führt die Clearstream Banking AG eine Schnittstelle zur Deutschen Bundesbank, über die die Nachtverarbeitung (ab 19:00 Uhr) möglich ist. Die Käufer-Banken weisen die Deutsche Bundesbank über die Clearstream an, Zentralbankliquidität (Kontoguthaben und/oder hinterlegte Sicherheiten) für die Nachtverarbeitung zu sperren. Den Marktteilnehmern stehen nach Abschluss der Nachtverarbeitung (morgens 7:00 Uhr) somit bereits am nächsten Tag mit der Öffnung von TARGET sowohl Geld als auch Wertpapiere zur Verfügung, die sofort weiterdisponiert werden können.

TARGET2-Securities (T2S). Mit der Einführung von TARGET2-Securities, koordiniert durch die Europäische Zentralbank, haben die europäischen Banken eine einheitliche technische Plattform für einen EU-Binnenmarkt in der Wertpapierabwicklung erhalten. T2S ermöglicht eine sichere und effiziente Abwicklung grenzüberschreitender Wertpapier-Transaktionen.

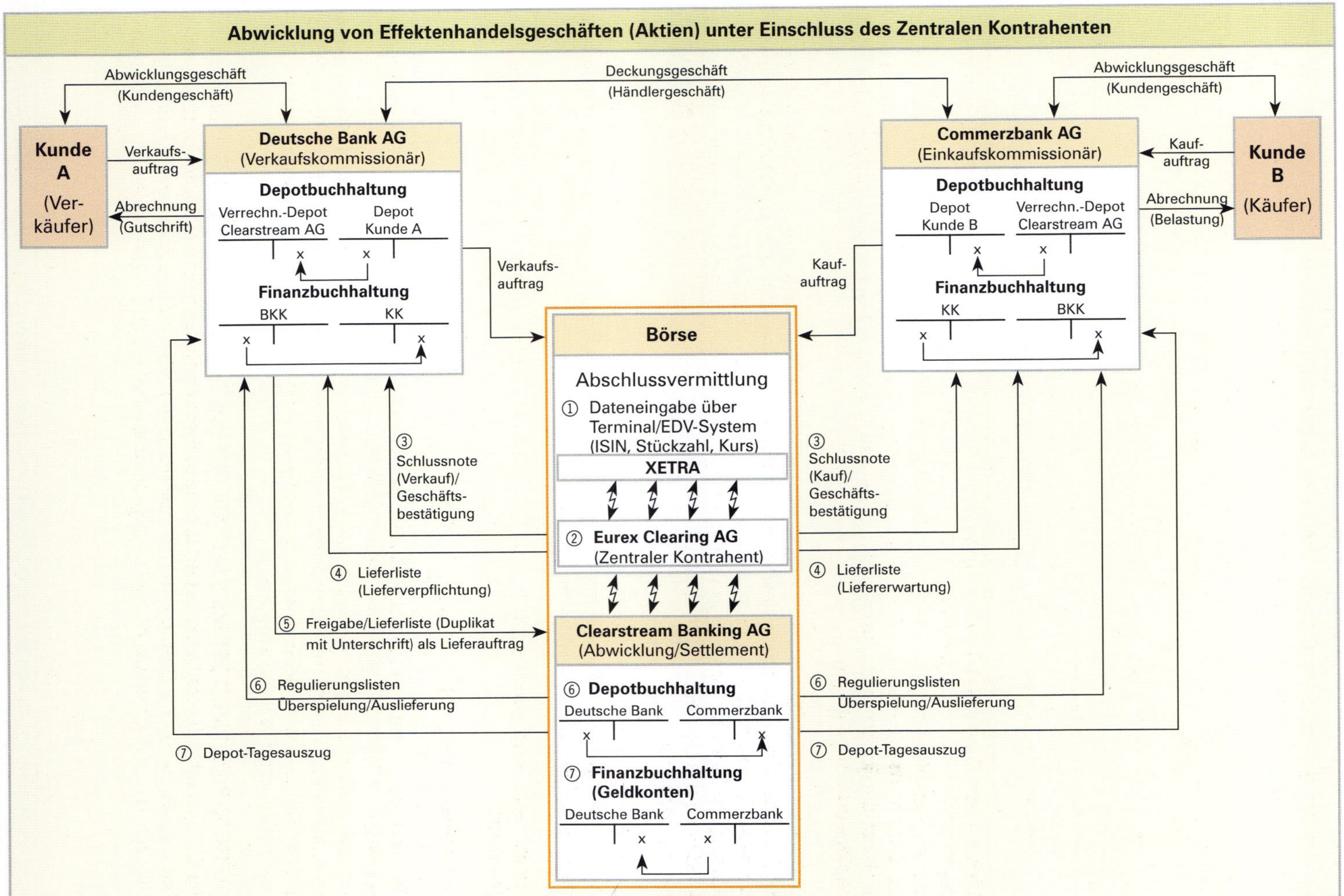
Abwicklung von Effektenhandelsgeschäften (Aktien) unter Einschluss des Zentralen Kontrahenten
Abwicklungsgeschäft (Kundengeschäft)
Deckungsgeschäft (Händlergeschäft)
Abwicklungsgeschäft (Kundengeschäft)
Kunde A (Verkäufer)
Verkaufsauftrag
Abrechnung (Gutschrift)
Deutsche Bank AG (Verkaufskommissionär)
Depotbuchhaltung
Verrechn.-Depot Clearstream AG
Depot Kunde A
Finanzbuchhaltung
BKK
KK
Verkaufsauftrag
Börse
Abschlussvermittlung
① Dateneingabe über Terminal/EDV-System (ISIN, Stückzahl, Kurs)
XETRA
② Eurex Clearing AG (Zentraler Kontrahent)
Clearstream Banking AG (Abwicklung/Settlement)
⑥ Depotbuchhaltung
Deutsche Bank
Commerzbank
⑦ Finanzbuchhaltung (Geldkonten)
Deutsche Bank
Commerzbank
Kaufauftrag
Commerzbank AG (Einkaufskommissionär)
Depotbuchhaltung
Depot Kunde B
Verrechn.-Depot Clearstream AG
Finanzbuchhaltung
KK
BKK
Kaufauftrag
Abrechnung (Belastung)
Kunde B (Käufer)
③ Schlussnote (Verkauf)/ Geschäftsbestätigung
④ Lieferliste (Lieferverpflichtung)
⑤ Freigabe/Lieferliste (Duplikat mit Unterschrift) als Lieferauftrag
⑥ Regulierungslisten Überspielung/Auslieferung
⑦ Depot-Tagesauszug
③ Schlussnote (Kauf)/ Geschäftsbestätigung
④ Lieferliste (Liefererwartung)
⑥ Regulierungslisten Überspielung/Auslieferung
⑦ Depot-Tagesauszug

Kompetenztraining: Effektengeschäfte

1 Der Zentrale Kontrahent (Central Counterparty – CCP) ist die Gegenpartei für Wertpapiergeschäfte. Welche der folgenden Aussagen sind in diesem Zusammenhang richtig?

a) Durch Einschaltung der Zentralen Gegenpartei bleibt jede Transaktion sowohl im Geschäftsabschluss als auch in der Abwicklung vollkommen anonym.

b) Als Zentrale Gegenpartei fungiert die Clearstream Banking AG bei Aktiengeschäften, die an der Frankfurter Börse über XETRA abgeschlossen werden.

c) Die Zentrale Gegenpartei garantiert den Handelsteilnehmern die Erfüllung aller Börsengeschäfte bis 400 000,00 €.

d) Die Zentrale Gegenpartei bewertet fortlaufend die Risikopositionen der Handelsteilnehmer und kann bei zu hohen Risiken einen Handelsteilnehmer vom Handel ausschließen.

e) Die Zentrale Gegenpartei rechnet Käufe und Verkäufe der Marktteilnehmer auf (Netting). Nur noch der daraus resultierende Saldo muss von den Marktteilnehmern ausgeglichen werden. Dies senkt die Abwicklungskosten im Wertpapiergeschäft.

f) Die Zentrale Gegenpartei übernimmt das volle Risiko, sollte ein Kontrahent ausfallen.

2 Die Intex AG erhöht ihr Grundkapital von 280 auf 350 Mio. €. Der Börsenkurs der Aktie beträgt 400. Der Bezugskurs der jungen Aktien wird auf 200 festgesetzt. Ein Kunde der Rhein-Ruhr-Bank besitzt 50 Stück Aktien dieser Gesellschaft. Trotz Aufforderung gibt der Kunde seiner Bank keine Weisung zur Ausübung bzw. Verwertung der Bezugsrechte. Wie muss sich die Rhein-Ruhr-Bank verhalten?

a) Sie hinterlegt die Bezugsrechte beim emittierenden Unternehmen.

b) Sie lässt das Bezugsrecht unter Hinweis auf ihre AGB verfallen.

c) Sie verkauft am letzten Handelstag so viele Bezugsrechte, dass sie mit deren Erlös die Bezugsaktien finanzieren kann.

d) Sie verkauft am letzten Handelstag alle Bezugsrechte bestens.

e) Sie verkauft am letzten Handelstag die Bezugsrechtsspitze.

f) Sie kauft am letzten Handelstag zwei Bezugsrechte hinzu, um 13 neue Aktien für den Kunden erwerben zu können.

3 Die Kundin Silvana Reich erteilt im Wertpapierordersystem Ihrer Bank den Auftrag, 300 Stück EBOS-Aktien zu verkaufen. Der Auftrag ist auf 128,40 € limitiert und soll in der fortlaufenden Notierung des XETRA-Handelssystems an der Frankfurter Wertpapierbörse ausgeführt werden. Weitere Kundenweisungen liegen nicht vor.

Die Order trifft auf folgende Marktsituation:

XETRA-Orderbuch für EBOS-Aktien			
Kauforder		**Verkaufsorder**	
Stück	Limit	Stück	Limit
70	128,60	700	128,65
180	128,50	160	128,70
300	128,40	350	128,75
230	128,10	110	128,80
50	128,00		
150	127,90		

Geben Sie an, ob und ggf. zu welchem Kurs/welchen Kursen die Order ausgeführt wird.

4 Welche Aussagen über das Bezugsrecht sind richtig, welche falsch?

a) Das Bezugsrecht wird während der gesamten Bezugsfrist börsentäglich gehandelt mit Ausnahme der beiden letzten Tage.

b) Aufträge zum Kauf bzw. Verkauf von Bezugsrechten können nicht limitiert werden.

c) Bezugsrechte werden an der Börse auch fortlaufend gehandelt.

d) Wenn der Kunde keinen Auftrag zur Verwertung der Bezugsrechte erteilt, verliert er seine Bezugsrechte.

e) Spätestens 4 Tage vor Beginn des Bezugsrechtshandels sind die Aktionäre zum Bezug aufzufordern.

---

5 Prüfen Sie, welche der folgenden Aussagen im Zusammenhang mit der Auftragserteilung bzw. der Auftragsausführung richtig sind.

a) Preislimitierte Aufträge in Aktien erlöschen bei Dividendenzahlungen mit Ablauf des letzten Börsentages vor dem Dividendenabschlag.

b) Wird wegen besonderer Umstände im Bereich des Emittenten die Kursnotierung ausgesetzt, bleiben sämtliche Aufträge bis zur Wiederaufnahme der Notierung bestehen.

c) Ein preislich limitierter Auftrag gilt bis Ultimo, sofern keine Weisung über die Gültigkeitsdauer des Auftrags vorliegt.

d) Stop-buy-Aufträge sind Kauforder, die billigst ausgeführt werden, sobald der Kurs ein gesetztes Limit erreicht bzw. überschreitet.

e) Alle Geschäfte in meldepflichtigen Wertpapieren sind der BaFin in elektronischer Form anzuzeigen.

f) Ein limitierter Kaufauftrag mit dem Zusatz „ultimo" muss spätestens am Monatsende ausgeführt werden.

g) Sollte ein limitierter Kaufauftrag in Aktien ausgeführt werden, erwirbt der Kunde die Aktien zum Preis des Limits oder günstiger.

---

6 Emilia Voss erteilt den Auftrag, 300 Stück EON AG-Aktien aus ihrem Depot zu verkaufen.

Welche Angabe muss der Wertpapier-Verkaufsauftrag nicht enthalten?

a) Eindeutige Bezeichnung als Verkaufsauftrag

b) Genaue Bezeichnung des Wertpapiers, möglichst mit Angabe der ISIN

c) Stückzahl der Aktien

d) Hinweis auf die Beratung gemäß Wertpapierhandelsgesetz

e) Unterschrift des Auftraggebers bzw. bei telefonischer Auftragserteilung die Unterschrift des Mitarbeiters der Bank

f) Datum und Uhrzeit der Auftragsannahme

Situation: Effekten kaufen

Die Kundin Alma Fernandez hat mit der Kundenberatung der Gruga-Bank AG einen Termin vereinbart, um ca. 50 000,00 € langfristig anzulegen. Sie wird laut eines erstellten Risikoprofils als risikobewusst eingeschätzt. Zur Erzielung einer besseren Rendite ist sie bereit, ein mittleres Risiko einzugehen.

Nach ausführlicher Anlageberatung und Erstellung einer Geeignetheitserklärung gibt die Kundin am 15. Mai 20.. (Dienstag) folgende Kaufaufträge:

- Stück 350 Pharma AG-Aktien, Limit 55,00
- 30.000,00 € 2 % Inhaberschuldverschreibungen der Gruga-Bank AG, 01.04. gzj., Kurs 99,5 % (act/act)

Beide Geschäfte werden nach Ausführung der Aufträge zur Girosammelverwahrung eingebucht.

Aufgaben:

1 Erläutern Sie der Kundin die Bedeutung des Limits bei der Aktienorder.

2 Die Gruga-Bank AG fungiert als Kommissionär. Erklären Sie diese Rechtsstellung.

3 Der Auftrag zum Kauf der Pharma AG-Aktien wurde über XETRA ausgeführt. Die Gruga-Bank AG erhält eine Ausführungsanzeige.
Welche Bedeutung hat eine solche Ausführungsanzeige?

4 Geben Sie an, wie die Kundin das Eigentum an den Aktien erwirbt.

5 Der Kauf der Inhaberschuldverschreibungen wurde als Festpreisgeschäft durchgeführt.

a) Erklären Sie, was man unter einem Festpreisgeschäft versteht.

b) An welchem Tag wird dieses Geschäft erfüllt?

6 Erstellen Sie die Abrechnung für den Kauf der Inhaberschuldverschreibungen.
(Es liegt kein Schaltjahr vor.)

14 Das Emissionsgeschäft

Einstieg

Die Maschinenbau AG möchte zur Finanzierung Aktien platzieren. Arne Stiller, einzelvertretungsberechtigtes Vorstandsmitglied der Maschinenbau AG, wendet sich an Sie als Firmenkundenberater(in) der Kundenbank AG mit der Bitte um Hilfe.

Verdeutlichen Sie Herrn Stiller die Vorteile, die mit einer Fremdemission unter Einschaltung eines oder mehrerer Kreditinstitute verbunden sind.

Wesen. Als Emission bezeichnet man die Begebung von Wertpapieren an den Markt zum Zwecke der Beschaffung von Eigenkapital (Teilhabereffekten) oder von langfristigen Kreditmitteln (Gläubigereffekten).

Die technische Durchführung erfolgt als Selbstemission oder Fremdemission.

Initial Public Offering (IPO). Darunter versteht man die administrative Umsetzung des Gangs an die Börse („Going Public") durch eine oder mehrere Banken.

14.1 Selbstemission

Die Selbstemission, d.h. die Begebung der Wertpapiere an den Markt in eigener Regie, kann grundsätzlich von jedem Wertpapieremittenten durchgeführt werden. In der Praxis treten allerdings meist nur Banken als Selbstemittenten von Wertpapieren auf. Sie bedienen sich dabei der Einrichtungen des eigenen Hauses und nutzen die sich ohnehin aus dem eigenen Bankgeschäft ergebenden Erfahrungen, Möglichkeiten und Verbindungen.

Als Emittenten betätigen sich vor allem die Realkreditinstitute im Hypotheken- und Kommunalkreditgeschäft, Zentralbanken, z.B. die Landesbanken und genossenschaftlichen Zentralbanken, sowie Spezialkreditinstitute, z.B. die Deutsche Industriebank AG, die Kreditanstalt für Wiederaufbau, die Landwirtschaftliche Rentenbank u.a.m.

14.2 Fremdemission

Andere Emittenten bedienen sich bei der Emission ihrer Wertpapiere nahezu ausschließlich der Dienste von Kreditinstituten.

Kreditinstitute verfügen

- über die notwendigen technischen Einrichtungen,
- über die notwendigen Verbindungen zu den anderen Banken und zu den infrage kommenden Interessentenkreisen, meist über eigene Zweigstellennetze.
- über langjährige Erfahrungen im Emissionsgeschäft, vor allem bei der Platzierung der Wertpapiere durch Kenntnis der Kapitalmarktlage.

Kreditinstitute

- sind in der Lage, die Emission selbst zu übernehmen bzw. sie zu kreditieren.
- übernehmen die Aufstellung des Börsenprospekts und den Antrag auf Börseneinführung.
- betreuen das Wertpapier nach der Börseneinführung – Kurspflege.

14.2.1 Das Bankenkonsortium

Bei größeren Emissionen – sie kommen in der Praxis fast ausnahmslos vor – bedienen sich die Emittenten nicht einer Bank, sondern einer Gruppe von Banken, eines Bankenkonsortiums, eines „Emissionskonsortiums".

Rechtliche Grundlage. Das Konsortium ist ein Zusammenschluss von mehreren Banken zu einer Gesellschaft bürgerlichen Rechts. Rechtliche Grundlagen sind die Bestimmungen der §§ 705 bis 740 BGB. Die Tätigkeit des Konsortiums beruht auf dem *„Konsortialvertrag".* In diesem Vertrag wird einem oder mehreren Kreditinstituten die Geschäftsführung, die *„Konsortialführung",* übertragen. Im Außenverhältnis wird die Konsortialführung im Namen und für Rechnung des gesamten Konsortiums tätig. Die wichtigste Tätigkeit ist dabei zunächst der Abschluss des Vertrags mit dem Emittenten, des *„Emissionsvertrags".* Im Innenverhältnis ist die Konsortialführung verantwortlich für die Durchführung der im Konsortialvertrag enthaltenen Vereinbarungen. Sie richtet ein Konsortialkonto ein. Bei der in der Praxis vorkommenden Übernahme der Konsortialführung durch mehrere Banken übernimmt eine von ihnen, meist die Hausbank des Emittenten, die Federführung.

Entsprechend den Vereinbarungen im Emissionsvertrag kann das Emissionskonsortium auf zwei Arten tätig werden, und zwar entweder als *Übernahmekonsortium* oder als *Platzierungskonsortium* (Begebungskonsortium).

14.2.2 Festübernahme durch ein Übernahmekonsortium

Das Konsortium übernimmt die Emission als Käufer teilweise oder ganz zum festen Kurs. Die Konsortialmitglieder übernehmen die Wertpapiere entsprechend ihren Quoten in den eigenen Bestand. Eine Weitergabe an den Markt erfolgt entsprechend den Vereinbarungen, die im Konsortialvertrag getroffen wurden, ggf. zu einem späteren Zeitpunkt. Der Konsortialnutzen wird aus dem Weiterverkauf zu höherem Kurs gezogen. Statt dessen kann aber auch eine Provision (Bonifikation) gezahlt werden.

Die Konsortialbanken treten als Eigenhändler auf.

Option. Zuweilen wird auch nur ein Teilbetrag der Emission fest übernommen. Für diesen Fall behält sich das Konsortium meist ein Optionsrecht auf den Rest der Emission vor.

14.2.3 Übernahme durch ein Platzierungskonsortium (Begebungskonsortium)

Unter „Platzierung" versteht man die Unterbringung des Wertpapiers auf dem Markt beim Käufer. Man unterscheidet:

- **Kommissionsweise Übernahme**
  Das Konsortium begibt die Emission als Kommissionär nach § 383 HGB im eigenen Namen für fremde Rechnung. Der Anleger gilt als Ersterwerber.
- **Übernahme zur Verkaufsvermittlung**
  Das Konsortium übernimmt die Platzierung der Emission in Geschäftsbesorgung nach § 675 BGB im fremden Namen für fremde Rechnung in offener Stellvertretung für den Emittenten. Der Anleger ist auch hierbei Ersterwerber.

Sowohl bei der kommissionsweisen Übernahme als auch bei der Übernahme zur Verkaufsvermittlung trägt das Bankenkonsortium kein Absatzrisiko. Gelegentlich verpflichtet man sich aber, nicht untergebrachte Reste der Emission für eigene Rechnung zu übernehmen.

Den Erlös aus der Emission erhält der Emittent entsprechend dem Verlauf der Unterbringung. Häufig wird er aber vom Konsortium kreditiert (Emissionskredit).

Übernahme der Wertpapiere			
	Festübernahme durch Übernahme-konsortium	Übernahme durch Platzierungskonsortium	
		kommissionsweise Übernahme	Übernahme zur Verkaufsvermittlung
Rechtsstellung des Konsortiums	Käufer	Kommissionär	Geschäftsbesorger
Absatzrisiko	Konsortium	Emittent	Emittent
Erlös der Emission	sofort an den Emittenten	Abführung des Erlöses entsprechend dem Emissionsverlauf (evtl. „Emissionskredit" zur Überbrückung).	

14.3 Platzierung von Wertpapieren

LS 9

Wertpapiere können im Rahmen eines öffentlichen Zuteilungsverfahrens oder als Privatplatzierung bei Investoren untergebracht werden. Bei der Privatplatzierung richtet sich das Verkaufsangebot nur an ausgewählte Anleger. Üblich sind bei größeren Emissionen und bei börsengängigen Wertpapieren jedoch Formen der öffentlichen Platzierung.

14.3.1 Platzierung von Anleiheemissionen

Bei Anleiheemissionen sind die öffentliche Zeichnung und der freihändige Verkauf am gängigsten. Seltener ist der börsenmäßige Verkauf.

14.3.1.1 Auflage zur öffentlichen Zeichnung (Festpreisverfahren/Subskription)

Prospekt. Das zur Ausgabe gelangende Wertpapier wird mittels eines Prospekts öffentlich zu einem festen Preis zum Kauf angeboten. Die Veröffentlichung erfolgt in Tageszeitungen, Wirtschaftsblättern, Börsenzeitungen und durch Verteilung von Handprospekten über die Banken, denen gleich Zeichnungsscheine beigefügt sind. Im Prospekt wird zur Zeichnung innerhalb einer bestimmten Zeichnungsfrist (meist unter dem Vorbehalt eines vorzeitigen Zeichnungsschlusses bei Überzeichnung) bei bestimmten Zeichnungsstellen (meist die Konsortialbanken, deren Filialen oder angeschlossene örtliche Kreditinstitute) aufgefordert. Der Prospekt enthält Einzelheiten über die Ausstattungsmerkmale der Anleihe, z.B. Zweck und Umfang der Emission, Zinssatz, Ausgabekurs, Laufzeit, Tilgungs- bzw. Kündigungsbedingungen, Rating-Stufe, Mündelsicherheit und dgl.

Zuteilung. Die nach Zeichnungsschluss erfolgende Zuteilung geschieht nach eigenem Ermessen des Konsortiums, wobei die bereits oben wiedergegebenen Grundsätze Beachtung finden.

Repartierung. Bei Überzeichnung findet häufig eine Repartierung statt, d.h., die Zeichnungen werden nur zu einem Teil berücksichtigt. Bei der Zuteilung pflegt man private Zeichner zu bevorzugen.

Börseneinführung. Mit der Auflage zur öffentlichen Zeichnung geht meistens die Börseneinführung des Wertpapiers einher.

Der Subskription bedient man sich vornehmlich bei der Platzierung öffentlicher Anleihen oder von Industrieobligationen.

Tenderverfahren. Hierbei bietet ein Emittent die Emission Meistbietenden zur Übernahme an. Den Zuschlag erhalten die Zeichner, die den höchsten Kurs bieten. Der Bund wendet das Tenderverfahren an, wenn er den Kreditinstituten Bundesschatzanweisungen, unverzinsliche Schatzanweisungen, Bundesobligationen und Bundesanleihen zum Kauf anbietet (vgl. Kapitel 11.4.4.2).

Bei der Begebung von Bundeswertpapieren über das **Syndikatsverfahren** werden die jeweiligen Wertpapiere im Auftrag des Bundes von einer ausgewählten Gruppe von Banken gegen eine Gebühr direkt an Investoren vermittelt. Hierfür kann der Bund auf das Platzierungspotenzial der beteiligten Banken zurückgreifen. Vorteile dieses Verfahrens sind die Flexibilität bezüglich des Begebungszeitpunkts und des Begebungsvolumens. Es verbessern sich bei hohen Finanzierungsvolumen die Absatzmöglichkeiten für den Emittenten.

14.3.1.2 Freihändiger Verkauf

Verfahren. Die Wertpapiere werden ohne Bindung an eine Frist oder irgendwelche Verpflichtungen zu einem freibleibenden Abgabekurs zum Kauf ebenfalls durch einen Prospekt angeboten.

Vorteile. Der Vorteil ist, dass die Kurse oder die Abgabetaktik den Veränderungen der Marktlage angepasst werden können, dass die Zeichnungsdauer nach Bedarf verkürzt oder verlängert werden kann und dass Kaufaufträge sofortige Erfüllung finden.

Anwendung. Dieser Begebungsart bedient man sich häufig bei kleineren Emissionen. Die Pfandbriefbanken, die den Verkauf von Pfandbriefen verständlicherweise so steuern möchten, wie auf der anderen Seite, der „Aktivseite", Anlagemittel benötigt werden, benutzen diese Emissionsform ebenfalls. Desgleichen wenden Übernahmekonsortien dieses Verfahren an, um die Platzierung den jeweiligen Marktverhältnissen besser anpassen zu können.

14.3.1.3 Der börsenmäßige Verkauf

Verfahren. Hier kommt es darauf an, den Absatz des Wertpapiers dem jeweiligen Marktbedarf anzupassen. Deswegen spricht man auch vom kontinuierlichen Absatz. Ihm geht die Zulassung des betreffenden Wertpapiers zum Börsenhandel voraus. Bei der Wahl dieser Begebungsmöglichkeit wird Wert darauf gelegt, den Abgabezeitpunkt und den Abgabekurs den Stimmungen der Börse entsprechend lenken zu können. Heute wird diese Methode fast ausschließlich noch für die Platzierung von Emissionsresten angewandt.

14.3.2 Platzierung von Aktien

Aktien können – wie Anleihen auch – im Rahmen eines öffentlichen Zuteilungsverfahrens oder als Privatplatzierung untergebracht werden. Üblich sind bei größeren Aktienemissionen jedoch Formen der öffentlichen Platzierung. Das in Deutschland traditionell vorherrschende Festpreisverfahren ist weitgehend durch das Bookbuilding- und das Auktionsverfahren abgelöst worden.

14.3.2.1 Bookbuilding-Verfahren

Beim Bookbuilding-Verfahren tritt an die Stelle des traditionellen „Festpreises“ bei der Platzierung von Wertpapieren eine besondere Methode der Kursfindung.

Ablauf des Verfahrens. Der Emittent sucht sich eine Bank oder Bankengruppe, welche das erfolgversprechendste Platzierungskonzept bietet. Ein Konsortialführer („Bookrunner“) wird bestellt.

Phasen:

① **Pre-Marketing**	② **Marketing**	③ **Ordertaking** (eigentliches Bookbuilding)
Phase vor Bekanntgabe des Preisrahmens ■ Weckung des Interesses für die Papiere bei potenziellen Investoren. ■ Erste Unternehmenspräsentationen (Roadshows). ■ Einzelgespräche mit ausgewählten Investoren (One-on-One-Meetings). ■ Bandbreitenindikation für den Platzierungspreis.	■ Bekanntgabe des Preisrahmens für den Emissionspreis auf einer Pressekonferenz. ■ Roadshows und One-on-One-Meetings. ■ Anlageberater der Kreditinstitute informieren private Anleger.	■ Bookrunner sammelt im EDV-Orderbuch die gemeldeten Zeichnungen. ■ Erfassung der Gebote anhand von Meldebögen (→ Name des Investors, gewünschter Preis, Menge, Anlagestrategie u. a.).

④ **Preisfixierung**	⑤ **Zuteilung**
Bookrunner und Emittent legen einen marktnahen Emissionspreis fest.	Der Emittent teilt die Wertpapiere nach seinen Kriterien zu: ■ Preislimit, Zeichnungszeitpunkt, Zeichnungsvolumen; ■ gewünschte Investorenstruktur; ■ Nachmarktpotenzial der Investoren. (Analyse kann z. B. durch computergesteuertes Scoring oder Punktebewertungsmodell erfolgen.)

Beurteilung des Bookbuilding-Verfahrens	
Vorteile	**Nachteile**
■ Bevorzugte Berücksichtigung von Investoren mit langfristiger Anlageabsicht und guter Bonität. ■ Marktnahe Preisfindung durch Einbindung der Investoren. ■ Bessere Steuerung der Streuung der Aktien bei Erstplatzierungen. ■ Anpassung der Zeichnungsgebote an veränderte Marktlage möglich. ■ Erhöhung des Bekanntheitsgrades der Aktie durch Berichte in den Medien.	■ Größerer Aufwand als beim Festpreisverfahren. ■ Orientierung der Preisfindung vorrangig an Großanlegern. ■ Benachteiligung privater Anleger, da – aufgrund der Platzierungsstabilität institutionelle Anleger bevorzugt berücksichtigt werden, – private Anleger die Marktlage schlechter einschätzen können und deshalb nur mit unlimitierten Aufträgen bei der Zuteilung eine Chance haben.

„Greenshoe" bezeichnet eine Vereinbarung zwischen dem Emissionskonsortium und dem Emittenten oder dessen Altaktionären, wonach i. d. R. der Konsortialführer ein zeitlich befristetes Wahlrecht zum Bezug einer bestimmten Anzahl weiterer neuer oder alter Aktien hat. In der Praxis wird „Greenshoe" oft auch als Mehrzuteilungsoption bezeichnet. Wird der Greenshoe mit den Altaktionären des Emittenten vereinbart, handelt es sich in aller Regel um eine Wertpapierleihe, d. h., die Altaktionäre, oft Großaktionäre des Emittenten, übertragen eine bestimmte Anzahl ihrer Aktien darlehensweise an die Konsortialbanken. Diese sind im Gegenzug nach Ablauf der Leihfrist entweder zur Rückübertragung der Aktien oder zur Zahlung des entsprechenden Emissionspreises verpflichtet. Wird der Greenshoe dagegen mit dem Emittenten, d. h., der Aktiengesellschaft vereinbart, erfolgt eine Kapitalerhöhung, durch die die zusätzlich benötigten Aktien geschaffen werden.

Das Bezugsrecht der Aktionäre ist beim Bookbuilding-Verfahren regelmäßig ausgeschlossen.

14.3.2.2 Auktionsverfahren

Beim Auktionsverfahren müssen sich die potenziellen Anleger aufgrund von Unternehmensinformationen und Analysestudien selbst einen Preis suchen, den sie für die Aktie zahlen wollen. Die Aktiengesellschaft legt ein Mindestgebot fest. Nach Abschluss der Zeichnungsfrist erhalten alle Anleger, beginnend mit dem höchsten Gebot, so lange eine Zuteilung, bis das Emissionsvolumen ausgeschöpft ist. Die Höhe des niedrigsten Gebots, das zum Zuge kommt, bestimmt den Zuteilungspreis für alle Bieter.

Kompetenztraining: Emissionsgeschäft

1 In welchen Formen unterscheidet sich die Wertpapierausgabe

a) nach der Art des Vertriebs,

b) nach der Art der Übernahme?

2 Ein Unternehmen wählt für den geplanten Börsengang das Bookbuilding-Verfahren. Welche Aussagen treffen auf dieses Verfahren zu?

a) Der Emittent legt in Absprache mit dem Konsortium einen verbindlichen Emissionspreis fest. Die Anleger haben keinen Einfluss auf den Ausgabepreis.

b) Die Altaktionäre haben in der Regel ein Bezugsrecht.

c) Der Emittent berücksichtigt bei der Festsetzung des Emissionspreises auch die Preisvorstellungen potenzieller Anleger.

d) Die Preisfindung orientiert sich vor allem an privaten Anlegern.

e) Investoren mit langfristigen Anlageabsichten und guter Bonität können bei der Platzierung bevorzugt berücksichtigt werden.

f) Eine Überzeichnung der Emission ist nicht möglich.

3 In welchen fünf Stufen vollzieht sich die Zeichnung von Wertpapieren?

Situation: Wertpapiere im Bookbuilding-Verfahren platzieren

Ein Telekommunikationskonzern beabsichtigt, einen Konkurrenten zu übernehmen. Er plant, die Übernahme durch eine Kapitalerhöhung zu finanzieren. Nach Gesprächen mit der Hausbank – einer Großbank – entscheidet sich die Geschäftsführung für das Bookbuilding-Verfahren. Dabei wird eine Preisspanne von 5,50 € bis 7,50 € festgelegt.

AUFGABEN:

1 Im Rahmen des Bookbuilding-Verfahrens übernimmt die Hausbank die Funktion des sogenannten Bookrunners. Nennen Sie die Aufgaben, die mit dieser Funktion verbunden sind.

2 Beschreiben Sie den Ablauf dieses Verfahrens.

3 Die Übernahme der Aktien durch das Konsortium erfolgt als „Übernahme zur Verkaufsvermittlung".

a) Welche Rechtsstellung haben die Mitglieder des Konsortiums?

b) Wer trägt in diesem Fall das Absatzrisiko?

4 Nennen Sie die Vorteile, die das Bookbuilding-Verfahren dem Telekommunikationskonzern bietet.

15 Das Depotgeschäft

Einstieg

Der Kunde Adrian Schürholz beabsichtigt, eine längere Urlaubs- und Dienstreise anzutreten. Die wertvollsten Stücke seiner Grafik- und Münzsammlung möchte er seinem Kreditinstitut zur sicheren Aufbewahrung übergeben. Die Bilder (Grafiken) befinden sich in einer großen Mappe, die Münzen werden in mehreren kleinen Schatullen aufbewahrt.

Unterrichten Sie den Kunden, welchen Service Sie ihm anbieten können und was er veranlassen muss.

Wesen und Bedeutung. Unter dem Begriff Depotgeschäft versteht man allgemein die Aufbewahrung von Wertpapieren und ihre Verwaltung. Zu den herkömmlichen Depotgeschäften der Bank gehört auch die sichere Aufbewahrung von Gegenständen (Schmuck, Sammlungen, Kunstwerke u. a.) im Tresor. Da diese Gegenstände der Bank „verschlossen" anvertraut werden, der Inhalt der Behältnisse ihr also unbekannt ist, andererseits die Effekten „offen" zur Verwahrung und Verwaltung übergeben werden, bezeichnet man die Tresoraufbewahrung auch als „geschlossenes Depot", die Effektenaufbewahrung dagegen als „offenes Depot".

15.1 Tresorgeschäfte (geschlossenes Depot)

Begriff. Beim Tresorgeschäft übernimmt die Bank die Aufgabe der sicheren Aufbewahrung von Gegenständen gegen Diebstahl und Feuer im Tresor oder Panzerschrank. Dafür erhält sie ein vereinbartes Entgelt.

§§ 688 ff. BGB
§§ 535 ff. BGB

Rechtsgrundlagen. Die Aufbewahrung erfolgt nach den Richtlinien der Geschäftsbedingungen und den Bestimmungen des BGB über Verwahrung (Verwahrstücke) und Miete (Schrankfächer) sowie den (Sonder-)Bedingungen über die Vermietung von Schrankfächern bzw. für die Annahme von Verwahrstücken.

Aufbewahrung von Verwahrstücken. Die Bank nimmt gegen Ausstellung einer Quittung oder eines Verwahrscheins in verschnürten, verschlossenen, versiegelten Packstücken oder Behältnissen untergebrachte Gegenstände in Verwahrung. Der Name des Hinterlegers wird auf dem eingelieferten Stück vermerkt. Die Bank nimmt keine Kenntnis vom Inhalt des Behältnisses. Der Einlieferer hat jederzeitigen Herausgabeanspruch an den Stücken, so, wie er sie eingeliefert hat. Ein Pfandrecht am Verwahrstück entsteht für das Kreditinstitut nicht. Es entsteht lediglich ein Zurückbehaltungsrecht der Bank, z. B. wenn
§ 273 BGB
der Hinterleger die vereinbarten Gebühren nicht bezahlt hat. Das Kreditinstitut haftet bei Verlust oder Beschädigung des Verwahrstücks nur bei eigenem Verschulden. Es bleibt dem Hinterleger überlassen, das sonstige Risiko durch eine Versicherung zu decken.

Vermietung von Schrankfächern (Safes). Die meisten Banken besitzen in ihren Tresorräumen gepanzerte Schränke, die mit kleineren oder größeren Fächern (Safes) ausgestattet sind. Jedes Fach ist mit zwei Schlössern versehen, von denen das eine vom Kunden mit einem eigenen Schlüssel verschlossen wird. Das zweite wird von der Bank verschlossen, und zwar mit einem Schlüssel, der auch für das zweite Schloss der anderen Fächer passt (Passepartout). Das Schrankfach kann also nur von Bank und Kunden gemeinsam geöffnet werden. Moderne Großanlagen besitzen anstelle des zweiten Schlosses eine elektronisch zu steuernde Sperrvorrichtung, die von einer zentralen Stelle entriegelt werden kann. Im

Inneren des Fachs befindet sich meist noch eine Blechkassette, die vom Kunden zusätzlich gesichert werden kann. Die Schrankfächer ermöglichen eine gegen Diebstahl und Feuer gesicherte Aufbewahrung von Wertgegenständen, Dokumenten und dgl. Zur zusätzlichen Sicherung werden häufig Tresorausweise ausgegeben und/oder ein Kennwort vereinbart. Jedenfalls hat sich der Einlass Begehrende als Berechtigter oder Vertreter zu legitimieren, falls er nicht bekannt ist. Der Bank steht das Vermieterpfandrecht zu (in Höhe der geschuldeten Miete). Tresorbesucher werden meist in einem Tresorbuch oder in einer entsprechenden Kartei vermerkt. § 562 BGB

	Aufbewahrung von Verwahrstücken	Vermietung von Schrankfächern
Rechtsgrundlage	**Verwahrungsvertrag**	**Mietvertrag**
Gegenstand	Verschlossene Verwahrstücke werden zur Aufbewahrung übernommen	Vermietung von Safe-Raum zur Aufbewahrung von Gegenständen
Haftung des Verwahrers	Nur bei eigenem Verschulden, d. h. bei Vorsatz und grober Fahrlässigkeit	Nur bei eigenem Verschulden, d. h. bei Vorsatz und grober Fahrlässigkeit
	Das sonstige Risiko kann der Mieter/Hinterleger durch eine Versicherung decken.	
Ansprüche des Verwahrers	Vereinbartes Entgelt Zurückbehaltungsrecht bei Nichtzahlung	Miete Gesetzliches Vermieterpfandrecht am Inhalt des Schrankfachs

15.2 Effektenaufbewahrung (offenes Depot)

LS 10

Im Effektenverwahrgeschäft werden der Bank Wertpapiere unverschlossen zur Verwahrung und Verwaltung anvertraut. Zum Schutz des Hinterlegers vor unkorrekten Handlungen des Verwahrers gelten die Bestimmungen des „Gesetzes über die Verwahrung und Anschaffung von Wertpapieren" (Depotgesetz).

Es bestimmt,

- dass dem Kunden (Hinterleger) das Eigentum an den gekauften Wertpapieren sofort zu verschaffen ist und
- dass das Eigentum an den hinterlegten Papieren zu erhalten ist, insbesondere dass im Insolvenzfall eine Aussonderung der Kundenpapiere erfolgen muss.

15.2.1 Sammelverwahrung und Sonderverwahrung

Sammelverwahrung. Der Verwahrer darf vertretbare Wertpapiere, die zur Sammelverwahrung zugelassen sind, einer Wertpapiersammelbank zur Sammelverwahrung anvertrauen, falls der Hinterleger (Wertpapierkunde) nicht ausdrücklich die Sonderverwahrung verlangt. § 5 DepotG

Miteigentum. Mit der Einlieferung in die Sammelverwahrung verliert der Hinterleger das Sondereigentum am eingelieferten Stück. Stattdessen entsteht ein Miteigentum nach Bruchteilen an den zum Sammelbestand gehörenden Wertpapieren gleicher Gattung. Es besteht also kein Anspruch auf Auslieferung desselben Stücks, sondern nur auf Auslieferung des gleichen Nennbetrags oder der gleichen Stückzahl der eingelieferten Wertpapiergattung. Bei Insolvenz des Verwahrers besteht ein Aussonderungsrecht (vgl. Kapitel 21.11) wie bei der Sonderverwahrung.

Sammelverwahrfähig sind effektive Stücke, Globalurkunden (vgl. Kapitel 11.2.2.2) und Wertrechte. Die Sammelverwahrung ist die gesetzliche Regelverwahrung.

Anstelle der Sammelverwahrung durch eine Wertpapiersammelbank (Girosammelverwahrung) darf der Verwahrer die Wertpapiere selbst verwahren (Haussammelverwahrung), wenn der Hinterleger ihn dazu ausdrücklich und schriftlich ermächtigt hat. Diese Ermächtigung muss für jedes Verwahrungsgeschäft besonders erteilt werden. In der Praxis hat die Haussammelverwahrung keine Bedeutung.

Die **Girosammelverwahrung** dient der Vereinfachung des gesamten Effektenhandels und ist die Grundlage für den „stückelosen Effektenverkehr" (Effektengiroverkehr). Bei Wertpapierkäufen kann das Eigentum schnell und unkompliziert durch Umbuchung im Sammelbestand verschafft werden. Die Depotgebühren sind günstiger als die Gebühren für Sonderverwahrung. Mit der Durchführung der Girosammelverwahrung ist speziell die Clearstream Banking AG betraut.

§ 2 DepotG

Sonderverwahrung. Wenn der Hinterleger die gesonderte Aufbewahrung verlangt oder die zu verwahrenden Wertpapiere nicht zur Sammelverwahrung durch eine Wertpapiersammelbank zugelassen sind, hat die Aufbewahrung der Wertpapiere „gesondert", d.h. getrennt von den eigenen Wertpapieren des Verwahrers und von denen anderer Hinterleger zu erfolgen. Dabei ist das Eigentum durch eine „äußerlich erkennbare" Bezeichnung des Hinterlegers an den Stücken kenntlich zu machen.

Der Einlieferer hat einen Herausgabeanspruch für das eingelieferte Stück. Im Falle der Insolvenz des Verwahrers hat er ein Aussonderungsrecht.

Die Bezeichnung des Hinterlegers erfolgt in der Praxis meist auf einem Papierband, das um das Wertpapier gelegt wird – deshalb auch die Bezeichnung „Streifbandverwahrung". Wertpapiere eines Hinterlegers werden i.d.R. in Mappen oder Hüllen zusammen aufbewahrt. Die einzelnen Gattungen werden jedoch getrennt mit Streifbändern versehen. Die Bogen werden aus Sicherheitsgründen getrennt von den Mänteln aufbewahrt. Dabei werden sie nach Gattungen, festverzinsliche Wertpapiere zusätzlich nach Zinsterminen geordnet. Beim Kauf von Wertpapieren für ein Streifbanddepot ist dem Käufer (Hinterleger) binnen einer Woche ein **Stückeverzeichnis** zu übersenden, in dem die einzelnen Wertpapiere nach Gattung, Nennbetrag, Nummern oder sonstigen Bezeichnungsmerkmalen aufgeführt sind. Mit der Absendung des Stückeverzeichnisses geht das Eigentum vom Kommissionär auf den Kommittenten über. Mit diesem Verzeichnis kann der Kunde sein Eigentum an den bezeichneten Stücken beweisen.

§ 18 Abs. 3 DepotG

Die Sonderverwahrung hat in der Bankpraxis kaum Bedeutung.

Die Clearstream Banking AG übernimmt auch Namensaktien und vinkulierte Namensaktien in Girosammelverwahrung. Die depotführenden Kreditinstitute müssen u.a. Namen und Adresse des Aktionärs an die Clearstream Banking AG übermitteln. Die Daten werden im System **Cascade RS** verarbeitet und der Aktiengesellschaft für das elektronisch geführte Aktienregister weitergeleitet. Alle eingelieferten Namensaktien werden unter Beibehaltung ihrer Stückenummer in eine Dauerglobalurkunde überführt. Der Kunde erhält ein buchmäßiges Miteigentumsrecht. Da eine Doppelverbriefung unzulässig ist, werden die effektiven Urkunden vernichtet. Verlangt ein Kunde Auslieferung, wird die Stückenummer, zu der er im Aktienregister eingetragen ist, auf eine Blankourkunde gedruckt und die Globalurkunde entsprechend heruntergeschrieben. Durch dieses Verfahren erspart man sich die papiergebundene Umschreibung. Die papierlose Abwicklung beschleunigt und vereinfacht den Handel und die Verwahrung von vinkulierten Namensaktien. Aktienumschreibungen im Aktienregister sollen innerhalb von 2 Tagen erfolgen. Da auch der Bogen vernichtet wird, erfolgen Dividendenzahlungen und Bezugsrechtsausübungen kuponlos.

<table>
<tr><th colspan="4">Offenes Depot</th></tr>
<tr><th rowspan="2">Sonderverwahrung</th><th colspan="3">Sammelverwahrung</th></tr>
<tr><td>▪ Haussammelverwahrung</td><td colspan="2">▪ Girosammelverwahrung</td></tr>
<tr><td rowspan="4">▪ Getrennte Aufbewahrung von den eigenen Beständen des Kreditinstituts und denen Dritter.
▪ Eigentum an bestimmten Stücken bleibt für Kunden erhalten.
▪ Aussonderungsrecht im Insolvenzfall.</td><td colspan="3">▪ Effekten derselben Gattung, die verschiedenen Hinterlegern gehören, können zu einem Sammelbestand zusammengefasst werden.</td></tr>
<tr><td rowspan="2">▪ Sammelbestand eines Kreditinstituts im eigenen Haus.
▪ Ausdrückliche und schriftliche Ermächtigung des Kunden für jede Verwahrung.</td><td colspan="2">▪ Sammelbestand bei einer Wertpapiersammelbank.</td></tr>
<tr><td>▪ Girosammeldepot</td><td>▪ Girosammeldepot/ Namensaktien</td></tr>
<tr><td colspan="3">▪ Miteigentum des Hinterlegers am Sammelbestand
▪ Dinglicher Herausgabeanspruch
▪ Aussonderungsrecht im Insolvenzfall</td></tr>
</table>

15.2.2 Drittverwahrung

Bei der Drittverwahrung ist der Erstverwahrer (Zwischenverwahrer) ohne besonderen Auftrag des Hinterlegers berechtigt, die Wertpapiere unter seinem Namen einem anderen Verwahrer (Drittverwahrer) zur Verwahrung anzuvertrauen. Die Drittverwahrung spielt in der Praxis eine wesentliche Rolle, wenn Wertpapiere im Sammelbestand einer Wertpapiersammelbank verwahrt werden sollen oder für die Übertragung der Verwahrungspflichten durch Banken (Filial- oder Provinzbanken) oder Sparkassen, die nicht über geeignete Tresoranlagen verfügen oder infolge geringen Umfangs des Wertpapiergeschäfts Wertpapiere nicht selbst verwahren oder verwalten, an Hauptanstalten oder Zentralinstitute. § 3 DepotG

Durch die Drittverwahrung werden die Rechte des Hinterlegers nicht beeinträchtigt. Sein Eigentumsanspruch bleibt in vollem Umfang erhalten.

Fremdvermutung. Der Drittverwahrer hat die eingelieferten Wertpapiere grundsätzlich als Eigentum von Kunden des Erstverwahrers anzusehen – Fremdvermutung. § 4 DepotG

Eigenanzeige. Zur Aufhebung der Fremdvermutung ist eine ausdrückliche und schriftliche Anzeige (Eigenanzeige) des Zwischenverwahrers erforderlich, dass er Eigentümer der Wertpapiere ist.

Dem Drittverwahrer steht ein Pfand- oder Zurückbehaltungsrecht an den Kundenpapieren nur wegen solcher Forderungen zu, die durch die Wertpapiere entstanden sind, z. B. wegen rückständiger Depotgebühren. Die Kundenpapiere haften also nicht für Verbindlichkeiten des Zwischenverwahrers.

Der Drittverwahrer muss Kundenpapiere und Wertpapiere, die Eigentum des Zwischenverwahrers sind, getrennt verbuchen: Kundenpapiere auf Depotkonto B („Fremddepot"), Papiere des Zwischenverwahrers auf Depotkonto A („Eigendepot").

Depotarten und Verpfändungsmöglichkeiten				
	Depot A (§ 12 Abs. 4 DepotG)	**Depot B**	**Depot C** (§ 12 Abs. 2 DepotG)	**Depot D** (§ 12 Abs. 3 DepotG)
	Eigendepot Unbeschränkte Verpfändung	Anderdepot/ Fremddepot	Pfanddepot Regelmäßige Verpfändung	Sonderpfanddepot Beschränkte Verpfändung
Voraus-setzungen	Bereitstellung oder Einräumung eines Kredits durch Zwischen-verwahrer. Aus-drückliche und schriftliche Ermächtigung des Hinterlegers		Bereitstellung oder Einräumung eines Kredits durch Zwischenverwahrer	
			Ausdrückliche und schriftliche Ermächtigung des Hinterlegers	
Haftung	Unbeschränkte Haftung für alle Verbindlichkeiten des Zwischen-verwahrers		Papiere jedes Hin-terlegers haften bis zur Höhe des Rückkredits des Zwischenverwah-rers	Papiere jedes Hinterlegers haften jeweils bis zur Höhe des dem einzelnen Hinter-leger gewährten Kredits
Anwen-dungs-bereiche	Buchung von eigenen Wert-papieren des Zwischenver-wahrers oder von unbeschränkt für den Zwischenver-wahrer haftenden Kundenpapieren.	Buchung von Wertpapieren, die von Kunden der Kreditinstitute eingeliefert oder für Kunden ange-schafft wurden.	Buchung von Wert-papieren, die der Zwischenverwah-rer gemäß einer Ermächtigung zur Verpfändung dem Drittverwahrer ver-pfändet hat. Depot C hat in der Praxis nur noch eine geringe Bedeutung.	Buchung von Wert-papieren, die vom Zwischenverwah-rer unter Angabe der entsprechen-den Kundennum-mern verpfändet wurden. Depot D hat in der Praxis ebenfalls nur noch eine ge-ringe Bedeutung.

15.2.3 Wertpapierrechnung

Werden vom Kunden erworbene Wertpapiere im Ausland aufbewahrt, so gelten für die Verwahrung und Verwaltung dieser Effekten die Rechtsvorschriften und Usancen des jeweiligen Lagerlandes. Eigentümer dieser Wertpapiere wird im rechtlichen Sinne die Kundenbank. Sie ist verpflichtet, dieses Eigentum zugunsten des Depotkunden treuhänderisch auszuüben. Mit der Zwischenverwahrung der Wertpapiere wird i. d. R. eine in- oder ausländische Stelle beauftragt (z. B. Clearstream Banking AG in Verbindung mit dem internationalen Zentralverwahrer Clearstream Luxembourg S. A.).

§ 13 DepotG

Für diese Wertpapiere erhalten die deutschen Kunden von ihrem Kreditinstitut unter Angabe des jeweiligen Lagerortes eine Gutschrift in **Wertpapierrechnung** (Sonderbedingungen für Wertpapiere Ziffer 12). Der Kunde erwirbt in diesem Falle kein Sonder- bzw. Miteigentum an den Wertpapieren, sondern lediglich einen schuldrechtlichen Anspruch gegen seine Bank auf Herausgabe gleichartiger, nicht aber der gleichen Wertpapiere. Zur Erfüllung dieser Ansprüche unterhält die Bank für ihren Kunden einen entsprechenden Deckungsbestand am jeweiligen Lagerort. Der Kunde muss für jedes einzelne Verwahrgeschäft ausdrücklich und schriftlich zustimmen.

15.2.4 Wertpapierleihe

Der Verleiher übereignet Wertpapiere an den Entleiher mit der Maßgabe, ihm nach Ablauf der meist kurzen Laufzeit von Tagen oder Wochen Stücke gleicher Art und Güte zurückzuübereignen. Der Verleiher erhält vom Entleiher eine Leihgebühr.

Juristisch liegt der Wertpapierleihe ein Sachdarlehensvertrag zugrunde. § 607 BGB

Während der Laufzeit des Wertpapier-Leihgeschäfts kann der Entleiher über die entliehenen Wertpapiere frei verfügen, darf sie also auch an Dritte verkaufen oder zur Erfüllung einer Lieferverpflichtung verwenden.

Gründe für Wertpapierleihe können sein:

Für den Verleiher:

- Der Verleiher kann durch Kassieren der Leihgebühr die Rendite seines Wertpapierdepots erhöhen. Diese Strategie ist dann sinnvoll, wenn die Wertpapiere über einen längeren Zeitraum hinweg nicht verkauft werden sollen.
  (Dem Verleiher stehen für die Dauer der Leihe sämtliche Zinsen, Dividenden sowie Bezugsrechte aus den verliehenen Wertpapieren zu.)

Für den Entleiher:

- Technisch bedingte Lieferverzögerungen können überbrückt werden. Das gilt insbesondere für grenzüberschreitende Wertpapiergeschäfte mit landesspezifisch unterschiedlichen Erfüllungsfristen (vgl. Beispiel 1).
- Kursunterschiede zwischen Kassa- und Terminmarkt können ausgenutzt werden. Das trifft dann zu, wenn z. B. der DAX-Future billiger ist als die Aktien am Kassamarkt, aus denen sich der DAX zusammensetzt. Es werden dann Kontrakte an der Eurex gekauft und am Kassamarkt DAX-Aktien verkauft. Das Material für den Verkauf am Kassamarkt kann sich der Arbitrageur über die Wertpapierleihe besorgen.
- Die Abwicklung von Wertpapier-Pensionsgeschäften ist möglich. Der Entleiher kann unter bestimmten Umständen so günstiger an kurzfristige Finanzmittel herankommen, als wenn er an den Geldmarkt gehen würde.
- Die Risiken aus Optionsgeschäften können begrenzt werden (vgl. Beispiel 2).

Beispiel 1 für ein Wertpapierleihgeschäft:

Ein institutioneller Anleger kann Aktien in London für umgerechnet 180,00 €/St. erwerben, während er sie zur gleichen Zeit in Frankfurt am Main für 185,00 €/St. verkaufen kann. Bei diesem Geschäft stellt sich das Problem, dass der Anleger die Aktien in Frankfurt am Main zwei Tage nach Geschäftsabschluss liefern muss, während er die Aktien in London erst zum folgenden Abrechnungstag, z. B. in sieben Tagen, bekommt.

Mithilfe eines Wertpapierleihgeschäfts kann diese Arbitrage ausgenutzt werden: Der Anleger leiht sich für 5 Tage die Aktien. Mit den geliehenen Aktien erfüllt er die Lieferverpflichtung in Frankfurt am Main. Werden die Aktien in London 5 Tage später geliefert, gibt er sie dem Verleiher zurück.

Beispiel 2 für ein Wertpapierleihgeschäft:

Eine hohe Nachfrage nach Verkaufsoptionen (Puts) kann dazu führen, dass ein Market Maker an der Eurex eine größere Stillhalter-Position in bestimmten Aktien-Puts einnehmen muss. Als Stillhalter in Verkaufsoptionen ist der Market Maker bis zum Verfalltag der Option verpflichtet, Aktien zum vereinbarten Basispreis zu kaufen. Fällt der Kurs der Aktien, wird der Inhaber der Option diese ausüben und der Stillhalter muss ihm die Aktien zum vereinbarten Basispreis abkaufen. Der Basispreis kann aber nach einem Kursrückgang erheblich über dem aktuellen Kurs der Aktie liegen, sodass sich für den Stillhalter aus diesem Geschäft ein hoher Verlust ergeben kann.

Ein Market Maker kann sich gegen dieses Risiko absichern, indem er sich die Aktien leiht und diese sofort am Kassamarkt verkauft. Fallen die Kurse, kann er die Aktien, die ihm aus dem Optionsgeschäft angedient werden, an den Verleiher zurückgeben.

Beispiel 3 für ein Wertpapierleihgeschäft:

Ein Spekulant geht davon aus, dass der Kurs bestimmter Aktien in den nächsten Wochen erheblich sinken wird. Er selbst hat diese Aktien nicht im Depot. Er leiht sich deshalb die Aktien und verkauft die geliehenen Papiere sofort über die Börse. Fällt der Kurs tatsächlich, kann er die Aktien billig zurückkaufen und dem Verleiher zurückgeben.

15.2.5 Depotverwaltung

Die Bank ist ihrem Kunden für eine ordnungsgemäße Verwaltung der ihr anvertrauten Wertpapiere verantwortlich. Voraussetzung hierfür ist eine einwandfrei arbeitende Depotverwaltung. Zwischen Kunden und Kreditinstituten wird ein Geschäftsbesorgungsvertrag geschlossen, der dem Kreditinstitut die Verwaltungsaufgaben überträgt.

Aufgaben. Die sich aus den depotgesetzlichen Bestimmungen ergebende Verwaltungstätigkeit der Banken und Sparkassen ist mannigfaltig. Die „Wertpapier-Mitteilungen" liefern die notwendigen Bearbeitungsunterlagen. Sie geben Aufschluss über Zinstermine und Dividendenfälligkeiten. Über abhanden gekommene und aufgebotene Wertpapiere erscheint eine „Aufgebotsliste" (Oppositionsliste). Sie enthalten außerdem Nachrichten über Wertpapiere, Hauptversammlungstermine, Auslosungen, Bezugsrechte, die Ausgabe von Berichtigungsaktien; kurz: alles, was für den Wertpapierbesitzer und -verwahrer wichtig ist, wird bekannt gegeben. Dieser wird dadurch in die Lage versetzt, die notwendigen Verwaltungsmaßnahmen rechtzeitig und in der erforderlichen Weise durchzuführen.

Die wichtigsten Dienstleistungen im Rahmen der Verwahrung sind:

- Einzug von Zins-, Dividenden- und Ertragsscheinen, Besorgung neuer Bögen,
- Einlösung von rückzahlbaren Wertpapieren bei Fälligkeit,
- Überwachung und Einzug geloster und gekündigter Stücke,
- Weitergabe von Tauschangeboten, Mitteilungen über bevorstehende Konvertierungen, Aufzahlungen u. dgl.,
- Benachrichtigung über die Einräumung von Bezugsrechten mit der Bitte um Weisung,
- Bezug von neuen oder jungen Aktien bzw. Kauf oder Verkauf von Bezugsrechten und Berichtigungsspitzen,
- Erteilung von Depotauszügen,
- Übermittlung von Quartalsinformationen über verbuchte Finanzinstrumente,
- Bei Inhaberaktien und bei Namensaktien, bei denen das depotführende Kreditinstitut anstelle des Aktionärs im Aktienregister eingetragen ist: Mitteilungen über Hauptversammlungen, Besorgung von Eintritts- und Stimmkarten oder Ausübung des Stimmrechts. (Ist ein Aktionär bei Namensaktien selbst im Aktienregister eingetragen, erhält er die Mitteilungen direkt von der Gesellschaft.) u. a.

§ 128 (1) AktG

§ 125 (1) AktG

Ausübung von Bezugsrechten, Entscheidung über Tauschangebote u. Ä. werden nach besonderer Weisung des Kunden abgewickelt.

Depotstimmrecht. Im Rahmen des Depotgeschäfts sind Kreditinstitute bereit, ihre Kunden auf den Hauptversammlungen von Aktiengesellschaften zu vertreten, sofern die Kunden Aktien der betreffenden Gesellschaften im Depot verwahren lassen. Eine Verpflichtung, das Stimmrecht für den Kunden auszuüben, besteht nicht. Sofern die Kreditinstitute das Stimmrecht für ihre Kunden ausüben oder ausüben lassen wollen, bedarf es einer Vollmacht vonseiten des Kunden. § 135 AktG

Der Auftrag zur Ausübung des Stimmrechts aus verwahrten Aktien kann erteilt werden

- für eine genau bezeichnete Hauptversammlung **(Einzelstimmrechtsvollmacht),**
- für alle Hauptversammlungen inländischer Aktien im Depot des Kunden, auf denen das Kreditinstitut Stimmrechte ausüben will **(allgemeine Stimmrechtsvollmacht).**

Die allgemeine Stimmrechtsvollmacht gilt bis auf Widerruf. Der Kunde kann auch für einzelne Hauptversammlungen das Stimmrecht auf andere übertragen oder sich für Hauptversammlungen, die er selbst besuchen will, Stimmkarten besorgen lassen. Bei einer unbefristet erteilten Stimmrechtsvollmacht ist der Kunde einmal jährlich vom Kreditinstitut auf die Möglichkeit des jederzeitigen Widerrufs der Vollmacht und auf andere Vertretungsmöglichkeiten hinzuweisen.

Für die Ausübung von Aktionärsstimmrechten durch Kreditinstitute und Finanzdienstleistungsinstitute gelten besondere Vorschriften:

- Bei Inhaberaktien und bei Namensaktien, bei denen das Kreditinstitut anstelle des Aktionärs ins Aktienregister eingetragen ist, sind dem Aktionär eigene Abstimmungsvorschläge zu den einzelnen Tagesordnungspunkten zu unterbreiten, wenn beabsichtigt ist, das Depotstimmrecht auszuüben. § 135 AktG
- Bei den eigenen Vorschlägen hat sich das Kreditinstitut vom Interesse des Aktionärs leiten zu lassen und organisatorische Vorkehrungen dafür zu treffen, dass Eigeninteressen aus anderen Geschäftsbereichen nicht einfließen.
- Ein Mitglied der Geschäftsleitung des Instituts ist zu benennen, das die Einhaltung der Pflichten sowie die ordnungsgemäße Ausübung des Stimmrechts und deren Dokumentation zu überwachen hat.
- Zusammen mit den eigenen Vorschlägen hat das Kreditinstitut den Aktionär um Erteilung von Weisungen zur Stimmrechtsausübung zu bitten. Den erteilten Weisungen ist zu folgen.
- Das Kreditinstitut hat darauf hinzuweisen, dass es das Stimmrecht entsprechend den eigenen Vorschlägen ausüben wird, wenn der Aktionär nicht rechtzeitig eine andere Weisung erteilt.
- Zur Erleichterung der Weisungserteilung durch den Aktionär müssen Formblätter versandt oder Eingabemasken in elektronischen Medien zur Verfügung gestellt werden.
- Auf personelle oder kapitalmäßige Verbindungen zwischen der Gesellschaft und dem Kreditinstitut ist – unter bestimmten Voraussetzungen – gesondert hinzuweisen.
- In der eigenen Hauptversammlung des Kreditinstituts darf das Depotstimmrecht nur ausgeübt werden, wenn der Aktionär eine ausdrückliche Weisung zu den einzelnen Punkten der Tagesordnung erteilt hat.
- Das Kreditinstitut übt das Stimmrecht der Vollmacht entweder im Namen des „Vollmachtgebers" aus oder „im Namen dessen, den es angeht".
- Untervollmachten an Personen, die nicht eigene Angestellte des bevollmächtigten Kreditinstituts sind, müssen vom Vollmachtgeber ausdrücklich genehmigt sein.

Wünscht der Kunde selbst an der Hauptversammlung teilzunehmen, erhält er eine Depotbescheinigung in Form einer Eintrittskarte, die auf den 21. Tag vor der Hauptversammlung ausgestellt ist. Die Aktien müssen bei der Anmeldung zur Hauptversammlung nicht mehr hinterlegt werden. Stattdessen ist der international übliche „record date", also der Stichtag für die Legitimation des Aktionärs zur Ausübung des Stimmrechts, auf den 21. Tag vor der Hauptversammlung angesetzt worden. Den entsprechenden Beleg liefern die Depotbanken. Das Teilnahme- und Stimmrecht bleibt dann auch im Falle der Veräußerung der Aktien nach dem „record date" bestehen.

Bei Namensaktien, bei denen der Kunde selbst im Aktienregister eingetragen ist, werden die Hauptversammlungsunterlagen an den Aktionär direkt durch die AG versandt. Nur der im Aktienregister eingetragene Aktionär ist berechtigt, die Mitgliedschaftsrechte auszuüben.

Bei Namensaktien, bei denen das Kreditinstitut nicht in das Aktienregister eingetragen ist, sind eigene Vorschläge zur Ausübung des Stimmrechts nur zugänglich zu machen (z. B. auf einer Homepage). Eine gesonderte Mitteilung erfolgt nur, wenn das Kreditinstitut beabsichtigt, von den vorher bekannt gemachten Vorschlägen des Vorstands oder des Aufsichtsrats der Gesellschaft abzuweichen. Darauf ist der Aktionär einmal jährlich hinzuweisen.

Will der Aktionär nicht selbst an der Hauptversammlung teilnehmen und auch keinen Vertreter beauftragen, kann er auch per Briefwahl oder E-Mail von seinem Stimmrecht Gebrauch machen – vorausgesetzt, die Satzung der Gesellschaft lässt dies zu.

Die Aktiengesellschaft kann in der Satzung ihren Aktionären das Recht einräumen, sich zur Hauptversammlung online zuzuschalten. Der Aktionär kann insbesondere sein Stimm- und Fragerecht – je nach Ausgestaltung der Satzung – wie ein physisch anwesender Teilnehmer in Echtzeit online ausüben.

§ 124a AktG

Börsennotierte Gesellschaften müssen die hauptversammlungsrelevanten Unterlagen (z. B. die Tagesordnung oder Anträge zur Beschlussfassung) alsbald nach der Einberufung auf ihrer Internetseite veröffentlichen. So bekommen interessierte Aktionäre unabhängig von ihrem Wohnsitz einen einfachen und effizienten Zugang zu den Informationen.

Die Hauptversammlung der Aktiengesellschaft kann entscheiden, ob sie für Informationen von der Gesellschaft zum Aktionär den (kostenintensiven) Papierversand bevorzugt oder die Kreditinstitute die Mitteilungen in elektronischer Form übermitteln sollen.

In der Hauptversammlung selbst müssen keine Papierunterlagen mehr ausgelegt werden, wenn die Aktionäre Zugang zu den Unterlagen z. B. über Computerterminals erhalten.

Problematik des Depotstimmrechts	
Für das Depotstimmrecht gilt: ■ Die Depotbank muss Mitteilungen der Gesellschaft unverzüglich an ihre Depotkunden weiterleiten. ■ Aktionäre (Depotkunden) können Einzelweisungen erteilen, die die Depotbank befolgen muss. ■ Die Unterstützung der Verwaltungsvorschläge dient dem langfristigen Unternehmensinteresse. ■ In der eigenen Hauptversammlung darf die Depotbank das Vollmachtstimmrecht nur ausüben, wenn der Aktionär zu den einzelnen Tagesordnungspunkten ausdrückliche Weisungen erteilt hat. ■ Sicherung einer hohen Präsenz in der Hauptversammlung. Verhütung des Übergewichts von Großaktionären. ■ Vertretene Kreditinstitute treten nicht als Einheit auf.	Gegen das Depotstimmrecht werden folgende Einwände erhoben: ■ Das Vollmachtstimmrecht führt durch die Ballung der Stimmrechte zu einer unkontrollierten Macht bei den Banken. Die Kreditinstitute erhalten einen unangemessen großen Einfluss. ■ Gefahr der Interessenkollision: Die Ziele der Kreditinstitute bzw. des Unternehmens und der Depotkunden können kollidieren. ■ Stärkung der „Verwaltung" durch das Vollmachtstimmrecht. ■ Keine Berücksichtigung unterschiedlicher Aktionärsinteressen (Depotkunden). ■ Über das Vollmachtstimmrecht besetzen die Kreditinstitute die Aufsichtsratsposten mit Bankenvertretern.

15.2.6 Depotbücher/Depotüberwachung

Das Depotgesetz schreibt die Führung eines „Handelsbuchs" vor, in dem die Hinterleger sowie die Wertpapiere nach Art, Nennbetrag oder Stückzahl, ggf. Nummern usw., aufzuführen sind. Bei Drittverwahrung ist die verwahrende Stelle, die Lagerstelle, zu vermerken. § 14 DepotG

In der Praxis werden meist mehrere Bücher geführt.

- Das **Personendepotbuch** wird nach Hinterlegern geordnet. Hinter oder unter jedem Namen sind die von dieser Person hinterlegten Wertpapiere verzeichnet. So ist der Gesamtbestand eines jeden Kunden schnell und sicher abzulesen (Erstellung von Depotauszügen, Disposition bei Verkaufsaufträgen, Anfertigung von Erträgnisaufstellungen usw.). Das „Persönliche" ist das Hauptbuch nach § 14 des Depotgesetzes.

Beispiel Personendepotbuch (Auszug):

26. 01. 20 . .   13:23:15
Beisatz-Übersicht mit Nominalwertanzeige
Depot: 12079801   Sarah Münster
Verfügungsbeschr.:   keine

ISIN	Wertpapier-Bezeichnung	Ansch.Tag	Nominalwert	
DE 0005140008	Deutsche Bank AG	02. 06. 14	30	Stück
DE 0007236101	Siemens AG	22. 03. 10	50	Stück
DE 0005752000	Bayer AG	21. 09. 07	100	Stück
DE 0007030009	Rheinmetall AG Vorzugsakt. o. S.	18. 03. 06	50	Stück
DE 0007100000	Mercedes-Benz AG	11. 11. 02	50	Stück

- Das **Sachdepotbuch** ist nach den einzelnen Wertpapiergattungen geordnet. Untergliedert wird nach den Namen der Hinterleger. Für die eigenen Effekten (Nostrobestand) führen die Kreditinstitute meist besondere Bücher. Das Sachdepotbuch erleichtert viele Bearbeitungsvorgänge, z. B.:
  - die Prüfung der Übereinstimmung der zum Einzug getrennten Kupons mit den Beständen,
  - Feststellung der Hinterleger bei Zins- und Dividendenzahlungen, bei gelosten oder gekündigten Stücken,
  - Gegenabstimmung mit dem Personendepotbuch u. a.

Beispiel Sachdepotbuch (Auszug):

26. 01. 20 . . 13:19:51
Nominalwert-Abfrage

ISIN: DE 0007100000	Mercedes-Benz Group AG AKTIEN	
Wertpapier-Art ....:	Aktie	
Rechtscharakter ....:	Orderpapier	Notiz/Währung: Stück/€
Land ....:	Deutschland	
Art der Stücke ....:	komplette Stücke	
Lagerstelle ....:	Clearstream Banking AG	
Branchen-Kennz. ....:	Verwaltungsgesellschaften (Real Estate)	
Verwahrart ....:	Sammeldepot	
Veräußerungsbeschr. ....:	keine	
Kleinste Stückelung ....:	1	Beleihungswert: 60 %
Nominalwert ....:	507.687,00000	
Anzahl betr. Depots ....:	3.159	
Letzte Bewegung ....:	25. 01. 20 . .	
Letzte Änderung ....:	18. 01. 20 . .	

- Die **Lagerstellendatei** ist nach Lagerstellen geordnet. Untergliedert wird wiederum nach Wertpapiergattungen, Nennbetrag und Stückzahl.

  Sie erleichtert die Lieferungsabwicklung und -kontrolle im Rahmen des Effektenhandels, die Eingangskontrolle von Zins-/Dividendenzahlungen u. a.

- Die **Nummerndatei** betrifft nur sonderverwahrte Wertpapiere. Gegliedert wird nach Gattung-Stückenummern und untergliedert nach den Namen der Hinterleger und der Lagerstelle.

  Sie dient der Feststellung der Hinterleger bei Auslosungen, soweit diese nach Stückenummern erfolgen, der Kontrolle bei der Auslieferung effektiver Stücke, Oppositionen, Aufgebote u. a.

Depotüberwachung. Zur ordnungsgemäßen Depotverwaltung gehört auch die Bestandsüberwachung, die sich auf eine Übereinstimmung der buchmäßigen und der tatsächlichen Bestände stützt. Das Depotgeschäft wird im EDV-Verfahren abgewickelt. Ein Institut muss über eine ordnungsgemäße Geschäftsorganisation, über ein angemessenes internes Kontrollverfahren sowie über angemessene Sicherheitsvorkehrungen für den Einsatz der elektronischen Datenverarbeitung verfügen.

§ 25 a (1) KWG

Depotabstimmung/Depotauszug. Zum Quartalsende erhält der Kunde eine Aufstellung seines Wertpapierdepots, welche am Jahresende um eine erweiterte Depotaufstellung inklusive der Wertentwicklung und Kostenübersicht ergänzt wird. Zusätzlich erhält er einen Jahresdepotauszug. Aus dem Depotauszug muss der Bestand des Depots zum Abstimmungstag einwandfrei zu entnehmen sein.

Der Depotauszug gilt gemäß AGB als genehmigt, wenn der Kunde nicht innerhalb von sechs Wochen nach Zugang widerspricht.

Kompetenztraining: Depotgeschäft

1 Erläutern Sie die grundsätzlichen Bestimmungen des Depotgesetzes zum Kundenschutz.

2 Stellen Sie fest, welche der folgenden Aussagen zur Verwahrung von Wertpapieren richtig sind.

a) Bei der Girosammelverwahrung ist der Depotkunde Miteigentümer zu Bruchteilen am Sammelbestand der jeweiligen Wertpapiere bei der Wertpapiersammelbank.

b) Bei Insolvenz des Verwahrers hat der Hinterleger bei der Sammelverwahrung kein Aussonderungsrecht.

c) Bei der Sonderverwahrung besitzt der Depotkunde ein Sondereigentumsrecht an ganz bestimmten Wertpapieren.

d) Kreditinstitute sind berechtigt, Wertpapiere ihrer Kunden unter ihrem eigenen Namen einem anderen Verwahrer (Drittverwahrer) zur Verwahrung anzuvertrauen. Hierzu bedarf es einer ausdrücklichen und schriftlichen Ermächtigung des Depotkunden.

e) Ein Vorteil der Girosammelverwahrung ist, dass bei Wertpapierkäufen das Eigentum schnell und unkompliziert durch Umbuchung im Sammelbestand verschafft werden kann.

f) Die Sonderverwahrung ist die gesetzliche Regelverwahrung.

3 Welche der folgenden Werte eignen sich für die

(1) Sonderverwahrung

(2) Sammelverwahrung?

Werte:

a) vinkulierte Namensaktien

b) Namensschuldverschreibungen

c) Namensaktien mit Blankozession

d) Inhaberschuldverschreibungen (in der Auslosung befindlich, ohne Aufteilung in Auslosungsserien)

e) Wandelschuldverschreibungen

4 Welches Recht besitzt ein Aktionär, dessen Aktien in der Wertpapierrechnung eingebucht sind?

5 Wenn eine Bank Wertpapiere bei der Clearstream Banking AG einliefert, dann nimmt man dort an, dass es sich um Kundenwertpapiere dieser Bank handelt.

Wie benennt man diese Annahme?

6 Nennen Sie vier Verwaltungsarbeiten, die die Kreditinstitute im Depotgeschäft übernehmen.

7 Depotbanken nehmen für ihre Kunden das Vollmachtsstimmrecht (Depotstimmrecht) in den Hauptversammlungen von Aktiengesellschaften wahr.

In welchem Gesetz ist das Vollmachtsstimmrecht geregelt?

a) im Aktiengesetz

b) im Depotgesetz

c) im Wertpapierhandelsgesetz

d) im Kreditwesengesetz

8

Vollmacht für Hauptversammlungen

Hierdurch bevollmächtige(n) ich (wir) Sie, das Stimmrecht aus den jeweils auf meinem (unserem) Depotkonto (einschl. Unterdepots) gebuchten Inhaberaktien inländischer Aktiengesellschaften in den Hauptversammlungen ohne Offenlegung meines/unseres Namens („im Namen dessen, den es angeht") auszuüben oder durch Weiter- bzw. Unterbevollmächtigte ausüben zu lassen.

Diese Erklärung ist unbefristet gültig.

Sie kann jederzeit widerrufen werden.

________________________ ________________________

Ort und Datum Unterschrift(en)

Die Vollmachtsurkunde darf nicht mit anderen Erklärungen versehen werden (§ 135 Abs. 2 Satz 3 AktG).

a) Wie bezeichnet man die vorliegende Vollmacht?

b) Welche Pflichten übernimmt die stimmrechtsbevollmächtigte Bank dem Kunden gegenüber im Rahmen dieser Vollmacht?

9 Welche Möglichkeiten der Stimmrechtsausübung hat der Aktionär?

10 Welche der folgenden Aussagen zum Depotstimmrecht sind richtig?

a) Kreditinstitute sind verpflichtet, die Ausübung von Stimmrechten aus Kundendepots zu übernehmen, wenn der Kunde sie mit der Wahrnehmung der Stimmrechte aus den hinterlegten Aktien beauftragt.

b) Bei einer unbefristet erteilten Stimmrechtsvollmacht ist der Depotkunde einmal jährlich vom Kreditinstitut auf die Möglichkeit des jederzeitigen Widerrufs der Vollmacht und auf andere Vertretungsmöglichkeiten hinzuweisen.

c) Erteilt der Depotkunde keine ausdrücklichen Weisungen, kann eine generelle Vollmacht vorsehen, dass das Kreditinstitut entsprechend seinen eigenen Vorschlägen abstimmt.

d) Bei der Ausübung des Depotstimmrechts muss das Kreditinstitut den Depotkunden auf personelle und kapitalmäßige Verbindungen zwischen der Gesellschaft und dem Kreditinstitut gesondert hinweisen.

e) Eine Einzelstimmrechtsvollmacht gilt für alle Hauptversammlungen inländischer Aktien im Depot des Kunden, auf denen das Kreditinstitut Stimmrechte ausüben will.

Situation: Stimmrechte ausüben

Der Kunde Emil Arndt unterhält bei der Gruga-Bank AG ein Depot mit verschiedenen Werten. Der Kunde hat der Bank eine allgemeine Stimmrechtsvollmacht erteilt.

Einer der Depotwerte ist die Inhaberaktie der Stahl AG. Zur bevorstehenden Hauptversammlung dieser Gesellschaft erhält der Kunde von seiner Bank verschiedene Unterlagen. Gleichzeitig teilt die Bank dem Kunden mit, dass sie auf der Hauptversammlung der Stahl AG das Stimmrecht des Kunden nicht ausüben wird.

AUFGABEN:

1 Nennen Sie die Unterlagen, die die Gruga-Bank AG dem Kunden für die bevorstehende Hauptversammlung bereitstellt.

2 Welche Rechte besitzt der Kunde Arndt im Zusammenhang mit der Hauptversammlung?

3 Was hat der Kunde zu veranlassen, wenn die Gruga-Bank AG sein Stimmrecht nicht ausüben wird, er aber das Stimmrecht nicht verfallen lassen will?

4 Der Kunde Arndt beschließt, selbst an der Hauptversammlung der Stahl AG teilzunehmen. Er teilt seinen Wunsch der Gruga-Bank AG mit.

Geben Sie an, was die Gruga-Bank AG in diesem Fall zu veranlassen hat.

5 Das Depot des Kunden enthält auch Aktien der Gruga-Bank AG. Zur bevorstehenden Hauptversammlung der Gruga-Bank AG werden ebenfalls die entsprechenden Unterlagen an den Kunden Arndt versandt. Emil Arndt teilt der Bank mit, dass er an dieser Hauptversammlung nicht teilnehmen kann.

Geben Sie an, unter welchen Bedingungen die Gruga-Bank AG in der eigenen Hauptversammlung das Depotstimmrecht des Kunden Arndt ausüben kann.

LS 11
Situation 1

16 Wertpapiersonderformen und Finanzderivate

Einstieg

Ein Anleger besitzt ein Aktiendepot im Werte von 220 000,00 EUR, das in seiner Zusammensetzung dem DAX-Index entspricht. Der Anleger möchte sich mit einem Future-Kontrakt gegen drohende Kursverluste seines Aktienbestandes absichern.

Empfehlen und erklären Sie dem Kunden die entsprechende Position.

Effekten mit besonderen Merkmalen. Hier handelt es sich um Effekten, die entweder den Gläubiger- oder den Teilhabereffekten zuzuordnen sind. Sie beinhalten aber Besonderheiten, die Merkmalen der jeweils anderen Wertpapierkategorie entsprechen. Man bezeichnet sie deshalb auch als *Wertpapiere „zwischen Gläubiger- und Teilhabereffekten"*.

Ausgabegründe. In der Regel sollen Anreize geschaffen werden bei schwachem Marktinteresse oder aber bei mangelndem Kaufinteresse aus Gründen, die im Unternehmen liegen.

16.1 Wandelschuldverschreibungen (Convertible Bonds)

§ 221 AktG

Die **Wandelschuldverschreibung** ist eine Anleihe, bei der den Gläubigern ein Umtauschrecht in Aktien eingeräumt wird. Der Inhaber kann in der Position des Gläubigers – des Anspruchsberechtigten auf Zins und Rückzahlung – verharren bis die Entwicklung ihm die Ausübung des Rechts auf Wandlung vorteilhaft erscheinen lässt. Die Wandlung muss in einer bestimmten Frist – der Wandlungs- oder Umtauschfrist – erfolgen. Mit dem Umtausch erlischt das Forderungsrecht, d. h. der Rückzahlungs- und der Zinsanspruch.

Besonders in Krisenzeiten, bei inflationistischen Geldwertentwicklungen und sonstigen angespannten Kapitalmarktsituationen, in Hochzinszeiten, bei Konjunkturflauten oder kritischer Beurteilung des Unternehmens und/oder seiner Produktion wird dieser Zwischentyp zwischen Obligation und Aktie emittiert, um zusätzliche Anreize für die Geldanlage zu schaffen. Die Emission setzt einen Hauptversammlungsbeschluss mit $^3/_4$-Mehrheit voraus. Den Aktionären steht ein gesetzliches Bezugsrecht zu. Da die Obligation nach gewisser Zeit in Aktien umgetauscht werden kann, muss bei ihrer Ausgabe das Umtauschrecht der Obligationäre gesichert werden. Dies erfolgt durch eine bedingte Kapitalerhöhung. Das Grundkapital wird hierbei aber nur insoweit erhöht, als die Gläubiger von ihrem Umtauschrecht Gebrauch machen. Nicht gewandelte Schuldverschreibungen werden am Ende der Laufzeit getilgt.

Zum Ausgleich des Kursunterschieds zur Aktie der Gesellschaft wird ein Wandlungs- bzw. Umtauschverhältnis festgelegt. Oft ist die Umwandlung, ggf. nach einer kürzeren zuzahlungsfreien Frist, mit steigenden Zuzahlungen verbunden. Die Zuzahlung soll die erwartete Wertsteigerung der Aktie berücksichtigen und zu einem schnelleren Wandlungsentschluss anreizen.

Auszug aus einer Aufforderung zum Bezug einer Wandelanleihe der Intex Aktiengesellschaft
Die Hauptversammlung unserer Gesellschaft hat die Ausgabe von 550 000 000 € Wandelschuldverschreibungen mit einer Verzinsung von 1,125 % beschlossen. Ein Bankenkonsortium hat die Wandelschuldverschreibungen mit der Verpflichtung übernommen, den Aktionären unserer Gesellschaft diese im Verhältnis 323 : 1 zum Kurs von 100 % zum Bezug anzubieten. Für je 323 Bezugsrechte kann eine Teilschuldverschreibung im Nennbetrag von 1 000 € zum Bezugskurs von 100 % bezogen werden. Die Wandelanleihe hat folgende wesentliche Ausstattungsmerkmale:
Stückelung: 550 000 Wandelschuldverschreibungen zu 1 000 €.

Verzinsung: Die Wandelschuldverschreibungen sind ab dem 17. Juni 2020 mit 1,125 % jährlich zu verzinsen. Die erste Zinszahlung erfolgt am 17. Juni 2021, die letzte am 17. Juni 2026. Im Falle der Wandlung stehen dem Inhaber der Wandelschuldverschreibung Zinsen von dem der Wandlung unmittelbar vorausgehenden Zinszahlungstermin bis zum Tage der Wandlung zu.

Tilgung: Die am 17. Juni 2026 noch umlaufenden Wandelschuldverschreibungen werden an diesem Tage zum Nennbetrag zurückgezahlt.

Kündigung: In der Zeit vom 17. Juni 2023 bis 17. Mai 2026 kann die Gesellschaft die gesamten ausstehenden Wandelschuldverschreibungen zum Nennwert plus aufgelaufener Zinsen zurückzahlen, wenn der Aktienkurs über einen bestimmten Zeitpunkt hinweg 130 % über dem Wandlungspreis liegt.

Sicherstellung: Die Gesellschaft hat sich verpflichtet, während der gesamten Laufzeit der Anleihe ihren Grundbesitz in der Bundesrepublik nicht zu belasten, es sei denn, dass die Belastung auch zugunsten der Gläubiger dieser Wandelschuldverschreibungen zu gleichen Rechten mit anderen Belastungen erfolgt.

Wandelrecht: Die Inhaber der Wandelschuldverschreibungen haben das unentziehbare Recht, ihre Stücke vom 1. Juli 2020 bis 28. Mai 2026 (Wandlungsfrist) in Aktien der Gesellschaft umzutauschen. Nom. 1 000 € Wandelschuldverschreibungen können in 15,9128 Stückaktien der Gesellschaft gewandelt werden. Das entspricht einem Wandlungspreis von 62,84 €. Ein Bruchteil in Höhe von Stück 0, … Aktien ist als Differenzbetrag in bar auszugleichen.

Dividendenberechtigung: Aktien, die aufgrund einer Wandlung hervorgegangen sind, sind für das gesamte Geschäftsjahr, in dem die Wandlungserklärung wirksam ist, dividendenberechtigt.

Bezugsfrist: 2. Juni 2020 bis 16. Juni 2020

Bezugsrechtshandel: 2. Juni 2020 bis 12. Juni 2020

Beispiel für die Ausübung des Wandlungsrechts:

1 Anleihestück im Nennwert von 1 000,00 € kann in 15,9128 Aktien getauscht werden.

Zuzahlung: keine

Kurs der Wandelanleihe: 100%

Wandlungspreis (zugleich Paritätskurs): 1 000,00 € : 15,9128 Aktien = 62,84 €

Die Ausübung des Wandlungsrechts wird vorteilhafter als der Kauf der Aktie über die Börse, sobald der Kurs der Aktie 62,84 € übersteigt.

Wandelschuldverschreibungen werden in der Regel mit einem Nominalzins ausgestattet, der unter dem jeweiligen Zins des Kapitalmarktes liegt.

Vorteile von Wandelschuldverschreibungen	
Vorteile für den Emittenten	**Vorteile für den Anleger**
■ Ankaufsreiz für Anleger durch Umtauschrecht, daher ist meist eine gute Unterbringung der Anleihe möglich. ■ Die AG erreicht durch die Ausgabe von Wandelschuldverschreibungen eine Fremdfinanzierung zu besonders günstigen Konditionen. ■ Nur der nicht umgetauschte Teil der Wandelschuldverschreibungen muss getilgt werden. Fremdkapital wird zu Eigenkapital. ■ Zinsen mindern den zu versteuernden Gewinn.	■ Kombination von festem Ertrag bis zum Umtausch und Dividende nach Umtausch. ■ Ein steigender Aktienkurs führt auch zu einem entsprechenden Kursanstieg der Wandelschuldverschreibung. Kursverluste sind durch den Rückzahlungsanspruch zum Nennwert abgesichert. ■ Möglicher Umtauschgewinn durch entsprechend hohen Kurswert der Aktien zum Umtauschzeitpunkt.

1,1250 % Wandelanleihe von 2020 WKN 987651 € 1000,00

INTEX

INTEX Aktiengesellschaft

1,125 % Nr. 00446

Inhaber-Wandelschuldverschreibung

über eintausend Euro

€ 1000 Euro

der 1,125 % Wandelanleihe von 2020 im Gesamtnennbetrag von fünfhundertfünfzig Millionen Euro (€ 550 000 000,–), eingeteilt in folgende Wandelschuldverschreibungen:

550 000 Stück zu 1 000,– € Nr. 000 001-550 000

Für diese Wandelschuldverschreibung gelten die umseitig abgedruckten Anleihebedingungen. Danach verpflichtet sich die INTEX Aktiengesellschaft insbesondere, dem Inhaber dieser Wandelschuldverschreibung im Betrag von eintausend Euro vom 17. Juni 2020 an 1,125 % Zinsen jährlich nachträglich am 17. Juni der Jahre 2021 bis 2026 zu zahlen und auf Verlangen die Wandelschuldverschreibung in Aktien der INTEX Aktiengesellschaft umzutauschen oder bei Fälligkeit bedingunglos einzulösen.

Dresden, im Juni 2020

INTEX AKTIENGESELLSCHAFT

Kontrollunterschrift

INTEX AKTIENGESELLSCHAFT
2. Zinsschein zur Inhaber-Wandelschuldverschreibung über € 1000,– der 1,125% Wandelanleihe von 2020, zahlbar mit 11,25 EUR am 17 Juni 2022 bei den in den Anleihebedingungen genannten Zahlstellen.
INTEX AKTIENGESELLSCHAFT
00446
Dresden, im Juni 2020
Zinsschein 2
378 650
€ 11,25

INTEX AKTIENGESELLSCHAFT
1. Zinsschein zur Inhaber-Wandelschuldverschreibung über € 1000,– der 1,125% Wandelanleihe von 2020, zahlbar mit 11,25 EUR am 17 Juni 2021 bei den in den Anleihebedingungen genannten Zahlstellen.
INTEX AKTIENGESELLSCHAFT
00446
Dresden, im Juni 2020
Zinsschein 1
378 650
€ 11,25

⋮ ⋮

Hinweis: Bei der abgebildeten Urkunde handelt es sich um ein historisches Wertpapier, dessen Druck so nicht mehr möglich ist. Die Daten wurden aktualisiert. Die Urkunde dient hier lediglich der besseren Anschauung.

Nachteile von Wandelschuldverschreibungen	
Nachteile für den Emittenten	**Nachteile für den Anleger**
■ Unsicherheit über das Ausmaß der wirklichen Kapitalerhöhung. ■ Unter Umständen Ausgabe der Aktien unter Wert bei unerwarteter Kursentwicklung.	■ Niedrigere Zinsen als bei normalen Industrieobligationen.

Zwangs-(Pflicht-)wandelanleihe (umgekehrte Wandelanleihe). Bei üblichen Wandelanleihen können die Anleger während der Wandlungsfrist wählen, ob sie ihre Schuldverschreibungen in Aktien wandeln oder nicht. Bei einer Zwangswandelanleihe ist der Anleger zur Wandlung verpflichtet. Sie wird in jedem Fall in Aktien zurückgezahlt.

Mit diesem Finanzierungsinstrument können Kreditinstitute ihr bankaufsichtlich anerkanntes Eigenkapital stärken (i. d. R. zusätzliches Kernkapital). Bei Unterschreitung einer bestimmten Eigenkapitalquote kann im Krisenfall an die Stelle einer Fremdkapitaltilgung eine Eigenkapitalerhöhung treten.

Umtauschanleihe. Im Unterschied zu einer Wandelanleihe berechtigt eine Umtauschanleihe nicht zum Tausch in Aktien der ausgebenden Gesellschaft, sondern in Aktien einer anderen Gesellschaft, welche der Emittent in seinem Bestand hat. So ist mit einer Umtauschanleihe auch keine Kapitalerhöhung verbunden.

16.2 Optionsanleihen

Die Optionsanleihe verbrieft neben dem Forderungsrecht ein Bezugsrecht auf Aktien der ausgebenden Gesellschaft. Das Forderungsrecht wird durch die Ausübung des Bezugsrechts nicht berührt. Ausgabevoraussetzung und Ausgabegrund („bedingte Kapitalerhöhung") entsprechen denen der Wandelschuldverschreibung. Mit der Ausgabe einer Optionsanleihe wird Fremdkapital zu einem festgelegten Zins aufgenommen, der in der Regel unter dem marktüblichen Zinssatz für vergleichbare Anleihen liegt.

Eine Optionsanleihe besteht aus einer Schuldverschreibung (Mantel und Bogen) und dazu ist bzw. sind der Optionsanleihe ein Optionsschein bzw. mehrere Optionsscheine beigefügt.

Rechte aus der Anleihe. Dem Inhaber einer Optionsanleihe stehen wie bei einer gewöhnlichen Schuldverschreibung folgende Rechte zu:

- Recht auf Rückzahlung zu einem in den Emissionsbedingungen festgelegten Termin,
- Recht auf Zinszahlung zu den in den Emissionsbedingungen festgelegten Terminen.

Recht aus dem Optionsschein/den Optionsscheinen. Die Optionsscheine berechtigen den Inhaber je nach den Emissionsbedingungen der Optionsanleihe

- eine bestimmte Anzahl von Aktien,
- zu einem bestimmten Preis,
- innerhalb einer bestimmten Frist

beziehen (kaufen) zu können.

Die Ausübung des Optionsrechts hängt wie bei der Wandelanleihe von der Entwicklung und Zukunftseinschätzung der zu beziehenden Aktie ab. Das Optionsrecht kann auch über die Börse verkauft werden. (Zur Bewertung von Optionsscheinen siehe Kapitel 16.3.2)

Der Inhaber einer Optionsanleihe erhält somit eine Mischung aus einem Rentenpapier mit relativ geringem Risiko und einem Spekulationspapier mit höherem, aber begrenztem Risiko. Selbst wenn der Optionsschein wertlos werden sollte, wird der Kurs der Anleihe aufgrund der Verzinsung nicht unter den Kurs vergleichbarer Anleihen fallen (Voraussetzung: der Anleiheschuldner wird nicht insolvent).

Kurse. Da mit Beginn der Optionsfrist der Optionsschein von der Optionsanleihe getrennt und selbstständig gehandelt werden kann, ergeben sich an der Börse nach der Trennung der Optionsscheine drei Kursnotierungen:

- Kurs der Anleihe mit Optionsschein = Anleihe „cum", Anleihe „m. O." (mit Optionsschein),
- Kurs der Anleihe ohne Optionsschein = Anleihe „ex", Anleihe „o. O." (ohne Optionsschein),
- Kurs für den Optionsschein = ein Optionsschein allein.

Vergleich	Wandelanleihe	Optionsanleihe
Rechtsstellung des Inhabers **vor Ausübung** des Wandlungs- bzw. Optionsrechts	Gläubiger	Gläubiger
Rechtsstellung des Inhabers **nach Ausübung** des Wandlungs- bzw. Optionsrechts	Aktionär	(weiter) Gläubiger + Aktionär

Auszug aus einer Aufforderung zum Bezug einer Optionsanleihe

Aufgrund der von der Hauptversammlung am 24.02.2023 erteilten Ermächtigung haben wir mit Zustimmung des Aufsichtsrats die Auflegung einer

Optionsanleihe im Gesamtnennbetrag von 90 000 000,00 €

beschlossen.

Ein Bankenkonsortium hat die nom. 90 000 000,00 € Optionsschuldverschreibungen mit der Verpflichtung übernommen, sie den Aktionären unserer Gesellschaft zum Bezug anzubieten.

Die Aktionäre können die Optionsschuldverschreibungen im nachstehenden Verhältnis beziehen: auf je 400 Stückaktien entfällt eine Optionsschuldverschreibung über nom. 1 000,00 € zum Ausgabekurs von 120 %.

Gemäß den Anleihe- und Optionsbedingungen hat die Optionsanleihe folgende wesentliche Ausstattungsmerkmale:

Stückelung. Die Optionsanleihe ist eingeteilt in unter sich gleichberechtigte, auf den Inhaber lautende Optionsschuldverschreibungen im Nennbetrag von 1 000,00 € und 10 000,00 €.

Verzinsung. Die Optionsschuldverschreibungen werden vom 25. Juli 2023 an mit jährlich 1,875 % verzinst. Die Zinsen sind nachträglich am 25. Juli der Jahre 2024 bis 2033 fällig. Die erste Zinszahlung erfolgt am 25. Juli 2024.

Laufzeit und Rückzahlung. Die Laufzeit der Optionsanleihe beträgt zehn Jahre fest. Die Gesellschaft ist verpflichtet, die Optionsschuldverschreibungen am 25. Juli 2033 zum Nennbetrag zurückzuzahlen.

Bedingtes Kapital. Zur Gewährung von Optionsrechten besteht ein bedingtes Kapital in Höhe von 4 500 000,00 €.

Optionsscheine. Jeder Optionsschuldverschreibung im Nennbetrag von 1 000,00 € ist ein Inhaberoptionsschein mit Berechtigung zum Bezug von zehn Stückaktien unserer Gesellschaft beigefügt.

Jeder Optionsschuldverschreibung im Nennbetrag von 10 000,00 € sind zehn Inhaberoptionsscheine mit Berechtigung zum Bezug von einhundert Stückaktien unserer Gesellschaft beigefügt.

Die Optionsscheine können vom 29. August 2023 an von den Optionsschuldverschreibungen abgesondert und von diesem Tag an getrennt übertragen werden.

Optionsrecht. Die Inhaber der Optionsscheine sind berechtigt, die auf den Optionsscheinen angegebene Anzahl von Stückaktien unserer Gesellschaft zum Optionspreis von 80,00 € je Stückaktie zu beziehen. Die Aktien sind gewinnanteilberechtigt vom Beginn des Geschäftsjahrs an, in dem sie aufgrund der Ausübung von Optionsrechten entstehen.

Optionsfrist. Das Optionsrecht kann vom 31. August 2023 bis zum 29. August 2033 einschließlich ausgeübt werden.

Zum **Bezug einer Optionsschuldverschreibung** im Nennbetrag von 1 000,00 € zum Kurs von 120 % berechtigen die Gewinnanteilscheine Nr. 11 von 400 Stückaktien.

Das Bezugsrecht auf die Optionsschuldverschreibungen wird vom 16. Juni 2023 bis 24. Juli 2023 einschließlich an allen deutschen Wertpapierbörsen gehandelt. Die Bezugsstellen sind bereit, den An- und Verkauf von Bezugsrechten nach Möglichkeit zu vermitteln.

1,875 % EURO-Optionsanleihe von 2023/2033 ex 123457 (cum 123456) € 1000,–

INNOVA

1,875%

Inhaber-Teilschuldverschreibung

über eintausend Euro

€ 1000 €

der 1,875% EURO-Optionsanleihe von 2023/2033 im
Gesamtnennbetrag von EURO 90 000 000,–,
eingeteilt in
10 000 Stück zu je € 1000,– Nr. 000 001 bis 010 000
und
8 000 Sück zu je € 10 000,– Nr. 000 001 bis 008 000

Für diese Teilschuldverschreibung gelten die umseitig abgedruckten Anleihebedingungen. Danach verpflichten wir uns insbesondere, dem Inhaber dieser Teilschuldverschreibung den Betrag von eintausend EURO mit 1,875% jährlich zu verzinsen und die Teilschuldverschreibung bei Fälligkeit bedingungsgemäß einzulösen. Die Zinsen werden jährlich nachträglich am 25. Juli eines jeden Jahres gezahlt.

Berlin, im Juli 2023

INNOVA Aktiengesellschaft

Für die obige Anleihe haben wir das Amt als Treuhänderin der jeweiligen Gläubiger nach Maßgabe der Anleihebedingungen übernommen.

Düsseldorf, im Juli 2023
Deutsche Bank AG

Kontrollunterschrift

GIESECKE & DEVRIENT MÜNCHEN

Hinweis: Bei der abgebildeten Urkunde handelt es sich um ein historisches Wertpapier, dessen Druck so nicht mehr möglich ist. Die Daten wurden aktualisiert. Die Urkunde dient hier lediglich der besseren Anschauung.

1 Inhaber-Optionsschein WKN 234 567 auf 10 Aktien

10 Aktien

INNOVA

Ein Inhaber-Optionsschein

Ausgegeben mit einer
Inhaber-Teilschuldverschreibung im Nennbetrag von € 1000,–
der 1,875% EURO-Optionsanleihe von 2023/2033

Die INNOVA Aktiengesellschaft verpflichtet sich hiermit,
dem Inhaber dieses Optionsscheines
10 Stückaktien der INNOVA Aktiengesellschaft,
Berlin und Hannover, gemäß den umseitig
abgedruckten Optionsbedingungen
zu verschaffen.

Berlin, im Juli 2023

INNOVA Aktiengesellschaft

Der Vorstand

Kontrollunterschrift

INNOVA AKTIENGESELLSCHAFT

Legitimationsschein zu einem Optionsschein auf 10 Stückaktien der Innova Aktiengesellschaft, ausgegeben im Zusammenhang mit der 1,875% EURO Optionsanleihe von 2023/2033

234567
Legitimationsschein zum Optionsschein

F

Falls erforderlich wird über die Verwendung dieses Legitimationsscheins zu gegebener Zeit eine Bekanntmachung veröffentlicht.

Innova Aktiengesellschaft

Berlin, im Juli 2023

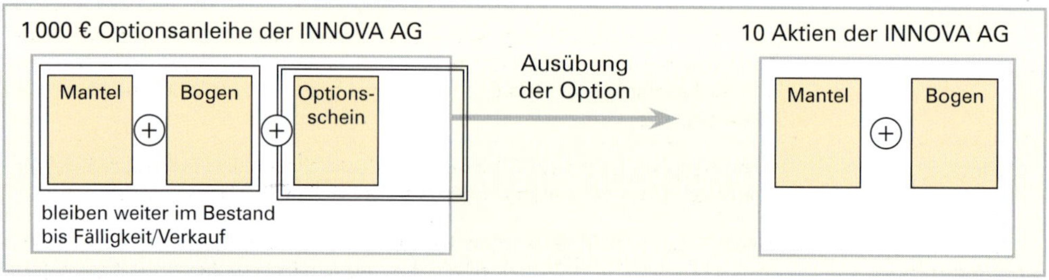

(Traditioneller Optionsschein → Optionsanleihe S. 187)

16.3 Optionsscheine

16.3.1 Grundlagen und Funktionsweise

LS 11
Situation 2

Begriff und Wesen. Optionsscheine (Warrants) berechtigen den Inhaber, eine bestimmte Menge eines Basiswerts zu einem festgelegten Basispreis bis zu einem bestimmten Zeitpunkt zu kaufen (Call-Optionsschein) oder zu verkaufen (Put-Optionsschein) bzw. die Zahlung von Differenzbeträgen bei Zins- und Indexänderungen (Zins-/Indexoptionsscheine) zu verlangen. Der Differenzbetrag ist die in Euro ausgedrückte Differenz, um die der Kurs des Basiswerts bzw. der Wert des Index den Basispreis überschreitet (Call) bzw. unterschreitet (Put).

Der Käufer eines Call-Optionsscheins erwartet, dass während der Laufzeit des Optionsscheins der Preis des Basiswerts steigt. Tritt diese Marktentwicklung ein, gewinnt das Optionsrecht und damit der Optionsschein an Wert.

Der Käufer eines Put-Optionsscheins erwartet, dass während der Laufzeit des Optionsscheins der Preis des Basiswerts sinkt. Tritt diese Marktentwicklung ein, gewinnt das Optionsrecht und damit der Optionsschein an Wert.

Der Käufer eines Optionsscheins ist weniger daran interessiert, sein Optionsrecht auszuüben (d. h. den Basiswert zu erwerben bzw. zu veräußern). Vielmehr kommt es ihm darauf an, den Optionsschein noch während der Laufzeit zu einem höheren Preis wieder verkaufen zu können, um dadurch einen Gewinn zu erzielen.

Optionsscheintypen. Als Basiswerte für Optionsscheine werden z. B. Aktien, Aktienkörbe oder Indizes zugrunde gelegt.

Optionsscheintyp	Erläuterungen
Aktien-Optionsscheine	geben dem Käufer das Recht zum Kauf (Call-Optionsschein) bzw. Verkauf (Put-Optionsschein) von Aktien oder zum Erhalt einer Ausgleichszahlung in bar bei Überschreiten (Call) oder bei Unterschreiten (Put) eines bestimmten Basispreises.
Basket-Optionsscheine	verbriefen dem Käufer das Recht, einen vorher definierten Korb an Aktien oder anderen Vermögenstiteln zum Ausübungspreis zu erwerben.
Index-Optionsscheine	verbriefen das Recht, eine Ausgleichszahlung bei Überschreiten (Call-Optionsschein) bzw. Unterschreiten (Put-Optionsschein) eines bestimmten Indexstandes zu erhalten.
Währungs-Optionsscheine	geben dem Käufer das Recht zum Kauf (Call-Optionsschein) oder Verkauf (Put-Optionsschein) eines bestimmten Betrages in einer bestimmten Währung oder zum Erhalt einer Ausgleichszahlung bei Überschreiten (Call) oder Unterschreiten (Put) eines Währungskurses.
Zins-Optionsscheine	verbriefen das Recht zum Kauf (Call-Optionsschein) oder Verkauf (Put-Optionsschein) von Anleihen bzw. zum Erhalt von Ausgleichszahlung in bar bei Überschreiten (Call) oder Unterschreiten (Put) eines bestimmten Anleihekurses.
Rohstoff-Optionsscheine	verbriefen das Recht auf Erhalt einer Ausgleichszahlung bei Überschreiten (Call) oder Unterschreiten (Put) eines bestimmten Rohstoffpreises.
Turbo-Optionsscheine	berechtigen den Inhaber zum Bezug von anderen Optionsscheinen. Sie zeichnen sich durch eine vergleichsweise große Hebelwirkung (vgl. Kapitel 16.3.2) aus.

Optionsscheine unterscheiden sich von Optionen (vgl. Kapitel 16.8.3) durch eine fehlende Standardisierung. Sie können z. B. mit einem unterschiedlichen Bezugsverhältnis („Optionsverhältnis") auf denselben Basiswert ausgegeben werden.

- 1,0 (1 : 1) bedeutet, dass dem Optionsschein ein Basiswert (z. B. eine Aktie) zugrunde liegt,
- 0,1 (1 : 10) bedeutet, dass dem Optionsschein 0,1 = 1/10 des Basiswerts zugrunde liegt, d. h., man benötigt zehn Optionsscheine für eine Einheit des Basiswerts,
- 0,01 (1 : 100) bedeutet, dass dem Optionsschein 0,01 = 1/100 des Basiswerts zugrunde liegt, d. h., man benötigt 100 Optionsscheine für eine Einheit des Basiswerts.

Auch ist es möglich, Optionsscheine mit vielen unterschiedlichen Basispreisen zu begeben. Optionsscheine auf denselben Basiswert miteinander zu vergleichen, ist demnach schwierig.

Traditionelle Optionsscheine werden in Verbindung mit der Emission einer Optionsanleihe (vgl. Kapitel 16.2) begeben und nach erfolgter Trennung von dieser selbstständig gehandelt. Als Basiswert kommen nur Aktien infrage. Traditionelle Optionsscheine sind grundsätzlich Kaufoptionsscheine (Call-Optionsscheine).

Naked warrants („nackte Optionsscheine") sind Optionsscheine, die ohne gleichzeitige Emission einer Optionsanleihe begeben werden. Sie kommen als Call- und als Put-Optionsscheine in Umlauf. Sie stehen nicht im Zusammenhang mit Finanzierungsvorhaben von Unternehmen. Naked warrants werden als Zins-, Währungs-, Index-, Rohstoff-, Basket- oder Turbo-Optionsscheine begeben. Sie können durch Lieferung des Basiswertes oder durch einen Barausgleich („cash settlement") erfüllt werden, zumal eine physische Lieferung z. B. bei Indizes gar nicht möglich ist.

Covered warrants („gedeckte Optionsscheine") gelten als Sonderform der naked warrants. Es sind Aktienoptionsscheine, bei denen der Emittent die veroptionierten Aktien im eigenen Bestand hält oder die Lieferansprüche der Optionsscheininhaber durch entsprechende Gegengeschäfte sichert.

Optionsscheine setzen, wenn sie attraktiv sein sollen, einen funktionierenden Zweitmarkt voraus. Sie werden daher regelmäßig in den Börsenhandel eingeführt.

Vergleich traditioneller Optionsscheine mit naked/covered warrants		
Merkmal	**traditioneller Optionsschein**	**naked/covered warrant**
Emittent	Aktiengesellschaft	Banken, Wertpapierhandelshäuser
Begebung	mit Emission einer Optionsanleihe im Rahmen einer bedingten Kapitalerhöhung	ohne Begebung einer Optionsanleihe
Ausübung	Lieferung des Basiswerts	Lieferung des Basiswerts oder Barausgleich
Arten	nur Call-Optionsscheine	Call- und Put-Optionsscheine

Optionsausübung. Man unterscheidet bezüglich des Zeitpunkts der Ausübung des Optionsrechts zwei Arten von Optionsscheinen:

- **Europäischer Typ:** Ausübung ist nur am Ende der Laufzeit möglich.
- **Amerikanischer Typ:** Ausübung ist zu jedem Zeitpunkt während der gesamten Laufzeit des Optionsscheins möglich.

Für den Fall, dass der Inhaber eines Optionsscheins die Ausübung wünscht, muss ein gesonderter Ausübungsauftrag an die depotführende Bank gestellt werden. Je nach Emissionsbedingungen wird das Optionsrecht automatisch ausgeübt, wenn der Optionsschein einen inneren Wert besitzt (vgl. Kapitel 16.3.2). Ohne eine Ausübung verfällt der Optionsschein.

16.3.2 Bewertungskriterien und Preisbildungsfaktoren

Zur Beurteilung von Optionsscheinen werden Kennzahlen herangezogen, die eine Bewertung zu einem bestimmten Zeitpunkt ermöglichen sollen. Hierzu zählen unter anderem: innerer Wert, Zeitwert, Aufgeld und Hebel. Die Kennzahlen sollen dem Anleger eine Hilfestellung bei der Auswahl eines Optionsscheins und bei einer Kauf- bzw. Verkaufsentscheidung geben.

Der **innere Wert** wird mit nachstehender Formel berechnet:

Innerer Wert = (Kurs des Basiswerts – Basispreis) · Optionsverhältnis*

* Optionsverhältnis = 1 Aktie : Anzahl der für 1 Aktie benötigten Optionsscheine
(z. B. 1 Aktie für 2 Optionsscheine → 1 : 2 = 0,5)[1]

„In the money": Wenn beim Call (Put) der aktuelle Kurs des Basiswerts über (unter) dem Basispreis liegt, weist ein Optionsschein einen inneren Wert auf. Der Optionsschein ist „im Geld" oder „in the money".

„At the money": Der Optionsschein hat keinen inneren Wert, wenn der Basispreis und der aktuelle Kurs der Aktie identisch sind. Der Optionsschein ist „am Geld" oder „at the money".

„Out of the money": Wenn beim Call (Put) der aktuelle Kurs des Basiswerts unter (über) dem Basispreis liegt, weist ein Optionsschein keinen inneren Wert auf. Der Optionsschein ist „aus dem Geld" oder „out of the money". Sollte der innere Wert rechnerisch im Minusbereich liegen, dann ist der innere Wert gleich „null".

Call-Optionsschein Nr. 1 auf die A-AG-Aktie	Call-Optionsschein Nr. 2 auf die A-AG-Aktie
Ausstattung: ■ Basispreis: 120,00 € ■ Optionsverhältnis: 1 : 1 (1 Aktie pro 1 Optionsschein) ■ Restlaufzeit: 1 Jahr	Ausstattung: ■ Basispreis: 140,00 € ■ Optionsverhältnis: 0,5 (1 Aktie pro 2 Optionsscheine; 1 : 2 = 0,5) ■ Restlaufzeit: 2 Jahre
Aktuelle Kurse: ■ Optionsschein 45,00 € ■ A-Aktie 150,00 €	Aktuelle Kurse: ■ Optionsschein 32,00 € ■ A-Aktie 150,00 €
Innerer Wert = (150 – 120) · (1 : 1) = 30,00 €	Innerer Wert = (150 – 140) · (1 : 2) = 5,00 €

Bei Puts errechnet sich der innere Wert nach dem gleichen Prinzip, nur wird hier umgekehrt der Kurs des Basiswerts vom Basispreis abgezogen.

1 In der Literatur findet man auch die Darstellung 1 Aktie für 2 Optionsscheine → Optionsverhältnis 2 : 1. Die folgenden Berechnungen ändern sich dadurch im Ergebnis nicht. Anstatt mit dem Optionsverhältnis von 0,5 zu multiplizieren (vgl. z. B. Berechnung des inneren Werts bzw. des Hebels) wird durch das Optionsverhältnis von 2 : 1 geteilt.

Zeitwert. Der Zeitwert ist der „Unsicherheitsaufschlag", der u.a. die Wahrscheinlichkeit von Kursschwankungen des Basiswerts bis zur Fälligkeit des Optionsscheins widerspiegelt. Wesentliche Bestimmungsfaktoren für die Höhe des Zeitwerts sind die Restlaufzeit des Optionsscheins sowie die Volatilität des Basiswerts (Häufigkeit und Intensität von Kursschwankungen während eines bestimmten Zeitraums).

Je kürzer die verbleibende Zeit bis zum Verfalltag und je niedriger die Volatilität des Basiswerts, desto niedriger ist der Zeitwert, da mit abnehmender Restlaufzeit die Wahrscheinlichkeit einer Preisänderung beim Basiswert sinkt.

Der Zeitwert wird wie folgt berechnet:

Zeitwert = Kurs des Optionsscheins – innerer Wert

Der Optionsscheinkurs ergibt sich vollständig aus dem Zeitwert des Optionsscheins, wenn der Optionsschein keinen inneren Wert hat. In Ausnahmefällen kann ein Optionsschein sogar unter seinem inneren Wert, das heißt mit einem negativen Zeitwert, gehandelt werden. Bis zum Ende der Laufzeit sinkt der Zeitwert auf null. Am Verfalltag wird der Wert des Optionsscheins nur noch von seinem inneren Wert bestimmt.

Call-Optionsschein Nr. 1 auf die A-AG-Aktie	Call-Optionsschein Nr. 2 auf die A-AG-Aktie
Zeitwert = 45,00 – 30,00 = 15,00 €	Zeitwert = 32,00 – 5,00 = 27,00 €

Das **Aufgeld** gibt an, um wie viel teurer der Erwerb des Basiswerts durch Kauf des Optionsscheins und sofortige Ausübung des Optionsrechts zu einem bestimmten Zeitpunkt gegenüber dem direkten Erwerb des Basiswerts über die Börse (Call) bzw. der Verkauf des Basiswerts durch Kauf des Optionsscheins und sofortige Ausübung des Optionsrechts zu einem bestimmten Zeitpunkt gegenüber dem direkten Verkauf des Basiswerts über die Börse (Put) ist. Das Aufgeld kann in Euro oder in Prozent berechnet werden. Zur besseren Vergleichbarkeit des Optionsscheins wird das Aufgeld auf ein Laufzeitjahr (jährliches Aufgeld) bezogen berechnet. Ist der Optionsschein „in the money", entspricht das Aufgeld dem Zeitwert des Optionsscheins.

Call-Optionsschein Nr. 1 auf die A-AG-Aktie	Call-Optionsschein Nr. 2 auf die A-AG-Aktie
Kosten bei Erwerb über Optionsschein: 1 Optionsschein 45,00 € + Basispreis 120,00 € 165,00 €	Kosten bei Erwerb über Optionsschein: 2 Optionsscheine zu je 32,00 € 64,00 € + Basispreis 140,00 € 204,00 €
Kosten bei Erwerb der Aktie an der Börse: 150,00 € Aufgeld in Euro: 165 – 150 = 15,00 € Aufgeld in %: 150,00 € – 100 % 15,00 € – x % x = 10,00 %	Kosten bei Erwerb der Aktie an der Börse: 150,00 € Aufgeld in Euro: 204 – 150 = 54,00 € Aufgeld in %: 150,00 € – 100 % 54,00 € – x % x = 36,00 %
Jährliches Aufgeld = Aufgeld : Restlaufzeit in Jahren, 10,00 : 1 = 10 %	Jährliches Aufgeld = Aufgeld : Restlaufzeit in Jahren, 36 : 2 = 18 %

Der **Hebel (Leverage)** gibt dem Anleger Auskunft darüber, in welcher Höhe der Optionsschein voraussichtlich an Kursveränderungen des Basiswerts positiv oder negativ partizipiert. Steigt oder fällt z.B. bei einem Call der dem Optionsschein zugrunde liegende Basiswert, steigt oder fällt auch der Preis des Optionsscheins und dies in der Regel überproportional in Bezug auf das eingesetzte Kapital.

Der Hebel lässt sich mit nachstehender Formel berechnen:

$$\text{Hebel} = \frac{\text{aktueller Aktienkurs} \cdot \text{Optionsverhältnis}}{\text{Kurs des Optionsscheins}}$$

Call-Optionsschein Nr. 1 auf die A-AG-Aktie	Call-Optionsschein Nr. 2 auf die A-AG-Aktie
Hebel = 150 : 45 = 3,33	Hebel = (150 · 0,5) : 32 = 2,34

Ein Hebel von 3,33 (2,34) besagt, dass der Optionsschein eine 3,33-prozentige (2,34-prozentige) Wertsteigerung erfährt, wenn der Kurs der Aktie um 1 % steigt bzw. eine entsprechende Wertminderung erfährt, wenn der Kurs der Aktie um 1 % fällt (Hebelwirkung, Leverageeffekt).

Der **Break-even-Point** ist erreicht, wenn der Kurs des Basiswerts einen Wert erreicht, der eine Ausübung des Optionsscheinrechts ohne Verlust ermöglicht. Dieser Kurs muss z. B. bei einem Call-Optionsschein den für den Optionsschein gezahlten Preis sowie die Transaktionskosten kompensieren.

Call-Optionsschein Nr. 1 auf die A-AG-Aktie		Call-Optionsschein Nr. 2 auf die A-AG-Aktie	
Basispreis	120,00 €	Basispreis	140,00 €
+ Preis für den Optionsschein	45,00 €	+ Preis für 2 Optionsscheine	64,00 €
Break-even-point zuzüglich Transaktionskosten	165,00 €	Break-even-point zuzüglich Transaktionskosten	204,00 €

16.3.3 Spezielle Risiken bei Optionsscheinen

Optionsscheine weisen aufgrund des Hebels (geringer Kapitaleinsatz) hohe Gewinnmöglichkeiten auf. Vor einem Kauf von Optionsscheinen muss der Anleger aber auch über die besonderen Risiken unterrichtet werden. Die wichtigsten Risiken sind:

Verlustrisiko durch Kursveränderungen des Basiswerts. Für den Fall eines Call-Optionsscheins (Put-Optionsscheins) kommt es bei Kursverlusten (Kursgewinnen) des Basiswertes in der Regel zu Kursverlusten bis hin zur Wertlosigkeit des Optionsscheins. Der dem Optionsschein zugrunde liegende Basiswert unterliegt besonderen Risiken, z. B. den Risiken der Aktienanlage.

Verlustrisiko durch Veränderungen der Volatilität des Basiswerts. Veränderungen der von den Marktteilnehmern erwarteten Häufigkeit und Intensität von Kursschwankungen des Basiswerts (implizite – „eingepreiste" – Volatilität) können den Wert eines Optionsscheins auch dann mindern, wenn sich der Kurs des Basiswerts nicht ändert. Ein für den Optionsscheinwert grundsätzlich positiver Kursverlauf des Basiswerts muss keinen steigenden Kurs des Optionsscheins zur Folge haben. Der Kurs des Optionsscheins kann sogar fallen, wenn der Kursverlauf des Basiswerts durch eine für den Wert des Optionsscheins negativ wirkende, fallende Volatilität überkompensiert wird.

Verlustrisiko durch Zeitwertverfall. Je näher der Fälligkeitstag des Optionsscheins heranrückt, desto geringer wird der Zeitwert des Optionsscheins. Dieser Wertverfall beschleunigt sich zum Ende der Laufzeit des Optionsscheins.

Risiko der Hebelwirkung. Aufgrund der Hebelwirkung des Optionsscheins partizipiert der Anleger auch überproportional an Kursverlusten. Je größer der Hebel ist, desto riskanter ist die Anlage in einen Optionsschein.

Risiko der Wertminderung und des Totalverlusts. Sollte ein Anleger seine Optionsscheine während der Laufzeit verkaufen müssen und ist die erwartete Kursentwicklung nicht eingetreten, kann der Anleger beim Verkauf der Optionsscheine einen Teil- oder gar Totalverlust erleiden. Dies ist insbesondere der Fall, wenn die Laufzeit des Optionsscheins endet und der Kurs des Basiswerts sich ungünstig entwickelt hat.

Emittentenrisiko. Der Anleger trägt das Risiko der Zahlungsunfähigkeit des Emittenten des Optionsscheins. Für den Fall der Ausübung kann sein Optionsrecht nicht mehr erfüllt werden und der Optionsschein wird wertlos.

16.4 Gewinnschuldverschreibungen

§ 221 AktG

Diese Wertpapierart wird häufig als die Mitte zwischen Aktien und Obligationen bezeichnet. Als Gläubigerwertpapier gewährt die Gewinnschuldverschreibung Anspruch auf festen Ertrag und Rückzahlung. Darüber hinaus kann der Berechtigte teilnehmen an der Dividendenausschüttung der Gesellschaft entweder in einem festgelegten Verhältnis oder gar an der vollen Dividende. Die Ausgabe ist an die Zustimmung einer $^3/_4$-Mehrheit der HV gebunden. Aktionäre haben ein Bezugsrecht.

LS 11
Situation 3

16.5 Genussscheine/Genussrechte

16.5.1 Ausgestaltung von Genussscheinen/Genussrechten

Genussscheine sind Genussrechte, die als Wertpapiere verbrieft sind. Sie gewähren dem Anleger rechtlich eine Zwischenstellung zwischen Anleihe-Inhaber und Aktien-Inhaber. Für sie gibt es keine Legaldefinition, d.h., ihre Ausstattung ist gesetzlich nicht festgelegt und kann deshalb, je nach Emittent, recht unterschiedlich ausfallen. Es handelt sich grundsätzlich um Gläubigerpapiere, die aber zusätzlich mit aktienähnlichen Rechten ausgestattet sein können. Dabei sind Stimmrechte generell ausgeschlossen. Die Gestaltungsmöglichkeiten für den Emittenten sind vielfältig.

Genussrechte sind nicht verbriefte Gläubigerrechte, das bestehende Rechtsverhältnis ist schuldrechtlicher Natur.

Durch Ausgabe von Genussscheinen/Genussrechten kann sich ein Unternehmen eigenkapitalähnliches, langfristiges Kapital beschaffen, ohne die bestehenden Stimmrechtsverhältnisse zu ändern. Die „Genüsse" stellen zudem eine relativ günstige Art der Kapitalbeschaffung dar, da die Ausschüttungen als Betriebsausgaben steuermindernd geltend gemacht werden können (Fremdkapitalzins).

Die Ausgabe von Genussscheinen/Genussrechten durch Aktiengesellschaften erfordert einen $^3/_4$-Mehrheitsbeschluss der Hauptversammlung. Aktionäre haben dann ein Bezugsrecht. Genussscheine/Genussrechte können auch von anderen Unternehmen, die nicht in der Rechtsform der Aktiengesellschaft firmieren, ausgegeben werden.

Der Handel an Börsen ist bei Genussscheinen möglich. Dabei fallen keine Stückzinsen an. Sie werden „flat" gehandelt, d.h., die zeitanteilige Ausschüttung sammelt sich bis zum nächsten Ausschüttungstermin im Kurs an.

Auch bei Kreditinstituten kann das Genussrechtskapital unter bestimmten Voraussetzungen dem haftenden Eigenkapital zugerechnet werden.

Um sowohl die Eigenkapitalnähe als auch den Verbindlichkeitscharakter zu verdeutlichen, werden Genussscheine bzw. Genussrechte in der Bilanz unter der Bezeichnung „Genussrechtskapital" in der Nähe des Postens „Gezeichnetes Kapital" ausgewiesen.

Merkmale von Genussscheinen/Genussrechten	
Rechtlicher Inhalt	Gläubigerrecht, das wirtschaftlich wie haftendes Eigenkapital angesehen wird. Der Eigenkapitalcharakter von Genussrechtskapital ist gegeben, wenn ■ es dem Unternehmen langfristig oder unbefristet zur Verfügung steht, ■ der Genussschein(rechts)inhaber am Gewinn und am Verlust beteiligt ist und ■ der Genussschein(rechts)inhaber im Insolvenzfall nachrangig gegenüber anderen Gläubigern befriedigt wird.
Rechtsgrundlage	Keine gesetzliche Festschreibung.
Stimmrechte	Grundsätzlich keine Stimmrechte und damit keine Mitwirkungsmöglichkeiten.
Haftung	Als nachrangiges Kapital grundsätzlich Haftungskapital und damit Teilnahme am Verlust.
Laufzeit	Begrenzte oder unbegrenzte Laufzeit; meist mit Kündigungsrecht für den Emittenten ausgestattet; oft werden Wandlungsrechte in Aktien (Wandelgenussscheine) oder Optionsrechte auf Aktien (Optionsgenussscheine) eingeräumt.
Ausschüttung	Fester Zins; variabler Zins; Gewinnbeteiligung. Häufig eine Kombination aus fester Grundverzinsung mit Gewinnbeteiligung.
Anteil am Liquidationserlös	Keine Ansprüche, um den Charakter des Fremdkapitals zu erhalten.

16.5.2 Spezielle Risiken bei Genussscheinen und Genussrechten

Je nach Ausstattung kann der Kurswert eines Genussscheins oder Genussrechts erheblich beeinflusst werden.

Ausschüttungsrisiko. Wenn die Bedingungen des Genussscheins/Genussrechts keine vom Gewinn des Unternehmens unabhängige Mindestverzinsung garantieren, besteht für den Anleger das Risiko, dass er keine Ausschüttung erhält, wenn das Unternehmen Verluste erwirtschaftet.

Rückzahlungsrisiko. Erwirtschaftete Verluste des Unternehmens können auch zu einer Reduzierung des Rückzahlungsbetrags führen, wenn das Genussrechtskapital gemäß den Emissionsbedingungen zum haftenden Eigenkapital gerechnet wird.

Kündigungsrisiko. Besteht für den Emittenten ein Kündigungsrecht, kann dies zu einer vorzeitigen Rückzahlung des Genussrechtskapitals an den Anleger führen. Sollten mittlerweile die Zinsen gesunken sein, kann der Anleger sein Kapital nur zu ungünstigeren Bedingungen anlegen.

Haftungsrisiko. Da das Genussrechtskapital bei einer Insolvenz des Emittenten meist als nachrangiges Kapital behandelt wird, werden die Genussschein-/Genussrechtsinhaber erst nach den „vorrangigen" Gläubigern befriedigt. Je nach Höhe der Insolvenzmasse gehen sie im ungünstigsten Fall bei der Verteilung leer aus, ihr Kapital ist verloren.

Liquiditätsrisiko. Ein weiteres spezifisches Risiko von Genussscheinen liegt in der geringen Liquidität. Trotz einer möglichen Börsennotierung kann fehlende Liquidität im Sekundärmarkt dazu führen, dass ein Genussschein nicht oder nur mit Kursabschlägen verkauft werden kann.

16.6 Aktienanleihen (Share-Bonds)

LS 11 Situation 4

Aktienanleihen (Anleihen mit Rückzahlungswahlrecht in Aktien) sind kurzlaufende Schuldverschreibungen mit festem Zinssatz, deren Rückzahlungsbetrag vom Börsenkurs einer mit der Anleihe verknüpften Aktie abhängt. Der Emittent entscheidet kurz vor Fälligkeit, ob der Nennbetrag der Anleihe zurückgezahlt wird oder die Lieferung von Aktien erfolgt. Weil der Käufer von Aktienanleihen durch dieses Rückzahlungswahlrecht des Emittenten ein hohes Verlustrisiko übernimmt, bekommt er hohe Zinsen, die am Zinstermin jährlich nachträglich gezahlt werden. Liegt der Aktienkurs bei Fälligkeit unter dem Basispreis, liefert der Emittent die Aktien. Der Anleger erleidet einen Verlust, der jedoch durch die hohen Zinserträge aus der Anleihe aufgefangen wird. Fällt der Aktienkurs nicht unter den Basispreis, erzielt der Anleger den maximalen Ertrag in Höhe der Nominalverzinsung abzüglich eines Rückzahlungsverlusts oder zuzüglich eines Rückzahlungsgewinns. Aktienanleihen werden an der Börse gehandelt.

Aus der Sicht des Anlegers sind Aktienanleihen eine Kombination von zwei Finanzinstrumenten: Kauf einer festverzinslichen Anleihe und Verkauf einer Verkaufsoption (Short Put).[1] Der Anleger hat die Pflicht, auf Verlangen des Emittenten die vereinbarte Anzahl von Aktien (Basiswert) zu einem bestimmten Preis (Basispreis) abzunehmen. Er ist Stillhalter einer Verkaufsoption. Der Anleger erhält als Optionsprämie die Differenz zwischen Kapitalmarktzins und Aktienanleihezins.

Der Emittent kann bei Fälligkeit anstelle der Rückzahlung des Nennwerts die Lieferung der vereinbarten Anzahl von Aktien wählen. Dieses Recht entspricht dem Erwerb einer Verkaufsoption (Long Put).

Das Rückzahlungswahlrecht des Emittenten kann auch an die Entwicklung zweier (Doppel-Aktien-Anleihen) oder mehrerer (Multi-Aktien-Anleihen) Aktientitel gebunden sein.

16.7 Zertifikate

LS 11 Situation 5

Zertifikate sind rechtlich Inhaberschuldverschreibungen (Anleihen), die in der Regel von Banken emittiert werden. Ihr Rückzahlungsbetrag ist nach bestimmten Modalitäten von der Kursentwicklung eines Basiswertes (z. B. einzelne Aktie, Aktienkorb, Index usw.) abhängig. Sie haben eine begrenzte oder unbegrenzte Laufzeit (Open-End-Zertifikat). Ihr aktueller Wert ist jederzeit berechenbar und sie sind über die Börse handelbar. Der Erwerber ist Gläubiger des Zertifikatemittenten.

Die Produkte sind variantenreich gestaltet. Man unterscheidet u. a. folgende Zertifikat-Typen:

Zertifikat-Typen		
Zertifikate mit Kapitalgarantie	**Zertifikate mit Teilabsicherung**	**Renditeoptimierte Zertifikate**
Beispiele: ■ Garantie-/Kapitalschutzzertifikate	**Beispiele:** ■ Discountzertifikate ■ Bonuszertifikate ■ Expresszertifikate	**Beispiele:** ■ Indexzertifikate ■ Basketzertifikate ■ Themen- bzw. Strategiezertifikate ■ Outperformance- und Sprinterzertifikate ■ Hebelzertifikate/ Turbozertifikate

1 Vgl. Kapitel 16.8.3.2.

16.7.1 Garantie-/Kapitalschutzzertifikate

Garantiezertifikate sind Anlageprodukte, die an die Wertentwicklung eines Basiswerts (z. B. Indizes, Einzelaktien) gebunden sind. Sie werden von Kreditinstituten ausgegeben und besitzen eine feste Laufzeit. Anleger erhalten am Ende der Laufzeit mindestens den zum Emissionszeitpunkt garantierten Kapitalbetrag (Garantiebetrag) zurückgezahlt. Die Kapitalgarantie kann 100 % des ursprünglichen, nominellen Ausgangswerts (Emissionspreis) betragen oder – je nach Emissionsbedingungen – sich nur auf Teilbeträge davon (z. B. 80 %) beziehen. Darüber hinaus sind Anleger in Höhe einer festgelegten Partizipationsrate an einer positiven Wertentwicklung des Basiswerts beteiligt. Steigt der Basiswert z. B. um 70 %, so beträgt bei einer Partizipationsrate von 50 % die Beteiligung des Zertifikats an dieser Wertsteigerung 35 % (50 % von 70 %). Eine Beteiligung an einer negativen Wertentwicklung findet nicht statt.

Garantiezertifikate eignen sich für Anleger, die einen Kursanstieg des Basiswerts erwarten und den eingesetzten Kapitalbetrag gegen mögliche Kursrückschläge absichern wollen.

Beispiel:

Ein Kreditinstitut emittiert ein Garantiezertifikat mit folgenden Konditionen:

- Basiswert: DAX (Deutscher Aktienindex)
- DAX-Stand bei Emission: 12 000 Punkte
- Bezugsverhältnis: 100 : 1 (100 Index-Punkte ≈ 1,00 €)
- Ausgabepreis für ein Zertifikat: 120,00 €
- Rückzahlungsgarantie: 100 % des Ausgabepreises
- Partizipationsrate: 50 % der Wertentwicklung des DAX
- Laufzeit: 3 Jahre

Ergebnis bei Rückzahlung des Zertifikats:

DAX-Stand 9 600		DAX-Stand 12 600	
Veränderung des DAX	–2 400 Pkt.	Veränderung des DAX	+600 Pkt.
(in%)	–20 %	(in%)	+5 %
Kapitaleinsatz	120,00 €	Kapitaleinsatz je Anteil	120,00 €
Partizipation	0,00 €*	Partizipation	3,00 €**
Rückzahlung je Anteil	120,00 €	Rückzahlung	123,00 €
Wertverlust	0 %	Wertsteigerung	2,5 %
* keine Verlustbeteiligung		** 50 % von 600 Pkt. und einem Bezugsverhältnis von 100 : 1	

16.7.2 Discountzertifikate

Bei Discountzertifikaten handelt es sich um börsennotierte Schuldverschreibungen, bei denen der Emittent am Laufzeitende das Wahlrecht hat, entweder das Zertifikat zum Höchstwert zurückzuzahlen oder die zugrunde liegende in- oder ausländische Aktie (Basiswert) zu liefern.

Der Anleger erhält ein Discountzertifikat zu einem Preis unter dem aktuellen Kurs des Basiswerts. Dieser Abschlag wird als Discount („Risiko-/Sicherheitspuffer") bezeichnet. Er kann aber nicht unbegrenzt an einer positiven Wertentwicklung des Basiswerts partizipieren. Diese Grenze – ein bestimmter Aktienkurs – bezeichnet man als „Cap" oder „Referenzpreis".

Beim Discountzertifikat handelt es sich um ein Kapitalmarktprodukt mit folgenden Elementen: Kauf/Anlage in eine Aktie mit gleichzeitigem Verkauf einer Kaufoption. Der Anleger wird „Stillhalter“ einer Kaufoption, muss aber keine weiteren Sicherheiten stellen, da er die Aktien bereits mit dem Zertifikat in seinen „Bestand“ nimmt.

Discountzertifikate eignen sich für Anleger, die eine Seitwärts- oder eine leichte Aufwärtsbewegung des Basiswertes erwarten. Fällt der Aktienkurs stark, werden dem Anleger am Ende der Laufzeit die entsprechenden Aktien geliefert. Diese können dann verkauft oder auch gehalten werden. Die Verluste fallen für den Anleger durch den „Discount“ geringer aus als bei einer Direktinvestition. Steigt der Aktienkurs dagegen stark an, partizipiert der Anleger nur begrenzt bis zum Cap an der Wertsteigerung.

Auch bei Discountzertifikaten erhält der Anleger weder periodische Zinszahlungen noch andere Ausschüttungen wie z. B. Dividenden auf den Basiswert.

Beispiel:

Discountzertifikat „Deutsche Techno AG“, Emittent: Goldman Sachs International, Kurs Deutsche Techno AG Aktie 14,76 €, Verkaufspreis für ein Discountzertifikat: 13,13 €, Cap: 17,00 €, Bezug: 1 Aktie, Laufzeit 12 Monate.

- Liegt der Aktienkurs am Ende der Laufzeit gleich oder höher als 17,00 €, erhält der Anleger 17,00 € ausbezahlt; maximale Gewinnchance 29,47 %.
- Liegt der Aktienkurs am Laufzeitende unter 17,00 €, wird dem Anleger die Aktie geliefert: Verluste entstehen nur dann, wenn der Kurs der Aktie am Laufzeitende unter 13,13 € fällt.

16.7.3 Bonuszertifikate

Ein Bonuszertifikat ist mit einem Bonusbetrag sowie einer oberen und einer unteren Kursschwelle ausgestattet. Läuft das Zertifikat aus und der Preis des Basiswerts liegt innerhalb dieser beiden Schwellen, bekommt sein Besitzer den Bonusbetrag ausgezahlt. Der Bonus ist ein Zuschlag, der am Ende der Laufzeit des Zertifikats zusätzlich zu dem anfänglich eingezahlten Kapital für den Nominalwert des Zertifikats ausgezahlt wird. Lag der Basiswert während der Laufzeit wenigstens einmal auf oder unter der unteren Kursschwelle, dann entspricht sein Preis dem aktuellen Wert des Zertifikats bei Verfall. Liegt der Basiswert über der oberen Schwelle, partizipiert der Anleger voll an den Kursgewinnen.

Bonuszertifikate eignen sich für Anleger, die stagnierende Kurse für den Basiswert erwarten, wobei ein stärkerer Kursanstieg des Basiswerts nicht ausgeschlossen werden soll.

Beispiel:

Bonuszertifikat auf den Basiswert der Automobil AG-Aktie	
Preis für das Bonuszertifikat (Kurs der Automobil AG-Aktie)	50,00 €
Bezugsverhältnis	1 : 1
Bonusschwelle (Bonus-Level)	60,00 €
Sicherheitsschwelle (Sicherheits-Level)	40,00 €
Laufzeit 2 Jahre	

Ergebnis bei Rückzahlung des Zertifikats:

Kurs des Basiswerts lag während der Laufzeit immer **über** der Sicherheitsschwelle		Kurs des Basiswerts lag während der Laufzeit mindestens einmal **unter** der Sicherheitsschwelle	
Kurs des Basiswerts	Rückzahlungsbetrag des Zertifikats	Kurs des Basiswerts	Rückzahlungsbetrag des Zertifikats
48,00 €	60,00 €	38,00 €	38,00 €
50,00 €	60,00 €	50,00 €	50,00 €
60,00 €	60,00 €	60,00 €	60,00 €
70,00 €	70,00 €	70,00 €	70,00 €

16.7.4 Indexzertifikate

Indexzertifikate (auch Indexpartizipationsscheine, Partizipationsscheine oder Participation Units) verbriefen das Recht auf Zahlung eines Geld- oder Abrechnungsbetrags, dessen Höhe vom Wert des zugrunde liegenden Index am Fälligkeitstag abhängt. Die Laufzeit der Zertifikate kann sowohl mehrere Jahre betragen als auch unbegrenzt sein. Der Preis des Indexzertifikats entspricht der Höhe des jeweiligen Index. Z. B. wäre bei einem Bezugsverhältnis von 1 : 10 und einem Index von 1 000 der Preis des Zertifikats etwa 100,00 €, während er bei einem Bezugsverhältnis von 1 : 1 etwa 1 000 € wäre. Der Preis folgt den Bewegungen des Index, positiv oder negativ. Indexzertifikate werden börslich und/oder außerbörslich gehandelt. Der Emittent stellt i. d. R. täglich An- und Verkaufskurse für die Zertifikate. Sie können jederzeit während der Laufzeit zu Marktpreisen angekauft und verkauft werden. Anleger verfolgen mit dem Kauf von Indexzertifikaten eine passive Anlagestrategie. Sie partizipieren an der positiven Entwicklung des zugrunde liegenden Index.

Beim Index ist zu unterscheiden, ob es sich um einen Performance-Index oder einen Kurs-Index handelt. Bei einem Performance-Index fließen sämtliche Dividenden und Erlöse aus Bezugsrechten in den Indexstand mit ein. Als Folge kann der Index aufgrund von Dividendenzahlungen selbst dann steigen, wenn sich der Kurs der im Index enthaltenen Aktien nicht erhöht. Der Kursindex zeichnet die reine Kursentwicklung und damit auch die bei Dividendenzahlung vorgenommenen Kursabschläge der Aktien nach.

Bei vielen Indexzertifikaten sind „Caps" vorgesehen. Das sind Höchstgrenzen für die Beträge, die die Bank dem Zertifikatinhaber bei Fälligkeit des Papiers zurückzahlen muss. An einem Indexanstieg über dieses Niveau hinaus kann der Anleger nicht profitieren.

Vergleich Indexzertifikate – börsengehandelte Indexfonds[1]		
	Indexzertifikate	**Börsengehandelte Indexfonds**
Emittent	Bank, Finanzinstitut	Kapitalverwaltungsgesellschaft
rechtliche Struktur	Schuldverschreibung	Sondervermögen
Rechte des Inhabers	■ Gläubigerrecht ■ Recht auf Zahlung eines Geldbetrags in Abhängigkeit vom Stand des Indexes	■ Teilhaberrecht ■ Miteigentum nach Bruchteilen am Sondervermögen
Risiko	■ Marktpreisrisiko ■ Insolvenzrisiko des Emittenten	■ Marktpreisrisiko
Kosten	■ Kosten beim An- und Verkauf ■ Depotgebühren	■ Kosten beim An- und Verkauf ■ Verwaltungskosten (Managementgebühr, kein Ausgabeaufschlag) ■ Depotgebühren

16.7.5 Hebelzertifikate (Turbozertifikate)

Der Preis eines Hebelzertifikats ist in der Regel deutlich niedriger als der Preis des jeweiligen Basiswerts (Aktie, Index, Währung oder Rohstoff).

Der Inhaber partizipiert mithilfe des Hebels bzw. des Hebeleffekts[2] überdurchschnittlich an Kursgewinnen des Basiswerts. Dies gilt aber auch im umgekehrten Fall für Kursverluste.

1 Vgl. Kapitel 11.6.5.

2 Aufgrund des deutlich niedrigeren Kapitaleinsatzes schlagen sich Kursbewegungen des Basiswerts in prozentual deutlich stärkeren Bewegungen des Zertifikats nieder → vgl. auch Kapitel 16.3.2.

Darüber hinaus besteht das Risiko, dass das Zertifikat schon während der Laufzeit seinen Wert vollständig verliert. Dies ist dann der Fall, wenn der Kurs des Basiswerts eine festgelegte Kursmarke (die sogenannte Knock-out-Schwelle oder Stoppschwelle) berührt oder unterschreitet bzw. überschreitet. Mit Erreichen des sogenannten Knock-out-Ereignisses wird das Hebelzertifikat wertlos. Es verfällt.

Es existieren generell zwei Typen von Hebelzertifikaten:

- Long-Zertifikate (Bull-Zertifikate) → Der Anleger profitiert von steigenden Kursen des Basiswerts.
- Short-Zertifikate (Bear-Zertifikate) → Der Anleger profitiert von sinkenden Kursen des Basiswerts.

Der für den Erfolg einer solchen Anlage wichtige Hebel wird nach folgender Formel ermittelt:

$$\text{Hebel} = \frac{\text{Kurs des Basiswerts zum Kaufzeitpunkt}}{\text{Preis des Zertifikats zum Kaufzeitpunkt} \cdot \text{Bezugsverhältnis}}$$

Die Funktionsweise eines Hebelzertifikats soll an einem Long-(Bull-)Zertifikat auf die Auto AG-Aktie erklärt werden.

Das Turbo-Bull-Zertifikat ist mit folgenden Merkmalen ausgestattet:

Basiswert: Auto AG-Aktie	Basispreis = aktueller Kurs: 50,00 €
Knock-out-Level (Strike): 40,00 €	Aufgeld: 3,00 €
Bezugsverhältnis: 1 : 1	

Es ergibt sich folgender Preis des Hebelzertifikats:

([Basispreis + Aufgeld] – Strike) · Bezugsverhältnis = Preis des Hebelzertifikats

([50,00 + 3,00] – 40) · 1/1 = 13,00 €

Das Zertifikat kostet den Anleger also 10,00 € statt 50,00 € beim Direktinvestment in die Aktie. Hinzu kommt noch das Aufgeld von 3,00 €.

Szenario 1: Die Aktie steigt

Steigt der Kurs der Aktie von 50,00 € auf 52,00 € an, steigt zeitgleich auch der Wert des Turbo-Bulls um 2,00 €. Wer direkt in die Aktie investiert hat, hat also ein Plus von 4 % in seinem Depot. Wer aber in das Turbo-Bull-Zertifikat investiert hat, kann sich über einen prozentualen Zugewinn von 15,384 % freuen. Anleger haben also deutlich von einem Hebel profitiert.

(Basispreis/Preis des Zertifikats) · Bezugsverhältnis = Hebel

(50/13) · 1/1 = 3,846.

Der Hebel von 3,846 bedeutet, dass eine Aktienkurs-Veränderung von 1 % zu einer Kursveränderung des Zertifikats von 3,846 % führt.

Szenario 2: Die Aktie fällt

Sinkt der Kurs des Basiswerts von 50,00 € auf 48,00 € und entwickelt sich die Aktie damit in eine andere als vom Anleger des Turbozertifikats erhoffte Richtung, sinkt auch der Wert des Turbo-Bulls, und zwar analog zur Aktie ebenfalls um 2,00 €. Während Aktionäre allerdings nur einen Kursverlust von 4 % zu beklagen haben, bedeuten 2,00 € weniger beim Turbo-Zertifikat einen Verlust von 15,384 %. Hier wirkt der Hebel auch in die andere Richtung und damit zuungunsten des Zertifikateanlegers.

Szenario 3: Die Aktie reißt das Knock-out-Level
Begibt sich die Aktie auf Sinkflug und bricht von 50,00 € auf 40,00 € ein, haben beide Anleger mit ihrem Investment deutliche Verluste gemacht. Der Aktionär hat mit dem Direktinvestment in den Basiswert nun einen Kurseinbruch um 10,00 € und damit von 20 % zu verkraften. Da der Kurs des Basiswerts die vorab vereinbarte Knock-out-Schwelle berührt, wird das Turbo-Bull-Zertifikat sofort ausgeknockt und der Handel eingestellt. Anleger des Turbozertifikats haben einen Totalverlust zu verzeichnen.

Die Börse Stuttgart betreibt unter dem Namen **EUWAX** (European Warrant Exchange) ein spezielles Segment für den Handel von Optionsscheinen, Knock-Out-Produkten, exotischen Produkten, Anlagezertifikaten und Aktienanleihen.

16.7.6 Spezielle Risiken bei Zertifikaten

Bei Zertifikaten wird das Risikoprofil durch den zugrunde liegenden Basiswert, z. B. Indizes, Aktien, Rohstoffe, mitbestimmt. Je nach Art und Konstruktion des Zertifikats wirken sich die Risiken unterschiedlich stark aus. Sie weisen je nach Ausgestaltung ähnliche Risiken wie Optionsscheine auf.

Kursänderungsrisiko: Preis- bzw. Kursveränderungen des Basiswerts wirken sich auf den Wert des Zertifikats je nach Ausgestaltung bis hin zum Totalverlust aus.

Korrelationsrisiko: Der Preis des Zertifikats wird die Wertentwicklung des Basiswerts zumeist nicht hundertprozentig wiedergeben. Faktoren, die die Preisentwicklung mitbeeinflussen, sind z. B. das Zinsniveau, Dividendennachzahlungen, Bezugsrechtsabschläge sowie die Markterwartung.

Emittentenrisiko: Neben das Insolvenzrisiko der Unternehmen, deren Wertpapiere dem Basiswert zugrunde liegen, tritt das Risiko der Zahlungsunfähigkeit des Emittenten des jeweiligen Zertifikats.

Währungsrisiko: Bei Zertifikaten mit Basiswerten, die in ausländischer Währung notieren, können Währungsrisiken hinzukommen.

Liquiditätsrisiko. Um den Handel (Börsenhandel) von Zertifikaten zu gewährleisten, stellen Emittenten bzw. Market-Maker fortlaufend An- und Verkaufspreise. Es handelt sich dabei nicht um eine feste Verpflichtung, sodass ein Verkauf von Zertifikaten in Zeiten hoher Kursverluste des Basiswerts oft nur mit hohen Abschlägen möglich ist.

Risiko der Lieferung des Basiswerts. Zertifikate, bei denen die Lieferung des Basiswerts vereinbart ist, können zu Verlusten führen, wenn der Wert des Basiswerts unter dem Wert des festgelegten Auszahlungsbetrags liegt. In diesem Fall wird der Basiswert geliefert und der Anleger übernimmt die allgemeinen Verlustrisiken des Basiswerts.

Risiko des Wertverfalls. Mit dem Erwerb von Zertifikaten ist kein Anspruch auf Erhalt eines festgelegten Abrechnungspreises bei Fälligkeit verbunden. Der Abrechnungsbetrag ist vielmehr an den Wert des Basiswerts bei Fälligkeit gebunden, der u. U. weit unter dem Erwerbspreis des Zertifikats liegen kann und im Extremfall zu einem Totalverlust führt.

Risiko der Hebelwirkung. Zertifikate mit Hebelwirkung reagieren aufgrund des Leverage-Effekts (vgl. Kapitel 16.3.2) verstärkt auf Kursrückgänge des Basiswerts und beinhalten höhere Verlustrisiken.

16.8 Derivate Finanzierungsinstrumente (Finanzderivate)

16.8.1 Grundlagen des Derivategeschäfts

Begriff. „Derivate" (derivate Finanzinstrumente) sind Kontrakte, deren Preis/Wert von einem anderen Preis/Wert abgeleitet wird. Der Begriff „Derivate" kommt vom lateinischen „derivare", was so viel wie „ableiten" bedeutet. Die Produkte, die den Derivaten zugrunde gelegt werden, werden als „Basiswert" oder „underlying" bezeichnet.

Basiswerte können sein:

- konkrete Finanzmarktobjekte wie z. B. Aktien, Anleihen oder Devisen,
- abstrakte Größen, wie z. B. der Deutsche Aktienindex (DAX) oder der Deutsche Rentenindex (REX).

Termingeschäfte. Derivate sind grundsätzlich Termingeschäfte. Im Gegensatz zu Kassageschäften, bei denen die Erfüllung unmittelbar nach Abschluss erfolgt, werden Termingeschäfte zu einem späteren Zeitpunkt erfüllt.

Unbedingtes und bedingtes Termingeschäft. Bei einem unbedingten Termingeschäft besteht für die Vertragspartner grundsätzlich eine Erfüllungsverpflichtung („Festgeschäft"). Sowohl Käufer als auch Verkäufer müssen ihrer Liefer- bzw. Abnahme- und Zahlungsverpflichtung nachkommen, falls sie ihre Position während der Laufzeit nicht wieder geschlossen haben. Dies ist bei Futures der Fall.

Bei einem bedingten Termingeschäft kann der Käufer sein Recht ausüben oder verfallen lassen. Eine Liefer- oder Abnahmeverpflichtung besteht nur für den Verkäufer („Stillhalter"). Das ist bei Optionen der Fall.

§ 2 Abs. 3 WpHG

(3) Derivative Geschäfte im Sinne dieses Gesetzes sind

1. als Kauf, Tausch oder anderweitig ausgestaltete Festgeschäfte oder Optionsgeschäfte, die zeitlich verzögert zu erfüllen sind und deren Wert sich unmittelbar oder mittelbar vom Preis oder Maß eines Basiswerts ableitet (Termingeschäfte) mit Bezug auf die folgenden Basiswerte:
   a) Wertpapiere oder Geldmarktinstrumente,
   b) Devisen [...] oder Rechnungseinheiten,
   c) Zinssätze oder andere Erträge,
   d) Indices der Basiswerte der Buchstaben a, b oder c, andere Finanzindizes oder Finanzmessgrößen,
   e) derivative Geschäfte; [...]
   f) [...]
2. Termingeschäfte mit Bezug auf Waren [...];
3. finanzielle Differenzgeschäfte;
4. und 5. [...]

Der Abschluss von Termingeschäften ist sowohl an Börsen (Terminbörsen) als auch außerbörslich möglich.

Gegenstand börslicher Termingeschäfte sind Kontrakte, deren Ausstattungsmerkmale standardisiert sind. Die Terminbörse (in Deutschland die Eurex) bestimmt die Handelsobjekte, Fälligkeitszeitpunkte und Liefermengen („Kontraktgrößen"). Käufer und Verkäufer schließen bei Börsentermingeschäften den Kontrakt nicht direkt miteinander ab. Es tritt eine sogenannte Clearingstelle als zentraler Kontrahent (die Eurex Clearing AG → vgl. Kapitel 16.9) zwischen die Vertragspartner, die die Erfüllung des Geschäfts garantiert und jeden Vertragspartner von der Bonitätsprüfung des anderen befreit. Fällt ein Kontrahent in der Zukunft aus, ist die Clearingstelle für die Erfüllung des Geschäfts verantwortlich. Außerdem übernimmt die Clearingstelle die Abwicklung und Überwachung des Geschäfts.

Außerbörsliche Termingeschäfte („over the counter" = OTC-Geschäfte) sind solche, die nicht im Rahmen eines organisierten, an einer institutionalisierten Börse zentralisierten Handels zustande kommen. Die Kontrahenten schließen den Vertrag meist telefonisch ab, im Anschluss dokumentieren sie die Transaktion dann schriftlich. Den Zeitpunkt der Fälligkeit sowie die Menge des Basiswerts, die bei Fälligkeit geliefert wird, legen die Partner individuell fest. Jeder trägt das Risiko, dass der andere seine Verpflichtungen, die Zahlung bzw. die Lieferung, nicht erfüllt.

Die Abwicklung von (Finanz-)Termingeschäften erfolgt auf Grundlage der §§ 63, 64 WpHG. Kreditinstitute kommen ihren Erkundigungs- und Informationspflichten (vgl. Kapitel 11.3.4.1) nach, indem sie die Eignung der Kunden für das jeweilige Geschäft prüfen und vor Geschäftsabschluss über Art und vor allem Risiken (insbesondere über die Hebelwirkung) von Termingeschäften informieren. Eine Pflicht zur regelmäßigen Wiederholung dieser Aufklärung besteht nicht. Einige Banken klären ihre Kunden zusätzlich mittels des Merkblatts „Wichtige Informationen über Verlustrisiken bei Finanztermingeschäften" bzw. mit der Schrift „Basisinformationen über Termingeschäfte" auf. Diese Aufklärung ist vom Kunden durch Unterschrift zu bestätigen.

Ferner sind für die Abwicklung von Termingeschäften die „Sonderbedingungen für Termingeschäfte" erlassen worden.

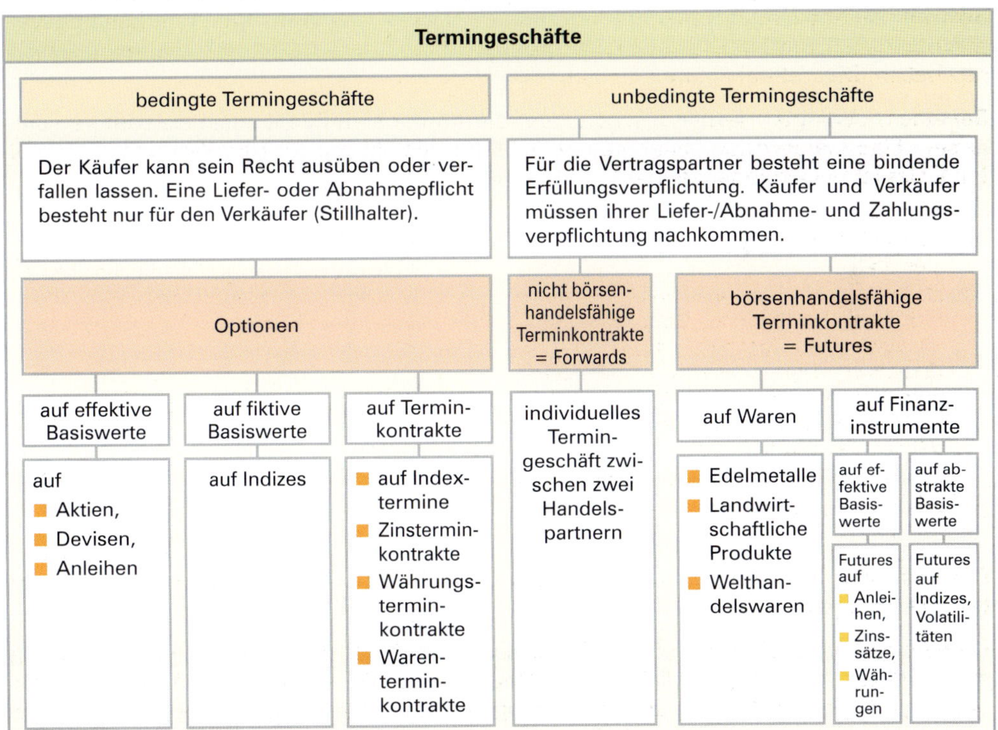

Quelle: In Anlehnung an: Lindmayer, Karl H., Geldanlage und Steuer 1999, Wiesbaden 1999, S. 191.

16.8.2 Motive für das Derivategeschäft

Derivate sind grundsätzlich nutzbar zur:

Absicherung („Hedging“)	Spekulation („Trading“)	Arbitrage
Das Risiko künftiger Preisschwankungen soll auf andere Marktteilnehmer übertragen und somit minimiert bzw. vermieden werden.	Der Spekulant geht bewusst Risiken ein, um mit geringem Kapitaleinsatz hohe Gewinne am Terminmarkt zu realisieren.	Ausnutzung von Preisdifferenzen zwischen verschiedenen Märkten zur gleichen Zeit.
Beispiel: Verluste am Kassamarkt sollen durch Gewinne am Terminmarkt kompensiert werden, z. B. soll ein Aktienbestand gegen drohende Kursverluste durch Kauf einer Verkaufsoption abgesichert werden. (Vgl. dazu Kapitel 16.8.4.3 → Verkauf eines DAX-Futures.)	**Beispiel:** Kauf einer offenen („ungedeckten“) Kaufoption (oder Verkaufsoption) auf Aktien, um durch deren Hebelwirkung überproportional an der Preisänderung des zugrunde liegenden Basiswerts zu partizipieren oder mit dem Verkauf der Option Gewinne durch die Vereinnahmung des Optionspreises zu erwirtschaften. (Vgl. dazu Kapitel 16.8.3.2 → Beispiel „Renditevergleich“.)	**Beispiel:** Der Terminkurs (Preis am Terminmarkt) eines Finanzwerts ist im Vergleich zu dessen Kassakurs (Preis am Kassamarkt) zu hoch. Der Arbitrageur verkauft den Wert auf Termin, kauft ihn gleichzeitig zur Absicherung am Kassamarkt und hält ihn bis zur Fälligkeit des Terminverkaufs.

LS 11
Situation 6

16.8.3 Optionen

16.8.3.1 Grundlagen

Begriff. Eine Option ist ein standardisierter, börsenmäßig gehandelter Vertrag zwischen zwei Parteien.

Der Käufer (Inhaber) der Option erwirbt dabei gegen Zahlung einer Prämie (Optionspreis, Optionsprämie) das Recht, aber keine Verpflichtung,

- eine bestimmte Menge eines Basiswerts
- an jedem Handelstag innerhalb einer im Voraus festgelegten Laufzeit (amerikanische Art) bzw. zu einem im Voraus festgelegten Fälligkeitstermin (europäische Art)
- zu einem im Voraus fixierten Preis (Basispreis)

vom Verkäufer der Option („Stillhalter“) zu kaufen (Call-Option) oder an den Verkäufer zu verkaufen (Put-Option).

Der Verkäufer der Option hat dagegen die Verpflichtung, auf Verlangen des Käufers der Option den Basiswert zum vereinbarten Preis zu kaufen oder an ihn zu verkaufen.

Optionsarten

- **Kaufoption (Call)**
  - Erwerb einer Kaufoption (Long Call)
  - Verkauf einer Kaufoption (Short Call)
- **Verkaufsoption (Put)**
  - Erwerb einer Verkaufsoption (Long Put)
  - Verkauf einer Verkaufsoption (Short Put)

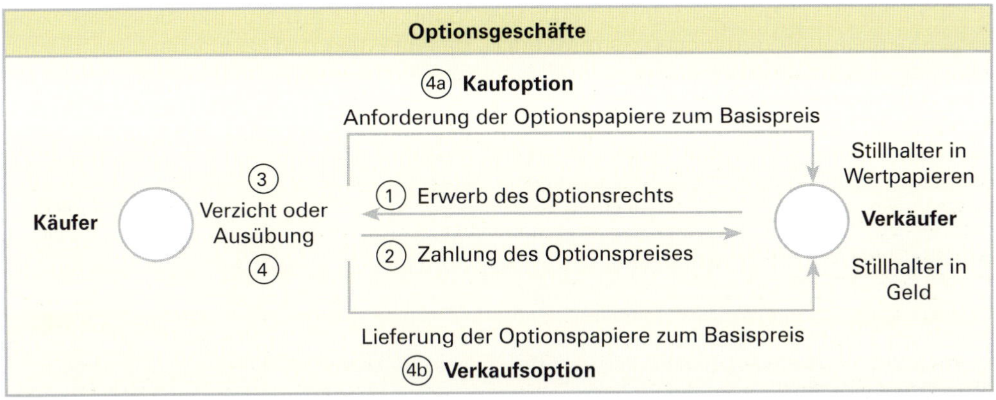

Der **Optionspreis** (die Optionsprämie) richtet sich nach Angebot und Nachfrage. Er hängt wesentlich vom Kurs des Basiswerts und dem vereinbarten Basispreis, von der Laufzeit der Option und der Volatilität (Kursschwankungsbreite des Basiswerts) ab. Er ist sofort fällig.

Handlungsalternativen. *Der Käufer (Inhaber) einer Option* kann

- die Option verfallen lassen
- die Option ausüben oder
- eine Option derselben Serie verkaufen („Glattstellung").

Übt der Optionsinhaber das Optionsrecht innerhalb der Optionsfrist oder zum Fälligkeitstermin nicht aus, verfällt das Recht. Er verliert den gezahlten Optionspreis. Die Option verfallen zu lassen ist für den Käufer der Option ratsam, wenn bei einem Call der Basispreis größer als der Aktienkurs bzw. bei einem Put der Basispreis kleiner als der Aktienkurs ist.

Nimmt der Käufer das Optionsrecht wahr, ist der Verkäufer (Stillhalter) verpflichtet, den Basiswert zum vereinbarten Basispreis zu kaufen oder zu verkaufen. Die Ausübung ist nur sinnvoll, wenn die Option „im Geld" ist (Call: Basispreis <Aktienkurs; Put: Basispreis> Aktienkurs).

Durch Verkauf einer Option derselben Serie stellt der Optionsinhaber die Option durch ein entsprechendes Gegengeschäft glatt. Die Position ist damit geschlossen. Der Gewinn bzw. Verlust ist die Differenz zwischen dem früher gezahlten Optionspreis und dem jetzt erhaltenen Optionspreis unter Berücksichtigung der Kosten.

Der Verkäufer (Stillhalter) einer Option kann

- abwarten, ob der Käufer die Option ausübt – andernfalls verfällt die Option wertlos.
- eine Option derselben Serie kaufen („Glattstellung").

Wenn der Optionsinhaber die Option nicht ausübt, hat der Stillhalter den Optionspreis abzüglich der Kosten verdient.

Durch den Kauf einer Option derselben Serie wird die Option durch ein gleiches Gegengeschäft „glattgestellt". Die Position ist damit geschlossen. Der Gewinn bzw. Verlust ist die Differenz zwischen dem früher erhaltenen Optionspreis und dem jetzt gezahlten Optionspreis unter Berücksichtigung der Kosten.

16.8.3.2 Aktienoptionen

Bei der **Kaufoption** („Call-Option") erwirbt der Käufer (Haussier) gegen sofortige Zahlung des Optionspreises das Recht, innerhalb der vereinbarten Optionsfrist[1] die vereinbarte Anzahl an bestimmten Aktien vom Verkäufer, dem „Stillhalter", zum Basispreis zu übernehmen – abzurufen – oder unter Verlust des Optionspreises darauf zu verzichten. Dem Verkäufer wird der Optionspreis sofort gutgeschrieben.

Der **Käufer** (Long Call) geht dabei von der Erwartung aus, dass der Kurs während der Optionsfrist über den Basispreis steigt. Er möchte zum vereinbarten niedrigeren Kurs kaufen und zum erhöhten Kurs des Erfüllungstages verkaufen. Für den Fall, dass seine Spekulation auf den Kursgewinn nicht aufgeht, weil der Kurs sinkt statt steigt, will er durch die Verzichtsmöglichkeit das Risiko auf den Optionspreis begrenzen.

Der **Verkäufer** (Stillhalter in Aktien; Short Call) rechnet dagegen mit stabilen/leicht sinkenden Kursen. Er möchte den daraus erwarteten Verlust durch Verkauf zum Basispreis vermeiden oder aber – bei Verzicht des Käufers – seinen Einstandspreis um den Optionspreis mindern.

Steigt aber entgegen seinen Erwartungen der Kurs des Wertpapiers, vermindert sich zwar absichtsgemäß der Einstandspreis um den Optionspreis, der mögliche Mehrgewinn bei noch höher steigenden Kursen entgeht ihm aber.

Erwerb einer Kaufoption (Long Call)	
14. Mai 20..:	Ein Kreditinstitut vermittelt seinem Kunden folgende Option: Optionsart: Kaufoption; Fälligkeitstag: 20. Sept. 20..; Stück: 500; Wertpapiergattung: Chemie AG Aktien; aktueller Kurs der Aktie: 55,00 €; Basispreis: 60,00 € pro Stück = 30 000,00 €; Optionspreis: 1,87 € pro Stück = 935,00 €.
	① Ausübung der Option während der Optionsfrist
30. Mai 20..:	Kurs steigt auf 76,00. Der Kunde übt die Option aus. Ergebnis: Der Kunde erhält 500 Stück Chemie AG Aktien gegen Zahlung von 30 000,00 € und verkauft diese sofort an der Börse. Verkaufserlös: 38 000,00 € Aufwand: – Basispreis 30 000,00 € – Optionspreis 935,00 € Reinertrag 7 065,00 €
	② Ausübung der Option unter Verlustminimierung
20. Sept. 20..	Der Kunde hat die Option bisher nicht ausgeübt. Kurs 61,10. Ergebnis: Der Kunde übt die Option aus. Verkaufserlös: 30 550,00 € Aufwand: – Basispreis 30 000,00 € – Optionspreis 935,00 € Verlust 385,00 € Der Kunde hat seinen Verlust minimiert.
	③ Nichtausübung der Option
20. Sept. 20..	Kurs der Chemie AG Aktien ist seit Mai nicht gestiegen, sondern auf 53,00 gefallen. Ergebnis: Der Kunde übt die Option nicht aus, da er bei Weiterverkauf der Papiere einen Kursverlust machen würde. Verlust: 935,00 € Optionspreis.

(Kosten bleiben unberücksichtigt)

1 An der Eurex gehandelte Optionen sind – ausgenommen Optionen auf Indizes, z. B. Dax - amerikanische Optionen.

Der Käufer wird die Option ausüben, wenn der Kurs – wie erwartet – den Basispreis überschreitet. Allerdings kommt er erst in die angestrebte Gewinnzone, wenn und soweit der Kurs am Erfüllungstag den Basispreis zuzüglich Optionspreis übersteigt.

Kaufoption

Inhaber eines Calls (Käufer); Long Call

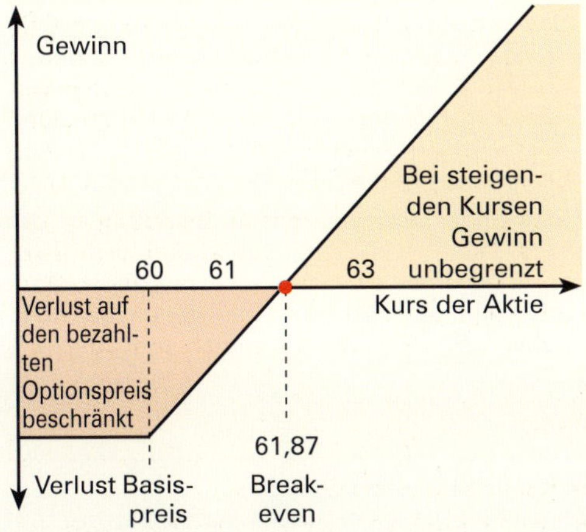

Stillhalter eines Calls (Verkäufer); Short Call

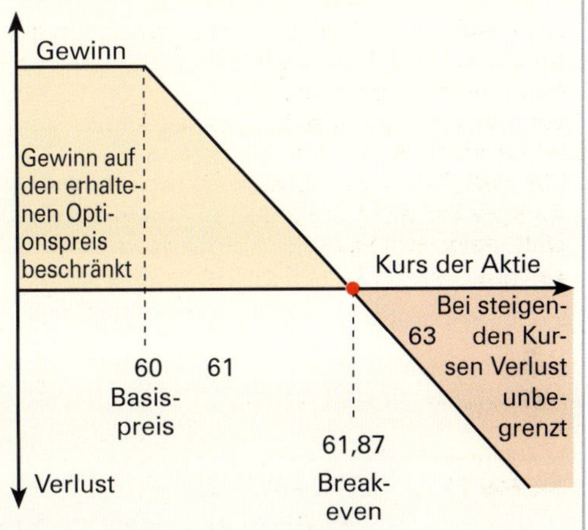

Bei der **Verkaufsoption** („Put-Option") erwirbt der Käufer (Baissier) gegen Zahlung des Optionspreises das Recht, innerhalb der Optionsfrist die vereinbarte Anzahl einer bestimmten Aktie an den Stillhalter zum Basispreis zu verkaufen oder unter Verlust des Optionspreises darauf zu verzichten.

Der **Käufer** (Long Put) erwartet nunmehr ein Absinken des Kurses während der Optionsfrist, um sich für die Belieferung des Geschäfts zum höheren Basispreis mit dem „billigeren" Tageskurs eindecken zu können.

Der **Verkäufer** (Stillhalter in Geld; Short Put) rechnet aber, wieder im Gegensatz zum Käufer der Option, mit stabilen oder leicht steigenden Kursen. Er möchte seinen Einstandspreis um den Optionspreis mindern. Gehen seine Erwartungen nicht auf, muss er, soweit der Kurs um mehr als den Optionspreis unter den Basispreis sinkt, echten Verlust hinnehmen.

Der Käufer wird die Option ausüben, wenn der Tageskurs – wie erwartet – den Basispreis unterschreitet. Ein echter Gewinn setzt aber auch hier erst ein, wenn und soweit der Kurs um mehr als den Optionspreis unter den Basispreis sinkt. Bis dahin mindert der Gewinn lediglich den Verlust des Optionspreises.

Erwerb einer Verkaufsoption (Long Put)	
14. Mai 20..:	Ein Kreditinstitut vermittelt seinem Kunden folgende Option: Optionsart: Verkaufsoption; Fälligkeitstag: 20. Sept. 20..; Stück: 500; Wertpapiergattung: Chemie AG Aktien; aktueller Kurs der Aktie: 55,00 €; Basispreis: 60,00 € pro Stück = 30 000,00 €; Optionspreis: 3,22 € pro Stück = 1 610,00 €.

Erwerb einer Verkaufsoption (Long Put)	
	① Ausübung der Option während der Optionsfrist
30. Mai 20..:	Kurs ist auf 41,00 gesunken. Der Kunde übt die Option aus. Ergebnis: Der Kunde kauft an der Börse 500 Stück Chemie AG Aktien gegen Zahlung von 20 500,00 € und überlässt sie dem Verkäufer der Option. Erlös: Basispreis 30 000,00 € Aufwand: – Kaufpreis 20 500,00 € – Optionspreis 1 610,00 € Reinertrag 7 890,00 €
	② Ausübung der Option unter Verlustminimierung
20. Sept. 20..	Der Kunde hat die Option bisher nicht ausgeübt. Kurs 58,00. Ergebnis: Der Kunde übt die Option aus. Erlös: Basispreis 30 000,00 € Aufwand: – Kaufpreis 29 000,00 € – Optionspreis 1 610,00 € Verlust 610,00 € Der Kunde hat seinen Verlust minimiert.
	③ Nichtausübung der Option
20. Sept. 20..	Kurs ist seit Mai nicht gefallen, sondern auf 64,50 gestiegen. Ergebnis: Der Kunde übt die Option nicht aus, da er durch Kauf der Papiere zum Tageskurs und Weitergabe an den Verkäufer der Option zum Basispreis einen Verlust machen würde. Verlust: 1 610,00 € Optionspreis.

(Kosten bleiben unberücksichtigt)

Der Kauf einer Verkaufsoption kann auch dazu dienen, ein vorhandenes Aktienportefeuille gegen Kursverluste abzusichern. Sinken die Kurse, so kann der Käufer der Verkaufsoption seine Papiere zum höheren Basispreis verkaufen. Steigen die Kurse, so übt er seine Option nicht aus, kann seine Papiere jedoch günstiger am Kassamarkt verkaufen.

Verkaufsoption

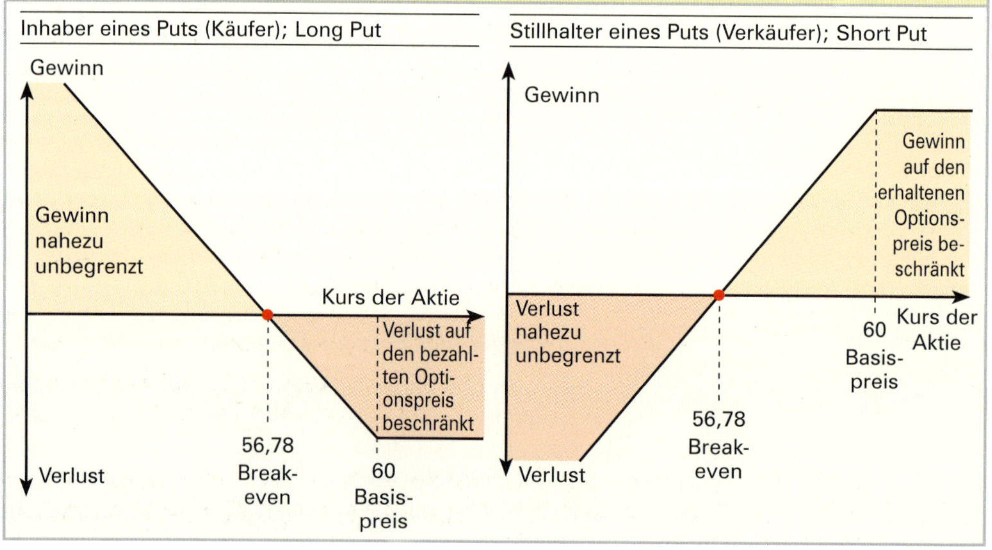

Die vier Grundpositionen des Anlegers in Optionen			
Optionstyp			
Call		Put	
Kauf einer Kaufoption = Long Call	**Verkauf einer Kaufoption = Short Call**	**Kauf einer Verkaufsoption = Long Put**	**Verkauf einer Verkaufsoption = Short Put**
Markterwartung: Käufer erwartet steigende Kurse des Basiswerts	**Markterwartung:** Verkäufer erwartet stagnierende oder leicht fallende Kurse des Basiswerts	**Markterwartung:** Käufer erwartet sinkende Kurse des Basiswerts	**Markterwartung:** Verkäufer erwartet stagnierende oder leicht steigende Kurse des Basiswerts
Motive: Absicherung von Kaufabsichten, Spekulation (geringer Kapitaleinsatz)	**Motive:** Renditeverbesserung (Aktienbestand vorhanden)	**Motive:** Absicherung gegen Kursverluste; Spekulation (geringer Kapitaleinsatz)	**Motive:** Gewinn des Optionspreises
Maximaler Verlust: Optionspreis	**Maximaler Verlust:** wenn Aktienbestand vorhanden: entgangener Gewinn abzüglich des vereinnahmten Optionspreises; wenn Aktienbestand nicht vorhanden: Verlust nahezu unbegrenzt: aktueller Kurs – Basispreis – Optionspreis	**Maximaler Verlust:** Optionspreis	**Maximaler Verlust:** maximal in Höhe des Basispreises abzüglich des vereinnahmten Optionspreises: Basispreis – aktueller Kurs (null) – Optionspreis[1]
Ertragsmöglichkeit: unbegrenzt: aktueller Kurs – Basispreis – Optionspreis	**Ertragsmöglichkeit:** auf den vereinnahmten Optionspreis begrenzt	**Ertragsmöglichkeit:** maximal in Höhe des Basispreises abzüglich des gezahlten Optionspreises: Basispreis – aktueller Kurs (null) – Optionspreis[1]	**Ertragsmöglichkeit:** begrenzt auf den vereinnahmten Optionspreis

Die vier beschriebenen Grundstrategien bilden die Grundlage für eine Vielzahl möglicher Kombinationen. Diese bestehen aus Positionen in mindestens zwei verschiedenen Optionsserien, die sich hinsichtlich Basispreis, Laufzeit oder Optionstyp unterscheiden. Kombinationen haben vielfach eigene Bezeichnungen wie Spread, Straddle oder Strangle.

Das Geschäft in Optionen auf deutsche Aktien ist standardisiert.

1 Das Gewinnpotenzial beim Long Put bzw. das Verlustpotenzial beim Short Put ist nur dadurch begrenzt, dass der Kurs des Basiswerts nicht unter Null sinken kann.

<table>
<tr><th colspan="2">Aktienoptionen auf deutsche Basistitel (Produktbeschreibung)</th></tr>
<tr><td>Kontraktgröße</td><td>Der Kontrakt bezieht sich in der Regel auf 100 Aktien des zugrunde liegenden Basiswerts.</td></tr>
<tr><td>Minimale Preisveränderung</td><td>Optionspreise haben Preisabstufungen von 0,01 €.</td></tr>
<tr><td>Erfüllung</td><td>Physische Lieferung des zugrunde liegenden Basiswerts.</td></tr>
<tr><td>Erfüllungstag</td><td>Zwei Börsentage nach der Ausübung.</td></tr>
<tr><td>Letzter Handelstag</td><td>Der dritte Freitag eines Verfallmonats, sofern dieser ein Börsentag ist, andernfalls der davor liegende Börsentag.</td></tr>
<tr><td>Ausübungszeit</td><td>Ausübungen sind an jedem Börsentag während der Laufzeit mit Ausnahme des Tages eines Dividendenbeschlusses möglich (amerikanische Art).</td></tr>
<tr><td>Laufzeiten/ Verfallmonate</td><td>Aktienoptionen werden gemäß ihren Verfallmonaten in die Kategorien A und B unterteilt.
Basistitel in Gruppe A: Die drei nächsten aufeinanderfolgenden Kalendermonate, die drei darauffolgenden Quartalsmonate aus dem Zyklus März, Juni, September und Dezember und die zwei darauffolgenden Halbjahresmonate aus dem Zyklus Juni und Dezember.
Laufzeiten: 1, 2, 3, 6, 9, 12, 18, 24 Monate
Basistitel in Gruppe B: Die drei nächsten aufeinanderfolgenden Kalendermonate, die drei darauffolgenden Quartalsmonate aus dem Zyklus März, Juni, September und Dezember und die vier darauffolgenden Halbjahresmonate aus dem Zyklus Juni und Dezember sowie die zwei darauffolgenden Jahresmonate aus dem Zyklus Dezember.
Laufzeiten: 1, 2, 3, 6, 9, 12, 18, 24, 30, 36, 48, 60 Monate</td></tr>
<tr><td>Ausübungspreise</td><td>Optionskontrakte können folgende Ausübungspreise haben:
<table>
<tr><th></th><th colspan="3">Ausübungspreisintervalle mit einer Restlaufzeit von</th></tr>
<tr><th>Ausübungspreise</th><th>≤ 3 Monaten</th><th>4–12 Monaten</th><th>> 12 Monaten</th></tr>
<tr><td>bis 2,00 €</td><td>0,05 €</td><td>0,10 €</td><td>0,20 €</td></tr>
<tr><td>2,00 € bis 4,00 €</td><td>0,10 €</td><td>0,20 €</td><td>0,40 €</td></tr>
<tr><td>4,00 € bis 8,00 €</td><td>0,20 €</td><td>0,40 €</td><td>0,80 €</td></tr>
<tr><td>8,00 € bis 20,00 €</td><td>0,50 €</td><td>1,00 €</td><td>2,00 €</td></tr>
<tr><td>20,00 € bis 52,00 €</td><td>1,00 €</td><td>2,00 €</td><td>4,00 €</td></tr>
<tr><td>52,00 € bis 100,00 €</td><td>2,00 €</td><td>4,00 €</td><td>8,00 €</td></tr>
<tr><td>100,00 € bis 200,00 €</td><td>5,00 €</td><td>10,00 €</td><td>20,00 €</td></tr>
<tr><td>200,00 € bis 400,00 €</td><td>10,00 €</td><td>20,00 €</td><td>40,00 €</td></tr>
<tr><td>über 400,00 €</td><td>20,00 €</td><td>40,00 €</td><td>80,00 €</td></tr>
</table>
Anzahl der Ausübungspreise
Für jeden Call und Put stehen für jeden Verfallmonat mindestens drei Serien zur Verfügung mit je einem Basispreis im Geld (in-the-money), am Geld (at-the-money) und aus dem Geld (out-of-the-money).</td></tr>
<tr><td>Optionspreis</td><td>Zahlung des entsprechenden EUR-Wertes in voller Höhe am Börsentag, der dem Handelstag folgt.</td></tr>
</table>

Innerer Wert und Zeitwert. Der Wert einer Option setzt sich aus „innerem Wert" und Zeitwert zusammen.

<table>
<tr><th colspan="5">Innerer Wert einer Option</th></tr>
<tr><th colspan="2">„In-the-money"-Optionen</th><th>„At-the-money"-Optionen</th><th colspan="2">„Out-of-the-money"-Optionen</th></tr>
<tr><td>beim Call</td><td>beim Put</td><td></td><td>beim Call</td><td>beim Put</td></tr>
<tr><td>Basispreis liegt unter dem Kurs des Basiswerts</td><td>Basispreis liegt über dem Kurs des Basiswerts</td><td>Basispreis = Kurs des Basiswerts</td><td>Basispreis liegt über dem Kurs des Basiswerts</td><td>Basispreis liegt unter dem Kurs des Basiswerts</td></tr>
<tr><td colspan="5">Beispiele: Kurs des Basiswerts (aktueller Kurs der Aktie) : 40</td></tr>
<tr><td>Basispreis 38,00 €
Innerer Wert: 2,00 €</td><td>Basispreis 42,00 €
Innerer Wert: 2,00 €</td><td>Basispreis = 40,00 €
Kurs des Basiswerts = 40,00 €</td><td>Basispreis 42,00 €</td><td>Basispreis 38,00 €</td></tr>
<tr><td colspan="2">„innerer Wert" vorhanden</td><td colspan="3">kein „innerer Wert" vorhanden</td></tr>
</table>

Der Zeitwert der Option errechnet sich aus der Differenz von Optionspreis und „innerem Wert". Im Zeitwert spiegeln sich die Erwartungen der Anleger wider, wie sie die Entwicklung der Option in der Restlaufzeit einschätzen. Je länger die Restlaufzeit ist, umso höher ist i. d. R. der Zeitwert. Dabei spielt die Volatilität des Basiswerts eine wichtige Rolle. (Vergleiche auch Kapitel 16.3.2). Am Verfalltag der Option fällt der Zeitwert auf null.

Renditevergleich: Direktanlage in Aktien oder Kauf der Kaufoption

Beispiel: Opening: Kauf von fünf Kontrakten Chemie AG, Fälligkeit September 20..
Basispreis 60,00 €/Stück
Optionspreis 1,87 €/Stück
Optionspreis insgesamt 1,87 · 500,00 = 935,00 €
aktueller Kurs der Aktie 55,00 €
Closing: Optionspreis 17,17 €
aktueller Kurs der Aktie 76,00 €

1. Renditeberechnung für den Aktienkauf:

Kauf 500 Aktien zu 55,00 €/Stück	= 27 500,00 €
Verkauf 500 Aktien zu 76,00 €/Stück	= 38 000,00 €
Gewinn	10 500,00 €

$$\text{Rendite} = \frac{10\,500 \cdot 100}{27\,500} = 38{,}18\,\%$$

2. Renditeberechnung für den Optionskauf:

Kauf 5 Kontrakte:	500,00 · 1,87 €	= 935,00 €
Verkauf 5 Kontrakte:	500,00 · 17,17 €	= 8 585,00 €
Gewinn		7 650,00 €

$$\text{Rendite} = \frac{7\,650 \cdot 100}{935} = 818{,}18\,\%$$

Der Anleger konnte im gleichen Zeitraum mit den Optionen aufgrund des niedrigeren Kapitaleinsatzes eine wesentlich höhere Rendite als mit einer Direktanlage in Aktien erzielen (Hebelwirkung/ Leverage-Effekt). Bei einer Anlage in Optionen sollte der Anleger aber die erheblichen Risiken dieser Anlageform beachten. (Vgl. Kapitel 16.8.5)

Unterschiede zwischen Optionen und Optionsscheinen		
	Optionen	**Optionsscheine**
Produktgestaltung	Basispreise, Laufzeiten und Kontraktgrößen sind in hohem Maße standardisiert. Die Anzahl unterschiedlicher Optionen auf einen Basiswert ist relativ begrenzt. Die Eurex gibt Kontraktspezifikationen vor.	Die Standardisierung fehlt fast vollständig. Der Emittent (Banken/Wertpapierhandelshäuser) legt die Kontraktparameter individuell fest. Sie können von Emittent zu Emittent erheblich abweichen.
Mindestvolumen	Bei Aktien bezieht sich die Option in der Regel auf 100 Stück.	Jede beliebige Stückzahl ist handelbar.
Handel	Der Handel erfolgt an der Terminbörse (z. B. Eurex).	Der Handel erfolgt an Wertpapierbörsen am Kassamarkt oder im außerbörslichen Geschäft direkt mit dem Emittenten.
Mögliche Handelspositionen	Sowohl Long- als auch Short-Positionen sind möglich. Vier Grundpositionen: Long Call/Short Call, Long Put/Short Put.	Nur Long-Positionen möglich; Long Call/Long Put (Stillhalter ist der Emittent).
Anleger	Vor allem institutionelle Anleger und Anleger mit Derivateerfahrung.	Meist Privatanleger.

LS 11
Situation 7

16.8.4 Finanz-Futures

16.8.4.1 Grundlagen Finanz-Futures („Financial Futures")

Ein Finanz-Future ist eine standardisierte, durch eine Börse vermittelte, für beide Vertragspartner (Käufer und Verkäufer) unbedingt verpflichtende Vereinbarung,

- eine bestimmte Menge eines Basiswerts
- zu einem bestimmten Zeitpunkt (Liefer-, Erfüllungstag)
- zu einem im Voraus vereinbarten Preis

zu kaufen (Long-Position) bzw. zu verkaufen (Short-Position).

Finanzterminkontrakte werden nur selten durch effektive Lieferung und Abnahme des Basiswerts erfüllt. Die eingegangene Verpflichtung wird durch ein Gegengeschäft aufgehoben, d. h., vor Fälligkeit werden gekaufte Kontrakte durch Verkauf, verkaufte Kontrakte durch Rückkauf gleicher Kontrakte glattgestellt. Die Differenz zwischen Kauf- und Verkaufskurs entscheidet über Gewinne und Verluste aus dem Engagement. Kommt es im Ausnahmefall doch zu einer Erfüllung des Terminkontrakts, so ist bei Terminkontrakten mit effektiver Lieferung (physical settlement) das zugrunde liegende Instrument vom Verkäufer zu liefern und vom Käufer abzunehmen. Sehen die Kontraktspezifikationen einen Barausgleich (cash settlement) vor, so kommt es lediglich zur Zahlung eines sich nach den Kontraktspezifikationen zu errechnenden Differenzbetrags.

Das Lieferproblem bei einem Future auf eine fiktive Anleihe (Bund-Future) wird über einen Korb von lieferbaren Anleihen gelöst, die mithilfe eines Umrechnungsfaktors vergleichbar gemacht werden.

Handlungsalternativen von Käufer und Verkäufer von Futures	
Erfüllung bei Fälligkeit	Verkauf oder Kauf („Glattstellung" durch Gegengeschäft)

16.8.4.2 Grundstrategien bei Finanz-Futures

Im Unterschied zu den Optionen ist die Anzahl möglicher Strategiealternativen bei Finanz-Futures wesentlich geringer. Durch Kauf des Futures entsteht eine Future-Long-Position. Aus dem Verkauf des Futures ergibt sich eine Future-Short-Position.

Kauf eines Futures (Future-Long-Position). Durch den Kauf des Future-Kontrakts verpflichtet sich der Käufer, am Fälligkeitstag den Basiswert zu einem im Voraus vereinbarten Preis zu übernehmen. Der Käufer erwartet während der Laufzeit des Kontrakts einen Anstieg des Kurses des Basiswerts. Die Höhe des aus einer Future-Long-Position resultierenden Gewinns hängt davon ab, wie weit der Future-Kontrakt zum Zeitpunkt der Glattstellung bzw. bei Fälligkeit über dem ursprünglich vereinbarten Preis (Einstandspreis) notiert. Der erzielte Gewinn fällt umso höher aus, je weiter der Preis des Futures über den Einstandspreis steigt. Den theoretisch unbegrenzten Ertragsmöglichkeiten der Future-Long-Position steht jedoch ein hohes Verlustrisiko gegenüber. Die Höhe des aus einer Long-Position resultierenden Verlusts hängt davon ab, wie weit der Future-Kontrakt zum Zeitpunkt der Glattstellung bzw. bei Fälligkeit unter dem Einstandspreis notiert. Im Extremfall kann der Future wertlos sein, während der Käufer gleichwohl den vollen vereinbarten Preis zu zahlen hat.

Verkauf eines Futures (Future-Short-Position). Durch den Abschluss des Future-Kontrakts verpflichtet sich der Verkäufer, am Liefer- bzw. Erfüllungstag den Basiswert zu einem im Voraus vereinbarten Preis zu liefern. Der Verkäufer erwartet, dass der Kurs des Basiswerts während der Laufzeit des Futures fällt. Die Höhe des aus einer Future-Short-Position resultierenden Gewinns hängt davon ab, wie weit der Future-Kontrakt zum Zeitpunkt der Glattstellung bzw. bei Fälligkeit unter dem Einstandspreis notiert. Der erzielte Gewinn fällt umso höher aus, je tiefer der Preis des Futures unter den Einstandspreis fällt. Auch bei der Future-Short-Position steht den theoretisch fast unbegrenzten Ertragsmöglichkeiten ein unbegrenztes Verlustrisiko gegenüber. Die Höhe des aus einer Short-Position resultierenden Verlusts hängt davon ab, wie weit der Future-Kontrakt zum Zeitpunkt der Glattstellung bzw. bei Fälligkeit über dem Einstandspreis notiert. Der Verlust fällt umso höher aus, je weiter der Preis des Futures über den Einstandspreis steigt.

16.8.4.3 Kauf und Verkauf eines DAX-Futures

Für den DAX-Future gibt es standardisierte Vertragsbedingungen, z.B. Kontraktwert, Verfallmonate oder Preisabstufungen:

DAX®-Future (Produktbeschreibung)	
Basiswert	Deutscher Aktienindex (DAX®).
Kontraktwert	25,00 € pro Indexpunkt des DAX®, 5,00 € bei Mini-DAX-Futures.
Erfüllung	Erfüllung durch Barausgleich, fällig am ersten Börsentag nach dem letzten Handelstag (keine effektive Lieferung möglich).
Preisermittlung	In Punkten; auf eine Dezimalstelle.
Preisabstufungen (Ticks)	1 Tick = 0,5 DAX-Punkte; dies entspricht einem Wert von 12,50 €. (Tickwert = 12,50 €)

DAX®-Future (Produktbeschreibung)	
Liefer-/ Verfallmonate	Die jeweils nächsten drei Quartalsmonate aus dem Zyklus März/Juni/September/Dezember.
Liefertag/ Erfüllungstag	Der dritte Freitag des jeweiligen Liefermonats, sofern dies ein Börsentag ist, andernfalls der davor liegende Börsentag.
Schluss-abrechnungspreis	Die Festlegung des Schlussabrechnungspreises erfolgt durch die Eurex. Maßgeblich ist der Schlusspreis, der im elektronischen Handelssystem für den jeweiligen Basiswert am letzten Handelstag in der nach 13:00 Uhr folgenden untertägigen XETRA-Auktion ermittelt wird.

Beispiel: Kauf eines DAX-Futures (Long Future)

Ein Anleger möchte auf einen Anstieg des Deutschen Aktienindex DAX spekulieren. Er entschließt sich, einen DAX-Future zu kaufen.

(1) Kauf Future („Opening" der Position): DAX-Future Stand: 14 100 Punkte

Der Kontraktwert beträgt 14 100 Punkte · 25,00 €/Punkt = 352 500,00 €.

Der Käufer zahlt nur die Gebühren seiner Bank, keine Prämie und auch nicht den Kontraktwert des Futures. Er hat eine Sicherheit von 30 % des Kontraktwertes zu leisten (vgl. Kapitel 16.9).

(2) Verkauf des Futures („Glattstellung"): DAX-Future Stand: 14438 Punkte

Ergebnis: 338 Punkte Kursgewinn · 25,00 €/Punkt = 8 450,00 €.

Der Betrag von 8 450,00 € wird dem Kunden von seiner Bank gutgeschrieben.

(3) Erfolg der Anlage:

8 450,00 € abzüglich der Opening-Gebühr (beim Closing fällt keine Gebühr an).

Beispiel: Verkauf eines DAX-Futures (Short Future)

Ein Anleger besitzt ein Aktiendepot im Wert von ca. 190 000,00 €, das in seiner Zusammensetzung dem DAX-Index entspricht. Der Anleger möchte sich gegen drohende Kursverluste absichern. Zur Absicherung des Depots wird ein Kontrakt benötigt.

(1) Verkauf Future („Eröffnung/Opening" der Position): DAX-Future Stand: 14400 Punkte

Der Kontraktwert beträgt 14 400 Punkte · 25,00 €/Punkt = 360 000,00 €.

Der Käufer zahlt beim Opening nur die Gebühren seiner Bank, keine Prämie und auch nicht den Kontraktwert des Futures. Er hat eine Sicherheit von 30 % des Kontraktwerts zu leisten.

(2) Kauf des Futures („Glattstellung/Closing"): DAX-Future Stand: 13 650 Punkte

Ergebnis: 750 Punkte Kursgewinn · 25,00 €/Punkt = 18 750,00 €.

Der Betrag von 18 750,00 € wird dem Kunden von seiner Bank gutgeschrieben.

(3) Erfolg der Anlage:

18 750,00 € Gewinn abzüglich der Opening-Gebühr (beim Closing fällt keine Gebühr an) wird kompensiert mit Kursverlusten im Aktiendepot.

16.8.4.4 Kauf und Verkauf eines Euro-BUND-Futures

Auch für den Euro-BUND-Future gibt es wie beim DAX-Future standardisierte Vertragsbedingungen:

Euro-BUND-Future (Produktbeschreibung)	
Basiswert	Fiktive langfristige Schuldverschreibung der Bundesrepublik Deutschland mit $8^1/_2$- bis $10^1/_2$-jähriger Restlaufzeit und einem Kupon von 6 Prozent.
Kontraktwert	100 000,00 €
Erfüllung	Eine Lieferverpflichtung aus einer Short-Position in einem Euro-BUND-Futures-Kontrakt kann nur durch bestimmte Schuldverschreibungen – nämlich Bundesanleihen – mit einer Restlaufzeit von $8^1/_2$ bis $10^1/_2$ Jahren am Liefertag erfüllt werden. Die Schuldverschreibungen müssen ein Mindestemissionsvolumen von fünf Mrd. € aufweisen.
Preisermittlung	In Prozent vom Nominalwert; auf zwei Dezimalstellen.
Minimale Preisveränderung	0,01 Prozent; dies entspricht einem Wert von 10,00 €. (Tickwert = 10,00 €)
Liefertag/ Erfüllungstag	Der Liefertag ist der zehnte Kalendertag des jeweiligen Liefermonats, sofern dieser Tag ein Börsentag ist, andernfalls der davorliegende Börsentag.
Laufzeiten/ Liefermonate	Bis zu 9 Monaten: Die jeweils drei nächsten Quartalsmonate des Zyklus März, Juni, September und Dezember.
Letzter Handelstag	Zwei Börsentage vor dem Liefertag des jeweiligen Liefermonats.

Beispiel: Kauf eines Euro-BUND-Futures (Long Future)

Ein Kunde der Bank hat in seinem Depot 1 000 000,00 € Bundesanleihen, die in wenigen Monaten fällig werden. Das Geld soll wieder angelegt werden. Der Kunde will sich gegen Kurssteigerungen – also sinkende Zinsen – absichern. Die Absicherung erfolgt durch Kauf von 10 EUR-BUND-Futures-Kontrakten, deren Laufzeit erst nach Fälligkeit der im Depot befindlichen Bundesanleihen endet.

(1) Kauf Future („Eröffnung/Opening" der Position):

10 Kontrakte, Kurs 143,45 %. Der Kontraktwert beträgt:
10 · 100 000 € · 143,45 % = 1 434 500,00 €

Der Käufer zahlt nur die Gebühren seiner Bank, keine Prämie und auch nicht den Kontraktwert des Futures. Er hat eine Sicherheit zu stellen.

Aufgrund gesunkener Zinsen steigt der Kurs der dem Kontrakt zugrunde liegenden fiktiven Bundesanleihe auf 149,95 %. Der Anleger kann sich bei Fälligkeit den entsprechenden Betrag an Bundesanleihen zu einem Kurs von 143,45 % liefern lassen oder seine Position glattstellen. Da der Verfalltermin des Futures später als die Fälligkeit der im Depot befindlichen Anleihe liegt, wird der Future verkauft.

(2) Verkauf des Futures („Glattstellung/Closing" der Position): Kurs 149,95 %

Ergebnis: 6,50 Prozentpunkte Kursgewinn · 10,00 €/0,01 % · 10 Kontrakte = 65 000,00 €.

Der Betrag von 65 000,00 € wird dem Kunden von seiner Bank gutgeschrieben.

(3) Erfolg der Anlage:

65 000,00 € Gewinn abzüglich der Opening-Gebühr (beim Closing fällt keine Gebühr an). Der Gewinn beim Euro-BUND-Future deckt den Mehraufwand für einen Kauf von nominal 1 000 000,00 € Bundesanleihe ganz oder teilweise ab. Vielleicht bleibt sogar noch ein Gewinn für den Anleger übrig.

Beispiel: Verkauf eines Euro-BUND-Futures (Short Future)

Der Inhaber eines Depots besitzt 100 000,00 € Bundesanleihen. Er will sich gegen drohende Kursverluste – also steigende Zinsen – absichern, da er die Bundesanleihe in einigen Monaten verkaufen möchte. Die Absicherung erfolgt durch den Verkauf von 1 EUR-BUND-Futures-Kontrakt, dessen Laufzeit nach Fälligkeit der im Depot befindlichen Bundesanleihe endet.

(1) Verkauf Future („Eröffnung/Opening" der Position):

1 Kontrakt, Kurs 142,00 %. Der Kontraktwert beträgt:
1 · 100 000 € · 142,00 % = 142 000,00 €

Der Käufer zahlt nur die Gebühren seiner Bank, keine Prämie und auch nicht den Kontraktwert des Futures. Er hat eine Sicherheit zu stellen.

Aufgrund gestiegener Zinsen sinkt der Kurs der dem Kontrakt zugrunde liegenden fiktiven Bundesanleihe auf 138,70 %. Der Anleger kann bei Fälligkeit den entsprechenden Betrag an Bundesanleihen zu einem Kurs von 142,00 % verkaufen oder seine Position glattstellen. Da der Verfalltermin des Futures später als der Termin für den Geldbedarf liegt, wird er seine Position durch Kauf eines entsprechenden Futures glattstellen.

(2) Kauf des Futures („Glattstellung/Closing" der Position): Kurs 138,70 %

Ergebnis: 3,30 Prozentpunkte Kursgewinn · 10,00 €/0,01 % · 1 Kontrakt = 3 300,00 €.

Der Betrag von 3 300,00 € wird dem Kunden von seiner Bank gutgeschrieben.

(3) Erfolg der Anlage:

3 300,00 € Gewinn abzüglich der Opening-Gebühr (beim Closing fällt keine Gebühr mehr an). Der Gewinn beim Euro-BUND-Future deckt den Kursverlust beim Verkauf der nominal 100 000,00 € Bundesanleihe ganz oder teilweise ab, vielleicht bleibt sogar noch ein Gewinn für den Anleger übrig.

<table>
<tr><th colspan="4">Übersicht</th></tr>
<tr><th colspan="4">DAX-Future zur Absicherung</th></tr>
<tr><td colspan="2">Kauf eines DAX-Futures</td><td colspan="2">Verkauf eines DAX-Futures</td></tr>
<tr><td colspan="2">steigende Aktienkurse, steigender DAX</td><td colspan="2">fallende Aktienkurse, fallender DAX</td></tr>
<tr><td>steigende Kurse der Aktien</td><td>steigender Kurs des DAX-Futures</td><td>fallende Kurse der Aktien</td><td>fallender Kurs des DAX-Futures</td></tr>
<tr><td>Verlust bei den Aktien durch teureren Kauf</td><td>Gewinn beim DAX-Future durch teureren Verkauf des DAX-Futures</td><td>Verlust bei den Aktien durch billigeren Verkauf</td><td>Gewinn beim DAX-Future durch billigeren (Rück-) Kauf des DAX-Futures</td></tr>
<tr><td colspan="2">Verlustverringerung, evtl. Gewinn</td><td colspan="2">Verlustverringerung, evtl. Gewinn</td></tr>
</table>

<table>
<tr><th colspan="2">DAX-Future zur Spekulation</th></tr>
<tr><td>Kauf eines DAX-Futures</td><td>Verkauf eines DAX-Futures</td></tr>
<tr><td>steigende Aktienkurse, steigender DAX</td><td>fallende Aktienkurse, fallender DAX</td></tr>
<tr><td>■ steigender Kurs des DAX-Futures
■ Gewinn beim DAX-Future durch teureren Verkauf des DAX-Futures</td><td>■ fallender Kurs des DAX-Futures
■ Gewinn beim DAX-Future durch billigeren (Rück-)Kauf des DAX-Futures</td></tr>
</table>

BUND-Future zur Absicherung			
Kauf eines Futures		Verkauf eines Futures	
fallende Zinsen		steigende Zinsen	
steigender Kurs der Anleihe	steigender Kurs des Futures	fallender Kurs der Anleihe	fallender Kurs des Futures
Verlust bei der Anleihe durch teureren Kauf	Gewinn beim Future durch teureren Verkauf des Futures	Verlust bei der Anleihe	Gewinn beim Future durch billigeren (Rück-) Kauf des Futures
Verlustverringerung, evtl. Gewinn		Verlustverringerung, evtl. Gewinn	

BUND-Future zur Spekulation	
Kauf eines Futures	Verkauf eines Futures
fallende Zinsen	steigende Zinsen
▪ steigender Kurs des Futures ▪ Gewinn beim Future durch teureren Verkauf des Futures	▪ fallender Kurs des Futures ▪ Gewinn beim Future durch billigeren (Rück-) Kauf des Futures

16.8.5 Risiken bei der Anlage in Optionen und Futures

Bei Börsentermingeschäften stehen hohen Gewinnchancen hohe Verlustrisiken gegenüber. Diese Geschäfte sind daher nur einem erfahrenen Anleger zu empfehlen.

Grundsätzliche Risiken
Das **Marktpreisrisiko** resultiert in erster Linie aus der Änderung des Preises des Basiswerts, der dem Derivat zugrunde liegt. Aber auch Veränderungen der Volatilität des Basiswerts und die Verminderung der Restlaufzeit beeinflussen den Marktpreis.
Das **Risiko der Hebelwirkung** ergibt sich vor allem aus der Konstruktion, mit relativ geringem Kapitaleinsatz an den Wertveränderungen des Basiswerts überproportional teilhaben zu können. Je größer der Hebel der Derivateposition ist, desto risikoreicher ist die Anlage.
Das **Risiko von Marginzahlungen** ergibt sich aus den täglich neu zu berechnenden Sicherheitsleistungen für bestimmte Positionen. Können diese Sicherheitsleistungen nicht erfüllt werden, kann es zu vorzeitigen Glattstellungen durch die Bank und zu Verlustrealisierungen kommen, die über die geleisteten Sicherheiten hinaus auch das sonstige Vermögen des Anlegers erfassen können.
Liquiditätsrisiko. Geschäfte, mit denen Risiken aus eingegangenen Börsentermingeschäften ausgeschlossen oder eingeschränkt werden sollen (Glattstellungsgeschäfte), können möglicherweise nicht oder nur zu einem verlustbringenden Preis getätigt werden.

Spezielle Risiken (Optionen)
Risiko der Wertminderung. Der Inhaber einer Option kann bei der Glattstellung einen Verlust erleiden, wenn während der Laufzeit die erwartete Wertentwicklung des Basiswerts und damit auch die der Option nicht eintritt. Aufgrund der begrenzten Laufzeit ist es fraglich, ob sich der Kurs der Option noch entsprechend den Erwartungen entwickeln wird. **Risiko des Totalverlusts.** Aufgrund ungünstiger Marktentwicklungen bzw. des Zeitablaufs kann es zu einem Totalverlust der eingesetzten Optionsprämie kommen. Für den Käufer einer Option führen Kursveränderungen des Basiswerts zu einer Minderung oder zu einem Totalverlust der Optionsprämie, wenn ■ im Fall der Kaufoption (Long Call) die Kurse des Basiswerts fallen, ■ im Fall der Verkaufsoption (Long Put) die Kurse des Basiswerts steigen. **Stillhalterrisiko.** Für den Verkäufer einer Option führen Kursveränderungen des Basiswerts zu Verlusten, die die erhaltene Optionsprämie um ein Vielfaches übersteigen können, wenn ■ im Fall der Kaufoption (Short Call) die Kurse des Basiswerts steigen und der Stillhalter den Basiswert teuer anschaffen muss, ■ im Fall der Verkaufsoption (Short Put) die Kurse des Basiswerts fallen und der Stillhalter den billigeren Basiswert teuer abnehmen muss.

Spezielles Risiko (Financial Futures)
Lieferrisiko. Der Käufer eines Futures muss am Verfalltag den vereinbarten Betrag zur Verfügung halten, damit er den ihm gelieferten Basiswert bezahlen kann, falls er seine Position nicht vorher glattgestellt hat. Damit muss er zum Teil liquide Mittel in erheblichem Umfang bereithalten. Der Verkäufer des Futures muss den vereinbarten Basiswert liefern. Ist er eine Leerposition eingegangen, kann er sich nur noch zum aktuellen Marktpreis eindecken, es sei denn, er stellt seine Position vorher durch ein entsprechendes Gegengeschäft glatt.

16.9 Handel an der Eurex

Die **Eurex** (**Eur**opean **Ex**change) ist der Terminmarkt der deutschen Börse AG. Die Eurex Frankfurt AG ist eine vollelektronisch operierende Computerbörse für Optionen und Futures mit integrierter Clearing-Stelle.

Wesensmerkmale/Leistungsangebot der Eurex	
Bundesweite, standortunabhängige Teilnahme am Börsenhandel	Der Börsenteilnehmer (z. B. Kreditinstitut) kann online über Terminal Geschäfte in Futures und Optionen tätigen. Bei Übereinstimmung von Kauf- und Verkaufsaufträgen bzw. Quotes der Market Maker kommt es zu automatischen Geschäftsabschlüssen durch den Börsencomputer.
Größtmögliche Information der Marktteilnehmer	Zugriff auf Kurse, Informationen über Marktgeschehen und über die den Kontrakten zugrunde liegenden Wertpapiere online über Computer.
Clearing-Stelle als Kontraktpartner der Börsenteilnehmer	Die Clearing-Stelle der Eurex (Eurex Clearing AG) hat die Erfüllung aller Kontrakte sicherzustellen (keine Bonitätsrisiken für die Marktteilnehmer). Sie tritt als Kontraktpartner in alle Geschäfte zwischen den Börsenteilnehmern ein. Alle Geschäfte an der Eurex kommen nur zwischen der Clearing-Stelle und einem Clearing-Teilnehmer zustande.

Wesensmerkmale/Leistungsangebot der Eurex	
	Die Eurex unterscheidet ■ **General-Clearing-Teilnehmer**, die sowohl Eigen- und Kunden-Geschäfte sowie Geschäfte für Nichtmitglieder abwickeln dürfen, ■ **Direkt-Clearing-Teilnehmer**, die nur für sich selbst oder eigene Kunden tätig werden dürfen.
Schnellstmögliche Abwicklung der Geschäfte	Durch die online-Verbindungen zwischen den Clearing-Teilnehmern und der Eurex wird die geld- und auch stückemäßige Abwicklung der Geschäfte über die Bundesbank bzw. die Clearstream Banking AG gewährleistet.
Market Maker sorgen für die nötige Marktliquidität	Market Maker sind Handelsteilnehmer, die sich verpflichten, auf Anfrage verbindliche Angebots- und Nachfragepreise (Quotes) zu stellen. Dadurch wird gewährleistet, dass laufend Angebot und Nachfrage vorhanden ist und den Marktteilnehmern ständig die Möglichkeit zu Geschäftsabschlüssen geboten wird.

In Anlehnung an: Risk und Management mit Futures und Options. Schrift der Deutschen Bank AG.

Handelsobjekte der Eurex Deutschland sind Geldmarktprodukte (z. B. Dreimonats-EURIBOR-Future), Kapitalmarktprodukte (z. B. Euro-BUND-Future), Aktienprodukte (z. B. Deutsche Aktienoptionen, Finnische Aktienoptionen), Indexprodukte (z. B. Optionen auf den DAX) und Währungsprodukte (z. B. EUR/USD-Future).

Handelsphasen.

Handelsphasen und -zeiten (Aktienoptionen)
Pre-Trading-Periode (vorbörsliche Phase): Dies ist die einleitende Phase zum Eurex-Handel. Die Benutzer können Daten abfragen sowie Aufträge und Quotes als Vorbereitung des eigentlichen Handels eingeben.
Opening-Periode (Eröffnungsphase): Während des *Pre-Opening* können Händler die Eröffnungspreise für Optionsserien durch Angebot und Nachfrage mitbestimmen. Während dieser Zeit werden sämtlichen Händlern die potenziellen Eröffnungspreise auf dem Bildschirm angezeigt. Es können Aufträge und Quotes eingegeben werden, die Einfluss auf die Preisbildung nehmen. Während der *Netting-Phase* rechnet die Eurex sämtliche Aufträge und Quotes auf (Netting), um so die endgültigen Eröffnungspreise für Optionsserien zu ermitteln. Die Preisermittlung erfolgt durch das Auktionsverfahren (Meistausführungsprinzip). Aufträge und Quotes können in der Netting-Phase nicht eingegeben werden. Das System steht jedoch weiterhin für Abfragefunktionen zur Verfügung.
Trading-Periode (Handelsphase) Dies ist die eigentliche Handelsphase, in der Aufträge und Quotes zusammengeführt und die zustande gekommenen Geschäfte sofort online bestätigt werden. Den Benutzern stehen nun sämtliche Handelsfunktionen zur Verfügung. Sämtliche Aufträge oder Quotes, die während dieser Zeit eingegeben werden und gleich oder besser sind als bestehende Aufträge und Quotes der entsprechenden Gegenseite des Auftragsbuchs, werden sofort zusammengeführt.
Post-Trading-Periode (nachbörsliche Phase): Im Post-Trading stehen sämtliche Abfragefunktionen zur Verfügung. Ebenso können unlimitierte, limitierte Aufträge[1] und Quotes für den nächsten Börsentag eingegeben, geändert oder gelöscht werden.

Quelle: Eurex-Information. Herausgeber: Deutsche Börse AG, Frankfurt am Main

1 außer IOC = Immediate or Cancel Orders

Quotes und Aufträge. Quotes sind verbindliche Geld- oder Briefkurse, zu denen ein Marktteilnehmer kaufen oder verkaufen will. Sie können in das EDV-System der Eurex eingegeben werden für Optionen nur von Market Makern, für Futures von allen Marktteilnehmern. Market Maker sind verpflichtet, für alle Optionsserien der von ihnen betreuten Basiswerte auf Anforderung verbindliche Nachfrage- oder Angebotspreise (Quotes) zu stellen.

Aufträge sind Kauf- oder Verkaufsaufträge über Optionen, Stillhalterpositionen oder Futures. Börsenaufträge an der Eurex können unlimitierte (billigst/bestens), limitierte, kombinierte und – bei Futures – Stop-Aufträge sein.

Börsenaufträge an der Eurex Deutschland			
Unlimitierte Aufträge (billigst/bestens)	**Limitierte Aufträge** (mit Preislimit)	**Kombinierte Aufträge** (mit Preislimit versehene Kombination von zwei Einzelaufträgen)	**Stop-Aufträge** (nur bei Futures)
▪ ohne Angabe einer Gültigkeitsdauer = Tagesorder (tagesgültig) ▪ mit Angabe einer Gültigkeitsdauer: – Good-till-cancelled (GTC) = gültig bis Widerruf – Good-till-date (GTD) = gültig bis Fristablauf	▪ ohne Angabe einer Gültigkeitsdauer oder einer Ausführungsbeschränkung = Tagesorder (tagesgültig) ▪ mit Angabe einer Gültigkeitsdauer (uneingeschränkt limitierte Aufträge): – Good-till-cancelled = gültig bis Widerruf – Good-till-date = gültig bis Fristablauf ▪ mit Ausführungsbeschränkung (eingeschränkt limitierte Aufträge): – Fill-or-kill (FOK [Erfüllen oder löschen]) = sofortige Gesamtausführung oder Löschung des Auftrags – Immediate-or-cancel (IOC [Erfüllen soweit möglich, Rest löschen]) = sofortige Ausführung so weit wie möglich und Löschung des unausgeführten Teils	▪ mit Ausführungsbeschränkung (eingeschränkt limitierte Aufträge): – Fill-or-kill (FOK [Erfüllen oder löschen]) = sofortige Gesamtausführung oder Löschung des Auftrags – Immediate-or-cancel (IOC [Erfüllen soweit möglich, Rest löschen]) = sofortige Ausführung so weit wie möglich und Löschung des unausgeführten Teils	Ausführung nur bei Erreichen oder Über- bzw. Unterschreiten des angegebenen Kurses

Die Aufträge werden den Börsenteilnehmern vom System bestätigt.

Auftragsausführung (Matching). Alle eingegebenen Aufträge und Quotes gelangen über das Netzwerk der Eurex in Bruchteilen von Sekunden in die Datenbank des Zentralrechners. Dort werden sie im elektronischen Orderbuch erfasst und nach den Prioritäten Preis und Zeit sortiert.

Die Quotes und Aufträge werden einander zugeordnet und das System führt automatisch den Geschäftsabschluss herbei (Matching). Dabei werden unlimitierte Aufträge (sog. Market Orders) zuerst berücksichtigt. Bei limitierten Aufträgen und Quotes erfolgt die Ordnung nach dem Preis; die höchsten Nachfragekurse und die niedrigsten Angebotskurse haben Vorrang. Bei Aufträgen und Quotes mit dem gleichen Preis entscheidet die zeitliche Reihenfolge der Eingabe. Die Geschäftsabschlüsse werden an die Clearing-Stelle weitergeleitet, die dann die Abwicklung, die Besicherung und die geld- und stückemäßige Regulierung durchführt.

Der **Eurex-Handelsbildschirm** hat eine zentrale Funktion. Über ihn werden ohne Benutzereingabe die automatisch aktualisierten Marktinformationen Real-Time übermittelt. Gleichzeitig dient der Bildschirm zur Eingabe von Aufträgen, Quotes und Systembefehlen. Das „Parkett" der Eurex ist der Bildschirm.

Clearing. Wenn ein Geschäftsabschluss an der Eurex zustande kommt, sorgt die Clearing-Stelle der Eurex dafür, dass die Erfüllung der eingegangenen Verpflichtungen aus den laufenden Termingeschäften sichergestellt ist. Sie tritt als Vertragspartner jeder Transaktion auf. Alle Geschäfte an der Eurex kommen nur zwischen der Clearing-Stelle und einem Clearing-Teilnehmer zustande. Für einen Börsenteilnehmer, der nicht Clearing-Teilnehmer ist, kommen Geschäfte nur über den Clearing-Teilnehmer zustande, über den er seine Geschäfte an der Eurex abwickelt.

Sicherheitsleistungen (Margins). Die Eurex verlangt von ihren Clearing-Teilnehmern Sicherheitsleistungen. Sie sollen gewährleisten, dass alle offenen Positionen eines Clearing-Teilnehmers innerhalb kurzer Zeit glattgestellt werden können. Ihre Höhe wird börsentäglich nach dem Risikogehalt der Produkte berechnet, wobei alle Options- und Finanzterminkontrakte eines Clearing-Teilnehmers zusammengefasst und als Gesamtrisiko bewertet werden.

Kompetenztraining: Wertpapiersonderformen und Finanzderivate

1 Welche Aussagen treffen auf die Hebelwirkung und das Aufgeld bei Optionsscheinen zu?

a) Die Hebelwirkung bedeutet, dass sich eine Kursänderung des Optionsscheins verstärkt auf die Kursbildung der zu beziehenden Aktie auswirkt.

b) Der Hebel wird berechnet als der Quotient aus dem aktuellen Aktienkurs und dem Erwerbspreis der Aktie über die Option.

c) Das Aufgeld eines Optionsscheins drückt aus, um welchen Betrag bzw. Prozentsatz der Kauf des Basiswerts über den „Umweg" eines Optionsscheins teurer ist gegenüber dem direkten Kauf zum aktuellen Marktkurs.

d) Als Hebel wird das Vielfache eines Prozentsatzes bezeichnet, um den der Kurs eines Optionsscheins stärker steigt als der Kurs der zu beziehenden Aktie.

---

2 Welche Aussagen zum Optionsgeschäft sind richtig, welche falsch?

Der Käufer einer Kaufoption

a) erwartet, dass der Kurs steigt.

b) erwartet, dass der Kurs fällt.

c) erwartet, dass sich der Kurs kaum ändert.

d) zahlt den Optionspreis.

e) erhält den Optionspreis.

f) übernimmt die Verpflichtung, Aktien zum vereinbarten Kurs zu liefern.

g) übernimmt die Verpflichtung, Aktien zum vereinbarten Kurs abzunehmen.

h) erwirbt den Anspruch, Aktien zum vereinbarten Kurs zu liefern.

i) erwirbt den Anspruch, Aktien zum vereinbarten Kurs zu kaufen.

---

3 Ordnen Sie die folgenden Aussagen zum Kauf einer Kaufoption den beteiligten Parteien

(1) Käufer einer Kaufoption (Call)

(2) Verkäufer einer Kaufoption (Call) (Stillhalter in Aktien)

korrekt zu.

Aussagen:

a) ... erwartet, dass der Kurs steigt.

b) ... erwartet, dass der Kurs relativ konstant bleibt.

c) ... erhält den Optionspreis.

d) ... zahlt den Optionspreis.

e) ... erwirbt das Recht, innerhalb der Optionsfrist Aktien zum vereinbarten Basispreis zu kaufen.

f) ... erwirbt die Verpflichtung, innerhalb der Optionsfrist Aktien zum vereinbarten Basispreis zu liefern.

---

4 Ein Kunde unseres Hauses erwirbt eine Verkaufsoption (Put) für 100 Stück Aktien zu 16,00 €/Stück netto bei einem Basispreis von 240,00 €. Der Kurs der Aktie fällt innerhalb der Optionsfrist um 30,00 €. Der Käufer übt die Option aus und, um dem Stillhalter in Geld die Aktien vereinbarungsgemäß liefern zu können, kauft er die Papiere am gleichen Tag an der Börse zum Kurs von 210,00 €. Errechnen Sie für unseren Kunden das Optionsergebnis ohne Berücksichtigung der börsenüblichen Spesen nach folgendem Schema:

Kauf Belastung in €		Verkauf (Ausübung der Option) Gutschrift in €
	Optionspreis in €	
	Gewinn/Verlust in €	

5 Welche Aussagen zum Optionsgeschäft sind richtig?

a) Der Erwerber einer Verkaufsoption kann Gewinne erwarten, wenn der Kurs der Aktie mindestens um den Optionspreis über den Basispreis steigt.

b) Der Stillhalter einer Verkaufsoption kann höchstens Gewinne in Höhe des Optionspreises erwarten.

c) Der Erwerber einer Kaufoption übernimmt die Verpflichtung, auf Verlangen des Stillhalters innerhalb der Optionsfrist jederzeit die Aktien zum Basispreis abzunehmen.

d) Der Stillhalter einer Kaufoption hat ein Kursrisiko, das sich auf den Optionspreis beschränkt.

e) Der Erwerber einer Kaufoption kann bei einer „amerikanischen Option" die Option jederzeit während der Laufzeit ausüben.

6 In Erwartung leicht steigender Kurse der Aktie erwirbt ein Anleger ein Bonuszertifikat mit einer unteren Kursschwelle von 50,00 € und einem Bonusniveau (obere Kursschwelle) von 110,00 €. Zum Zeitpunkt des Erwerbs notieren Aktie und Bonuszertifikat bei ca. 90,00 €.

Der Kurs der Aktie notiert am Fälligkeits-(Feststellungs-)tag bei 63,00 €. Die untere Kursschwelle wurde während der Laufzeit nicht berührt oder unterschritten.

Hat sich für den Anleger der Kauf des Bonuszertifikats im Vergleich zu einer Direktanlage in Aktien gelohnt?

7 Die nachstehende Option auf die Aktie der Techno-AG wird heute an der Eurex notiert.

Basiswert	Techno-AG Stammaktie
Basispreis	35,00 €
Fälligkeit	20. 12. dieses Jahres
Optionspreis	3,00 €
Optionstyp	Put

Die Stammaktie der Techno-AG notiert heute an der Frankfurter Börse mit 32,50 €. Berechnen Sie den Zeitwert dieser Option in €!

8 Jens Kaspari hat am 18. 12. 20.. einen DAX-Future zu folgenden Konditionen verkauft:

Basiswert	DAX (Deutscher Aktienindex)
Kontraktwert	25,00 € je DAX-Punkt
Fälligkeit	September des Folgejahres
DAX-Stand am 18. 12. 20..	14312 Punkte

Welche der folgenden Aussagen sind im Zusammenhang mit diesem Future-Geschäft zutreffend?

a) Herr Kaspari erwartet in der nahen Zukunft einen steigenden DAX.

b) Wenn der DAX über 14312 Punkte steigt, kann Herr Kaspari den DAX-Future verfallen lassen.

c) Herr Kaspari kann maximal 14312,00 € verlieren.

d) Da der Basiswert nicht effektiv lieferbar ist, werden erzielte Gewinne und Verluste am Liefertag bar ausgeglichen (cash-settlement).

e) Herr Kaspari geht ein unbegrenztes Verlustrisiko ein. Die Höhe des Verlustes hängt davon ab, wie weit der Future-Kontrakt zum Zeitpunkt der Glattstellung bzw. bei Fälligkeit über dem Einstandspreis notiert.

f) Herr Kaspari kann den Future-Kontrakt schließen bzw. glattstellen, indem er einen Future mit denselben Kontraktspezifikationen verkauft.

g) Wenn Herr Kaspari den DAX-Future während der Laufzeit nicht glattstellt und der DAX am Fälligkeitstag bei 14412 Punkten notiert, beträgt sein Verlust 100,00 €.

---

9 Welche Aussagen treffen auf Genussscheine zu?

a) Durch Genussscheinausgabe beschafftes Kapital zählt nach deutschen Bilanzregeln (HGB) zum haftenden Eigenkapital, wenn der Genussscheininhaber am Gewinn und Verlust beteiligt ist und das Kapital dem Unternehmen langfristig (mindestens 5 Jahre) zur Verfügung steht.

b) Genussscheine können von Unternehmen aller Rechtsformen ausgegeben werden, bei Aktiengesellschaften nur mit Zustimmung der Hauptversammlung.

c) Genussscheine verbriefen ein Gläubigerrecht, das aber seinem Inhalt nach zum Teil den Vermögensrechten eines Aktionärs entspricht (z. B. Gewinnbeteiligung).

d) Die Ausgabe von Genussscheinen ist im HGB, im AktG und im Depotgesetz geregelt.

e) Genussscheine gewähren dem Inhaber das Recht, an der Haupt- bzw. Gesellschafterversammlung teilzunehmen und über alle die Punkte mit abzustimmen, die Kapitalfragen betreffen.

f) Genussscheine können zum Börsenhandel nur eingeführt werden, wenn der Emittent und die Konsortialführerin die Haftung für die Bedienung des Scheins übernehmen.

---

10 Welche besonderen Eigenschaften treffen auf einen Zerobond zu?

a) Der Ertrag eines Zerobonds ergibt sich aus der Differenz zwischen dem Erwerbskurs und dem späteren Rückzahlungsbetrag.

b) Der Anleger in Zerobonds kann den Steuerstundungseffekt nutzen. Die Besteuerung erfolgt erst bei Fälligkeit bzw. bei Weiterverkauf.

c) Zerobonds sind sehr kursstabil, da sich die Verzinsung laufend an die Entwicklung des Kapitalmarktzinses anpasst.

d) Zerobonds reagieren besonders stark auf Zinsänderungen des Kapitalmarkts. Steigen die Zinsen am Kapitalmarkt, erleiden Zerobonds höhere Kursverluste als andere Anleihen mit gleicher Laufzeit und Schuldnerbonität.

11

6,20 % Aktienanleihe der Bayern LB

auf die Aktie der Bayer AG

Emittentin	Bayerische Landesbank
1. PRODUKTBESCHREIBUNG **Produktgattung**	Anlageprodukt ohne Kapitalschutz
Allgemeine Darstellung der Funktionsweise	Bei dieser Aktienanleihe erhalten Anleger am Fälligkeitstag als Rückzahlung entweder den Nominalbetrag oder, wenn der Referenzpreis am Bewertungstag den Basispreis unterschreitet, eine bereits am Auflagetag festgelegte Anzahl Aktien des Basiswertes. Unabhängig von der Entwicklung des Basiswertes bekommen Anleger eine feste Zinszahlung.
Basiswert	Aktie der Bayer AG (ISIN DE000BAY0017)

Welche Aussagen zur obigen Aktienanleihe sind richtig?

a) Diese Anleihe bietet sich insbesondere für Anleger an, die hohe Zinseinnahmen wünschen und einen weitgehend stagnierenden Aktienkurs erwarten.

b) Der Anleger ist mit dem Kauf dieser Anleihe keinem Insolvenz- und Zahlungsunfähigkeitsrisiko der Emittentin ausgesetzt.

c) Liegt der Referenzpreis der Bayer AG-Aktie am Bewertungstag unter dem Basispreis, wird eine festgelegte Anzahl Bayer AG-Aktien geliefert, deren Wert in Summe deutlich über dem Ausgabepreis der Aktienanleihe liegt.

d) Der Kurs der Aktienanleihe wird weitgehend von der Kursentwicklung der Bayer AG-Aktie bestimmt. Steigt der Kurs der Aktie, führt dies zu einem Kursanstieg der Aktienanleihe, da das Risiko einer Rückzahlung in Aktien geringer wird.

e) Die Zinsen von 6,20 % p.a. werden in jedem Fall gezahlt. Sie unterliegen nicht der Abgeltungsteuer, wenn die Anleihe länger als 12 Monate gehalten wird.

f) Der Anleger geht mit dem Kauf dieser Aktienanleihe ein hohes Risiko ein, da bei fallendem Kurs der Bayer AG-Aktie die Rendite der Anlage negativ werden kann.

g) Aus der Sicht des Anlegers ist der Kauf dieser Aktienanleihe eine Kombination aus zwei Finanzinstrumenten: Kauf einer festverzinslichen Anleihe und Kauf einer Verkaufsoption (long put).

h) Die Aktienanleihe unterliegt als Inhaberschuldverschreibung der gesetzlichen Einlagensicherung.

12 Wodurch ist eine Optionsanleihe gekennzeichnet?

a) Für eine Optionsanleihe können drei verschiedene Kursnotierungen erfolgen.

b) Nur wenn der Kapitalanleger auf sein Optionsrecht verzichtet, wird die Anleihe planmäßig am Ende der Laufzeit zu pari zurückgezahlt.

c) Über die Emission einer Optionsanleihe aufgebrachtes Kapital ist haftendes Eigenkapital.

d) Der Wert des Optionsrechts orientiert sich nach seiner Trennung ausschließlich am Kurs der Bezugsaktie und ihrem weiteren Kurspotenzial.

e) Die Ausgabe bedarf entsprechender Hauptversammlungsbeschlüsse mit $^{3}/_{4}$-Mehrheit des vertretenen Grundkapitals.

Situation: Über Optionsgeschäfte informieren

Situation 1:

Ein Anleger hat 2000 Stück Stammaktien der BMW AG mit einem Einstandskurs von 66,00 € in seinem Depot. Der aktuelle Kurs liegt bei 86,00 €, sodass er einen Gewinn pro Aktie von 20,00 € erzielen kann. Da er sich über die weitere Kursentwicklung nicht sicher ist, möchte er diesen (noch nicht realisierten) Gewinn absichern, jedoch dennoch von möglichen Kurssteigerungen profitieren. Er ist sich nicht schlüssig, ob er das mithilfe einer Kaufoption (Call) oder einer Verkaufsoption (Put) bewerkstelligen soll.

AUFGABEN:

1 Erklären Sie aus der Sicht Ihres Kunden die beiden möglichen Optionsgeschäfte.

2 Zu welchem Optionsgeschäft raten Sie dem Kunden? Begründen Sie Ihre Auffassung.

Situation 2:

Der Kunde Joachim Malzer erwartet steigende Kurse einer bestimmten Aktie. Aus diesem Grunde erwirbt er einen long call. Der Basispreis beträgt 300,00 €, Verfalltermin ist der 19. Dezember. Der Kurswert der Aktie beträgt am 30. November 310,00 €, der Optionspreis 40,00 €.

AUFGABE:

Berechnen Sie

a) den inneren Wert,

b) den Zeitwert der Option.

17 Steuern auf Geld- und Vermögensanlagen

Einstieg

Ein Kunde hat Aktien eines Automobilherstellers erworben. Bei seiner ersten Dividendengutschrift hat die Bank Kapitalertragsteuer abgezogen. Der Kunde fragt, ob und wie er diesen Steuerabzug vermeiden kann. Beraten Sie ihn.

Steuern auf Geld- und Vermögensanlagen

Steuern auf Erträge	**Steuern auf Eigentum**	**Steuern auf den Erwerb oder die Veräußerung**
■ Einkommensteuer	■ Grundsteuer	■ Umsatzsteuer, ■ Grunderwerbsteuer, ■ Erbschaft- und Schenkungsteuer

17.1 Grundlagen der Einkommensbesteuerung

17.1.1 Einkommensteuerpflicht

Der Einkommensteuerpflicht unterliegt grundsätzlich jedes Einkommen natürlicher Personen. § 1 EStG

Unbeschränkt einkommensteuerpflichtig sind natürliche Personen, die ihren Wohnsitz oder gewöhnlichen Aufenthalt im Inland haben. In diesem Fall unterliegen alle inländischen und ausländischen Einkünfte der deutschen Einkommensteuer (Welteinkommensprinzip).

Beschränkt einkommensteuerpflichtig sind alle übrigen natürlichen Personen ohne Wohnsitz oder gewöhnlichen Aufenthalt im Inland, wenn sie im Inland Einkünfte erzielen. Der deutschen Einkommensteuer unterliegen nur die inländischen Einkünfte (Quellenstaatsprinzip). Damit wird Rücksicht darauf genommen, dass diese Personen im Lande ihres Wohnsitzes ebenfalls Steuern bezahlen müssen. Im Übrigen sind mit vielen Ländern zur Vermeidung bzw. Minderung dieser Doppelbesteuerung sogenannte „Doppelbesteuerungsabkommen" abgeschlossen worden.

Die Einkommensteuer wird im Wege der Veranlagung erhoben *(Veranlagungsverfahren).* Der Arbeitnehmer ist in bestimmten Fällen zur Abgabe einer Einkommensteuererklärung beim Finanzamt verpflichtet. Das ist z. B. der Fall, wenn das Finanzamt dem Arbeitnehmer einen Lohnsteuerfreibetrag als elektronisches Lohnsteuerabzugsmerkmal gewährt hat oder wenn Einkünfte, von denen keine Lohnsteuer einbehalten worden ist, von mehr als 410,00 € vorliegen. Aufgrund der eingereichten Steuererklärung wird vom Finanzamt die Steuerschuld ermittelt und dem Steuerpflichtigen in einem Steuerbescheid mitgeteilt. Die Steuerschuld wird mit den evtl. monatlich oder vierteljährlich geleisteten Vorauszahlungen aufgerechnet, sodass entweder eine Nachzahlung zu leisten ist bzw. der überzahlte Betrag erstattet wird. Ist der Arbeitnehmer zur Abgabe einer Einkommensteuererklärung verpflichtet, ist die Abgabefrist der 31. Juli des folgenden Jahres. Diese Frist kann auf Antrag verlängert werden.

Besteht keine Erklärungspflicht, so kann auf Antrag eine Einkommensteuerveranlagung durchgeführt werden. Eine Einkommensteuerveranlagung hat dann den Zweck, dem Lohnsteuerpflichtigen zu viel gezahlte Lohnsteuer zurückzuerstatten. Ein Antrag auf Einkommensteuerveranlagung kann sich insbesondere lohnen, wenn

- das Arbeitsverhältnis nicht ununterbrochen bestanden hat,
- die Höhe des Arbeitslohns im Laufe des Jahres geschwankt hat und ein Lohnsteuer-Jahresausgleich vom Arbeitgeber nicht durchgeführt worden ist,
- sich die Steuerklasse oder die Zahl der Kinderfreibeträge im Laufe des Jahres zugunsten des Arbeitnehmers geändert hat und dies noch nicht bei einem Lohnsteuer-Jahresausgleich durch den Arbeitgeber berücksichtigt worden ist,
- Werbungskosten, Sonderausgaben oder außergewöhnliche Belastungen entstanden sind, für die kein Freibetrag gewährt worden ist.

Gibt der Arbeitnehmer freiwillig eine Steuererklärung ab, gilt eine Vier-Jahres-Frist. Die Steuererklärung für das Jahr 2022 z. B. muss dem Finanzamt spätestens am 31. 12. 2026 vorliegen.

17.1.2 Ermittlung des zu versteuernden Einkommens

§ 2 EStG

Einkunftsarten. Besteuert werden die Einkünfte des Steuerpflichtigen. Das Einkommensteuergesetz unterscheidet sieben Einkunftsarten:

Einkunftsart	
1. Einkünfte aus Land- und Forstwirtschaft	Gewinneinkunftsarten Gewinn = Betriebseinnahmen – Betriebsausgaben
2. Einkünfte aus Gewerbebetrieb	
3. Einkünfte aus selbstständiger Arbeit	
4. Einkünfte aus nicht selbstständiger Arbeit	Überschusseinkunftsarten Überschuss = Einnahmen – Werbungskosten
5. Einkünfte aus Kapitalvermögen	
6. Einkünfte aus Vermietung und Verpachtung	
7. Sonstige Einkünfte	

Ermittlung der Einkünfte. Kaufleute und sonstige Gewerbetreibende, die zur Buchführung verpflichtet sind bzw. freiwillig Buch führen, ermitteln ihren Gewinn durch *Betriebsvermögensvergleich* (= Vergleich des Reinvermögens). Der Gewinn bzw. der Verlust ist der Unterschiedsbetrag zwischen dem Reinvermögen (= Eigenkapital) am Ende des Jahres und dem zu Beginn des Jahres, vermehrt um die privaten Entnahmen und vermindert um die privaten Einlagen.

Kleingewerbetreibende, freiberuflich Tätige und Landwirte ermitteln, sofern sie nicht buchführungspflichtig sind oder nicht freiwillig Buch führen, ihren Gewinn in Form einer *Überschussrechnung,* d. h., der Gewinn wird als Überschuss der *Betriebseinnahmen* über die *Betriebsausgaben* errechnet.

Sofern die Einkünfte nicht durch Betriebsvermögensvergleich oder mithilfe der Überschussrechnung ermittelt werden, ergeben sie sich aus den *Bruttoeinnahmen* (z. B. Bruttogehalt) abzüglich *Werbungskosten.* Diese Art der Einkunftsberechnung gilt für die Einkunftsarten 4 bis 7.

Werbungskosten sind Aufwendungen des Steuerpflichtigen zur Erwerbung, Sicherung und Erhaltung der Einnahmen. Sie können bei Einkünften aus nicht selbstständiger Arbeit, Vermietung und Verpachtung sowie bei sonstigen Einkünften anfallen und jeweils dort abgezogen werden.

Werbungskosten bei Einkünften aus nicht selbstständiger Arbeit:

- Mehraufwendungen wegen einer aus beruflichem Anlass begründeten doppelten Haushaltsführung
- Aufwendungen für Fahrten zwischen Wohnung und Arbeitsstätte
- Aufwendungen für Berufskleidung
- Aufwendungen für Fachbücher und Fachzeitschriften
- Beiträge zu Berufsverbänden (z. B. Gewerkschaftsbeiträge)
- Aufwendungen für eine berufliche Fortbildung
- Dienstreisen
- Bewerbungskosten
- Mehraufwendungen für Verpflegung bei längerer Abwesenheit
- beruflich bedingte Umzugskosten u. a.

Bei Einkünften aus nicht selbstständiger Arbeit sind Werbungskosten in der Steuererklärung nur anzugeben und zu belegen, wenn sie den Betrag von 1 230,00 € übersteigen. Dieser Arbeitnehmer-Pauschbetrag wird bei dieser Einkunftsart stets abgezogen.

Ermittlung des Einkommens. Das Einkommen ergibt sich aus der Summe sämtlicher Einkünfte abzüglich der Sonderausgaben und der außergewöhnlichen Belastungen.

Sonderausgaben stehen mit keiner Einkunftsart in unmittelbarem Zusammenhang. Es sind persönliche Aufwendungen, die vom Staat aus wirtschaftlichen und sozialpolitischen Gründen als abzugsfähig anerkannt werden. Man unterscheidet Vorsorgeaufwendungen und übrige Sonderausgaben. § 10 EStG

Sonderausgaben

Vorsorgeaufwendungen

Altersvorsorgeaufwendungen

- Beiträge zur gesetzlichen Rentenversicherung (GRV)
- Beiträge zu den berufsständischen Versorgungswerken
- Beiträge zu den landwirtschaftlichen Alterskassen
- Beiträge zur privaten Basisrente (Rürup-Rente)

Sonstige Vorsorgeaufwendungen

- Beiträge zur Basiskranken- und Pflegepflichtversicherung
- Beiträge zur privaten Unfall- und Haftpflichtversicherung
- Beiträge zur Arbeitslosen- und Berufsunfähigkeitsversicherung
- Beiträge zur Risikolebensversicherung
- Beiträge zu Kapitallebens- und Rentenversicherungen, sofern vor dem 01.01. 2005 abgeschlossen

Übrige Sonderausgaben
mindestens in Höhe des Sonderausgabenpauschbetrags

Alleinstehende:	36,00 €
Ehegatten/Lebenspartner (zusammen veranlagt):	72,00 €

unbeschränkt abzugsfähig

- Kirchensteuer (soweit diese nicht als Zuschlag zur Abgeltungsteuer einbehalten wurde)

u. a.

beschränkt abzugsfähig

- Ausbildungskosten in einem nicht ausgeübten Beruf
- Spenden und Beiträge
- Schulgeld für eine Privatschule
- Kinderbetreuungskosten
- Haushaltsnahe Dienst- und Handwerkerleistungen

Altersvorsorgeaufwendungen können ab dem Jahr 2023 in voller Höhe bis zum Betrag von 26528,00 € bei Einzelveranlagten und 53056,00 € bei zusammen veranlagten Ehegatten/Lebenspartnern als Sonderausgaben geltend gemacht werden.[1] Der Arbeitgeberanteil zur gesetzlichen Rentenversicherung wird bei Arbeitnehmern auf den Höchstbetrag angerechnet.

Sonstige Vorsorgeaufwendungen können Arbeitnehmer, Beamte und Rentner bis zur Höchstgrenze von 1900,00 € und Selbstständige bis zu 2800,00 € steuerlich geltend machen. Übersteigen die tatsächlich gezahlten Beiträge zur Basiskranken- und Pflegepflichtversicherung den Höchstbetrag, so sind die tatsächlichen Beiträge abzugsfähig. Liegen die tatsächlich gezahlten Beiträge zur Basiskranken- und Pflegepflichtversicherung unter dem Höchstbetrag, so können andere Beiträge bis zum Höchstbetrag geltend gemacht werden.

Die steuerliche Förderung für den Aufbau einer ergänzenden privaten Alterssicherung (Sonderausgabenabzug im Rahmen der „Riester-Rente[2]") erfolgt unabhängig von den Abzugsmöglichkeiten für Vorsorgeaufwendungen.

Die **übrigen Sonderausgaben** werden in Höhe des Sonderausgabenpauschbetrags von 36,00 € für Einzelveranlagte und 72,00 € für zusammen veranlagte Ehegatten/Lebenspartner berücksichtigt, wenn kein besonderer Nachweis dem Finanzamt gegenüber erfolgt. Nur wenn die tatsächlichen Ausgaben höher sind, werden diese höheren Beträge anerkannt.

Einige Sonderausgaben sind nur bis zu bestimmten Höchstbeträgen abzugsfähig, z. B. Ausbildungskosten für die erstmalige Berufsausbildung oder ein Erststudium bis zu 6000,00 € jährlich, Spenden und Mitgliedsbeiträge zur Förderung steuerbegünstigter Zwecke bis zu 20 % des Gesamtbetrags der Einkünfte.

Außergewöhnliche Belastungen. Als außergewöhnliche Belastungen sind Aufwendungen abziehbar, die dem Steuerpflichtigen zwangsläufig etwa durch Krankheit, Körperbehinderung, Unterstützung bedürftiger Angehöriger, bei Sterbefällen oder Ehescheidung erwachsen. Für außergewöhnliche Belastungen werden in einigen Fällen Freibeträge eingeräumt, z. B. beträgt der Behinderten-Pauschbetrag bei einem Grad der Behinderung von 60 % → 1440,00 €. In den anderen Fällen können die außergewöhnlichen Belastungen nicht in voller Höhe steuermindernd abgezogen werden. Der Steuerpflichtige muss einen Teil der Aufwendungen als „zumutbare Belastung" selbst tragen.

Ermittlung des zu versteuernden Einkommens. Die Einkommensteuer wird nicht vom Einkommen, sondern vom *zu versteuernden Einkommen* berechnet. Dieses errechnet sich aus dem Einkommen abzüglich verschiedener Freibeträge. Die wichtigsten Freibeträge sind der *Entlastungsbetrag für Alleinerziehende,* der *Kinderfreibetrag* und der *Freibetrag für den Betreuungs- und Erziehungs- oder Ausbildungsbedarf.* Der Entlastungsbetrag für Alleinerziehende in Höhe von 4260,00 € jährlich steht einem (nicht verheirateten oder dauernd getrennt lebenden) Elternteil zu, der mit mindestens einem minderjährigen Kind in einem Haushalt lebt und beide dort mit dem Hauptwohnsitz gemeldet sind. Für das zweite und jedes weitere Kind, das zum Haushalt des Alleinerziehenden gehört, wird ein zusätzlicher Freibetrag von 240,00 € gewährt. Der Kinderfreibetrag in Höhe von 3012,00 € für Alleinerziehende und 6024,00 € für zusammen veranlagte Eltern wird jährlich für jedes Kind gewährt, das zu ihnen in einem Kindschaftsverhältnis steht (halber Kinderfreibetrag bei geschiedenen oder dauernd getrennten Eltern). Der Freibetrag für den Betreuungs- und Erziehungs- oder Ausbildungsbedarf wird zusätzlich zum Kinderfreibetrag für jedes Kind gewährt, für das ein Anspruch auf den Kinderfreibetrag besteht. Er beträgt 1464,00 € für Alleinerzie-

1 Der förderfähige Höchstbetrag ist dynamisch an den Höchstbetrag zur knappschaftlichen Rentenversicherung (West) gekoppelt. Er wird also jährlich angepasst. Vgl. auch Kapitel 20.2 und Kapitel 20.3.

2 Vgl. Kapitel 20.4.1.

hende und 2928,00 € für zusammen veranlagte Eltern. Eltern erhalten für ihre Kinder entweder Kindergeld (250,00 € pro Kind monatlich) oder den Kinderfreibetrag + Freibetrag für den Betreuungs- und Erziehungs- oder Ausbildungsbedarf. Im Steuerbescheid rechnet das Finanzamt aus, was günstiger ist: das Kindergeld oder der Steuervorteil durch die Freibeträge abzüglich Kindergeld. Die Berücksichtigung der Freibeträge (Kinderfreibetrag und Freibetrag für den Betreuungs- und Erziehungs- oder Ausbildungsbedarf) bei der Berechnung der Einkommensteuer ist nur bei hohem Einkommen vorteilhaft.

Ermittlung des zu versteuernden Einkommens (Übersicht):

1. Einkünfte aus Land- und Forstwirtschaft
2. Einkünfte aus Gewerbebetrieb
3. Einkünfte aus selbstständiger Arbeit
4. Einkünfte aus nicht selbstständiger Arbeit abzgl. Versorgungs-Freibetrag und Werbungskosten
5. Einkünfte aus Kapitalvermögen abzüglich Sparer-Pauschbetrag[1]
6. Einkünfte aus Vermietung und Verpachtung abzüglich Werbungskosten
7. sonstige Einkünfte abzüglich Werbungskosten

= **Summe der Einkünfte aus den Einkunftsarten**
– Altersentlastungsbetrag

= **Gesamtbetrag der Einkünfte**
– Sonderausgaben
  Altersvorsorgeaufwendungen
  Sonstige Vorsorgeaufwendungen
  Sonstige Sonderausgaben
– außergewöhnliche Belastungen

= **Einkommen**
– Freibeträge für Kinder
– Entlastungsfreibetrag für Alleinerziehende

= **zu versteuerndes Einkommen** (§ 2 Abs. 5 EStG)

17.1.3 Ermittlung der Einkommensteuer

In der nach Ablauf eines Kalenderjahres abzugebenden Einkommensteuererklärung sind die Angaben zu machen, die die Grundlage für die Steuerberechnung bieten (Familienstand, Kinderzahl, Einkünfte, Sonderausgaben, Steuervergünstigungen usw.).

Ehegatten/Lebenspartner können wählen zwischen:

- getrennter Veranlagung: Einkünfte der Ehegatten/Lebenspartner werden getrennt ermittelt.
- Zusammenveranlagung: Zusammenfassung der Einkünfte der Ehegatten/Lebenspartner, Halbierung (Splitting), Errechnung der Steuer, Verdoppelung des Steuerbetrags.

Der Steuerpflichtige hat in der Regel vierteljährliche Vorauszahlungen auf die Einkommensteuer zu zahlen. Die Restschuld ist einen Monat nach Zustellung des Steuerbescheids zu entrichten.

Steuertabellen. Die Höhe der Steuerschuld ergibt sich aus Einkommensteuertabellen. Die Einkommensteuer-Grundtabelle gilt für das einzelne Einkommen. Die Einkommensteuer-Splittingtabelle ist auf Ehegatten/Lebenspartner anzuwenden, die nicht dauernd getrennt leben.

Steuertarif. Zu versteuernde Einkommen bleiben bis zur Höhe des sogenannten Grundfreibetrags (Existenzminimum) steuerfrei. Er beträgt für das Steuerjahr 2023 für allein

1 Unterliegen die Einkünfte aus Kapitalvermögen der Abgeltungsteuer, werden sie bei der Ermittlung des zu versteuernden Einkommens nicht mehr berücksichtigt, da die Steuerschuld abgegolten ist (vgl. Kapitel 17.2).

veranlagte Personen 10 908,00 € und für zusammen veranlagte Eheleute/Lebenspartner 21 816,00 €.

Einkommensteuertarif 2023 (§ 32 a EStG)		
	Grundtarif (Einzelveranlagte)	**Splittingtarif** (zusammen veranlagte Ehegatten/Lebenspartner)
Grundfreibetrag (Null-Zone): keine Steuer	0,00 € bis 10 908,00 €	0,00 € bis 21 816,00 €
Erste Progressionszone: Der Grenzsteuersatz steigt linear von 14 % bis unter 24 %	von 10 909,00 € bis 15 999,00 €	von 21 818,00 € bis 31 998,00 €
Zweite Progressionszone: Der Grenzsteuersatz steigt linear von 24 % bis unter 42 %	von 16 000,00 € bis 62 809,00 €	von 32 000,00 € bis 125 618,00 €
Dritte Progressionszone: Konstanter Grenzsteuersatz (Spitzensteuersatz) von 42 %	von 62 810,00 € bis 277 825,00 €	von 125 620,00 € bis 555 650,00 €
Danach gilt ein konstanter Grenzsteuersatz von 45 % („Reichensteuer“)	ab 277 826,00 €	ab 555 652,00 €

Der zum 1. Juli 1991 eingeführte (seit 1998 reduziert auf 5,5 %) Solidaritätszuschlag auf die Einkommen- und Körperschaftsteuer ist zum 1. Januar 2021 teilweise abgeschafft worden. Dies trifft auf etwa 90 % der Steuerzahler zu. Nach einer Milderungszone, in der der Solidaritätszuschlag nur teilweise erhoben wird, gilt er ab einem zu versteuernden Einkommen von 96 820,00 € (Einzelveranlagung) und 193 641,00 € (Zusammenveranlagung) in voller Höhe.

Auch für die Anleger mit Kapitalerträgen aus Zinsen, Dividenden und dem Verkauf von Wertpapieren gilt der Solidaritätszuschlag weiterhin in Höhe von 5,5 %.

§ 3 EStG

Steuerfreie Einnahmen. Einmalige Einnahmen, die dem Steuerpflichtigen nicht regelmäßig zufließen, unterliegen nicht der Einkommensteuer (Lottogewinne, Erbschaften u. a.).

Aus sozialpolitischen Gründen sind darüber hinaus eine Reihe von Einnahmen steuerfrei. Dazu gehören unter anderem die Leistungen aus einer Krankenversicherung, aus einer Pflegeversicherung, aus der gesetzlichen Unfallversicherung; das Arbeitslosengeld für Arbeitslose; Sozialleistungen; Aufwandsentschädigungen für ehrenamtlich tätige Bürger; Kindergeld, Elterngeld und Erziehungsgeld.

Lohnsteuer und Kapitalertragsteuer sind keine besonderen Steuerarten, sondern nur Erhebungsformen der Einkommensteuer.

Die Lohnsteuer wird im Wege des *Abzugsverfahrens* erhoben. Der Arbeitgeber ist verpflichtet, bei jeder Lohn- und Gehaltszahlung die anfallende Lohnsteuer zu ermitteln, einzubehalten und an das Finanzamt abzuführen. Der Bruttolohn des Arbeitnehmers mindert sich demnach um die Lohnsteuer (gegebenenfalls auch um die Kirchensteuer), den Solidaritätszuschlag sowie um die Arbeitnehmerbeiträge zur Sozialversicherung.

Kapitalertragsteuer ist eine Einkommensteuer, die von inländischen Kapitalerträgen i. d. R. in Form der Abgeltungsteuer einbehalten wird. Sie ist vom Schuldner (als Quellensteuer) oder von der auszahlenden Stelle (als Zahlstellensteuer) einzubehalten und abzuführen.

Kirchensteuer ist von den Mitgliedern der Religionsgemeinschaften (evangelisch-lutherisch und römisch-katholische Kirche) zu zahlen.

Die Kirchensteuer wird bei der Veranlagung zur Einkommensteuer von den Finanzämtern festgesetzt und erhoben. Bei Lohnsteuerzahlern wird sie vom Arbeitgeber einbehalten und zusammen mit der Lohnsteuer an das Finanzamt abgeführt. Das Finanzamt leitet die Beträge an die jeweiligen Religionsgemeinschaften weiter.

Die Bemessungsgrundlage für die Kirchensteuer ist die Einkommen- oder Lohnsteuer, gemindert um eventuelle Kinderentlastungsbeträge. Die Kirchensteuersätze schwanken je nach Bundesland zwischen 8 % und 9 %.

Beispiel:

Ein verheirateter Steuerpflichtiger (kfm. Angestellter, 40 Jahre alt) ohne Kinder hat ein Jahresgehalt in Höhe von 45 000,00 €. Seine Frau bezieht keinen Arbeitslohn. Gleichzeitig haben beide als Eigentümer einer Eigentumswohnung, die vermietet ist, Mieteinnahmen in Höhe von jährlich 8 200,00 €.

Errechnung des zu versteuernden Einkommens und der Jahressteuerschuld (Zusammenveranlagung):

Einkünfte aus nicht selbstständiger Arbeit:

	Ehemann	45 000,00 €	Ehefrau	0,00 €
–	Werbungskosten	2 950,00 €		
1.	Gesamteinkünfte aus nicht selbstständiger Arbeit			42 050,00 €
	Einkünfte aus Vermietung und Verpachtung:			
	Mieteinnahmen	8 200,00 €		
–	Verwaltungskosten	2 100,00 €	} Werbungskosten	
–	Abschreibung	1 100,00 €		
		5 000,00 €		
2.	Gesamteinkünfte aus Vermietung und Verpachtung			5 000,00 €
	Gesamtbetrag der Einkünfte 1. u. 2.			47 050,00 €
–	Sonderausgaben (Pauschbetrag)			72,00 €
–	Vorsorgeaufwendungen			4 002,00 €
–	außergewöhnliche Belastungen			856,00 €
=	*Einkommen*			42 120,00 €
	Zu versteuerndes Einkommen			42 120,00 €
	Daraus ergibt sich eine Jahressteuerschuld (lt. Splittingtabelle) in Höhe von			4 834,00 €

Einkommensteuertabelle Splittingtarif 2022

zu versteuerndes Einkommen in €	tarifliche Einkommensteuer in €	zu versteuerndes Einkommen in €	tarifliche Einkommensteuer in €
⋮	⋮	⋮	⋮
38 664,00	3 930,00	43 344,00	5 160,00
38 736,00	3 948,00	43 416,00	5 178,00
38 808,00	3 968,00	43 488,00	5 198,00
38 880,00	3 986,00	43 560,00	5 218,00
38 952,00	4 004,00	43 632,00	5 236,00
⋮	⋮	⋮	⋮
40 032,00	4 284,00	45 144,00	5 644,00
40 104,00	4 304,00	45 216,00	5 664,00
40 176,00	4 322,00	45 288,00	5 684,00
40 248,00	4 342,00	45 360,00	5 704,00
40 320,00	4 360,00	45 432,00	5 722,00
⋮	⋮	⋮	⋮
41 904,00	4 776,00	46 512,00	6 018,00
41 976,00	4 796,00	46 584,00	6 038,00
42 048,00	4 814,00	46 656,00	6 058,00
42 120,00	4 834,00	46 728,00	6 076,00
42 192,00	4 852,00	46 800,00	6 096,00

LS 12
Situation 1-3

17.2 Besteuerung von Einkünften aus Kapitalvermögen

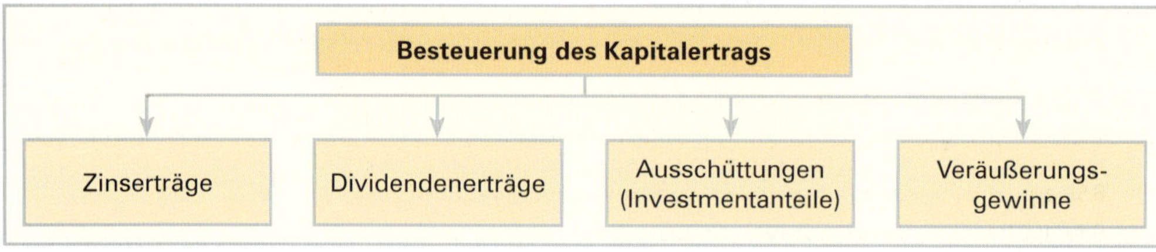

Steuerpflicht. Kapitalerträge (Zinserträge, Dividendenerträge, Ausschüttungen und Veräußerungsgewinne) im Privatvermögen unterliegen als Einkünfte aus Kapitalvermögen einer Abgeltungsteuer[1] von 25 % zuzüglich 5,5 % Solidaritätszuschlag sowie ggf. 8 bzw. 9 % Kirchensteuer. Die Steuer wird hierbei regelmäßig durch Abzug vom Kapitalertrag (KESt) mit Abgeltungswirkung (Abgeltungsteuer) vorgenommen und vom Kreditinstitut oder der ausschüttenden Kapitalgesellschaft[2] anonym an das Finanzamt abgeführt. Eine Steuerpflicht setzt aber erst bei Überschreiten des **Sparer-Pauschbetrags**[3] von 1 000,00 € bei Einzelveranlagten und 2 000,00 € bei zusammen veranlagten Ehegatten/Lebenspartnern ein. Falls der Kunde seinem Kreditinstitut einen Freistellungsauftrag erteilt hat, wird auf die Einbehaltung der Abgeltungsteuer, des Solidaritätszuschlags und ggf. der Kirchensteuer bis zur Höhe des maximalen Freistellungsvolumens (1 000,00 €/2 000,00 €) verzichtet. Legt der Kunde eine Nichtveranlagungsbescheinigung vor, wird ebenfalls auf die entsprechende Einbehaltung ohne Betragsgrenzen verzichtet.

Veranlagungsoption. Statt der Abgeltungsteuer können Einkünfte aus Kapitalvermögen der tariflichen Einkommensteuer unterworfen werden. Dies bietet sich an, wenn die pauschale Besteuerung von 25 % zu einer höheren Steuerbelastung führen würde als die Anwendung des persönlichen Steuersatzes und ist vom Finanzamt – auf Antrag – im Rahmen einer Günstigerprüfung zu ermitteln.

Kirchensteuerabzug. Ab 2015 gilt für die Erhebung der Kirchensteuer ein automatisiertes Abzugsverfahren. Kreditinstitute müssen beim Bundeszentralamt für Steuern unter Angabe der Steuer-Identifikationsnummer anfragen, ob ein Steuerpflichtiger auch kirchensteuerpflichtig ist. Das Bundeszentralamt teilt der Bank die Kirchensteuerpflicht unter Angabe des für die jeweilige Religionsgemeinschaft geltenden Kirchensteuersatzes mit. Ist dies der Fall, wird die Kirchensteuer automatisch von den Kapitaleinkünften einbehalten und an das Finanzamt abgeführt.

Sofern der Kunde es nicht wünscht, dass sein Religionsmerkmal dem Abzugsverpflichteten bekannt gegeben wird, kann er der Weitergabe widersprechen, d. h., er kann einen Sperrvermerk setzen lassen. Das Kirchenmitglied ist dann aber verpflichtet, im Rahmen der Einkommensteuerveranlagung im Folgejahr die für die Berechnung der Kirchensteuer notwendigen Angaben zu machen.

Sofern die Kapitalerträge dem Kirchensteuerabzug unterliegen, ermäßigt sich die zu zahlende Abgeltungsteuer, da die im Rahmen des Abgeltungsteuerabzugs gezahlte Kirchensteuer nicht als Sonderausgabe abzugsfähig ist.

---

1 Im Einkommensteuergesetz wird der Begriff „Kapitalertragsteuer" verwendet. Die Abgeltungsteuer ist eine Erhebungsform der Kapitalertragsteuer.

2 Wenn sich Aktien im Inland bei einem Kreditinstitut in Sammel- oder Sonderverwahrung befinden, wird die Abgeltungsteuer auf die Dividende vom depotführenden Institut einbehalten und abgeführt. Ansonsten ist die ausschüttende Aktiengesellschaft zum Einbehalt und zur Abführung der Abgeltungsteuer verpflichtet; OGAW-UmsG vom 22.06.2011 (BGBl I 2011, 1126).

3 Der Sparer-Pauschbetrag beinhaltet keinen Werbungskostenpauschalbetrag. Tatsächlich angefallene Werbungskosten für Kapitalerträge (z. B. Vermögensverwaltungsgebühr, Depotgebühren, Kosten für Besuche von Hauptversammlungen oder Kreditzinsen) werden nicht berücksichtigt.

Die Formel zur Berechnung der Abgeltungsteuer bei Kirchensteuerabzug lautet:

$$\text{Abgeltungsteuer bei Kirchensteuerabzug} = \frac{\text{Kapitalertrag} - (4 \cdot \text{anrechenbare ausländische Quellensteuer})}{4 + \left(\frac{\text{Kirchensteuersatz}}{100}\right)}$$

Der Abgeltungsteuersatz von 25 % ermäßigt sich damit bei einem Kirchensteuersatz von

- 8 % auf 24,51 % (Bayern und Baden-Württemberg),
- 9 % auf 24,45 % (übrige Bundesländer).

Daraus folgt eine Gesamtbelastung (unter Einbeziehung von Solidaritätszuschlag und Kirchensteuer) von:

Abgeltungsteuersatz	+	anteiliger Solidaritätszuschlag	+	anteilige Kirchensteuer	=	Gesamtbelastung
25,00 % (bei 0% KiSt)		5,5 % von 25,00 % = 1,38 %		–		26,38 %
24,51 % (bei 8 % KiSt)		5,5 % von 24,51 % = 1,35 %		8 % von 24,51 % = 1,96 %		27,82 %
24,45 % (bei 9 % KiSt)		5,5 % von 24,45 % = 1,34 %		9 % von 24,45 % = 2,20 %		27,99 %

Bei Gemeinschaftskonten von Ehegatten/Lebenspartnerschaften wird eine hälftige Beteiligung (50/50) an den Kapitalerträgen unterstellt. Abweichende Anteilszuordnungen können in der Veranlagung geltend gemacht werden. Liegen nur für einen der Ehepartner oder Lebenspartner entsprechende Kirchensteuermerkmale vor, wird nur für dessen Ertragsanteil Kirchensteuer abgeführt.

Freistellungsauftrag. Die Erteilung eines Freistellungsauftrags ist Voraussetzung für die Freistellung vom Abzug der Abgeltungsteuer. Wird vom Kunden kein Freistellungsauftrag erteilt, wird bei jeder Gutschrift von Kapitalerträgen, wie z. B. von Zinserträgen, Dividenden, Erträgen aus Investmentanteilen, Wertpapierveräußerungsgewinnen, ein 25 %iger Abzug (Abgeltungsteuer) zzgl. 5,5 % Solidaritätszuschlag[1] und ggf. Kirchensteuer vorgenommen. Der Freistellungsauftrag kann von jeder natürlichen Person, die ihren Wohnsitz oder gewöhnlichen Aufenthalt im Inland hat, bis zur Höhe des Sparer-Pauschbetrages erteilt werden. Das sind für Einzelveranlagte 1 000,00 €. Ehegatten/Lebenspartner (bei denen die Voraussetzungen für eine Zusammenveranlagung vorliegen – das ist der Fall, wenn sie unbeschränkt einkommensteuerpflichtig sind und nicht dauernd getrennt leben) können wählen, ob sie einen *gemeinsamen Freistellungsauftrag* bis zur Höhe des gemeinsamen Sparer-Pauschbetrages von 2 000,00 € oder *Einzel-Freistellungsaufträge* jeweils bis zur Höhe von 1 000,00 € erteilen wollen.

Der Freistellungsauftrag kann dem Kreditinstitut entweder bis zur vollen Höhe von 1 000,00 € bzw. 2 000,00 € erteilt oder – bei mehreren Kontoverbindungen – in Teilbeträgen auf mehrere Institute aufgeteilt werden. Die Summe der Teilbeträge darf aber die gesamte Höhe von 1 000,00 € bzw. 2 000,00 € nicht überschreiten. Kapitalerträge von Kindern sind in den Freistellungsauftrag der Eltern nicht einzurechnen. Für sie kann jeweils ein gesonderter Freistellungsauftrag bis zur Höhe von 1 000,00 € gestellt werden.

Der Freistellungsauftrag ist schriftlich und nach amtlich vorgeschriebenem Muster zu erteilen. Er kann auch per Fax oder im elektronischen Verfahren (Onlinebanking) übermittelt werden. Zur steuerlichen Wirksamkeit muss er die persönlichen Daten enthalten (Name, abweichender Geburtsname, Vorname, Geburtsdatum, vollständige Anschrift,

1 Vgl. Kapitel 17.1.3 Für Anleger mit Kapitalerträgen gilt der Solidaritätszuschlag von 5,5 % weiterhin.

Steuer-Identifikationsnummer[1]). Bei einem gemeinsamen Freistellungsauftrag sind die Angaben beider Ehegatten/Lebenspartner erforderlich.

Der Freistellungsauftrag gilt für sämtliche privaten Konten und Depots, die der Kunde bei seinem Kreditinstitut unterhält. Erteilen Ehegatten/Lebenspartner einen gemeinsamen Freistellungsauftrag, erfasst dieser alle Einzel- und Gemeinschaftskonten/-depots der Ehegatten/Lebenspartner. Der gemeinschaftliche Freistellungsauftrag ermöglicht auch eine ehegatten-/lebenspartnerübergreifende Verlustverrechnung (vgl. Kapitel 17.2.5). Einzel-Freistellungsaufträge der Ehegatten/Lebenspartner können hingegen nur für Einzelkonten und -depots des jeweiligen Ehegatten/Lebenspartners angewendet werden. Bei allen anderen Gemeinschaftskonten ist eine Freistellung ausgeschlossen.

Nicht angewendet werden kann der Freistellungsauftrag auf solche Konten und Depots, deren Kapitalerträge Betriebseinnahmen (Gewerbebetrieb, selbstständige Arbeit, Land- und Forstwirtschaft) oder Einnahmen aus Vermietung und Verpachtung sind (Zinsen auf einem Mietkonto fallen nicht darunter). Von der Freistellung ausgenommen sind auch Fälle, bei denen dem Kreditinstitut nicht bekannt ist, ob der Konto- oder Depotinhaber auch der Gläubiger der Kapitalerträge ist. Hierunter fallen Treuhandkonten (z. B. Mietkautionskonto, das nicht auf den Namen des Mieters lautet), Nießbrauchs- und Anderkonten, Konten von Wohnungseigentümergemeinschaften, Konten von Erbengemeinschaften.

Der Freistellungsauftrag gilt jeweils für ein Kalenderjahr und verlängert sich automatisch, sofern der Kunde keine andere Weisung erteilt. Eine „andere Weisung" kann z. B. die Änderung des Freistellungsbetrages sein. Ein Widerruf ist nur mit Wirkung zum Kalenderjahresende möglich.

Mit dem Tod des Erblassers erlischt der *Freistellungsauftrag.* Beim Tod eines Ehegatten/Lebenspartners verlieren gemeinsam erteilte Freistellungsaufträge ihre Gültigkeit für alle Konten und Depots, die auf den Namen beider Ehegatten/Lebenspartner oder allein auf den Namen des verstorbenen Ehegatten/Lebenspartners lauten. Für die allein auf den Namen des überlebenden Ehegatten/Lebenspartners lautenden Konten und Depots bleibt der gemeinsame Freistellungsauftrag bis zum Ende des Sterbejahres wirksam.

In dem auf das Todesjahr folgende Jahr kann nur noch ein Einzel-Freistellungsauftrag erteilt werden.

Meldepflicht. Die in dem Freistellungsauftrag enthaltenen Daten werden dem Bundeszentralamt für Steuern (BZSt) per Datenfernübertragung übermittelt. Weiterhin haben Kreditinstitute dem BZSt die Höhe der im Vorjahr gezahlten Kapitalerträge, von denen keine Abgeltungsteuer abgezogen wurde, zu melden. Die Daten dürfen zur Durchführung eines Verwaltungsverfahrens, eines gerichtlichen Verfahrens in Steuersachen, eines Strafverfahrens wegen einer Steuerstraftat oder eines Bußgeldverfahrens wegen einer Steuerordnungswidrigkeit verwendet sowie vom Bundeszentralamt für Steuern den Sozialleistungsträgern übermittelt werden, soweit dies zur Überprüfung des bei der Sozialleistung zu berücksichtigenden Einkommens oder Vermögens erforderlich ist.

Nichtveranlagungs-Bescheinigung. Statt eines Freistellungsauftrags kann der Anleger seinem Kreditinstitut eine Nichtveranlagungs-Bescheinigung (NV-Bescheinigung) vorlegen. In diesem Fall werden ihm die Kapitalerträge ebenfalls ohne Abzug von Abgeltungsteuer/Solidaritätszuschlag/ggf. Kirchensteuer gutgeschrieben.

Eine NV-Bescheinigung wird auf Antrag des Steuerpflichtigen von seinem Wohnsitzfinanzamt ausgestellt, wenn anzunehmen ist, dass für ihn eine Veranlagung zur Einkommensteuer nicht in Betracht kommt, z. B. wenn die Einkünfte nicht den Grundfreibetrag (10 908,00 € in 2023) übersteigen. Eine NV-Bescheinigung ist für das Jahr der Antragstellung und die beiden folgenden Kalenderjahre gültig.

Der Vorteil der NV-Bescheinigung gegenüber dem Freistellungsauftrag liegt darin, dass auch Kapitalerträge von mehr als 1 000,00 €/2 000,00 € vom Steuerabzug verschont bleiben.

1 Ist die Steuer-Identifikationsnummer nicht angegeben, ist das Kreditinstitut gezwungen, von den Kapitalerträgen die Abgeltungsteuer einzubehalten.

17.2.1 Zinserträge

Zinsen *aus festverzinslichen (normalverzinslichen) Wertpapieren* werden dem Kapitalanleger in der Regel jährlich vergütet. Sie sind in dem Jahr, in dem sie zugeflossen sind, Einkünfte aus Kapitalvermögen und unterliegen bei Zufluss der Abgeltungsteuer.

Beispiel:

Tilman Winter, ledig, hat in seinem Depot nom. 175 000,00 € 1,07 % Pfandbriefe der M. M. Warburg & Co. Hypothekenbank AG, Zinstermin 03. 12. gzj. Ein Freistellungsauftrag liegt der Bank nicht vor. Eine Verlustverrechnungsmöglichkeit besteht nicht (→ Kapitel 17.2.5)

Zinsgutschrift am 03. 12. 20.. (ohne Berücksichtigung der Kirchensteuer):

Zinsen (brutto)	=	1 872,50 €
– 25 % Abgeltungsteuer	=	468,13 €
– 5,5 % Solidaritätszuschlag	=	25,74 €[1]
	=	1 378,63 €

Zinsgutschrift am 03. 12. 20.. (unter Berücksichtigung einer Kirchensteuer von 9 %):

Zinsen (brutto)	=	1 872,50 €
– 24,45 % Kapitalertragsteuer	=	457,83 €
– 5,5 % Solidaritätszuschlag	=	25,18 €
– 9 % Kirchensteuer	=	41,20 €
	=	1 348,29 €

Durch den Abzug der Kapitalertragsteuer als Abgeltungsteuer ist die Steuerschuld abgegolten. Sofern der persönliche Steuersatz geringer als 25 % ist, kann der Privatanleger die Veranlagung der Kapitalerträge zu seinem niedrigeren Steuersatz beantragen.

Erstattete Stückzinsen (vgl. Kapitel 11.4.3.1) unterliegen ebenfalls der Abgeltungsteuer. Verausgabte Stückzinsen können in dem Jahr, in dem sie verausgabt wurden, als negative Einnahmen von den steuerpflichtigen Kapitalerträgen abgesetzt werden (vgl. Kapitel 17.2.5 Verrechnung von negativen Kapitalerträgen).

17.2.2 Dividenden-/Aktienerträge

Die ausschüttende Aktiengesellschaft zahlt auf Gewinne 15 % Körperschaftsteuer zuzüglich 5,5 % Solidaritätszuschlag auf die Körperschaftsteuer. Die von der AG gezahlte Körperschaftsteuer wird nicht mit der Einkommensteuer des Privatanlegers verrechnet. Der Aktionär erhält die Bardividende (Dividende nach Körperschaftsteuer und Solidaritätszuschlag).

Der Anspruch der Aktionäre auf die Dividende ist am dritten auf den Hauptversammlungsbeschluss folgenden Geschäftstag fällig, sofern nicht in der Satzung oder dem Beschluss der Hauptversammlung über die Verwendung des Bilanzgewinns eine spätere Fälligkeit festgelegt wird (§ 58 Abs. 4 Satz 2 und 3 AktG). Eine frühere Fälligkeit kann demgegenüber nicht vorgesehen werden.

Im Privatvermögen fallen Dividenden unter die Abgeltungsteuer (25 % zzgl. Solidaritätszuschlag und ggf. Kirchensteuer). Der Abzug und die Abführung der Abgeltungsteuer auf Dividenden inländischer Aktiengesellschaften wird, sofern sich die Aktien in inländi-

1 Die berechnete Abgeltungsteuer ist als Kapitalertragsteuer kaufmännisch zu runden. Der Solidaritätszuschlag und die Kirchensteuer werden dagegen nach der zweiten Nachkommastelle gekappt.

scher Depotverwahrung befinden, von dem depotführenden Institut vorgenommen. Die volle Auszahlung der Bardividende – also ohne Abzug von Abgeltungsteuer, Solidaritätszuschlag und ggf. Kirchensteuer – erreicht der Anleger mit einer Verlustverrechnung, einem Freistellungsauftrag oder einer Nichtveranlagungsbescheinigung.

Eine Aktiengesellschaft zahlt im Jahr 20.. für das abgelaufene Geschäftsjahr 1,50 € Dividende je Aktie.

Ralf Mustermann besitzt 100 Aktien dieser Gesellschaft. Seiner Bank hat Mustermann einen Freistellungsauftrag erteilt. Das Freistellungsvolumen reicht für die folgende Gutschrift aus.	Sabine Schulz besitzt ebenfalls 100 Aktien dieser Gesellschaft. Allerdings hat sie den Freibetrag von 801,00 € ausgeschöpft. Keine Verlustverrechnungsmöglichkeit.

Berechnung der Dividendengutschrift ohne Berücksichtigung der Kirchensteuer

Bardividende	150,00 €	Bardividende	150,00 €
Abgeltungsteuer und Solidaritätszuschlag entfallen wegen des Freistellungsauftrags		– 25 % Abgeltungsteuer	37,50 €
		– 5,5 % Solidaritätszuschlag auf die Kapitalertragsteuer	2,06 €
Dividendengutschrift (Nettodividende)	150,00 €	Dividendengutschrift (Nettodividende)	110,44 €
Das Volumen des Freistellungsauftrags wird um 150,00 € gekürzt.		Mit dem Steuerabzug ist die Steuerschuld für diese Einkünfte abgegolten. Die Einkünfte sind nicht mehr in der Steuererklärung anzugeben. (Beachte allerdings Veranlagungsoption!)	

Erträge aus Wertpapieranlagen im Ausland unterliegen häufig im betreffenden Land einer Besteuerung (Quellensteuer). In der Bundesrepublik Deutschland sind sie als Einkünfte aus Kapitalvermögen mit der Abgeltungsteuer zu versteuern. Auf diese Weise entsteht eine Doppelbesteuerung. Soweit in einem Doppelbesteuerungsabkommen (vgl. Kapitel 17.1.1) eine Steueranrechnung vorgesehen ist (Regelfall), werden die ausländischen Steuern im Veranlagungswege auf die deutsche Abgeltungsteuer angerechnet.

17.2.3 Besteuerung von Investmentanteilen

Mit der Investmentsteuerreform zum 1. Januar 2018 kommt es bei bestimmten Fonds zu einer grundlegend neuen Systematik bei der Steuerberechnung. Dabei sind Rentenfonds auf der einen und Aktienfonds, gemischte Fonds und offene Immobilienfonds auf der anderen Seite zu unterscheiden.

Rentenfonds. Rentenfonds sind von der Reform nicht betroffen. Auf der Fondsebene reiner Rentenfonds fällt keine Körperschaftsteuer an. Die jährlichen Ausschüttungen unterliegen der Abgeltungsteuer, dem Solidaritätszuschlag und gegebenenfalls der Kirchensteuer. Wertsteigerungen während der Besitzdauer werden beim Verkauf erfasst und unterliegen ebenfalls der Abgeltungsteuer.

Jährliche Besteuerung von Aktienfonds, gemischten Fonds, Immobilienfonds (Publikumsfonds)

Besteuerung auf der Fondsebene:

Inländische Fondsgesellschaften unterliegen mit bestimmten Erträgen (inländische Dividenden, Erträge aus inländischen Mieten und Gewinne aus dem Verkauf deutscher Immobilien) der Körperschaftsteuer in Höhe von 15 %. Sie zahlen direkt aus dem Fondsvermögen. Damit stehen weniger Mittel für die Ausschüttung zur Verfügung.

Alle anderen Fondserträge, wie z. B. Zinsen, ausländische Mieterträge oder Veräußerungsgewinne aus Wertpapieren, werden nicht auf der Ebene des Fonds, sondern erst auf der Ebene des Anlegers besteuert. Bei staatlich geförderten Altersvorsorgeprodukten, Riester- und Rürup-Fondssparplänen bleiben inländische Dividenden, Erträge aus inländischen Mieten und Gewinne aus dem Verkauf deutscher Immobilien von der Körperschaftsteuer befreit. Es gelten die Regelungen zur nachgelagerten Besteuerung in der Auszahlphase.

Besteuerung auf der Anlegerebene:

Teilfreistellung. Ausschüttungen eines Publikums-Investmentfonds sind beim Anleger in voller Höhe steuerpflichtig. Sie unterliegen bei Privatanlegern der Abgeltungsteuer, dem Solidaritätszuschlag und ggf. der Kirchensteuer. Als Ausgleich für die Besteuerung der Dividenden, der Mieterträge und der Immobilienerträge auf Ebene des Investmentfonds wird ein Teil der Erträge, die ein Anleger aus dem Investmentfonds bezieht, von der Besteuerung freigestellt (sogenannte Teilfreistellung). Die Abgeltungsteuer bezieht sich demnach nicht auf die volle Höhe der ausgeschütteten Erträge, sondern reduziert sich in Abhängigkeit des Fondstyps um 30 % bei Aktien-Investmentfonds (Aktienquote mindestens 51 %) und um 15 % bei Misch-Investmentfonds (Aktienquote mindestens 25 %), um 60 % bei Immobilienfonds (inländische Immobilien mindestens 51 %) und um 80 % bei Immobilienfonds (ausländische Immobilien mindestens 51 %).

Vorabpauschale. Sofern keine (z. B. bei thesaurierenden Fonds) oder eine zu geringe Ausschüttung erfolgt, soll dennoch eine Besteuerung erfolgen, damit Investmentfonds nicht als Steuerstundungsmodelle genutzt werden. Hierfür gibt es eine sogenannte Vorabpauschale. Die Vorabpauschale greift immer dann, wenn im Veranlagungszeitraum die Ausschüttung des Investmentfonds geringer ist als die Wertentwicklung im Sinne einer risikolosen Basisverzinsung, den sogenannten **Basisertrag.** Als Bemessungsgrundlage dient ein von der Bundesbank festgelegter Basiszins.[1] Bei der Berechnung der Vorabpauschale wird aber berücksichtigt, dass dem Fondsanleger auch Kosten (Verwaltungsgebühren des Fonds) entstehen. Aus diesem Grund wird zur Berechnung der Vorabpauschale der Basiszins um den durchschnittlichen Kostenanteil von 30 % gemindert. Mithin erfolgt der Ansatz von 70 % des Basiszinses. Auf die Vorabpauschale wird am ersten Werktag des folgenden Kalenderjahres von der depotführenden Stelle Abgeltungsteuer einbehalten. Analog der Ausschüttung wird bei ihrer Berechnung die Teilfreistellung (z. B. 30 % bei Aktienfonds) berücksichtigt. Die Vorabpauschale für 2023 z. B. gilt gemäß § 18 Abs. 3 InvStG beim Anleger am 2. Januar 2024 als zugeflossen. Sie ist unter Anwendung des Basiszinses vom 2. Januar 2023 zu ermitteln. Für die Steuerzahlungen auf die Vorabpauschalen kann die depotführende Stelle auch ohne Einwilligung des Anlegers auf dessen Verrechnungs-/Girokonto zugreifen.

1 **Basiszins** ist der nach § 18 Abs. 4 InvStG ermittelte Zinssatz, der aus der langfristig erzielbaren Rendite öffentlicher Anleihen abzuleiten ist. Er wird von der Bundesbank ermittelt und am ersten Börsentag des Jahres im Bundessteuerblatt veröffentlicht. Für das Jahr 2023 beträgt der Basiszins 2,55 %.

Berechnung der Vorabpauschale

Schritt 1:

Ermittlung, ob der Fonds eine Wertsteigerung hat (Fondspreis Ende des Jahres > Fondspreis Anfang des Jahres). Gibt es keine Wertsteigerung, gibt es keine Vorabpauschale für diesen Fonds und damit auch keine Steuerbelastung.

Schritt 2:

Vergleich des vom Gesetzgeber definierten Basisertrags mit der Summe der im letzten Jahr erfolgten Ausschüttungen des Fonds.

Basisertrag = Rücknahmepreis zum Jahresanfang · Basiszinssatz · 70 %

Nur wenn der Basisertrag höher ist als die Summe der erfolgten Ausschüttungen des Fonds, kann es zu einer Vorabpauschale kommen. Der Basisertrag ist begrenzt auf die tatsächliche Wertsteigerung des Fonds.

Schritt 3:

Ermittlung der Vorabpauschale.

Bei **ausschüttenden Fonds** wird die Ausschüttung des Kalenderjahres vom Basisertrag abgezogen:

Vorabpauschale = Basisertrag – Ausschüttung des letzten Kalenderjahres

Bei **nicht ausschüttenden Fonds** (thesaurierende Fonds) ist die Vorabpauschale identisch mit dem Basisertrag:

Vorabpauschale = Basisertrag – Ausschüttung des letzten Kalenderjahres (=0)

Wichtig: Wenn bei einem ausschüttenden Fonds die Ausschüttung nicht hoch genug ist, wird zusätzlich die Vorabpauschale angesetzt. Die steuerlich relevanten Erträge fließen dann zu zwei unterschiedlichen Stichtagen zu. Die Ausschüttung fließt in dem Kalenderjahr zu, in dem sie gezahlt wird und die Vorabpauschale fließt am ersten Werktag des folgenden Kalenderjahres zu.

Quelle: https://www.ffb.de/public/wissen/investmentsteuerreform.html

Beispiel:

Ausgangswerte: Aktienfonds; Höhe der Ausschüttung im Jahre 2023 15,00 €; Wert der Fondsanteile am Jahresanfang 10 000,00 €; Wert der Fondsanteile am Jahresende 10 300,00 €; Wertzuwachs 300,00 €; Basiszins (Stand 02.01.2023) 2,55 %

Besteuerung der Ausschüttung[1]:

15,00 € (Ausschüttung) · 0,7 (Teilfreistellung von 30 % bei Aktienfonds) = 10,50 €; darauf 25 % Abgeltungsteuer (2,63 €) + 5,5 % Solidaritätszuschlag auf die Abgeltungsteuer (0,14 €) = 2,77 €

Die Ausschüttung fließt dem Anleger aus steuerlicher Sicht zu, sobald er darüber verfügen kann.

Vorabpauschale für das Jahr 2023:

10 000,00 € (Wert der Fondsanteile am Jahresanfang) · 2,55 % (Basiszins) · 0,7 (Kostenabschlag) = 178,50 € (Basisertrag)

Ergebnis: Der Basisertrag von 178,50 € ist größer als der Ausschüttungsbetrag von 15,00 €, aber kleiner als der Wertzuwachs im Jahre 2023. Damit ist die Vorabpauschale fällig, allerdings abzüglich des Ausschüttungsbetrags, da dieser bereits besteuert wurde.

Vorabpauschale = Basisertrag (178,50 €) – Ausschüttung des letzten Kalenderjahres (15,00 €) = 163,50 €

Steuerlast für die Vorabpauschale:

163,50 € · 0,7 (Teilfreistellung) = 114,45 € · 25 % Abgeltungsteuer (28,61 €) + 5,5 % Solidaritätszuschlag auf die Abgeltungsteuer (1,57 €) = 30,18 €

1 Ein Freistellungsauftrag liegt nicht vor.

Die Vorabpauschale gilt am ersten Werktag des Folgejahrs (also am 2. Januar 2024) als steuerlich zugeflossen.

Steuerliche Gesamtbelastung:

2,77 € (Abgeltungsteuer einschl. Soli auf Ausschüttung) + 30,18 € (Abgeltungsteuer einschl. Soli auf Vorabpauschale) = 32,95 €

17.2.4 Veräußerungsgewinne

Veräußerungsgewinne aus privaten Veräußerungsgeschäften mit Wertpapieren (Aktien, festverzinsliche Wertpapiere, Zertifikate, Auf- und Abzinsungspapiere, Termingeschäfte u.a.) unterliegen bei einem Erwerb nach dem 31.12.2008 als Einkünfte aus Kapitalvermögen – unabhängig von der Haltedauer der Wertpapiere – in voller Höhe der Abgeltungsteuer. Die Spekulationsfrist von einem Jahr gibt es für alle nach dem 31.12.2008 erworbenen Papiere nicht mehr. Als Gewinn steuerpflichtig ist ab 2009 der Unterschiedsbetrag zwischen den Einnahmen aus der Veräußerung oder Tilgung und den Anschaffungskosten des Wertpapiers. Von der Differenz kann der Anleger alle Transaktionskosten, die beim Kauf oder Verkauf angefallen sind, abziehen.

Beispiel:

Aktienverkauf (ohne Verlustverrechnungsmöglichkeit, bei ausgeschöpftem Sparer-Pauschbetrag und ohne Berücksichtigung der Kirchensteuer)

Veräußerungspreis	13500,00 €
– Veräußerungskosten	33,75 €
Anschaffungskosten (Kaufkosten + Nebenkosten)	10086,23 €
Veräußerungsgewinn	3380,02 €
Abgeltungsteuer 25 %	845,01 €
Solidaritätszuschlag (5,5 % von 845,01 €)	46,47 €
Gewinn nach Steuern	2488,54 €

Bestandsschutz. Der Wegfall der Spekulationsfrist von einem Jahr betrifft Kapitalanlagen, die nach dem 31.12.2008 erworben werden, d.h., das bis Ende des Jahres 2008 erworbene Kapitalvermögen genießt einen uneingeschränkten Bestandsschutz (Rechtslage bis 31.12.2008). Da für diese Anlagen die einjährige Spekulationsfrist abgelaufen ist, können diese Wertpapiere jetzt steuerfrei veräußert werden.

Besonderheiten bei Investmentfonds

Rentenfonds. Kursgewinne auf Fondsanteilen, die vor 2009 erworben wurden, können steuerfrei vereinnahmt werden. Es gilt uneingeschränkter Bestandsschutz (Rechtslage bis 31.12.2008). Kursgewinne auf Fondsanteile, die nach dem 31.12.2008 erworben wurden, unterliegen der Abgeltungsteuer, dem Solidaritätszuschlag und gegebenenfalls der Kirchensteuer.

Aktienfonds, gemischte Fonds, Immobilienfonds (Publikumsfonds). Der eigentlich unbegrenzt geltende steuerliche Bestandsschutz für Kursgewinne aus Fondsanteilen, die vor 2009 gekauft wurden (Altbestände), wurde per 31.12.2017 abgeschafft. Dies wurde durch eine fiktive Veräußerung aller Investmentanteile zum Stichtag 31.12.2017 und Neuanschaffung zum 01.01.2018 erreicht. Bei dieser fiktiven Veräußerung wurden keine Steuern fällig. Die bis zum 31.12.2017 angefallenen unrealisierten Kursgewinne auf Fondsanteile, die vor dem Jahr 2009 (Einführung der Abgeltungsteuer) erworben wurden, bleiben auch weiterhin steuerfrei. Außerdem wurde für die Altveräußerungsgewinne ein einmaliger persönlicher Freibetrag von 100 000,00 € pro Person eingeführt, der sich nur auf die Wertentwicklung ab 2018 bezieht. Dieser Freibetrag kann nur im Rahmen der Steuerveranlagung geltend gemacht werden.

Kursgewinne, die ab dem 01.01.2018 erzielt werden, unterliegen der Kapitalertragsteuer. Die jährliche Wertentwicklung der Investmentanteile wird anhand einer Vorabpauschale (vgl. Kapitel 17.2.3) besteuert. Diese wird jeweils im Folgejahr für das vorangegangene Kalenderjahr von den Fondsgesellschaften ermittelt und durch die Bank der Besteuerung unterzogen. Während der Haltedauer beim Anleger versteuerte Vorabpauschalen werden vom Veräußerungsgewinn im Rahmen der Schlussbesteuerung abgezogen. Weiterhin gilt für den Veräußerungsgewinn die Teilfreistellung (vgl. Kapitel 17.2.3), sodass sich auch hierdurch die Abgeltungsteuer auf den Veräußerungsgewinn reduziert.

Beispiel:

Besteuerung von Investmentanteilen beim Verkauf

Fondsanteile eines thesaurierenden Aktienfonds (Teilfreistellung 30 %), die nach dem 1. Januar 2018 erworben wurden, werden nach 5 Besitzjahren verkauft.

- Wert der Anteile beim Kauf: 15 000,00 €
- Wert der Anteile beim Verkauf: 19 500,00 €
- Wärend der Besitzdauer anrechenbare Vorabpauschalen: 450,00 €

Steuerberechnung:

	Wertsteigerung während der Besitzdauer (19 500,00 € – 15 000,00 €)	4 500,00 €
–	anrechenbare Vorabpauschalen	450,00 €
		4 050,00 €
–	Teilfreistellung (30 % von 4 050,00 €)	1 215,00 €
=	Steuerpflichtiger Ertrag	2 835,00 €
	Verkaufserlös	19 500,00 €
–	25 % Kapitalertragsteuer von 2 835,00 €	708,75 €
–	5,5 % Soli von 708,75 € [1]	38,98 €
=	Gutschrift	18 752,27 €

LS 12
Situation 4

Fifo-Prinzip. Liegen in einem Depot Wertpapiere der gleichen Gattung, die zu unterschiedlichen Zeitpunkten erworben wurden, so gelten bei einem späteren Verkauf für die Gewinnermittlung und für die Anwendung der Abgeltungsteuer die zuerst erworbenen Wertpapiere als auch zuerst veräußert (First-in-first-out-Prinzip).

LS 12
Situation 5 u. 6

17.2.5 Verrechnung von negativen Kapitalerträgen

Negative Kapitalerträge können mit positiven Kapitalerträgen verrechnet werden und mindern den steuerpflichtigen Ertrag. Zu den negativen Kapitalerträgen gehören:

- gezahlte Stückzinsen beim Kauf von Schuldverschreibungen,
- Veräußerungsverluste beim Verkauf bzw. der Rückzahlung von Finanzinstrumenten (z. B. Investmentfondsanteile, Zertifikate, Aktien, Optionen), die nicht dem steuerlichen Bestandsschutz unterliegen.

1 Kirchensteuer bleibt unberücksichtigt.

Bei der Erfassung oder Verrechnung negativer Kapitalerträge gelten folgende Regeln:

- Veräußerungsverluste aus Aktiengeschäften dürfen nur mit Gewinnen aus Aktiengeschäften verrechnet werden,
- andere negative Kapitalerträge können mit allen positiven Kapitalerträgen (z. B. Zinserträgen, Dividenden, vereinnahmten Stückzinsen, Veräußerungsgewinnen aus Finanzinstrumenten, die nicht dem steuerlichen Bestandsschutz unterliegen – also auch aus Aktien) verrechnet werden.

Zur Berechnung werden von den Kreditinstituten zwei getrennte Verlustverrechnungstöpfe für jeden Gläubiger gebildet.

Verlustverrechnungstöpfe für nicht sofort verrechenbare negative Kapitalerträge	
Aktienverlustverrechnungstopf	**Allgemeiner Verlustverrechnungstopf**
▪ Erfassung von Veräußerungsverlusten aus Aktiengeschäften ▪ Verrechnung mit späteren Veräußerungsgewinnen aus Aktiengeschäften	▪ Erfassung aller anderen negativen Kapitalerträge ▪ Verrechnung mit allen späteren positiven Kapitalerträgen (auch Veräußerungsgewinne aus Aktiengeschäften)

Bei Ehegatten/Lebenspartnern sind die Verlustverrechnungstöpfe von Einzel- und Gemeinschaftskonten/-depots getrennt zu führen.

Bei der Verrechnung von Erträgen gegen Verluste ist eine bestimmte Reihenfolge einzuhalten. Zuerst werden Erträge (falls möglich) mit dem Aktienverlustverrechnungstopf, dann mit dem allgemeinen Verlustverrechnungstopf und erst darauf mit dem Freistellungsauftrag verrechnet. Kann weder die Verlustverrechnung noch der Freistellungsauftrag den Ertrag komplett freistellen, wird auf den verbleibenden Betrag Abgeltungsteuer, Solidaritätszuschlag und ggf. Kirchensteuer berechnet.

Fällt unterjährig ein negativer Kapitalertrag erst nach einem Kapitalertrag mit bereits erfolgtem Abgeltungsteuerabzug an, kommt es bankintern zu einer nachträglichen Verrechnung mit anschließender Steuergutschrift für den Bankkunden. Sind die negativen Kapitalerträge höher als die positiven, auf die bereits Abgeltungsteuer gezahlt wurde, erhöhen diese wieder den Freistellungsauftrag bis zur Höhe des erteilten Freistellungsvolumens und werden nach Auffüllung des Freistellungsvolumens im allgemeinen Verlustverrechnungstopf erfasst. Im Aktienverlustverrechnungstopf werden nur Veräußerungsverluste aus Aktiengeschäften festgehalten.

Zu beachten ist, dass ein Verlust aus Aktienverkauf nur dann zu einer Erstattung führt, wenn Abgeltungsteuer auf Aktiengewinne gezahlt wurde. Anderenfalls ist der Aktienverlust in den Aktienverlustverrechnungstopf einzustellen oder er führt zu einem Wiederaufleben des Freistellungsauftrags, soweit dieser für Aktiengewinne in Anspruch genommen wurde. Ein am Jahresende verbleibender Bestand in den Verlustverrechnungstöpfen wird vom Kreditinstitut automatisch als Verlustvortrag für das nächste Jahr vorgetragen.

Mit einem gemeinsamen Freistellungsauftrag findet zwischen allen Einzel- und Gemeinschaftskonten/-depots der Ehegatten/Lebenspartner eine automatische und *ehegattenübergreifende/lebenspartnerübergreifende Verlustverrechnung* statt. Diese führt am Jahresende zu einer Verrechnung der Verluste des einen Ehegatten/Lebenspartners mit Gewinnen und Erträgen des anderen Ehegatten/Lebenspartners. Damit sparen sich gemeinsam veranlagte Ehegatten/Lebenspartner den Verlustausgleich über die Steuerveranlagung. Auch wenn die Ehegatten/Lebenspartner ihren Sparer-Freibetrag schon für andere Kapitalanlagen bei anderen Kreditinstituten ausgeschöpft haben, können sie an der ehegattenübergreifenden/lebenspartnerübergreifenden Verlustverrechnung teilnehmen, indem sie einen Freistellungsauftrag über 0,00 € erteilen. Die ehegattenübergreifende/lebenspartnerübergreifende Verlustverrechnung ist bindend und kann auch später im Rahmen einer getrennten steuerlichen Veranlagung nicht mehr geändert werden.

Beispiel: Ehegattenübergreifende/lebenspartnerübergreifende Verlustverrechnung

Die Ehegatten haben einen gemeinsamen Freistellungsauftrag über 2000,00 € erteilt. Der Ehemann hat negative Kapitalerträge von insgesamt 15000,00 € (allgemeiner Verlustverrechnungstopf), die Ehefrau positive Kapitalerträge in Höhe von insgesamt 10000,00 € realisiert. Der Freibetrag kann durch die Ehefrau genutzt werden, sodass noch 8000,00 € (10000,00 € – 2000,00 €) im Rahmen der ehegattenübergreifenden Verlustverrechnung für eine Verrechnung zur Verfügung stehen. Die bezogenen Kapitalerträge werden somit in voller Höhe vom Steuerabzug freigestellt. Der verbleibende Verlust in Höhe von 7000,00 € (15000,00 € – 8000,00 €) wird seitens der Bank ins neue Jahr übertragen, soweit keine Verlustbescheinigung beantragt wurde.

Auf Antrag (bis zum 15.12. des Jahres) kann der Kunde von seinem Kreditinstitut eine Verlustbescheinigung verlangen. Wenn die Bank eine Verlustbescheinigung ausstellt, verfallen die in den Verlustverrechnungstöpfen gespeicherten negativen Kapitalerträge und werden nicht auf das nächste Jahr vorgetragen. Die bescheinigten negativen Kapitalerträge kann der Kunde stattdessen im Rahmen seiner Einkommensteuererklärung beim zuständigen Finanzamt geltend machen. Dies ist erforderlich, wenn der Kunde bei unterschiedlichen Banken Gewinne und Verluste erzielt hat und diese miteinander verrechnen möchte.

Ausnahmen von der Abgeltungsteuer	
Die Abgeltungsteuer gilt nicht für die:	
Riester-Rente[1]	Während der Ansparphase fällt keine Abgeltungsteuer an. Es handelt sich nicht um Einkünfte aus Kapitalvermögen, sondern um sonstige Einkünfte. Die Rentenzahlungen unterliegen zum Ausgleich der Förderung in der Ansparphase in voller Höhe der Besteuerung mit dem dann geltenden individuellen Steuersatz (nachgelagerte Besteuerung).
Rürup-Rente[2]	Es gilt in der Auszahlungsphase der individuelle Einkommensteuersatz des Versicherten. Steuerpflichtig ist lediglich der gestaffelte Ertragsanteil. Er hängt vom Zeitpunkt des Rentenbeginns ab (nachgelagerte Besteuerung).
Betriebliche Altersvorsorge (Direktversicherung, Pensionskasse, Pensionsfonds)[3]	Sofern die Rentenleistungen auf steuerlich geförderten Beiträgen beruhen, sind diese entsprechend dem individuellen Einkommensteuersatz steuerpflichtig. Ansonsten gelten die Regelungen für private Rentenversicherungen und Kapitallebensversicherungen.
Private Rentenversicherung[4] (Vertragsabschluss ab 2005)	Der Ertragsanteil (= Zins- und Überschussanteil) der Rente wird mit dem individuellen Einkommensteuersatz des Versicherten besteuert. Der Ertragsanteil richtet sich nach dem Alter des Versicherten bei Beginn der Rente.
Kapitallebensversicherung[5] (Vertragsabschluss ab 2005)	Auf den Ertragsanteil wird bei Auszahlung Abgeltungsteuer erhoben. Bei einer Policenlaufzeit von 12 Jahren und mehr und Auszahlung nach Vollendung des 60. Lebensjahres hälftige Besteuerung zum individuellen Einkommensteuersatz.

1 Vgl. Kapitel 20.4.1.
2 Vgl. Kapitel 20.3.
3 Vgl. Kapitel 20.4.2.
4 Vgl. Kapitel 20.5.2.
5 Vgl. Kapitel 20.5.1.2.

Beispiel: Verlustverrechnung

Datum	Abrechnungen		Aktienverlustverrechnungstopf	Allgemeiner Verlustverrechnungstopf	FSA	Steuerverrechnungskonto (gezahlte KESt und SolZ unter Berücksichtigung von Erstattungen
			Verlustvortrag aus Vorjahr 520,00 €	Verlustvortrag aus Vorjahr 150,00 €	1 000,00 €	
13.01.	Zinsen aus festverzinslichen Wertpapieren	530,00 €	520,00 €	0,00 €	620,00 €	KESt 0,00 € SolZ 0,00 €
15.02.	Zinsen aus Guthaben	150,00 €	520,00 €	0,00 €	470,00 €	KESt 0,00 € SolZ 0,00 €
21.03.	Verlust aus Aktienverkauf	390,00 €	910,00 €	0,00 €	470,00 €	KESt 0,00 € SolZ 0,00 €
19.04.	gezahlte Stückzinsen aus Kauf von Anleihen	185,00 €	910,00 €	0,00 €	655,00 €	KESt 0,00 € SolZ 0,00 €
13.06.	Zinsen aus festverzinslichen Wertpapieren – 25 % KESt von 175,00 € – 5,5 % SolZ Kontogutschrift	830,00 € – 43,75 € – 2,40 € 783,85 €	910,00 €	0,00 €	0,00 €	KESt 43,75 € SolZ 2,40 €
25.06.	Gewinn aus dem Verkauf von Zertifikaten – 25 % KESt – 5,5 % SolZ	980,00 € – 245,00 € – 13,47 €	910,00 €	0,00 €	0,00 €	KESt 288,75 € SolZ 15,87 €
07.08.	Gewinn aus Aktienverkauf – 25 % KESt von 1 220,00 € – 5,5 % SolZ	2 130,00 € – 305,00 € – 16,77 €	0,00 €	0,00 €	0,00 €	KESt 593,75 € SolZ 32,64 €
29.09.	Verlust aus der Rückgabe von Investmentrentenfondsanteilen *Steuererstattung* + 25 % KESt + 5,5 % SolZ	1 080,00 € + 270,00 € + 14,85 €	0,00 €	0,00 €	0,00 €	KESt 323,75 € SolZ 17,79 €
13.10.	Dividendenzahlung – 25 % KESt – 5,5 % SolZ Kontogutschrift	1 200,00 € – 300,00 € – 16,50 € 883,50 €	0,00 €	0,00 €	0,00 €	KESt 623,75 € SolZ 34,29 €
04.12.	Verlust aus dem Verkauf von Optionsscheinen *Steuererstattung* + 25 % KESt + 5,5 % SolZ	2 580,00 € + 623,75 € + 34,29 €	0,00 €	0,00 €	85,00 €[1]	KESt 0,00 € SolZ 0,00 €

Eine Verrechnung positiver Kapitalerträge mit den Verlustverrechnungstöpfen und dem Freistellungsauftrag (FSA) findet gemäß dieser Tabelle von links nach rechts statt: Bei Aktiengewinnen wird zunächst mit dem Aktienverlustverrechnungstopf verrechnet, bei allen anderen positiven

1 25 % – 623,75 €
100 % – x € → 2 495,00 €
2 580,00 € – 2 495,00 € = 85,00 €

Kapitalerträgen wird beginnend mit dem allgemeinen Verlustverrechnungstopf verrechnet, dann mit dem FSA und falls auch dieser ausgeschöpft ist, werden Steuern auf die dann verbleibenden Kapitalerträge berechnet. Eine Verrechnung negativer Kapitalerträge findet von rechts nach links statt. Falls schon Steuern auf positive Kapitalerträge abgeführt worden sind, erfolgt eine Steuererstattung bis das Steuerverrechnungskonto wieder einen Saldo von 0,00 € ausweist. Anschließend lebt der FSA wieder auf. Ist dieser aufgefüllt, werden die negativen Kapitalerträge im allgemeinen Verlustverrechnungstopf erfasst. Negative Kapitalerträge aus Aktienverlusten werden im Aktienverlustverrechnungstopf erfasst, wenn keine Verrechnung mit Aktiengewinnen möglich ist.

17.3 Erbschaftsteuer und Schenkungsteuer

§ 1 ErbStG

§ 7 ErbStG

Steuerpflichtige Vorgänge. Der Erbschaftsteuer bzw. Schenkungsteuer unterliegen insbesondere Erwerbe von Todes wegen (z. B. wegen Erbschaft oder eines Vermächtnisses[1]), Schenkungen unter Lebenden und Zweckzuwendungen. Als Schenkungen unter Lebenden gilt u. a. jede freigebige Zuwendung unter Lebenden, soweit der Bedachte durch sie auf Kosten des Zuwendenden bereichert wird. Zweckzuwendungen sind Zuwendungen, die mit einer Verpflichtung zu einer bestimmten Verwendung (z. B. Umweltschutz oder Tierschutz) verbunden sind.

§ 12 ErbStG

Steuerpflichtiger Wert. Als Grundlage für die Bewertung gilt das Bewertungsgesetz (BewG). Für die Erbschaft- oder Schenkungsteuer muss der Wert jedes einzelnen übertragenen Vermögensgegenstands ermittelt werden. Normalerweise werden die Gegenstände mit dem „gemeinen Wert" bewertet. Er entspricht dem Verkaufspreis, der am Todestag des Erblassers bzw. am Tag der Schenkung im gewöhnlichen Geschäftsverkehr für den Vermögensgegenstand erzielt werden könnte. Der gemeine Wert heißt oft auch Verkehrswert oder Marktwert.

Nachlassverbindlichkeiten dürfen vom geerbten Vermögen in Abzug gebracht werden.

Steuerklassen. Das Erbschaftsteuergesetz legt drei Klassen nach dem persönlichen Verhältnis zwischen Erwerber und Erblasser/Schenker fest, die die Staffelung von Freibeträgen und Steuersätzen bestimmen.

Steuerklasse I	der Ehegatte/eingetragene Lebenspartner, die Kinder und Stiefkinder, die Abkömmlinge der Kinder und Stiefkinder sowie – bei Erwerben von Todes wegen – die Eltern und Großeltern.
Steuerklasse II	die Eltern und Großeltern – im Schenkungsfall –, die Geschwister, die Abkömmlinge von Geschwistern, die Stiefeltern, die Schwiegerkinder, die Schwiegereltern, der geschiedene Ehegatte und der Lebenspartner einer aufgehobenen Lebenspartnerschaft.
Steuerklasse III	alle übrigen Erwerber und die Zweckzuwendungen.

Erst wenn der steuerliche Wert einer Erbschaft oder Schenkung über den Freibeträgen liegt, fällt Erbschaft- oder Schenkungsteuer an.

Sachliche Freibeträge/Steuerbefreiung. Beim Erwerb durch Personen der Steuerklasse I sind

§ 13 ErbStG

- Hausrat einschl. Wäsche und Kleidungsstücke bis zu 41 000,00 €,
- andere bewegliche körperliche Gegenstände bis zu 12 000,00 € steuerfrei.

1 Die Zuwendung von Vermögen, das ein Nichterbe von dem Verstorbenen aufgrund letztwilliger Verfügung erhält, ist ein Vermächtnis.

Beim Erwerb durch Personen der Steuerklassen II und III sind

- Hausrat einschl. Wäsche und Kleidungsstücke sowie andere bewegliche körperliche Gegenstände bis zu 12 000,00 € steuerfrei.

Die Freibeträge gelten nicht für Zahlungsmittel, Wertpapiere, Münzsammlungen, Edelmetalle, Edelsteine und Perlen.

Ehepartner sowie eingetragene Lebenspartner erben eine Wohnimmobilie steuerfrei, wenn sie 10 Jahre lang darin wohnen bleiben. Sie dürfen die Wohnimmobilie also weder vermieten noch verpachten oder verkaufen. Für Kinder gilt, dass sie neben ihren persönlichen Freibeträgen eine Immobilie bis zu einer Wohnfläche von 200 Quadratmetern steuerfrei erben, wenn sie mindestens 10 Jahre lang darin wohnen. Dieser Freibetrag gilt nur für diese selbst genutzte Immobilie und nicht je Kind. Für Immobilien, deren Wohnfläche größer als 200 Quadratmeter ist, müssen die Kinder den Restbetrag versteuern.

Bei Schenkungen bleiben übliche Gelegenheitsgeschenke steuerfrei, wenn sie im Bereich des „Üblichen" nach Art und Werthaltigkeit bleiben.

Persönliche Freibeträge. Je nach dem persönlichen Verhältnis vom Erwerber zum Erblasser oder Schenker gelten unterschiedliche persönliche Freibeträge: § 16 ErbStG

Steuerklasse I 500 000,00 € für Ehegatten, eingetragene Lebenspartner,
400 000,00 € für Kinder und Kinder verstorbener Kinder,
200 000,00 € für die Enkel, deren Eltern noch leben,
100 000,00 € für alle übrigen Personen der Steuerklasse I.

Steuerklasse II 20 000,00 €.

Steuerklasse III 20 000,00 €.

Im Erbfall wird außerdem ein besonderer Versorgungsfreibetrag in Höhe von 256 000,00 € für den überlebenden Ehegatten/Lebenspartner und nach Alter gestaffelt 52 000,00 € bis 10 300,00 € für jedes Kind gewährt. § 17 ErbStG

Steuertarif.

Wert des steuerpflichtigen Erwerbs[1] bis einschließlich	Steuersatz in Prozent in der Steuerklasse		
	I Ehegatten/Lebenspartner, Kinder, Enkel, übrige Personen	II Geschwister, Neffen, Nichten	III (Sonstige Verwandte/ Nichtverwandte)
	Freibeträge in €: 500 000, 400 000, 200 000, 100 000	Freibetrag in €: 20 000	Freibetrag in €: 20 000
75 000,00 €	7	15	30
300 000,00 €	11	20	30
600 000,00 €	15	25	30
6 000 000,00 €	19	30	30
13 000 000,00 €	23	35	50
26 000 000,00 €	27	40	50
über 26 000 000,00 €	30	43	50

Quelle: Bundesministerium für Wirtschaft und Energie

1 Nach Abzug der Freibeträge.

17.4 Grundsteuer, Grunderwerbsteuer

Die **Grundsteuer**[1] ist eine Realsteuer, d.h., entscheidend für die Höhe der Steuer sind Beschaffenheit und Wert des Grundstücks.

Steuerpflichtig ist der im Inland liegende Grundbesitz.

Steuerberechnung. Ausgangspunkt ist der Einheitswert des Grundbesitzes (Besteuerungsgrundlage). Auf die Besteuerungsgrundlage wird die Steuermesszahl angewandt und so der Steuermessbetrag ermittelt. Die Steuer ergibt sich durch Anwendung des Hebesatzes auf den Steuermessbetrag.

Beispiel:	
Einheitswert des Grundbesitzes	150 000,00 €
Steuermessbetrag (Steuermesszahl 3,5 ‰)	525,00 €
Grundsteuer (Hebesatz 275 %)	1 443,75 €

Es handelt sich um eine Gemeindesteuer.

Steuerbefreiungen. Folgende Steuerbefreiungen sind anzuführen:

Gebietskörperschaften des Bundes; Körperschaften, die mildtätigen Zwecken dienen; wissenschaftliche, erzieherische und kirchliche Einrichtungen; Sportvereine.

Die **Grunderwerbsteuer** ist eine Rechtsverkehrsteuer. Ihr unterliegen insbesondere Kaufverträge und sonstige Rechtsgeschäfte, die einen Anspruch auf Übereignung eines inländischen Grundstücks begründen. Außerdem werden andere Rechtsvorgänge erfasst, wie z.B. der Eigentumsübergang im Enteignungsverfahren und das Meistgebot im Zwangsversteigerungsverfahren.

Den Grundstücken stehen Erbbaurechte und Gebäude auf fremdem Boden gleich.

Steuerbefreiungen sind z.B.:

§ 3 GrEStG

- der Erwerb eines zum Nachlass gehörenden Grundstücks durch Miterben zur Teilung des Nachlasses;
- der Grundstückserwerb durch den Ehegatten/Lebenspartner des Veräußerers;
- der Erwerb eines Grundstücks durch Personen, die mit dem Veräußerer in gerader Linie verwandt sind (einschließlich Stiefkinder und Ehegatten);

Die Steuer wird von den Bundesländern festgelegt. Es handelt sich um eine Ländersteuer.

Grunderwerbsteuersätze in den einzelnen Bundesländern:

- 3,50 % Bayern
- 5,00 % Baden-Württemberg, Bremen, Niedersachsen, Rheinland-Pfalz, Sachsen-Anhalt
- 5,50 % Hamburg und Sachsen
- 6,00 % Berlin, Hessen, Mecklenburg-Vorpommern
- 6,50 % Brandenburg, Nordrhein-Westfalen, Saarland, Schleswig-Holstein, Thüringen

(Stand: 2023)

1 Ab 2025 gilt eine bis dahin erarbeitete und umgesetzte Neuregelung.

17.5 Umsatzsteuer

Steuerermittlung. Die seit dem 1. Januar 1968 erhobene Umsatzsteuer ist eine Mehrwertsteuer. Zu versteuern ist von den Unternehmern der einzelnen Produktionsstufen lediglich die Wertschöpfung ihrer Stufe. Die berechnete Umsatzsteuer ist auf den erteilten Rechnungen auszuweisen.

Die in Rechnung gestellten Vorsteuern werden bei Entrichtung der eigenen Umsatzsteuer abgesetzt. §§ 14, 15 UStG

Die Zahllast (abzuführender Steuerbetrag) ergibt sich durch Abzug der Vorsteuer von der eigenen Steuer.

Beispiel:

Unternehmen A		112,00 €	
	+ Mehrwertsteuer	21,28 €	
	Verkaufspreis	133,28 €	
Lieferung →	Einkaufspreis	112,00 €	
	+ Wertschöpfung	36,00 €	
		148,00 €	
Unternehmen B	+ Mehrwertsteuer	28,12 €	28,12 €
	Verkaufspreis	176,12 €	– 21,28 €
			6,84 € Zahllast

Steuergegenstand. Steuerpflichtig sind folgende Umsätze:

1. Lieferungen und sonstige Leistungen, die ein Unternehmer im Inland gegen Entgelt im Rahmen seines Unternehmens ausführt, § 1 UStG
2. die Einfuhr von Gegenständen im Inland (Einfuhrumsatzsteuer).

Sollversteuerung. Besteuert werden die vereinbarten Entgelte (Sollversteuerung). § 16 UStG

Beträgt der Gesamtumsatz eines Unternehmens (zuzüglich darauf entfallender Umsatzsteuer) im Vorjahr nicht mehr als 22 000,00 € und übersteigt er im laufenden Kalenderjahr voraussichtlich 50 000,00 € nicht, ist grundsätzlich keine Umsatzsteuer zu entrichten. § 19 UStG

Steuerentrichtung. Meist haben monatlich Umsatzsteuer-Voranmeldungen und Vorauszahlungen zu erfolgen. Zum Schluss des Jahres ist eine Steuererklärung über den Gesamtumsatz vorgeschrieben. Zu wenig gezahlte Steuern sind als Abschlusszahlung zu entrichten. §§ 16, 18 UStG

Steuersätze. Der allgemeine Steuersatz für die Umsatzsteuer beträgt 19 %. Ein ermäßigter Steuersatz von 7 % ist in bestimmten Fällen vorgesehen.[1] § 12 UStG

1 Für Lebensmittel, Bücher, Zeitungen, Kulturveranstaltungen, öffentlicher Nahverkehr, Taxifahrten, Tierfutter, Blumen gilt ein ermäßigter Satz von 7 %. Kredit- und Versicherungsleistungen, Mieten und Umsätze von Ärzten sind von der Umsatzsteuer befreit.

Umsatzsteuerfrei sind u. a.:

§ 4 UStG

- Die Gewährung und Vermittlung von Krediten.
- Die Umsätze und die Vermittlung der Umsätze
  - von gesetzlichen Zahlungsmitteln (Ausnahme: die Zahlungsmittel werden wegen ihres Metallgehalts oder ihres Sammlerwerts umgesetzt),
  - im Geschäft mit Forderungen, Schecks und anderen Handelspapieren (ausgenommen: Einziehung von Forderungen),
  - im Einlagengeschäft, Kontokorrentverkehr, Zahlungs- und Überweisungsverkehr und das Inkasso von Handelspapieren,
  - im Geschäft mit Wertpapieren (ausgenommen die Verwahrung und Verwaltung von Wertpapieren),
  - von Anteilen an Gesellschaften und anderen Vereinigungen,
  - bei Übernahme von Verbindlichkeiten, Bürgschaften und anderen Sicherheiten.
- Die Verwaltung von Sondervermögen nach dem Kapitalanlagegesetzbuch.
- Die Umsätze der im Inland amtlichen Wertzeichen zum aufgedruckten Wert.

F

Kompetenztraining: Steuern auf Geld- und Vermögensanlagen

1 Welche der folgenden Aussagen im Zusammenhang mit der Abgeltungsteuer sind richtig oder falsch?

a) Die Abgeltungsteuer ist nur für Privatkunden relevant. Mit dem Steuerabzug ist die Einkommensteuer auf Kapitalvermögen des Anlegers grundsätzlich abgegolten. Die Angabe der im Inland erzielten Kapitaleinkünfte ist somit in der Einkommensteuererklärung nicht mehr erforderlich.

b) Unter die Regelung der Abgeltungsteuer fallen grundsätzlich alle Einkünfte aus Kapitalvermögen, insbesondere Zins- und Dividendenerträge. Weiterhin erfasst die Abgeltungsteuer Gewinne aus privaten Veräußerungsgeschäften von Wertpapieren.

c) Die im Zusammenhang mit der Abgeltungsteuer gezahlte Kirchensteuer ist als Sonderausgabe bei der Einkommensteuerveranlagung absetzbar.

d) Die Abgeltungsteuer wird unter namentlicher Nennung des Anlegers von der auszahlenden Stelle (z. B. Kreditinstitut oder Aktiengesellschaft) an das Bundeszentralamt für Steuern (BZSt) abgeführt.

e) Sofern die Kapitalerträge dem Kirchensteuerabzug unterliegen, ermäßigt sich die zu zahlende Abgeltungsteuer.

f) Auch bei der Riester-Rente fällt in der Ansparphase Abgeltungsteuer an, da die in der Ansparphase erzielten Erträge als Einkünfte aus Kapitalvermögen gelten.

g) Bei der Ermittlung des abgeltungsteuerpflichtigen Kapitalertrags dürfen Verluste aus Veräußerungsgeschäften mit Aktien mit negativen Kapitalerträgen (z. B. gezahlte Stückzinsen) verrechnet werden.

2 Ihre Bank verwahrt für den Kunden Tobias Römer 200 Aktien der Techno AG im Depot. Die Techno AG schüttet im Jahre 20.. eine Bruttodividende von 1,85 € pro Aktie aus. Der allgemeine Verlustverrechnungstopf des Kunden weist einen Betrag von 60,00 € aus. Es besteht noch ein nicht ausgenutzter Betrag aus dem vom Kunden erteilten Freistellungsauftrag in Höhe von 50,00 €. Der Quellensteuer-Verrechnungstopf bleibt unberücksichtigt. Tobias Römer gehört einer Religionsgemeinschaft an (Kirchensteuersatz 9 %).

Ermitteln Sie den Gutschriftsbetrag für Tobias Römer!

3 Für nicht sofort verrechenbare negative Kapitalerträge werden von den Kreditinstituten der Aktienverlustverrechnungstopf und der allgemeine Verlustverrechnungstopf geführt. Welche Aussagen sind in Bezug auf die Verlustverrechnung richtig?

a) Bei Zinszahlungen wird zunächst ein noch nicht ausgeschöpfter Freistellungsauftrag in Anspruch genommen, bevor eine Verrechnung mit einem Saldo des allgemeinen Verlustverrechnungstopfes erfolgt.

b) Dividendenerträge aus Aktien können nicht mit früher verausgabten Stückzinsen, die im allgemeinen Verlustverrechnungstopf erfasst sind, verrechnet werden, sondern nur mit Veräußerungsverlusten aus Aktiengeschäften.

c) Bei Aktiengewinnen wird zunächst mit dem Aktienverlustverrechnungstopf verrechnet, bei allen anderen positiven Kapitalerträgen wird beginnend mit dem allgemeinen Verlustverrechnungstopf verrechnet, dann mit dem Freistellungsauftrag und falls dieser ausgeschöpft ist, werden Steuern auf die dann verbleibenden Kapitalerträge berechnet.

d) Veräußerungsverluste beim Verkauf von Aktien können mit früher verausgabten Stückzinsen, die im allgemeinen Verlustverrechnungstopf erfasst sind, verrechnet werden.

e) Ein Verlust aus einem Aktienverkauf führt zu einer Erstattung bereits gezahlter Abgeltungsteuer, wenn bereits Abgeltungsteuer auf Aktiengewinne gezahlt wurde.

f) Gezahlte Stückzinsen beim Kauf von Schuldverschreibungen führen zu einer Erstattung bereits gezahlter Abgeltungsteuer. Sind die gezahlten Stückzinsen höher als die Erträge, auf die bereits Abgeltungsteuer gezahlt wurde, kommt es zu einem „Wiederaufleben" des Freistellungsauftrags und danach zu einer Einstellung in den allgemeinen Verlustverrechnungstopf.

4 Ihre Bank verwahrt im Depot der Kundin Sarah Schönfeld Investmentanteile eines Aktienfonds, die die Kundin am 2. Januar 20.. gekauft hat. Der Wert der Fondsanteile betrug am 2. Januar dieses Jahres 10 000,00 € und am 31. Dezember dieses Jahres 10 700,00 €. Die Ausschüttung auf die Fondsanteile betrug in diesem Jahr 300,00 €.

a) Ermitteln Sie für diese Investmentanteile die Steuerbelastung für die Ausschüttung. Die Kundin ist konfessionslos und hat ihrer Bank keinen Freistellungsauftrag erteilt.

b) Wann fließt der Ausschüttungsbetrag der Kundin in steuerlicher Hinsicht zu?

c) Ermitteln Sie die Vorabpauschale. Der Basiszins für das Jahr 20.. beträgt 0,52 %.

d) Am 2. Januar des folgenden Jahres verkauft Sarah Schönfeld die im Januar 20.. gekauften Investmentanteile.
Berechnen Sie den Gutschriftsbetrag beim Verkauf. (Kosten bleiben unberücksichtigt.)

5 Prüfen Sie die folgende Zinsabrechnung auf ihre Richtigkeit.

TARGO BANK

Targo Bank
Postfach 10 02 30
47002 Duisburg
www.targobank.de

Herrn
Siegried Lenz
Ahornallee 7
40468 Düsseldorf

Datum: 10. 02. 20..

Zinsgutschrift

Depot-Nr.: 261145087400
Konto-Nr.: 2611450874

Wertpapier	WKN	ISIN
2,3 % EUROHYPO Öffentliche Pfandbriefe; HBEOER 08; 10. 09. gzj., fällig 10. 09. 20.. nom. 200 000,00 €	HBEOER	DE000HBEOERO

Bruttoertrag	4 600,00 €
Gutschrift mit Wert 10. 02. 20..	4 013,42 €

Kapitalertragsteuer	Solidaritätszuschlag	Kirchensteuersatz
25 %	5,50 %	Kirchensteuerabzug erfolgt nicht

Hinweise zur steuerlichen Verrechnung	
Erträge/Verluste nach § 20 EStG	4 600,00 €
Einstellungen oder Nutzung von steuerlichen Verrechnungsmöglichkeiten:	
– Verlustverrechnung aus Aktienhandel	981,00 €
– Verlustverrechnung aus sonstigen Geschäften	395,00 €
– Nutzung des Sparerpauschbetrages/Freistellungsauftrags	1 000,00 €
– Anrechnung ausländischer Quellensteuer	0,00 €
= Bemessungsgrundlage (KESt-pflichtiger Anteil)	2 224,00 €
Kapitalertragsteuer	556,00 €
+ Solidaritätszuschlag	30,58 €
= Gesamtsumme Steuern	586,58 €

Bei Einbehalt von Kirchensteuer ändert sich der KESt-Satz entsprechend Ihrem Kirchensteuersatz. Kapitalertragsteuer, Solidaritätszuschlag und ggf. Kirchensteuer verrechnet mit dem Finanzamt Düsseldorf. Steuer-Nr.: 133/5810/2040

Dieser Beleg wurde maschinell erstellt und wird nicht unterschrieben.

Situation: Kundenanfragen zu Wertpapierabrechnungen beantworten

Die Kundin Lea Paulsen unterhält bei Ihrem Kreditinstitut ein Wertpapierdepot. Im Mai und Juli des laufenden Jahres tätigte sie zwei Wertpapiergeschäfte, über die ihr die folgenden Wertpapierabrechnungen erteilt wurden.

Wertpapierabrechnung	**Kauf**	
Ordernummer	**103082177.001**	
ISIN (WKN)	DE000BAY0017 (BAY001)	
Wertpapierbezeichnung	Bayer AG Namens-Aktien o.N.	
Nominale	Stück	200,00
Kurs	€	84,524
Handelsplatz	Direkthandel	
Ausführungstag/-zeit	24.05.20.. um 09:22:32 Uhr	
Kurswert	€	16 904,80
Provision	€	42,26
Endbetrag zu Ihren Lasten	**€**	**16 947,06**
Valuta	26.05.20..	
Wertpapiere zugunsten Girosammelverwahrung.		

Wertpapierabrechnung	**Verkauf**	
Ordernummer	**105117383.001**	
ISIN (WKN)	DE000BAY0017 (BAY001)	
Wertpapierbezeichnung	Bayer AG Namens-Aktien o.N.	
Nominale	Stück	200,00
Kurs	€	94,68
Handelsplatz	Direkthandel	
Ausführungstag/-zeit	27.07.20.. um 10:18:08 Uhr	
Kurswert	€	18 936,00
Kapitalertragsteuer 24,45 %	€	a) ?
Kirchensteuer 9,00 %	€	b) ?
Solidaritätszuschlag 5,50 %	€	c) ?
Provision	€	47,34
Endbetrag zu Ihren Gunsten	**€**	**d)** ?
Valuta	29.07.20..	
Wertpapiere zulasten Girosammelverwahrung.		

Am 30. Juli kommt Frau Paulsen zu Ihnen an den Beratungspoint und legt Ihnen die beiden Wertpapierabrechnungen vor. Sie merkt an, dass in der Verkaufsabrechnung die Steuerbeträge und der Gutschriftsbetrag nicht ausgewiesen sind und bittet darum, die Beträge zu ergänzen.

AUFGABEN:

1 Ermitteln Sie die in der Verkaufsabrechnung nicht ausgewiesenen Beträge (gekennzeichnet mit a) bis d). In den Depotunterlagen der Kundin sehen Sie, dass Frau Paulsen keinen Freistellungsauftrag erteilt hat und dass am 29. Juli (Valuta der Verkaufsabrechnung) keine Verlustverrechnungsmöglichkeit bestand.

2 Begründen Sie der Kundin, warum in der Verkaufsabrechnung die Kapitalertragsteuer nur mit 24,45 % angesetzt wurde.

3 Nach Klärung dieses Sachverhalts ergibt sich im weiteren Gespräch mit Ihnen, dass die Kundin eine Vermögensbildung im Hinblick auf das Studium ihres Sohnes Jannis plant.

a) Erläutern Sie Frau Paulsen die Möglichkeit einer Vermögensübertragung auf ihren Sohn und erklären Sie die damit verbundene steuerliche Wirkung.

b) Beschreiben Sie der Kundin die notwendige Vorgehensweise einer solchen Vermögensübertragung.

4 Am 27. Januar 20.. legt Ihnen die Kundin Lea Paulsen die folgenden Wertpapierabrechnungen vor. Sie beschwert sich über die Belastung von Kapitalertragsteuer, Solidaritätszuschlag und Kirchensteuer, da die Investmentanteile im Jahre 2000 gekauft wurden und somit bei Verkauf steuerfreie Altanteile darstellen. Prüfen Sie den Einwand der Kundin.

Abrechnung Wertpapier-KAUF

Kenn-Nr.:	Wertpapierbezeichnung:		
515263	DEKA-TECHNOLOGIE TF ANTEILE		
Nennwert/Stück:	ST 700,0000	Kurswert:	17 850,00 €
Kurs/Preis:	€ 25,50	Provision:	34,90 €
Handelsplatz:	Frankfurt	Börsenplatzentgelt:	3,50 €
Handelsdatum:	22. 12. 2000	**Endbetrag zu Ihren Lasten**	**17 888,40 €**
Verrechnung über Konto 2612491866		Wert	28. 12. 2000

Abrechnung Wertpapier-VERKAUF

Kenn-Nr.:	Wertpapierbezeichnung:		
515263	DEKA-TECHNOLOGIE TF ANTEILE		
Nennwert/Stück:	ST 700,0000	Kurswert:	34 195,00 €
Kurs/Preis:	€ 48,85	Provision:	34,90 €
Handelsplatz:	Frankfurt	Börsenplatzentgelt:	3,50 €
Handelsdatum:	25. 01. 20..	**Endbetrag zu Ihren Gunsten**	**34 156,60 €**
Verrechnung über Konto 2612491866		Wert	27. 01. 20..

Steuerliche Bemessungsgrundlagen

Erwerbskurs	€ 25,50	
Kurs am 31. 12. 2017	€ 26,73	
Veräußerungskurs	€ 48,85	
Veräußerungsgewinn		15 484,00 €
versteuerte Vorabpauschalen		0,00 €
Teilfreistellung (§ 20 InvStG) 30,00 %		4 645,20 €
Erträge/Verluste		10 838,80 €
Auf- oder Abbau von steuerlichen Verrechnungsmöglichkeiten:		
Verlustverrechnung aus Aktienhandel		0,00 €
Verlustverrechnung aus sonstigen Geschäften		0,00 €
Nutzung des Sparerpauschbetrages/Freistellungsauftrag		0,00 €
Anrechnung ausländischer Quellensteuer		0,00 €
Bemessungsgrundlage		**10 838,80 €**
Kapitalertragsteuer (KESt) 24,45 %		2 650,09 €
Solidaritätszuschlag auf die KESt 5,5 %		145,75 €
Kirchensteuer auf die KESt		238,50 €
Gesamtsumme Steuern		**3 034,34 €**
Belastung Ihres Kontos 2612491866		**Wert: 27. 01. 20..**

18 Baufinanzierung

LS 1

Einstieg

Ihr Kunde Leonhard Hansen interessiert sich für die Anschaffung einer Immobilie. Im Rahmen eines Beratungsgesprächs über die Finanzierungsmöglichkeiten Ihres Instituts fragt er Sie, welche Kosten beim Immobilienerwerb auf ihn zukommen werden.

18.1 Wesen

Mit Baufinanzierungskrediten finanzieren Privatpersonen den Bau, den Erwerb oder die Instandhaltung eines Einfamilienhauses oder einer Eigentumswohnung.

Der Baufinanzierungskredit ist ein durch Grundschulden oder Hypotheken auf Grundstücke und Gebäude gesicherter langfristiger Kredit. Er ist zweck- und objektgebunden, d. h., er besitzt nur eine ganz bestimmte Verwendbarkeit. Die Beleihungsobjekte (Grundstücke, Gebäude, Wohnungseigentum, Erbbaurechte) werden nach bestimmten Richtlinien beliehen.

Kernelemente der Baufinanzierung sind Realkredite und Bauspardarlehen (vgl. Kapitel 18.3).

18.2 Rechtliche Grundlagen

Rechtliche Grundlagen für das Baufinanzierungsgeschäft sind neben dem Kreditvertrag und den allgemeinen Geschäftsbedingungen

- die gesetzlichen Bestimmungen über das Darlehen, die Grundpfandrechte und die Grundbuchordnung,
- Spezialgesetze wie Pfandbriefgesetz, Sparkassengesetze, die für einzelne Institutsgruppen gelten,
- umfängliche Verbraucherschutzvorschriften.

Baufinanzierungskredite, die im BGB als Immobiliardarlehen bezeichnet werden, sind eine Form des Verbraucherdarlehens[1]. Immobiliar-Verbraucherdarlehensverträge sind entgeltliche Darlehensverträge zwischen einem Unternehmer als Darlehensgeber und einem Verbraucher als Darlehensnehmer, die durch ein Grundpfandrecht oder eine Reallast besichert sind oder die dem Erwerb einer Immobilie dienen. Für sie gelten verschärfte Anforderungen sowohl an die vorvertragliche Information als auch an den Vertragsinhalt, die Vorgaben zur Kreditwürdigkeitsprüfung und die Dokumentationspflicht.

1 Vgl. auch Band 1, Kapitel 10.

Verbraucherschutzvorschriften für Immobiliar-Verbraucherdarlehensverträge

Beratungsleistungen bei Immobiliar-Verbraucherdarlehen

§ 511 BGB
Art. 247 § 18 EGBGB

Bevor das Kreditinstitut dem Kunden eine individuelle Empfehlung für ein Immobiliar-Verbraucherdarlehen erteilt, hat es den Darlehensnehmer auf einem dauerhaften Datenträger darüber zu informieren, wie hoch das Entgelt ist, sofern ein solches für die Beratungsleistungen verlangt wird, und ob der Darlehensgeber seiner Empfehlung nur oder im Wesentlichen eigene Produkte oder neben den eigenen Produkten auch eine größere Anzahl von Produkten anderer Anbieter zugrunde legt.

Vor Erbringung der Beratungsleistung hat sich das Kreditinstitut über den Bedarf, die persönliche und finanzielle Situation sowie über die Präferenzen und Ziele des Darlehensnehmers zu informieren, soweit dies für eine passende Empfehlung eines Darlehensvertrags erforderlich ist. Auf Grundlage dieser aktuellen Informationen und unter Zugrundelegung realistischer Annahmen hinsichtlich der Risiken, die für den Darlehensnehmer während der Laufzeit des Darlehensvertrags zu erwarten sind (z. B. das Risiko eines Zinsanstiegs bei auslaufender Sollzinsbindung), hat das Kreditinstitut eine ausreichende Zahl an Darlehensverträgen zumindest aus seiner Produktpalette auf ihre Geeignetheit zu prüfen.

Das Kreditinstitut hat dem Darlehensnehmer aufgrund der Prüfung ein geeignetes oder mehrere geeignete Produkte zu empfehlen oder ihn darauf hinzuweisen, dass es kein Produkt empfehlen kann. Die Empfehlung oder der Hinweis ist dem Darlehensnehmer auf einem dauerhaften Datenträger zur Verfügung zu stellen.

Produktinformationsblatt bei Immobiliar-Verbraucherdarlehen

Das Kreditinstitut muss bei jedem Kundengespräch über ein Immobiliar-Verbraucherdarlehen ein Produktinformationsblatt aushändigen, um über die Produktmerkmale des Darlehens zu informieren.

Insbesondere müssen folgende Angaben darin enthalten sein:

- Name und Anschrift des Kreditinstituts
- Darlehenszweck
- angebotene Arten von Sollzinssätzen
- repräsentatives Beispiel des Nettodarlehensbetrags, der Gesamtkosten, des Gesamtbetrags und des effektiven Jahreszinses
- mögliche Sicherheiten, Darlehenslaufzeiten, sonstige Kosten
- Rückzahlungsmöglichkeiten
- Bedingungen der vorzeitigen Rückzahlung

Kreditwürdigkeitsprüfung

§ 505 a/b BGB

Gemäß § 505 a Abs. 1 BGB hat der Darlehensgeber vor Abschluss eines Verbraucherdarlehensvertrags die Kreditwürdigkeit des Darlehensnehmers zu prüfen. Das Kreditinstitut darf den Verbraucherdarlehensvertrag nur abschließen, wenn aus der Kreditwürdigkeitsprüfung hervorgeht, dass es wahrscheinlich ist, dass der Darlehensnehmer seinen Verpflichtungen, die im Zusammenhang mit dem Darlehensvertrag stehen, vertragsgemäß nachkommen wird. Die Kreditwürdigkeitsprüfung darf bei Immobiliar-Verbraucherdarlehen nicht hauptsächlich auf den Wert der als Sicherheit dienenden Immobilie gestützt werden.

Vorvertragliche Informationspflichten

§ 491 a BGB
Art. 247 § 1 EGBGB

Die dem Darlehensnehmer bei einem Immobiliar-Verbraucherdarlehen zur Verfügung zu stellenden Informationen entsprechen grundsätzlich denen bei einem Allgemein-Verbraucherdarlehen. Zusätzlich muss das Kreditinstitut dem Darlehensnehmer mitteilen, welche Informationen und Nachweise es innerhalb welchen Zeitraums von ihm benötigt, um eine ordnungsgemäße Kreditwürdigkeitsprüfung durchführen zu können. Das Kreditinstitut muss dem Darlehensnehmer die vorvertraglichen Informationen unverzüglich nach Erhalt der für die Kreditwürdigkeitsprüfung notwendigen Informationen und rechtzeitig vor Abgabe der Vertragserklärung des Kunden in Textform übermitteln. Hierzu muss das Kreditinstitut das *„Europäische Standardisierte Merkblatt"* (ESIS-Merkblatt) verwenden.

Nur wenn das ESIS-Merkblatt ordnungsgemäß ausgefüllt ist, gilt die vorvertragliche Unterrichtungspflicht als erfüllt. Neben den Eckdaten der Finanzierung enthält das Merkblatt auch Informationen über Fernabsatzverträge, wenn Baufinanzierungen im Fernabsatz angeboten werden.

Weitere vorvertragliche Informationen sind in einem gesonderten Dokument zu erteilen, das dem ESIS-Merkblatt beigefügt werden kann. Hier ist der Darlehensnehmer z. B. darüber aufzuklären, dass der Darlehensgeber Forderungen aus dem Darlehensvertrag ohne Zustimmung des Darlehensnehmers abtreten und das Vertragsverhältnis auf einen Dritten übertragen darf, soweit nicht die Abtretung im Vertrag ausgeschlossen wird oder der Darlehensnehmer der Übertragung zustimmen muss.

Das Kreditinstitut ist ferner dazu verpflichtet, dem Kunden analog den Regelungen zum Allgemein-Verbraucherdarlehen vor Abschluss des Darlehensvertrags angemessene Erklärungen zu geben.

Widerrufsrecht

Der Darlehensnehmer kann seine Vertragserklärung innerhalb von 14 Tagen nach Abschluss des Vertrags ohne Angabe von Gründen widerrufen, sofern er schon vor Vertragsabschluss über sein Widerrufsrecht informiert wurde und eine Vertragsurkunde mit allen Vertragsinformationen erhalten hat. Andernfalls beginnt die Frist bei Nachholung dieser Angaben und verlängert sich auf einen Monat. § 495 BGB § 355 BGB

Bei einem Immobiliar-Verbraucherdarlehen erlischt das Widerrufsrecht bei einer fehlenden oder mangelhaften Widerrufsbelehrung spätestens zwölf Monate und 14 Tage nach dem Vertragsschluss.

18.3 Arten der Baufinanzierungskredite

18.3.1 Realkredit

Der Realkredit ist ein langfristiges Darlehen, das durch ein oder mehrere Grundpfandrechte (Grundschulden oder Hypotheken)[1] gesichert ist. Realkredite dienen zum Erwerb von Baugrundstücken, zur Erstellung und Renovierung von Wohnhäusern sowie zum Erwerb von Eigentumswohnungen und Wohnhäusern (privater Wohnungsbau).

Für Realkreditinstitute – die öffentlich-rechtlichen Pfandbriefanstalten und Hypothekenbanken sowie die privaten Hypothekenbanken – ist der Realkredit das Hauptgeschäft. Die Realkreditinstitute beschaffen sich die Mittel für diese Darlehen durch die Emission von Pfandbriefen. Auch Sparkassen, Landesbanken, Bausparkassen und Kreditgenossenschaften legen einen wesentlichen Teil ihrer Einlagen in langfristigen Realkrediten an. Die Geschäftsbanken bieten ebenfalls Realkredite an.

Neben den Kreditinstituten treten u.a. auch die Träger der Sozialversicherung, z.B. die Deutsche Rentenversicherung und die Landesversicherungsanstalten, sowie private Versicherungsgesellschaften und Privatpersonen als Kapitalgeber auf.

§ 14 PfandBG

Nach den Vorschriften des Pfandbriefgesetzes darf ein Realkredit nur bis zu 60% des Beleihungswerts (Beleihungsauslauf) vergeben werden[2] und ist in der Regel durch ein erstrangig eingetragenes Grundpfandrecht zu besichern. Darlehen, die über die 60-%-Grenze hinaus gewährt werden und nicht erststellig besichert sind (sogenannte 1 b-Darlehen oder nachrangige Darlehen) sind gedeckte oder ungedeckte Personalkredite.

1 Vgl. Kapitel 18.8.3.

2 Vgl. Kapitel 18.4.3.4.

LS 2

18.3.2 Bauspardarlehen

Das Bauspardarlehen ist ein Darlehen einer Bausparkasse, auf das der Bausparer nach Erfüllung der Mindestansparung und nach Erreichen der für die Zuteilung der Bausparsumme erforderlichen Bewertungszahl einen Anspruch hat. Ein Bauspardarlehen ist ein besonders zinsgünstiges Darlehen, dessen Zinssatz unabhängig vom Kapitalmarkt für die gesamte Darlehenslaufzeit festgeschrieben ist, und bei dem zudem Sondertilgungen jederzeit möglich sind. Beim Bauspardarlehen handelt es sich um ein unkündbares i. d. R. nachrangig abzusicherndes Tilgungsdarlehen in Höhe des Unterschiedsbetrags zwischen der Bausparsumme und dem zum Zeitpunkt der Zuteilung angesammelten Bausparguthaben. Es darf nur für wohnwirtschaftliche Maßnahmen verwendet werden. Zur Verzinsung und Tilgung ist in den meisten Bauspartarifen monatlich ein gleichbleibender Rückzahlungsbetrag zu leisten. Die Tilgung ist im Vergleich zu anderen Darlehen der Banken (Realkredit) deutlich höher, sodass die Laufzeit eines Baudarlehens auch nur bei 10–11 Jahren anstatt 30 Jahren bei Annuitätendarlehen der Banken liegt. Bauspardarlehen sind i. d. R. durch Grundpfandrechte an einem inländischen Pfandobjekt (= Grundstück oder grundstückgleiches Recht) zu sichern. Das Grundpfandrecht kann auch an zweiter Rangstelle im Grundbuch eingetragen werden, da die erste Rangstelle meistens für die Besicherung eines Realkredits benötigt wird. Laut Bausparkassen-Verordnung können kleinere Bauspardarlehen bis zu einer Höhe von 50 000,00 € auch ohne Eintragung ins Grundbuch gewährt werden. Bausparkassen beleihen selbstgenutzte Wohnimmobilien bis zur Höhe von 100 % des Beleihungswerts der Immobilien.

Noch nicht zuteilungsreife Bausparverträge werden von der Bausparkasse selbst oder von anderen Kreditinstituten zwischenfinanziert. Erfolgt die Zwischenfinanzierung der Bausparsumme durch ein anderes Kreditinstitut, wird eine Grundschuld zugunsten dieses Instituts als Sicherheit eingetragen. Nach Ablösung der Zwischenfinanzierung durch die Auszahlung der Bausparsumme wird die Grundschuld an die Bausparkasse abgetreten.

18.3.3 Verbundfinanzierung

Unter Verbundfinanzierung versteht man eine Finanzierung aus einer Hand, bei der die Abwicklung einer Finanzierung über eine einzige Bank vorgenommen wird. Der Vorteil besteht darin, dass man hierbei nur einen einzigen Ansprechpartner hat, bedeutend weniger Wege in Kauf nehmen muss und alle benötigten Unterlagen für die Finanzierung nur einmal eingereicht werden müssen. Dabei muss die Finanzierung nicht zwangsläufig über ein einziges Darlehen bei der entsprechenden Bank bestehen, sondern es kann sich auch um ein Paket verschiedener Darlehen (z. B. Realkredit, Bauspardarlehen, Zwischenfinanzierungskredit, KfW-Förderkredit) von unterschiedlichen Kreditinstituten handeln. Lediglich die Abwicklung erfolgt hier über dieselbe Bank.

18.3.4 Persönliches Hypothekendarlehen/Allzweckhypothek

Ein persönliches Hypothekendarlehen (bei den Sparkassen Allzweckhypothek) ist ein langfristiges Darlehen für jeden Zweck, das nicht objektgebunden ist, durch erst- oder nachrangig eingetragene Grundschulden gesichert ist, und bei dem die Beleihungsgrenzen flexibel gehalten werden. Die Laufzeit beträgt 10–15 Jahre. Das PHD gilt nicht als Realkredit im engeren Sinne.

18.3.5 Förderdarlehen

Förderdarlehen sind zinsgünstige Darlehen, die durch öffentliche Förderbanken für verschiedene Vorhaben zur Verfügung gestellt werden. Gerade dann, wenn es um energiebewusstes umweltschonendes Bauen geht oder die Barrierefreiheit für das Alter in den Blickpunkt des Hausbaus oder der Umbaumaßnahme gerückt wird, werden unterschiedliche Förderprogramme angeboten, die sich durch sehr geringe Zinssätze und Tilgungsaussetzungen hervortun und mit einer herkömmlichen Baufinanzierung kombiniert werden können, um die durchschnittliche Gesamtbelastung zu reduzieren. Der bekannteste Anbieter für Darlehen zur Förderung des Wohnungsbaus ist die Kreditanstalt für Wiederaufbau (KfW) → vgl. Kapitel 18.6. Daneben bieten die Landwirtschaftliche Rentenbank und die Landesförderinstitute L-Bank Baden-Württemberg und die NRW.Bank Förderdarlehen an.

18.3.6 Forwarddarlehen

Das Forwarddarlehen kann in der Regel bis zu 60 Monaten vor Ablauf der vereinbarten Zinsbindungsfrist abgeschlossen werden. Dies geschieht entweder beim gleichen Darlehensgeber oder bei einem anderen. Beim Forwarddarlehen werden alle Details und Konditionen für den Zeitpunkt nach der Zinsbindungsfrist bereits im Voraus neu vereinbart. Dies gewährleistet dem Darlehensnehmer eine sehr lange Planungssicherheit und ist vor allem in niedrigen Zinsmärkten ein sehr beliebtes Finanzierungsinstrument. Da durch die lange Forwardzeit ein kleiner Zinsaufschlag auf die aktuellen Konditionen vorgenommen wird, liegt der neue vereinbarte Zinssatz üblicherweise über dem derzeit gültigen Marktzins.

18.3.7 Inverse Hypothek

Im Gegensatz zur Immobilienfinanzierung, bei der ein aufgenommenes durch Grundpfandrechte besichertes Darlehen durch feste Raten getilgt wird, beleiht der Immobilieneigentümer seine schuldenfreie Immobilie und lässt sich als Gegenleistung eine lebenslange monatliche Zahlung gewähren. Die Rückzahlung des grundschuldbesicherten Darlehens erfolgt nach dem Tod des/der Darlehensnehmer durch die Erben oder bei Auszug durch Verkauf der Immobilie.

18.4 Bearbeitung von Realkrediten

18.4.1 Ermittlung des Finanzierungsbedarfs

Im Rahmen der Baufinanzierungsberatung werden zunächst die Gesamtkosten des zu finanzierenden Objekts ermittelt. Bei der Baufinanzierung ist es wichtig, die Gesamtkosten richtig einzuschätzen. Ein zu niedrig angesetzter Finanzierungsbedarf führt später zu Nachfinanzierungen, die vielleicht vom Kreditnehmer nicht getragen werden können. Liegen die Gesamtkosten vor, kann daraus der Gesamtfinanzierungsbedarf festgestellt werden.

Grundsätzlich lassen sich die Kosten beim Kauf oder Bau einer Immobilie in folgende Kategorien einteilen:

Die Gesamtkosten beim Kauf oder Bau einer Immobilie
Grundstückskosten. Kaufpreis des Baugrundstücks; Erschließungskosten
Gebäudekosten und Kosten der Außenanlage. Herstellungskosten des Gebäudes oder der Eigentumswohnung bzw. Objektkaufpreis, wenn das Grundstück im Kaufpreis enthalten ist; Baunebenkosten (Baugenehmigung, Architekt, Statik); Kosten der Herstellung der Außenanlagen (Zäune, Garten, Pflasterung); Herstellungskosten oder Kaufpreis für Garage/Stellplatz; ggf. Modernisierungskosten
Erwerbsnebenkosten. Grunderwerbsteuer; Notargebühren; Gebühren des Grundbuchamts; Maklercourtage[1]
Finanzierungskosten. Bauzeitzinsen (Darlehenszinsen bis zum Einzug); Notar- und Grundbuchgebühren für die Grundschuldbestellung; ggf. Gebühr für Wertgutachten
Sonstige Kosten. Umzugskosten; Kosten für Möbel und Ausstattung; sonstige individuelle Kosten

Ermittlung der Gesamtkosten und des Gesamtfinanzierungsbedarfs für ein Bauvorhaben (vereinfachtes Beispiel)	
Kaufpreis Grundstück (519 m^2; 250,00 €/m^2)	129 750,00 €
Erschließungskosten	11 200,00 €
Baukosten (700 m^3 zu 300,00 €/m^3) zuzügl. Kosten für die Herstellung der Außenanlagen (5 % der Baukosten) und Baunebenkosten (15% der Baukosten)	210 000,00 € 10 500,00 € 31 500,00 €
Grunderwerbsteuer (6,5 % bzw. je nach Bundesland auf die Grundstückkosten)	8 434,00 €
Notarkosten (notarielle Beurkundung des Kaufvertrags) Notar- und Gerichtskosten (Bestellung der Grundpfandrechte sowie Kosten der Grundbucheintragung)	5 600,00 €
Gesamtkosten des Bauvorhabens = Gesamtfinanzierungsbedarf	**406 984,00 €**

Der Gesamtfinanzierungsbedarf ist durch entsprechende Eigen- und Fremdmittel abzudecken. Die Eigenmittel sollten 20–25 % der Gesamtkosten betragen. Der Unterschied zwischen Gesamtkosten und Eigenfinanzierung ist mit Kreditmitteln zu erbringen. Einige Kreditinstitute finanzieren bis zu 100 % des angemessenen Kaufpreises bzw. der Herstellungskosten. Darlehen von Pfandbriefbanken, die zur Absicherung von Hypothekenpfandbriefen dienen, dürfen nur bis 60 % des Beleihungswertes gewährt werden (vgl. Kapitel 18.4.3.4).

1 Ein Makler erhält nach erfolgreicher Vermittlung einer Immobilie für seine Tätigkeit eine Maklercourtage. Die Höhe wird anhand des Kaufpreises der Immobilie errechnet. Handelt es sich bei dem Käufer einer selbst genutzten Wohnimmobilie (Einfamilienhaus/Eigentumswohnung) um einen Verbraucher, dann ist die Maklercourtage zwischen dem Käufer und Verkäufer hälftig aufzuteilen [§§ 656a ff. BGB]. Bei Objekten, die als Gewerbeimmobilien bezeichnet werden oder sonstigen Anlagezwecken dienen, kann die Verteilung der Maklercourtage zwischen dem Käufer und dem Verkäufer frei vereinbart werden.

Finanzierung von Bauvorhaben

Eigene Mittel

- Bargeld und Kontoguthaben
- Bausparguthaben
- Grundstücke
- Eigenleistungen, die der Bauherr selbst erbringt

Fremde Mittel

- Realkredite
- Bauspardarlehen
- Arbeitgeberdarlehen
- Darlehen der Kreditanstalt für Wiederaufbau (KfW)
- u.a.

Nach dem *Beratungsgespräch,* bei dem die Gesamtfinanzierung, die Darlehenshöhe und die Sicherheit zunächst mündlich zwischen dem Kunden und dem Vertreter der Bank erörtert und die Voraussetzungen für eine Kreditgewährung geprüft werden, reicht der Antragsteller sein *Kreditgesuch* der Bank zuzüglich folgender Darlehensunterlagen ein:

Unterlagen	Ausfertigende Stelle
■ Bautechnische Unterlagen: Bauzeichnung, Baubeschreibung, Berechnung des umbauten Raums und der Wohn- und Nutzflächen	Architekt
■ Unbeglaubigter Grundbuchauszug	Amtsgericht/Notar
■ Auszug aus dem Liegenschaftsbuch nebst Abzeichnung der Flurkarte (amtlicher Lageplan)	Stadt/Gemeinde, Katasteramt
■ Baukosten-Voranschlag (bei Bauvorhaben) und Finanzierungsplan	Architekt
■ Abschrift des Kaufvertrags	
■ Selbstauskunft über Einnahmen und Ausgaben, Vermögen und persönliche Lebensumstände	
■ Einkommensnachweis (Gehaltsabrechnung/Einkommensteuerbescheid)	
■ Eigenkapitalnachweise	
■ Bei Mietobjekten: vorläufige Wirtschaftlichkeitsberechnung. Bei fertigen Objekten: Verzeichnis der Mieten und Ausgaben	
■ Bei Altbauten: Pläne über Sanierungsmaßnahmen und Energiegutachten	Baugutachten
■ Gebäudeversicherungsnachweis	Versicherungsgesellschaft
■ Einheitswertbescheid (bei fertigen Objekten)	Finanzamt

18.4.2 Prüfung der Kreditwürdigkeit

Der Darlehensgeber ist verpflichtet, vor Abschluss eines Immobiliar-Verbraucherdarlehensvertrags die Kreditwürdigkeit des Darlehensnehmers zu prüfen. Er darf den Vertrag nur abschließen, wenn es wahrscheinlich ist, dass der Darlehensnehmer seinen Verpflichtungen, die im Zusammenhang mit dem Darlehensvertrag stehen, vertragsgemäß nachkommen kann (§ 18a Abs. 1 KWG, § 505a BGB).

Damit sind bei Immobiliar-Verbraucherdarlehensverträgen die Anforderungen an die Kreditwürdigkeit des Darlehensnehmers höher als bei Allgemein-Verbraucherdarlehensverträgen, bei denen lediglich keine erheblichen Zweifel bestehen dürfen, dass der Darlehensnehmer das Darlehen vertragsgemäß bedienen wird.

Der Darlehensgeber hat die Bonität des Darlehensnehmers auf der Grundlage notwendiger, ausreichender und angemessener Informationen zu Einkommen, Ausgaben sowie anderen finanziellen und wirtschaftlichen Umständen des Darlehensnehmers eingehend zu prüfen.

Die Kreditwürdigkeitsprüfung darf sich nicht hauptsächlich darauf stützen, dass der Wert der Wohnimmobilie den Darlehensbetrag übersteigt oder in Zukunft zunehmen wird. Bei der Prüfung der Nachhaltigkeit des Einkommens kann der Darlehensgeber einen nach der Lebenserfahrung anzunehmenden Verlauf der Dinge unterstellen, wenn nicht konkrete Anhaltspunkte für einen abweichenden Verlauf (z.B. verringertes Einkommen im Ruhestand) vorliegen. Der Darlehensgeber ermittelt die erforderlichen Informationen aus einschlägigen internen und externen Quellen, wozu auch die Auskünfte des Darlehensnehmers gehören (§ 505b Abs. 3 BGB).

Mit einer Haushaltsrechnung (Einnahmen-/Ausgabenrechnung) leitet die Bank die *Kapitaldienstfähigkeit* (Tragbarkeit der Belastung) des Kunden ab und überprüft, ob dieser langfristig in der Lage ist, ordnungsgemäß Zinsen und Tilgung zu leisten:

	monatliche Einnahmen, z.B. Nettoeinkommen, Kindergeld
–	monatliche Ausgaben, z.B. Miete, Lebenshaltungskosten, Pkw-Kosten
=	Kapitaldienstgrenze (= der für den Darlehensnehmer max. tragbare Kapitaldienst)

Die (nachhaltige) Kapitaldienstgrenze sollte höchstens bis zu 75 % ausgelastet sein, um den Liquiditätsspielraum nicht zu sehr einzuengen.

18.4.3 Ermittlung des Beleihungswerts

LS 3 Um die Höchstgrenze eines Realkredits zu bestimmen, ermittelt die Bank den *Beleihungswert* des Grundeigentums.

Der Beleihungswert ist der Wert der Immobilie, der erfahrungsgemäß unabhängig von vorübergehenden, etwa konjunkturell bedingten Wertschwankungen am maßgeblichen Grundstücksmarkt und unter Ausschaltung von spekulativen Elementen während der gesamten Dauer der Beleihung bei einer Veräußerung voraussichtlich erzielt werden kann.[1]

Die Verfahren zur Ermittlung des Beleihungswerts sowie zur Bestimmung der Beleihungsgrenze sind in den Wertermittlungsrichtlinien bzw. in den Kreditrichtlinien der Kreditinstitute enthalten. Pfandbriefbanken, also Kreditinstitute, die das Pfandbriefgeschäft betreiben, müssen zur Ermittlung des Beleihungswerts die Beleihungswertermittlungsverordnung (BelWertV) anwenden. Sie wurde von der Bundesanstalt für Finanzdienstleistungsaufsicht auf der Grundlage des Pfandbriefgesetzes erlassen. Auch für andere Kreditinstitute ist es vorteilhaft, zur Ermittlung des Beleihungswerts von Immobilien die Beleihungswertermittlungsverordnung anzuwenden, da sie in diesem Fall unter bestimmten Voraussetzungen eine geringere Eigenkapitalunterlegung in Anspruch nehmen können.

Zur Ermittlung des Beleihungswerts ist die zukünftige Verkäuflichkeit der Immobilie unter Berücksichtigung der langfristigen, nachhaltigen Merkmale des Objekts, der normalen regionalen Marktgegebenheiten sowie der derzeitigen und möglichen anderweitigen Nutzungen im Rahmen einer vorsichtigen Bewertung zugrunde zu legen. Der Ertragswert und der Sachwert des Objekts sind getrennt zu ermitteln. Bei Wohnungs- und Teileigentum[2] ist ergänzend das Vergleichswertverfahren durchzuführen und der Vergleichswert als Kontrollwert bei der Ermittlung des Beleihungswerts zu berücksichtigen.

1 Vgl. Verordnung über die Ermittlung der Beleihungswerte von Grundstücken nach § 16 Abs. 1 und 2 des Pfandbriefgesetzes vom 12. Mai 2006.

2 Vgl. Kapitel 18.8.1.2.

Maßgeblich für die Ermittlung des Beleihungswerts ist regelmäßig der Ertragswert, der nicht überschritten werden darf. Bei selbst genutzten Ein- und Zweifamilienhäusern sowie Eigentumswohnungen kann der Beleihungswert am Sachwert orientiert werden und eine Ertragswertermittlung entfallen.

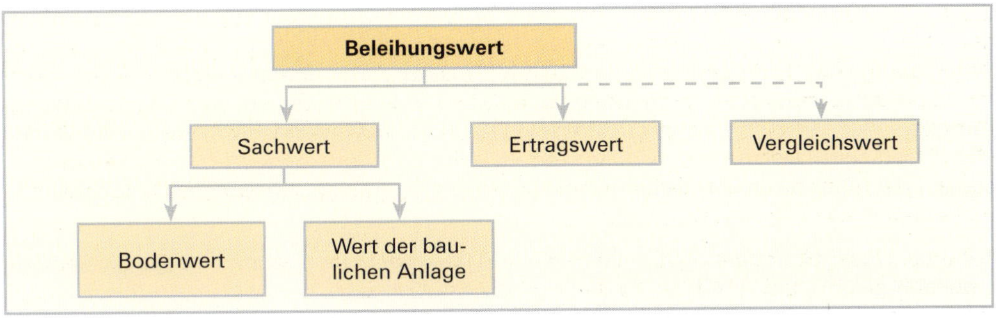

Bei der Beleihung einer wohnwirtschaftlich genutzten Immobilie kann eine vereinfachte Wertermittlung vorgenommen werden, wenn der Darlehensbetrag 400 000,00 € (Kleindarlehensgrenze) nicht übersteigt. Hierbei ist die Wertermittlung durch einen geschulten und qualifizierten Kreditsachbearbeiter (nicht durch einen vereidigten Sachverständigen) möglich. § 24 BelWertV

Objektart	+	(Wahrscheinlichstes) Motiv des Erwerbers	→	Maßgeblicher Wert
Einfamilienhaus	+	Eigennutzung, die mögliche Rendite spielt keine Rolle	→	Sachwert
Zweifamilienhaus	+	Eigennutzung und eventuell teilweise Vermietung	→	Sachwert
Wohnungseigentum	+	Eigennutzung oder Kapitalanlage, Rendite	→	Sachwert (Ertragswert)
Mehrfamilienhaus	+	Vermögensbildung, Erzielen von Einnahmen, Rendite	→	Ertragswert
Bürohaus	+	Erzielen von Einnahmen, Rendite oder billigere Alternative zum Selbsterstellen bei Eigennutzung	→	Ertragswert
Verkaufs-, andere Gewerbeflächen	+	Erzielen von Einnahmen, Rendite oder billigere Alternative zum Selbsterstellen bei Eigennutzung	→	Ertragswert

Quelle: Riedel, Paul-Gerhard, Schuster, Wolfgang: Kreditgeschäft I, Privatkredite, Baufinanzierung, Deutscher Sparkassenverlag 2006, S. 112.

Verkehrswert. Der Verkehrswert ist der am Markt erzielbare Verkaufswert der Immobilie. Er wird durch einen amtlich bestellten Gutachter festgestellt.

18.4.3.1 Sachwertverfahren

Der Sachwert des Beleihungsobjekts ergibt sich aus dem Bodenwert und dem Wert der baulichen Anlage.

Im folgenden Beispiel soll der Sachwert und damit der Beleihungswert eines eigengenutzten Einfamilienhauses (Neubau) ermittelt werden:

Grundstücksgröße 800 m^2; angemessener Preis/m^2 160,00 €; Erschließungskosten 10 000,00 €. Umbauter Raum: Wohnhaus 700 m^3, Garage 60 m^3; angemessene Baukosten Wohnhaus 300,00 €/m^3, Garage 75,00 €/m^3. Außenanlage 8 000,00 €. Sicherheitsabschlag 10 % auf den Herstellungswert. Baunebenkosten: 20 % des um den Sicherheitsabschlag verminderten Herstellungswerts.

Sachwertverfahren gem. §§ 14 ff. der Verordnung über die Ermittlung der Beleihungswerte von Grundstücken nach § 16 Abs. 1 und 2 des Pfandbriefgesetzes (Beleihungswertermittlungsverordnung – BelWertV)

Faktoren der Beleihungswertberechnung:	Erläuterungen:	Betrag in €:
1. Bodenwert	Er ist nach Quadratmetern der Grundstücksfläche anzusetzen. Merkmale wie örtliche Lage, Größe, Zuschnitt des Grundstücks, Nutzungsmöglichkeiten, Zuwegungen, verkehrstechnische Anbindungen, Anschlussmöglichkeiten an Versorgungsleitungen und Kanalisation, noch anfallende Erschließungsleistungen u. a. sind zu berücksichtigen.	*(800 m^2 · 160 €/m^2)* = 128 000,00 € + 10 000,00 € Erschließungskosten = 138 000,00 €
2. Wert der baulichen Anlage		
Herstellungswert vor Abschreibung	Zur Ermittlung des Herstellungswerts sind die aus Erfahrungssätzen abzuleitenden Herstellungskosten je Raum- oder Flächeneinheit mit der Anzahl der entsprechenden Bezugseinheit des zu bewertenden Gebäudes zu vervielfachen. Die angesetzten Herstellungskosten müssen regional und objektspezifisch angemessen sein.	*(700 m^3 · 300 €/m^3)* = 210 000,00 € *(60 m^3 · 75 €/m^3)* + 4 500,00 €
– Wertminderung wegen Alters	Die Wertminderung wegen Alters bestimmt sich nach dem Verhältnis der Restnutzungsdauer zur Nutzungsdauer der baulichen Anlage; sie ist in einem Prozentsatz des Herstellungswerts auszudrücken. Als Erfahrungswerte für die Nutzungsdauer hat die Bundesanstalt für Finanzdienstleistungsaufsicht für Wohnhäuser 25 bis 80 Jahre und für Geschäfts- und Bürohäuser 30 bis 60 Jahre angenommen.	– – –
= Herstellungswert nach Abschreibung		= 214 500,00 €
+ Kosten für Außenanlagen	Kosten für Gartenanlagen, Hofbefestigung, Versorgungsanschlüsse etc. Im Regelfall dürfen nicht mehr als 5 Prozent des Herstellungswerts nach Abschreibung angesetzt werden.	+ 8 000,00 €
= Herstellungswert einschl. Kosten für Außenanlagen		= 222 500,00 €
– Sicherheitsabschlag	Der Herstellungswert nach Abschreibung einschließlich der Kosten für Außenanlagen ist um einen Sicherheitsabschlag von mindestens 10 % zu kürzen.	– 22 250,00 €
= Herstellungswert einschl. Außenanlagen nach Sicherheitsabschlag		= 200 250,00 €
+ Baunebenkosten	Kosten für Planung, Baudurchführung, behördliche Prüfungen und Genehmigung können Berücksichtigung finden, wenn mit ihnen eine dauernde Werterhöhung verbunden ist. Der Ansatz von Baunebenkosten ist auf bis zu 20 Prozent des Herstellungswerts einschließlich Außenanlagen nach Sicherheitsabschlag beschränkt.	+ 40 050,00 €
= Wert d. baulichen Anlage		= 240 300,00 €

3. Summe Boden- und Bauwert		138 000,00 € + 240 300,00 € 378 300,00 €
+/– sonstige wertbeeinflussende Faktoren	Sonstige noch nicht erfasste, den Wert beeinflussende Umstände (wirtschaftliche Überalterung, ein über- oder unterdurchschnittlicher Erhaltungszustand, ein erhebliches Abweichen der tatsächlichen von der vorgesehenen Nutzung) sind durch Zu- oder Abschläge zu berücksichtigen.	
4. Sachwert (Beleihungswert) des Objekts	Auf volle T€ abgerundet.	**378 000,00 €**

18.4.3.2 Ertragswertverfahren

Das Ertragswertverfahren kommt insbesondere bei Grundstücken in Betracht, bei denen der nachhaltig erzielbare Ertrag für die Werteinschätzung am Markt im Vordergrund steht, z. B. Mietwohngrundstücke (Mehrfamilienhäuser), Geschäftsgrundstücke (Büro- und Geschäftshäuser) und gemischt genutzte Grundstücke.

Es gibt grundsätzlich zwei Methoden, den Ertragswert zu ermitteln:

- das gespaltene Ertragswertverfahren und
- das vereinfachte Ertragswertverfahren.

Bei der **gespaltenen Ertragswertmethode** wird zunächst der Jahresrohertrag, d. h. die pro Jahr erzielbare Summe aller Erträge (neben den Mieten können auch andere Erträge Einfluss haben), ermittelt. Hiervon abgezogen wird der nicht umlegbare Anteil der Bewirtschaftungskosten: Betriebskosten, Verwaltungskosten, Instandhaltungskosten und Mietausfallwagnis (uneinbringliche Mietrückstände im Sinne von Forderungsverlusten). Es ergibt sich der Reinertrag, also faktisch der dem Eigentümer aus dem Objekt zur Verfügung stehende Kapitalfluss.

Der Bodenwert wird mit dem Liegenschaftszins, welcher von den Gutachterausschüssen empirisch ermittelt wird, multipliziert. Die Höhe des Liegenschaftszinses ist abhängig von der Lage (Region, Stadt, Straße) und Nutzung des Grundstücks. Dabei ist der vorgeschlagene Wert vor der Anwendung ggf. objektindividuell anzupassen. Das Ergebnis der Multiplikation ist die Bodenwertverzinsung, welche vom ermittelten Reinertrag vor Bodenwertverzinsung abzuziehen ist.

Der um den Verzinsungsbetrag des Bodenwerts verminderte jährliche Reinertrag wird in Abhängigkeit von der Restnutzungsdauer der baulichen Anlage und einem je nach Art des Objekts unterschiedlichen Zinssatz kapitalisiert. Diese Kapitalisierung ergibt den Ertragswert der baulichen Anlage.

Der Ertragswert der baulichen Anlage und der Wert des Grund und Bodens ergibt dann den Ertragswert des bebauten Grundstücks.

Beim gespaltenen Ertragswertverfahren werden getrennte Berechnungen für das in der Regel nicht abnutzbare Grundstück und das der Abnutzung unterworfene Gebäude durchgeführt. Dabei wird die Tatsache berücksichtigt, dass Grund und Boden im Gegensatz zu Gebäuden keiner Wertminderung durch Alter unterworfen ist. Der Abnutzung des Gebäudes wird durch Einbezug der Restlaufzeit bei der Kapitalisierung Rechnung getragen. Für Grund und Boden wird eine fiktive „ewige" Restnutzungsdauer unterstellt. Bei der Festsetzung der Bodenwertverzinsung geht man davon aus, dass auch Grund und Boden sich verzinsen, jedoch in gleichbleibender Höhe.

Für die Ertragswertermittlung schreibt die **Beleihungswertverordnung** (BelWertV) zwingend die Anwendung des **gespaltenen Ertragswertverfahrens** vor.

Das **vereinfachte Ertragswertverfahren** lässt den Bodenwert und die Bodenwertverzinsung außer Acht und betrachtet nur die bauliche Anlage.

Die Errechnung des Ertragswerts erfolgt in der Praxis mithilfe sogenannter Vervielfältiger (Rentenbarwertfaktoren), die die Restnutzungsdauer des Gebäudes und den entsprechenden Kapitalisierungszinssatz berücksichtigen.

Im folgenden Beispiel soll der Ertragswert und damit der Beleihungswert (auf volle T€ abgerundet) für das folgende gewerblich genutzte Objekt (Neubau) nach dem **vereinfachten Ertragswertverfahren** ermittelt werden:

Wohnhaus 340 m^2 Wohnfläche; Doppelgarage; Bruttoertrag pro m^2 Wohnfläche: 9,00 €/mtl.; pro Garage: 55,00 €/mtl.; Bewirtschaftungskosten: 30 % des Bruttoertrages; Kapitalisierungszins: 5 %, Restnutzungsdauer des Gebäudes 40 Jahre.

Ertragswertberechnung:

Wohnhaus 340 · 9,00 € · 12 Monate	=	36 720,00 €
Garagen 2 · 55,00 € · 12 Monate	=	1 320,00 €
Bruttoertrag pro Jahr	=	38 040,00 €
– 30 % Bewirtschaftungskosten	=	11 412,00 €
Nettoertrag pro Jahr	=	26 628,00 €

Ertragswert = 26 628 · 17,16 = 456 936,48 €

a) Ertragswert 456 936,00 €

b) Beleihungswert 456 000,00 €

Vervielfältiger-Tabelle (Auszug)				
Restnutzungsdauer der Gebäude	**Kapitalisierungszinssatz**			
	5 %	**6 %**	**7 %**	**8 %**
20 Jahre	12,46	11,47	10,59	9,82
40 Jahre	17,16*	15,05	13,33	11,92
60 Jahre	18,93	16,16	14,04	12,38
80 Jahre	19,60	16,51	14,22	12,47

* Vervielfältiger $= \frac{100}{\text{Kapitalisierungszinssatz}} = \frac{100}{5} = 20$

Der Vervielfältiger ist zu korrigieren, wenn die Erträge nicht unendlich lang sind.

Im folgenden Beispiel soll der Ertragswert und damit der Beleihungswert eines Geschäftshauses (Altbau) entsprechend der Beleihungswertermittlungsverordnung **(gespaltenes Ertragswertverfahren)** ermittelt werden.

Grundstücksgröße: 2000 m²; angemessener zur Bewertung heranzuziehender Grundstückspreis 120,00 €/m². Das Objekt ist 20 Jahre alt; Restnutzungsdauer 40 Jahre (Erschließungskosten sind bezahlt).

Dauerhaft vermietbare Büroflächen: 550 m²; Miete pro Monat: 15,50 €/m².
Dauerhaft vermietbare Hallenflächen: 1250 m²; Miete pro Monat: 5,50 €/m².
Dauerhaft vermietbare Garagen: 6 Garagen; Miete 45,00 € pro Monat pro Garage.

Bewirtschaftungskosten: Für Verwaltungskosten, Instandhaltungskosten, Mietausfallwagnis, nicht durch Umlagen gedeckte Betriebskosten und das Modernisierungsrisiko sollen 20 % des Rohertrages angesetzt werden. Für die angemessene Verzinsung des Bodenwerts wird ein Satz von 7 % p. a. angesehen. Der Kapitalisierungszinssatz beträgt ebenfalls 7 % p. a.

Ertragswertverfahren gem. §§ 8 ff. der Verordnung über die Ermittlung der Beleihungswerte von Grundstücken nach § 16 Abs. 1 und 2 des Pfandbriefgesetzes (Beleihungswertermittlungsverordnung – BelWertV)

Faktoren der Beleihungswertberechnung:	Erläuterungen:	Betrag in €:
Nachhaltig erzielbarer jährlicher Rohertrag	Bei der Ermittlung des Rohertrags darf nur der Ertrag berücksichtigt werden, den das Objekt bei ordnungsgemäßer Bewirtschaftung und zulässiger Nutzung jedem Eigentümer nachhaltig gewähren kann.	*(550 m² · 15,50 €/m² · 12)* 102 300,00 € *(1250 m² · 5,50 €/m² · 12)* + 82 500,00 € *(6 · 45,00 € · 12)* + 3 240,00 €
– Bewirtschaftungskosten	Beim Vermieter verbleibende Bewirtschaftungskosten, und zwar Verwaltungskosten, Instandhaltungskosten, Mietausfallwagnis, Betriebskosten, Kosten für Modernisierung. Die Mindesthöhe für den Bewirtschaftungskostenabzug insgesamt beträgt 15 Prozent des Rohertrags.	*(20 % v. 188 040,00 €)* – *37 608,00 €*
= Nachhaltig erzielbarer jährlicher Reinertrag		= 150 432,00 €
– angemessene Bodenwertverzinsung	Der Mindestzinssatz für die Verzinsung des Bodenwerts beträgt 5 % p. a.	*(7 % v. 240 000,00 €)* – 16 800,00 €
= Um den Verzinsungsbetrag des Bodenwerts verminderter jährlicher Reinertrag	Der um den Verzinsungsbetrag des Bodenwerts verminderte jährliche Reinertrag entspricht dem Zinsertrag aus dem im Gebäude investierten Kapital. Um dieses Kapital zu errechnen, ist der Reinertrag mit einem bestimmten Zinssatz zu kapitalisieren. Bei wohnwirtschaftlicher Nutzung darf der Kapitalisierungszinssatz nicht unter 5 Prozent, bei gewerblicher Nutzung nicht unter 6 Prozent in Ansatz gebracht werden.	= 133 632,00 €
* Vervielfältiger	Unter Berücksichtigung der Restnutzungsdauer der baulichen Anlage und dem Kapitalisierungszinssatz hat die Bundesanstalt für Finanzdienstleistungsaufsicht in einer Tabelle Vervielfältiger zur Verfügung gestellt, mit denen die Kapitalisierung des Reinertrags vorgenommen werden kann (siehe oben).[1]	· 13,33
= **Ertragswert der baulichen Anlage**		= 1 781 314,50 €
+ **Bodenwert**		*(2000 m² · 120,00 €/m²)* + 240 000,00 €
= **Ertragswert (Beleihungswert) des Objekts** (auf volle T€ abgerundet)		= **2 021 000,00 €**

1 Vgl. Verordnung über die Ermittlung der Beleihungswerte von Grundstücken nach § 16 Abs. 1 und 2 des Pfandbriefgesetzes vom 12. Mai 2006.

18.4.3.3 Vergleichswertverfahren

Bei Wohnungs- und Teileigentum ist ergänzend zum Ertragswert bzw. Sachwert der Vergleichswert als Kontrollwert bei der Ermittlung des Beleihungswerts zu berücksichtigen. Zur Ermittlung des Vergleichswerts sind nachhaltig erzielbare Vergleichspreise von Objekten heranzuziehen, die hinsichtlich der maßgeblich ihren Wert beeinflussenden Merkmale, insbesondere Lage, Ausstattung und Nutzungsmöglichkeiten, mit dem zu bewertenden Objekt hinreichend übereinstimmen. Die Marktberichte der Gutachterausschüsse der Städte und Gemeinden/Kreise liefern fundierte Einblicke in das Geschehen am Grundstücksmarkt und bieten damit objektive Vergleichswerte. Von dem so ermittelten Ausgangswert ist ein Sicherheitsabschlag in Höhe von mindestens 10 Prozent in Abzug zu bringen.

18.4.3.4 Berechnung der Beleihungsgrenze

Mit der Ermittlung des Beleihungswerts ist der zu gewährende Darlehensbetrag noch nicht bestimmt. Den tatsächlichen Kreditbetrag ermittelt man, indem ein bestimmter Beleihungssatz auf den Beleihungswert bezogen wird. Die Höhe des Beleihungssatzes ist unterschiedlich. Sie richtet sich nach der Art des Objekts und den Gepflogenheiten des Darlehen gewährenden Instituts.

Folgende Beleihungsgrenzen sind von Bedeutung:

Gesetzliche Beleihungsgrenzen	Institutsinterne Beleihungsgrenzen (Beispiele)
▪ **60** % des Beleihungswerts = Beleihungsgrenze für Pfandbriefbanken gemäß PfandBG (Ia-Darlehen = Realkredit) ▪ **100** % des Beleihungswerts = Beleihungsgrenze der Bausparkassen für selbstgenutztes Wohneigentum gemäß BauSparkG, **80** % des Beleihungswerts = Beleihungsgrenze der Bausparkassen für andere wohnungswirtschaftliche Maßnahmen gemäß BauSparkG	▪ **66** % des Beleihungswerts = Beleihungsgrenze für gewerbliche Objekte ▪ **50** % des Beleihungswerts = Beleihungsgrenze für unbebaute Grundstücke

§ 14 PfandBG (Beleihungsgrenze): (1) Hypotheken dürfen nur bis zur Höhe der ersten 60 Prozent des ... Wertes des Grundstücks (Beleihungswert) zur Deckung benutzt werden.

§ 7 BauSparkG (Sicherung der Forderungen aus Darlehen): [...] Die Beleihung darf [...] die ersten vier Fünftel des Beleihungswertes des Pfandobjektes nicht übersteigen. Bei der Finanzierung von selbstgenutztem Wohneigentum kann die Bausparkasse Beleihungen bis zum Beleihungswert vornehmen.

Beispiel:

Beleihungswert	205 000,00 €
Beleihungssatz 60 %	
Darlehensbetrag (Beleihungsgrenze)	123 000,00 € (grundsätzlich abrunden auf volle T€)

Grundsätzlich kann der gesamte Kapitalbedarf finanziert werden. Für nicht erststellig besicherte Darlehen (sog. 1 b-Darlehen) steigen wegen des höheren Risikos die Zinssätze. Für die Vergabe dieser nachrangigen Darlehen müssen entsprechende Bonitätserfordernisse erfüllt werden.

Der **Beleihungsauslauf** ist die tatsächliche Belastung des Grundstücks in Prozent des Beleihungswerts aufgrund der vergebenen Kredite unter Berücksichtigung vor- und gleichrangiger Rechte.

Beispiel:

Der Beleihungswert des zu finanzierenden Objekts beträgt 300 000,00 €. Es soll ein Darlehen von 130 000,00 € bei der Bank und zusätzlich ein KfW-Darlehen über 50 000,00 € aufgenommen werden. Vorlasten sind nicht vorhanden.

Berechnungsformel:

Beleihungsauslauf = (Darlehenssumme + KfW-Darlehen + bestehende Vorlasten)/Beleihungswert

Beleihungsauslauf = (130 000,00 € + 50 000,00 € + 0,00 €)/300 000,00 € = 0,6 = 60 Prozent

→ Je höher der Beleihungsauslauf, desto größer das Finanzierungsrisiko für die Bank. Der Zinssatz steigt mit höherem Beleihungsauslauf.

Computerunterstützte Baufinanzierungs-Beratung

EDV-Formular für „Baufi"-Beratung

Daten

Persönliche Daten:	Angaben zum Objekt:	Einkommensverhältnisse:	Kosten des Kauf-/Bauvorhabens:	Finanzierungsvorschlag:
z. B. ■ Name ■ Familienstand ■ Beruf	z. B. ■ Hausart ■ Baujahr ■ Mieten ■ Kosten ■ AfA-Wahl	z. B. ■ zu versteuerndes Familieneinkommen (Sonderausgaben, Werbungskosten)	z. B. ■ Grundstückskosten ■ Baukosten ■ Grunderwerbskosten	

① Abruf „Maske" (Bildschirmformular)

② Eingabe „Baufi"-Daten

Angaben zum Objekt und zur Person	Ermittlung des Kapitalbedarfs	Finanzierungsvorschlag	Liquiditätsrechnungen

18.5 Bedingungen für Realkredite

Die Bedingungen der Kreditinstitute für Realkredite regeln insbesondere

- die Höhe des Sollzinssatzes und des Auszahlungskurses bzw. des Disagios,
- die Zeit der Sollzinsbindung (Zinsfestschreibung),
- die Art und Höhe der Tilgung und die Art der Tilgungsverrechnung,
- die Möglichkeit der vorzeitigen Kündigung,
- die Möglichkeit zur Leistung von Sondertilgungen.

18.5.1 Zinssatz und Auszahlungskurs

Der im Darlehensvertrag vereinbarte Sollzinssatz ist die Berechnungsgrundlage für die Ermittlung der Sollzinsen. Die Sollzinsen werden von der jeweiligen Darlehensschuld (Restkredit) ermittelt. Der Zinssatz für das Darlehen richtet sich nach dem Kapitalmarktzins. Die Preisangabenverordnung schreibt vor, in Darlehensverträgen die Effektivverzinsung auszuweisen.

Der Effektivzins gibt Aufschluss über die tatsächlichen Kreditkosten p. a. unter Berücksichtigung von Entgelten, z. B. Schätzgebühren.

Der Zinssatz kann für einen bestimmten Zeitraum fest (i. d. R. 5, 10, 15 oder 20 Jahre) oder als veränderlicher (variabler) Satz vereinbart werden. Bei Vereinbarung variabler Zinsen erfolgt eine laufende Anpassung des Darlehenszinssatzes an die Marktlage auf Basis der Veränderung eines Referenzzinssatzes. Bei einer Zinsfestschreibung bleibt der Zinssatz während der Sollzinsbindung konstant.

Das Darlehen wird nicht immer in voller Höhe ausgezahlt, sondern je nach Kapitalmarktlage mit einem Abschlag (Disagio oder Damnum).[1] Das Disagio stellt wirtschaftlich eine Zinsvorauszahlung dar. Sie wird spätestens bei Auszahlung des Darlehens fällig und deshalb vom Darlehensbetrag einbehalten. Bei einem Disagio von 3 Prozent wird das Darlehen nur zu 97 Prozent ausgezahlt. Der Darlehensnehmer muss in diesem Fall die entstehende Lücke entweder durch höhere Eigenmittel ersetzen oder ein höheres Darlehen aufnehmen.

Die Vereinbarung eines Disagios bewirkt, dass über die Laufzeit des Darlehens ein geringerer Nominalzins gezahlt werden kann. Da der Nominalzins aufgrund der Zinsvorauszahlung verringert wird, bleibt der Effektivzins unverändert.

Beispiel:

Darlehen 200 000,00 €, 1 % Tilgung p. a. zuzüglich ersparter Zinsen	Effektivzins in % p. a.	Nettodarlehen in €
■ Zinssatz 4,14 % p. a. 5 Jahre fest, 100 % Auszahlung	4,219	200 000,00
■ Zinssatz 3,00 % p. a. 5 Jahre fest, 95 % Auszahlung	4,216	190 000,00

Das Disagio kann bei einem vermieteten Objekt steuerlich bei den Einkünften aus Vermietung und Verpachtung als Werbungskosten geltend gemacht werden. Kreditinstitute bieten ihren Kunden in der Regel die Wahl zwischen mehreren Varianten von Auszahlungskurs/Disagio und Sollzinssätzen.

18.5.2 Tilgung und Tilgungsverrechnung

Bezüglich der **Tilgung** unterscheidet man das Festdarlehen, das Tilgungs-/Abzahlungsdarlehen und das Annuitätendarlehen. Beim *Festdarlehen* erfolgt die Tilgung in einer Summe am Ende der Laufzeit. Beim *Tilgungs-/Abzahlungsdarlehen* sind die Tilgungsraten gleich. Bei konstanten Tilgungsbeträgen sinkt der Zinsanteil, da nur die jeweilige Restschuld des Darlehens zu verzinsen ist. Die Rückzahlungsrate (Zins und Tilgung) fällt. Beim *Annuitätendarlehen* erbringt der Darlehensnehmer jährlich gleichbleibende Leistungen (Annuitäten), die in vierteljährlichen oder monatlichen Raten gezahlt werden. Die Tilgungsrate steigt kontinuierlich, weil die ersparten Zinsen dem Tilgungsbetrag zugeschlagen werden. Das Darlehen wird so schneller getilgt. Gebräuchlicher ist diese Art der Tilgung.

1 Nach einem Urteil des Bundesgerichtshofs ist das bei Vertragsbeginn einbehaltene Disagio als ein laufzeitabhängiger Ausgleich für den vertraglich vereinbarten niedrigeren Nominalzinssatz anzusehen und damit eine laufzeitabhängige Zinsvorauszahlung mit Verrechnung auf die Zinsbindungsfrist. Das Kreditinstitut ist demnach verpflichtet, ein unverbrauchtes Disagio dem Kunden zeitanteilig zu erstatten, wenn der Kreditvertrag auf Wunsch des Kunden vorzeitig aufgelöst wird.

Festdarlehen	Tilgungsdarlehen (Abzahlungsdarlehen)	Annuitätendarlehen
▪ regelmäßige (zumeist monatliche) Belastung nur mit Zinsen ▪ Tilgung in einer Summe am Ende der Laufzeit ▪ hoher Zinsaufwand bezogen auf die Gesamtlaufzeit	▪ monatlich, vierteljährlich, jährlich verminderte Gesamtleistung (= Zinsen + Tilgung) ▪ höherer Tilgungsprozentsatz notwendig, um angemessene Laufzeiten zu erreichen[1] ▪ längere Laufzeiten bei geringen Tilgungsprozentsätzen	▪ regelmäßige (zumeist vierteljährliche oder monatliche) gleichbleibende Gesamtleistung (= Zinsen + Tilgung) ▪ ersparte Zinsen verstärken die Tilgung ▪ dadurch Verkürzung der Laufzeit bei geringem Tilgungsprozentsatz
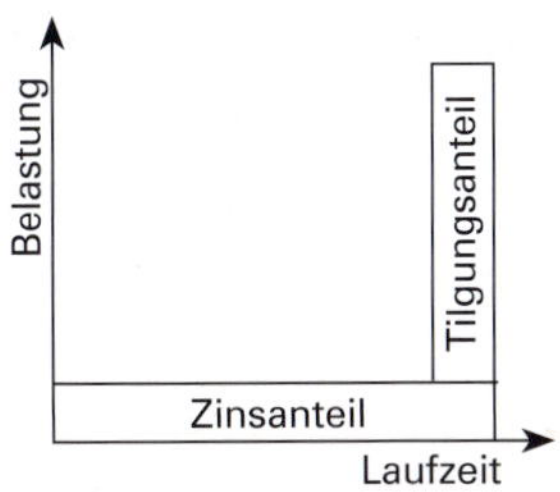	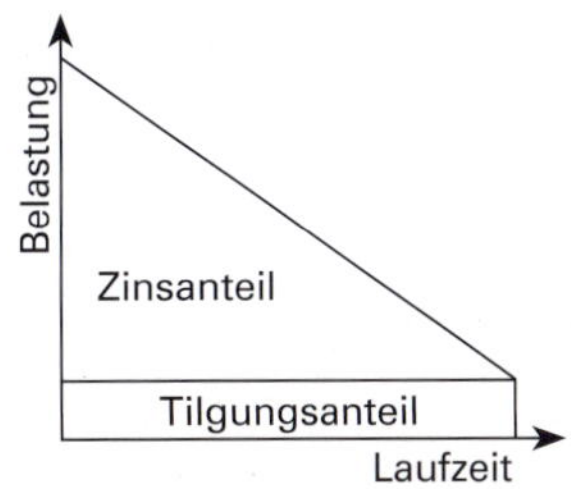	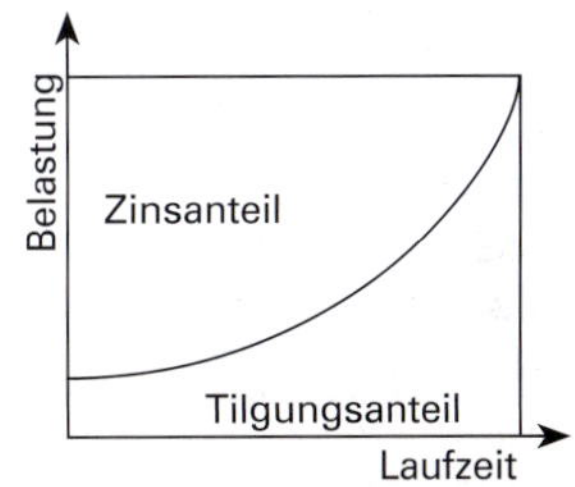

Beispiel:

Annuitätendarlehen

Darlehensbetrag 200 000,00 €; Sollzinssatz 3,5 % p.a.; Tilgung 2 % p.a.; jährliche Leistung (Annuität) 11 000,00 €; vierteljährliche Zahlung 2 750,00 €. Die vierteljährlichen Tilgungsleistungen werden sofort verrechnet. Auszahlung des Darlehens am 30. Juni 20..

	Darlehensbetrag in €	Zinsen in €	Tilgung in €	Annuität in €
30.06.20..	200 000,00	1 750,00	1 000,00	2 750,00
30.09.20..	199 000,00	1 741,25	1 008,75	2 750,00
31.12.20..	197 991,25	1 732,42	1 017,58	2 750,00
31.03.20..	196 973,67	1 723,52	1 026,48	2 750,00
30.06.20..	195 947,19			

Tilgungsdarlehen (Abzahlungsdarlehen)

Darlehensbetrag 200 000,00 €; Sollzinssatz 3,5 % p.a.; Tilgung 2 % p.a.; monatliche Ratenzahlung mit sofortiger Tilgungsverrechnung

Zeitraum	Darlehensbetrag in €	Zinsen in €	Tilgung in €	monatliche Rückzahlungsrate in €
01.07.–31.07.	200 000,00	583,33	333,33	916,66
01.08.–31.08.	199 666,67	582,36	333,33	915,69
01.09.–30.09.	199 333,34	581,39	333,33	914,72
01.10.–31.10.	199 000,01	580,42	333,33	913,75
01.11.–30.11.	198 666,68	579,44	333,33	912,77

1 Für eine Laufzeit unter 30 Jahren müsste der jährliche Tilgungssatz mindestens 3,5 % betragen.

Die **Tilgungsverrechnung** gibt Auskunft darüber, wann die vereinbarte Tilgung mit dem restlichen Darlehensbetrag verrechnet wird. Sie kann taggenau, monatlich, vierteljährlich, halbjährlich oder jährlich erfolgen. In den meisten Fällen erfolgt eine taggenaue Tilgungsverrechnung, d. h., die Zahlung wird sofort nach Eingang mit der Restschuld verrechnet (sogenannte Kontokorrentmethode). Die Art der Tilgungsverrechnung wirkt sich auf die Höhe des Effektivzinses aus. Eine verzögerte Verrechnung der Tilgung erhöht den Effektivzins.

18.5.3 Vorzeitige Rückzahlung/Kündigung

Ordentliches Kündigungsrecht des Darlehensnehmers.

§ 488 Abs. 3 BGB und § 489 BGB

- *Darlehen mit variablem Zinssatz und Darlehen, bei denen kein Rückzahlungstermin* vereinbart ist, können vom Darlehensnehmer jederzeit mit einer Kündigungsfrist von 3 Monaten gekündigt werden.
- *Darlehen mit gebundenem Sollzinssatz* (Festzinsdarlehen) können vom Darlehensnehmer gekündigt werden,
  - wenn die Sollzinsbindung endet und keine neue Vereinbarung über den Sollzinssatz getroffen ist, unter Einhaltung einer Kündigungsfrist von einem Monat frühestens zum Ende der Zinsbindung,
  - nach Ablauf von 10 Jahren nach vollständiger Auszahlung unter Einhaltung einer Kündigungsfrist von 6 Monaten.

Sondertilgungsoptionen zu bestimmten Terminen können im Darlehensvertrag vereinbart werden. Damit kann der Darlehensnehmer außerhalb des planmäßigen Tilgungsrhythmus kostenfrei Tilgungsleistungen erbringen, um schneller schuldenfrei zu werden.

§ 490 Abs. 2 BGB

Außerordentliches Kündigungsrecht des Darlehensnehmers. Immobiliar-Verbraucherdarlehensverträge, bei denen der Sollzinssatz gebunden ist und die durch ein Grundpfandrecht gesichert sind, können bei Vorliegen eines berechtigten Interesses vorzeitig gekündigt werden. Ein solches Interesse liegt vor, wenn der Darlehensnehmer ein Bedürfnis nach einer anderweitigen Verwertung der zur Sicherung des Darlehens beliehenen Sache hat (z. B. Verkauf). Eine vorzeitige Kündigung ist jedoch frühestens 6 Monate nach vollständigem Empfang des Darlehens mit einer Kündigungsfrist von 3 Monaten möglich. Der Darlehensnehmer ist in diesem Fall verpflichtet, dem Kreditinstitut den Schaden zu ersetzen, der diesem aus der vorzeitigen Kündigung entsteht (Vorfälligkeitsentgelt).

§ 488 Abs. 3 BGB

Ordentliches Kündigungsrecht des Darlehensgebers. Der Darlehensgeber kann wie der Darlehensnehmer einen Kreditvertrag mit unbestimmter Laufzeit mit einer Frist von 3 Monaten kündigen.

§ 490 Abs. 1 BGB

Außerordentliches Kündigungsrecht des Darlehensgebers. Der Darlehensgeber kann den Darlehensvertrag in der Regel nur dann fristlos kündigen, wenn in den Vermögensverhältnissen des Darlehensnehmers oder in der Werthaltigkeit einer für das Darlehen gestellten Sicherheit eine wesentliche Verschlechterung eintritt oder einzutreten droht, durch die die Rückerstattung des Darlehens, auch unter Verwertung der Sicherheit gefährdet wird.

Bei fristloser Kündigung hat der Darlehensgeber dem Darlehensnehmer eine angemessene Frist zur Abwicklung einzuräumen.

§ 499 Abs. 3 BGB

Das Kreditinstitut kann einen Verbraucherdarlehensvertrag ebenfalls kündigen, wenn der Darlehensnehmer die für die Kreditwürdigkeitsprüfung relevanten Informationen wissentlich vorenthalten oder gefälscht hat.

Gesamtfälligstellung von Immobiliar-Verbraucherdarlehen. Der Darlehensgeber kann ein Immobiliardarlehen kündigen, wenn der Darlehensnehmer mit mindestens § 498 (2) BGB

- zwei aufeinanderfolgenden Teilzahlungen (ganz oder teilweise) sowie
- 2,5 % des Nennbetrages des Darlehens in Verzug ist.

Der Verzugszinssatz beträgt 2,5 %-Punkte über dem Basiszinssatz. § 497 (4) BGB

18.6 Baudarlehen der Kreditanstalt für Wiederaufbau (KfW)

Das KfW-Wohneigentumsprogramm der Kreditanstalt für Wiederaufbau unterstützt durch zinsgünstige Darlehen den Erwerb oder den Bau von selbst genutzten Eigentumswohnungen und Eigenheimen in Deutschland (Wohneigentum) sowie den Erwerb von Genossenschaftsanteilen. Der Kreditantrag ist bei der Hausbank des Darlehensnehmers zu stellen, die für diese durchgeleiteten Kredite auch die Haftung übernimmt.

kfw BANKENGRUPPE	**KfW-Wohneigentumsprogramm (Auszug) Programmnummer 124 Finanzierung von selbst genutztem Wohneigentum**
Förderziel	Das KfW-Wohneigentumsprogramm (Programmnummer 124) unterstützt den Bau oder den Erwerb von selbst genutzten Eigenheimen und Eigentumswohnungen in Deutschland [...]
Antragsberechtigte	Natürliche Personen, die selbst genutztes Wohneigentum erwerben [...]
Förderung	Gefördert wird der Bau oder Kauf von selbst genutztem Wohneigentum bis maximal 100 000,00 €. Dabei werden folgende Kosten berücksichtigt: ■ Kosten des Baugrundstücks (wenn der Erwerb bei Antragstellung nicht länger als 6 Monate zurückliegt), ■ Baukosten einschl. Baunebenkosten (Notar-, Maklergebühren, Grunderwerbsteuer etc.) und ■ Kosten der Außenanlagen
Antragstellung	Die KfW gewährt Kredite aus diesem Programm ausschließlich über Kreditinstitute (Banken/Sparkassen und Versicherungen), die für die von ihnen durchgeleiteten Kredite die Haftung übernehmen. Der Kreditantrag ist bei einem Kreditinstitut vor Beginn des Vorhabens, spätestens jedoch unmittelbar nach Abschluss des notariellen Kaufvertrags zu stellen.
Konditionen	siehe folgende Tabelle
Sicherheit	Der Kredit ist in Darlehenshöhe grundpfandrechtlich zu besichern.
Tilgung	Der Kredit wird nach Ablauf der tilgungsfreien Jahre in monatlichen Annuitäten getilgt. Während der tilgungsfreien Anlaufjahre fallen Zinsen lediglich für die abgerufenen Kreditbeträge an. Während der Zinsbindungsfrist ist eine vorzeitige Rückzahlung des gesamten ausstehenden Darlehensbetrages nur gegen Zahlung eines Vorfälligkeitsentgelts möglich.

Konditionen

Sollzins (Effektivzinssatz p. a.[1])	Laufzeit	Tilgungsfreie Anlaufjahre	Zinsbindung	Auszahlung in %
3,45 % (3,51 %)	10 Jahre	10 Jahre	10 Jahre	100
3,41 % (3,46 %)	25 Jahre	3 Jahre	5 Jahre	100
3,44 % (3,50 %)	25 Jahre	3 Jahre	10 Jahre	100

Weiterhin bietet die KfW günstige Darlehen zur Finanzierung von ökologischen Baumaßnahmen an.

1 Stand 16.01.2023

18.7 Darlehensabwicklung

Vorvertragliche Informationen	■ Information zur Beratungsleistung (Höhe des Beratungsentgelts und angebotene Produktpalette) ■ Bereitstellung allgemeiner Produktinformationen ■ Informationen zur Kreditwürdigkeitsprüfung und über die dafür benötigten Unterlagen
Prüfungen	■ Ermittlung der Gesamtkosten und des Finanzierungsbedarfs ■ Prüfung der Kreditwürdigkeit ■ Ermittlung des Beleihungswerts (Immobilienbewertung)
Beratungsleistung und Angebot	■ Empfehlung eines für den Kunden geeigneten Produkts ■ Erläuterung der wesentlichen Aspekte des Produktangebots ■ Bereitstellung des Europäischen Standardisierten Merkblatts (ESIS-Merkblatt)
Abschluss des Darlehensvertrags	■ Interne Kreditentscheidung des Kreditinstituts in den dafür zuständigen Gremien ■ Aushändigung der Vertragsurkunde mit verbindlicher Darlehenszusage ■ Belehrung über das Widerrufsrecht und die Widerrufsfolgen ■ Annahmeerklärung des Darlehensnehmers (Abgabe eines schriftlichen Schuldanerkenntnisses nach § 781 BGB, damit verbunden: – Erteilung der Eintragungsbewilligung für das Grundpfandrecht – Antrag auf Eintragung der Belastung im Grundbuch – Grundschuldbestellung (vgl. Kapitel 18.8.3.2) – Sicherungsvereinbarung (Sicherungszweckerklärung/ Sicherungsabrede für die Grundschuld) → vgl. Kapitel 18.8.3.2
Darlehensauszahlung (Valutierung)	■ Voraussetzung für die Darlehensauszahlung ist, dass die Eintragung des Grundpfandrechts zugunsten des Kreditinstituts im Grundbuch erfolgt ist. ■ Wegen der langen Bearbeitungszeiten der Grundbuchämter kann die Auszahlung auch auf Notaranderkonto erfolgen. (Die Zahlung an den Darlehensnehmer wird erst dann weitergeleitet, wenn die Eintragung des Grundpfandrechts und ggf. des Eigentümerwechsels wie vereinbart gewährleistet ist.) ■ Bei einem Neubau erfolgt die Auszahlung nach dem Baufortschritt, der vom Architekten bescheinigt werden muss.
Information während des Vertragsverhältnisses	Das Kreditinstitut muss den Darlehensnehmer spätestens drei Monate vor Ende der Sollzinsbindung darüber unterrichten, ob es zu einer neuen Sollzinsbindungsperiode bereit ist. Wenn das so ist, informiert es gleichzeitig über den neu angebotenen Sollzinssatz (§ 493 BGB).

Kreditbearbeitungsbogen

– Auszug –

Stamm-Nr.: 304.187.900
Name: Suchel, Jan-Luca

Sicherheiten

1. Grundpfandrechte

Eigentümer Eheleute Jan-Luca und Inga Suchel, Liesborn

Art und Größe des zu belastenden Grundbesitzes
(Wohngebäude, gewerbl. genutztes Grundstück, Fabrikgebäude, Hotel, usw.)
Einfamilienhaus, Grundstücksgröße 625 m²

Grundschuld(en)
a) € 155.000,00 einzutr./~~eingetr.~~ im Grundbuch v. Liesborn Bl. 2027 Abt. III/ 1

Vorlasten

Abt. II (Bei Altenteilen, Wohnrechten usw. Angabe des Kapitalwertes, bei Tankstellenrechten vereinbarte Festbewertung)
keine

in Abt. III nachgehende Lasten insgesamt € 50.000,00 Bausparkasse

2. Sicherungsübereignung [...] **3. Bürgschaften – Sonstige Sicherheiten [...]**

4. Finanzierungsplan/Beleihungswertermittlung

Grundstückswert	625 m²	à 280,00 €	incl. Erschließung	= 175.000,00 €
Bauwert	820 m³ umb. Raum	à 270,00 €	incl. Nebenkosten	= 221.400,00 €
Bauwert	50 m³ umb. Raum	à 150,00 €		= 7.500,00 €

Finanzierungsplan		
Gesamtkosten[1]	473.000,00	€
Grundschuld für die Volksbank	155.000,00	€
Grundschuld für die Bausparkasse	50.000,00	€
Eigenkapital	73.000,00	€
Bezahltes Grundstück	175.000,00	€
Eigenleistung	20.000,00	€
Gesamt	473.000,00	€

– Wertminderung wg. Alters	–	€
+ Kosten für Außenanlagen	10.000,00	€
– Sicherheitsabschlag	24.000,00	€
+ Baunebenkosten	40.000,00	€
Bauwert insgesamt	254.900,00	€
Sachwert des Objekts (Beleihungswert)	429.900,00	€
60 % von 429.900,00 € = Beleihungsgrenze	257.940,00	€

1 Die Gesamtkosten beinhalten: Kosten des Grundstücks, Erschließungskosten, Baukosten für das Einfamilienhaus einschl. Kosten für Außenanlagen und Baunebenkosten, Grunderwerbsteuer, Notarkosten für die Abwicklung des Kaufvertrags und Grundbuchkosten für die Eigentumsumschreibung.

5. Tragbarkeitsberechnung

Die monatliche Belastung beträgt 1.364,13 €[1] und erscheint bei einem mtl. Nettoeinkommen von 3.800,00 € tragbar.

6. Sonstige Bemerkungen

Einwandfreie Kontoführung. Keine Bedenken

7. Der Antrag wird: ~~genehm~~igt/befürwortet/~~abgelehnt/nicht befürwortet/zur~~ückgestellt

8. Konditionen und sonstige Angaben für EDV-Bestand

Kto. Nr. 304187900 Ext. Limit €: 155.000,00 int. Limit: € ...

Zinssatz: 3,69 % Zinsschlüssel ... Geb.-Schlüssel ... Auszahlung 100 %

Rate: € 864,13 Fälligkeitsschlüssel 1 2 4 12 Datum der nächsten Rate 30-11-20..

abzubuchen von Konto-Nr. 304187900 Pers.-Haupt-IS 1 9 7 5 0 Sach-IS 8 1 0 9

Wiedervorlagedatum: ./.

Liesborn (Ort), den 20-09-20.. (Datum)

Unterschrift Sachbearbeiter

Volksbank Beckum eG

Darlehensvertrag (Auszug) Verbraucherdarlehensvertrag gemäß §§ 491 ff. BGB	Zur bankinternen Bearbeitung Nr. 304187900
Steuernummer bzw. Umsatzsteuer-Identifikationsnummer DE 125077047	Rechnungsnummer gem. § 14 Abs. 4 Nr. 4 UStG 304187900/04012010
Darlehensnehmer (Name, Anschrift, Geburtsdatum) Eheleute Jan-Luca und Inga Suchel Wadersloher Str. 111 59329 Liesborn	Bank Volksbank Beckum eG Südstr. 15 59269 Beckum

Darlehensnehmer und Bank schließen folgenden Vertrag:

1 Höhe des Darlehens:

Die Bank stellt dem Darlehensnehmer ein Darlehen zur Verfügung in Höhe von 155000,00 €

Der Darlehensnehmer ist verpflichtet, das Darlehen spätestens . . . . abzunehmen.

2 Verwendungszweck:

Bau eines Einfamilienhauses in Liesborn, Wadersloher Str. 111

1 3,69 % p.a. Zinsen + 3 % p.a. Tilgung auf 155000,00 € = mtl. 864,13 €
+ 5 ‰ mtl. Zins- und Tilgungsbeitrag auf die Bausparsumme von 100000,00 € = mtl. 500,00 €.

3 Konditionen:

3.1 Verzinsung: Das Darlehen ist ab dem Tag der Auszahlung mit 3,69 % jährl. zu verzinsen. Dieser Zinssatz ist ☐ variabel

☒ festgeschrieben bis zum 30. 10. 20.. (10-jährige Zinsbindung . . .). Die Zinsen sind fällig am 30. eines jeden

☒ Monats ☐ Kalendervierteljahres ☐ Kalenderhalbjahres ☐ Kalenderjahres.

3.2 Auszahlung: Das Darlehen wird zu einem Auszahlungskurs von 100,0000 % ausgezahlt. (...)

3.3 Kosten, Nebenleistungen, Nettodarlehensbetrag:

Außer dem Disagio werden einbehalten:

☐ Beitrag für Restkreditsicherung

☐ Wertermittlungskosten

3.4 Tilgung: 3 % p. a. auf den Darlehensbetrag von 155 000,00 €

Nettodarlehensbetrag: Der Nettodarlehensbetrag wird dem Girokonto Nr. 304187900 ganz oder in Teilbeträgen gutgeschrieben 155 000,00 €

4 Darlehensrückzahlung: Das Darlehen ist wie folgt zurückzuzahlen:

(...)

4.4 in Annuitätsraten aus Zins- und Tilgung zzgl. sonstiger Kosten jeweils fällig am 30. des Monats, erstmals am 30. 11. 20.. mit vorrangiger Verrechnung auf die Zinsen, hiervon Raten in Höhe von 864,13 €. Soweit nichts anderes vereinbart wurde, werden fällige Beträge (z. B. Zinsen oder Leistungsraten) dem Belastungskonto Nr. 304187900 belastet.

5 Effektiver Jahreszins: 3,78 % (...) Bei der Berechnung des effektiven Jahreszinses wurde eine Auszahlung zum 30. 10. 20.. angenommen.

6 Gesamtbetrag (alle vom Darlehensnehmer zu leistenden Teilzahlungen einschl. Tilgung und Zinsen und Kosten – soweit bezifferbar –) .... €[1]

7 Hinweise: (...)

8 Sicherheiten: (...) Der Darlehensnehmer stellt der Bank mit gesonderten Vereinbarungen folgende Sicherheiten:

155 000,00 € Grundschuld, eingetragen auf der Besitzung in Liesborn, Wadersloher Str. 111

Das Darlehen kann erst in Anspruch genommen werden, wenn sämtliche Bedingungen erfüllt sind, die vorgesehenen Sicherheiten bestellt wurden und die Bank deren Ordnungsmäßigkeit geprüft hat.

9/10 Datenweitergabe (...)

11 Weitere Darlehensbedingungen: Ergänzend zu Ziffer 4 des Darlehensvertrages erhält der Darlehensnehmer die Option, vom 01. 11. 20.. bis 31. 10. 20.. jährlich eine einmalige Sondertilgung von max. 10 000,00 € vorzunehmen. Eine nicht ausgenutzte Option verfällt.

Die beigehefteten Allgemeinen Bedingungen für Kredite und Darlehen sind Bestandteil dieses Vertrages.

Ort, Datum Beckum, 25. 09. 20..	Darlehensnehmer Jan-Luca und Inga Suchel *Jan-Luca Suchel* *Inga Suchel*
Ort Datum Beckum, 25. 09. 20 ..	Bank Volksbank Beckum eG *Claus Klesermann*

1 Diese Angabe ist nicht erforderlich, sofern es sich um ein grundpfandrechtlich gesichertes Darlehen im Sinne des § 503 BGB handelt.

18.8 Sicherstellung der Baufinanzierungskredite durch Grundpfandrechte

18.8.1 Grundstück und grundstücksgleiche Rechte

18.8.1.1 Grundstück

Ein Grundstück ist ein abgegrenzter Teil der Erdoberfläche, der genau vermessen und bezeichnet und in der Flurkarte sowie im Grundbuch verzeichnet ist.

Der gesamte Grund und Boden in Deutschland ist in einzelne, durch Grenzsteine abgegrenzte Grundstücke von unterschiedlicher Größe aufgeteilt. Dies ist durch die *Katasterämter* erfolgt, denen auch bei Grundstücksveränderungen (Teilung eines Grundstücks, Vereinigung von Grundstücken) die Neuvermessung obliegt. Sie führen Flurkarten und Liegenschaftsbücher, aus denen sich die tatsächliche Lage, Größe, Nutzungsart und Eigentümer der Grundstücke für jeden Grundbuchbezirk *(Gemarkung)* ergeben. Jedes Grundstück führt eine fortlaufende, aus der Flurkarte ersichtliche Nummer sowie eine namentliche Bezeichnung. Jeder Gemeindebezirk erhält aufgrund der Unterlagen der Katasterämter ein besonderes Grundbuch, das aus einer größeren Anzahl von Bänden bestehen kann. Jedes Grundstück erhält im Grundbuch ein *Grundbuchblatt,* das mehrere Seiten umfasst. Neben diesem Grundbuchblatt wird eine *Grundakte* für jedes Grundstück geführt, die Urkunden, Protokolle und ein Handblatt (Kopie des Grundbuchblatts) enthält.

Bestandteile von Grundstücken sind neben dem Grundstück selbst auch seine *wesentlichen Bestandteile* und das *Zubehör.* Wesentliche Bestandteile eines Grundstücks sind Sachen, die mit dem Grund und Boden fest verbunden sind, insbesondere Gebäude sowie die Erzeugnisse des Grundstücks, solange sie mit dem Boden direkt zusammenhängen (Pflanzen, Sand, Kies u. a.). Sie können nicht Gegenstand besonderer Rechte sein, können also nicht selbstständig verkauft oder beliehen werden. Das Eigentum an einem Grundstück erstreckt sich auch auf die wesentlichen Bestandteile.

Rechte, die mit dem Eigentum an einem Grundstück verbunden sind (z. B. Mietforderungen), gelten ebenfalls als Bestandteile des Grundstücks (§ 96 BGB).

Zubehör eines Grundstücks sind bewegliche Sachen, die – ohne Bestandteil des Grundstücks zu sein – dem wirtschaftlichen Zweck des Grundstücks dienen und in einem bestimmten räumlichen Verhältnis zum Grundstück stehen (z. B. Maschinen in der Fabrikhalle, landwirtschaftliche Geräte auf einem Bauernhof, Hoteleinrichtung mit Möbel und Wäsche, Büroeinrichtung). Zubehör ist sonderrechtsfähig. Die Gegenstände können unabhängig vom Grundstück verkauft oder belastet werden. Um Zweifel zu vermeiden, sollten sie im Vertrag ausdrücklich mitverkauft werden.

Grundpfandrechte erstrecken sich auf Bestandteile und Zubehör des belasteten Grundstücks.

LS 4 u. 5

18.8.1.2 Grundstücksgleiche Rechte

(1) Wohnungs- und Teileigentum

Wohnungs- und Teileigentum ist das Eigentum an einem festgelegten Bruchteil eines Grundstücks, verbunden mit dem Sondereigentum an einer bestimmten Wohnung (Wohnungseigentum) oder sonstig genutzten, nicht zu Wohnzwecken dienenden Räumen (Teileigentum) eines Bauwerks. Das Bruchteilseigentum bezieht sich auch auf alle Gebäudeteile, die nicht zu dem in der Teilungserklärung und im Aufteilungsplan definierten Sondereigentum gehören (z. B. Garten, Treppenhaus, Dachboden). Für das Wohnungs- und Teileigentum wird ein eigenes Grundbuchblatt (Wohnungsgrundbuch) gebildet und rechtlich wird es wie ein „normales" Grundstück behandelt. Wohnungs- und Teileigentum ist veräußerlich und vererbbar. Gesetzliche Grundlage ist das Wohnungseigentumsgesetz.

(2) Erbbaurecht

LS 6

Das Wesen des Erbbaurechts besteht darin, dass der Grundstückseigentümer einem anderen das Recht einräumt, auf seinem Grundbesitz ein Gebäude zu errichten. Während nach allgemeinen Grundsätzen ein Gebäude wesentlicher Bestandteil des Grundstücks wird und somit in das Eigentum des Grundstückseigentümers übergeht, ist dies beim Erbbaurecht nicht der Fall. Errichtet ein Erbbauberechtigter ein Gebäude, so wird dieses Bestandteil seines Erbbaurechts; das Gebäude wird Eigentum des Erbbauberechtigten. Voraussetzung für die Entstehung des Erbbaurechts ist, dass es an erster Rangstelle in der II. Abteilung im Grundbuch des Grundstücks eingetragen wird. Für das Erbbaurecht wird ein eigenes Grundbuchblatt (Erbbaugrundbuch) angelegt. Grundbuchrechtlich wird das Erbbaurecht wie ein Grundstück behandelt. Es kann mit Grundschulden, Dienstbarkeiten etc. belastet und zwangsversteigert werden. Es ist veräußerlich und auch vererblich. Bei einer Beleihung wird in dem für das Erbbaurecht angelegten Grundbuchblatt zugunsten der Bank in Abteilung III eine Grundschuld oder Hypothek eingetragen. Damit ist der Bank das Erbbaurecht mit dem dazugehörigen Gebäude, nicht aber das Grundstück verpfändet. Gesetzliche Grundlage ist die Erbbaurechtsverordnung.

Der Erbbaurechtsvertrag regelt die Einzelheiten wie Laufzeit, Erbbauzins und evtl. Ausgleichszahlungen für bereits bestehende Gebäude. Auch die Höhe eines möglichen finanziellen Ausgleichs bei Beendigung (Heimfall) des Erbbaurechtes wird regelmäßig vereinbart. Die Laufzeit ist bei Wohnnutzung traditionell 99 Jahre. Jede andere Laufzeit ist zulässig. Der Grundstückseigentümer hat mit dem Erbbaurecht die Möglichkeit, sich eine langfristige Einnahme aus dem Grundstück zu sichern, ohne das Investitionsrisiko und andere Pflichten zu tragen und dennoch Eigentümer zu bleiben. Der Erbbauzins (ca. 4 bis 5 % bei Wohnobjekten) wird regelmäßig mit einer Reallast in Abteilung II des Erbbaugrundbuchs dinglich abgesichert. Der Erbbaurechtsnehmer kann ein Bauwerk erstellen und eigentümerähnlich handeln, ohne ein Grundstück kaufen und voll finanzieren zu müssen.

18.8.2 Das Grundbuch

18.8.2.1 Das Wesen des Grundbuchs

LS 7
Situation 1-4

Begriff. Das Grundbuch ist das amtliche Verzeichnis aller privaten Grundstücke eines Grundbuchamtsbezirks, das beim Amtsgericht geführt wird. Es legt die Rechtsverhältnisse eines Grundstücks gegenüber der Öffentlichkeit dar und gibt insbesondere Auskunft über den Eigentümer und über die auf dem Grundstück ruhenden Rechte Dritter.

Besondere Grundbücher sind:

- das Wohnungsgrundbuch als Grundbuch für Wohnungseigentum (Teileigentumsgrundbuch als Grundbuch für Teileigentum),
- das Erbbaugrundbuch als Grundbuch für Erbbaurechte (vgl. Kapitel 18.8.1.2).

Elektronische Grundbücher. Die Grundbücher werden meist elektronisch geführt. Die Zuständigkeit für die Führung elektronischer Grundbücher liegt bei den Bundesländern.

Die Einführung des elektronischen Grundbuchs ermöglicht die papierlose Führung des Grundbuchs, die computerunterstützte Bearbeitung der Anträge und den jederzeitigen elektronischen Zugriff auf alle Grundbuchdaten. Die Eintragungen werden elektronisch unterschrieben und in einer Datenbank abgelegt. Kreditinstitute, Bausparkassen, Notare etc. können nach Erteilung einer Zulassung auf elektronischem Wege Einsicht in das Grundbuch nehmen und den Abdruck des Grundbuchinhalts auf dem eigenen Drucker vornehmen (automatisiertes Grundbuchabrufverfahren).

Beispiel:

Komponenten des elektronischen Grundbuchs

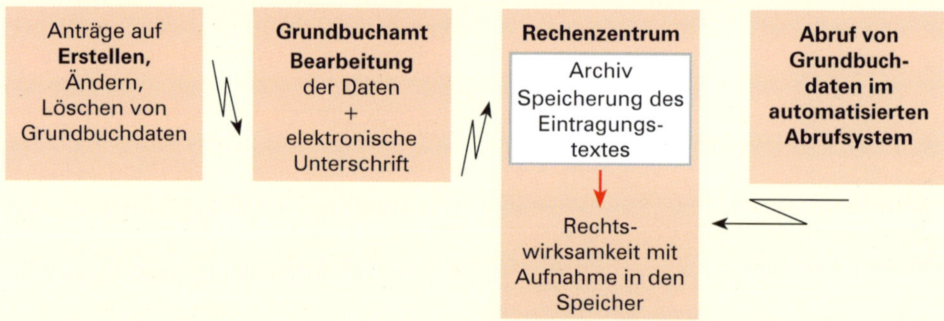

§ 12 GBO **Öffentlichkeit.** *Das Grundbuch ist bedingt öffentlich.* Zur Grundbucheinsicht ist nicht nur der Eigentümer berechtigt, sondern jeder, der ein berechtigtes Interesse nachweist. Wer also irgendein Recht am Grundstück hat oder erwerben will (z. B. bevorstehender Kaufvertrag, zu vergebender Kredit), kann das Grundbuch einsehen, um über den Rechtszustand des Grundstücks Aufschluss zu bekommen, und gegen Kostenerstattung Ausdrucke bzw. amtliche Ausdrucke verlangen.

Abschriften aus dem elektronischen Grundbuch = Ausdrucke	Beglaubigte Abschriften aus dem elektronischen Grundbuch = amtliche Ausdrucke

Mittels Datenfernübertragung können Notare, Kreditinstitute, Bausparkassen, Behörden u. a. bei berechtigtem Interesse (z. B. Kreditantrag) Einsicht in das elektronische Grundbuch nehmen, wenn sie die Zulassungsvoraussetzungen erfüllen.

§ 892 BGB **Öffentlicher Glaube.** *Das Grundbuch ist für den Rechtsverkehr die einzige Quelle, die die Rechtsverhältnisse eines Grundstücks darlegt. Es genießt öffentlichen Glauben.*

Öffentlicher Glaube heißt:

- alle Angaben im Grundbuch gelten gutgläubigen Dritten gegenüber als richtig,
- eintragungspflichtige, aber nicht eingetragene Tatbestände gelten als nicht bestehend,
- der öffentliche Glaube gilt nicht bei besserem Wissen des Dritten.

Der öffentliche Glaube des Grundbuchs erstreckt sich nur auf die eingetragenen (bzw. nicht eingetragenen) Rechte. Er erstreckt sich nicht

- auf Angaben über Größe, Wirtschaftsart und Lage des Grundstücks,
- auf öffentliche Lasten, die auf dem Grundstück ruhen und
- auf Eintragungen, gegen deren Richtigkeit ein Widerspruch eingetragen ist.

18.8.2.2 Aufbau und Inhalt des Grundbuchblatts

Das Grundbuchblatt ist das eigentliche Grundbuch des einzelnen Grundstücks. Es besteht aus drei Teilen. Neben dem Grundbuchblatt führt das Grundbuchamt für jedes Grundstück eine Grundakte.

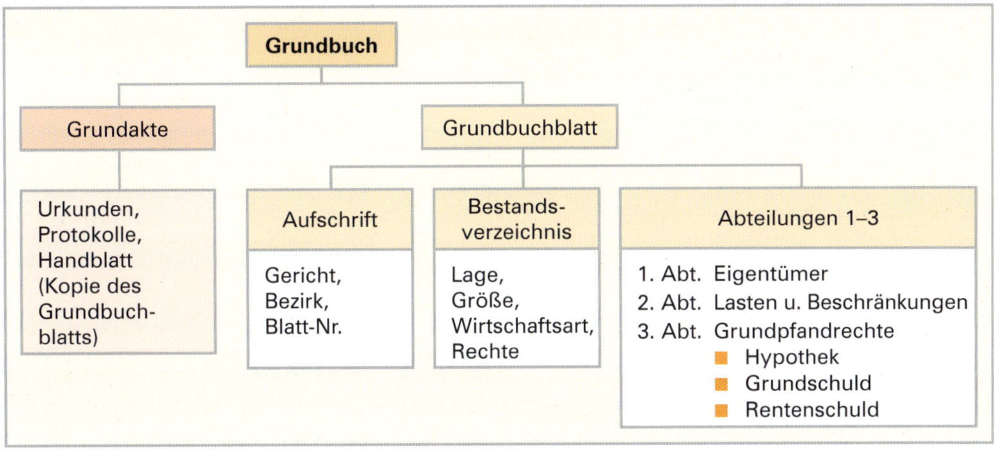

Aufschrift: Bezeichnung des Amtsgerichts, des Grundbuchbezirks, der Blattnummer (z. B. Amtsgericht Münster/Westf., Grundbuch von Angelmodde, Blatt 46).

Bestandsverzeichnis: Beschreibung der Lage (Gemarkung, Nummer der Flurkarte und des Flurstücks), Größe des Grundstücks, Wirtschaftsart und Lage des Grundstücks.

Im Bestandsverzeichnis werden auf Antrag auch die Rechte eingetragen, die mit dem Eigentum an dem Grundstück verbunden sind, z. B. Wegerecht an einem fremden Grundstück.

Das Recht des „herrschenden" Grundstücks wird im Bestandsverzeichnis, die Belastung des „dienenden" Grundstücks in der Zweiten Abteilung eingetragen.

Erste Abteilung: Name des Eigentümers, Eigentumsverhältnisse (z. B. Alleineigentum, Miteigentum), Rechtsgrund des Erwerbs, Zeitpunkt der Eintragung.

Zweite Abteilung: Lasten und Beschränkungen, z. B. Wegerechte der Nachbarn, Wohnrechte, Nießbrauchrechte, Vorkaufsrechte, Zwangsvollstreckungseintragungen.

Dritte Abteilung: Grundpfandrechte wie Grundschulden, Hypotheken, Rentenschulden.

18.8.2.3 Die Grundbucheintragungen

Antrag und Bewilligung. Die Eintragungen im Grundbuch erfolgen bis auf wenige Ausnahmen nur auf *Antrag* eines Beteiligten und nach *Bewilligung* desjenigen, dessen Recht von der Eintragung betroffen wird. Den Antrag stellen kann also beim Grundstücksverkauf der Eigentümer oder der Käufer, die Bewilligung erteilen muss in diesem Fall der Eigentümer, bei Löschung einer Grundschuld aber z. B. der Grundschuldgläubiger. § 13 GBO § 19 GBO

Form der Erklärungen. Für den Eintragungsantrag bestehen keine Formvorschriften, die Eintragungsbewilligung des Grundstückseigentümers bedarf der (öffentlichen) notariellen Beglaubigung. Eintragungsantrag und Eintragungsbewilligung werden in der Praxis in eine Urkunde aufgenommen. Der Notar beglaubigt lediglich die Eintragungsbewilligung. Bei Vereinbarung einer Zwangsvollstreckungsklausel ist notarielle Beurkundung der Bestellungserklärung nebst Eintragungsbewilligung erforderlich. § 29 GBO

Reihenfolge der Eintragungen. Die Eintragungen erfolgen in der Reihenfolge des Eingangs der Anträge beim Grundbuchamt. Die Löschung von Grundbucheintragungen wird vorgenommen, indem die zu löschende Eintragung unterstrichen wird. Außerdem erfolgt die Eintragung eines Löschungsvermerks in einer besonderen Spalte der betreffenden Abteilung.

LS 8

Erwerb des Eigentums an einem Grundstück

Der Erwerb eines Grundstücks unterliegt Formvorschriften sowohl hinsichtlich des schuldrechtlichen Verpflichtungsgeschäfts als auch hinsichtlich des dinglichen Erfüllungsgeschäfts (Eigentumsübertragung).

Im *Grundstückskaufvertrag,* dem schuldrechtlichen Verpflichtungsgeschäft, verpflichtet sich der Verkäufer des Grundstücks, dem Käufer das Grundstück zu übergeben und das Eigentum hieran zu verschaffen. Der Verkäufer hat dem Käufer das Grundstück frei von Sach- und Rechtsmängeln zu verschaffen. Der Käufer ist verpflichtet, dem Verkäufer den vereinbarten Kaufpreis zu zahlen und das gekaufte Grundstück abzunehmen. Gemäß § 311 b Abs. 1 BGB bedarf der Vertrag der notariellen Beurkundung.

Zur *Eigentumsübertragung* an einem Grundstück sind die dingliche Einigung zwischen Veräußerer und Erwerber (die Auflassung) und die Eintragung des Erwerbers in das Grundbuch notwendig (§ 873 BGB). Die Auflassung muss bei gleichzeitiger Anwesenheit von Veräußerer und Erwerber vor einem Notar erklärt werden und ist notariell zu beurkunden (§ 925 BGB). Die Eintragung erfolgt auf Antrag (formlos) einer Partei und Bewilligung des bisherigen Eigentümers.

Grundstückskaufvertrag und Auflassung sind rechtlich streng zu unterscheiden. In der Praxis wird die Auflassung regelmäßig in den (schuldrechtlichen) Grundstückskaufvertrag aufgenommen.

Die Übertragung des Eigentums beansprucht aufgrund vorher zu erfüllender formeller Voraussetzung in der Regel noch Zeit, darum wird häufig sofort mit der Einigung auch eine Vormerkung im Grundbuch vorgesehen, die umgehend eingetragen wird. Diese Vormerkung kündigt den kommenden Eigentumswechsel an (Auflassungsvormerkung gem. § 883 BGB; vgl. Kapitel 18.8.2.5). Dadurch kann kein Dritter mehr guten Glaubens mit dem bisherigen Eigentümer Verträge zulasten des Grundstücks schließen. Der Käufer sichert sich mit der Vormerkung seinen Anspruch auf Übertragung des Grundstücks. Eventuell dennoch nach der Vormerkung eingetragene Belastungen braucht der zukünftige Eigentümer nur zu akzeptieren, wenn sie seine Ansprüche nicht beeinträchtigen.

Aus praktischen Gründen werden meist alle notwendigen Vereinbarungen und Genehmigungen bei einem Notartermin in einer Urkunde zusammengefasst:

- Kaufvertrag
- Auflassung
- Genehmigung der Auflassungsvormerkung
- Löschung der Auflassungsvormerkung
- Anträge an das Grundbuchamt

Weil die Durchführung der einzelnen Schritte nicht gleichzeitig erfolgt, wird regelmäßig der Notar bzw. einer seiner Mitarbeiter ermächtigt, im Namen der Beteiligten zu gegebener Zeit die notwendigen Anträge zu stellen und Genehmigungen einzuholen.

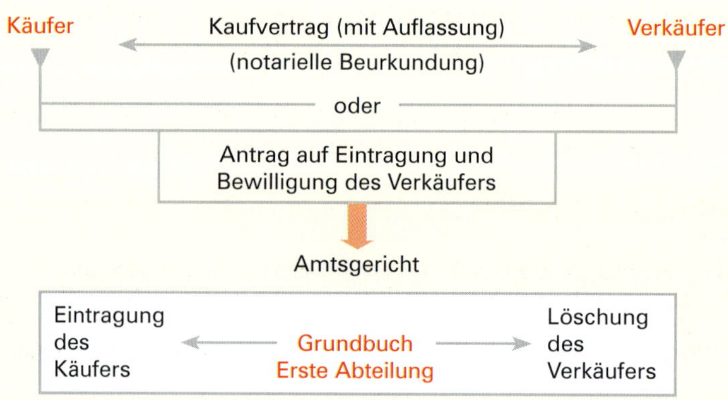

18.8.2.4 Die Rangordnung von Grundbucheintragungen

Bei Rechten, die in derselben Abteilung eingetragen sind, wird das Rangverhältnis bestimmt nach der Reihenfolge der Eintragung (sog. Locus-Prinzip). Die Rechte der Gläubiger werden nacheinander befriedigt. So rangiert Eintragung 1 vor Eintragung 2, Eintragung 2 vor Eintragung 3 usw. § 879 BGB

Sind Belastungen in verschiedenen Abteilungen (zweite und dritte Abteilung) eingetragen, bestimmt das Datum der Eintragung die Rangfolge (sog. Tempus-Prinzip).

Werden am gleichen Tag Belastungen in der zweiten und dritten Abteilung vorgenommen, haben sie den gleichen Rang.

Das Rangverhältnis ist insbesondere von Bedeutung für den Fall einer Zwangsversteigerung, weil ein nachrangiges Recht bei der Verteilung des Versteigerungserlöses erst zum Zuge kommt, wenn das vorstehende Recht befriedigt ist.

Beispiel:

Abteilung III: 1. Hypothek zugunsten Deutsche Bank AG 50 000,00 € 2. Grundschuld zugunsten Landesbausparkasse 30 000,00 € 3. Grundschuld zugunsten Arbeitgeber 20 000,00 €	Zwangsversteigerung 70 000,00 €	Ein Grundstück ist mit einer 1. Hypothek von 50 000,00 €, einer zweitrangigen Grundschuld von 30 000,00 € und einer drittrangigen Grundschuld von 20 000,00 € belastet. Die 2. Abteilung ist unbelastet. Die Zwangsversteigerung des Grundstücks ergibt 70 000,00 €. Der Gläubiger der 1. Hypothek wird voll befriedigt, der der zweitrangigen Grundschuld erhält 20 000,00 €, der der drittrangigen Grundschuld erhält nichts.

Den im Grundbuch eingetragenen Rechten gehen bestimmte Forderungen vor, obwohl sie nicht im Grundbuch stehen, z. B. Straßenanliegerbeiträge, Grundsteuern.

Die gesetzlich bestimmte Rangordnung der Belastungen kann geändert werden, wenn alle davon Betroffenen und der Grundstückseigentümer ihre Zustimmung geben.

Möglich sind: Rangvorbehalt und Rangänderung.

- **Rangvorbehalt.** Bei der Eintragung einer Belastung kann der Grundstückseigentümer sich vorbehalten, eine andere Belastung in bestimmtem Umfang vorrangig eintragen lassen zu können.

  Der Rangvorbehalt sichert einem Recht von vornherein einen bestimmten Rang und bewirkt dadurch eine vom Gesetz abweichende Rangordnung.

  Beispiel:

  Abteilung III:

  70 000,00 € Siebzigtausend Euro Grundschuld mit 15 v. H. Jahreszinsen für die Landesbausparkasse Düsseldorf. Vorbehalten bleibt der Vorrang für ein noch einzutragendes Grundpfandrecht von einhundertzwanzigtausend Euro nebst 18 v. H. Zinsen. Unter Bezug auf die Bewilligung vom 01. 12. 20.. Brieflos eingetragen am 06. 01. 20..

- **Rangänderung.** Das Rangverhältnis kann nachträglich geändert werden. Der zurücktretende Berechtigte und der vortretende Berechtigte müssen sich über die Rangänderung einigen.

Beispiel:

Abteilung III:
1. Hypothek zugunsten der Stadtsparkasse 80 000,00 €
2. Grundschuld zugunsten der Landesbausparkasse 50 000,00 €

Die Grundschuld geht der Hypothek im Range vor.

Bemerkung in Abteilung III:
Dem Recht in Position 1 Abteilung III soll vorgehen das Recht in Position 2 Abteilung III.

18.8.2.5 Die dinglichen Rechte in Abteilung II des Grundbuchs

Die dinglichen Rechte in Abteilung II des Grundbuchs

Lasten	Verfügungsbeschränkungen	Vormerkungen und Widersprüche
■ Grunddienstbarkeit ■ beschränkte persönliche Dienstbarkeit, besonders geregelt: Wohnungsrecht ■ Nießbrauch ■ Reallast ■ Vorkaufsrecht ■ Erbbaurecht	■ Zwangsversteigerungs- und Zwangsverwaltungsvermerk	■ Auflassungsvormerkung ■ Widerspruch wegen Abweichens der Eintragung von der Rechtslage

Lasten und Beschränkungen der Abteilung II:

Lasten und Beschränkungen sind Rechte Dritter bzw. anderer Grundstücke an dem belasteten Grundstück.

Arten:

- **Dienstbarkeiten:**
  - *Grunddienstbarkeit:* Ein Grundstück kann zugunsten des jeweiligen Eigentümers eines anderen Grundstücks belastet sein, z. B. mit Wegerecht, Brunnenrecht, Verbot bestimmter Gewerbebetriebe wegen Lärmbelästigung usw. Das Recht ist veräußerbar und vererbbar (§ 1018 BGB).
  - *beschränkt persönliche Dienstbarkeit:* Ein Grundstück kann zugunsten einer bestimmten Person belastet sein, z. B. Wohnungsrecht, Jagdrecht an einem Waldgrundstück, Tankstellenrecht, Überleitungsrecht usw. Das Recht ist nicht veräußerbar und nicht vererbbar (§§ 1090, 1093 BGB).
  - *Nießbrauch:* Das Recht einer bestimmten Person, die regelmäßigen Nutzungen (= Erträge) des Grundstücks zu ziehen (z. B. durch Vermietung und Verpachtung, Obsternte). Das Recht ist nicht veräußerbar und nicht vererbbar (§ 1030 BGB).
- **Reallast.** An den Begünstigten sind regelmäßig wiederkehrende Leistungen zu erbringen in Form von Geld oder Naturalien.
- **Erbbaurecht.** Das vererbbare und veräußerbare Recht, auf dem Grundstück ein Gebäude zu errichten und zu unterhalten (vgl. auch Kapitel 18.8.1.2).

- **Vorkaufsrecht.** Das Recht des Begünstigten, in einem vom Eigentümer mit einem Dritten geschlossenen Kaufvertrag über das Grundstück zu den vereinbarten Bedingungen einzutreten.
- **Verfügungsbeschränkungen** aufgrund gesetzlicher oder gerichtlicher Anordnung: Z. B. Zwangsversteigerung, Zwangsverwaltung.
- **Auflassungsvormerkung.** Zwischen dem Kaufvertrag über ein Grundstück und dem Eigentumserwerb des Käufers vergeht eine gewisse Zeit. Der Käufer ist dadurch der Gefahr ausgesetzt, dass der Verkäufer noch schnell einen zweiten Kaufvertrag abschließt und den zweiten Käufer vor dem ersten eintragen lässt. Der zweite Käufer würde dann Eigentümer. Diese Gefahr kann durch Eintragung einer *Auflassungsvormerkung* beseitigt werden. Hierdurch wird der Anspruch auf Übertragung des Eigentums am Grundstück dinglich gesichert. Die Eintragung erfolgt aufgrund einer Bewilligung dessen, der von der Vormerkung betroffen wird, z. B. des verkaufenden Eigentümers. Verfügungen, die nach Eintragung einer Auflassungsvormerkung vom Verkäufer noch getroffen werden, sind unwirksam, wenn sie den zu sichernden Anspruch beeinträchtigen würden. Die Auflassungsvormerkung wird von Amts wegen gelöscht, wenn der neue Eigentümer in der Abteilung I des Grundbuchs eingetragen wird.

Zweite Abteilung des Grundbuchs:
Vormerkung zur Sicherung des Anspruchs auf Übertragung des Eigentums für die Eheleute Prokurist Helmut Hoffmeister und Else, geb. Regenz, beide in Würzburg, zu je $^1/_2$ Anteil. Eingetragen am 13. November 20..
Unterschrift Unterschrift

- **Widerspruch.** Das Grundbuch ist nicht immer richtig, und der von der unrichtigen Eintragung Betroffene kann von dem Eingetragenen die Zustimmung zu der Berichtigung des Grundbuchs verlangen. Bis zur Berichtigung kann viel Zeit vergehen und es droht die Gefahr, dass der Eingetragene sein Recht an einen gutgläubigen Dritten überträgt. Gegen diese Gefahr schützt der Widerspruch. Es ist eine vorläufige Eintragung, die auf eine falsche Grundbucheintragung hinweist und damit den öffentlichen Glauben an die Richtigkeit dieser Eintragung beseitigt.
  Richtet sich der Widerspruch gegen ein in der Abteilung III eingetragenes Grundpfandrecht, so wird er dort eingetragen.

Vormerkung	Widerspruch
sichert zukünftiges dingliches Recht.	sichert *gegenwärtig bestehendes* dingliches *Recht,* welches infolge unrichtiger Eintragung beeinträchtigt ist.
Grundbuch ist richtig.	Grundbuch ist unrichtig.
Verfügungen sind gegenüber Vorgemerktem unwirksam.	Öffentlicher Glaube des Grundbuchs wird zerstört.

Muster eines elektronischen Grundbuchauszugs

Amtsgericht Hildesheim – Grundbuch von Beder Blatt 93

Bestandsverzeichnis (Spalten 1 bis 4)

LNrG	bisherige LNrG	Gemarkung	Flur	Flurstück	Wirtschaftsart und Lage	Größe (m^2)
1		Beder	142	949	Gebäude- und Freifläche, Am Finkenberg 6	1191
2		Beder	142	951	Grünland, Am Finkenberg 6	86
zu 1		Grunddienstbarkeit (Abwasser-Kanal-Leitungsrecht) an den Grundstücken Flur 142 Flurstücke 950 und 952 (Beder 94 und 112). Dort eingetragen in Abt. II Nr. 1 am 20.10.1947 Nießen – Wilmsmann				

Erste Abteilung (Spalten 1 bis 4)

LNrE	Eigentümer	LNrG	Grundlage der Eintragung
1	Erich Ellendorf, geboren am 15.01.1950, und Luise Ellendorf, geb. Mertens, geboren am 30.04.1950 –zu je 1/2 Anteil –	1,2	Aufgrund Auflassung vom 14.04.2002 eingetragen am 27.07.2002 Nießen – Wilmsmann

Zweite Abteilung (Spalten 1 bis 3)

LNrE	LNrG	Lasten und Beschränkungen
1	1	Ein Recht auf das Legen und die Unterhaltung von Hochspannungsleitungen sowie ein Betretungsrecht für die Elektrizitätswerke Limburg in Limburg. Bezug: Bewilligung vom 16.02.1956 (UR-Nr. 120/1956, Notar Hermann Hansis, Limburg). Eingetragen am 07.03.1956 Nießen – Wilmsmann
2	1,2	Reallast, bestehend in der Zahlung einer lebenslangen Rente von 1000,00 EUR (eintausend) monatlich für Fritz Ellendorf, geboren am 26.10.1923, löschbar bei Nachweis des Todes des Berechtigten. Bezug: Bewilligung vom 14.04.2002 (UR-Nr. 21/2002, Notar Heinz Reinhard, Limburg). Die Reallast hat Rang nach Abt. III Nr. 1. Eingetragen am 27.07.2002 Rötz

Dritte Abteilung (Spalten 1 bis 4)

LNrE	LNrG	Betrag	Hypotheken, Grundschulden, Rentenschulden
1	1,2	120.000,00 EUR	Einhundertzwanzigtausend Euro Grundschuld – ohne Brief – mit 14% Jahreszinsen für die Sparkasse Limburg. Der jeweilige Eigentümer ist der sofortigen Zwangsvollstreckung unterworfen (§ 800 ZPO). Bezug: Bewilligung vom 25.08.2003 (UR-Nr. 102/2003, Notar Heinz Reinhard, Limburg). Das Recht hat Rang vor Abt. II Nr. 2. Eingetragen am 27.10.2003. Rötz

* * * * **Ende der Eintragungsmitteilung* * * * *

LNrG = Laufende Nummer der Grundstücke im Bestandsverzeichnis
LNrE = Laufende Nummer der Eintragungen

18.8.3 Die Grundpfandrechte

Bürgschaft, Verpfändung, Sicherungszession und Sicherungsübereignung eignen sich für die Sicherstellung kurzfristiger Kredite. Für mittel- und langfristige Kredite stellen sie jedoch wegen Bonitätsänderungen, Kursschwankungen, Wertverlusten und der Notwendigkeit ständiger Kontrollen keine ideale Sicherheit dar. Die „klassische" Sicherheit für den mittel- und langfristigen Kredit sind wegen ihrer Wertstabilität Pfandrechte an Grundstücken (Grundpfandrechte). Wie schon dargelegt wurde (vgl. Band 1, Kapitel 10.6.3.2), gilt bei Pfandrechten das Publizitätsprinzip. Da man Grundstücke jedoch nicht übergeben kann, entstehen Grundpfandrechte durch Einigung über die Belastung des Grundstücks und Eintragung in einem öffentlichen Register, dem Grundbuch.

Auch Wohnungseigentum und Erbbaurechte (grundstücksgleiche Rechte) können mit Grundpfandrechten belastet werden.

18.8.3.1 Die Hypothek

(1) Das Wesen der Hypothek

Das vom Gesetz als Normalfall vorgesehene Grundpfandrecht ist die Hypothek.

Begriff. Eine Hypothek ist ein Pfandrecht an einem Grundstück zur Sicherung einer Forderung.

§ 1113 BGB:
Ein Grundstück kann in der Weise belastet werden, dass an denjenigen, zu dessen Gunsten die Belastung erfolgt, eine bestimmte Geldsumme zur Befriedigung wegen einer ihm zustehenden Forderung aus dem Grundstück zu zahlen ist (Hypothek).

Akzessorietät. Die Formulierung „wegen einer ihm zustehenden Forderung" zeigt deutlich, dass die Hypothek das Vorliegen einer bestimmten Forderung voraussetzt, also *akzessorisch* ist wie das Pfandrecht an einer beweglichen Sache. Hypothek und Forderung sind untrennbar verbunden. Die Höhe der Forderung bestimmt somit den Umfang des Pfandrechts.

Beispiele:

- Wird zugunsten einer Bank eine Hypothek eingetragen, erwirbt die Bank die Hypothek erst, nachdem sie das Darlehen ausgezahlt hat, wenn also eine Forderung zugrunde liegt.
- Wenn der Darlehensnehmer einen Teil seiner Schuld zurückgezahlt hat, verliert die Bank in Höhe des zurückgezahlten Teilbetrags den entsprechenden Teil der Hypothek.

Gegenstand und Umfang der Haftung. Dem Hypothekengläubiger haften:

- Die *Person des Schuldners* (persönliche Haftung). Kommt der Schuldner seinen Verpflichtungen nicht nach, kann der Gläubiger gegen das gesamte Vermögen des Schuldners vorgehen.
- *Das Grundstück* (dingliche Haftung). Der dingliche Anspruch des Hypothekengläubigers erstreckt sich auf das Grundstück, die vom Grundstück getrennten Erzeugnisse und sonstigen Bestandteile des Grundstücks sowie auf das Zubehör, soweit dieses dem Eigentümer des Grundstücks gehört, weiterhin auf die Miet-, Pacht- und Versicherungsforderungen und auf die Ansprüche auf wiederkehrende Leistungen zugunsten des Grundstückseigentümers, z. B. Reallast. § 1120 BGB

Der Hypothekengläubiger kann nicht nur die eingetragene Kapitalsumme, sondern auch die Zinsen der Forderung und die Kosten der Kündigung und der Rechtsverfolgung geltend machen, auch wenn keine Zinsen oder Nebenleistungen im Grundbuch eingetragen sind (in diesem Fall Haftung kraft Gesetzes für die gesetzlichen Zinsen der Forderung).

Der persönliche Schuldner und der Eigentümer des belasteten Grundstücks können auch zwei Personen sein.

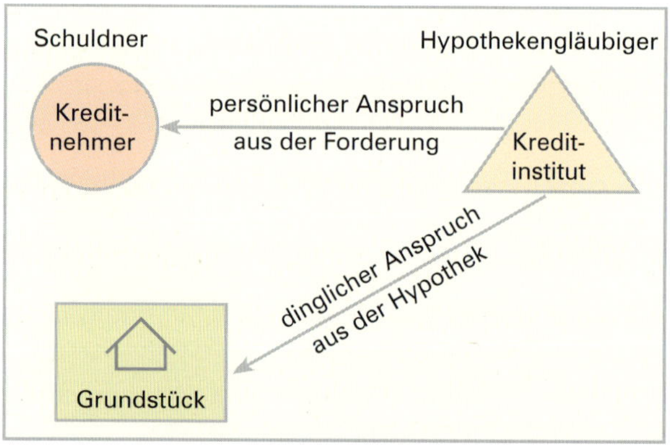

(2) Die Form der Hypothek

Briefhypothek. Die Hypothek kann in Form einer Buchhypothek oder Briefhypothek eingetragen werden.

Bei der *Briefhypothek* wird das Recht im Grundbuch eingetragen und es wird eine Urkunde, der Hypothekenbrief, ausgestellt, in der das Recht mit Angaben über den Inhalt der Hypothekeneintragung (Geldbetrag der Hypothek, Bezeichnung des belasteten Grundstücks, Hypothekengläubiger, Zinssatz etc.), der Nummer des Grundbuchblatts und der Nummer, unter der das belastete Grundstück im Bestandsverzeichnis eingetragen ist, verbrieft ist. Der Hypothekenbrief ist ein Rektapapier. Jede Verfügung über die Hypothek ist an den Besitz des Hypothekenbriefs gebunden. Der Brief verkörpert das dingliche Recht und erhöht die Verkehrsfähigkeit der Hypothek.

Buchhypothek. Die Erteilung eines Hypothekenbriefs kann ausgeschlossen werden. Bei der Buchhypothek wird das Recht lediglich im Grundbuch eingetragen. Im Grundbuch wird der Vermerk eingetragen, der die Ausstellung eines Briefs ausschließt: „Die Erteilung eines Briefs ist nicht erfolgt".

(3) Entstehung der Hypothek und Erwerb durch den Gläubiger

Einigung und Eintragung. Zur *Entstehung* der Hypothek ist die *Einigung* über die Bestellung des Rechts, d. h. über die Belastung des Grundstücks, zwischen dem Hypothekengläubiger und dem Grundstückseigentümer und die Eintragung im Grundbuch erforderlich.

Antrag und Bewilligung. Voraussetzungen für die Eintragung sind der Eintragungsantrag und die Bewilligung des Grundstückseigentümers. Die Eintragung muss den Namen des Gläubigers, den Geldbetrag der Forderung und den Zinssatz enthalten.

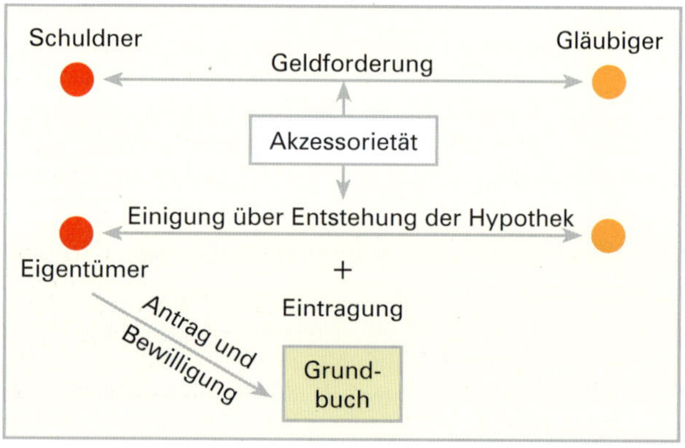

Erwerb. Der Hypothekengläubiger erwirbt die entstandene Hypothek erst dann, wenn die Forderung entsteht (Grundsatz der Akzessorietät), d. h. mit Auszahlung des Darlehens. Bei einer Briefhypothek ist zum Erwerb außerdem die Briefübergabe notwendig.

Eigentümergrundschuld. Bis zur Auszahlung des Darlehens steht die Hypothek dem Eigentümer als sogenannte Eigentümerhypothek zu. Da jedoch keine Forderung zugrunde liegt, die Hypothek aber akzessorisch ist, ist die Eigentümerhypothek eine Eigentümergrundschuld (vgl. Kapitel 18.8.3.2), die sich erst mit der Darlehensauszahlung und der Briefübergabe bei der Briefhypothek in eine Hypothek verwandelt.

Entstehung und Erwerb der Hypothek	
Entstehung von Buch- und Briefhypothek:	Einigung + Eintragung
Erwerb der Buchhypothek durch den Hypothekengläubiger:	Entstehung der Forderung
Erwerb der Briefhypothek durch den Hypothekengläubiger:	Entstehung der Forderung + Briefübergabe

18.8.3.2 Die Grundschuld

LS 9

(1) Das Wesen der Grundschuld

§ 1191 BGB:
Ein Grundstück kann in der Weise belastet werden, dass an denjenigen, zu dessen Gunsten die Belastung erfolgt, eine bestimmte Geldsumme aus dem Grundstück zu zahlen ist.

Der **Unterschied zur Hypothek** liegt darin, dass hierbei die Worte „zur Befriedigung wegen einer ihm zustehenden Forderung" fehlen. Hieraus ergibt sich, dass die Grundschuld abstrakt ist, d. h. losgelöst von einer zugrunde liegenden Forderung. Die Grundschuld braucht diese Forderung zu ihrer Entstehung und Wirksamkeit nicht (Grundschuld ohne Schuldgrund!).

Zwar besteht in den meisten Fällen zwischen der Kreditgewährung und der Grundschuld ein wirtschaftlicher Zusammenhang, denn die Forderung ist der Beweggrund für die Bestellung. Rein rechtlich ist die Grundschuld aber eine vom Grundgeschäft losgelöste Verpflichtung.

Die **Abstraktheit der Grundschuld** zeigt sich darin, dass die Grundschuld bei teilweiser oder völliger Kreditabdeckung in voller Höhe bestehen bleibt.

Hypothek = akzessorisch		**Grundschuld = abstrakt**	
Kontokorrentkredit:	Hypothek:	Kontokorrentkredit:	Grundschuld:
S 10 000,00 €	10 000,00 €	S 10 000,00 €	10 000,00 €
S 8 000,00 €	8 000,00 €	S 8 000,00 €	10 000,00 €
S 5 000,00 €	5 000,00 €	S 5 000,00 €	10 000,00 €
S 1 000,00 €	1 000,00 €	S 1 000,00 €	10 000,00 €
S 0	Eigentümergrundschuld	S 0	10 000,00 €

Gegenstand und Umfang der Haftung. Dem Grundschuldgläubiger haftet aus der Grundschuld nur das Grundstück mit seinen Bestandteilen, die vom Grundstück getrennten Erzeugnissen, dem Zubehör, den Miet-, Pachtzins- und Versicherungsforderungen und den Ansprüchen auf wiederkehrende Leistungen zugunsten des Grundstückeigentümers, z. B. Reallast (*dingliche Haftung,* vgl. Hypothek). Als Zusatz zur Grundschuldsumme wird meist eine Zinsklausel ins Grundbuch mit eingetragen.

Dritte Abteilung

		Betrag	Hypotheken, Grundschulden, Rentenschulden
		145 000,00 €	Einhundertfünfundvierzigtausend Euro Grundschuld für die HypoVereinsbank Aktiengesellschaft in München mit 18 % Jahreszinsen; vollstreckbar nach § 800 ZPO. Unter Bezugnahme auf die Bewilligung vom 14. April 2002 eingetragen am 18. Mai 2002.

Die Höhe des Zinssatzes einer Grundschuld (dinglicher Zins) ist unabhängig von der Verzinsung der persönlichen Forderung. Es ist durchaus zulässig, einen höheren Zinssatz einzutragen. Auf diese Weise lassen sich zusätzliche Kosten, z. B. bei Kündigung und Zwangsvollstreckung, und Überziehungszinsen auch bei späteren Zinssatzerhöhungen dinglich mit absichern.

§ 1193 BGB

Während die Fälligkeit der Hypothek in der Regel in der Bestellungsurkunde bestimmt ist und von der Fälligkeit der zugrunde liegenden Forderung abhängig ist, kann bei der Grundschuld eine ausdrückliche Fälligkeitsbestimmung fehlen. Das Grundschuldkapital bedarf dann zur Herbeiführung der Fälligkeit der vorherigen Kündigung. Die Kündigung steht dem Eigentümer als auch dem Gläubiger zu. Die Kündigungsfrist beträgt sechs Monate.

(2) Die Form der Grundschuld

Jede Grundschuld kann als Brief- oder Buchgrundschuld bestellt werden.

Gruppe 02 11242073

Deutscher Grundschuldbrief

über

145.000,00 Euro

eingetragen im Grundbuch von

Gladbeck Blatt 3068 A Abteilung III Nr. 1 (eins)

Inhalt der Eintragung

Einhundertfünfundvierzigtausend Euro Grundschuld für die HypoVereinsbank in München mit 15 % Jahreszinsen; vollstreckbar nach § 800 ZPO. Unter Bezugnahme auf die Bewilligung vom 14. April 2001 eingetragen am 18. Mai 2001.

Belastete Grundstücke

Die im Bestandsverzeichnis des Grundbuchs unter lfd. Nr. 1 und 2 verzeichneten Grundstücke.

Gladbeck, 18. Mai 2001
Amtsgericht

Rechtspfleger Justizamtsinspektor

Amtsgericht Gladbeck

Vordruck B. Ausfertigung eines Grundschuldbriefs (gemeinschaftlichen Grundschuldbriefs, Teilgrundschuldbriefs, Gesamtgrundschuldbriefs) BUNDESDRUCKEREI BERLIN

1492017

Grundschuldbestellungsurkunde – Auszug –

Nummer 80 der Urkundenrolle für 20..

Grundschuld

verhandelt in 45481 Mülheim am 11. Mai 20..

Vor dem Notar Hermann Buch, bestellt für den Bezirk des Oberlandesgerichts Hamm mit dem Amtssitz in 45481 Mülheim

erschienen heute von Person bekannt und verfügungsfähig:

a) Die Eheleute Manfred Hummelt und Margret Hummelt geb. Hirsch, beide wohnhaft Elsenborner Weg, 45481 Mülheim

– nachstehend der Sicherungsgeber genannt, auch wenn es sich um mehrere Personen handelt –

und

b) die Eheleute Jochen Hansmann und Elisabeth Hansmann, geb. Heidenreich, beide wohnhaft Dornmannweg, 45470 Mülheim

– nachstehend der Darlehensnehmer genannt, auch wenn es sich um mehrere Personen handelt –

und erklärten:

1. Grundschuldbestellung

Der Sicherungsgeber ist Eigentümer des im Grundbuch von Mülheim, Blatt 6261 verzeichneten Pfandobjekts – nachstehend das Pfandobjekt genannt, auch wenn es sich um mehrere handelt –. Der Sicherungsgeber bestellt hiermit zugunsten der

Stadtsparkasse Mülheim

– nachstehend die Gläubigerin genannt – auf dem Pfandobjekt eine Grundschuld von

159.000,00 EUR, in Worten *einhundertneunundfünfzigtausend* Euro.

Die Grundschuld ist vom Tage der Eintragung ab mit 18 v. H. jährlich zu verzinsen.

Die Zinsen sind jeweils nachträglich am ersten Werktag des folgenden Kalenderjahres fällig.

Zusätzlich ist eine einmalige sonstige Nebenleistung von _______ zu zahlen. Das Grundschuldkapital und die sonstige Nebenleistung sind nach Kündigung und mit einer Frist von sechs Monaten fällig. Die Grundschuld soll dem Rang nach folgende Voreintragungen haben:

Abt. II = keine Vorlasten

Abt. III = Grundschuld 62 000,00 € Commerzbank AG

2. Dingliche Zwangsvollstreckungsunterwerfung

Wegen des Grundschuldkapitals nebst Zinsen und sonstiger Nebenleistung unterwirft sich der Sicherungsgeber der sofortigen Zwangsvollstreckung aus dieser Urkunde in das belastete Pfandobjekt in der Weise, dass die sofortige Zwangsvollstreckung ... gegen den jeweiligen Eigentümer ... zulässig sein soll.

3. Persönliche Haftungsübernahme und Zwangsvollstreckungsunterwerfung

Für die Zahlung eines Geldbetrages, dessen Höhe der bewilligten Grundschuld (Kapital, Zinsen und die sonstige Nebenleistung) entspricht, übernehmen die Eheleute Jochen und Elisabeth Hansmann (Darlehensnehmer) – mehrere Personen als Gesamtschuldner – die persönliche Haftung, aus der sie ohne vorherige Zwangsvollstreckung in das belastete Pfandobjekt in Anspruch genommen werden können. Sie unterwerfen sich wegen dieser persönlichen Haftung der Gläubigerin gegenüber der sofortigen Zwangsvollstreckung aus dieser Urkunde in das gesamte Vermögen. ...

4. Grundschuldbrief

Gläubigerin und Sicherungsgeber vereinbaren, dass die Gläubigerin berechtigt ist, sich den Grundschuldbrief von dem Grundbuchamt aushändigen zu lassen. Für den Fall der Mahnung, Kündigung oder Geltendmachung der Grundschuld bedarf es nicht der Vorlegung des Grundschuldbriefes. ...

5. Anträge

5.1

5.1.1 Es wird bewilligt und beantragt, im Grundbuch einzutragen: die vorstehend bestellte Grundschuld nebst Zinsen und sonstiger Nebenleistung mit dem unter Ziffer 1 angegebenen Inhalt und an der dort bestimmten Rangstelle ... sowie die unter Ziffer 2 erklärte Unterwerfung unter die sofortige Zwangsvollstreckung.

5.1.2 ...

5.2 Der Sicherungsgeber beantragt gegenüber dem Grundbuchamt:

Bei einer Briefgrundschuld den zu bildenden Grundschuldbrief der Gläubigerin auszuhändigen. Der Gläubigerin nach Erledigung der Eintragungsanträge eine vollständige – beglaubigte – Grundbuchabschrift zu erteilen.

5.3 Der Sicherungsgeber beantragt gegenüber dem Notar:

Der Gläubigerin eine Ausfertigung ... dieser Urkunde zu erteilen, dem Sicherungsgeber eine einfache Abschrift dieser Urkunde zu erteilen, dem Grundbuchamt eine Ausfertigung dieser Urkunde einzureichen.

6. Abtretung des Rückgewähranspruchs

Der Sicherungsgeber tritt hiermit den, auch zukünftigen oder bedingten, Anspruch auf Rückgewähr aller vor- und gleichrangigen Grundschulden ... an die Gläubigerin ab. Der Sicherungsgeber verpflichtet sich, die Gläubigerin unverzüglich zu unterrichten, wenn ihm ein Gläubigerwechsel bei vor- oder gleichrangigen Grundschulden bekannt wird.

Hat der Sicherungsgeber die Rückgewähransprüche bereits an einen anderen abgetreten, so sind sie mit dem Zeitpunkt an die Gläubigerin abgetreten, in dem sie dem Sicherungsgeber wieder zustehen. ...

7. Freigabe anderer Sicherheiten

...

8. Zahlungen

Zahlungen an die Gläubigerin erfolgen nicht unmittelbar zur Tilgung der Grundschuld (Ziffer 1) oder zur Befreiung von der Haftung (Ziffer 3), sondern zur Begleichung der durch die Grundschuld gesicherten persönlichen Forderungen der Gläubigerin.

9. Vollstreckbare Ausfertigung

...

10. Auskunftserteilung

...

11. Baulasten

...

12. Abrechnung im Falle der Zwangsversteigerung

...

13. Zustimmung des Ehegatten

Die Darlehensnehmer erklären: Jeder Ehegatte stimmt, soweit erforderlich, den Erklärungen des anderen Ehegatten zu. Jeder Ehegatte duldet und bewilligt, soweit erforderlich, die sofortige Zwangsvollstreckung aus dieser Urkunde in das Vermögen des anderen Ehegatten. Er erklärt sich mit der jederzeitigen Erteilung einer vollstreckbaren Ausfertigung einverstanden.

14. Rechtswirksamkeit

Sollten Erklärungen in dieser Urkunde ganz oder teilweise der Rechtswirksamkeit ermangeln oder nicht durchgeführt werden, so sollen dennoch die übrigen Erklärungen wirksam bleiben.

Die Niederschrift ist in Gegenwart des Notars den Erschienenen vorgelesen, von ihnen genehmigt und eigenhändig wie folgt unterschrieben worden:

Jochen Hansmann (Jochen Hansmann)	Manfred Hummelt (Manfred Hummelt)
Elisabeth Hansmann (Elisabeth Hansmann)	Margret Hummelt (Margret Hummelt)
Hermann Buch (Hermann Buch, Notar)	

Zustimmung und Antrag der Gläubigerin

Wir stimmen der Grundschuldbestellung zu und stellen die vorstehenden Eintragungsanträge auch im eigenen Namen.

Mülheim, den 11. Mai 20..

Stadtsparkasse Mülheim

Jost Steiner

Grundschuldbestellungsurkunden, die eine Zwangsvollstreckungsklausel beinhalten, sind notariell zu beurkunden. Verzichtet ein Kreditinstitut auf die Aufnahme der Zwangsvollstreckungsklausel, genügt die öffentliche Beglaubigung der Urkunde.

(3) Entstehung und Erwerb der Grundschuld

Die Grundschuld, auf die gem. § 1192 BGB die Bestimmungen für die Hypothek Anwendung finden, entsteht wie die Hypothek durch Einigung über die Bestellung des Rechts, d.h. über die Belastung des Grundstücks, zwischen dem Grundstückseigentümer und dem Gläubiger und Eintragung im Grundbuch. Die Buchgrundschuld erwirbt der Gläubiger nach der Einigung und Eintragung, für den Erwerb der Briefgrundschuld ist außerdem noch die Übergabe des Grundschuldbriefs erforderlich.

Entstehung und Erwerb der Grundschuld	
Entstehung der Buch- und Briefgrundschuld:	Einigung + Eintragung
Erwerb der Buchgrundschuld:	Einigung + Eintragung
Erwerb der Briefgrundschuld:	Einigung + Eintragung + Briefübergabe

(4) Arten der Grundschuld

Sicherungsgrundschuld. Die Sicherungsgrundschuld ist eine Grundschuld, die der Kreditbesicherung dient. Sie wird zugunsten des Gläubigers im Grundbuch eingetragen. Die Sicherungsgrundschuld ist eine treuhänderische (fiduziarische) Sicherheit. Damit das Kreditinstitut nicht beliebig über die abstrakte Grundschuld verfügen kann, wird im *Innenverhältnis* zwischen Kunde und Bank durch eine *Sicherungsabrede,* die in einer *Sicherungszweckerklärung* enthalten ist, eine Verbindung zwischen der Forderung und der Grundschuld hergestellt.

Aufgrund dieser Zweckerklärung darf das Kreditinstitut aus einer Sicherungsgrundschuld die Zwangsvollstreckung nur betreiben, wenn der Kreditnehmer seine Pflichten aus dem Kreditvertrag nicht erfüllt. Das Kreditinstitut muss bei Beendigung des Kreditverhältnisses die Sicherungsgrundschuld freigeben und eine Löschungsbewilligung erteilen.

Im *Außenverhältnis* ist das Kreditinstitut gemäß Grundschuldbestellungsurkunde als Sicherungsnehmer Dritten gegenüber uneingeschränkter Grundschuldgläubiger.

Die Zweckerklärung kann sich nicht nur auf eine bestimmte Forderung, sondern auch auf alle bestehenden und künftigen Forderungen des Kreditinstituts beziehen. Dadurch kann eine Sicherungsgrundschuld das gesamte Kreditengagement eines Kunden absichern, ohne dass sie erneut eingetragen werden muss und ohne dass sich ihre Rangstelle ändert. Gegen diese erweiterte Sicherungsabrede bestehen in der Rechtsprechung keine Bedenken, wenn Sicherungsgeber (Grundstückeigentümer) und Schuldner personengleich sind.

Sicherungsabrede zur Grundschuldbestellung
– Auszug –

Greta Koch, Leipziger Str. 31, 60487 Frankfurt am Main
(Name und Anschrift des Sicherungsgebers)
hat der Frankfurter Sparkasse, Neue Mainzer Str. 47–53, 60311 Frankfurt am Main,
folgende Buchgrundschuld bestellt (UR: Nr. 1189/20 des Notars Klaus Baer):
Grundbuch von Bezirk 19 des Amtsgerichts Frankfurt am Main, Band 25, Blatt 2011, Flur 8, Flurstück 32/1,
Abt. III, lfd. Nr. 2 über 130 000,00 € (in Worten: einhundertdreißigtausend Euro).

Sicherungszweckerklärung

Die oben näher bezeichnete Grundschuld nebst Zinsen und sonstiger Nebenleistung sowie ein in Zusammenhang mit der Grundschuld etwa übernommenes abstraktes Schuldversprechen (Übernahme der persönlichen Haftung) dient zur Sicherung aller bestehenden und künftigen, auch bedingten und befristeten Forderungen der Bank gegen Greta Koch, Leipziger Str. 31, 60487 Frankfurt am Main, aus der bankmäßigen Geschäftsverbindung, soweit die Bank diese Forderungen im Rahmen ihrer bankmäßigen Geschäftsverbindung mit dem Kreditnehmer erwirbt.

Versicherung des belasteten Grundbesitzes

Die auf dem belasteten Grundbesitz befindlichen Gebäude und die beweglichen Gegenstände, auf die sich die Grundschuld gem. den §§ 1120 bis 1122, 1192 BGB erstreckt, sind gegen Feuer, Sturm- und Hagelschäden, Leitungswasserschäden versichert und versichert zu halten. Ist dies nicht der Fall, darf die Bank selbst die Versicherungen auf Kosten des Sicherungsgebers abschließen. Die nach dem Versicherungsvertrag zu zahlenden Versicherungsprämien sind regelmäßig und pünktlich zu entrichten.

Verwertungsrecht der Bank

Die Bank ist berechtigt, die Grundschuld zu verwerten, wenn ihre gesicherten Forderungen fällig sind und der Kreditnehmer mit seinen Zahlungen in Verzug ist oder ein gerichtliches Insolvenzverfahren über sein Vermögen beantragt hat. Das Kapital aus der bestellten Grundschuld wird die Bank nach Maßgabe der vertraglichen und gesetzlichen Vorschriften (§ 1193 Abs. 2 S. 2 BGB) kündigen. Die Bank wird die Verwertung mit angemessener Nachfrist (i. d. R. Monatsfrist) androhen.

Abtretung der Ansprüche auf Rückgewähr vor- und gleichrangiger Grundschulden

Der Sicherungsgeber tritt zwecks Sicherung der oben genannten Forderung seinen Anspruch auf Rückübertragung aller vor- und gleichrangigen Grundschulden an die Bank ab. Der Sicherungsgeber verpflichtet sich, die Bank unverzüglich zu unterrichten, wenn sein Rückübertragungsanspruch entsteht oder ihm ein Gläubigerwechsel bei vor- oder gleichrangigen Grundschulden bekannt wird.

Freigabe der Sicherheiten

Sobald die Bank wegen aller ihrer Forderungen befriedigt ist, ist sie – auf entsprechendes Verlangen – verpflichtet, ihre Rechte aus der Grundschuld freizugeben.

Eigentümergrundschuld. Da die Grundschuld nicht vom Bestehen einer Forderung abhängig ist, kann sie auch für den Grundstückseigentümer eingetragen werden. Eine auf den Namen des Grundstückseigentümers eingetragene Grundschuld bezeichnet man als Eigentümergrundschuld.

Eine Eigentümergrundschuld kann entstehen bei

- Eintragung einer Grundschuld auf den Namen des Eigentümers, um eine Rangstelle bei Kreditbedarf freizuhalten und durch Abtretung und Übergabe des Grundschuldbriefs jederzeit eine Kreditsicherheit stellen zu können, ohne dass der Gläubiger im Grundbuch ersichtlich ist;

  Der Eigentümer kann jedoch diese Eigentümergrundschuld nur einmal abtreten. Ein gesetzlicher Löschungsanspruch entsteht, wenn die Eigentümergrundschuld bereits einmal Fremdrecht war und anschließend wieder Eigentümergrundschuld geworden ist.

- Eintragung einer Hypothek zugunsten eines Dritten, bei der die zugrunde liegende Forderung noch nicht entstanden ist;
- teilweiser oder völliger Tilgung der einer Hypothek zugrunde liegenden Forderung;
- Verzicht des Hypothekengläubigers auf die bestehende hypothekarische Sicherung;
- Übergang der Hypothek auf den Grundstückseigentümer zum Beispiel durch Erbschaft oder Schenkung.

Für das Erlöschen und die *Verwertung der Grundschuld* finden die Vorschriften über die *Hypothek* Anwendung.

18.8.3.3 Abtretung (Übertragung) von Grundpfandrechten

Grundpfandrecht	Übertragung durch ...
Briefhypothek	Schriftliche Abtretung der Forderung aus dem Darlehen und Übergabe des Hypothekenbriefs oder mündliche Abtretung der Forderung aus dem Darlehen und Übergabe des Hypothekenbriefs und Eintragung der Abtretung im Grundbuch
Buchhypothek	Abtretung der Forderung aus dem Darlehen und Eintragung der Abtretung im Grundbuch
Briefgrundschuld	Schriftliche Abtretung des dinglichen Anspruchs und Übergabe des Grundschuldbriefs oder mündliche Abtretung, Übergabe des Grundschuldbriefs und Eintragung der Abtretung im Grundbuch
Buchgrundschuld	Abtretung des dinglichen Anspruchs und Eintragung der Abtretung im Grundbuch

18.8.3.4 Löschung der Grundpfandrechte

Zahlt der Schuldner ein durch eine Hypothek oder Grundschuld gesichertes Darlehen zurück, so kann der Grundstückseigentümer die Freigabe des Grundpfandrechts verlangen. Der Grundpfandrechtsgläubiger hat dem Eigentümer den Hypotheken- oder Grundschuldbrief auszuhändigen und die zur Berichtigung des Grundbuchs oder zur Löschung des Grundpfandrechts erforderlichen Unterlagen als öffentliche oder öffentlich beglaubigte Urkunden zu übergeben.

Es gibt zwei Arten von Löschungsurkunden: die Löschungsbewilligung und die löschungsfähige Quittung.

Die **Löschungsbewilligung** ist eine Urkunde, mit der der Gläubiger die Löschung der Hypothek oder der Grundschuld bewilligt. Sie wird in der Regel erteilt, wenn das Recht im Grundbuch gelöscht werden muss (aufgrund des gesetzlichen Löschungsanspruchs oder einer Löschungsvormerkung bei Grundpfandrechten, deren Eintragung vor dem 1. Januar 1978 beantragt wurde; vgl. nächste Seite). Sie ist dazu bestimmt, dem Grundbuchamt als Unterlage für die Löschung des Grundpfandrechts im Grundbuch zu dienen.

Eine Löschungsbewilligung ermöglicht dem Grundstückseigentümer nur die Löschung der Eintragung.

Eine **löschungsfähige Quittung** ist eine Bestätigung des Hypotheken-/Grundschuldgläubigers, dass sein Anspruch vom Grundstückseigentümer erfüllt ist.

- Die löschungsfähige Quittung kann ebenfalls unmittelbar der Löschung des Rechts dienen.
- Bei Grundpfandrechten, bei denen der Grundstückseigentümer nicht zur Löschung verpflichtet ist (z. B. Ausschluss oder Einschränkung des gesetzl. Löschungsanspruchs, keine Löschungsvormerkung bei Eintragungen, die vor dem 1. Januar 1978 beantragt wurden), kann der Grundstückseigentümer darüber hinaus aufgrund der löschungsfähigen Quittung die zur Eigentümergrundschuld gewordene Hypothek bzw. die zurückgezahlte Sicherungsgrundschuld *auf seinen Namen umschreiben lassen.* Nachrangige Grundpfandrechte rücken dadurch nicht im Rang nach. Der Eigentümer kann sich so eine gute Rangstelle für eine spätere Kreditaufnahme freihalten. Durch Abtretung der Eigentümergrundschuld und evtl. Übergabe des Hypotheken-/Grundschuldbriefs kann er jederzeit eine Kreditsicherheit stellen.
- Der Grundstückseigentümer kann ferner – falls er nicht zur Löschung verpflichtet ist – aufgrund der löschungsfähigen Quittung auf die *Löschung und die Umschreibung* auf seinen Namen *verzichten.* Eine Hypothek bleibt, obwohl sie nicht umgeschrieben ist, Eigentümergrundschuld, die unter Übergabe der löschungsfähigen Quittung und ggf. des Hypothekenbriefs wiederum als Kreditsicherheit an einen Gläubiger abgetreten werden kann.

Löschungsfähige Quittungen werden in der Praxis nicht mehr ausgestellt.

§ 1179 a BGB

Löschungsvormerkung, gesetzlicher Löschungsanspruch. Nachrangige Grundpfandrechtsgläubiger haben ein Interesse daran, dass die ihrem Grundpfandrecht vorgehenden Rechte erlöschen, damit sie im Rang aufrücken können. Einem gleich- oder nachrangigen Grundpfandrechtsgläubiger steht ein *gesetzlicher Löschungsanspruch* gegen den Eigentümer des Grundstücks zu. Voraussetzung dafür ist jedoch, dass das zu löschende (gleich- oder vorrangige) Grundpfandrecht zunächst Fremdgrundpfandrecht gewesen ist und sich danach mit dem Eigentum vereinigt hat, d. h. dann dem Eigentümer zusteht. Solange also z. B. eine Grundschuld Fremdgrundschuld ist, kann Löschung nicht verlangt werden. Ist das vorrangige Grundpfandrecht eine Eigentümergrundschuld, die bislang nie eine Fremdgrundschuld war, besteht gegen diese kein Löschungsanspruch. Der Löschungsanspruch hat von Gesetzes wegen allein aufgrund der Eintragung des Grundpfandrechts die Wirkung einer Vormerkung, ohne dass eine Vormerkung im Grundbuch einzutragen ist. Die Löschung selbst erfolgt durch Aufhebung des Rechts nach § 875 BGB. Folge ist, dass dann die Rechte aller nachrangigen Gläubiger – nicht nur das des Anspruchstellers – entsprechend ihrem Rang nachrücken.

Der gesetzliche Löschungsanspruch besteht nur für Grundpfandrechte, deren Eintragung nach dem 01. 01. 1978 beantragt wurde. Für ältere Grundpfandrechte muss mit dem Eigentümer eine entsprechende Verpflichtung vereinbart sein. Der gleich- oder nachrangige Grundpfandrechtsgläubiger kann den *vereinbarten Löschungsanspruch* durch Eintragung einer *Löschungsvormerkung* schützen. Die seit dem Jahr 1978 geregelte Löschungsvormerkung betrifft nur noch Löschungsansprüche von Inhabern anderer Rechte als Grundpfandrechte, etwa einer Dienstbarkeit, eines Nießbrauchs, einer Reallast oder eines Vorkaufsrechts.

18.8.3.5 Verwertung der Grundpfandrechte

Die **Verwertung** eines Grundpfandrechts geschieht nach den Regeln der *Zwangsvollstreckung.* Voraussetzung ist ein *vollstreckbarer Titel,* der den Eigentümer des belasteten Grundstücks verpflichtet, die Zwangsvollstreckung in das Grundstück zu dulden.

Diesen vollstreckbaren Titel erhält der Gläubiger

- durch Klage und Urteil des Gerichts,
- bereits bei Bestellung des Grundpfandrechts, wenn sich der Schuldner der Zwangsvollstreckung unterwirft und diese Zwangsvollstreckungsklausel ins Grundbuch eingetragen ist. Die Erhebung der Klage kann in diesem Fall unterbleiben. Der Gläubiger besitzt mit der Bestellungsurkunde bereits einen vollstreckbaren Titel.

Zwangsvollstreckung. Die Zwangsvollstreckung in das Grundstück erfolgt durch eine *Zwangsversteigerung, Zwangsverwaltung* oder durch *Eintragung einer Zwangssicherungshypothek.* Bei der Zwangsversteigerung kann sich der Gläubiger aus dem Versteigerungserlös befriedigen. Zur Durchführung der Zwangsverwaltung wird vom Gericht ein Zwangsverwalter bestellt. Aus den Erträgen des Grundstücks (Mieten, Pachten usw.) werden die Ansprüche des Gläubigers befriedigt. Die Eintragung einer Zwangssicherungshypothek dient der Sicherung der Gläubigerforderung, ohne dass die Ansprüche des Gläubigers unmittelbar befriedigt werden.

	Zwangsvollstreckung	
	Zwangsversteigerung	**Zwangsverwaltung**
Befriedigung des Gläubigers:		
wann?	sofort	allmählich
woraus?	Versteigerungserlös des Grundstücks	Ertrag des Grundstücks
wodurch?	Veräußerung des Grundstücks	Entzug der Verwaltung und Nutzung
Eigentum des Schuldners:	geht verloren	bleibt erhalten

Durch Befriedigung des Gläubigers im Wege der Zwangsvollstreckung erlischt das Grundpfandrecht kraft Gesetz.

18.8.3.6 Beurteilung der Grundpfandrechte als Kreditsicherheit

In der Praxis hat die Grundschuld die Hypothek verdrängt. Das hat folgende Gründe:

- Bei einer Grundschuld ist es unerheblich, ob die Höhe der zu sichernden Forderung schwankt. Sie ist unabhängig vom wechselnden Kreditsaldo und bleibt auch bei Kreditabdeckung in voller Höhe bestehen (abstrakt).
- Da die Grundschuld bei Tilgung der gesicherten Forderung weiter dem Inhaber zusteht, kann sie durch formlose Vereinbarung zur Sicherung einer neuen Forderung genutzt werden.
- Die Eintragung einer Zwangsvollstreckungsklausel, wonach die Zwangsvollstreckung ohne einen vorangegangenen Prozess vorgenommen werden darf, ist möglich.
- Durch eine Grundschuld können mehrere bereits bestehende oder künftige Forderungen gegen denselben (oder auch verschiedene) Schuldner gesichert werden.
- Der Grundstückseigentümer kann keine Einwendungen aus dem Grundgeschäft erheben.
- Der Zinssatz der Grundschuld ist unabhängig von der Verzinsung der persönlichen Forderung des Kreditinstituts. Es ist zulässig, einen höheren Zinssatz einzutragen. Dadurch kann sich das Kreditinstitut für den Fall einer späteren Erhöhung des Zinssatzes die persönliche Forderung (Kredit) sichern.

18.9 Kreditüberwachung

Während der Laufzeit des Baufinanzierungskredits muss die Vertragserfüllung ständig überwacht werden. Das bedeutet zunächst die pünktliche Zahlung von Zins- und Tilgungsleistungen. Sind diese nicht durch Mieteinnahmen gedeckt, ist auch die Überwachung des Einkommens des Darlehensnehmers notwendig. Teilt die Versicherungsgesellschaft mit, dass die Prämien für die Gebäudeversicherung nicht gezahlt wurden, muss der Darlehensnehmer auf Zahlung gedrängt und bei gefährdeten Darlehen gegebenenfalls die Prämie durch das Kreditinstitut gezahlt werden. Ansonsten ist die dingliche Sicherstellung z. B. bei einem Feuerschaden möglicherweise nicht mehr in vollem Umfang gegeben.

Ist der Darlehensnehmer nicht in der Lage, die Zins- und Tilgungsleistungen pünktlich zu erbringen, ist in Absprache mit dem Darlehensnehmer unter Umständen eine Herabsetzung oder Stundung der monatlichen Raten zu erwägen, wenn die Rückzahlung insgesamt gewährleistet erscheint.

Zahlt der Darlehensnehmer trotz mehrerer Mahnungen nicht und zeigt auch keine Bereitschaft, gemeinsam mit der Bank eine Lösung seiner Zahlungsschwierigkeiten zu suchen, wird die Bank alle Maßnahmen ergreifen, die ihr aus dem Kreditsicherungsvertrag zur Verfügung stehen. Sie kann das Darlehen kündigen und fällig stellen (vg. Kapitel 18.5.3). In diesem Fall kann sie die sofortige Rückzahlung verlangen.

Letztlich kann das Kreditinstitut die Grundschuld verwerten, indem es von der Zwangsvollstreckungsklausel Gebrauch macht durch Einleitung einer Zwangsversteigerung aufgrund der freiwilligen Unterwerfung des Darlehensnehmers unter eine Zwangsvollstreckung.

Im Zusammenhang mit der Baufinanzierungsberatung und mit dem Abschluss des Darlehensvertrags ergeben sich für den Berater weitere Beratungsansätze.

18.10 Wohngebäudeversicherung

18.10.1 Versicherungsgegenstand und versicherte Gefahren

Gegen die Gefahren Feuer, Leitungswasser, Sturm/Hagel kann im Rahmen der Wohngebäudeversicherung Versicherungsschutz genommen werden.

Als Gebäude im Sinne der Versicherungsbedingungen gelten nicht nur der eigentliche Baukörper, der ganz oder überwiegend Wohnzwecken dient, sondern auch die Bestandteile (eingebaute Schränke, fest verlegte Fußbodenbeläge, Zentralheizungsanlagen, sanitäre Installationen und elektrische Anlagen) und das Zubehör, das der Instandhaltung des Gebäudes oder dessen Nutzung zu Wohnzwecken dient, soweit es sich in dem Gebäude befindet oder außen an dem Gebäude angebracht ist (Maschinen, Markisen, Überdachungen, außen am Gebäude angebrachte Antennen).

Zur Vermeidung von Streitfällen bezüglich der Zuständigkeit der Hausrat- oder der Wohngebäudeversicherung gelten fest mit dem Gebäude verbundene Sachen als zum Wohngebäude gehörig.

	Versichert sind	Nicht versichert sind
Feuer	■ Schäden durch Brand, Blitzschlag, Explosion, Implosion, Absturz von Flugzeugen sowie Folgeschäden durch Rauch, Ruß und Löschen. ■ Bei uns mitversichert: Überspannungsschäden durch Blitzschlag bis zur vereinbarten Höhe.	■ Sengschäden, außer wenn sie durch Brand, Blitzschlag, Explosion oder Implosion entstanden sind.
Leitungswasser	■ Schäden durch bestimmungswidrig austretendes Leitungswasser, auch aus Wasch- und Spülmaschinen, Aquarien, Wasserbetten, Schläuchen der Wasserversorgung; Schäden durch Überlaufen oder Wasserdampf. ■ Bruch- und Frostschäden an Rohrleitungen im Gebäude; auch Schäden an Zuleitungs- und Heizungsrohren außerhalb des Gebäudes, aber innerhalb des Versicherungsgrundstücks. ■ Frostschäden an Badeeinrichtungen, Waschbecken, Spülklosetts, Wasserhähnen und Wassermessern, an Heizkörpern, Heizkesseln und Boilern.	■ Durchnässungs-, Bruch- und Frostschäden, solange das versicherte Gebäude nicht bezugsfertig oder wegen Umbauarbeiten für seinen Zweck nicht benutzbar ist. ■ Schäden durch Erdfall oder Erdrutsch, sofern sie nicht durch einen Leitungswasserschaden verursacht wurden. Ferner durch Niederschläge, Grund- und Hochwasser, stehende und fließende Gewässer, witterungsbedingten Rückstau, Plansch- oder Reinigungswasser, Hausschwamm.
Sturm/ Hagel	■ Schäden, die ein Sturm (mindestens Windstärke 8) am Gebäude, auch an Scheiben und Fenstern anrichtet. ■ Schäden durch Bäume oder sonstige Gegenstände, die der Sturm auf das versicherte Gebäude wirft. ■ Hagelschäden am Gebäude sowie an Scheiben und Fenstern. ■ Schäden, die eindringende Niederschläge anrichten, wenn der Sturm oder der Hagelschlag das Dach abdeckt, Fensterscheiben eingedrückt oder zerbrochen hat.	■ Schäden vor Bezugsfertigkeit des Gebäudes oder wenn es wegen Umbauarbeiten für seinen Zweck nicht mehr benutzbar ist. ■ Schäden durch Sturmflut und Lawinen. Ferner durch Regen, Hagel, Schnee oder Schmutz, wenn diese Niederschläge durch unverschlossene oder undichte Türen, Fenster oder sonstige Öffnungen eindringen.

Unser Tipp: Mit unserem Zusatzbaustein Wohngebäude (WG) PLUS können Sie den Versicherungschutz individuell ausbauen.

Bitte beachten Sie: Schäden durch Kriegsereignisse, innere Unruhen, Erdbeben und Kernenergie sind nicht versichert. Für Schäden durch Kernenergie besteht eine gesetzlich geregelte Haftpflichtversicherung, die den Geschädigten schützt.

Quelle: HUK Coburg

18.10.2 Gleitender Neuwert

Versichert ist das Gebäude zum „gleitenden Neuwert". Versicherungswert ist der ortsübliche Neubauwert des Gebäudes entsprechend seiner Größe und Ausstattung, ausgedrückt in Preisen des Jahres 1914 (Versicherungswert 1914).

Grundlage der gleitenden Neuwertversicherung sind der Versicherungswert von 1914 und der gleitende Neuwertfaktor. Der Versicherungsschutz wird jährlich an die Baukostenentwicklung angepasst. Der Beitrag verändert sich entsprechend der Anpassung des Versicherungsschutzes gemäß der Erhöhung oder Verminderung des gleitenden Neuwertfaktors. Der jeweils zu zahlende Jahresbeitrag ergibt sich aus der Multiplikation der vereinbarten Versicherungssumme 1914 · Beitragssatz je 1 000 Mark Versicherungssumme 1914 · gültiger gleitender Neuwertfaktor.

Beispiel:

	Versicherungssumme 1914	26 000,00 Mark
	Beitragssatz	0,5 Promill
	Neuwertfaktor (2023)	24,3
		315,90 EUR
+	16,34 % Versicherungssteuer	51,62 EUR
=	Prämie	367,52 EUR

18.11 Hausratversicherung

18.11.1 Versicherte Sachen

In der Hausratversicherung ist der gesamte Hausrat versichert. Dazu gehören alle Sachen, die dem Haushalt des Versicherten

- zur Einrichtung (z. B. Mobiliar)
- zum Gebrauch (z. B. Wäsche, Kleidung, Geschirr)
- zum Verbrauch (z. B. Nahrungs-, Genussmittel)

dienen.

Für Wertsachen und Bargeld ist die Entschädigung je Versicherungsfall auf einen vereinbarten Betrag begrenzt.

Versicherte Sachen, die Eigentum des Versicherungsnehmers oder einer mit ihm in häuslicher Gemeinschaft lebenden Person sind oder die deren Gebrauch dienen, sind weltweit auch versichert, solange sie sich vorübergehend (d. h. bis max. 3 Monate) außerhalb der Wohnung befinden.

Fremdes Eigentum ist mit Ausnahme von Sachen eines Untervermieters in der Hausratversicherung mitversichert.

18.11.2 Versicherte Gefahren

Entschädigt werden versicherte Sachen, die durch

- Brand, Blitzschlag, Explosion, Implosion, Aufprall eines Luftfahrzeugs, seiner Teile oder seiner Ladung, Anprall von Kraft- oder Schienenfahrzeugen, Überschallknall
- Einbruchdiebstahl, Beraubung oder den Versuch einer solchen Tat
- Vandalismus
- Leitungswasser
- Sturm/Hagel

zerstört oder beschädigt werden oder infolgedessen abhanden kommen (Versicherungsfall). Nicht versichert sind ohne Rücksicht auf mitwirkende Ursachen Schäden, die durch Kriegsereignisse jeder Art, innere Unruhen, Erdbeben oder Kernenergie entstehen.

18.11.3 Versicherte Kosten

Versichert sind auch die infolge eines Versicherungsfalls notwendigen

- Aufräumkosten (Aufräumen, Wegräumen, Abtransport, Ablagern oder Vernichten von zerstörten und beschädigten versicherten Sachen)
- Schlossänderungskosten (bei abhanden gekommenen Schlüsseln)
- Hotelkosten (bei Unbewohnbarkeit der Wohnung)
- Transport- und Lagerkosten (bei Unbenutzbarkeit der Wohnung)
- Reparaturkosten für Gebäudeschäden im Bereich der Wohnung, die bei Einbruchdiebstahl, Vandalismus etc. entstanden sind
- u.a.

Nicht versichert sind Aufwendungen für Leistungen der Feuerwehr oder anderer Institutionen, die im öffentlichen Interesse zur Hilfeleistung verpflichtet sind, wenn diese Leistungen im öffentlichen Interesse erbracht werden.

18.11.4 Versicherungssumme

In der Hausratversicherung gilt als Versicherungswert der Wiederbeschaffungspreis. Die Versicherungssumme muss jederzeit den Wiederbeschaffungspreis der versicherten Sachen entsprechen. Durch die automatische Anpassung der Versicherungssumme gemäß dem Preisindex der Lebenshaltungskosten aller privaten Haushalte wird verhindert, dass im Laufe der Zeit eine Unterversicherung entsteht.

Kompetenztraining: Baufinanzierung

1 Bei der Beratung und dem Angebot von Immobiliar-Verbraucherdarlehensverträgen sind umfängliche Verbraucherschutzvorschriften zu beachten. Stellen Sie fest, welche Aussagen in diesem Zusammenhang richtig sind.

a) Bei der Kreditwürdigkeitsprüfung darf sich die Kreditentscheidung hauptsächlich auf die Werthaltigkeit der als Sicherheit hereinzunehmenden Immobilie stützen.

b) Die Bank darf den Kunden in einem ersten Beratungsgespräch ein Darlehensangebot unterbreiten, selbst wenn der Kunde keine Unterlagen zum konkreten Immobilienwunsch vorgelegt hat.

c) Die Bank muss dem Kunden vor einem Vertragsabschluss wichtige Informationen über das Produktangebot in Textform auf dem „Europäischen Standardisierten Merkblatt" (ESIS-Merkblatt) übermitteln.

d) Kreditinstitute dürfen Immobiliar-Verbraucherdarlehensverträge nur abschließen, wenn aus der Kreditwürdigkeitsprüfung hervorgeht, dass keine erheblichen Zweifel bestehen, dass der Darlehensnehmer das Darlehen vertragsgemäß bedienen wird.

e) Bei einem Immobiliar-Verbraucherdarlehen erlischt das Widerrufsrecht bei einer fehlenden oder mangelhaften Widerrufsbelehrung spätestens 12 Monate und 14 Tage nach dem Vertragsabschluss.

2 Als Kundenberater/-in prüfen Sie im Rahmen des Kreditantrags die Kreditwürdigkeit Ihrer Kundin. Welche der folgenden Aussagen zur Prüfung der Kreditwürdigkeit sind zutreffend?

a) Zur Feststellung der persönlichen Kreditwürdigkeit informieren Sie sich bei Ihrer Kundin über die Höhe ihres Nettogehalts.

b) Zur Feststellung der persönlichen Kreditwürdigkeit prüfen Sie, ob die Kundin voll geschäftsfähig ist.

c) Zur Beurteilung der persönlichen Kreditwürdigkeit benötigen Sie das polizeiliche Führungszeugnis Ihrer Kundin.

d) Zur Beurteilung der persönlichen Kreditwürdigkeit prüfen Sie, ob Ihre Kundin bisherige Verpflichtungen im Rahmen ihrer Kontoführung ordnungsgemäß erfüllt hat.

e) Zur Ermittlung der materiellen und persönlichen Kreditwürdigkeit ziehen Sie unter anderem die Selbstauskunft Ihrer Kundin heran.

f) Zur Beurteilung der materiellen Kreditwürdigkeit lassen Sie sich Dokumente über berufliche Qualifikationen Ihrer Kundin vorlegen.

3 Ermitteln Sie für eine Eigentumswohnung (68 m^2)

a) die voraussichtlichen Gesamtkosten

b) die Summe der erforderlichen Fremdmittel.

Festpreis lt. Angebot der Baufirma	1 500,00 €/m^2
zuzüglich Tiefgaragenplatz	7 500,00 €
zuzüglich Sonderausstattungen	10 000,00 €
zuzüglich Nebenkosten	3 000,00 €
Vorhandene Eigenmittel:	
– gekündigtes (fälliges) Sparguthaben	25 000,00 €
– Bausparvertrag (zuteilungsreif)	40 000,00 €
eingezahlt mit	16 000,00 €
– Sparguthaben über soll für Notfälle erhalten bleiben	5 000,00 €

4 Die Eheleute Jonas und Hannah Becker, Kunden Ihrer Bank, möchten ein Grundstück kaufen und darauf ein Einfamilienhaus zur Eigennutzung errichten. Die Baumaßnahme soll u.a. mit einem Darlehen Ihrer Bank finanziert werden. Die Kunden sind bereit, das Darlehen mit einer Grundschuld zu besichern.

Folgende Informationen liegen Ihnen vor:

Grundstückspreis	115 000,00 €
Erschließungskosten	30 500,00 €
Anstehende Grunderwerbsteuer	6,5 %
Kosten für Notar und Amtsgericht	2 100,00 €
Baukosten	225 000,00 €

Sparguthaben von 130 000,00 € soll als Eigenmittel einfließen. Zuteilungsreifer Bausparvertrag mit einer Bausparsumme von 80 000,00 € und 40 % Einzahlung.

a) Ermitteln Sie die Gesamtkosten des Bauprojekts.

b) Ermitteln Sie die Mindesthöhe des von Ihrer Bank zu stellenden Annuitätendarlehens.

c) Sie bieten den Eheleuten ein Annuitätendarlehen zu folgenden Konditionen an:
Darlehenssumme 175 000,00 €; Sollzinssatz 3,30 % p.a.; anfängliche Tilgung 2 % p.a.; effektiver Jahreszins 3,41 % p.a.
Ermitteln Sie die monatliche Annuität für das Darlehen.

d) Im Darlehensvertrag mit den Eheleuten Becker ist die Klausel „sofortige Tilgungsverrechnung" enthalten.
Erläutern Sie den Kunden die Auswirkungen dieser Vertragsklausel.

---

5 Der Finanzierungsplan für eine Eigentumswohnung sieht wie folgt aus:

Gesamtkosten:	280 000,00 €
Finanzierung:	
erststellige Grundschuld	130 000,00 € zu 3,1 % p.a.
nachrangiges Darlehen	80 000,00 € zu 3,6 % p.a.
Eigenkapital	70 000,00 €

Laufende Kosten: 1,5 % der Gesamtkosten jährlich.

Abschreibungen: 2 % von 250 000,00 € jährlich.

Der Investor will die Eigentumswohnung vermieten.

Wie viel Euro müssen die monatlichen Mieteinnahmen betragen, damit sich das Eigenkapital mit 4 % verzinst?

---

6 Im Zusammenhang mit der Beleihungswertermittlung gibt es unterschiedliche Wertbegriffe.

Welche der folgenden Aussagen sind hierzu richtig?

a) Der Sachwert ist die Summe aus dem Bodenwert und dem Wert der baulichen Anlagen (Bauwert).

b) Der Beleihungswert entspricht dem tatsächlichen Wert der Immobilie zum Zeitpunkt der Wertermittlung.

c) Der Beleihungsauslauf ist die tatsächliche Belastung des Grundstücks in Prozent des Beleihungswerts aufgrund der gewährten Kredite unter Berücksichtigung aller vor- und gleichrangiger Belastungen.

d) Als Beleihungswert bezeichnet man die maximale Darlehenshöhe, die das Kreditinstitut bereit ist, im Hinblick auf die gestellte Sicherheit zu gewähren.

e) Der Ertragswert wird überwiegend bei Mehrfamilienhäusern, nicht zur Eigennutzung vorgesehenen Eigentumswohnungen und gewerblichen Objekten ermittelt.

7 Ihre Kunden Stefan und Mia Kleinert möchten ein Einfamilienhaus kaufen. Die Eheleute verfügen über einen zuteilungsreifen Bausparvertrag und wünschen Auskunft zum Bauspardarlehen. Welche Auskunft ist richtig?

a) Das Bauspardarlehen ist durch ein erststelliges Grundpfandrecht abzusichern.

b) Um die monatliche Annuität möglichst gering zu halten, haben Bauspardarlehen Laufzeiten zwischen 20 und 25 Jahren.

c) Das Bauspardarlehen darf zusammen mit vor- oder gleichrangigen Belastungen 100 % des Beleihungswerts betragen.

d) Nach der Zuteilung kann sich der Bausparer zwischen einem festen und einem variablen Sollzinssatz entscheiden.

e) Die Besicherung des Bauspardarlehens kann durch Grundpfandrechte bis zu 80 % des Beleihungswerts erfolgen.

f) Das Bauspardarlehen darf nur mit Zustimmung der Bausparkasse vorzeitig zurückgezahlt werden.

---

8 Die Eheleute Ilona und Max Krüger planen den Erwerb eines Einfamilienhauses. Die Eheleute stehen mit dem derzeitigen Eigentümer in Verhandlung.

Zur Vorbereitung eines Beratungstermins bitten Sie die Eheleute, Unterlagen zur Objektbeurteilung einzureichen. Auf Nachfrage der Kunden erläutern Sie ihnen deren Bedeutung. Mit welcher Information geben Sie den Kunden zutreffende Erläuterungen?

a) Der Flurkarte kann die genaue Lage des Grundstücks sowie die Abgrenzung zu Nachbargrundstücken entnommen werden.

b) Der Nachweis über die Gebäudeversicherung muss dem Grundbuchamt vorgelegt werden.

c) Das Liegenschaftsbuch wird beim Katasteramt geführt. Aus ihm ist die genaue Größe und die Nutzungsart des Grundstücks ersichtlich.

d) Dem Grundbuchauszug ist der Grundstückspreis pro Quadratmeter zu entnehmen.

e) Die Bauausführungspläne bescheinigen die fachgerechte mangelfreie Ausführung der Bauleistung.

f) Die vom Finanzamt ausgestellte Unbedenklichkeitsbescheinigung bestätigt, dass in der Vergangenheit die Grundsteuer regelmäßig gezahlt wurde.

---

9 Ein Kunde will auf einem Grundstück, für das er ein Erbbaurecht erworben hat, ein Wohnhaus errichten. Welche Aussage über das Erbbaurecht bzw. das Erbbaugrundbuch ist richtig?

a) Das Erbbaurecht endet mit dem Tod des Erbbauberechtigten.

b) Das Erbbaurecht kann vom Erbbauberechtigten veräußert werden.

c) Das Erbbaurecht beinhaltet ein Teileigentum an einem Sondereigentum.

d) Ein aufgrund eines Erbbaurechts errichtetes Bauwerk ist wesentlicher Bestandteil des Grundstücks.

e) Das Erbbaugrundbuch genießt keinen öffentlichen Glauben.

---

10 Die Rhein-Ruhr Bank gewährt ihrem Kunden Jan Henrichsen folgendes Immobiliar-Verbraucherdarlehen als Annuitätendarlehen:

Darlehensbetrag	150 000,00 €
Nominalzins	3,30 %
anfängliche Tilgung (monatliche Tilgungsverrechnung)	3,00 %

a) Ermitteln Sie die monatliche Belastung des Kunden.

b) Erstellen Sie den Tilgungsplan für die ersten vier Monate.

11 Ermitteln Sie den Ertragswert für eine Gewerbeimmobilie (auf volle Tausend Euro abgerundet) entsprechend der Beleihungswertermittlungsverordnung.

Vorgaben:

Grundstücksgröße	2500 m^2
angemessener zur Bewertung heranzuziehender Grundstückspreis	45,00 €/m^2
Das Objekt ist 25 Jahre alt, Restnutzungsdauer	35 Jahre
dauerhaft vermietbare Fläche	1318 m^2
durchschnittlicher Mietpreis pro Quadratmeter	15,00 € je Monat
veranschlagte Bewirtschaftungskosten	20 % des Rohertrags

Als angemessene Verzinsung des Bodenwerts werden 7 % p. a. angesetzt; der Kapitalisierungszinssatz beträgt ebenfalls 7 % p. a.

Schema zur Berechnung des Ertragswertes

	Jahresrohertrag
–	Bewirtschaftungskosten
=	Jahresreinertrag
–	Bodenwertverzinsung
=	verminderter Reinertrag

	verminderter Reinertrag · Vervielfältiger
+	Bodenwert
=	Ertragswert des Beleihungsobjektes

BelWertV Anlage 4 (zu § 12 Abs. 1) Vervielfältigertabelle
(Fundstelle des Originaltextes: BGBl. I 2006, 1185–1186)

Bei einer Restnutzungsdauer von … Jahren	bei einem Kapitalisierungszinssatz in Höhe von … Prozent										
	5	5,5	6	6,5	7	7,5	8	8,5	9	9,5	10
33	16,00	15,08	14,23	13,46	12,75	12,11	11,51	10,97	10,46	10,00	9,57
34	16,19	15,24	14,37	13,58	12,85	12,19	11,59	11,03	10,52	10,05	9,61
35	16,37	15,39	14,50	13,69	12,95	12,27	11,65	11,09	10,57	10,09	9,64
36	16,55	15,54	14,62	13,79	13,04	12,35	11,72	11,14	10,61	10,13	9,68
37	16,71	15,67	14,74	13,89	13,12	12,42	11,78	11,19	10,65	10,16	9,71

12 Welche Aussagen treffen zu auf

(1) das Annuitätendarlehen,
(2) das Tilgungs-/Abzahlungsdarlehen,
(3) das Festdarlehen?

a) Der Kreditnehmer erbringt gleichbleibende vierteljährliche oder monatliche Raten, die Zinsen und Tilgung einschließen.

b) Das Darlehen wird am Ende der Laufzeit in einer Summe zurückgezahlt.

c) Der Kreditnehmer erbringt jährlich fallende Leistungen.

d) Die Tilgungsleistungen steigen um die ersparten Zinsen.

e) Das Darlehen wird in gleichbleibenden Rückzahlungsraten getilgt.

13

Einlegebogen

Amtsgericht Hildesheim **Grundbuch von** Beder **Blatt** 93 **Bestandsverzeichnis** 81

Laufende Nummer der Grundstücke	Bisherige laufende Nummer der Grundstücke	Bezeichnung der Grundstücke und der mit dem Eigentum verbundenen Rechte: Gemarkung (Vermessungsbezirk)	Karte: Flur	Karte: Flurstück	Liegenschaftsbuch	Wirtschaftsart und Lage	Größe: ha	a	m²
		a	b	b	c/d	e			
1	2	3					4		
1		Beder	142	949		Gebäude- und Freifläche, Am Finkenberg 6	–	11	91
2		Beder	142	951		Grünland, Am Finkenberg 6	–	–	86
3/ zu 1	Grunddienstbarkeit (Abwasser-Kanal-Leitungsrecht) an den Grundstücken Flur 142 Flurstücke 950 und 952 (Beder 94 und 112). Dort eingetragen in Abt. II Nr. 1 am 20. Okt. 1947.								

Einer

Einlegebogen

Amtsgericht Hildesheim **Grundbuch von** Beder **Blatt** 93 **Erste Abteilung** 81R

Laufende Nummer der Eintragungen	Eigentümer	Laufende Nummer der Grundstücke im Bestandsverzeichnis	Grundlage der Eintragung
1	2	3	4
1	Eheleute Fritz Ellendorf, geb. am 26. Okt. 1923 und Maria geb. Markus, geb. am 13. Juli 1925, beide wohnhaft zu Beder 15, zu je 1/2 Anteil Breuer Klodt	1, 2	Auf Grund des Erbscheins v. 21. März 1947 (46III143/47 AG Hildesheim) eingetragen am 17. Sept. 1947 Breuer Klodt
2	Eheleute Erich Ellendorf, geb. am 15. Jan. 1950 und Luise geb. Mertens, geb. am 30. April 1950, beide wohnhaft zu Beder 15 – zu je 1/2 – Daniel Gruner	1, 2	Aufgelassen am 14. April 1990 und eingetragen am 27. Juli 1990 Daniel Gruner

Die nachfolgenden Aufgaben beziehen sich auf den Auszug des obigen Grundbuchblattes.

a) Wie groß ist das Grundstück in m^2?

b) Wer ist Eigentümer?

c) Was versteht man unter einer Auflassung?

d) Erklären Sie die unterschiedlichen Daten: „Aufgelassen am 14. April 1990" und „Eingetragen am 27. Juli 1990".

e) Erläutern Sie die Bedeutung der im Bestandsverzeichnis eingetragenen Grunddienstbarkeit für den Grundstückseigentümer.

14 Im Grundbuch von Mainz, Grundbuchblatt 4815, Flur 10, Flurstück 92, sind folgende Eintragungen verzeichnet:

Bestandsverzeichnis	Zweite Abteilung	Dritte Abteilung
Wegerecht an dem Grundstück Gemarkung Mainz, Flur 10, Flurstück 93, eingetragen in Blatt 4813 in Abteilung II Nr. 3.	lfd. Nr. 1 Recht zur Unterhaltung eines Abwasserkanals für den jeweiligen Eigentümer des Grundstücks Gemarkung Mainz, Grundbuchblatt 4814, Flur 10, Flurstück 94 ... Unter Bezugnahme auf die Bewilligung vom 26.03.2002 eingetragen am 30.04.2002.	lfd. Nr. 1 Einhunderttausend € Buchgrundschuld mit 16 % Jahreszinsen für die Deutsche Bank AG Mainz. Mit Bezug auf die Eintragung vom 30.06. 2002 eingetragen am 15.08.2002.

Die Flurstücke 92, 93, 94 haben folgende Lage zueinander:

<table>
<tr><td colspan="2" align="center">Flurstück 92
Grundbuchblatt 4815</td></tr>
<tr><td>Flurstück 93
Grundbuchblatt 4813</td><td>Flurstück 94
Grundbuchblatt 4814</td></tr>
</table>

Erläutern Sie die aus dem Grundbuch des Grundstücks Grundbuchblatt 4815 hervorgehenden Beziehungen zu den Nachbargrundstücken.

15 Welche Merkmale kennzeichnen das Grundbuch?

a) Das Grundbuch ist ein öffentliches amtliches Register, in das jeder Bürger Einblick nehmen kann.

b) Die zweite und dritte Abteilung des Grundbuchs können rangmäßig nicht zueinander in Konkurrenz treten.

c) Eintragungen im Grundbuch stimmen in jedem Fall mit der wirklichen Rechtslage überein.

d) Kennt jemand die Unrichtigkeit einer Eintragung, kann er nicht den Schutz des öffentlichen Glaubens in Anspruch nehmen.

e) Das Grundbuch wird beim Amtsgericht geführt.

f) Das Grundbuch enthält Eintragungen, die alle in notariell beurkundeter Form beantragt wurden.

g) Das Grundbuch enthält nur private Grundstücke eines Amtsgerichtsbezirks.

h) Das Grundbuch weist im Bestandsverzeichnis den Eigentümer aus.

16 Welcher Bestandteil gehört nicht zu einem Grundbuch?

a) Grundakte.

b) Kataster.

c) Bestandsverzeichnis.

d) Beschreibung des Grundstücks.

17 In welchem Teil des Grundbuchs (Grundbuchblatts) wurden die nachstehenden Sachverhalte eingetragen?

(1) Aufschrift

(2) Bestandsverzeichnis

(3) Abteilung 1

(4) Abteilung 2
(5) Abteilung 3

Sachverhalte:

a) Das Recht des Grundstückseigentümers, über das Nachbargrundstück zu gehen.
b) Das Recht des Nachbarn, über das Grundstück des Eigentümers zu gehen.
c) Aufgelassen am 14. September 20.., eingetragen 28. November 20..
d) 90 000,00 € Grundschuld mit 14 vom Hundert Jahreszinsen für die Deutsche Bank AG Weimar. Der jeweilige Eigentümer ist der sofortigen Zwangsvollstreckung unterworfen.
e) Auflassungsvormerkung für Hans Momm in Weimar. Unter Bezugnahme auf die Bewilligung vom 20. März 20.. eingetragen am 15. Juni 20..
f) Gemarkung Beder Flur 142, Flurstück 949, Gebäude- und Freifläche, Am Finkenberg 6, 11 a 91 m^2.
g) Wegerecht an dem Grundstück Vossbrinkstr. 22 (Blatt 765), dort eingetragen in Abt. II Nr. 1.
h) Vorkaufsrecht für die Gemeinde Hövel – unter Bezugnahme auf die Eintragungsbewilligung vom 20. August 20.. eingetragen am 5. Oktober 20..
i) Amtsgericht Hildesheim, Grundbuch von Beder, Blatt 93.

18 Welche Tatsache wird von dem öffentlichen Glauben an die Richtigkeit der Grundbucheintragungen nicht erfasst?

a) Wegerechte.
b) Eigentümer des Grundstücks.
c) Größe des Grundstücks.
d) Tag der Eintragung.
e) Belastung in Abteilung II.

19 Wo werden die Urkunden aufbewahrt, auf die sich Eintragungen im Grundbuch gründen?

20 Stellen Sie fest, um welche Belastungen und Beschränkungen es sich bei den folgenden Grundbucheintragungen handelt:

Art der Belastung bzw. Beschränkung:

(1) beschränkt persönliche Dienstbarkeit
(2) Erbbaurecht
(3) Grunddienstbarkeit
(4) Nießbrauch
(5) Reallast
(6) Verfügungsbeschränkung

Grundbucheintragungen:

a) Die Zwangsversteigerung ist angeordnet. Eingetragen am 15.09.20..
b) Der Rentner Wilhelm Kaiser, wohnhaft in Bliesheim, hat das lebenslängliche Recht, die Nutzungen aus dem Grundstück im Grundbuch von Bliesheim, Band 15, Blatt 6, zu ziehen. Zur Löschung dieses Rechts genügt die Vorlage der Sterbeurkunde.
c) Die Rheinischen Elektrizitätswerke sind berechtigt, das Grundstück mit einer 110 kV-Doppelleitung zu überspannen, die Leitung zu betreiben, zu beaufsichtigen und zu unterhalten.
d) Wegerecht für den jeweiligen Eigentümer des Grundstücks, Flur 36, Nr. 10.
e) Recht für die Isotherm GmbH, auf die Dauer von 99 Jahren seit dem Tag der Eintragung eine Lagerhalle zu unterhalten.
f) Zahlung von monatlich 800,00 € für den jeweiligen Eigentümer des Grundstücks in der Gemarkung Hösel, Flur 5, Nr. 79.

21 Philipp Schmidt hat ein Zweifamilienhaus geerbt. Das Objekt ist mit einem Wohnrecht für die 74 Jahre alte Schwester der Erblasserin belastet.

a) Um welche Art von Belastung handelt es sich beim Wohnrecht?

b) In welcher Abteilung des Grundbuchs ist das Wohnrecht eingetragen?

c) Welche Faktoren bestimmen den Wert des Wohnrechts?

---

22 Ein Recht an einem Grundstück ist im § 1105 BGB wie folgt definiert: „Ein Grundstück kann in der Weise belastet werden, dass an denjenigen, zu dessen Gunsten die Belastung erfolgt, wiederkehrende Leistungen aus dem Grundstück zu entrichten sind." Um welches Recht handelt es sich?

---

23 Wie kann der Käufer verhindern, dass der Verkäufer vor dem Eigentumsübergang – d. h. der Eintragung ins Grundbuch – anderweitig über das Grundstück verfügt?

---

24 Ein dienendes Grundstück wird verkauft. Erlischt mit dem Verkauf die eingetragene Grunddienstbarkeit? (Begründung)

---

25 Im Grundbuch finden Sie die folgenden Eintragungen:

Zweite Abteilung:

1. 20. Mai 2000 Altenteil
2. 20. Mai 2000 beschr. pers. Dienstbarkeit
3. 30. Oktober 2000 Grunddienstbarkeit

Dritte Abteilung:

4. 23. Juni 2000 Grundschuld
5. 30. Oktober 2000 Grundschuld

Stellen Sie die Rangfolge fest.

---

26 Grundstückseigentümer A will zugunsten des Gläubigers B sein Grundstück mit einer Grundschuld belasten.

a) Welche Unterlagen sind dem Grundbuchamt einzureichen?

b) Dem Grundbuchamt liegen folgende Eintragungsanträge vor:

   1. Antrag auf Eintragung einer Grundschuld vom 20. 01. 2012, eingegangen am 25. 01. 2012.
   2. Antrag auf Eintragung einer beschränkt persönlichen Dienstbarkeit vom 20. 01. 2011, eingegangen am 23. 01. 2012.
   3. Antrag auf Eintragung einer Grunddienstbarkeit vom 19. 01. 2012, eingegangen am 24. 01. 2012.

Das Grundstück ist bisher unbelastet. Stellen Sie die Rangfolge der beantragten Rechte nach erfolgter Eintragung fest.

---

27 Ein Grundstück ist in folgender Weise belastet worden:

1.	Briefgrundschuld an A	45 000,00 €
2.	Buchgrundschuld an B	50 000,00 €
3.	Briefgrundschuld an C	55 000,00 €

Die Eintragungen im Grundbuch sollen den valutierten Forderungen entsprechen.

Wie müsste ein Versteigerungserlös aus der Zwangsversteigerung an die Gläubiger A, B und C verteilt werden, wenn nach Abzug der Kosten und Vorlasten 75 000,00 € dafür zur Verfügung stehen?

28 In der dritten Abteilung eines Grundbuchs befinden sich die folgenden Eintragungen. Erklären Sie den Inhalt der Eintragung mit der laufenden Nr. 1.

Einlegebogen

Amtsgericht Münster **Grundbuch von** Münster **Blatt** 3068 A **Dritte Abteilung** 1

Laufende Nummer der Eintragungen	Laufende Nummer der belasteten Grundstücke im Bestandsverzeichnis	Betrag	Hypotheken, Grundschulden, Rentenschulden
1	2	3	4
1	1,2	145000,00 EUR	Einhundertfünfundvierzigtausend Euro Grundschuld für die Bayerische Vereinsbank Aktiengesellschaft in München mit 15% Jahreszinsen; vollstreckbar nach §800 ZPO. Unter Bezugnahme auf die Bewilligung vom 14. April 2002 eingetragen am 18. Mai 2002.
2	1,2	109000,00 EUR	Einhundertneuntausend Euro Grundschuld für die Stadtsparkasse Münster mit 18% Jahreszinsen; vollstreckbar nach §800 ZPO. Unter Bezugnahme auf die Bewilligung vom 11. Mai 2002 eingetragen am 18. Mai 2002.
3	1,2	48000,00 EUR	Achtundvierzigtausend Euro Grundschuld für die Stadtsparkasse Münster mit 18% Jahreszinsen; vollstreckbar nach §800 ZPO. Unter Bezugnahme auf die Bewilligung vom 11. Mai 2002 eingetragen am 18. Mai 2002.

Veränderungen			Löschungen		
Laufende Nummer der Spalte 1	Betrag		Laufende Nummer der Spalte 1	Betrag	
5	6	7	8	9	10
1	145000,00 EUR	Einhundertfünfundvierzigtausend Euro abgetreten mit den Zinsen seit dem 2. Mai 2006 an die BHW Bausparkasse Aktiengesellschaft in Hameln. Eingetragen am 17. Mai 2006.			

29 Nennen Sie Vor- und Nachteile der Zwangsvollstreckungsklausel.

30 Im Grundbuch sind folgende Rechte eingetragen:

1. Rangstelle Grundschuld 30 000,00 EUR für Bank A
2. Rangstelle beschränkt persönliche Dienstbarkeit für Mineralölgesellschaft B
3. Rangstelle Grundschuld 10 000,00 EUR für C

Bank und Mineralölgesellschaft sind übereingekommen, ihre Ränge zu tauschen. Was ist zu veranlassen?

31 Im Grundbuch sind nachstehende Rechte in folgender Reihenfolge eingetragen.

1. Grundschuld	5000,00 €	für A
2. Grundschuld	10000,00 €	für B
3. Grundschuld	20000,00 €	für C

A räumt dem C den Vorrang ein und hat die Zustimmung des Grundstückseigentümers. Wie ist die neue Rangfolge?

32 Im Grundbuch sind eingetragen:

erste Rangstelle	beschränkt persönliche Dienstbarkeit	für A
zweite Rangstelle	Grundschuld	für B
dritte Rangstelle	Grundschuld	für C

a) Die beiden ersten Rechte sollen gelöscht werden. Was ist zu veranlassen?

b) Die der Grundschuld für B zugrunde liegende Forderung ist zurückgezahlt. Kann C die Löschung verlangen?

33 In einem Grundbuch sind in Abt. III eingetragen:

1. 30.09. 20..	Grundschuld für Bank A	180000,00 € (Restschuld 80000,00 €)
2. 15.10.20..	Grundschuld Bausparkasse	88000,00 € (Restschuld 17000,00 €)

Ihr Institut soll für Umbauten ein Darlehen von 20000,00 € geben.

Welche Absicherung bietet sich an?

34 Manuel Schneider ist Eigentümer des Grundstücks Am Weiher 16. Auf diesem Grundstück ist für Hannes Vohwinkel ein Erbbaurecht für 99 Jahre eingetragen.

a) Welche Grundbuchblätter werden in diesem Fall geführt?

b) Wer ist berechtigt, auf dem Grundstück zu bauen?

35 Auf dem Grundstück Goethestr. 10 soll ein Wohnblock mit acht Eigentumswohnungen errichtet werden.

a) Wie viele Grundbuchblätter werden angelegt?

b) Ein Wohnungseigentümer will ein Darlehen gegen Sicherung durch eine Grundschuld aufnehmen.
Müssen die anderen Wohnungseigentümer zustimmen (Begründung)?

36 Das Grundstück des Anton Reich soll mit einer Grundschuld zugunsten der HypoVereinsbank belastet werden.

a) Wer muss die Eintragung bewilligen und welche Form ist dafür erforderlich?

b) Wer kann den Eintragungsantrag stellen und welche Form ist dafür erforderlich?

37 Welche Aussagen zur Grundschuld sind richtig?

a) Bei einer Eigentümergrundschuld sind der Eigentümer des Grundstücks und der Gläubiger dieses Grundpfandrechts dieselbe Person.

b) Eine Zwangsvollstreckungsklausel kann nicht eingetragen werden.

c) Für eine Grundschuld kann kein Zinssatz ins Grundbuch eingetragen werden.

d) Als Kreditsicherung ist sie nur für langfristige Kredite geeignet.

e) Bei teilweiser oder ganzer Tilgung des Kredits erlischt die Grundschuld.

f) Die Grundschuld ist eine abstrakte dingliche Schuld.

g) Eine Grundschuld kann nur als Briefrecht eingetragen werden.

h) Der öffentliche Glaube des Grundbuchs gilt für die zugrunde liegende Forderung.

i) Die Grundschuld ist verkehrsfähig, weil die Höhe der Forderung jederzeit im Grundbuch festgestellt werden kann.

j) Die Höhe des dinglichen Anspruchs richtet sich nach der Grundbucheintragung.

k) Der Grundstückseigentümer kann keine Einreden aus dem Grundgeschäft geltend machen.

38 Welche Rechtshandlungen sind zur wirksamen Eintragung einer Grundschuld in das Grundbuch nach der Grundbuchordnung mindestens notwendig?

a) Beglaubigte Einigung, Antrag und Bewilligung

b) beurkundeter Antrag und Bewilligung

c) beurkundete Auflassung und Bewilligung

d) Einigung, formloser Antrag und beglaubigte Bewilligung

e) beurkundete Einigung, formloser Antrag und Bewilligung.

39 Kreditinstitute verlangen als Sicherheiten für Baufinanzierungen in der Praxis häufig Grundschulden, die grundsätzlich abstrakt sind.

Wie kann der Kunde sicher sein, dass das Kreditinstitut nicht unberechtigterweise seine Immobilie verwertet?

40 Unter welchen Bedingungen kann es für den Schuldner günstig sein, eine Briefgrundschuld eintragen zu lassen?

41 Der Kunde Jens Niemeyer hat bei der Sparkasse Köln-Bonn ein Baudarlehen aufgenommen, das mit einer Briefgrundschuld abgesichert ist. Die Zinsfestschreibung des Darlehens läuft in zwei Monaten aus. Das Darlehen soll von der Bausparkasse Schwäbisch Hall AG mit einer erneuten 10-jährigen Zinsfestschreibung übernommen und weitergeführt werden.

Welche der folgenden Maßnahmen führt zur Übertragung der Grundschuld auf den neuen Gläubiger?

a) Die Sparkasse Köln-Bonn übergibt den Grundschuldbrief an die Bausparkasse. Eine Eintragung des Gläubigerwechsels im Grundbuch ist nicht erforderlich.

b) Die Sparkasse Köln-Bonn übergibt den Grundschuldbrief an die Bausparkasse. Herr Niemeyer und die Bausparkasse schließen eine notariell beglaubigte Sicherungserklärung ab.

c) Die Sparkasse Köln-Bonn tritt den dinglichen Anspruch aus der Grundschuld schriftlich an die Bausparkasse ab. Die Abtretung wird im Grundbuch eingetragen.

d) Die Sparkasse Köln-Bonn tritt den dinglichen Anspruch aus der Grundschuld schriftlich an die Bausparkasse ab und übergibt ihr den Grundschuldbrief. Eine Eintragung der Abtretung im Grundbuch braucht nicht zu erfolgen.

42 Was bedeutet der gesetzliche Löschungsanspruch?

a) Der Schuldner kann nach Rückzahlung Löschung der Belastung verlangen.

b) Ein vorrangiger Gläubiger kann unter den im Grundbuch eingetragenen Voraussetzungen Löschung verlangen.

c) Nur nachrangige Gläubiger können Löschung der vorrangigen Belastungen verlangen.

d) Gleich- oder nachrangige Grundpfandrechtsgläubiger können vom Eigentümer des Grundstücks die Löschung einer zur Eigentümergrundschuld gewordenen Grundschuld verlangen.

e) Der Eigentümer kann mithilfe des Löschungsanspruchs kostenfreie Löschung verlangen.

43

Einlegebogen

Amtsgericht **Grundbuch von** Witten **Blatt** 1146 **Dritte Abteilung**

Laufende Nummer der Eintragungen	Laufende Nummer der belasteten Grundstücke im Bestandsverzeichnis	Betrag	Hypotheken, Grundschulden, Rentenschulden
1	2	3	4
1	1	30000,00 EUR	Dreißigtausend Euro Grundschuld mit 16% Jahreszinsen für die Sparkasse Witten, sofort vollstreckbar gegen den jeweiligen Eigentümer, brieflos. Unter Bezugnahme auf die Bewilligung vom 16. März 2001 eingetragen am 20. Mai 2001.
2	1	20000,00 EUR	Zwanzigtausend Euro Grundschuld mit 15% Jahreszinsen für die Hypothekenbank AG Dortmund. Der jeweilige Eigentümer ist der sofortigen Zwangsvollstreckung unterworfen. Unter Bezugnahme auf die Bewilligung vom 23. Februar 2002 eingetragen am 28. April 2002.
3	1	15000,00 EUR	Fünfzehntausend Euro Grundschuld mit 14% verzinslich für die Bausparkasse Wüstenrot. Unter Bezugnahme auf die Bewilligung vom 22. August 2002 eingetragen am 30. September 2002.

Das Darlehen über 30 000,00 €, das die Sparkasse Witten im Jahre 2001 gewährt hatte, ist zurückgezahlt. Der Grundschuldgläubiger hat dem Grundstückseigentümer eine Löschungsbewilligung erteilt. Der Grundstückseigentümer möchte die Grundschuld auf seinen Namen in eine Eigentümergrundschuld umschreiben lassen, um bei einer späteren Kreditaufnahme dem Darlehensgeber den 1. Rang einräumen zu können. Besondere Vereinbarungen zwischen den Grundpfandrechtgläubigern und dem Grundstückseigentümer liegen nicht vor.

Nehmen Sie Stellung.

Situation: Finanzierungswünsche der Kunden erfassen und bearbeiten

Zur Finanzierung eines Bauprojekts (Einfamilienhaus) beantragen die Eheleute Greta und Luis Hessler bei Ihrer Bank ein langfristiges Darlehen, das durch eine Grundschuld besichert werden soll.

Die Eheleute Hessler geben Ihnen zu ihrem Bauvorhaben die folgenden Informationen:

Grundstücksgröße	500 m^2
Angemessener Kaufpreis 250,00 €/m^2	125 000,00 €
Baukosten	380 000,00 €
Außenanlagen (Zäune, Garten, Pflasterung)	19 000,00 €
Baunebenkosten (Architektenkosten, Kosten Baugenehmigung)	57 000,00 €
Erwerbsnebenkosten (Grunderwerbsteuer, Notargebühren, Gebühren Grundbuchamt)	15 000,00 €

Die Eheleute verfügen über einen zuteilungsreifen Bausparvertrag über 150 000,00 € mit 40 % Einzahlung sowie ein fälliges Sparguthaben über 110 000,00 €. Die Mittel aus dem Sparguthaben und dem Bausparvertrag sollen zur Finanzierung eingesetzt werden. Eine eventuell entstehende Finanzierungslücke soll durch Eigenleistungen geschlossen werden.

AUFGABEN:

1 Ermitteln Sie den Gesamtfinanzierungsbedarf.

2 Ermitteln Sie den Beleihungswert des Objekts nach dem Sachwertverfahren (auf volle 10 000,00 € abgerundet). Auf den Herstellungswert einschl. der Kosten für die Außenanlagen ist ein Sicherheitsabschlag von 10 % zu berücksichtigen.

3 Ihr Kreditinstitut rechnet bei der Ermittlung der Beleihungsgrenze für Realkredite mit 60 % des Beleihungswerts. Welchen Darlehensbetrag wird Ihr Kreditinstitut im Rahmen einer erststelligen Beleihung den Kunden maximal zur Verfügung stellen?

4 Erstellen Sie anhand der obigen Angaben einen Finanzierungsplan und ermitteln Sie die Finanzierungslücke.

5 Ermitteln Sie den Beleihungsauslauf in Prozent des Beleihungswerts (auf eine Stelle hinter dem Komma).

6 Die Kapitaldienstfähigkeit der Eheleute Hessler ist gegeben. Sie bieten den Eheleuten ein Annuitätendarlehen zu folgenden Konditionen an:

Darlehensbetrag: 324 000,00 €; Sollzinssatz: 3,5 % p. a.; anfängliche Tilgung: 2 % p. a.

Ermitteln Sie die monatliche Annuität für das Darlehen.

7 Berechnen Sie den Betrag der monatlichen Belastung für das Bausparkassendarlehen bei einer monatlichen Zins- und Tilgungsleistung von 6 Promille der Bausparsumme.

H Lernfeld 12: Kunden über Produkte der Vorsorge und Absicherung informieren

19 Soziale Sicherung der Arbeitnehmer und Arbeitnehmerinnen

Einstieg

Die Bankkauffrau Mia Bente besucht nach Dienstschluss eine Theateraufführung in der Schule ihrer Kinder in einem Nachbarort. Auf dem anschließenden Heimweg verunglückt sie schwer, sodass sie arbeitsunfähig wird. Besteht ein Anspruch auf Leistungen der gesetzlichen Unfallversicherung? Begründen Sie Ihre Meinung!

19.1 Absicherung von Lebensrisiken durch Versicherungen

Jeder Mensch ist alltäglich in jeder Lebenssituation den verschiedensten Gefahren ausgesetzt. Dies gilt insbesondere für diejenigen, die im Arbeitsprozess eingebunden sind. Keiner von uns weiß, ob er immer gesund bleibt. Jeder kann pflegebedürftig werden oder einen Unfall erleiden. Jeder will ein hohes Alter erreichen und auch im Alter gut versorgt sein. Viele werden im Laufe des Erwerbslebens ein- oder vielleicht auch mehrmals arbeitslos. Ein vielfach unterschätztes Risiko ist es, berufsunfähig zu werden. Nur die wenigsten wären dann in der Lage, sich für derartige Fälle selbst abzusichern und die dafür notwendigen Rücklagen zu bilden.

Das Verlangen und Streben nach Sicherheit veranlasst die Menschen, sich gegen diese Existenz bedrohenden Risiken zur Wehr zu setzen und Vorkehrungen zu ihrer Absicherung zu treffen. Zum Zwecke der finanziellen Vorsorge für den Eintritt unvorhersehbarer Ereignisse erweist sich neben der individuellen Selbsthilfe durch Vorsorgesparen die Versicherung als am besten geeignet. Versicherungen sollen den Einzelnen im Fall des Eintritts bestimmter Ereignisse wie Krankheit, Pflege, Tod, Unfall, Arbeitslosigkeit, Berufsunfähigkeit, Feuer und Sturm vor wirtschaftlichen Nachteilen und vor gesundheitlichen Gefahren schützen. Sie dienen der Absicherung des wirtschaftlichen Risikos, das sich aus der Unsicherheit des menschlichen Lebens ergibt.

19.2 Abgrenzung Sozial- und Individualversicherung

Das Sicherheitsnetz in der Bundesrepublik Deutschland beruht auf zwei tragenden Pfeilern:

- der Sozialversicherung und
- der Individualversicherung.

Einmal schützt der Staat im gesetzlich festgelegten Rahmen bei bestimmten, mit der Arbeitskraft im Zusammenhang stehenden Risiken wie Krankheit, Pflegebedürftigkeit, Arbeitslosigkeit, vorzeitige Erwerbsminderung, Alter und Tod. Im anderen Fall muss der Bürger selbst Vorsorge treffen und mit den Unternehmen der Versicherungswirtschaft den gewünschten Schutz vereinbaren. Es steht ihm frei, sich gegen alle Wechselfälle des Lebens abzusichern. Wie weit- oder engmaschig das persönliche Sicherheitsnetz geknüpft ist, bleibt jedem selbst überlassen. Sozialversicherung und Individualversicherung weisen erhebliche Unterschiede auf, die in der nachfolgenden Übersicht zusammengefasst sind.

	Sozialversicherung	**Individualversicherung**
Versicherungsschutz	Versicherungsschutz beruht auf staatlich verordneter Zwangsmitgliedschaft bei den jeweiligen Sozialversicherungsträgern	Versicherungsschutz beruht auf einem individuell abgeschlossenen Versicherungsvertrag (freiwilliger Abschluss mit Ausnahme der Kfz-Haftpflichtversicherung)
Versicherte Risiken	beschränkt auf bestimmte, mit der Arbeitskraft im Zusammenhang stehende personenbezogene Risiken, z. B. Krankheit, Berufsunfall, Invalidität, Arbeitslosigkeit, Alters- und Hinterbliebenenversorgung ■ gesetzliche Krankenversicherung ■ gesetzliche Pflegeversicherung ■ gesetzliche Rentenversicherung ■ gesetzliche Arbeitslosenversicherung ■ gesetzliche Unfallversicherung	alle Arten von versicherbaren Risiken: ■ Personenversicherung – private Krankenversicherung – private Unfallversicherung – Lebensversicherung (Risiko-, Kapitallebensversicherung, private Rentenversicherung, Berufsunfähigkeitsversicherung) ■ Vermögensversicherung – Haftpflichtversicherung – Rechtsschutzversicherung – Restschuldversicherung ■ Sachversicherung Feuer-, Sturm-, Glas-, Hausrat-, Wohngebäude-, Kfz-Versicherung
Umfang der Leistung	gesetzlich einheitlich festgelegt	frei zu vereinbaren
Bemessung der Beiträge	nach der Höhe des Einkommens des Versicherten (Solidaritätsprinzip)	nach dem individuellen Risiko des einzelnen Versicherungsnehmers und der vereinbarten Leistung (Äquivalenzprinzip)
Rechtsform	Sozialversicherungsträger (Körperschaften und Anstalten des öffentlichen Rechts)	private und öffentlich-rechtliche Versicherungsunternehmen

19.3 Die Sozialversicherung

LS 1

Soziale Sicherheit und soziales Handeln kennzeichnen unseren Sozialstaat. Er gewährleistet eine lebenswerte Gesellschaft, in der alle an den gesellschaftlichen und politischen Entwicklungen teilhaben können. Die Bekämpfung von Armut und sozialer Ausgrenzung ist eines der vorrangigsten Ziele der Sozialpolitik. Sozialpolitische Aktivitäten des Staates lassen sich ökonomisch unterteilen in

- die Bereitstellung einer gesetzlichen Sozialversicherung, zu der Kranken-, Renten-, Arbeitslosen-, Pflege- und Unfallversicherung zählen, und
- staatliche Maßnahmen der Umverteilung für den Fall besonderer Belastungen des Einzelnen, z. B. durch Zahlung von Kinder-, Eltern- und Wohngeld, durch Sozialhilfe, BAföG und Bürgergeld.

Die Höhe der Ausgaben für Sozialleistungen, die im Sozialbudget erfasst werden, ist in der Vergangenheit stetig gestiegen.

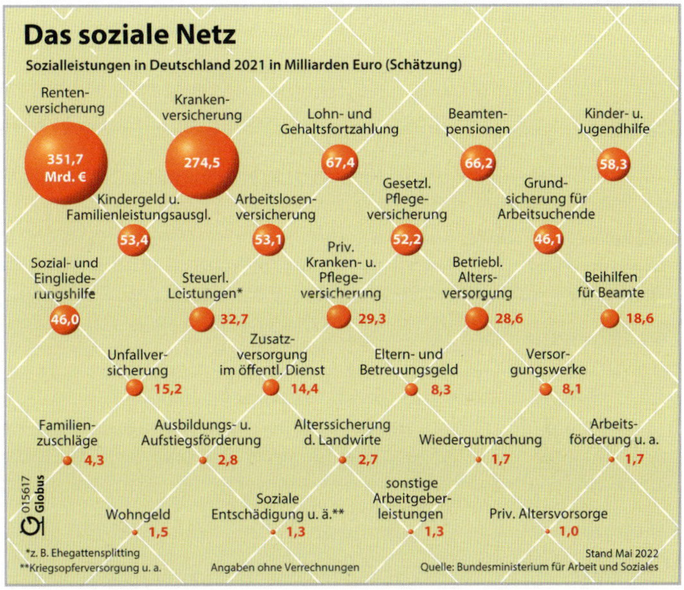

Das soziale Netz in Deutschland ist aus vielen Knoten geknüpft – großen und kleinen. Größter Knoten im Jahr 2021 war die Rentenversicherung mit rund 352 Milliarden Euro. Es folgen die gesetzliche Krankenversicherung mit knapp 275 Milliarden Euro und die Lohn- und Gehaltsfortzahlung mit gut 67 Milliarden Euro. Wesentlich kleinere Knoten – dennoch für viele Menschen wichtig – sind beispielsweise das Wohngeld, die Ausbildungsförderung oder das Elterngeld. Alle direkten Sozialleistungen zusammengenommen erreichten im Jahr 2021 einen geschätzten Umfang von rund 1 162 Milliarden Euro. Das entsprach 32,5 Prozent der gesamten deutschen Wirtschaftsleistung (Bruttoinlandsprodukt). Schließt man noch die steuerlichen Leistungen ein, so ergibt sich sogar eine Summe von 1 194 Milliarden Euro.

Im Mittelpunkt des Systems der sozialen Sicherung steht die Sozialversicherung. Kennzeichen der Sozialversicherung ist das *Solidaritätsprinzip.* Es besagt, dass die zu versichernden Risiken von allen Versicherten gemeinsam (solidarisch) getragen werden. Jeder zahlt nach der gesetzlichen Verpflichtung Beiträge zur Sozialversicherung; die Leistungen aber werden zum Teil ohne Rücksicht auf diesen Beitrag erbracht (z. B. bei Anrechnung beitragsfreier Anrechnungszeiten in der Rentenversicherung). Es braucht also anders als beim Versicherungsprinzip, kein Gleichgewicht zwischen Beitrag und Leistung bestehen.

Im Gegensatz zur privaten Versicherung, die grundsätzlich eine freiwillige Versicherung ist, stellt die Sozialversicherung eine gesetzliche Versicherung dar, der die Mehrheit der Bevölkerung zwangsweise angehören muss *(Zwangsversicherung).* Per Gesetz wird bestimmt, wer versicherungspflichtig ist und damit unter dem Schutz der Sozialversicherung steht. Wer in einem Arbeitsverhältnis steht oder eine Ausbildung macht, ist in der Regel automatisch Mitglied der Sozialversicherung. Daher zahlen in Deutschland etwa 90 % der Bevölkerung in die Sozialversicherungssysteme ein.

Neben dem Solidaritätsprinzip und der Zwangsgemeinschaft zeichnet sich die Sozialversicherung durch die gesetzliche Festlegung der meisten Leistungen und der Beitragsbemessung nach der Höhe des Einkommens aus. Versicherte mit einem hohen Einkommen sollen so zur Finanzierung von Leistungen für Versicherte mit einem niedrigen Einkommen beitragen.

19.3.1 Gesetzliche Krankenversicherung

Aufgabe der gesetzlichen Krankenversicherung ist die Erhaltung und Wiederherstellung der Gesundheit. Sie kommt für die notwendige medizinische Hilfe auf. Ausgenommen sind hier nur Leistungen, die nach einem Arbeitsunfall oder als Folge einer Berufskrankheit in Anspruch genommen werden. Diese Fälle sichert die gesetzliche Unfallversicherung ab.

Träger der gesetzlichen Krankenversicherung sind die Krankenkassen.

Bei *Pflichtkassen* (Allgemeine Ortskrankenkassen, Betriebskrankenkassen u.a.) kommt die Mitgliedschaft mit Aufnahme einer krankenversicherungspflichtigen Beschäftigung zustande. Die Mitgliedschaft in einer *Ersatzkasse* (z.B. Deutsche Angestellten Krankenkasse, BARMER) ist freiwillig. Sie kommt durch eine Beitrittserklärung zustande. Die Zugehörigkeit zu einer Ersatzkasse ersetzt die Krankenversicherung bei einer Pflichtkasse.

Die **Anmeldung** der Versicherungspflichtigen bei der gesetzlichen Krankenkasse hat durch den Arbeitgeber mit der ersten Lohn- und Gehaltsabrechnung des Angestellten zu erfolgen, spätestens aber innerhalb von sechs Wochen nach Beschäftigungsaufnahme.[1] Die Meldung erfolgt durch elektronische Datenübermittlung. Es muss eine gesicherte und verschlüsselte Datenübertragung gewährleistet sein. Grundsätzlich können die Versicherungspflichtigen zwischen den verschiedenen Krankenkassen wählen.

Pflichtversichert sind in der gesetzlichen Krankenkasse u.a.

- Arbeitnehmer, deren regelmäßiger Bruttoarbeitsverdienst mehr als 520,00 € monatlich beträgt und die Krankenversicherungs-Pflichtgrenze/Jahresarbeitsentgeltgrenze (5 550,00 € monatlich bzw. 66 600,00 € im Jahr (Stand 2023) nicht übersteigt,
- alle Auszubildenden und Studenten,
- Bezieher von Renten aus der Rentenversicherung,
- Arbeitslose, die Arbeitslosengeld oder Bürgergeld erhalten.

Beamte und Beamtenanwärter sind nicht versicherungspflichtig. Sie können sich bei einer privaten Krankenkasse versichern lassen.

Arbeitnehmer können von der Pflichtversicherung in eine private Kranken- und Pflegeversicherung wechseln, wenn ihr Jahresarbeitsentgelt die Jahresarbeitsentgeltgrenze (die jeweils jährlich neu festgelegte Versicherungspflichtgrenze) im vergangenen Kalenderjahr überschritten hat und im laufenden Jahr überschreiten wird.

Die **Finanzierung** der Krankenversicherung erfolgt durch Beiträge, die grundsätzlich vom Arbeitgeber und vom Arbeitnehmer je zur Hälfte getragen werden.

Seit dem 1. Januar 2009 fließen die einheitlichen Krankenversicherungsbeiträge gemeinsam mit Steuermitteln in einen Gesundheitsfonds, aus dem die einzelnen Krankenkassen dann pro Versicherten eine Pauschale sowie ergänzende Zu- und Abschläge – Risikostrukturausgleich genannt – je nach Alter, Geschlecht und Krankheit erhalten.

---

1 Geringfügig entlohnte Beschäftigte, z.B. Arbeitnehmer, deren monatliches Arbeitsentgelt nicht höher als 520,00 € ist, müssen bei der Minijob-Zentrale angemeldet werden.
In bestimmten Branchen (z.B. Baugewerbe, Gaststätten- und Beherbergungsgewerbe) müssen die Arbeitgeber Sofortmeldungen erstatten. Die Sofortmeldungen werden den Ermittlungsbehörden zur Bekämpfung der Schwarzarbeit und der illegalen Beschäftigung zur Verfügung gestellt.

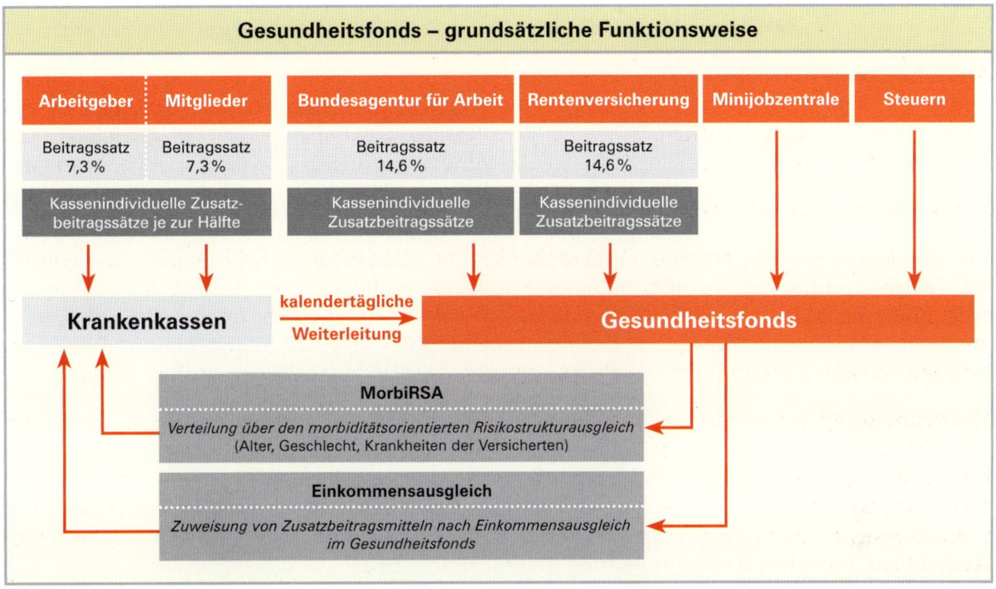

Quelle: *https://www.vdek.com/presse/daten/c_einnahmen-ausgaben.html*; Stand 2023

Die Krankenkassen haben die Möglichkeit, Zusatzbeiträge zu erheben. Der Zusatzbeitrag wird von Arbeitgeber und Arbeitnehmer zu gleichen Teilen getragen.

Beispiel:

allgemeiner Beitragssatz	14,6 %	**Arbeitgeberanteil:**	14,6 % : 2 = 7,3 % + 0,80 % = 8,1 %
Zusatzbeitrag z. B.	1,6 %	**Arbeitnehmeranteil:**	14,6 % : 2 = 7,3 % + 0,80 % = 8,1 %

Berechnungsgrundlage für die Beiträge ist das Arbeitsentgelt. Auf das Arbeitsentgelt wird der Beitragssatz der Krankenkasse angewendet. Beiträge sind aber nur vom Arbeitsentgelt bis zur Beitragsbemessungsgrenze (4 987,50 € monatlich)[1] zu zahlen.

Bezüge, welche die Beitragsbemessungsgrenze überschreiten, bleiben für die Berechnung der Krankenversicherungsbeiträge (wie auch der übrigen Sozialversicherungsbeiträge) unberücksichtigt.

Leistungen. Die Krankenversicherung dient dem Schutz des Arbeitnehmers und seiner Familie. Sie gewährt Hilfe bei Krankheit und Mutterschaft und finanziert Maßnahmen der Gesundheitssicherung.

1 Gültig für das Jahr 2023.

Leistungen der gesetzlichen Krankenversicherung (Auszug)

Krankenhilfe	Familienhilfe	Mutterschaftsgeld/ Mutterschaftshilfe	Sonstige Maßnahmen
■ Krankenpflege (ärztliche und zahnärztliche Behandlung, Arzneien u. a.) ■ Krankenhauspflege ■ Hauspflege ■ Krankengeld (Sicherung der wirtschaftlichen Versorgung[1]) ■ Haushaltshilfe	■ Leistungen der Krankenversicherungen erstrecken sich auf die gesamte Familie ■ Eltern-Kind-Kuren	■ Gewährung bei Schwangerschaft und Entbindung u. a.: ärztliche Behandlung, Arzneien, Mutterschaftsgeld und Mutterschaftshilfe	■ Vorsorgeuntersuchung zur Früherkennung von bestimmten Krankheiten ■ Schutzimpfungen

Zuzahlungen sind fällig, wenn Leistungen der gesetzlichen Krankenkassen in Anspruch genommen werden. Kinder und Jugendliche unter 18 Jahren sind von allen Zuzahlungen befreit (außer bei Kieferorthopädie und Fahrkosten).

- Für **Arzneimittel** beträgt die Zuzahlung 10 % des Arzneimittelpreises, mindestens 5,00 €, höchstens 10,00 €.
- Für **Hilfsmittel** (z. B. Hörgerät, Rollstuhl) sind 10 % des Rechnungspreises, mindestens 5,00 €, höchstens 10,00 € zu bezahlen.
- Für **Heilmittel** (z. B. ärztlich verordnete Maßnahmen der physikalischen Therapie[2] und der Beschäftigungstherapie) beträgt die Zuzahlung 10 % des Abgabepreises zuzüglich 10,00 € je Verordnung (jeweils nicht mehr als die Kosten des Mittels).
- Die Zuzahlung für **Krankenhausbehandlungen** beläuft sich auf 10,00 € je Tag für höchstens 28 Tage im Jahr.

u. a.

Begrenzung der Zuzahlungen. Um eine Überforderung der Versicherten zu vermeiden, ist die jährliche Eigenleistung auf 2 %, bei chronisch[3] Kranken auf 1 % des Bruttohaushaltseinkommens beschränkt. Darüber hinaus gibt es für Familienangehörige und für Kinder Freibeträge.

Beispiel:

Annabella Klein, ledig, kaufmännische Angestellte, hat ein Jahreseinkommen in Höhe von 24 000,00 €. Im Krankheitsfall muss sie höchstens 480,00 € als Eigenbeteiligung aufbringen.

Elektronische Gesundheitskarte. Die elektronische Gesundheitskarte hat die bisherige Krankenversicherungskarte abgelöst. Da sie als Mikroprozessorkarte ausgestaltet ist, ist sie in der Lage, neben ihren administrativen Funktionen auch medizinische Daten verfügbar zu machen. Zusätzlich ist sie geeignet, Authentifizierung (elektronische Identitäts-

1 Bei langwierigen Krankheiten bekommt der Arbeitnehmer in der Regel sechs Wochen lang seinen Lohn weitergezahlt. Danach zahlen die Krankenkassen Krankengeld. Es beträgt 70 % des Bruttoarbeitslohns.

2 Physikalische Therapie = Heilbehandlung mit Licht, Luft, Wasser, Bestrahlungen und Massagen. Auch: Physiotherapie.

3 Chronisch (griech.) = med. langsam verlaufend, langwierig.

prüfung), Verschlüsselung und elektronische Signatur zu ermöglichen. Damit kann eine größtmögliche Sicherheit der Daten gewährleistet werden. Die elektronische Gesundheitskarte ist zur Identifikation des Karteninhabers mit einem Lichtbild ausgestattet. Der medizinische Teil der Gesundheitskarte wird nur auf freiwilliger Basis genutzt. Die Karte kann auch mit einer „europäischen Rückseite" ausgestattet werden, die die Inanspruchnahme von Leistungen in den Mitgliedstaaten der EU ermöglicht.

19.3.2 Gesetzliche Pflegeversicherung

Aufgabe der Pflegeversicherung ist es, im Fall der Pflegebedürftigkeit des Versicherten Sachleistungen und/oder Geldleistungen zur Verbesserung der häuslichen oder stationären Pflege zu erbringen.

Wer in der gesetzlichen Krankenversicherung versichert ist, gehört der sozialen Pflegeversicherung an. Privat Krankenversicherte mit Anspruch auf allgemeine Krankenhausleistungen müssen eine private Pflegeversicherung abschließen.

Versicherungspflichtig sind alle Personen, die in einer gesetzlichen oder auch privaten Krankenversicherung versichert sind.

Es gilt der Grundsatz „Pflegeversicherung folgt der Krankenversicherung".

Soziale Pflegeversicherung. Bei kinderlosen Arbeitnehmern ab dem vollendeten 23. Lebensjahr beträgt der Beitrag zur sozialen Pflegeversicherung 4,0 % des Bruttoeinkommens (max. 4,0 % der Beitragsbemessungsgrenze von 4 987,50 € monatlich), wobei der Arbeitnehmer 2,3 % und der Arbeitgeber 1,7 % trägt. Der maximale monatliche Beitrag für den Arbeitnehmer beträgt 114,71 €.

Der Beitragssatz für Arbeitnehmer mit Kindern wird nach der Kinderzahl differenziert. Bei Versicherten mit einem Kind gilt ein Beitragssatz von insgesamt 3,4 % des Bruttoeinkommens (max. 3,4 % der Beitragsbemessungsgrenze von 4 987,50 € monatlich), wobei sich Arbeitnehmer und Arbeitgeber den Beitrag teilen. Der maximale monatliche Beitrag für den Arbeitnehmer mit einem Kind beträgt 84,79 €. Ab zwei Kindern wird der Arbeitnehmerbeitrag während der Erziehungsphase bis zum 25. Lebensjahr um 0,25 Beitragssatzpunkte je Kind bis zum fünften Kind weiter abgesenkt. Die Abschläge gelten, solange alle jeweils zu berücksichtigenden Kinder unter 25 Jahre alt sind. Bei Versicherten mit mehreren Kindern gilt nach der Erziehungszeit wieder der reguläre Beitragssatz in Höhe von 3,4 %.

Es gelten somit folgende Beitragssätze (Stand Juli 2023):

Versicherte ohne Kinder	4,00 % (Arbeitnehmeranteil: 2,30 %)	Der Arbeitgeberanteil beträgt immer 1,70 %.
Versicherte mit 1 Kind	3,40 %* (Arbeitnehmeranteil: 1,70 %)	
Versicherte mit 2 Kindern	3,15 % (Arbeitnehmeranteil: 1,45 %)	
Versicherte mit 3 Kindern	2,90 % (Arbeitnehmeranteil: 1,20 %)	
Versicherte mit 4 Kindern	2,65 % (Arbeitnehmeranteil: 0,95 %)	
Versicherte mit 5 und mehr Kindern	2,40 % (Arbeitnehmeranteil: 0,70 %)	

* Regulärer Beitragssatz, der auch von den Versicherten mit mehreren Kindern nach der Erziehungszeit gezahlt wird.

Private Pflegeversicherung. Die Beiträge richten sich nach dem Lebensalter. Sie orientieren sich an der Höchstgrenze der Beitragsbemessungsgrenze für die Krankenversicherung (zz. 4987,50 €).

Die Prämienhöhe darf den Höchstbetrag der sozialen Pflegeversicherung nicht überschreiten. Jede einzelne Person ist zu versichern. (Beitragsfreie Mitversicherung der Kinder unter 18 Jahren/bis 25 Jahren bei Kindern in der Berufsausbildung.)

Leistungen. Pflegebedürftig und damit berechtigt, Leistungen der Pflegeversicherung in Anspruch zu nehmen, sind Personen, die wegen einer körperlichen, geistigen oder seelischen Krankheit oder einer Behinderung für die gewöhnlichen und regelmäßig wiederkehrenden Verrichtungen im Ablauf des täglichen Lebens auf Dauer in erheblichem Maße der Hilfe bedürfen.

19.3.3 Gesetzliche Rentenversicherung

Die Rentenversicherung für Angestellte ist eine Versicherung, die bei Erwerbsminderung, Alter und Tod Renten zahlt.

Man kann der Rentenversicherung angehören als Pflichtversicherter oder als freiwillig Versicherter.

Dem deutschen Rentensystem liegt der sogenannte *Generationenvertrag* zugrunde. Dieser fiktive „Vertrag" besagt, dass die jeweils arbeitende Generation für die Renten der nicht mehr im Arbeitsleben stehenden Personen (in Form der Rentenversicherungsbeiträge) aufkommen muss.

Generationenvertrag

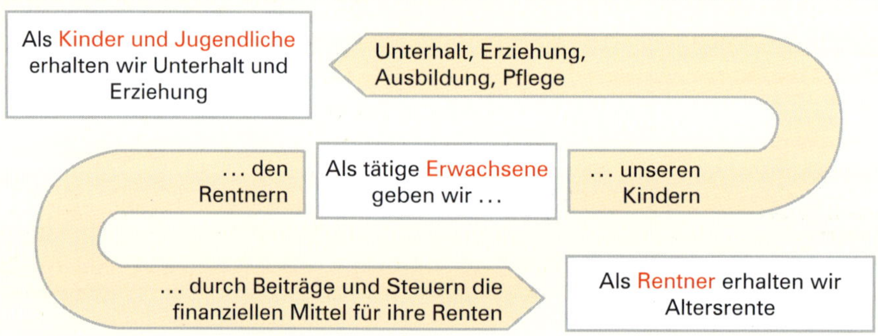

Quelle: Sozialpolitik, Ausgabe 2000, S. 27

Pflichtversichert sind in der Rentenversicherung alle Angestellten ohne Rücksicht auf die Höhe des Arbeitsentgelts, ebenso Auszubildende.

Jeder kann der Rentenversicherung freiwillig beitreten. Sinn der freiwilligen Versicherung ist es, jedem, der der Rentenversicherung nicht schon als Pflichtmitglied angehört, die Möglichkeit zu geben, für sich selbst eine ausreichende Versorgung aufzubauen. Der Beitritt ist damit auch Freiberuflern und Unternehmern möglich.

Rentenversicherungsträger für Angestellte ist die Deutsche Rentenversicherung Bund.

Die **Aufgaben** der Rentenversicherung sind im Sechsten Buch Sozialgesetzbuch (SGB VI) festgelegt.

Leistungen der Rentenversicherung

- Zahlung von Renten an Versicherte bzw. an Hinterbliebene von Versicherten
- Leistungen zur Rehabilitation[1] des Einzelnen (medizinische und berufliche Rehabilitation)

Arten der Rente

Renten wegen Alters

- Regelaltersrente
- Altersrente für besonders langjährig Versicherte
- Altersrente für langjährig Versicherte
- Altersrente für schwerbehinderte Menschen
- Altersrente wegen Arbeitslosigkeit oder nach Altersteilzeitarbeit
- Altersrente für Frauen

Renten wegen verminderter Erwerbsfähigkeit

- Rente wegen teilweiser Erwerbsminderung
- Rente wegen voller Erwerbsminderung
- Rente wegen teilweiser Erwerbsminderung bei Berufsunfähigkeit
- Rente wegen voller Erwerbsminderung für Menschen mit Behinderung

Renten wegen Todes

- Witwenrente oder Witwerrente
- Erziehungsrente
- Waisenrente

Der Rentenanspruch entsteht, wenn der Rentenfall eingetreten und die Wartezeit erfüllt ist.

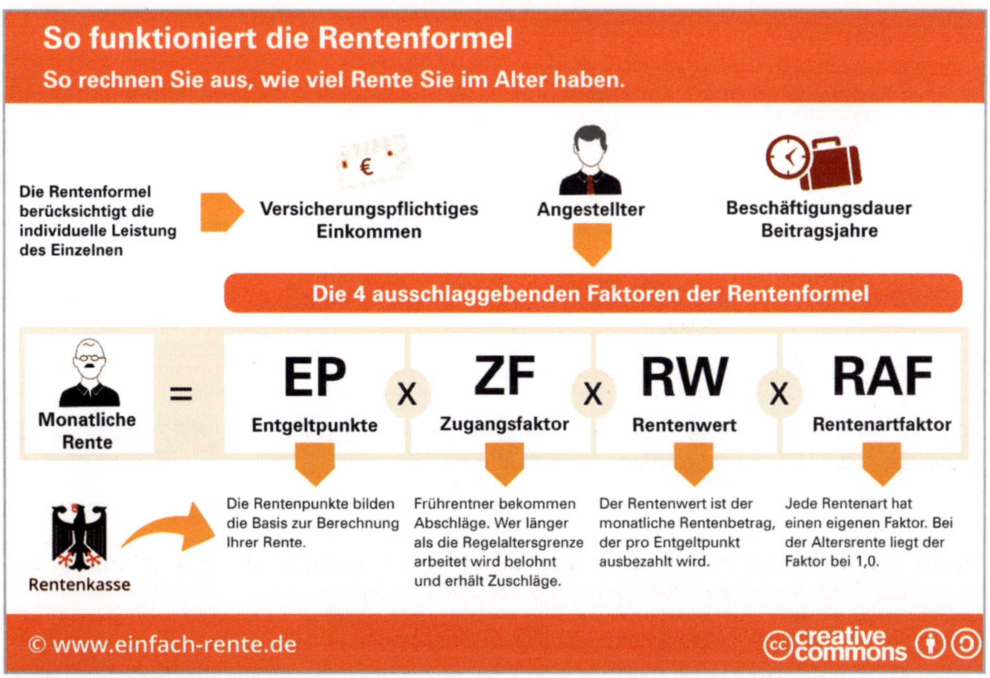

Quelle: *www.einfach-rente.de*

1 Unter anderem Maßnahmen, um seelisch oder körperlich stark versehrte Menschen wieder voll arbeitsfähig zu machen.

Für die **Berechnung und Festsetzung** der Renten gilt das Prinzip der dynamischen Rente. Die Rentenhöhe soll mit der Lohn- und Gehaltsentwicklung Schritt halten und in einem angemessenen Verhältnis zum allgemeinen Einkommensniveau stehen.

Die **Finanzierung** der Rentenversicherung erfolgt in Höhe von 80 % durch Beiträge, die je zur Hälfte vom Arbeitgeber und vom Arbeitnehmer getragen werden. Die restlichen 20 % werden durch Zuschüsse des Bundes gedeckt.

Aktienrente (Generationenkapital). Bislang wird die gesetzliche Rentenversicherung aus den Beiträgen der Arbeitnehmer und Arbeitgeber sowie aus Bundeszuschüssen finanziert. Das System droht dauerhaft in Schieflage zu geraten, da immer mehr Rentnern in Zukunft immer weniger Beitragszahler gegenüberstehen. Die Bundesregierung plant mit der sogenannten Aktienrente (auch Generationenkapital genannt) die gesetzliche Rentenversicherung auf eine breitere finanzielle Basis zu stellen. Ein staatlicher Fonds („Stiftung Generationenkapital") soll Geld (im Jahre 2023 zunächst 10 Milliarden Euro) an den Kapitalmärkten investieren, um mit den Erträgen in Zukunft die Rentenkasse und damit das Rentenniveau zu stabilisieren.

Der Beitragsanteil des Arbeitnehmers wird vom Lohn oder Gehalt einbehalten; der Arbeitgeber legt seinen Anteil dazu. Beide Anteile zusammen ergeben den Pflichtbeitrag, den der Arbeitgeber an die Krankenkasse überweist. Die Krankenkasse (als Einzugsstelle für alle Sozialversicherungsbeiträge) leitet dann die Beiträge an die Rentenversicherung weiter.

Die Höhe des Beitrags richtet sich bei Pflichtversicherten nach dem Arbeitsverdienst. Obere Grenze für die Ermittlung der Beitragslast ist die sich jährlich ändernde Beitragsbemessungsgrenze (zz. 7 300,00 € monatlich in den alten und 7 100,00 € monatlich in den neuen Bundesländern).

Beispiel:

Arbeitsverdienst	7 900,00 €	Pflichtbeitrag 18,6 %	1 357,80 €
Beitragsbemessungsgrenze		Arbeitnehmer-Anteil	678,90 €
für 2023 (pro Monat)	7 300,00 €	Arbeitgeber-Anteil	678,90 €

Der Arbeitgeber trägt den vollen Beitrag bei versicherungspflichtig beschäftigten Geringverdienern allein, wenn das monatliche Arbeitsentgelt 325,00 € nicht übersteigt.

Dem freiwillig Versicherten steht es frei, in welcher Höhe er seine Beiträge entrichten will. Der Pflichtversicherte erhält schon bei der ersten Beschäftigung einen Sozialversicherungsnachweis.

Die Regelaltersgrenze wird von 2012 an beginnend mit dem Jahrgang 1947 bis zum Jahr 2029 stufenweise von 65 auf 67 Jahre angehoben. Für alle nach 1963 Geborenen gilt die Regelaltersgrenze von 67 Jahren.

Seit 1. Juli 2014 können **besonders langjährig Rentenversicherte,** die **45 Beitragsjahre** in die Rentenversicherung eingezahlt haben, schon mit 63 Jahren ohne Abschläge in Rente gehen. Dieses abschlagsfreie Renteneintrittsalter steigt jedoch ab dem Geburtsjahr 1953 bis zum Geburtsjahr 1964 um zwei Monate pro Jahr auf maximal 65 Jahre an. Neben Pflichtbeitragszeiten aus Beschäftigung werden für diese langjährig Rentenversicherten auch Zeiten der Arbeitslosigkeit angerechnet, in denen Lohnersatzleistungen bezogen wurden. Das sind zum Beispiel Arbeitslosengeld, Schlechtwettergeld oder Kurzarbeitergeld.

Um einen Missbrauch von Zeiten der Arbeitslosigkeit zu verhindern, wird ein sogenannter **„rollierender Stichtag"** eingeführt. Wenn man bis zu zwei Jahre vor dem möglichen Renteneintritt mit 63 (später 65) arbeitslos wird, werden diese Zeiten nicht mehr eingerechnet. Einzige Ausnahme: der Betrieb geht in die Insolvenz oder das Geschäft wird aufgegeben.

Flexi-Rente. Das Gesetz zur Flexibilisierung des Übergangs vom Erwerbsleben in den Ruhestand und zur Stärkung von Prävention und Rehabilitation im Erwerbsleben (Flexirentengesetz) ermöglicht Arbeitnehmern, den Renteneintritt flexibel, selbstbestimmt und ihren individuellen Lebensentwürfen entsprechend gestalten zu können. Zum einen schafft das Gesetz finanzielle Anreize für alle, die auch im Rentenalter noch arbeiten wollen. Denn durch das Weiterarbeiten als Rentner erhöhen sich auch die Rentenansprüche (Rentenzuschlag von 0,5 % pro Monat und Erhöhung der Renten durch weitere Beitragszahlung). Zum anderen bietet die Regelung auch neue flexible und individuelle Möglichkeiten für Arbeitnehmer, die bereits vor der Regelaltersgrenze in den Ruhestand eintreten möchten (Sonderzahlungen, die zum Ausgleich von Rentenabschlägen vorgenommen werden können, können schon vom 50. Lebensjahr an geleistet werden). Weiterhin kann eine Teilrente mit einer Teilzeitarbeit kombiniert werden. Die Zuverdienstgrenze, bis zu der Arbeitslohn von Frührentnern nicht auf die Rente angerechnet wird, steigt auf 6300,00 € im Jahr. Falls Rentner diese Grenze überschreiten, wird die Rente um pauschal 40 % gekürzt.

Grundrente. Rentnern und Rentnerinnen, die mindestens 35 Beitragsjahre aus Beschäftigung, Kindererziehung oder Pflegetätigkeit (sog. „Grundrentenzeiten") in der gesetzlichen Rentenversicherung vorweisen können, deren Rentenansprüche aber unter der sogenannten Grundsicherung im Alter und bei Erwerbsminderung liegen, wird die Rente um einen Zuschlag erhöht.

19.3.4 Arbeitsförderung – Gesetzliche Arbeitslosenversicherung

Die **Arbeitslosenversicherung** ist eine Pflichtversicherung für alle Arbeiter und Angestellten (einschließlich der Auszubildenden) ohne Rücksicht auf die Höhe des Arbeitsentgelts.

Nicht versichert sind Selbstständige (Unternehmer, freiberuflich Tätige) und Beamte. Ein freiwilliger Beitritt zur Arbeitslosenversicherung ist nicht möglich.

Die **Finanzierung** der Arbeitslosenversicherung erfolgt durch Beiträge, die vom Arbeitgeber und vom Arbeitnehmer je zur Hälfte getragen werden. Berechnungsgrundlage für die Beiträge ist der Arbeitsverdienst. Der Beitragssatz beträgt zz. (2023) 2,6 %. Höchstgrenze für die Berechnung des Beitrages ist die Beitragsbemessungsgrenze in der Arbeitslosenversicherung (zz. 7300,00 € monatlich in den alten und 7100,00 € monatlich in den neuen Bundesländern).

Der Arbeitgeber trägt den vollen Beitrag allein, wenn der Arbeitnehmer zu den geringfügig Beschäftigten zählt (520-Euro-Jobs).

Der Bundesagentur für Arbeit in Nürnberg mit ihren Agenturen für Arbeit sind die Aufgaben übertragen, die sich aus der Arbeitsförderung und Arbeitslosenversicherung ergeben. Sie hat sich mit der Beschäftigung des Einzelnen und der gesamten Bevölkerung sowie mit der Situation auf dem Arbeitsmarkt zu befassen.

Die gesetzliche Grundlage ist das Dritte Buch des Sozialgesetzbuches, das SGB III.

(1) Überblick: Leistungen der Arbeitsförderung

Leistungen der aktiven Arbeitsförderung	Hier werden den Beratungs- und Vermittlungsfachkräften der Agenturen für Arbeit und der Jobcenter arbeitsmarktpolitische Instrumente zur Verfügung gestellt, die diese vorrangig, flexibel und auf den individuellen Handlungsbedarf ausgerichtet, eigenverantwortlich und einzelfallorientiert einsetzen können.
Zahlung von Arbeitslosengeld und Insolvenzgeld	Hier erbringt die Agentur für Arbeit mit ihren Organen nachrangig gegenüber den Berechtigten Entgeltersatzleistungen.

(2) Arbeitsmarktpolitische Instrumente (aktive Arbeitsförderung)

Beratung und Vermittlung
Die Agentur für Arbeit hat jungen Menschen und Erwachsenen, die am Arbeitsleben teilnehmen oder teilnehmen wollen, eine Berufsberatung einschließlich einer Weiterbildungsberatung anzubieten. Arbeitnehmer erhalten eine Arbeitsmarktberatung einschließlich einer Qualifizierungsberatung. Die Arbeitsmarktberatung soll die Arbeitgeber bei der Besetzung von Ausbildungs- und Arbeitsstellen unterstützen. Die Leistungen sind – ebenso wie die Vermittlung von Ausbildungs- und Arbeitsplätzen – kostenlos.
Aktivierung und berufliche Eingliederung
Ausbildungsuchende, von Arbeitslosigkeit bedrohte Arbeitsuchende und Arbeitslose können aus dem Vermittlungsbudget der Agentur für Arbeit bei der Anbahnung oder Aufnahme einer versicherungspflichtigen Beschäftigung gefördert werden, wenn dies für die berufliche Eingliederung notwendig ist. Es werden Maßnahmen gefördert, welche u.a. das Heranführen an den Ausbildungs- und Arbeitsmarkt, die Beseitigung von Vermittlungshemmnissen, das Heranführen an eine selbstständige Tätigkeit sowie die Stabilisierung einer Beschäftigungsaufnahme unterstützen sollen.
Förderung der Berufswahl und der Berufsausbildung
Schülerinnen und Schüler allgemeinbildender Schulen können von der Agentur für Arbeit durch vertiefte Berufsorientierung und Berufswahlvorbereitung gefördert werden. Allerdings müssen sich Dritte mit mindestens 50 % an der Förderung beteiligen. Junge Menschen, die voraussichtlich Schwierigkeiten haben werden, den Abschluss der allgemeinbildenden Schule zu erreichen oder den Übergang in eine Berufsausbildung zu bewältigen, können beim Übergang von der allgemeinbildenden Schule in eine Berufsausbildung unterstützt werden, wenn sich Dritte mit mindestens 50 % an der Förderung beteiligen. Durch berufsvorbereitende Bildungsmaßnahmen können junge Menschen gefördert werden, um sie auf die Aufnahme einer Berufsausbildung vorzubereiten. Unter bestimmten Voraussetzungen können förderungsfähige Personen Zuschüsse für eine zur Förderung geeignete Berufsausbildungsbeihilfe erhalten. Behinderte und Schwerbehinderte sowie förderungsfähige junge Menschen können unter bestimmten Bedingungen Zuschüsse zur Ausbildungsvergütung erhalten, die an die Arbeitgeber bzw. die Träger von Maßnahmen gezahlt werden.
Förderung der beruflichen Weiterbildung
Bei Teilnahme an Maßnahmen der beruflichen Weiterbildung können Arbeitnehmer durch Übernahme der Weiterbildungskosten gefördert werden.
Förderung der Aufnahme einer Erwerbstätigkeit
Arbeitgeber können zur Eingliederung von Arbeitnehmerinnen und Arbeitnehmern, deren Vermittlung wegen in ihrer Person liegender Gründe erschwert ist, einen Zuschuss zum Arbeitsentgelt erhalten (Eingliederungszuschuss). Arbeitnehmerinnen und Arbeitnehmer, die durch Aufnahme einer selbstständigen, hauptberuflichen Tätigkeit die Arbeitslosigkeit beenden, können zur Sicherung des Lebensunterhalts und zur sozialen Sicherung in der Zeit nach der Existenzgründung einen Gründungszuschuss erhalten.
Förderung der Teilhabe behinderter Menschen am Arbeitsleben
Behinderten Menschen können Leistungen zur Förderung der Teilhabe am Arbeitsleben erbracht werden, die wegen Art oder Schwere der Behinderung erforderlich sind, um ihre Erwerbsfähigkeit zu erhalten, zu verbessern, wiederherzustellen und ihre Teilhabe am Arbeitsleben zu sichern.

(3) Arbeitslosengeld

Dauer der Beschäftigung	Anspruch auf Arbeitslosengeld
12 Monate	6 Monate
16 Monate	8 Monate
20 Monate	10 Monate
24 Monate	12 Monate
30 Monate und nach Vollendung des 50. Lebensjahrs	15 Monate
36 Monate und nach Vollendung des 55. Lebensjahrs	18 Monate
48 Monate und nach Vollendung des 58. Lebensjahrs	24 Monate

Arbeitnehmer haben einen Anspruch auf *Arbeitslosengeld* bei Arbeitslosigkeit oder bei beruflicher Weiterbildung (§ 136 SGB III). Anspruchsvoraussetzung beim Arbeitslosengeld wegen Arbeitslosigkeit ist, dass sich der arbeitslose Arbeitnehmer bei der Agentur für Arbeit arbeitslos gemeldet und die Anwartschaftszeit (§ 142 SGB III) erfüllt hat (§ 137 SGB III). Wer einen Arbeitsplatz ohne wichtigen Grund aufgibt, erhält Arbeitslosengeld grundsätzlich erst nach 12 Wochen. Überhaupt kein Arbeitslosengeld erhält, wer einen von der Agentur für Arbeit vermittelten zumutbaren Arbeitsplatz auf Dauer ablehnt (§ 159 SGB III). Die Höhe des Arbeitslosengeldes beträgt für Arbeitnehmer, die Kinder erziehen, 67 %, für alle übrigen 60 % des letzten Nettoarbeitsverdienstes.

Die Bezugsdauer des Arbeitslosengeldes hängt vom Alter des Arbeitnehmers ab und davon, wie lange er vor der Arbeitslosigkeit versicherungspflichtig gearbeitet hat.

Für Zeiten des Bezugs von Arbeitslosengeld entrichtet die Agentur für Arbeit für den Arbeitslosen Beiträge zur gesetzlichen Kranken-, Pflege- und Rentenversicherung.

(4) Bürgergeld

Das Bürgergeld ist im Gegensatz zum Arbeitslosengeld keine Versicherungsleistung, sondern eine steuerfinanzierte Fürsorgeleistung für Bedürftige, die vom Bund getragen wird. Das Bürgergeld sichert das wirtschaftliche Existenzminimum und ermöglicht eine Teilhabe am kulturellen und sozialen Leben. Einen Anspruch auf diese Grundsicherung haben alle erwerbsfähigen Hilfebedürftigen[1] zwischen 15 Jahren und dem Erreichen der Regelaltersgrenze sowie die im gemeinsamen Haushalt lebenden Angehörigen, also z. B. Ehe- oder Lebenspartner und Kinder, wenn sie das 25. Lebensjahr noch nicht vollendet haben (Bedarfsgemeinschaft).

Folgende monatlichen Leistungen werden zur Sicherung des Lebensunterhalts (insbesondere für Ernährung, Kleidung, Körperpflege, Hausrat, Bedarf des täglichen Lebens) gewährt:

Bürgergeld (monatliche Regelsätze) seit 1. Januar 2023		
Leistungsberechtigte	**Regelsatz**	**Regelbedarfsstufe**
Alleinstehende/Alleinerziehende	502,00 €	Stufe 1
Paare je Partner/Bedarfsgemeinschaften	451,00 €	Stufe 2

1 Erwerbsfähig sind diejenigen, die unter den üblichen Bedingungen des allgemeinen Arbeitsmarktes mindestens drei Stunden täglich arbeiten können.
Als hilfebedürftig gilt man, wenn man den eigenen Bedarf und den seiner im gemeinsamen Haushalt lebenden Angehörigen und Partner aus eigenen Mitteln nicht oder nicht ganz decken kann.

Bürgergeld (monatliche Regelsätze) seit 1. Januar 2023		
Leistungsberechtigte	**Regelsatz**	**Regelbedarfsstufe**
Volljährige in Einrichtungen (nach SGB XII)	402,00 €	Stufe 3
Nicht-erwerbstätige Erwachsene unter 25 Jahre im Haushalt der Eltern	402,00 €	Stufe 3
Jugendliche von 14 bis 17 Jahren	420,00 €	Stufe 4
Kinder von 6 bis 13 Jahren	348,00 €	Stufe 5
Kinder von 0 bis 5 Jahren	318,00 €	Stufe 6

Zusätzlich zur Regelleistung wird „Mehrbedarf" in besonderen Lebenssituationen, z. B. bei Schwangerschaft und Behinderung gezahlt. Die tatsächlichen Kosten für die Wohnung, also Miete und Nebenkosten, werden für ein Jahr übernommen. Die Heizkosten werden im angemessenen Umfang gewährt. Die Höhe der angemessenen Kosten bestimmen die Kommunen. Ein sogenanntes „Bildungs- und Teilhabepaket" sieht für Kinder und Jugendliche, die Hilfe benötigen, Unterstützungsleistungen für das Lernen und für die Teilnahme an Sport-, Musik- oder Kulturangeboten vor. Beim Bezug von Bürgergeld zahlt die Bundesagentur für Arbeit zusätzlich Beiträge zur gesetzlichen Kranken- und Pflegeversicherung. Der Bezug von Leistungen der Grundsicherung ist steuerfrei.

Der Fokus des Bürgergeldes liegt auf dem Wiedereinstieg in die Arbeitswelt. Gemeinsam vereinbaren Arbeitssuchende und Jobcenter einen Kooperationsplan für den individuellen Weg in die Arbeit. Grundlage der Zusammenarbeit soll Vertrauen sein. Es werden bestimmte Mitwirkungspflichten (Eigenbemühungen, Maßnahmeteilnahmen, Bewerbungen auf Vermittlungsvorschläge) vereinbart und auch entsprechende Sanktionen bei Pflichtverletzungen und Meldeversäumnissen. Wer z. B. Termine beim Jobcenter nicht wahrnimmt, muss mit Kürzungen des Geldes rechnen.

Zu berücksichtigendes Einkommen und Vermögen mindern die Geldleistungen. In den ersten 24 Monaten ab Bezug des Bürgergeldes werden Leistungen gewährt, wenn kein „erhebliches Vermögen" vorhanden ist. Hier gilt die Grenze von 40 000,00 € für den Leistungsbezieher und 15 000,00 € für jede weitere Person in der Bedarfsgemeinschaft. In den ersten 24 Monaten ab Bezug des Bürgergeldes können Leistungsbezieher in ihrer Wohnung bleiben, auch wenn sie eigentlich als zu groß gilt. Nach 24 Monaten Bürgergeldbezug werden Vermögen und Angemessenheit der Wohnung überprüft. Dann gelten 15 000,00 € als langfristiges Schonvermögen.

Mit dem Bürgergeld sollen auch die berufliche Weiterbildung, die Umschulung und der Erwerb eines Berufsabschlusses gefördert werden. Wer an abschlussbezogenen Weiterbildungen teilnimmt, erhält ein monatliches Weiterbildungsgeld von 150,00 €. Für die Teilnahme an Maßnahmen, die dabei unterstützen, langfristig zurück in den Job zu finden, wird ein Bürgergeld-Bonus in Höhe von monatlich 75,00 € gezahlt. Wer einen Berufsabschluss nachholt, kann drei Jahre lang gefördert werden.

Weiterhin stehen den Leistungsbeziehern Freibeträge für Hinzuverdienste zu, um die Erfahrung zu verstärken, eine Arbeit aufzunehmen.

Quelle: BM für Arbeit und Soziales (Hg.): Bürgergeld, 01/2023, S. 45.

19.3.5 Gesetzliche Unfallversicherung

Versicherungspflicht. Der Unfallversicherung gehören alle im Betrieb Beschäftigten an. Ihre Träger sind die Berufsgenossenschaften (im Kreditgewerbe: „Verwaltungsberufsgenossenschaft für gesetzliche Unfallversicherung").

Sie schützt den Arbeitnehmer und seine Familie vor den Folgen von Arbeitsunfällen im Betrieb, auf dem Weg zum Betrieb, auf dem Heimweg, auf Heimfahrten an Wochenenden bzw. auf Fahrten zum Betrieb zum Wochenbeginn, auf dem Weg zur Berufsschule und auf dem Heimweg von der Berufsschule. Auch Berufskrankheiten, die bei der Verrichtung der beruflichen Tätigkeit eintreten können, sind versichert. Die Unfallversicherung sorgt auch für die Verhütung von Arbeitsunfällen, Berufskrankheiten und arbeitsbedingten Gesundheitsgefahren.

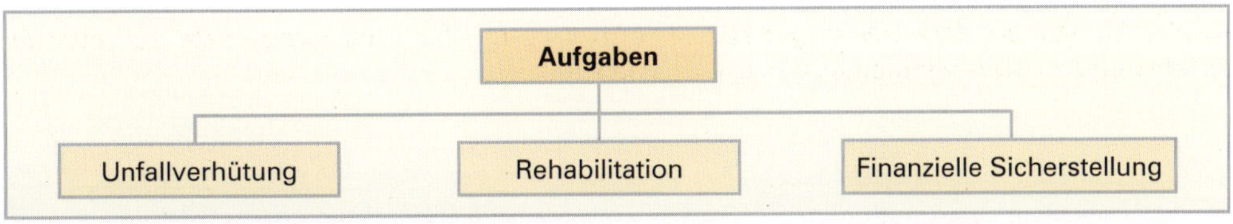

Leistungen. Ihre wichtigsten Leistungen für den Versicherten sind:

- Heilbehandlung
- Verletztengeld
- Leistungen zur Teilhabe am Arbeitsleben
- Leistungen zur Teilhabe am Leben in der Gemeinschaft und ergänzende Leistungen
- Rente an Versicherte
- Pflegegeld
- Sterbegeld
- Hinterbliebenen-/Waisenrente
- Abfindungen

Beiträge. Die Beiträge zur Unfallversicherung sind allein vom Arbeitgeber aufzubringen.

19.3.6 Zusammenfassung: Sozialversicherung im Überblick

	Versicherungsträger	Beitragsentrichtung	Beitragsbemessungsgrenze pro Monat (Bruttolohn/-gehalt)	Versicherungsleistungen
Rentenversicherung	Deutsche Rentenversicherung Bund	18,6 % des Bruttolohns; Arbeitnehmer und Arbeitgeber zahlen je die Hälfte.	7 300,00 € alte Bundesländer. 7 100,00 € neue Bundesländer.	Renten, Heilbehandlungen, Förderungsmaßnahmen für Behinderte u. a.
Krankenversicherung	Krankenkassen	14,6 % des Bruttolohns; den Beitrag zahlen Arbeitgeber und Arbeitnehmer je zur Hälfte. Die Krankenkassen können einkommensabhängige Zusatzbeiträge erheben, die ebenfalls von Arbeitgeber und Arbeitnehmer je zur Hälfte getragen werden.	4 987,50 € bundesweit.	Arzt-, Zahnarzt- und Krankenhausbehandlung, Arznei- und Entbindungskosten u. a.
Unfallversicherung	Berufsgenossenschaften	Beitrag wird allein vom Arbeitgeber getragen.	Höhe richtet sich nach Gefahrenklasse und Betriebsgröße.	Renten, Heilbehandlung, Förderungsmaßnahmen für Behinderte, Unfallverhütung u. a.
Arbeitslosenversicherung	Bundesagentur für Arbeit	2,6 % des Bruttolohns; Arbeitnehmer und Arbeitgeber zahlen je die Hälfte.	7 300,00 € alte Bundesländer. 7 100,00 € neue Bundesländer.	Arbeitslosengeld, berufliche Aus- und Fortbildung, Umschulung, Gründungszuschuss für die Aufnahme einer selbstständigen Tätigkeit, Berufsberatung, Arbeitsvermittlung u. a.
Pflegeversicherung	Krankenkassen	4,0 % des Bruttolohns für kinderlose Arbeitnehmer ab dem 23. Lebensjahr. Arbeitnehmer zahlt 2,3 %, Arbeitgeber 1,7 %. 3,4 % bis 2,4 % des Bruttolohns bei Arbeitnehmern mit Kind/Kindern. Arbeitnehmer zahlt 1,7 % bis 0,7 %, Arbeitgeber 1,7 %. Vgl. Übersicht im Kapitel 19.3.2	4 987,50 € bundesweit.	Sachleistungen und/oder Pflegegeld bei häuslicher Pflege bis zu einem mtl. Höchstbetrag. Bei stationärer Pflege Erstattung der pflegebedingten Aufwendungen bis zu einem mtl. Höchstbetrag.

Sozialversicherungsbeiträge			
Beiträge zur Krankenversicherung	Beiträge zur Rentenversicherung	Beiträge zur Arbeitslosenversicherung	Beiträge zur Pflegeversicherung
Abführung an die Krankenkasse Die Übermittlung der Meldungen und Beitragszahlungen erfolgt durch den Arbeitgeber an die Rechenzentren der Krankenkassen, die dann die jeweiligen Beiträge an den Gesundheitsfonds bzw. die übrigen Sozialversicherungsträger weiterleiten.			

Kompetenztraining: Soziale Sicherung

1 Unterscheiden Sie zwischen Sozialversicherung und Individualversicherung.

2 Erklären Sie die Prinzipien „Solidarität“ und „Versicherungspflicht“ in der gesetzlichen Sozialversicherung.

3 Erläutern Sie das Wesen des Generationenvertrags in der gesetzlichen Rentenversicherung.

4 Stellen Sie bei den folgenden Aussagen fest, welcher Bereich der Sozialversicherung zuständig ist, und nennen Sie den entsprechenden Sozialversicherungsträger.

a) Zahlt die Rente bei Eintritt der Erwerbsunfähigkeit infolge einer nicht berufsbedingten Krankheit.

b) Gewährt Zuschüsse zur beruflichen Umschulung nach Verlust des Arbeitsplatzes.

c) Übernimmt die Kosten für einen Krankenhausaufenthalt nach einem Arbeitsunfall.

d) Zahlt den Betrieben Zuschüsse zur Erhaltung und Schaffung von Arbeitsplätzen.

e) Die Beiträge für diesen Bereich der Sozialversicherung sind allein vom Arbeitgeber aufzubringen.

f) Erstattet die Kosten für Untersuchungen zur Früherkennung von Krankheiten.

g) Erstattet die Kosten für die häusliche Pflege einer pflegebedürftigen Person durch einen Familienangehörigen.

5 Entscheiden Sie, welche Aussagen über die Beitragsbemessungsgrenze(n) in der Sozialversicherung richtig sind.

a) Die Beitragsbemessungsgrenzen gelten für alle fünf Zweige der Sozialversicherung.

b) Die Beitragsbemessungsgrenzen in der Arbeitslosen- und in der Rentenversicherung sind gleich hoch.

c) Die Beitragsbemessungsgrenzen werden jährlich der allgemeinen Lohn- und Gehaltsentwicklung angepasst.

d) Für die Berechnung der Sozialversicherungsbeiträge bleiben Bezüge, welche die Beitragsbemessungsgrenze überschreiten, unberücksichtigt.

e) In der Unfallversicherung werden die Beiträge unabhängig von der Beitragsbemessungsgrenze je zur Hälfte vom Arbeitnehmer und vom Arbeitgeber getragen.

f) Die Beitragsbemessungsgrenze der Krankenversicherung ist niedriger als die der Renten- und Arbeitslosenversicherung.

g) Die Belastung der Kundenbank AG mit Lohnnebenkosten steigt, wenn die Beitragsbemessungsgrenzen erhöht werden.

h) Bei Überschreiten der Beitragsbemessungsgrenzen ist der Arbeitnehmer von der Versicherungspflicht in der Renten- und Arbeitslosenversicherung befreit.

i) Die Belastung des Arbeitnehmers mit Sozialversicherungsbeiträgen bleibt bei konstanten Versicherungsbeitragssätzen gleich, wenn die Beitragsbemessungsgrenzen steigen.

j) Wenn der Arbeitnehmer mit seinem Gehalt die Beitragsbemessungsgrenzen in der Kranken- und Pflegeversicherung überschreitet, kann er sich für diese beiden Versicherungen von der gesetzlichen Versicherungspflicht befreien lassen.

6 Sie sind Personalreferent/-in Ihrer Bank und beabsichtigen, die 39-jährige Linda Blotekamp als Mitarbeiterin in Vollzeit einzustellen. Frau Blotekamp war bisher selbstständig tätig und bittet darum, weiterhin von der Beitragspflicht in der Arbeitslosenversicherung befreit zu bleiben.

Mit welcher der folgenden Aussagen informieren Sie Frau Blotekamp bezüglich ihres Wunsches richtig?

Wir können Sie von der Arbeitslosenversicherung ...

a) ... nicht befreien, solange unsere Bank Mitglied im Arbeitgeberverband ist.

b) ... erst befreien, wenn ihr Gehalt über der entsprechenden Beitragsbemessungsgrenze liegt.

c) ... befreien, sofern ihre Bezüge die Versicherungspflichtgrenze überschreiten.

d) ... nur befreien, sofern Sie schriftlich auf alle Ansprüche zur Zahlung von Arbeitslosengeld verzichten.

e) ... nicht befreien, da wir Sie als sozialversicherungspflichtige Angestellte beschäftigen.

7 Der Angestellte Jean Müller, wohnhaft in Köln, verheiratet, 2 Kinder, verdiente im August 2023 ein Bruttogehalt von 5 500,00 €. Ermitteln Sie den Betrag, den Jean Müller im August 2023 insgesamt an Sozialversicherungsbeiträgen aufbringen musste.

	Beitragsbemessungsgrenze für 2023 €/Monat	Beitragssätze 2023 %	Beitrag
Rentenversicherung	7 300,00 €	18,60	
Arbeitslosenversicherung	7 300,00 €	2,60	
Krankenversicherung	4 987,50 €	14,60	
Zusatzbeitrag zur Krankenversicherung	4 987,50 €	1,60	
Pflegeversicherung	4 987,50 €	3,15	

8 Überprüfen Sie die folgenden Aussagen zur Sozialversicherung auf ihre Richtigkeit.

a) Die im Betrieb Beschäftigten haben Anspruch auf Übernahme der Arztkosten, die durch einen Verkehrsunfall auf dem Weg zur Arbeit bedingt sind.

b) Versicherungspflichtig in der Pflegeversicherung sind alle Personen, die in einer gesetzlichen oder privaten Krankenversicherung versichert sind.

c) Wer in der gesetzlichen Krankenversicherung versichert ist, gehört der sozialen Pflegeversicherung an.

d) Die Krankenkassen haben die Möglichkeit, einkommensabhängige Zusatzbeiträge zu erheben, die die Arbeitnehmer vollständig allein tragen müssen.

e) Arbeitnehmer haben Anspruch auf Arbeitslosengeld bei Arbeitslosigkeit, nicht jedoch bei beruflicher Weiterbildung.

f) Arbeitnehmer können von der Pflichtversicherung in eine private Kranken- und Pflegeversicherung wechseln, wenn ihr Jahresarbeitsentgelt die Versicherungspflichtgrenze im vergangenen Kalenderjahr überschritten hat und im laufenden Jahr überschreiten wird.
g) Pflegebedürftig und damit berechtigt, Leistungen der Pflegeversicherung in Anspruch zu nehmen, sind Personen, die vorübergehend wegen einer körperlichen, geistigen oder seelischen Krankheit oder Behinderung der Hilfe bedürfen.
h) Pflichtversichert sind in der Rentenversicherung alle Arbeitnehmer und Auszubildende ohne Rücksicht auf die Höhe des Arbeitsentgelts.
i) Wer einen Arbeitsplatz ohne wichtigen Grund aufgibt, erhält Arbeitslosengeld grundsätzlich erst nach 12 Monaten.

9 Was versteht man unter „Dynamisierung der Renten“?

10 Anna Hahne beginnt ihre Berufsausbildung. Sie soll der Personalabteilung ihres Ausbildungsbetriebs angeben, welcher Krankenkasse sie angehören will.

Jetzt interessiert sie, welche Leistungen sie aus dieser Krankenversicherung zu erwarten hat.

Welche Leistungen erbringt die gesetzliche Krankenversicherung?
a) Gewährung einer Rente wegen Erwerbsminderung.
b) Übernahme der Kosten für einen Krankenhausaufenthalt nach einem Arbeitsunfall.
c) Bezahlung von krankheitsbedingtem Lohn- und Gehaltsausfall nach 6 Wochen.
d) Bezahlung von krankheitsbedingtem Lohn- und Gehaltsausfall nach 6 Monaten.
e) Gewährung von Zuschüssen zur beruflichen Umschulung nach Verlust des Arbeitsplatzes.
f) Mutterschaftsgeld und Mutterschaftshilfe.

11 Welche Aussagen zum Arbeitslosengeld sind zutreffend?
a) Arbeitslosengeld ist eine steuerfinanzierte Fürsorgeleistung.
b) Die Bezugsdauer des Arbeitslosengeldes hängt vom Alter des Arbeitnehmers ab und davon, wie lange er vor der Arbeitslosigkeit versicherungspflichtig gearbeitet hat.
c) Die Höhe des Arbeitslosengelds beträgt für Arbeitnehmer, die Kinder erziehen, 67 %, für alle übrigen 60 % des letzten Nettoarbeitsverdienstes.
d) Wer sich bei der Agentur für Arbeit nicht arbeitslos meldet, erhält trotzdem Arbeitslosengeld, weil er ja bereits bei der Bundesagentur für Arbeit erfasst ist.
e) Kein Arbeitslosengeld erhält, wer einen von der Agentur für Arbeit vermittelten Arbeitsplatz auf Dauer ablehnt.
f) Wer einen Arbeitsplatz ohne wichtigen Grund aufgibt und keinen neuen Arbeitsplatz findet, erhält kein Arbeitslosengeld.

12 Welche der folgenden Aussagen zum Bürgergeld sind zutreffend?
a) Wer erwerbsfähig ist, den Lebensunterhalt nicht aus eigenem Einkommen decken kann und andere, vorrangige Leistungen (Arbeitslosengeld, Wohngeld, Kinderzuschlag etc.) nicht ausreichend sind, erhält Bürgergeld.
b) Auch nicht erwerbsfähige Personen, die mit Bürgergeld-Berechtigten in einer Bedarfsgemeinschaft zusammenleben, erhalten Bürgergeld.
c) Bürgergeld stellt eine Versicherungsleistung dar, die von der Arbeitslosenversicherung getragen wird.
d) Der Bezug von Bürgergeld unterliegt der Einkommensteuer.
e) Die Hilfsbedürftigkeit des Empfängers von Bürgergeld wird nur bei der Antragstellung geprüft.
f) Bei Bezug von Bürgergeld zahlt die Bundesagentur für Arbeit Beiträge zur gesetzlichen Kranken- und Pflegeversicherung.
g) Eigenes Vermögen eines Beziehers von Bürgergeld wird nicht in die Berechnung der Höhe des Bürgergeldes einbezogen.

Situation: Gehaltsabrechnung erstellen

Ein Angestellter der Merkur-Bank in Stuttgart, verheiratet, drei Kinder, erhält im August 2023 ein Grundgehalt von 5 320,00 € und außerdem die im Tarifvertrag vereinbarten vermögenswirksamen Leistungen von 40,00 €. Dem Angestellten wurde vom Finanzamt ein Lohnsteuerfreibetrag von 175,00 € gewährt.

Für die Gehaltsabrechnung des Angestellten sind zu berücksichtigen:

Individueller Lohnsteuersatz	25,0 %
Kirchensteuersatz	9,0 %
Gesamtbeitragssätze zur gesetzlichen	
Rentenversicherung	18,6 %
Krankenversicherung	14,6 %
Zusatzbeitrag zur gesetzlichen Krankenversicherung	1,6 %
Arbeitslosenversicherung	2,6 %
Pflegeversicherung	2,9 %

Die Beitragsbemessungsgrenze beträgt im Jahre 2023 für die

Renten- und Arbeitslosenversicherung	7 300,00 €
Kranken- und Pflegeversicherung	4 987,50 €

40,00 € vermögenswirksame Leistungen werden über die Deutsche Bundesbank an die Bausparkasse, 34,00 € vermögenswirksame Leistungen werden auf einen Sparvertrag im eigenen Haus überwiesen.

AUFGABEN:

1 Ermitteln Sie für den Monat August 2023

a) den gesamten Steuerabzug (auf zwei Stellen nach dem Komma runden),

b) den Arbeitnehmeranteil zur Sozialversicherung,

c) die Gutschrift auf dem Konto des Angestellten!

2 Ermitteln Sie für den Monat August 2023 den gesamten Personalaufwand (ohne Beitrag zur gesetzlichen Unfallversicherung) der Merkur-Bank für diesen Angestellten!

20 Private Vorsorge

Einstieg

Der 45-jährige Jan Holmer hat auf seinen Riester-Vertrag bereits geförderte Beträge von insgesamt 38 000,00 € eingezahlt. Jahrelang hat er von einem eigenen Häuschen im Grünen für sich und seine Familie geträumt. Doch seine Pläne haben sich geändert: Seine Lebensgefährtin hat ein Haus geerbt. Statt in den Bau eines eigenen Hauses zu investieren, will er nun das Haus seiner Lebensgefährtin gründlich renovieren. Jan Holmer will für die Renovierung das angesparte geförderte Altersvorsorgevermögen aus seinem Riester-Vertrag verwenden. Nehmen Sie Stellung!

20.1 Notwendigkeit privater Vorsorge

LS 2

Die Ansprüche aus der gesetzlichen Renten- und Pflegeversicherung reichen in der Regel nicht aus, um in bestimmten Lebenssituationen den gewohnten Lebensstandard zu erhalten. Es entstehen Versorgungslücken, d.h. eine Differenz zwischen dem letzten Nettoeinkommen und der gesetzlichen Rente/Leistung.

Versorgungslücken aus der gesetzlichen Renten-/Pflegeversicherung

- Versorgungslücke im Rentenalter
- Versorgungslücke bei Erwerbsminderung
- Versorgungslücke für Hinterbliebene
- Versorgungslücke bei Pflegebedürftigkeit

(1) Versorgungslücke im Rentenalter

Die gesetzliche Rentenversicherung ist für die meisten Menschen Basis der Versorgung im Alter. Aufgrund der demografischen Entwicklung kann der Staat bei vertretbaren Rentenversicherungsbeiträgen das derzeitige Rentenniveau nicht aufrechterhalten. Langfristig wird die staatliche Versorgung von heute etwa 67 Prozent auf unter 50 Prozent des letzten Nettoeinkommens sinken. Für Ruheständler, die sich allein auf die gesetzliche Rente verlassen, sinkt das Einkommen mit dem Eintritt in den Ruhestand also um mehr als die Hälfte. Dies gilt für den sogenannten Standardrentner, der insgesamt 45 Versicherungsjahre mit durchschnittlichem Einkommen vorweisen kann. Menschen mit kürzerem oder unstetem Erwerbsleben werden mit erheblich größeren Einbußen rechnen müssen. Arbeitslosigkeit z.B., Praktika ohne versicherungspflichtiges Einkommen oder die für Akademiker längeren Ausbildungszeiten führen zu Lücken, die die Renten senken.

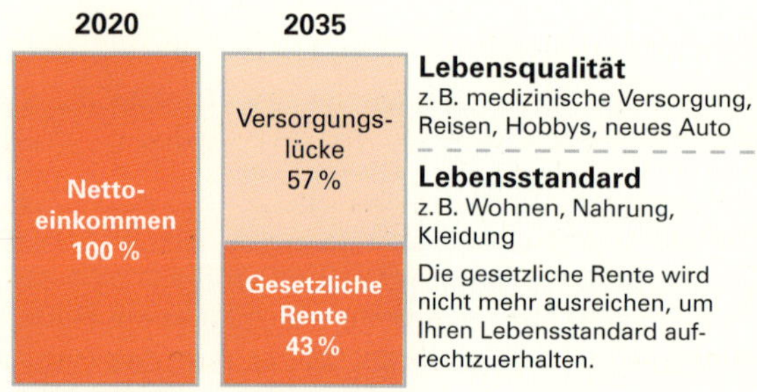

Quelle: In Anlehnung an Postbank AG.

(2) Versorgungslücke bei Erwerbsminderung

Wer als Arbeitnehmer nach 78 Wochen immer noch krank ist, bekommt i. d. R. vom Rentenversicherungsträger eine Erwerbsminderungsrente bis zum Beginn der Altersrente. Dies ist unabhängig davon, ob die Arbeitsunfähigkeit durch einen Unfall oder durch Krankheit verursacht wurde. Voraussetzung ist, dass die Wartezeit erfüllt und mindestens 36 Monate Pflichtbeiträge entrichtet wurden. Die volle Erwerbsminderungsrente erhalten Versicherte, die nur noch weniger als 3 Stunden täglich arbeiten können. Sie liegt im Durchschnitt zwischen 30 Prozent und 34 Prozent des Bruttoeinkommens. Die halbe Erwerbsminderungsrente (durchschnittlich 15 Prozent bis 34 Prozent des Bruttoeinkommens) wird gezahlt, wenn der Versicherte mehr als 3 Stunden, aber weniger als 6 Stunden täglich arbeiten kann. Wenn dem Versicherten mehr als 6 Stunden irgendeiner Berufstätigkeit zuzumuten ist, bekommt er keine Rente.

Ist die Erwerbsminderungsrente die einzige Einkommensquelle und bestehen in dieser Lebenssituation keine ausreichenden Ansprüche aus Versicherungs- und Versorgungssystemen, um den Lebensstandard abzusichern, entsteht eine Versorgungslücke.

(3) Versorgungslücke für Hinterbliebene

Auch beim Todesfall in der Familie entsteht eine beträchtliche Kluft zwischen den niedrigen gesetzlichen Leistungen aus der Hinterbliebenen- und Waisenversorgung und dem Versorgungsbedarf.

Witwen- oder Witwerrente aus der gesetzlichen Rentenversicherung erhalten überlebende Ehegatten, wenn der verstorbene Ehegatte die allgemeine Wartezeit von fünf Jahren erfüllt oder bereits eine Rente bezogen hatte. Die große Witwen-/Witwerrente wird in Höhe von 55 % der Rente des verstorbenen Versicherten gezahlt. Hinterbliebene, die jünger als 47 Jahre sind und keine erziehungsberechtigten Kinder haben, erhalten die kleine Witwen-/Witwerrente in Höhe von 25 % der Rente des verstorbenen Versicherten.

Waisenrente erhalten nach dem Tod des Versicherten seine Kinder. Der Anspruch besteht bis zur Vollendung des 18. Lebensjahrs, darüber hinaus bis zur Vollendung des 27. Lebensjahrs, wenn die Waise sich u. a. in Schul- oder Berufsausbildung befindet.

Vollwaisen erhalten ein Fünftel, Halbwaisen ein Zehntel der vollen Versichertenrente. Hierzu wird noch ein Zuschlag gezahlt.

(4) Versorgungslücke der gesetzlichen Pflegeversicherung

Aus eigenen Mitteln lässt sich die Versorgungslücke, die die gesetzliche Pflegeversicherung hinterlässt, meist nicht schließen. So kosten ambulante Pflegedienste, vor allem aber Heimplätze viel Geld. Selbst bei Einstufung in einen hohen Pflegegrad verbleibt ein Eigenanteil an den Pflegekosten, den der Pflegebedürftige selbst tragen muss.

Faktoren, wie die persönlichen Vorstellungen über den Lebensstandard in der entsprechenden Lebenssituation, der Umfang und die Dauer der Berufstätigkeit, steuerliche Veränderungen sowie die inflationsbedingte Geldentwertung, können einen starken Einfluss auf die Versorgung und die Versorgungslücke haben.

Mit der gesetzlichen Rente allein kann also der gewohnte Lebensstandard im Alter kaum gehalten werden. Die entstehende Versorgungslücke muss durch eine private Altersvorsorge geschlossen werden. Ebenso wichtig wie die Alterssicherung ist die Absicherung für den Todesfall und die Absicherung für den Fall der Erwerbsminderung bzw. der Pflegebedürftigkeit.

Quelle: www.einfach-rente.de

20.2 Drei-Schichten-Modell der Altersvorsorge

Um ausreichende Alterseinkommen sicherzustellen, fördert der Staat die Eigenvorsorge. Die private Altersvorsorge wird über Steuervorteile und staatliche Zulagen gefördert. Nach steuerlichen Gesichtspunkten lassen sich die verschiedenen Altersvorsorgeprodukte in drei Gruppen (Schichten) einteilen.

(1) Erste Schicht: Basisversorgung

Die erste Schicht enthält die sogenannte Basisversorgung. Dazu zählen die gesetzliche Rentenversicherung, die Versorgungsleistungen der berufsständischen Versorgungswerke (z. B. für Ärzte, Architekten, Rechtsanwälte), die Alterssicherung der Landwirte und die Basisrente (kapitalgedeckte Leibrente, „Rürup-Rente").

Beiträge zur Altersvorsorge aus der Basisversorgung nach dem Alterseinkünftegesetz können in der Erwerbsphase als *Altersvorsorgeaufwendungen* im Zuge der Einkommenbesteuerung geltend gemacht werden. Steuerlich abzugsfähig sind im Jahre 2023 max. 26528,00 € bei Alleinstehenden bzw. 53056,00 € bei zusammen veranlagten Ehegatten/Lebenspartnern (Höchstbeitrag zur knappschaftlichen Rentenversicherung West).

Der förderfähige Höchstbetrag für Beiträge zur Basisversorgung ist dynamisch an den Höchstbeitrag zur knappschaftlichen Rentenversicherung (West) gekoppelt. Er wird jährlich angepasst. Ursprünglich war die volle Abzugsfähigkeit der Beiträge zugunsten einer Basisversorgung bis zum Höchstbeitrag zur knappschaftlichen Rentenversicherung (West) erst für das Jahr 2025 vorgesehen. In Form eines Stufenmodells stieg während einer Übergangsphase die steuerliche Abzugsfähigkeit jährlich um 2 Prozentpunkte an. Im Jahr 2022 wurden 94 % von max. 25639,00 € für Alleinstehende bzw. 51278,00 € bei zusammen veranlagten Ehegatten/Lebenspartner als Vorsorgeaufwendungen steuerlich anerkannt. Um eine Doppelbesteuerung der Beiträge zur Altersversorgung aus der Basisversorgung zu vermeiden, wurde der Vollabzug aufgrund einer Gesetzesänderung auf das Jahr 2023 vorgezogen.

(Doppelbesteuerung bedeutet: Beiträge zur Rentenversicherung werden *aus versteuertem Einkommen* gezahlt und später in der Auszahlungsphase einer *erneuten Besteuerung* unterworfen.)

Die Besteuerung der Renten aus der Basisversorgung erfolgt in der Auszahlphase (Rentenphase) nachgelagert *(nachgelagerte Besteuerung),* allerdings zunächst nicht in vollem Umfang, vielmehr gibt es bis zum Jahr 2040 Übergangsregelungen. Im Jahr 2023 beträgt der Besteuerungsanteil 83 % der Jahresbruttorente.

Der Besteuerungsanteil für Renten aus der Basisversorgung, die im Jahre 2005 erstmals gezahlt wurden, betrug 50 % der Jahresbruttorente. Bis zum Jahr 2020 stieg der Besteuerungsanteil für jedes spätere Jahr des Rentenbeginns um 2 Prozentpunkte (Besteuerungsanteil im Jahr 2020 80 %). Ab dem Jahr 2021 erhöht er sich schrittweise um einen Prozentpunkt pro Jahr, bis im Jahre 2040 eine Vollbesteuerung erreicht wird. Der bei Rentenbeginn für den einzelnen Rentner jeweils steuerfrei bleibende Rentenbetrag wird als Rentenfreibetrag festgeschrieben. Er ändert sich für den betreffenden Rentner während der Laufzeit der Rente nicht mehr.

(2) Zweite Schicht: Kapitalgedeckte Zusatzversorgung

Die zweite Schicht beinhaltet Zusatzversorgungen wie die kapitalgedeckte Altersvorsorge (Riester-Rente; vgl. Kapitel 20.4.1) und die verschiedenen Formen der betrieblichen Altersvorsorge (Direktzusage, Pensionskasse, Pensionsfonds, Unterstützungskasse, Direktversicherung). Arbeitgeber müssen seit 2002 ihren Beschäftigten eine Entgeltumwandlung des Lohnes oder Gehaltes ermöglichen. Die Anlageform bestimmt der Arbeitgeber, wobei bei ihm die Anlage in eine der Formen der betrieblichen Altersvorsorge (bAV) zur Auswahl steht (vgl. Kapitel 20.4.2).

Die erhaltenen Renten aus dem Bereich der zweiten Schicht werden vollständig nachgelagert besteuert. Dafür wird im Gegenzug während der Ansparphase eine staatliche Förderung z. B. über Zulagen bzw. den Sonderausgabenabzug bei der Einkommensteuer gewährt (Riester-Rente) oder die Beiträge (Aufwendungen) sind in begrenztem Umfang steuerlich absetzbar (betriebliche Altersversorgung).

Zertifizierung

Geförderte Anlageformen der kapitalgedeckten Basisrente (Rürup-Rente) und der kapitalgedeckten Altersvorsorge (Riester-Rente) benötigen eine Zertifizierung durch das Bundeszentralamt für Steuern und müssen folgende Merkmale aufweisen:

- Der Vertrag muss eine lebenslange und unabhängig vom Geschlecht berechnete Altersversorgung vorsehen. § 1 AltZertG
- Eine Leistungserbringung aus dem Vertrag nicht vor Vollendung des 60. Lebensjahres (bei Vertragsabschluss nach dem 31. Dezember 2011 nicht vor Vollendung des 62. Lebensjahres) oder dem Beginn einer Alters- oder Erwerbsminderungsrente aus der gesetzlichen Rentenversicherung.
- Garantie der eingezahlten Beiträge zu Beginn der Auszahlungsphase.
- Auszahlung in Form einer monatlichen lebenslangen Leibrente[1] in steigenden oder gleichbleibenden Beträgen oder in Form eines Auszahlungsplanes mit anschließender Teilkapitalverrentung ab dem 85. Lebensjahr.
- einmalige Teilkapitalauszahlung von bis zu 30 % des zu Beginn der Auszahlphase zur Verfügung stehenden Kapitals.
- Regelungen über Ruhenlassen, Kündigung und Übertragung des Altersvorsorgevertrags.

Das Bundeszentralamt für Steuern prüft und bescheinigt als Zertifizierungsstelle, ob Altersvorsorgeprodukte die geforderten Kriterien erfüllen, ohne aber Rentabilität und Sicherheit der Anlage zu prüfen. Produkte der betrieblichen Altersversorgung müssen nicht zertifiziert werden. § 3 AltZertG

Für alle Produktgruppen zertifizierter steuerlich geförderter Altersvorsorgeverträge muss der Anbieter ein **Produktinformationsblatt** erstellen. Es soll Verbraucher über wesentliche Merkmale des Altersvorsorgeprodukts informieren und in gebündelter, leicht verständlicher und standardisierter Form einen Produktvergleich ermöglichen. Gleichzeitig erhöht es den Wettbewerbsdruck im Hinblick auf eine möglichst geringe Kostenbelastung der angebotenen Produkte. § 7 AltZertG

Der Anbieter eines Altersvorsorge- oder Basisrentenvertrags ist weiterhin verpflichtet, den Vertragspartner **zu informieren** § 7 a/b AltZertG

- jährlich in der Sparphase über die Verwendung der eingezahlten Beträge, die Höhe des gebildeten Kapitals, die im Beitragsjahr angefallenen Kosten, das zur Auszahlphase voraussichtlich verfügbare Kapital,
- vor Beginn der Auszahlphase über Form und Höhe der Auszahlungen und Kosten in der Auszahlphase.

(3) Dritte Schicht: Kapitalanlageprodukte

Zur dritten Schicht der Altersvorsorge zählen private Kapitalanlageprodukte wie z. B. private Kapitallebens- und Rentenversicherungen (ausgenommen die genannte Riester- und Basisrente sowie Rentenversicherungen aus der Kategorie der betrieblichen Altersvorsorge). Diese Produkte sind meist relativ flexibel. Sie können neben der Altersvorsorge auch anderen Zwecken dienen. So bieten sie oft die Möglichkeit, neben einer Absicherung für das Alter noch Zusatzversicherungen (z. B. für den Todesfall oder Berufsunfähigkeit) einzuschließen. Ebenso beinhalten die Produkte der dritten Schicht das Kapitalwahlrecht bzw. Rentenwahlrecht, sodass die Versicherten zum Zeitpunkt des Rentenzahlungsbeginns bzw. der Kapitalauszahlung noch wählen können, ob sie ihr Geld in Form einer

1 Eine Leibrente ist nicht vererblich, nicht übertragbar, nicht beleih- oder veräußerbar. Sie ist auch nicht kapitalisierbar. Das bedeutet, dass sie nicht vorzeitig in abgezinster Form ausbezahlt werden kann.

lebenslangen Rentenzahlung oder einer Kapitalauszahlung bzw. einer Mischform aus beiden Alternativen erhalten möchten. Typisch für diese Schicht ist, dass die Beiträge für diese Art der Altersvorsorge bereits aus versteuertem Einkommen resultieren und daher weniger Einschränkungen unterliegen als die Anlageformen der ersten beiden Schichten. Im Gegensatz zu den Vorsorgeprodukten der ersten und zweiten Schicht können Kapitalanlageprodukte aus der dritten Schicht unmittelbar Angehörigen des Beitragszahlers zugutekommen. Sie sind vererbbar, veräußerbar, beleihbar, kapitalisierbar und übertragbar. Sie werden steuerlich nicht mehr als Altersvorsorge angesehen, sondern als Kapitalanlage. Dennoch bleiben diese Produkte ein wesentlicher Bestandteil der Altersvorsorge.

Beiträge zu Kapitallebens- und Rentenversicherungen, die nach dem 31.12.2005 abgeschlossen wurden, können in der Ansparphase nicht steuermindernd abgesetzt werden.

Renten aus Verträgen der dritten Schicht werden nur mit dem sogenannten Ertragsanteil *(Ertragsanteilbesteuerung)* besteuert, dessen Höhe vom Alter des Renteneintritts abhängig ist.

Drei-Schichten-Modell der Altersversorgung				
Schicht 3: Kapitalanlage	Aktien	Kapitalbildende Lebensversicherungen	Kapitalbildende Rentenversicherungen	Investmentsparpläne, etc.
	Beiträge aus versteuertem Einkommen **Rentenbezüge** sind nur mit Ertragsanteil zu versteuern.			
Schicht 2: Zusatzversorgung	Betriebliche Altersversorgung, z. B. Direktversicherung, Pensionskasse, Pensionsfonds, Unterstützungskasse			Riester-Rente
	Beiträge/Aufwendungen sind i. d. R. in begrenztem Umfang **steuerlich absetzbar.** Z. T. **zusätzliche Förderung** durch **Zulagen. Rentenbezüge** sind (ohne Übergangszeit) in voller Höhe **nachgelagert zu versteuern.**			
Schicht 1: Basisversorgung	Gesetzliche Rentenversicherung	Landwirtschaftliche Alterskassen	Berufsständische Versorgungen	Basisrente
	Beiträge sind in hohem Maße **steuerlich absetzbar.** **Rentenbezüge** sind (nach der Übergangsphase bis 2040) in voller Höhe **nachgelagert zu versteuern.**			

Quelle: In Anlehnung an Deutsche Bank, 2005

20.3 Kapitalgedeckte Basisrente („Rürup-Rente")[1]

LS 3

Mit dem Altersvermögensgesetz (AVmG) wird der Aufbau einer kapitalgedeckten zusätzlichen Altersversorgung als Ergänzung der gesetzlichen Rentenversicherung beabsichtigt. Die Rürup-Rente ist eine Rentenversicherung, die bei einem privaten Anbieter (Versicherungen, Banken, Kapitalverwaltungsgesellschaften) abgeschlossen wird.

Der Versicherungsvertrag muss bestimmte Kriterien erfüllen, um zu den begünstigten Altersvorsorgeaufwendungen zu zählen (vgl. Kapitel 20.2 „Zertifizierung"). Das Vertragsunternehmen meldet die Vertragsdaten und die jeweils geleisteten Beiträge einschließlich der Steueridentifikationsnummer elektronisch an die Zentrale Zulagestelle für Altersvermögen (ZfA). Dazu ist die Einwilligung des Vorsorgesparers notwendig.

Mit einem Basisrentenvertrag können auch Personen steuerbegünstigt für das Alter vorsorgen, die nicht der gesetzlichen Rentenversicherung angehören, z. B. Selbstständige, Freiberufler und Unternehmer. Beiträge zur Altersvorsorge aus der Basisversorgung können bei der Einkommensteuer als Altersvorsorgeaufwendungen geltend gemacht werden.

Zu den steuerlich begünstigten Altersvorsorgeaufwendungen zählen die

- Beiträge zur gesetzlichen Rentenversicherung (Gesamtbeitrag) sowie die
- Beiträge zur privaten Altersvorsorge („Rürup-Rente").

Der jährliche Höchstbetrag für Altersvorsorgeaufwendungen beträgt im Jahr 2023 für

■ Alleinstehende	26 528,00 €,
■ zusammen veranlagte Ehegatten/Lebenspartner	53 056,00 €.

Bei der Ermittlung des Höchstbetrags werden die Altersvorsorgeaufwendungen um den steuerfreien Arbeitgeberanteil zur gesetzlichen Rentenversicherung gekürzt.[2]

Altersvorsorgeaufwendungen können im Jahr 2023 bis zum obigen Höchstbetrag steuerlich als Sonderausgaben geltend gemacht werden. Die späteren Renten aus steuerlich begünstigten Altersvorsorgeverträgen werden nachgelagert besteuert. Im Jahr 2023 beträgt der steuerpflichtige Anteil 83 %. Er erhöht sich schrittweise um jährlich einen Prozentpunkt bis zum Jahr 2040. Ab dem Jahr 2040 sind die Renten voll steuerpflichtig. Maßgeblich für den steuerfreien Anteil ist das Jahr des Rentenbeginns. Dieser Anteil gilt dann für die gesamte Laufzeit der Rentenzahlungen (persönlicher Rentenfreibetrag). Beginnt die Rente z. B. im Jahr 2026, sind 86 % bis zum Ende der Rentenzahlung (Tod) steuerpflichtig.

Beispiel zur Altersvorsorge:

Frank Baumeister, 45 Jahre alt, alleinstehender selbstständiger Kaufmann, erzielt im Jahr 2023 ein Bruttojahreseinkommen von 100 000,00 €. Er leistet keine Beiträge in ein berufsständisches Versorgungswerk oder zur gesetzlichen Rentenversicherung. Herr Baumeister zahlt im Jahr 2023 26 528,00 € in eine private Rentenversicherung („Rürup-Rente") ein.

1 Bert Rürup, Volks- und Finanzwissenschaftler, war Vorsitzender der Kommission für die Nachhaltigkeit in der Finanzierung der sozialen Sicherungssysteme.

2 Der förderfähige Höchstbetrag für Beiträge zur Basisversorgung („Rürup-Rente") ist dynamisch an den Höchstbetrag zur knappschaftlichen Rentenversicherung (West) gekoppelt. Er wird also jährlich angepasst.

	Gesamtbeitrag zur gesetzlichen Rentenversicherung	0,00 €
+	Beiträge zur privaten Rentenversicherung („Rürup-Rente“)	26 528,00 €
=	Summe der Altersvorsorgeaufwendungen (maximal 26 528,00 €)	26 528,00 €
	Davon werden im Jahr 2023 100 % berücksichtigt.	
	(100 % von 26 528,00 €)	26 528,00 €
–	Steuerfreier Arbeitgeberanteil zur Rentenversicherung	0,00 €
=	Steuerlich abzugsfähige Altersvorsorgeaufwendungen	26 528,00 €

LS 4

20.4 Kapitalgedeckte Zusatzversorgung

20.4.1 Staatlich geförderte Eigenvorsorge („Riester-Rente“)

Der Aufbau dieser zusätzlichen Altersversorgung kann u. a. als private kapitalgedeckte Altersversorgung im Rahmen von Banksparplänen, privaten und fondsgebundenen Rentenversicherungen, Bausparverträgen, Darlehensverträgen für die Anschaffung und den Bau von selbst genutzten Wohnimmobilien, Genossenschaftsanteilen, Investmentfondssparplänen und in Formen der betrieblichen Altersversorgung erfolgen.

Anlageformen	
Private Altersvorsorge	**Betriebliche Altersvorsorge**
■ Banksparplan ■ Investmentsparplan (Fondssparplan) ■ Finanzierung von Wohneigentum (Wohn-Riester-Bausparverträge und Wohn-Riester-Darlehen) ■ Rentenversicherung (einschließl. fondsgebundene Rentenversicherung)	■ Direktversicherung ■ Pensionskasse ■ Pensionsfonds → vgl. Kapitel 20.4.2.

(1) Förderfähiger Personenkreis

Förderberechtigt sind alle Personen, die Pflichtversicherte der gesetzlichen Rentenversicherung oder Empfänger von Besoldung/Amtsbezügen sind und der unbeschränkten Steuerpflicht in der Bundesrepublik Deutschland unterliegen.

Einen Förderanspruch haben auch Ehegatten/Lebenspartner, die selbst nicht zum geförderten Personenkreis gehören, wenn sie einen auf ihren Namen lautenden Altersvorsorgevertrag abschließen und der andere Ehegatte/Lebenspartner einen Altersvorsorgevertrag abgeschlossen hat und seinen Mindesteigenbeitrag erbringt (mittelbar Förderberechtigte).

Geförderter Personenkreis	■ in der gesetzlichen Rentenversicherung pflichtversicherte Arbeitnehmer und Auszubildende ■ Landwirte, ihre Ehegatten und mitarbeitende Familienangehörige ■ rentenversicherungspflichtige Selbstständige ■ Mütter oder Väter, die während der ersten drei Lebensjahre eines Kindes die Kindererziehungszeiten in der gesetzlichen Rentenversicherung angerechnet bekommen ■ Bezieher von Arbeitslosengeld und Krankengeld

	■ Bezieher von Bürgergeld, sofern sie vor dem Leistungsbezug zulageberechtigt waren ■ Personen, die eine Rente wegen Erwerbsunfähigkeit, eine Rente wegen voller Erwerbsminderung oder eine Versorgung wegen Dienstunfähigkeit erhalten ■ nicht erwerbsmäßig tätige Pflegepersonen ■ Personen, die im Rahmen des Bundesfreiwilligendienstes oder des Freiwilligen Sozialen oder Ökologischen Jahres tätig sind ■ geringfügig Beschäftigte (Minijobber), wenn Pflichtbeiträge zur gesetzlichen Rentenversicherung gezahlt werden ■ Beamte, Richter, Soldaten, Amtsträger und versicherungsfreie Angestellte mit Anspruch auf Beamtenversorgung ■ Ehepartner von förderberechtigten Personen, sofern sie vom Ehepartner nicht dauernd getrennt leben, einen förderfähigen Altersvorsorgevertrag auf den eigenen Namen abschließen und mindestens 60,00 € in ihren Altersvorsorgevertrag einzahlen
Nicht geförderter Personenkreis	■ Selbstständige, soweit sie nicht in der gesetzlichen Rentenversicherung pflichtversichert sind ■ Sozialhilfeempfänger ■ Rentner und Pensionäre ■ Personen, die freiwillig in der gesetzlichen Rentenversicherung versichert sind ■ Studenten ohne versicherungspflichtige Beschäftigung ■ geringfügig Beschäftigte, die den Arbeitgeberbeitrag zur gesetzlichen Rentenversicherung nicht durch eigene Beiträge auf den vollen Rentenversicherungsbeitrag aufstocken

Förderfähige Verträge müssen bestimmte Voraussetzungen erfüllen (vgl. Kapitel 20.2).

(2) Staatliche Förderung

Anspruch auf Altersvorsorgezulage haben Personen, die zum geförderten Personenkreis gehören und einen zertifizierten Altersvorsorgevertrag abgeschlossen haben. Die staatliche Förderung erfolgt durch Zahlung einer *Grundzulage* und Kinderzulage oder durch Gewährung eines Sonderausgabenabzugs. Beide Zulagen werden unabhängig vom Einkommen der Berechtigten gezahlt. Ein Anspruch auf eine *Kinderzulage* besteht für jedes zum Haushalt des Steuerpflichtigen gehörende Kind, für das er Kindergeld oder einen Kinderfreibetrag erhält. Der *Sonderausgabenabzug* wird unabhängig vom Einkommen nach Ablauf des jeweiligen Veranlagungszeitraums im Rahmen der Einkommensteuererklärung gewährt.

Die Zulage muss vom Vorsorgesparer beim Anbieter des Vorsorgeprodukts auf amtlich vorgeschriebenem Vordruck beantragt werden. Der Anbieter leitet die Vertragsdaten an die Deutsche Rentenversicherung Bund weiter, die als zentrale Stelle die Zulagenberechtigung prüft und die Zulagen anschließend auf den Altersvorsorgevertrag überweist. Der Antrag auf Zulage muss spätestens zum Ende des zweiten Kalenderjahres, das auf das Beitragsjahr folgt, gestellt werden.

Im Jahre 2005 wurde der „Dauerzulageantrag" eingeführt. Seitdem kann der Vorsorgesparer den Anbieter beauftragen, jährlich den Zulageantrag auf elektronischem Weg bei der Zentralen Zulagenstelle (ZfA) zu stellen.

(3) Mindesteigenbeitrag/Sockelbetrag

Die maximale Förderhöhe, d.h. die volle Zulage oder der volle Sonderausgabenabzug, wird nur dann gewährt, wenn vom Vorsorgesparer der Mindesteigenbeitrag auf den Altersvorsorgevertrag geleistet wird. Er beträgt 4 % des in der gesetzlichen Rentenversicherung beitragspflichtigen Einkommens des Vorjahres. Bleibt der Vorsorgesparer mit seinen Sparleistungen unterhalb des Mindesteigenbeitrags, wird die Zulage anteilig gekürzt. Leistet der Sparer nur 70 % seines Mindesteigenbeitrags, erhält er auch nur 70 % der Zulage. Der Mindesteigenbeitrag ist auf einen bestimmten Höchstbetrag begrenzt. Mehr als der Höchstbetrag muss nicht gespart werden, um die Zulage in voller Höhe zu bekommen. Das gilt auch, wenn der ermittelte Mindesteigenbeitrag höher sein sollte. Der Höchstbetrag beträgt 2 100,00 €. Beiträge über dem Höchstbetrag werden nicht gefördert.

Dem Sparer zustehende Zulagen werden auf den Eigenbeitrag angerechnet. Erhält ein Vorsorgesparer 175,00 € Grundzulage und 300,00 € Kinderzulage, muss er bei 2 100,00 € Eigenbeitrag nur 1 625,00 € einzahlen.

Damit der Eigenbeitrag durch die anzurechnende Altersvorsorgezulage nicht voll aufgefangen wird (z.B. bei Personen mit sehr geringem Einkommen), hat der Gesetzgeber einen Sockelbetrag von 60,00 € festgelegt. Der Sockelbetrag ist als Mindesteigenbeitrag zu leisten, wenn er höher ist als der berechnete Mindesteigenbeitrag. Leistet ein Sparer nur einen Teil des Sockelbetrages, erhält er auch nur den entsprechenden Teil der Zulage.

Nicht pflichtversicherte und damit nicht zum begünstigten Personenkreis zählende Ehegatten/Lebenspartner erhalten, wenn sie einen eigenständigen Altersvorsorgevertrag abgeschlossen haben, der pflichtversicherte Ehegatte/Lebenspartner seinen Mindesteigenbeitrag auf seinen Altersvorsorgevertrag erbringt und sie mindestens den Sockelbetrag von 60,00 € in ihren Vertrag eingezahlt haben, die volle staatliche Förderung.

(4) Förderung durch Sonderausgabenabzug

Die geleisteten Eigenbeiträge und die Altersvorsorgezulagen können bei der Einkommensteuerveranlagung im Rahmen festgelegter Höchstbeträge als Sonderausgaben geltend gemacht werden. Das zuständige Finanzamt des Anlegers prüft, ob die Steuerersparnis durch den Sonderausgabenabzug höher ist als die dem Anleger gutgeschriebenen Zulagen (Günstigerprüfung). Bei einem positiven Ergebnis erhält der Anleger eine Einkommensteuerrückerstattung.

Übersicht über die Förderung privater Altersvorsorgeverträge

§ 84 EStG, § 85 EStG, § 86 EStG, § 86 Abs. 1 Satz 3 EStG, § 10 a EStG

Förderung privater Altersvorsorgeverträge			
Altersvorsorgezulage	**Grundzulage**	175 €	
Altersvorsorgezulage	**Kinderzulage** je Kind, für das Kindergeld gezahlt wird	Geburt vor dem 01.01.2008 Geburt ab dem 01.01.2008	185 € 300 €
Eigenleistung	**Mindesteigenbeitrag** zur Erlangung der vollen Zulage	4 % des sozialversicherungspflichtigen Vorjahresbruttoeinkommens, höchstens 2 100 €, zzgl. 60 € bei mittelbar zulageberechtigten Ehegatten, abzüglich Zulagen	
Eigenleistung	**Sockelbetrag**	60 €	
Sonderausgabenabzug (Höchstbetrag)		2 100 € bzw. 2 160 € bei nicht direkt förderberechtigten Ehegatten mit einem abgeleiteten Zulagenanspruch von 60 €	
Berufseinsteiger-Bonus		Für Einsteiger unter 25 Jahren einmalig 200 €	

(5) Schädliche Verwendung

Bei einer schädlichen Verwendung sind Zulagen und Steuererstattungen zurückzuzahlen. Ferner prüft das Finanzamt, ob die im ausgezahlten Kapital enthaltenen Zinsen, Erträge und Wertsteigerungen zu versteuern sind.

Eine schädliche Verwendung liegt vor, wenn

- Altersvorsorgevermögen vor Rentenbeginn ganz oder teilweise ausgezahlt wird, (Ausnahme: Teilkapitalauszahlung bis zu 30 % zu Beginn der Auszahlungsphase)
- Altersvorsorgevermögen nach Rentenbeginn außerhalb der Rentenzahlung ganz oder zum Teil ausgezahlt wird,
- Altersvorsorgevermögen im Todesfall des Sparers an die Erben ausgezahlt wird (Ausnahme: Übertragung auf einen Altersvorsorgevertrag des überlebenden Ehegatten/Lebenspartners).
- Altersvorsorgevermögen abgetreten, beliehen oder der Vertrag vorzeitig gekündigt wird.

(6) Förderung bei Wohneigentum („Wohn-Riester")

Mit Wohn-Riester fördert der Staat den Kauf, den Bau oder die Entschuldung einer Wohnung oder eines Hauses sowie den Erwerb von Anteilen an Wohnungsgenossenschaften.

Die Wohn-Riester-Förderung kann wie folgt genutzt werden:

Zum Abschluss von „Wohn-Riester-Altersvorsorgeverträgen"

- **Zertifizierter Riester-Darlehensvertrag**
  Der Vertrag wird unmittelbar bei Darlehensaufnahme zur Finanzierung einer selbst genutzten Wohnimmobilie abgeschlossen. Ein vorheriger Sparvorgang ist nicht erforderlich. Sparbeiträge und staatliche Zulagen dienen der Tilgung des Darlehens.
- **Riesterzertifizierter Bausparvertrag (Sparvertrag mit Darlehensoption)**
  Bausparkassen zählen zu den zugelassenen Anbietern von Altersvorsorgeverträgen. Leistungen auf zertifizierte Bausparverträge (Anspar- und Tilgungsleistungen) können in die Riester-Förderung einbezogen werden. Die Sparbeiträge und die staatlichen Zulagen erhöhen in der Ansparphase das Bausparguthaben, in der Darlehensphase tilgen sie den Kredit.
- **Vorfinanzierungsdarlehen**
  Das tilgungsfreie Vorfinanzierungsdarlehen dient zum Ansparen eines Bausparvertrages. Bei Zuteilung des Bausparvertrages wird das Vorfinanzierungsdarlehen getilgt. Die Sparbeiträge und die staatlichen Zulagen erhöhen in der Ansparphase das Bausparguthaben, in der Darlehensphase tilgen sie den Kredit.

Zur Kapitalentnahme aus einem laufenden Riester-Vertrag zur Finanzierung von selbst genutztem Wohneigentum oder zum Erwerb von Anteilen an einer Wohnungsgenossenschaft

Der Altersvorsorgesparer kann die in einem Altersvorsorgevertrag (z. B. Banksparplan) angesparten Mittel (Eigenbeiträge und staatliche Zulagen) bis zum Beginn der Auszahlungsphase verwenden

- für die Anschaffung oder Herstellung einer selbstgenutzten Wohnung oder zur Tilgung eines zu diesem Zweck aufgenommenen Darlehens,
- für den Erwerb von Pflicht-Geschäftsanteilen an einer eingetragenen Genossenschaft für die Selbstnutzung einer Genossenschaftswohnung oder zur Tilgung eines zu diesem Zweck aufgenommenen Darlehens,
- für die Finanzierung eines behindertengerechten bzw. barrierereduzierten Umbaus einer selbst genutzen Wohnimmobilie.

Die Immobilie muss den Lebensmittelpunkt des Vorsorgesparers bilden oder von ihm als Hauptwohnsitz genutzt werden. Sie kann sich im gesamten EU-Raum oder in einem Staat befinden, auf den das EWR-Abkommen Anwendung findet.

Der Mindestentnahmebetrag liegt bei 3000,00 €. Das nach der Entnahme verbleibende Restkapital muss ebenfalls 3000,00 € betragen.

Die Darlehensverträge müssen eine Darlehenstilgung bis spätestens zur Vollendung des 68. Lebensjahres vorsehen.

Der Zulageberechtigte muss die Immobilie nach Renteneintritt für mindestens 20 Jahre selbst nutzen. Ein Verkauf innerhalb dieser Frist ist jedoch zulässig, wenn er das Kapital innerhalb von fünf Jahren wieder in ein Folgeobjekt investiert oder in einen neuen Riester-Vertrag einzahlt. Ansonsten verlangt der Staat die Förderung zurück.

(7) Nachgelagerte Besteuerung

Im Alter können bis zu 30 % der Ablaufleistung als Einmalzahlung abgerufen werden. Der Rest wird auf Dauer verrentet. Sowohl die Einmalzahlung als auch die Renten sind voll steuerpflichtig. Die Höhe der Abgaben hängt vom persönlichen Steuersatz während des Ruhestandes ab. Die Rentenbeträge sind aber frei von Sozialabgaben.

Auch der Immobilienerwerb im Rahmen der Riester-Förderung unterliegt der nachgelagerten Besteuerung. Die geförderten Tilgungsbeiträge (Zulage und Eigenleistung) und der Entnahmebetrag werden auf einem sogenannten „Wohnförderkonto" erfasst. Als Ausgleich für die vorzeitige Nutzung des Altersvorsorgekapitals und zur Gleichstellung mit anderen Riester-Produkten wird der in das Wohnförderkonto eingestellte Betrag in der Ansparphase am Ende eines jeden Jahres um 2 % erhöht. Auf diese Summe zahlt der Förderberechtigte nach Eintritt in den Ruhestand Steuern. Dabei kann er wählen, ob er seine Steuerschuld auf einmal zahlt oder auf den Zeitraum bis zur Vollendung des 85. Lebensjahres verteilt und jährlich versteuert. Im ersten Fall gibt es einen Nachlass von 30 % und der Eigentümer muss lediglich auf 70 % des auf dem Wohnförderkonto erfassten Betrags Einkommensteuer gemäß seinem individuellen Steuersatz zahlen. Im zweiten Fall kann der Betrag über einen Zeitraum von bis zu 25 Jahren versteuert werden. Wie hoch die Steuer ausfällt, hängt vom individuellen Steuersatz des Förderungsberechtigten im Ruhestand ab.

Der Förderungsberechtigte kann während der gesamten Auszahlungsphase von der Ratenbesteuerung zur Einmalbesteuerung wechseln.

Beispiel zur Altersvorsorge:

Hans Westphal ist 40 Jahre alt, arbeitet als Schreinermeister in einem Unternehmen, das Möbel herstellt, und hatte im Vorjahr beitragspflichtige Einnahmen[1] von 37000,00 €. Er hat im laufenden Jahr einen Eigenbeitrag in Höhe von 830,00 € auf einen Altersvorsorgevertrag eingezahlt. Seine Frau Elke ist 35 Jahre alt und zz. nicht berufstätig. Sie hat ebenfalls einen Altersvorsorgevertrag abgeschlossen. Die zwei Kinder der Familie Westphal sind 6 bzw. 9 Jahre alt. Das Ehepaar hat die Zusammenveranlagung gewählt.

Herr Westphal ist rentenversicherungspflichtiger Arbeitnehmer. Er gehört zum geförderten Personenkreis. Frau Westphal gehört – obwohl sie zurzeit nicht berufstätig ist – als Ehepartner eines Förderungsberechtigten ebenfalls zum förderungsberechtigten Personenkreis (mittelbar förderfähige Person), da sie einen eigenständigen Vorsorgevertrag abgeschlossen hat.

1 Beitragspflichtige Einnahmen = alle Einnahmen, für die Beiträge an die gesetzliche Rentenversicherung gezahlt werden müssen.

Ermittlung der Altersvorsorgezulage für Hans Westphal:

Beitragspflichtige Einnahmen im Vorjahr		37 000,00 €
Geleistete Altersvorsorgebeiträge (ohne Zulagen)		830,00 €
Mindesteigenbeitrag 4 % von 37 000,00 € (höchstens 2 100,00 €)	1 480,00 €	
– Grundzulage Hans Westphal	175,00 €	
– Grundzulage Elke Westphal	175,00 € [1]	
– Kinderzulage (2 · 300,00 €)	600,00 €	
= Mindesteigenbeitrag[1] zur Erlangung der Höchstzulage		530,00 €
Sockelbetrag		60,00 €

Der Mindesteigenbeitrag übersteigt den Sockelbetrag. Hans Westphal muss mindestens 530,00 € leisten, um die volle Zulagenförderung zu erhalten. Da er mit 830,00 € den erforderlichen Mindesteigenbeitrag überschritten hat, steht ihm die volle Grundzulage in Höhe von 175,00 € zu. (Die Kinderzulage wird bei zusammenveranlagten Eheleuten der Mutter zugeordnet.)

Ermittlung der Altersvorsorgezulage für Elke Westphal:

Elke Westphal muss auf ihren Altersvorsorgevertrag einen Betrag von mindestens 60,00 € (Sockelbetrag) einzahlen. Für sie gibt es keine Mindesteigenbeitragsrechnung. Sie kann für ihren Vertrag die Grundzulage von 175,00 € erhalten, da Hans Westphal seinen Mindesteigenbeitrag geleistet hat. Zusätzlich wird ihrem Vertrag die Kinderzulage (2 · 300,00 €) gutgeschrieben.

Grundzulage 175,00 € + Kinderzulage 600,00 € = Altersvorsorgezulage 775,00 €.

Sonderausgabenabzug für die Eheleute Westphal (Günstigerprüfung):

Grundzulage (2 · 175,00 €)	350,00 €
+ Kinderzulage (2 · 300,00 €)	600,00 €
+ Eigenleistung (830,00 € + 60,00 €)	890,00 €
= Sonderausgaben	1 840,00 €
Höchstbetrag für die Berücksichtigung von Sonderausgaben	2 100,00 €
Als Sonderausgaben abzugsfähig	1 840,00 €
Angenommener Steuersatz	20 %
Verminderung der Einkommensteuer um (20 % von 1 840,00 €)	368,00 €

Da der Anspruch auf die staatlichen Zulagen in Höhe von 950,00 € höher ist als die aus dem Sonderausgabenabzug sich ergebende Steuerermäßigung, kommt es nicht zu einer zusätzlichen Steuererstattung.

20.4.2 Betriebliche Altersversorgung

LS 5

Unter einer betrieblichen Altersversorgung versteht man alle Leistungen, die der Arbeitgeber seinem Arbeitnehmer zur Alters-, Hinterbliebenen- oder Invaliditätsversorgung zusagt. Dem Arbeitgeber stehen zur Durchführung der betrieblichen Altersversorgung verschiedene Wege zur Verfügung. Er kann sie entweder unmittelbar (Direktzusage) oder mittelbar über einen externen Versorgungsträger (Direktversicherung, Pensionskasse, Pensionsfonds oder Unterstützungskasse) organisieren. Die betriebliche Altersversorgung kann entweder durch den Arbeitgeber selbst und/oder durch den Arbeitnehmer finanziert werden, indem dieser auf bestimmte Teile seines Arbeitslohns im Gegenzug für eine betriebliche Altersversorgung verzichtet (Entgeltumwandlung) oder Eigenbeiträge erbringt. Der Arbeitgeber muss dem Wunsch auf Entgeltumwandlung nachkommen. Eine Entgeltumwandlung wird aus dem Bruttoeinkommen finanziert. Wie er die Altersvorsorge seiner Arbeitnehmer im Einzelnen organisiert, ist Vereinbarungssache und wird häufig auf

1 Der Mindesteigenbeitrag wird nur für die unmittelbar förderfähige Person (Hans Westphal) berechnet. Dabei mindern aber die beiden Ehegatten zustehenden Zulagen den Mindesteigenbeitrag.

betrieblicher Ebene oder in Tarifverträgen geregelt. Gibt es keine Abmachung, so hat der Beschäftigte immer einen „Mindestanspruch" auf Entgeltumwandlung in eine Direktversicherung.

Bei einer Finanzierung der Beiträge durch Verzicht auf Teile des Arbeitslohns (Entgeltumwandlung) durch den Arbeitnehmer muss der Arbeitgeber 15 % des umgewandelten Entgelts zusätzlich als Arbeitgeberzuschuss an die Versorgungseinrichtung leisten, denn die beim Arbeitgeber ersparten Sozialversicherungsbeiträge sollen durch diese Pauschalzahlung den Mitarbeitern zugute kommen.

Formen der betrieblichen Altersversorgung	
Direktzusage/ Pensionszusage	Der Arbeitgeber verpflichtet sich, dem Arbeitnehmer oder dessen Hinterbliebenen bei Eintritt des Versorgungsfalles (Rentenalter, Invalidität oder Tod) unmittelbar die jeweils vereinbarte Leistung zu zahlen, beispielsweise eine Renten- oder Kapitalzahlung. Der Arbeitgeber bildet dafür Pensionsrückstellungen, die er steuerlich geltend machen kann. Die Höhe der Rente richtet sich in der Regel nach der Dauer der Betriebszugehörigkeit und der Höhe des früheren Einkommens.
Unterstützungskasse	Die Unterstützungskasse unterscheidet sich von der Direktzusage im Wesentlichen dadurch, dass die Versorgungsleistung nicht unmittelbar vom Arbeitgeber selbst, sondern von einer eigens eingerichteten rechtlich selbstständigen Versorgungseinrichtung geschuldet wird, die sich aus Beiträgen des Arbeitgebers finanziert. Der Arbeitgeber bedient sich zur Erfüllung seiner Versorgungsverpflichtung der Unterstützungskasse, bleibt aber gegenüber seinem Arbeitnehmer bei Nichtleistung der Kasse zur Leistung verpflichtet. Die Unterstützungskasse unterliegt nicht der Versicherungsaufsicht, sie kann daher frei über das angesammelte Kapital verfügen.
Direktversicherung	Bei der Direktversicherung schließt der Arbeitgeber per Einzel- oder Gruppenvertrag eine Kapitallebens- oder Rentenversicherung für seine Arbeitnehmer ab. Versicherungsnehmer und Beitragsschuldner ist somit der Arbeitgeber. Begünstigter aber ist der Arbeitnehmer. Der Arbeitgeber finanziert die Aufwendungen. Oft werden die Beiträge auch vom Arbeitnehmer getragen und fließen durch Entgeltumwandlung in die Direktversicherung. Die Versorgungsleistung in Form einer Rentenversicherung kann so ausgestaltet sein, dass sie den Fördervoraussetzungen nach § 10 a EStG genügt (Riester-Förderung).
Pensionskasse	Pensionskassen sind von Arbeitgebern getragene Unternehmen. Sie gewähren den Arbeitnehmern und deren Hinterbliebenen einen Rechtsanspruch auf die zugesagten Leistungen (Renten- oder Kapitalzahlung). Sie finanzieren sich über Zuwendungen der Trägerunternehmen und aus Vermögenserträgen. Sie unterliegen der staatlichen Aufsicht durch die Bundesanstalt für Finanzdienstleistungsaufsicht. Die Versorgungsleistung in Form einer Rentenversicherung kann so ausgestaltet sein, dass sie den Fördervoraussetzungen nach § 10 a EStG genügt (Riester-Förderung).
Pensionsfonds	Bei einem Pensionsfonds handelt es sich um einen rechtlich selbstständigen Versorgungsträger, der den Arbeitnehmern einen Rechtsanspruch auf die zugesagten Versorgungsleistungen einräumt. Pensionsfonds unterliegen nicht den strengen Restriktionen der herkömmlichen Lebens- und Rentenversicherung. Sie dürfen das angesammelte Versorgungskapital in höherem Maße auch am Aktienmarkt anlegen, um dessen Renditechancen besser nutzen zu können. Die Versorgungsleistungen in Form einer Rentenversicherung kann so ausgestaltet sein, dass sie den Fördervoraussetzungen nach § 10 a EStG genügt (Riester-Förderung).

Bei den genannten Durchführungswegen werden die entsprechenden Beiträge des Arbeitnehmers bei Entgeltumwandlung gefördert. So sind z. B. Beiträge an einen Pensionsfonds, eine Pensionskasse oder für eine Direktversicherung bis zu 8 % der Beitragsbemessungsgrenze in der allgemeinen Rentenversicherung (West) (2023 = 7 008,00 €) steuerfrei. Weiterhin sind die Beiträge bis zu 4 % der Beitragsbemessungsgrenze in der allgemeinen Rentenversicherung (West) (2023 = 3 504,00 €) sozialabgabenfrei. Die Sozialabgabenfreiheit führt allerdings zu einer geringeren gesetzlichen Rente. Sie kann unter anderem auch die Höhe des Kranken- und Arbeitslosengeldes beeinflussen. Der Arbeitnehmer kann auf die Steuerfreiheit der Beiträge verzichten, um stattdessen die Altersvorsorgezulage bzw. den Sonderausgabenabzug entsprechend der Riester-Förderung in Anspruch zu nehmen.

Wenn die Leistungen im Alter (Renten) auf staatlich geförderten Beiträgen beruhen, sind diese voll steuerpflichtig. Andernfalls gelten für die Besteuerung die Regelungen für private Rentenversicherungen.

20.5 Sonstige Kapitalanlageprodukte

20.5.1 Lebensversicherungen

20.5.1.1 Begriff und Bedeutung der Lebensversicherung

Die Lebensversicherung dient in ihrer Grundform dazu, wirtschaftliche Risiken möglichst auszugleichen, die durch unberechenbare Ereignisse und durch annähernd abschätzbare Bedarfsfälle im Leben eines Menschen eintreten können.

Lebensversicherungen dienen:

- der Vorsorge für das Alter als Ergänzung der Leistungen aus der gesetzlichen Rentenversicherung und betrieblichen Altersversorgung,
- der wirtschaftlichen Sicherung der Hinterbliebenen nach dem Tode des versicherten Versorgers (Ernährers),
- der Versorgung nach Eintritt der Arbeitsunfähigkeit.

Hinzu kommen noch die Bedarfsfälle „Heirat" und „Ausbildung".

20.5.1.2 Die gemischte (kapitalbildende) Lebensversicherung/ Kapitallebensversicherung auf den Todes- und Erlebensfall

LS 6

Wer unter Geldanlage- und Vorsorgeüberlegungen eine Lebensversicherung abschließt, entscheidet sich für die Kapitallebensversicherung.

(1) Begriff Kapitallebensversicherung

Bei einer Kapitallebensversicherung vereinbart der Versicherungsnehmer (Antragsteller) mit einer Lebensversicherungsgesellschaft, dass im Falle des Todes des Versicherungsnehmers (oder eines anderen Versicherten) oder nach Ablauf einer festgelegten Zeit die vereinbarte Versicherungssumme ausbezahlt wird sowie zusätzlich eine „Überschussbeteiligung", die bei längeren Laufzeiten der Versicherung höher sein kann als die abgeschlossene Lebensversicherungssumme.

(2) Beteiligte

Vertragspartner der Versicherung ist der *Versicherungsnehmer.* Er übernimmt die Zahlung der Beiträge. Der *Versicherte* hingegen ist die Person, deren Leben von der Versicherung „lebensversichert" wird. Meist sind Versicherungsnehmer und Versicherter eine Person, aber unter den Gesichtspunkten der Kapitalanlage kann es manchmal auch sinnvoll sein, Versicherungsnehmer und Versicherten zu trennen. Die zum Empfang der Versicherungsleistung im Todes- oder Erlebensfall bestimmte Person ist *„Bezugsberechtigter".* Es empfiehlt sich, insbesondere für den Todesfall, stets die Bezugsberechtigung namentlich festzulegen. Die Bezugsberechtigung kann bis zum Eintritt des Versicherungsfalls jederzeit widerrufen werden, falls sie nicht ausdrücklich als unwiderruflich bezeichnet worden ist.

(3) Obliegenheiten vor Vertragsabschluss

Für den Abschluss des Lebensversicherungsvertrags gelten vonseiten des Versicherungsunternehmens Beratungs-, Informations- und Dokumentationspflichten. Der Versicherer muss über Art und Umfang des Versicherungsprodukts umfassend aufklären und dieses dokumentieren. Er muss die Abschluss-, Vertriebs- und Verwaltungskosten beziffern und offenlegen und den Versicherungsnehmer über die mögliche Ablaufleistung unter Zugrundelegung einer realistischen Modellrechnung unterrichten. (§ 7 VVG)

Die vom Versicherungsnehmer zu erfüllende Obliegenheit ist die vorvertragliche Anzeigepflicht. Der Versicherer benötigt Informationen über den Gesundheitszustand des Versicherten. Der Versicherungsnehmer hat deshalb alle ihm bekannten Umstände, die für die Übernahme der Gefahr erheblich sind, dem Versicherer anzuzeigen. Erheblich sind alle Gefahrumstände, die geeignet sind, auf den Entschluss des Versicherers, den Vertrag überhaupt oder zu dem vereinbarten Inhalt abzuschließen, Einfluss auszuüben. Der Antragsteller hat nur Tatsachen anzuzeigen, die ihm bekannt sind, ohne besondere Nachforschungen anstellen zu müssen. (§ 19 VVG)

Beispiel:

Der Antrag auf Lebensversicherung beinhaltet Fragen nach gegenwärtigen und früheren Erkrankungen, gesundheitlichen Störungen und Beschwerden der versicherten Person, die vom Antragsteller wahrheitsgemäß und vollständig beantwortet werden müssen.

Verletzt der Versicherungsnehmer seine Anzeigepflicht, kann der Versicherer vom Vertrag zurücktreten. Das Rücktrittsrecht des Versicherers ist ausgeschlossen, wenn der Versicherungsnehmer die Anzeigepflicht weder vorsätzlich noch grob fahrlässig verletzt hat. In diesem Fall hat der Versicherer das Recht, den Vertrag unter Einhaltung einer Frist von einem Monat zu kündigen.

(4) Versicherungsbeginn

Der Versicherungsbeginn bezeichnet den Anfangszeitpunkt, zu dem die Laufzeit eines Versicherungsvertrags startet. Eine Versicherung tritt also in der Regel nach Antragsannahme und mit der Zahlung der Erstprämie in Kraft, frühestens jedoch an dem im Versicherungsschein aufgeführten Datum.

Dabei werden drei Formen des Versicherungsbeginns unterschieden:

- Der *formelle Versicherungsbeginn* ist der Zeitpunkt des rechtlich für beide Seiten bindenden Vertragsabschlusses. Der Versicherer nimmt den Versicherungsantrag an und sendet dem Versicherungsnehmer den Versicherungsschein.

- Der *materielle Versicherungsbeginn* beschreibt den Zeitpunkt, an dem der Versicherungsschutz und somit die Leistungspflicht des Versicherers beginnt.
- Der *technische Versicherungsbeginn* ist im Versicherungsschein angegeben und bezeichnet den Tag, an dem der Versicherte seinen Beitrag zahlen muss.

Der Versicherungsnehmer kann den Lebensversicherungsvertrag binnen 30 Tagen ab Zugang aller Vertragsbedingungen schriftlich widerrufen.

(5) Versicherungsbeiträge

Die Beiträge ergeben sich aus dem Eintrittsalter, der Laufzeit, der Versicherungssumme und dem Gesundheitszustand des Versicherten. Sie können je nach Vereinbarung monatlich, vierteljährlich, halbjährlich oder jährlich oder als Einmalbeitrag gezahlt werden. Die Höhe des Beitrags bleibt während der gesamten Laufzeit der Versicherung gleich, unabhängig vom erhöhten Risiko in späteren Jahren. Der Versicherungsbeitrag setzt sich aus einem *Risikoanteil,* Sparanteil und Kostenanteil zusammen. Der Risikoanteil ist für Fälle gedacht, in denen der Versicherungsnehmer den Ablauf des Versicherungsvertrags nicht erlebt. Er deckt das Todesfallrisiko. Da das Versicherungsunternehmen für die Zeit vom Tod bis zum Laufzeitende des Vertrags keine Beiträge mehr erhält und trotzdem die volle Versicherungssumme auszahlen muss, ist es zwingend notwendig, Rückstellungen zu bilden. Obwohl der Todesfall eines einzelnen Versicherungsnehmers unter versicherungstechnischen Gesichtspunkten „zufällig" ist, kann das Versicherungsunternehmen den voraussichtlichen Geldbedarf für die Gesamtheit aller Versicherungsnehmer mithilfe von Sterbetafeln schätzen, die auf langfristigen statistischen Daten basieren. Die relative Höhe des Risikoanteils im Vergleich zum Gesamtbeitrag hängt vom Eintrittsalter des Versicherungsnehmers und von der Laufzeit des Vertrags ab.

Der *Sparanteil* dient der Ansparung der Versicherungssumme. Er wird ertragbringend angelegt und steht dem Versicherungsnehmer nach Ablauf des Versicherungsvertrags einschließlich der Guthabenzinsen und der *Gewinnbeteiligung* zur Verfügung. Die vom Versicherungsunternehmen zu garantierende Mindestverzinsung beträgt 0,25 %.

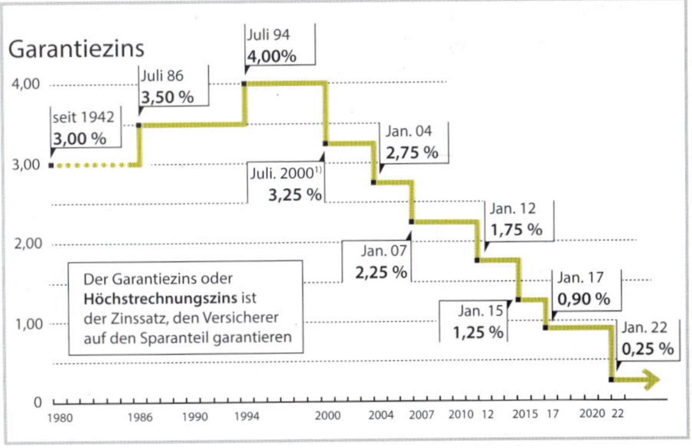

Quelle: WAZ, 17.01.2022

Der *Verwaltungskostenanteil* deckt die Provision der Vertreter, die Kosten der Verwaltung des Versicherungsunternehmens und die der Werbemaßnahmen.

Das Versicherungsunternehmen braucht die Beiträge nicht separat in den Risiko-, Spar- und Kostenanteil aufzuschlüsseln. Der Versicherungsnehmer weiß also nicht, welcher Teil seines monatlichen Beitrags der Risikoabsicherung dient, in den Spartopf wandert bzw. zu den Verwaltungskosten beiträgt. Bei den Versicherungsunternehmen ist es üblich, den Verwaltungskostenanteil besonders in den ersten Jahren relativ hoch anzusetzen, denn der Versicherungsvertreter erhält seine Provision unmittelbar nach Abschluss des Vertrags. Das ist der Grund, warum die vorzeitige Auflösung eines Versicherungsvertrags für den Versicherungsnehmer besonders in den Anfangsjahren mit erheblichen Nachteilen verbunden ist und der Rückkaufswert nur relativ langsam ansteigt. Beiträge sind bis zum Tod des Versicherten, längstens bis zum 85. Lebensjahr zu zahlen.

(6) Rückkaufswert

Der Rückkaufswert ist derjenige Betrag, den der Versicherungsnehmer bei vorzeitiger Vertragsauflösung ausgezahlt bekommt oder mit dem er einen laufenden Versicherungsvertrag beleihen kann, etwa um einen Hausbau zu finanzieren. Der Rückkaufswert besteht unter Berücksichtigung der Abschlusskosten aus den verzinsten Sparanteilen der Einzahlungen zuzüglich der bisher angefallenen Überschussbeteiligung. Das Versicherungsunternehmen teilt dem Versicherungsnehmer den momentanen Rückkaufswert eines Vertrages auf Anfrage mit.

Beispiel:

Beginn des 1. Versicherungsjahres 1. Januar 2021, Jahresbeitrag 1 800,00 €.

Datum	Rückkaufswert €	Datum	Rückkaufswert €
31. Dez. 2021	396,00	31. Dez. 2028	13 353,00
31. Dez. 2022	2 062,00	31. Dez. 2029	15 625,00
31. Dez. 2023	3 785,00	31. Dez. 2030	17 810,00
31. Dez. 2024	5 568,00	31. Dez. 2031	20 081,00
31. Dez. 2025	7 413,00	31. Dez. 2032	22 442,00
31. Dez. 2026	9 323,00	31. Dez. 2033	24 899,00
31. Dez. 2027	11 302,00	31. Dez. 2034	27 457,00

(7) Überschussbeteiligung

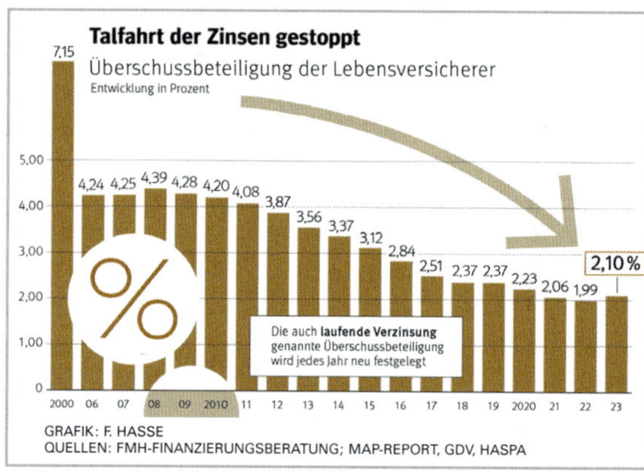

Die Versicherungsunternehmen legen die Sparanteile der Versicherungsbeiträge möglichst günstig an den Kapitalmärkten an und erzielen in der Regel wesentlich höhere Erträge als rechnerisch kalkuliert, die als Zinsgewinn den Versicherungsnehmern in Form von Überschüssen bei Fälligkeit der Versicherungsleistung zugutekommen.

Neben dem Zinsgewinn gibt es noch zwei weitere Überschussquellen. Zu einem Sterblichkeitsgewinn kommt es, wenn die für Todesfälle benötigten Aufwendungen niedriger sind als das Versicherungsunternehmen anhand der Sterbetafeln kalkuliert hatte. Außerdem können Rationalisierungen im Verwaltungsbereich zu Kosteneinsparungen führen.

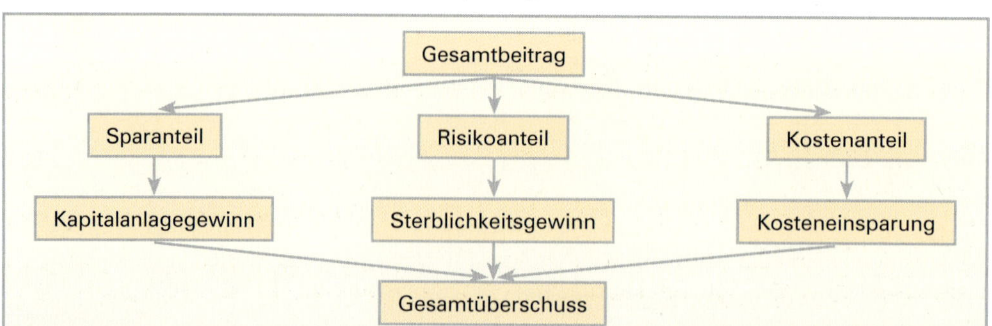

Beispiel:

Ein 35-Jähriger schließt eine Kapitallebensversicherung mit einer Laufzeit von 30 Jahren und einem monatlichen Beitrag von 100,00 € ab. Die Versicherungssumme beträgt 58000,00 €. Diese Summe wird mit Ablauf der Lebensversicherung im 65. Lebensjahr ausbezahlt. Entrichtet wurden dafür an laufenden Beiträgen 36000,00 €. Mit dem Tag des Abschlusses sind die Angehörigen im Todesfall abgesichert. Schon nach Einzahlung auch nur eines Monatsbeitrags in Höhe von 100,00 € erhalten sie die Versicherungssumme von 58000,00 € bei Eintritt des Versicherungsfalls.

Die Lebensversicherungsgesellschaft beteiligt den Versicherten an den während der Laufzeit der Versicherung erwirtschafteten Gewinnen. Aus heutiger Sicht erhält der Versicherte eine zusätzliche Überschussbeteiligung in Höhe von ca. 60000,00 €, sodass die Gesamtleistung – die sog. Ablaufleistung – ca. 118000,00 € beträgt.

(8) Stille Reserven, Deckungskapital und Sicherungsvermögen

Beteiligung an stillen Reserven. Neben der Überschussbeteiligung ist der Versicherungsnehmer weiterhin an den stillen Reserven (Bewertungsreserven) des Versicherungsunternehmens beteiligt.

Deckungskapital. Die Summe aller verzinslich angesammelten Sparanteile bildet das Deckungskapital, das zum Ablauf des Vertrags mit der Versicherungssumme identisch ist. Von der Höhe des Deckungskapitals, das durch die Beitragszahlung kontinuierlich wächst, hängt die Höhe des Rückkaufswerts und der beitragsfreien Versicherungssumme ab.[1]

Sicherungsvermögen. Versicherungsunternehmen müssen in Höhe der Ansprüche der Versicherungsnehmer Vermögenswerte vorhalten, um nach Ablauf der Versicherungsdauer bzw. im Todesfall die Versicherungssumme zahlen zu können und auf die die Versicherungsnehmer im Insolvenzfall einen gegenüber anderen Gläubigern bevorzugten Zugriff haben. Die Vermögenswerte werden als Sicherungsvermögen bezeichnet. Für dieses und für das sogenannte „gebundene Vermögen" insgesamt gelten besondere Kapitalanlagevorschriften (§§ 124/125 VAG). Die dem Sicherungsvermögen angehörenden Vermögensgegenstände werden in einem Sicherungsvermögensverzeichnis geführt und durch einen Treuhänder überwacht.

(9) Steuerliche Behandlung

Beiträge zu Kapitallebensversicherungen, die nach dem 01.01.2005 abgeschlossen wurden, können steuerlich nicht mehr als sonstige Vorsorgeaufwendungen im Rahmen des Sonderausgabenabzugs abgesetzt werden. Die Abzugsfähigkeit von Beiträgen für Altverträge, die bis zum 31.12.2004 zustande kamen, ist gegeben. Voraussetzung ist eine Mindestvertragsdauer von 12 Jahren und eine mindestens 5-jährige ununterbrochene Beitragszahldauer.

Seit dem Jahr 2005 können Beiträge zu privaten kapitalgedeckten Leibrentenversicherungsverträgen, die dem Alterseinkünftegesetz entsprechen („Basisrente", „Rürup-Rente"), im Rahmen bestimmter Höchstbeträge als Altersvorsorgeaufwendungen steuermindernd berücksichtigt werden → vgl. Kapitel 20.3.

Zins- und Überschussanteile aus Kapitallebensversicherungen, die bis zum 31.12.2004 abgeschlossen wurden, unterliegen nicht der Einkommensteuer. Die Versicherungssumme wird bei einer Mindestlaufzeit von 12 Jahren und mindestens 5 Jahre ununterbrochener Beitragszahldauer steuerfrei ausgezahlt.

1 Eine Umwandlung in eine beitragsfreie Versicherungssumme erfolgt bei Zahlungsschwierigkeiten des Versicherungsnehmers.

Für Kapitallebensversicherungen, die seit dem 01.01.2005 abgeschlossen werden, wird bei Auszahlung im Erlebensfall zunächst Abgeltungsteuer auf den Ertragsanteil[1] erhoben. Eine Entlastung erfolgt im Rahmen der Steuererklärung, da das Halbeinkünfteverfahren angewendet wird, wenn

- die Versicherungsleistung erst nach dem 60. Lebensjahr (bei Vertragsabschluss nach dem 31.12.2011 nach dem 62. Lebensjahr) ausgezahlt wird und
- die Vertragslaufzeit mindestens 12 Jahre beträgt.

Durch die Anwendung des Halbeinkünfteverfahrens bleibt die Hälfte des Ertragsanteils steuerfrei. Die andere Hälfte wird mit dem persönlichen Steuersatz besteuert.

Bei Auszahlung der Kapitallebensversicherung vor Ablauf von 12 Jahren oder Nichteinhaltung der vorgeschriebenen Beitragszahldauer sind Zinsen und Überschussanteile voll steuerpflichtig. Von ihnen wird bei Auszahlung Abgeltungsteuer einbehalten, wenn dem Versicherungsunternehmen kein Freistellungsauftrag vorliegt.

(10) Vor- und Nachteile der Kapitallebensversicherung

Die Kapitallebensversicherung als Kapitalanlage	
Vorteile	**Nachteile**
■ finanzielle Vorsorge der Angehörigen gegen den Todesfall des Ernährers ■ vielseitige Verwendungsmöglichkeiten, z. B. als Hypothekentilgungsversicherung oder Erbschaftsteuerversicherung ■ Möglichkeit, anstelle der Kapitalauszahlung in einer Summe am Ende der Laufzeit eine Verrentung des Kapitals vornehmen zu lassen ■ Steuervorteile (hälftige Ertragsanteilbesteuerung bei Vertragslaufzeit von mindestens 12 Jahren und Auszahlung nach dem 60. bzw. 62. Lebensjahr.)	■ mangelnde Liquidierbarkeit wegen sehr geringem Rückkaufswert vor allem in den Anfangsjahren ■ Höhe der Gewinnbeteiligung zum Teil abhängig von Kapitalmarktentwicklungen: daher keine sicheren Angaben über die Höhe der Überschussbeteiligung in der Zukunft möglich, vor allem nicht bei sehr langen Laufzeiten ■ Mindestlaufzeit von 12 Jahren als Voraussetzung für steuerverminderte Anlage

LS 7

20.5.1.3 Versicherungsformen

Formen der Lebensversicherung

Kapitallebensversicherung	**Risikolebensversicherung**
Auszahlung bei Tod oder Ablauf der Laufzeit	Auszahlung bei Tod während der Laufzeit

1 Ertragsanteil ist der Unterschiedsbetrag zwischen der Versicherungsleistung und der Summe der auf sie entrichteten Beiträge.

(1) Kapitallebensversicherung

Versicherungsform	Merkmale/Leistungen	Anwendungsbereiche
Grundtyp: Gemischte (kapitalbildende) Lebensversicherung (Kapitallebensversicherung für den Todes- und Erlebensfall)	Die Versicherungssumme wird beim Tod des Versicherten fällig, spätestens beim Ablauf der Versicherungsdauer.	■ Hinterbliebenenvorsorge ■ Altersvorsorge ■ Absicherung und Tilgung von Krediten
Varianten: ■ Dynamische Lebensversicherung	Dem Versicherungsnehmer steht jährlich das Recht zu, die Versicherungssumme ohne erneute Gesundheitsprüfung zu erhöhen. Die Dynamik erhöht nicht nur die Versicherungssumme, sondern auch den Beitrag.	■ Lebensversicherung wird an die Einkommensentwicklung angekoppelt. Der Kaufkraftverlust durch die Inflationsrate wird ausgeglichen.
■ Gemischte Lebensversicherung für zwei verbundene Leben	Die Versicherungssumme wird beim Tod des zuerst sterbenden Versicherten, spätestens beim Ablauf der Versicherungsdauer fällig. Bei gleichzeitigem Tod beider Versicherten wird die Versicherungssumme nur einmal fällig.	■ Gegenseitige finanzielle Absicherung mit privaten und geschäftlichen Partnern (Ehegatten-/Lebenspartner-, Teilhaberversicherung)
■ Versicherung mit festem Auszahlungstermin (Term-Fix-Versicherung)	Die Versicherungssumme wird unabhängig vom Tod oder Erleben zu einem fest vereinbarten Termin in der Zukunft fällig. Stirbt der Versicherungsnehmer, wird in der Regel die Versicherung beitragsfrei weitergeführt, sodass die Versicherungssumme bei Ablauf des Vertrags garantiert ist.	■ Kapitalbereitstellung für Ausbildung, Aussteuer von Kindern ■ Familiengründung von Kindern
■ Gemischte Lebensversicherung mit Teilauszahlungen	Anstelle der Auszahlung der Versicherungssumme in einem Betrag am Ende der Laufzeit werden im Erlebensfall bestimmter Zeitpunkte Teile der Versicherungssumme ausbezahlt. Die erste Teilauszahlung erfolgt nach 12 Jahren, die zweite nach 15 Jahren, alle weiteren in Abständen von 5 Jahren. Beim Tod des Versicherten wird die volle Versicherungssumme oder – alternativ – die Versicherungssumme abzüglich erfolgter Teilauszahlungen fällig.	■ Alters- und Hinterbliebenenversorgung mit vorzeitigem Kapitalbedarf, z. B. Tilgung von Darlehen für Hausrenovierung oder Anschaffungen usw.
■ Fondsgebundene Lebensversicherung	Die Sparanteile der Beiträge (vgl. Kapitel 20.5.1.2) werden nicht wie beim Grundtyp breit gestreut auf den Kapitalmärkten in sicheren Geldanlagen angelegt, sondern in Investmentanteilen, Aktien, festverzinslichen Wertpapieren oder Immobilien.	■ Bei entsprechender Risikofreudigkeit des Versicherungsnehmers. Chance des Wertzuwachses, aber auch Risiko der Werteinbuße
(indexgebundene Lebensversicherung)	Indexgebundene Versicherungen orientieren ihre Gewinnzusagen an einem Referenzindex (z. B. DAX).	
■ Direktversicherung	Kapitallebensversicherung, die vom Arbeitgeber für den Arbeitnehmer zur betrieblichen Altersversorgung abgeschlossen wird.	■ Alters- und Hinterbliebenenvorsorge durch den Arbeitgeber

(2) Risikolebensversicherung

Versicherungsform	Merkmale/Leistungen	Anwendungsbereiche
Grundtyp:	Sie deckt allein das Todesfallrisiko für einen bestimmten Zeitraum. Die Versicherungssumme wird fällig, wenn die versicherte Person während der Laufzeit des Vertrags stirbt. Erlebt die versicherte Person den Ablauf der Versicherungsdauer, wird keine Leistung gezahlt.	■ Hinterbliebenenversorgung ■ Darlehensabsicherung
Sonderform: Restschuldversicherung	Risikolebensversicherung mit fallender Versicherungssumme. Die Versicherungssumme verringert sich in dem Maße, wie die Schuld infolge der laufenden Tilgung abnimmt. Stirbt der Versicherungsnehmer vor Tilgung des Darlehens, so wird die Restschuld mithilfe der dann fälligen Versicherungsleistungen getilgt und die Hinterbliebenen haben keine Verpflichtung mehr.	

(3) Zusatzversicherungen

Mit dem Einschluss einer *Unfall-Zusatzversicherung* in eine Lebensversicherung wird die doppelte Versicherungssumme fällig, sobald die versicherte Person durch einen Unfall stirbt (vgl. Kapitel 20.8.1).

Eine Lebensversicherung oder private Rentenversicherung kann durch eine *Berufsunfähigkeits-Zusatzversicherung* ergänzt werden. Sie erbringt eine zusätzliche Leistung, sobald die versicherte Person zu mindestens 50 % berufsunfähig ist (vgl. Kapitel 20.8.2).

Leistungsübersicht

Seite 1 von 2

HDI

40-...

Vertragsnummer

Kunden- und Vertragsdaten

Versicherung	Datum der Erstellung	Termin der Berechnung
Kapitalversicherung (KV 11)	Januar 2023	01. 12. 2022
Versicherungsnehmer	Beginn der Versicherung	Ende der Beitragszahlung
Maraike Meyer	01. 12. 1989	01. 12. 2028
Versicherte Person		Ihr aktueller Beitrag
Maraike Meyer		vierteljährlich 246,40 €

Ihr Rückkaufswert zum 01. 12. 2022

garantierter Rückkaufswert	17 246,90 €
zuzüglich **garantierte** Überschüsse	6 868,00 €
zuzüglich **nicht garantierter** Schlussgewinn	105,90 €
zuzüglich **nicht garantierte** Beteiligung an den Bewertungsreserven	677,50 €
gesamter Rückkaufswert	24 898,30 €

Der Schlussgewinn kann zukünftig teilweise oder ganz entfallen.

Die Beteiligung an den Bewertungsreserven kann zu anderen Terminen auch geringer oder 0 sein. Sie setzt sich zusammen aus der Mindestbeteiligung von 26,50 € und einer zusätzlichen Beteiligung von 651,00 €.

Seite 2 von 2

Leistung im Todesfall zum 01.12.2022

garantiertes Kapital im Todesfall	25570,00 €
zuzüglich **garantierte** Überschüsse	11968,30 €
zuzüglich **nicht garantierter** Schlussgewinn	409,40 €
zuzüglich **nicht garantierte** Beteiligung an den Bewertungsreserven	676,70 €
gesamtes Kapital im Todesfall	38624,40 €

Der Schlussgewinn kann zukünftig teilweise oder ganz entfallen.

Die Beteiligung an den Bewertungsreserven kann zu anderen Terminen auch geringer oder 0 sein. Sie setzt sich zusammen aus der Mindestbeteiligung von 102,30 € und einer zusätzlichen Beteiligung von 574,40 €.

Zusätzliche Leistung bei Tod durch Unfall zum 01.12.2022

garantiertes zusätzliches Kapital bei Tod durch Unfall	25570,00 €
zuzüglich **nicht garantierte** Überschüsse	16360,00 €
gesamtes zusätzliches Kapital bei Tod durch Unfall	41930,00 €

Garantierte Leistung im Todesfall bei Beitragsfreistellung zum 01.12.2022

garantiertes Kapital	20240,00 €
garantierte Überschüsse	8730,00 €

Die zusätzliche Leistung bei Tod durch Unfall entfällt.

Hinweise

Die Werte gelten nur bei einem ausgeglichenen Beitragskonto.

Informationen zum Leistungsumfang können Sie Ihren Vertragsunterlagen entnehmen.

Bei Abschluss des Vertrages haben Sie unverbindliche Auskünfte darüber erhalten, wie sich die Überschussbeteiligung entwickeln kann. Die tatsächliche Entwicklung weicht davon ab.

Die deutschen Lebensversicherer müssen bestimmte Angaben zur Beteiligung der Versicherten an den Erträgen eines Geschäftsjahres veröffentlichen. Das schreibt § 15 der Mindestzuführungsverordnung vor. Unsere Angaben finden Sie auf *www.hdi.de/ertragsquellen*.

20.5.2 Private Rentenversicherung

LS 8

20.5.2.1 Begriff der privaten Rentenversicherung

Bei einer privaten Rentenversicherung verpflichtet sich der Versicherer, an den Versicherten jährlich, halbjährlich, vierteljährlich oder monatlich bis zu seinem Lebensende eine Rente (Leibrente) zu zahlen. Der Gesundheitszustand spielt im Gegensatz zur Kapitalversicherung keine Rolle, da die private Rentenversicherung im Regelfall ja keinen Risikoschutz für den Todesfall beinhaltet. Der Beginn der Rente wird vertraglich vereinbart. Die Versicherungsleistung besteht in einer lebenslangen garantierten Rente, zu der gegebenenfalls nicht garantierte Leistungen aus der Überschussbeteiligung und der Beteiligung an den Bewertungsreserven (vgl. auch Kapitel 20.5.1.2) hinzukommen.

Die Höhe der Rentenzahlung ist abhängig von

- der Höhe und Dauer der Einzahlungen,
- den Verwaltungskosten,

- der Überschussbeteiligung und der Beteiligung an den Bewertungsreserven,
- der kalkulierten Lebenserwartung des Versicherten.

Statt der Rente kann zum Zeitpunkt des vereinbarten Rentenbeginns auf Wunsch des Versicherten auch eine Auszahlung des vorhandenen Kapitals beantragt werden (Kapitalwahlrecht). Stirbt die versicherte Person, erlischt der Versicherungsvertrag, ohne dass eine Versicherungsleistung fällig wird, es sei denn, es ist eine Todesfall-Leistung bzw. eine Rentengarantiezeit, in der die Rente auch nach dem Tod des Versicherten weiter ausgezahlt wird, vereinbart worden.

20.5.2.2 Arten von privaten Rentenversicherungen

Versicherungsform	Merkmale/Leistungen
Aufgeschobene Rente	Bei der aufgeschobenen Rente werden regelmäßige Beiträge eingezahlt. Zum vorgesehenen Auszahlungszeitpunkt/Rentenbeginn wird entweder eine monatliche Rente oder ein einmaliger Betrag (Kapitalabfindung) ausgezahlt.
Sofort beginnende Rente	Bei der sofort beginnenden Rente wird ein einmaliger Betrag eingezahlt. Als Gegenleistung wird sofort eine lebenslange monatliche Rente ausgezahlt. Dies ist vor allem für ältere Personen interessant, die kurz vor oder schon im Ruhestand sind.
Dynamische Rente	Bei der dynamischen Rentenversicherung erhöhen sich im Zeitablauf die zu zahlenden Prämien, um dadurch eine höhere Auszahlung zu erhalten und den Inflationsverlust der „Kaufkraft" der Rentenzahlung auszugleichen.
Fondsgebundene Rentenversicherung	Bei einer fondsgebundenen Rentenversicherung legt die Versicherung den Sparanteil in Investmentanteilen an. Der Ertrag und damit die Höhe der späteren Rente ergibt sich aus der Wertentwicklung der ausgewählten Fonds.
Indexgebundene Rentenversicherung	Bei der indexgebundenen Rentenversicherung partizipiert der Anleger an der Wertentwicklung eines Börsenindex bei Kapitalerhalt der für die Altersvorsorge gezahlten Beiträge. (Garantierte Mindestrente sowie jährlicher „Lock-in" der erreichten Erträge.)
Pflegerentenversicherung	Durch eine Pflegerentenversicherung kann das für den Pflegefall benötigte Versorgungskapital bereitgestellt werden.

20.5.2.3 Besteuerung von privaten Rentenversicherungen

Die Beiträge zu privaten Rentenversicherungen werden aus dem Nettoeinkommen bestritten. Dafür sind die späteren Rentenzahlungen nur mit dem sogenannten Ertragsanteil zum persönlichen Einkommensteuersatz zu versteuern.

Der Ertragsanteil einer Rente beträgt z. B. bei einem Rentenbeginn im Alter von 65 Jahren 18 %, bei einem Rentenbeginn im Alter von 50 Jahren 30 %.

Wählt der Versicherungsnehmer die Kapitalauszahlung, muss er den Ertrag (= Auszahlungssumme minus der insgesamt eingezahlten Beiträge) nur zur Hälfte versteuern. Voraussetzung dafür ist, dass das Kapital nach Vollendung des 60. Lebensjahrs (bei Vertragsabschluss nach dem 31. 12. 2011 nach Vollendung des 62. Lebensjahrs) und nach Ablauf von 12 Jahren ausgezahlt wird (vgl. auch Kapitel 20.5.1.2).

20.6 Steuerliche Förderung der privaten Altersvorsorge im Überblick

	Vorsorgeprodukt	**Steuerliche Behandlung in der Ansparphase („Erwerbsphase")**	**Besteuerung der Leistungen in der Auszahlungsphase („Rentenphase")**
1. Schicht	**Gesetzliche Rentenversicherung Rürup-Rente**	Beiträge können als Altersvorsorgeaufwendungen (Sonderausgaben) im Rahmen der Einkommensteuererklärung steuerlich geltend gemacht werden (max. 26 528,00 € für Ledige und 53 056,00 € für zusammen veranlagte Ehegatten/Lebenspartner für das Jahr 2023).	Auszahlungen sind ab dem Jahr 2040 voll mit dem persönlichen Steuersatz zu versteuern. Bis zum Jahr 2040 gilt eine Übergangsregelung. Beispielsweise sind beim Renteneintritt im Jahr 2023 83 % der Leistungen zu versteuern.
2. Schicht	**Riester-Rente**	Abhängig von der Höhe des geleisteten Beitrags werden staatliche Zulagen gewährt (Grundzulage/Kinderzulage vgl. Kapitel 20.4.1). Zudem können die Beiträge im Rahmen der Einkommensteuererklärung bis zu einem bestimmten Höchstbetrag (2 100,00 € einschl. der Zulagen) als Sonderausgaben geltend gemacht werden (Günstigerprüfung).	Sofern die Leistungen auf steuerlich geförderten Beiträgen beruhen, sind diese in voller Höhe mit dem persönlichen Steuersatz zu versteuern.
	Betriebliche Altersversorgung (Direktversicherung, Pensionskasse, Pensionsfonds)	Beiträge in Höhe von 8 % der Beitragsbemessungsgrenze in der gesetzlichen Rentenversicherung (West) können steuerfrei eingezahlt werden. Im Jahr 2023 sind dies bis zu 7 008,00 €.	Sofern die Leistungen auf staatlich geförderten Beiträgen beruhen, sind diese voll steuerpflichtig. Andernfalls gelten die Regelungen für private Rentenversicherungen und Kapitallebensversicherungen.
3. Schicht	**Kapitallebensversicherung bzw. private Rentenversicherung mit Kapitalwahlrecht** (Vertragsabschluss ab 2005)	Die Beiträge können nicht steuermindernd abgesetzt werden. Sie sind aus dem bereits versteuerten Einkommen zu leisten.	Bei einer Kapitalzahlung gilt: Ist bei Auszahlung das 60. Lebensjahr (bei Vertragsabschluss nach dem 31. 12. 2011 das 62. Lebensjahr) noch nicht vollendet, so unterliegen die Erträge (= Unterschiedsbetrag zwischen der Versicherungsleistung und der Summe der geleisteten Beiträge) der Abgeltungsteuer. Ist hingegen bei der Kapitalauszahlung diese Altersgrenze überschritten und sind seit Vertragsabschluss mindestens 12 Jahre vergangen, so ist die Hälfte des Ertrags steuerfrei. Die andere Hälfte wird mit dem persönlichen Steuersatz besteuert. Wird eine Rente gezahlt, so ist hiervon der sogenannte Ertragsanteil mit dem persönlichen Steuersatz zu versteuern.

20.7 Maßnahmen zur Überwindung von Zahlungsschwierigkeiten des Versicherungsnehmers

Der Abschluss einer Lebens-/Rentenversicherung bringt für den Versicherungsnehmer langjährige Verpflichtungen mit sich. Während der Laufzeit des Vertrags kann es bei ihm zu finanziellen Engpässen kommen. Es ist Aufgabe des Versicherers, dem Kunden bei der Beseitigung von Zahlungsschwierigkeiten zu helfen.

Vertragsgestaltende Möglichkeiten bei Zahlungsschwierigkeiten des Versicherungsnehmers

bei zeitlich begrenzten Zahlungsschwierigkeiten:

- Umstellung der Zahlungsweise
- vorübergehende Reduzierung auf Risikobeiträge (Risikozwischenbeitrag)
- Stundung von Beiträgen
- Verrechnung mit bereits erzielten Überschüssen (Gewinnverrechnung)
- Vorauszahlung (Policendarlehen, Beleihung)

bei andauernden Zahlungsschwierigkeiten:

- Teilkündigung (Herabsetzung der Versicherungssumme/Ausschluss von Zusatzversicherungen)
- Verlängerung der Versicherungsdauer
- Beitragsfreistellung

Die *Umstellung der Zahlungsweise* in kleinere Raten kommt in Betracht, wenn bislang in größeren Raten (z. B. jährlich) gezahlt wurde und nur eine vorübergehende Zahlungsschwierigkeit auftritt. Kleinere Raten sind leichter zu erbringen. Es ergeben sich keine Auswirkungen auf den Versicherungsschutz.

Bei einer *vorübergehenden Reduzierung auf Risikobeiträge (Risikozwischenbeitrag)* zahlt der Versicherungsnehmer nur den Risiko- und Verwaltungskostenanteil seines Beitrags. Der Sparanteil wird später in einer Summe oder als Zuschlag zu den künftigen Beiträgen nachgezahlt. Der Versicherungsnehmer behält seinen vollen Versicherungsschutz.

Durch die *Stundung des Gesamtbeitrags* braucht der Versicherungsnehmer für einen bestimmten Zeitraum keine Beiträge zu zahlen. Auch hierbei behält er den vollen Versicherungsschutz. Die Handhabung der Nachzahlung erfolgt auf dem gleichen Weg wie beim Risikozwischenbeitrag.

Bei der *Verrechnung mit bereits erzielten Überschüssen* finanziert der Versicherungsnehmer seine Beiträge aus den bereits zugeteilten Überschüssen. Damit können zukünftige vorübergehende oder auch entstandene Beitragsrückstände ausgeglichen werden. Damit wird aber die Ablaufleistung der Versicherung abgesenkt.

Der Versicherungsnehmer kann auch eine *Vorauszahlung* auf ein bereits angesammeltes Deckungskapital (Sparanteile und Überschüsse) erhalten. Der entnommene Betrag muss wie ein Darlehen mit Zinsen entweder in einer Summe oder in Teilbeträgen zurückgezahlt oder über die Erhöhung der laufenden Beiträge getilgt werden. Wird die Vorauszahlung nicht zurückgezahlt, wird sie mit der später fälligen Versicherungsleistung verrechnet.

Bei der *Teilkündigung* wird die Versicherungssumme herabgesetzt, was zu einer dauerhaften Beitragsreduzierung, aber auch zu einer Verminderung des Versicherungsschutzes führt. Auch durch den Ausschluss von Zusatzversicherungen (Berufsunfähigkeits-, Unfallversicherung) wird eine dauerhafte Beitragsreduzierung erwirkt.

Durch die *Verlängerung der Versicherungsdauer* steht für die Erreichung des Sparziels, nämlich des Ansparens der Versicherungssumme, mehr Zeit zur Verfügung. Dadurch verringert sich der Sparanteil und damit der Gesamtbeitrag. Durch die Dauerverlängerung bleibt der Risikoschutz unverändert erhalten.

Die *Beitragsfreistellung* erfolgt dann, wenn für einen andauernden Zeitraum keine Beiträge mehr gezahlt werden. Die Versicherung wird zum Zeitpunkt der Beitragsfreistellung von der vereinbarten Versicherungssumme umgestellt auf die sehr viel niedrigere beitragsfreie Summe, sodass im Ergebnis der Versicherungsschutz deutlich reduziert wird. Die Höhe der „beitragsfreien Versicherungssumme" richtet sich nach dem bis dahin vorhandenen Deckungskapital. Die Beitragszahlungsverpflichtung entfällt dauerhaft.

Ein Rückkauf, d.h. die Kündigung des Versicherungsvertrags, sollte nur im Ausnahmefall in Anspruch genommen werden, um die Versicherung und somit die Beitragszahlung zu beenden. Bei Auflösung des Vertrags steht dem Versicherungsnehmer der Rückkaufswert zu. Der Rückkaufswert erreicht wegen der hohen Abschluss- und Verwaltungskostenbelastung gerade in den ersten Versicherungsjahren nicht die Summe der eingezahlten Beiträge (vgl. auch Kapitel 20.5.1.2).

20.8 Weitere Produkte der privaten Vorsorge

20.8.1 Private Unfallversicherung

Viele Unfälle passieren in der Freizeit, im Haushalt oder auf Reisen. Gerade hier besteht kein gesetzlicher Unfallschutz. Die gesetzliche Unfallversicherung hilft lediglich Berufstätigen bei Unfällen während der Arbeit (bzw. Uni, Schule, Kindergarten) sowie auf dem Weg dorthin und zurück. Die private Unfallversicherung schützt rund um die Uhr und weltweit in allen Lebensbereichen – im Haushalt, im Straßenverkehr, in der Freizeit, bei Sport und Hobby und im Urlaub.

(1) Unfallbegriff

Damit die Unfallversicherung leistet, muss es sich um einen Unfall handeln. Ein Unfall liegt vor, wenn die versicherte Person durch ein plötzlich von außen auf ihren Körper wirkendes Ereignis (Unfallereignis) unfreiwillig eine Gesundheitsschädigung erleidet. § 178 II VVG

- **Plötzlich.** Das Ereignis ist in einem kurzen Zeitraum eingetreten. Führte eine längere Vorgeschichte zur Schädigung, gilt dies nicht als Unfall.
- **Von außen auf den Körper wirkend.** Es wirken mechanische, chemische, thermische oder elektrische Kräfte auf den Körper ein. Hierzu zählen auch Eigenbewegungen und unbeabsichtigte Stürze. Hat der Unfall eine organische Ursache, z.B. ein Herzinfarkt oder Schlaganfall, dann ist dies kein Unfall.
- **Ereignis.** Damit ist entweder menschliches Handeln gemeint (Stoßen, Schlagen, Fallen) oder eine Naturkraft (Wind, Feuer, Eis).
- **Durch.** Es gilt das Prinzip der Kausalität. Das Ereignis führt unmittelbar zur Beeinträchtigung der Gesundheit.

- **Unfreiwillig.** Dieses Merkmal bezieht sich auf die Schädigung, nicht das Ereignis. Dadurch werden Selbstverstümmelung oder Selbstmord ausgeschlossen, nicht aber Verletzungen aufgrund von Notwehr, Rettungseinsätzen oder fahrlässigem Handeln.
- **Gesundheitsschäden.** Es geht allein um die Beeinträchtigungen der körperlichen Unversehrtheit, die ärztlich festgestellt werden muss. Psychische Störungen sind bei der Unfallversicherung ausgeschlossen. Ebenso alle Sachschäden, die im Zusammenhang mit dem Unfall stehen.

(2) Leistungsarten

Die Leistungsarten der privaten Unfallversicherung unterscheiden sich wesentlich von denen der gesetzlichen Unfallversicherung. Die gesetzliche Unfallversicherung kennt keine Invaliditätsleistungen, sondern nur die Übernahme von Heilbehandlungs- und Rehabilitationskosten. Die private Unfallversicherung hat ein umfangreiches Leistungspaket entwickelt, um die verschiedenen finanziellen Folgen eines Unfalls für den Versicherten zu mildern. Je nach Wunsch und im Rahmen der gültigen Tarifbestimmungen kann der Umfang und die Höhe des Versicherungsschutzes frei gewählt werden.

Invaliditätsleistung	Diese erfolgt, wenn die versicherte Person durch einen Unfall auf Dauer in ihrer körperlichen oder geistigen Leistungsfähigkeit beeinträchtigt wird.
Sofortleistung bei Schwerverletzung	Diese beinhaltet feste Kapitalbeträge bei bestimmten schweren Verletzungsarten.
Todesfall-Leistung	Diese wird an die Erben oder an die bezugsberechtigte Person bezahlt, wenn die versicherte Person infolge eines Unfalls in den darauf folgenden zwölf Monaten verstorben ist.
Krankenhaustagegeld und Genesungsgeld	Diese Leistung kommt zum Tragen, wenn sich eine versicherte Person in medizinisch notwendiger vollstationärer Behandlung (z. B. im Krankenhaus) befindet.
Weitere Versicherungsleistungen	■ Such-, Rettungs- und Bergungseinsätze, ■ kosmetische Operationen, ■ Krankentransporte und Rücktransporte, ■ Pflegetagegeld, ■ Rooming-in-Kosten etc.

(3) Versicherungsformen

Begriff	Altersgrenze	Anwendungsbereich
Einzelunfallversicherung	von der Geburt bis zum 65. Lebensjahr	Grundform der Unfallversicherung, Versicherungsschutz für einzelne Person
Kinderunfallversicherung	von der Geburt bis zum 14. Lebensjahr	spezieller Tarif für Kinder
Familienunfallversicherung	von der Geburt bis zum 65. Lebensjahr	Versicherungsschutz für alle Familienmitglieder mit der Möglichkeit von Beitragsnachlässen

Begriff	Altersgrenze	Anwendungsbereich
Gruppenunfallversicherung	von der Geburt bis zum 65. Lebensjahr (danach mit Leistungseinschränkungen)	mind. 3 Personen werden durch einen Vertrag versichert (z.B. über Arbeitgeber, Verein, Veranstalter); Gewährung von Rabatten auf Einzeltarife, ggf. gestaffelt nach der Anzahl der versicherten Personen

Die private Unfallversicherung wird von den Versicherungsgesellschaften nicht nur in einem selbstständigen Versicherungsvertrag angeboten, sondern auch als Zusatzversicherung zur Kapitallebens-, Risikolebens- oder privaten Rentenversicherung (vgl. Kapitel 20.5.1.3). Wird sie als Zusatzversicherung zu einer Kapitallebensversicherung abgeschlossen, verdoppelt sich i.d.R. die Versicherungssumme im Todesfall.

20.8.2 Berufsunfähigkeitsversicherung

Die dauernde Beeinträchtigung der Berufsfähigkeit durch Krankheit, Körperverletzung oder Kräfteverfall kann den Einzelnen wie die Familie in große finanzielle Schwierigkeiten bringen, zumal dieses Risiko von der gesetzlichen Rentenversicherung für jüngere Versicherte nicht mehr abgedeckt wird. Es ist deshalb notwendig, auch für diesen Fall privat vorzusorgen. Das finanzielle Risiko der Berufsunfähigkeit kann im Rahmen einer Zusatzversicherung zur Kapitallebens-, zur Risikolebens- oder zur privaten Rentenversicherung oder über einen selbstständigen Versicherungsvertrag gemildert oder ausgeschlossen werden.

Berufsunfähig ist, wer

- zu mindestens 50 %,
- infolge von Krankheit, Körperverletzung oder Kräfteverfalls,
- voraussichtlich dauernd,
- außerstande ist, seinen Beruf oder eine andere Tätigkeit auszuüben, die er aufgrund seiner Ausbildung und Erfahrung ausüben kann und die der bisherigen Lebensstellung entspricht.

Für die Dauer der Berufsunfähigkeit wird die vereinbarte Berufsunfähigkeitsrente gezahlt. Das zuvor erzielte Einkommen hat dabei keine Bedeutung. In dieser Zeit müssen auch keine Beiträge geleistet werden.

Wurde die Berufsunfähigkeitsversicherung in Verbindung mit einer Lebensversicherung abgeschlossen (Berufsunfähigkeitszusatzversicherung) wird i.d.R. die Lebensversicherung im Falle der Berufsunfähigkeit des Versicherten bis zur Fälligkeit beitragsfrei weitergeführt.

Bei einer *Berufsunfähigkeitsversicherung mit Dynamik* wird die Berufsunfähigkeitsrente in festen Abständen um einen vorher vereinbarten Faktor erhöht, was aber auch höhere Versicherungsbeiträge erfordert.

Kompetenztraining: Private Vorsorge

1 Nach dem Alterseinkünftegesetz gliedert sich die Altersvorsorge nach steuerlichen Gesichtspunkten in drei Schichten:

(1) die Basisversorgung

(2) die geförderte, kapitalgedeckte Zusatzversorgung

(3) sonstige Kapitalanlagen und Versicherungsprodukte

Ordnen Sie die folgenden Altersvorsorgeprodukte der jeweiligen Schicht zu.

a) Riester-Rente

b) Direktversicherung

c) gesetzliche Rentenversicherung

d) private Rentenversicherung

e) Kapitallebensversicherung

f) kapitalgedeckte Leibrente („Rürup-Rente")

g) Pensionskasse

---

2 Zählen Sie die Voraussetzungen auf, die für die steuerliche Anerkennung einer Basisrente erfüllt sein müssen.

---

3 Der selbstständige Handwerker Carsten Hoff (ledig, gesetzlich pflichtversichert) möchte wissen, welchen Betrag er im Jahre 2023 in eine private Leibrentenversicherung in Form der Rürup-Rente einzahlen muss, um den steuerlich absetzbaren Höchstbetrag an Altersvorsorgeaufwendungen gewährt zu bekommen. Der eigene Beitrag zur gesetzlichen Rentenversicherung beträgt 15 847,20 €.

---

4 Der ledige Angestellte Jochen Fuchs erzielte im Jahre 2023 ein Bruttojahresgehalt von 45 000,00 €. Er zahlt monatlich 300,00 € in eine private Rentenversicherung („Rürup-Rente") ein.

Ermitteln Sie die absetzbaren Altersvorsorgeaufwendungen für das Jahr 2023.

(Gesamtbeitrag zur gesetzlichen Rentenversicherung 18,6 %.)

---

5 Welche Aussagen zur „Rürup-Rente" (Basisrente) sind richtig?

a) Mit einer Rürup-Rente können auch Personen steuerbegünstigt für das Alter vorsorgen, die nicht der gesetzlichen Rentenversicherung angehören.

b) Die Beiträge zur Rürup-Rente werden während der Ansparphase über staatliche Altersvorsorgezulagen oder Sonderausgabenabzüge bei der Einkommensteuer gefördert.

c) Beiträge zur Rürup-Rente bleiben in der Ansparphase steuerfrei. Die Rentenzahlungen in der Auszahlphase unterliegen der Besteuerung.

d) Der Altersvorsorgevertrag (Rürup-Vertrag) darf nur die Auszahlung einer lebenslangen monatlichen Leibrente vorsehen.

e) Beiträge zur Rürup-Rente können in der Ansparphase bei der Einkommensteuer als Altersvorsorgeaufwendungen geltend gemacht werden.

f) Der Beginn der Rentenzahlung mit Vollendung des 62. Lebensjahres ist möglich.

6 Axel Engberding, 30 Jahre alt, Maurermeister in einem Bauunternehmen, hatte im Jahre 2022 ein sozialversicherungspflichtiges Bruttoeinkommen von 37 000,00 €. Seine Frau Frauke ist 28 Jahre alt, arbeitet als Angestellte in einem Lebensmittelgroßhandelsbetrieb und hatte im Jahre 2022 ein sozialversicherungspflichtiges Bruttoeinkommen von 24 000,00 €. Das Ehepaar hat zwei Kinder im Alter von 2 bzw. 3 Jahren. Axel und Frauke Engberding haben jeweils einen eigenen Riester-Altersvorsorgevertrag abgeschlossen. Welche Beträge aus eigenen Mitteln muss Frauke Engberding für das Jahr 2023 mindestens aufbringen, um die staatliche Förderung in voller Höhe zu erhalten? Die Eheleute haben die Zusammenveranlagung gewählt. Axel Engberding hat seinen Mindesteigenbeitrag auf seinem Riester-Altersvorsorgevertrag erbracht.

Ermitteln Sie den Mindesteigenbeitrag zur Erlangung der Höchstzulage.

---

7 Nina Klein, 20 Jahre alt, ledig, befindet sich im 3. Ausbildungsjahr und hat im letzten Jahr eine Ausbildungsvergütung in Höhe von 6 000,00 € erhalten. Welchen Eigenbeitrag muss sie auf ihren Riester-Altersvorsorgevertrag einzahlen, um die staatliche Zulage von 175,00 € zu erhalten?

a) 120,00 €

b) 240,00 €

c) 60,00 €

d) 65,00 €

e) Frau Klein braucht keinen Eigenbeitrag zu leisten

f) Auszubildende gehören nicht zum geförderten Personenkreis für die staatliche Zulage.

---

8 Clemens Reichert ist 33 Jahre alt. Sein sozialversicherungspflichtiges Bruttoeinkommen betrug im letzten Jahr 38 000,00 €. Herr Reichert ist verheiratet und möchte wissen, ob seine nicht berufstätige Frau Anspruch auf staatliche Zulage hat, wenn sie einen eigenen Riester-Altersvorsorgevertrag abschließt.

a) Nein, da nur Erwerbstätige Anspruch auf staatliche Zulage haben.

b) Nein, da nur einer der Ehepartner Anspruch auf staatliche Zulage hat.

c) Ja, wenn Herr Reichert einen Altersvorsorgevertrag abgeschlossen und seinen Mindesteigenbeitrag erbracht hat und Frau Reichert jährlich mindestens 60,00 € (Sockelbetrag) in ihren Vertrag einzahlt.

d) Ja, aber nur wenn Frau Reichert den jährlichen Mindesteigenbeitrag leistet.

e) Ja, wenn Frau Reichert Kindererziehungszeiten nachweisen kann.

---

9 Mit welchen Folgen muss ein Vorsorgesparer rechnen, der über seinen Riester-Vertrag vor Rentenbeginn außerplanmäßig verfügt?

---

10 Die Vorsorgesparerin Luisa Seifert, ledig, ohne Kinder, zahlt im Jahre 2022 nur 70 % ihres Mindesteigenbeitrags auf ihren Riester-Altersvorsorgevertrag ein.

Wie wirkt sich die verminderte Einzahlung auf die staatliche Zulage aus?

---

11 Welche der folgenden Aussagen zur „Riester-Rente" sind zutreffend?

a) Einen Förderanspruch haben auch Ehegatten und Lebenspartner, die selbst nicht zum geförderten Personenkreis gehören, wenn sie einen auf ihren Namen lautenden Altersvorsorgevertrag abschließen, jährlich mindestens 60,00 € (Sockelbetrag) in ihren Vertrag einzahlen, der pflichtversicherte Ehegatte/Lebenspartner einen Altersvorsorgevertrag abgeschlossen und seinen Mindesteigenbeitrag erbracht hat.

b) Die Auszahlung des Altersvorsorgevermögens nach Rentenbeginn kann in monatlichen Raten oder in einer Summe erfolgen.

c) Rentner und Pensionäre gehören zum geförderten Personenkreis.

d) Verstirbt ein Ehegatte bzw. Lebenspartner während der Ansparphase, kann das Altersvorsorgevermögen auf einen Altersvorsorgevertrag des überlebenden Ehegatten/Lebenspartners übertragen werden, ohne dass gewährte Zulagen bzw. Steuererstattungen zurückgezahlt werden müssen.

e) Im Todesfall des Anlegers wird das Altersvorsorgevermögen einschließlich bereits gewährter Zulagen an die Erben ausgezahlt.

f) Voraussetzung für die staatliche Förderung ist, dass der Anleger zum förderfähigen Personenkreis gehört, die Anlage in einem zertifizierten Altersvorsorgevertrag erfolgt und der Anleger einen einkommensabhängigen Eigenbeitrag erbringt.

g) Wenn der Sparer den erforderlichen Mindesteigenbeitrag nicht vollständig leistet, erhält er keine Zulagen.

h) Der Sparer kann sich während der Auszahlungsphase zu einem beliebigen Zeitpunkt 30 % des angesparten Kapitals als Einmalzahlung auszahlen lassen.

i) Der Riester-Sparer kann bis zum Beginn der Auszahlungsphase jederzeit Kapital aus seinem Sparvertrag entnehmen, wenn er es für den Kauf oder Bau von selbstgenutztem Wohneigentum oder zur Tilgung eines Immobiliendarlehens einsetzt.

j) Riester-Guthaben können auch für alters- und behindertengerechte Umbaumaßnahmen verwendet werden.

---

12 Welche fünf Durchführungswege stehen im Rahmen der betrieblichen Altersversorgung zur Verfügung?

---

13 Welche Aussagen zur betrieblichen Altersversorgung sind richtig?

a) Durch den Rechtsanspruch auf Entgeltumwandlung kann der Arbeitnehmer vom Arbeitgeber verlangen, dass Teile seines Gehalts in die betriebliche Altersversorgung eingezahlt werden.

b) Beiträge des Arbeitnehmers bei Entgeltumwandlung an einen Pensionsfonds, eine Pensionskasse oder für eine Direktversicherung sind im Jahre 2023 bis zu 4 % der Beitragsbemessungsgrenze in der allgemeinen Rentenversicherung (West) steuerfrei.

c) Der steuerlichen Entlastung in der Ansparphase steht die volle Besteuerung der Leistung in der Auszahlungsphase gegenüber, sofern die Leistung auf staatlich geförderten Beiträgen beruht.

d) Den „Durchführungsweg" und den Anbieter der betrieblichen Altersversorgung bestimmt immer der Arbeitnehmer.

e) Bei einer Finanzierung der Beiträge durch Verzicht auf Teile des Arbeitslohns (Entgeltumwandlung) durch den Arbeitnehmer muss der Arbeitgeber 15 % des umgewandelten Entgelts zusätzlich als Arbeitgeberzuschuss an die Versorgungseinrichtung leisten.

f) Wenn der Arbeitgeber keine von ihm finanzierte betriebliche Altersversorgung anbietet, hat der Arbeitnehmer keinen Zugang zur betrieblichen Altersversorgung.

g) Die betriebliche Altersversorgung hat gegenüber der privaten Altersvorsorge Vorteile, weil die Abschluss- und Verwaltungskosten auf eine größere Personengruppe verteilt werden können.

---

14 Vergleichen Sie die beiden Grundformen der Lebensversicherung und stellen Sie die Unterschiede heraus.

a) Kapitallebensversicherung = gemischte Lebensversicherung

b) Risikolebensversicherung

---

15 Welche Merkmale beschreiben Kapitallebensversicherungen?

a) Der Ertrag aus einer Kapitallebensversicherung (= Differenz zwischen der Versicherungsleistung und den eingezahlten Beträgen), die nach dem 01.01.2005 abgeschlossen wurde, ist bei Auszahlung im Erlebensfall immer einkommensteuerpflichtig.

b) Die Überschüsse des Versicherungsunternehmens (Kapitalanlagegewinn, Sterblichkeitsgewinn, Kosteneinsparung) müssen zu 100 % an den Versicherungsnehmer ausbezahlt werden.

c) Kapitallebensversicherungsgesellschaften garantieren zurzeit (im Jahre 2023) eine Mindestverzinsung von 0,25 % des Sparkapitals, wenn der Lebensversicherungsvertrag mit Garantiezins abgeschlossen wurde.

d) Kapitallebensversicherungen sichern in jedem Fall auch das Risiko der Invalidität ab.

e) Kapitallebensversicherungen haben zum Ziel, beim Tod des Versicherten die Hinterbliebenen zu versorgen und die Altersversorgung des Versicherten sicherzustellen.

f) Beiträge zu Kapitallebensversicherungen, die seit dem 01.01.2005 abgeschlossen werden, können steuerlich nicht als sonstige Vorsorgeaufwendungen im Rahmen des Sonderausgabenabzugs abgesetzt werden.

---

16 Die kapitalbildende Lebensversicherung (Kapitallebensversicherung) ist im Rahmen der Altersvorsorge eine wichtige Ergänzung zur gesetzlichen Rentenversicherung.

Welche der folgenden Aussagen treffen auf diese Art der Versicherung zu?

a) Bei einer Kapitallebensversicherung wird der Todesfall mit einer festgelegten Summe versichert, die nach dem Tod des Versicherten an die Hinterbliebenen ausbezahlt wird. Erlebt der Versicherte den Ablauf der Versicherung, erfolgt keine Auszahlung.

b) Die Beiträge zu einer Kapitallebensversicherung bestehen aus dem Risikoanteil, dem Sparanteil und dem Kostenanteil.

c) Die Ablaufleistung einer Kapitallebensversicherung errechnet sich aus den eingezahlten Beiträgen, der Garantieverzinsung und der Überschussbeteiligung.

d) Handelt es sich beim Versicherungsnehmer gleichzeitig um die versicherte Person, kann eine Kapitallebensversicherung nur gegen laufende Beitragszahlungen, nicht aber gegen Zahlung eines Einmalbetrages abgeschlossen werden.

e) Der Ertrag aus einer Kapitallebensversicherung, die im Jahr 2012 abgeschlossen wurde, ist im Erlebensfall steuerfrei, wenn die Laufzeit mindestens 12 Jahre beträgt und die Auszahlung nach Vollendung des 62. Lebensjahres erfolgt.

f) Bei einer dynamischen Kapitallebensversicherung wird die Versicherungssumme jährlich erhöht, um den Kaufkraftverlust durch die laufende Geldentwertung (Inflation) auszugleichen und eine Anpassung an die allgemeine Einkommensentwicklung zu gewährleisten.

---

17 Ruben Meier hat im Jahre 2006 eine Kapitallebensversicherung abgeschlossen. Er zahlt 20 Jahre lang monatlich 200,00 € ein. Im Jahre 2026 ist Ruben Meier 62 Jahre alt und erhält eine Kapitalauszahlung von 70 000,00 €.

Wie erfolgt die Besteuerung?

---

18 Wie setzt sich der Beitrag einer Kapitallebensversicherung zusammen?

---

19 Entscheiden Sie, welche der Aussagen richtig sind.

a) Die Auszahlung einer im Jahre 2013 abgeschlossenen Kapitallebensversicherung nach zwölf Jahren Vertragslaufzeit und nach Vollendung des 62. Lebensjahres des Versicherungsnehmers führt zur vollen Besteuerung der Erträge.

b) Die Auszahlung der Zins- und Überschussanteile aus einer kapitalbildenden Lebensversicherung nach neun Jahren Vertragslaufzeit ist abgeltungsteuerpflichtig, sofern dem Versicherer kein Freistellungsauftrag vorliegt.

c) Bei einer Risikolebensversicherung kann die Familie mit geringem Beitrag vor finanziellen Risiken geschützt werden.

d) Bei einer fondsgebundenen Lebensversicherung steigt der Versicherungsschutz, und damit auch die Versicherungsleistung, durch regelmäßige Erhöhungen der Versicherungssumme kontinuierlich an.

e) Eine fondsgebundene Lebensversicherung bietet im Gegensatz zu einer herkömmlichen Kapitallebensversicherung die Chance, die Anlagestrategie im Verlauf der Versicherung zu ändern. Durch den Wechsel in einen anderen Fonds (Immobilien-, Renten- oder Aktienfonds) können entweder größere Gewinnchancen oder mehr Sicherheit angestrebt werden.

f) Die vorzeitige Auflösung einer Kapitallebensversicherung ist auch in den Anfangsjahren für den Versicherungsnehmer nicht mit Nachteilen verbunden.

20 Die 30-jährige Paula Henning hat eine Versicherung abgeschlossen, die das finanzielle Risiko der Berufsunfähigkeit absichert.

Nennen Sie die Voraussetzungen, die für den Eintritt des Versicherungsfalls erfüllt sein müssen.

21 Vergleichen Sie die gesetzliche mit der privaten Unfallversicherung und stellen Sie die wesentlichen Unterschiede heraus.

Situation: Privat vorsorgen

Situation 1: Den persönlichen Rentenfreibetrag ermitteln

Der selbstständige Schornsteinfegermeister Jonathan Schulz (ohne Ansprüche an die gesetzliche Rentenversicherung) hat eine Rürup-Rente abgeschlossen. Der Beginn der Rentenbezugszeit ist für den 01.06.2031 vorgesehen. Einschließlich der prognostizierten Überschussbeteiligung ist dann von einer monatlichen Rente von 1650,00 € auszugehen.

AUFGABE:

Ermitteln Sie den persönlichen Rentenfreibetrag, den Jonathan Schulz in jedem Jahr des Rentenbezugs von seinen steuerpflichtigen Einkünften abziehen kann.

Gehen Sie davon aus, dass die Rentenzahlungen nicht fallen werden.

Situation 2: Den Mindesteigenbeitrag und die staatliche Zulage ermitteln

Die Eheleute Linus und Inka Hansel haben beide einen Altersvorsorgevertrag („Riester-Vertrag") abgeschlossen. Die Eheleute haben zwei Kinder im Alter von 3 und 4 Jahren. Linus arbeitet als Industriekaufmann in einem mittelständischen Unternehmen. Inka ist zurzeit nicht berufstätig. Linus erzielte im Jahre 2022 ein Einkommen von 32500,00 €. Die Kinderzulage erhält die Ehefrau. Das Ehepaar möchte die volle Altersvorsorgezulage erhalten.

AUFGABE:

Ermitteln Sie den/die

a) Mindesteigenbeitrag von Linus im Jahre 2023,

b) staatliche Zulage für Linus im Jahre 2023,

c) Mindesteigenbeitrag von Inka im Jahre 2023,

d) staatliche Zulage für Inka im Jahre 2023.

I Lernfeld 13: Finanzierungen für Geschäfts- und Firmenkunden abschliessen

Einstieg

Der Bauunternehmer Patrick Müller betreibt seit Jahren erfolgreich sein Geschäft. Nun möchte er expandieren und eine neue Lagerhalle errichten. Für den Bau der Lagerhalle benötigt Herr Müller einen Kredit. In einem Beratungsgespräch teilt er Ihnen mit, dass er einen großen Teil der Kosten bereits über seine auf dem Kontokorrentkonto eingeräumte Kreditlinie beglichen hat.

Erklären und begründen Sie dem Kunden, warum eine Finanzierung der Lagerhalle über einen Betriebsmittelkredit nicht sinnvoll ist. Stellen Sie ihm dar, mit welcher Kreditart er die Lagerhalle richtig finanziert.

21 Der Firmenkredit

21.1 Finanzierung der Unternehmen

21.1.1 Finanzierung und Investition

Jedes Unternehmen, das seinen Unternehmenszweck erreichen will, benötigt Kapital, um es zum Zwecke des produktiven Einsatzes in Sachvermögen, Gebäude, Maschinen, Einrichtungen, Rohstoffe, Waren usw. umzuwandeln.

- **Finanzierung** umfasst alle Formen der Beschaffung von Eigen- und Fremdkapital in Geld- und Sachwerten.
- **Investition** besteht in der Verwendung – Umwandlung – der durch die Finanzierung beschafften Mittel.

Beide Begriffe stehen in einem engen Zusammenhang. Mit jeder Kapitalbeschaffungsaktivität sind zugleich Maßnahmen der Kapitalverwendung verbunden. Mittelverwendung setzt Mittelbeschaffung voraus, Mittelbeschaffung muss Mittelverwendung zur Folge haben.

Werden dem Unternehmen statt Geld Sacheinlagen zur Verfügung gestellt, so erfolgen Finanzierung und Investition als einheitlicher Vorgang.

Betrachtet man die Finanzierung und Investition vom Standpunkt der Bilanz, so unterrichtet die Passivseite über die Art der Finanzierung (Kapitalbeschaffung) durch die beiden Möglichkeiten: Eigenkapital und Fremdkapital. Die Aktivseite gibt Aufschluss über die Zusammensetzung des Vermögens: Anlagevermögen, z. B. Gebäude, Maschinen, Einrichtungen und Umlaufvermögen, z. B. Waren, Rohstoffe usw. (Kapitalverwendung).

Aktiva	**Bilanz**	Passiva
Anlagevermögen	=	Eigenkapital
Umlaufvermögen		Fremdkapital → langfristig / kurzfristig
= Kapitalverwendung Wohin floss das Kapital?		= Kapitalbeschaffung Woher kam das Kapital?

21.1.2 Finanzierungsarten

LS 1

Bei der Finanzierung lassen sich zwei Gliederungsgesichtspunkte unterscheiden:

- Einteilung nach der *Herkunft des Kapitals:*
  Außen-/Innenfinanzierung
- Einteilung nach der *Rechtsstellung des Kapitalgebers:*
  Eigen-/Fremdfinanzierung

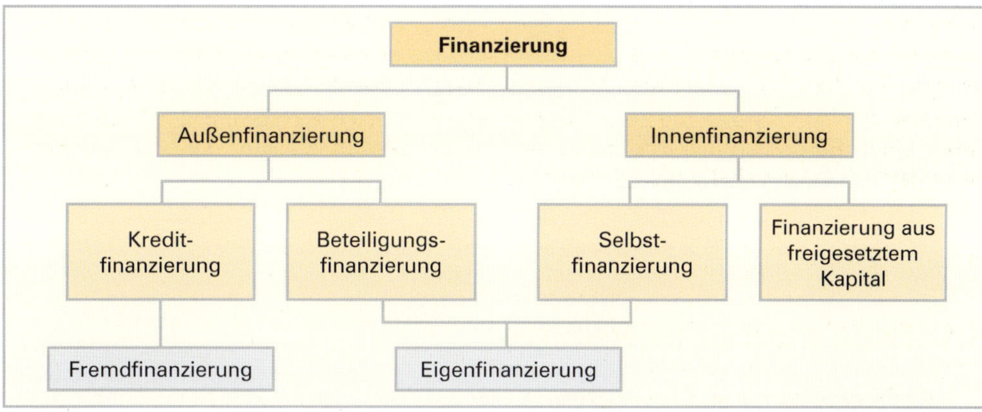

Außenfinanzierung bedeutet, dass das Kapital dem Unternehmen von außen zufließt und nicht aus dem betrieblichen Umsatzprozess stammt. Die Außenfinanzierung kann Kredit- oder Beteiligungsfinanzierung sein.

- Die **Kreditfinanzierung** beschafft Finanzmittel durch Aufnahme von kurz-, mittel- und langfristigen Krediten (Zuführung von Fremdkapital).
- **Beteiligungsfinanzierung** bedeutet Bereitstellung von Eigenkapital durch die Eigentümer des Unternehmens bei Einzelunternehmen und Personengesellschaften, aber auch durch Teilhaber, z. B. Aktionäre und andere Kapitalgeber bei juristischen Personen.

Innenfinanzierung bedeutet, dass das Kapital aus dem Betrieb selbst stammt. Sie kann Selbstfinanzierung oder Finanzierung aus freigesetztem Kapital sein.

- **Selbstfinanzierung** ist gegeben, wenn Eigenkapital aus nicht ausgeschütteten Gewinnen gebildet wird (z. B. Bildung von Rücklagen bei Kapitalgesellschaften).
- **Finanzierung aus freigesetztem Kapital** erfolgt durch Freisetzung von Abschreibungswerten, Vermögensumschichtungen oder durch Bildung von Rückstellungen. Die freigesetzten Mittel können sowohl Eigen- als auch Fremdkapital sein.

Eigenfinanzierung umfasst die Selbstfinanzierung und die Beteiligungsfinanzierung. Die Selbstfinanzierung beschafft das Eigenkapital von innen, bei der Beteiligungsfinanzierung fließt das Eigenkapital von außen zu.

Vergleich		
	Eigenfinanzierung	**Fremdfinanzierung**
1. Wesen	führt dem Unternehmen **Eigenkapital** zu.	führt dem Unternehmen **Fremdkapital** zu.
2. Formen	*Erstausstattung:* ■ Eigenkapital des Einzelunternehmers ■ Kapitaleinlagen der Gesellschafter der OHG, KG ■ Grundkapital der AG ■ Stammkapital der GmbH ■ Geschäftsguthaben der Genossenschaft *Kapitalzufuhr:* ■ Kapitalerhöhung bei der AG ■ Erhöhung des Kapitals bei allen übrigen Rechtsformen, indem der Inhaber oder bisherige oder neue Gesellschafter Mittel zuführen	*langfristig:* ■ Schuldverschreibung ■ Bankdarlehen ■ Leasing *kurzfristig:* ■ Bankkredite ■ Lieferantenkredite ■ Factoring
3. Vorteile für den Kapitalgeber	■ Anspruch auf Gewinnbeteiligung ■ Einfluss auf das Unternehmen durch Teilhaberrechte ■ Anspruch auf Beteiligung am Liquidationserlös ■ Anspruch auf Beteiligung an den stillen Reserven und dem Firmenwert	■ Kapital wird befristet zur Verfügung gestellt ■ Fester Zins- und Rückzahlungsanspruch auch in Krisenzeiten ■ Keine Verlustbeteiligung ■ Im Insolvenzfall Anspruch an die Insolvenzmasse, oft sogar Recht auf Aus- oder Absonderung
4. Nachteile für den Kapitalgeber	■ Unbefristete Zurverfügungstellung des Kapitals. Kein Rückzahlungsanspruch ■ Mitübernahme des unternehmerischen Risikos ■ Kapital haftet für die Schulden des Unternehmens	■ Kein Teilhaberrecht, daher kein Einfluss auf das Unternehmen ■ In guten Geschäftsjahren keine Gewinnbeteiligung

21.2 Rechtliche Grundlagen

21.2.1 Grundsätze der Anlagepolitik

Die Kreditinstitute sind verpflichtet, die ihnen anvertrauten Kundengelder im Rahmen des Kreditgeschäfts unter den Gesichtspunkten der *Sicherheit, Liquidität* und *Rentabilität* anzulegen. Der Grundsatz der Sicherheit bedeutet, dass die Gelder so angelegt werden sollen, dass Verluste weitgehend vermieden werden. Er macht eine Risikobegrenzung im Kreditgeschäft notwendig. Der Grundsatz der Liquidität erfordert, dass die Anlage der Gelder so erfolgen soll, dass das Kreditinstitut jederzeit seinen Zahlungsverpflichtungen, insbesondere gegenüber den Kunden, nachkommen kann. Liquidität ist gewahrt, wenn genügend flüssige Mittel (liquide Mittel) für den laufenden Zahlungsverkehr vorhanden sind und zur Erfüllung zukünftiger Zahlungsverpflichtungen ausreichende, fristgerecht realisierbare Vermögenswerte bereitstehen. Der Grundsatz der Rentabilität besagt, dass die Gelder so angelegt werden sollen, dass ein angemessener Ertrag für das eingesetzte Kapital gewährleistet ist.

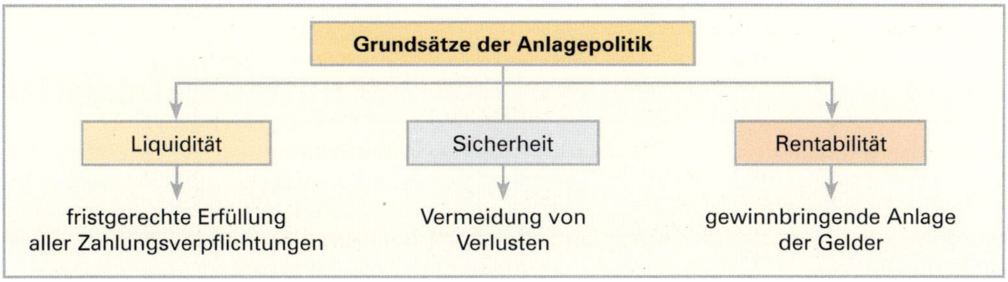

Diese Grundsätze stehen zum Teil zueinander im Gegensatz. Zum Beispiel beeinflusst die Liquidität stets die Rentabilität, da die flüssigen Mittel in der Regel unverzinslich oder nur gering verzinslich sind. Die Sicherheit beeinflusst auch die Rentabilität, denn riskante Anlagen bringen die größten Gewinne. Damit die Kreditinstitute kein unangemessenes Risiko im Kreditgeschäft übernehmen und keine Liquiditätskrisen auftreten, gibt es eine Reihe spezieller Gesetze und Vorschriften, die die Bewegungsfreiheit der Kreditinstitute im Kreditgeschäft einschränken.

21.2.2 Die Vorschriften der CRR[1] bzw. des Kreditwesengesetzes

Der **Grundsatz der Sicherheit** wird durch die Eigenmittelanforderung gemäß Art. 92 CRR gewährleistet: Die Institute müssen im Interesse der Erfüllung ihrer Verpflichtungen gegenüber ihren Gläubigern, insbesondere zur Sicherheit der ihnen anvertrauten Vermögenswerte, *angemessene Eigenmittel* haben.

(1) Großkredite

Kredit- und Finanzdienstleistungsinstitute unterliegen bei der Vergabe von Großkrediten den aufsichtsrechtlichen Vorschriften der CRR und des KWG. Durch die Großkreditregelung soll vermieden werden, dass durch den Ausfall eines einzigen Kreditnehmers ein Institut in ernsthafte Schwierigkeiten gerät.

Großkredite sind Art. 392 CRR

- Kredite an Kreditnehmer oder an eine Gruppe verbundener Kunden, die mindestens 10 % des Kernkapitals des Instituts erreichen oder übersteigen, Art. 395 Abs. 1 CRR
- die zehn größten Kredite des Kreditinstituts an Finanzinstitute und nicht beaufsichtigte Finanzunternehmen und
- große Kredite ab 300 Mio. €.

Ein Überschreiten der Höchstgrenze ist der Bankenaufsicht zu melden, die dann ggf. eine Frist setzt, innerhalb der eine Rückführung in den zulässigen Rahmen erfolgen muss.

1 Verordnung (EU) Nr. 575/2013. Die CRR (Capital Requirements Regulation) setzt Basel III in europäisches Recht um.

§ 13 KWG Großkredite dürfen nur aufgrund eines einstimmigen Beschlusses sämtlicher Geschäftsleiter gewährt werden.

Großkredite sind der Deutschen Bundesbank vierteljährlich anzuzeigen, die wiederum die Anzeigen mit Stellungnahme an die Bundesanstalt für Finanzdienstleistungsaufsicht weiterzuleiten hat.

(2) Millionenkredite

§ 14 KWG Die Kreditinstitute haben der Deutschen Bundesbank (Evidenzzentrale) vierteljährlich diejenigen Kreditnehmer bzw. Kreditnehmereinheiten anzuzeigen, deren Verschuldung bei ihnen zu irgendeinem Zeitpunkt während der dem Meldetermin vorhergehenden drei Kalendermonaten 1 Mio. € oder mehr betragen hat. Ergibt sich, dass einem Kreditnehmer bzw. einer Kreditnehmereinheit von mehreren Kreditinstituten Millionenkredite gewährt worden sind, so hat die Deutsche Bundesbank die beteiligten Kreditinstitute zu benachrichtigen, um sie auf die besonderen Risiken aufmerksam zu machen.

Die Benachrichtigung der Deutschen Bundesbank enthält nur Angaben über die Gesamtverschuldung des Kreditnehmers und über die Anzahl der beteiligten Kreditinstitute (Evidenzmeldung).

(3) Organkredite

§ 15 KWG U. a. Kredite an Geschäftsleiter, Prokuristen und an zum gesamten Geschäftsbetrieb ermächtigte Handlungsbevollmächtigte (Personalorgankredite). Sie dürfen nur aufgrund eines einstimmigen Beschlusses sämtlicher Geschäftsleiter des Instituts, nur mit ausdrücklicher Zustimmung des Aufsichtsorgans und nur zu Marktkonditionen gewährt werden. Das gilt auch für Kredite an Unternehmen, bei denen das Kreditinstitut oder ein Geschäftsleiter des Kreditinstituts persönlich haftender Gesellschafter ist bzw. ein Geschäftsleiter, Prokurist oder ein zum gesamten Geschäftsbetrieb ermächtigter Handlungsbevollmächtigter des Kreditinstituts gesetzlicher Vertreter oder Mitglied des Aufsichtsrats ist (Unternehmensorgankredite). Kredite an Prokuristen und zum gesamten Geschäftsbetrieb ermächtigte Handlungsbevollmächtigte sind erst dann als Organkredite zu behandeln, wenn sie über ein Jahresgehalt hinausgehen. Unternehmensorgankredite sind nicht beschluss- und zustimmungspflichtig, wenn der Kredit weniger als 1 % der anrechenbaren Eigenmittel des Instituts oder weniger als 50 000,00 € beträgt.

Unter bestimmten Voraussetzungen sind Organkredite der Bundesanstalt für Finanzdienstleistungsaufsicht unverzüglich anzuzeigen.

§ 18 KWG

(4) Kreditunterlagen

Ein Kreditinstitut darf einen Kredit, der insgesamt 750 000,00 € oder 10 % seines Kernkapitals überschreitet, nur gewähren, wenn es sich von dem Kreditnehmer die wirtschaftlichen Verhältnisse, insbesondere durch die Vorlage der Jahresabschlüsse, offenlegen lässt. Hiervon kann abgesehen werden, wenn die Offenlegung im Hinblick auf die gestellten Sicherheiten oder auf die Mitverpflichteten offensichtlich unbegründet wäre.

Von der Offenlegung kann auch abgesehen werden bei Krediten, die durch erstrangige Grundpfandrechte auf vom Kreditnehmer selbst genutztes Wohneigentum gesichert sind, unter der Voraussetzung, dass der Kredit vier Fünftel des Beleihungswertes nicht übersteigt und der Kreditnehmer seine Zins- und Tilgungsverpflichtungen regelmäßig erfüllt.

Der **Grundsatz der Liquidität** wird durch die Liquiditätsvorschriften nach Basel III gewährleistet.[1]

(5) Ordnungsgemäße Geschäftsorganisation und angemessenes, wirksames Risikomanagement

§ 25 a KWG

Ein Institut muss über eine ordnungsgemäße Geschäftsorganisation verfügen, die die Einhaltung der vom Institut zu beachtenden gesetzlichen Bestimmungen und der betriebswirtschaftlichen Notwendigkeiten gewährleistet. Eine ordnungsgemäße Geschäftsorganisation umfasst insbesondere ein angemessenes und wirksames Risikomanagement, auf dessen Basis ein Institut die Risikotragfähigkeit laufend sicherzustellen hat.

Einzelheiten hierzu enthalten die Mindestanforderungen an das Risikomanagement (MaRisk) → vgl. Kapitel 21.2.3.

Vorschriften zur Risikobegrenzung im Kreditgeschäft

- angemessene Eigenmittel
- ausreichende Liquidität
- Risikobegrenzung bei

Großkrediten	Millionenkrediten	Organkrediten
= Kredite an einen Kreditnehmer oder an eine Gruppe verbundener Kunden, die mindestens 10 % des Kernkapitals des Instituts erreichen oder übersteigen ■ Anzeigepflicht ■ Einstimmigkeit bei der Beschlussfassung ■ Kreditbegrenzung	= Kredite an einen Kreditnehmer oder eine Kreditnehmereinheit, die 1 Mio. € oder mehr betragen ■ Anzeigepflicht ■ Evidenzmitteilung	= Kredite an Geschäftsleiter, an persönlich haftende Gesellschafter, Mitglieder eines Überwachungsorgans u. a., an mit dem Kreditinstitut persönlich oder kapitalmäßig verbundene Kreditnehmer (Personalorgankredite/Unternehmensorgankredite) ■ Einstimmigkeit bei der Beschlussfassung ■ Zustimmung des Aufsichtsorgans

- Offenlegung der wirtschaftlichen Verhältnisse des Kreditnehmers bei Krediten von mehr als 750 000,00 € oder mehr als 10 % des Kernkapitals des Instituts
- ordnungsgemäße Geschäftsorganisation und angemessenes, wirksames Risikomanagement

1 Das Regelwerk Basel III umfasst zwei Liquiditätsanforderungen, zu deren Einhaltung die CRR-Kreditinstitute verpflichtet sind: die Mindestliquiditätsquote (Liquidity Coverage Ratio → LCR) und die strukturelle Liquiditätsquote (Net Stable Funding Ratio →NSFR). Vgl. hierzu *www.bafin.de/liquiditätsanforderungen* oder *www.bundesbank.de/liquiditätsregulierung*.

(6) Ana Credit (Analytical Credit Dataset)

Ana Credit ist ein bei der EZB geführtes europäisches Kreditregister. Die Banken des Euroraums müssen alle an juristische Personen und Personenhandelsgesellschaften vergebenen Kredite ab 25000,00 € mit den persönlichen Daten der Kreditnehmer und den gestellten Sicherheiten an die EZB melden. Die EZB erhält damit Informationen über die wirtschaftliche Lage einzelner Unternehmen und über die Wirtschaftssektoren in den Ländern des Euroraums. Verwendet werden die Daten für geldpolitische und Aufsichtszwecke.

21.2.3 MaRisk – Mindestanforderungen an das Riskomanagement

Die von der Bundesanstalt für Finanzdienstleistungsaufsicht (BaFin) aufgestellten Mindestanforderungen an das Risikomanagement (MaRisk) fordern von den Kreditinstituten die Festlegung angemessener Strategien zur Risikobegrenzung sowie die Einrichtung angemessener interner Kontrollverfahren.

Die MaRisk sind modular strukturiert. Der allgemeine Teil (Modul AT) enthält grundlegende Anforderungen an das institutsinterne Risikomanagement. Besondere Anforderungen an die Ausgestaltung des internen Kontrollsystems für bestimmte Geschäftsarten und Risikoarten sowie an die Ausgestaltung der Internen Revision sind in Modulen des Besonderen Teils (Module BT) niedergelegt.

Module der MaRisk (Auszug)	
Modul AT: „Allgemeiner Teil"	**Modul BT: „Besonderer Teil"**
Anwendungsbereich (Anwenderkreis, Risiken, Geschäfte) Gesamtverantwortung der Geschäftsleitung Allgemeine Anforderungen an das Risikomanagement (Risikotragfähigkeit, Strategien, Internes Kontrollsystem) Organisationsrichtlinien u.a.	**BT 1: Besondere Anforderungen an das Interne Kontrollsystem** BTO: Anforderungen an die Aufbau- und Ablauforganisation **BTR: Anforderungen an die Risikosteuerungs- und -controllingprozesse** BTR 1: *Adressenausfallrisiken* (Die Gefahr, dass Forderungen eines Kreditinstituts gegen Kunden ganz oder teilweise uneinbringlich werden.) BTR 2: *Marktpreisrisiken* (Die Gefahr, dass sich Marktpreise von Sachgütern oder Finanztiteln zu Ungunsten eines Kreditinstituts entwickeln.) BTR 3: *Liquiditätsrisiken* (Die Gefahr, dass ein Kreditinstitut seinen Zahlungsverpflichtungen nicht mehr uneingeschränkt nachkommen kann.) BTR 4: *Operationelle Risiken* (Die Gefahr von Verlusten infolge menschlichen Versagens, der Unzulänglichkeit von internen Prozessen und Systemen sowie externer Ereignisse.) **BT 2: Besondere Anforderungen an die Ausgestaltung der internen Revision**

Die MaRisk[1] enthalten auch *Mindestanforderungen an das Kreditgeschäft.*

1 Die MaRisk werden in der LS 2 thematisiert.

Kreditbearbeitung

Kreditgewährung	Kreditweiterbearbeitung
Der Prozess der Kreditgewährung umfasst alle bis zur Bereitstellung des Kredits erforderlichen Arbeitsabläufe. Dabei sind alle für die Beurteilung des Risikos wichtigen Faktoren bei der Kreditgewährung unter besonderer Berücksichtigung der Kapitaldienstfähigkeit des Kreditnehmers bzw. des Objektes/Projektes zu analysieren und zu beurteilen, wobei die Intensität der Beurteilung vom Risikogehalt der Engagements abhängt (z. B. Kreditwürdigkeitsprüfung, Risikoeinstufung im Risikoklassifizierungsverfahren oder eine Beurteilung auf der Grundlage eines vereinfachten Verfahrens).	Im Rahmen der Kreditweiterbearbeitung ist zu überwachen, ob die vertraglichen Vereinbarungen vom Kreditnehmer eingehalten werden. Bei zweckgebundenen Kreditvergaben ist zu kontrollieren, ob die valutierten Mittel der vereinbarten Verwendung zukommen (Kreditverwendungskontrolle).

BTO 1.2.1. 1.2.2. MaRisk

Die **Kreditbearbeitungskontrolle** hat die Einhaltung der Vorgaben der Organisationsrichtlinien zu gewährleisten. Kriterien für die Intensivbetreuung von Engagements und die Behandlung von Problemkrediten sind festzulegen.

BTO 1.2.3., 1.2.4., 1.2.5. MaRisk

Kreditentscheidung: Funktionstrennung – Votierung

Grundsätzlich sind für eine Kreditentscheidung zwei übereinstimmende Voten der Bereiche Markt (Kreditangebote am Markt, Vertragsabschluss, Kundenbetreuung) und Marktfolge (Prozesse der Kreditbearbeitung, Kreditbearbeitungskontrolle, Intensivbetreuung, Problemkreditbearbeitung, Risikovorsorge) erforderlich.

BTO 1.1. MaRisk

Bei der Kreditentscheidung durch einen Ausschuss sind die Mehrheitsverhältnisse im Ausschuss so festzulegen, dass der Bereich Marktfolge nicht überstimmt werden kann.

Für den Fall voneinander abweichender Voten sind in der Kompetenzordnung klare Entscheidungsregeln zu treffen: Der Kredit ist in diesen Fällen abzulehnen oder zur Entscheidung auf eine höhere Kompetenzstufe zu verlagern (Eskalationsverfahren).

Für Kreditentscheidungen bei Geschäften, die unter Risikogesichtspunkten als nicht wesentlich einzustufen sind, kann die Geschäftsleitung bestimmen, dass nur ein Votum erforderlich ist.

MaRisk-konformer Kreditprozess

Quelle: Entnommen aus dem Studienwerk der Frankfurt School

LS 2

21.3 Die Prüfung der Kreditfähigkeit

Die Kreditfähigkeit von Firmenkunden ist abhängig vom Kreditnehmer.

Kreditfähigkeit von Einzelunternehmern	Ist der Unternehmer voll geschäftsfähig, so ist er auch kreditfähig.
Kreditfähigkeit von Personenhandelsgesellschaften	OHG und KG können unter ihrer Firma Rechte erwerben und Verbindlichkeiten eingehen und sind damit ebenfalls kreditfähig.
Kreditfähigkeit von Partnerschaftsgesellschaften	Die Partnerschaftsgesellschaft kann unter ihrem Namen Rechte erwerben und Verbindlichkeiten eingehen und ist damit kreditfähig.
Kreditfähigkeit juristischer Personen	Juristische Personen des privaten Rechts (Kapitalgesellschaften wie AG, GmbH, KGaA) und des öffentlichen Rechts (Staat, Land, Gemeinde, Universitäten, Kirchen, Rundfunkanstalten) besitzen die Rechtsfähigkeit und sind damit kreditfähig.

Treten Personen- oder Sachgesamtheiten (z. B. eine Arbeitsgemeinschaft im Baugewerbe) als Kreditnehmer auf, ist genau zu prüfen, inwieweit die Kredit aufnehmenden Personen zur Vertretung berechtigt sind.

In zahlreichen Fällen wird sich die Prüfung der Kreditfähigkeit erübrigen, weil der Bank die Person des Kreditnehmers bekannt ist. Ist dies nicht der Fall, kann sie sich durch Einsichtnahme in den Personalausweis, Vorlage von Registerauszügen (zwecks Feststellung der Vertretungsberechtigung) und ähnlichen Unterlagen davon überzeugen, ob die Voraussetzungen für die Kreditfähigkeit gegeben sind.

21.4 Die Prüfung der Kreditwürdigkeit

21.4.1 Prüfungsunterlagen

Die Prüfung der Kreditwürdigkeit erfolgt anhand zahlreicher *Unterlagen,* die dem Kreditinstitut vom Kreditsuchenden zusammen mit dem Kreditantrag einzureichen sind, bzw. die sich das Kreditinstitut selbst beschafft. Als Unterlagen eignen sich:

- **Auskünfte.** *Selbstauskunft:* Der Kreditnehmer weiß über seine Verhältnisse am besten Bescheid. Da er durch die Kreditsuche ein Vertrauensverhältnis zur Bank anstrebt, ist er auch gemäß AGB verpflichtet, in aller Offenheit die verlangten Auskünfte und Unterlagen über seine persönlichen und wirtschaftlichen Verhältnisse zu geben.

  Oft werden schon vom Kunden in seinem Kreditgesuch *Referenzen* angegeben – Adressen, bei denen Erkundigungen eingeholt werden können.

  Weiterhin stehen *gewerbsmäßige Auskunfteien* zur Verfügung wie „CRIF Bürgel GmbH“, „Verband der Vereine Creditreform e. V.“, u. a.

  Schließlich geben sich die *Banken untereinander* Auskünfte über ihre Kunden. Diese Auskünfte werden meist sehr allgemein gehalten und dürfen nicht den Geschäftsruf des Kunden schädigen. Meistens liegt ihr Wert in dem, was nicht gesagt wird. Der Vermerk „ohne unser Obligo“ befreit eine Auskunft erteilende Bank nicht von der Haftung, wenn sie Auskünfte grob fahrlässig oder wissentlich falsch erteilt. Bei der Auskunfterteilung der Kreditinstitute untereinander wird das Bankgeheimnis nicht durchbrochen.

Für die Banken besteht auch vielfach die Möglichkeit, sich bei ihren Kunden, die denselben Geschäftszweig wie der Kreditsuchende betreiben, über ihn zu erkundigen.

- **Beglaubigte Auszüge aus öffentlichen Registern.** Sie geben Auskunft über die Rechts- und Vermögensverhältnisse des Kreditantragstellers. Folgende öffentliche Register sind von Wichtigkeit: Handelsregister, Grundbuch, Schiffsregister, Güterrechtsregister, Vereinsregister, Genossenschaftsregister.

  Auch stehen den Banken Schuldnerverzeichnisse über Insolvenzen und nicht öffentliche Protestlisten (für Diskontkredite) zur Verfügung.
- **Kontounterlagen beim Kreditinstitut.** Handelt es sich beim Kreditsuchenden um einen Kunden der Bank, so können wichtige Aufschlüsse über seine Bonität, Zahlungsmoral und Zahlungsbereitschaft, über die Abwicklung früherer Kredite, über Umfang und Entwicklung des Geschäfts aus dem bisherigen Geschäftsverkehr gewonnen werden.
- **Einkommensnachweise.** *Steuerbescheide,* falls Kreditsuchende kleinere Gewerbebetriebe sind.
- **Bilanzen und GuV-Rechnungen.** Die Bilanzprüfung – verbunden mit der Prüfung der Gewinn- und Verlustrechnung – bietet die wichtigste Unterlage für die Beurteilung der Kundenbonität. Von Kunden eingereichte elektronische Bilanzen können auch als Grundlage für die Digitalisierung des Kreditprozesses dienen. Die Bonitätsanalyse erfolgt dann elektronisch.[1]

  Abgesehen davon, dass die Einsichtnahme in die Bilanzen der letzten Jahre eine unabdingbare Notwendigkeit für die umfassende Durchführung der Kreditprüfung ist, muss berücksichtigt werden, dass § 18 KWG den Banken vorschreibt, dass von solchen Kreditnehmern, denen Kredite von insgesamt mehr als 750 000,00 € oder mehr als 10 % des Kernkapitals des Instituts gewährt werden, die wirtschaftlichen Verhältnisse offengelegt werden müssen. Das kann unterbleiben, wenn die Offenlegung im Hinblick auf die gestellten Sicherheiten oder die Mitverpflichteten unbegründet ist.
- **Geschäftsbücher, Lageberichte** geben Auskunft über Auftragsbestand, Beschäftigungssituation, Lagerdauer, Umsatz- und Investitionsentwicklung, Finanzierungspläne usw., sodass neben den gegenwartsbezogenen Informationen auch zukunftsbezogene Unternehmensdaten in die Prüfung der Kreditwürdigkeit einfließen können.

Weitere Mittel der Kreditwürdigkeitsprüfung können sein:

- **Betriebsbesichtigung.** Hierbei bekommt die Bank einen unmittelbaren Gesamteindruck vom Betrieb des Kreditsuchenden, z. B. vom Zustand der Gebäude, Maschinen und Anlagen usw.
- **Kreditverwendung.** Die Verwendung des Kreditbetrags ist für die Kredit gebende Bank von besonderer Bedeutung. Sie wird erfragen, ob der Empfänger des Kreditbetrags z. B. eine Holding oder ein operatives Unternehmen ist. Ist es ein operatives Unternehmen (produzierendes Unternehmen oder Handelsunternehmen), wird die Bank untersuchen, ob der Kreditbetrag auftragsbezogen verwendet wird. Bei auftragsbezogener Verwendung kann der Kreditbetrag aller Wahrscheinlichkeit nach mit Auftragsausführung zurückgezahlt werden.

1 Das „ELBA-Projekt" von Banken und Sparkassen fördert die Entwicklung der elektronischen Bonitätsanalyse.

Kreditwürdigkeitsprüfung

personelle Kreditwürdigkeit | materielle Kreditwürdigkeit

Prüfung

Auskünfte	**Öffentliche Register**	**Kontoführung**	**Steuerbescheide**	**Bilanzen und GuV-Rechnungen**	**Geschäftsbücher und Lageberichte**	**Betriebsbesichtigung**
■ Selbstauskunft ■ Fremdauskunft, Auskunfteien, Referenzen, Banken	■ Handelsregister ■ Grundbuch ■ Schiffsregister ■ Genossenschaftsregister ■ Partnerschaftsregister	■ Zahlungsmoral ■ Abwicklung früherer Kredite ■ Umsatz- u. Geschäftsentwicklung	■ Einkommen-, Gewerbe-, Umsatzsteuerbescheide ■ Einheitswertbescheide	■ Analyse des Jahresabschlusses	■ Auftragsbestand ■ Beschäftigungssituation ■ Lagerdauer ■ Umsatz- u. Investitionsentwicklung ■ Finanzierungspläne	■ Zustand der Gebäude, Maschinen, Anlagen

21.4.2 Kreditrating bei Firmenkunden

Das Kreditrating für Firmenkunden ist ein standardisiertes Verfahren zur Beurteilung der wirtschaftlichen Fähigkeiten eines Kreditnehmers, in Zukunft seinen Zahlungsverpflichtungen nachzukommen. Das Rating ermittelt das wahrscheinliche Gesamtrisiko eines Kreditengagements.

Alle internen Ratingsysteme befassen sich nicht nur mit der Analyse der Jahresabschlüsse, sondern – wie auch bei externen Ratings gebräuchlich – mit den weiteren Rahmenbedingungen des Unternehmens. Insofern setzen sich interne Ratingsysteme gewöhnlich aus zwei Teilen zusammen, einem quantitativen (Jahresabschlussanalyse) und einem qualitativen (Managementqualitäten, Marktpotenzial, Wettbewerbsbedingungen, Personal und Organisation etc.) Teil.

Kreditrating	
Teilscore Jahresabschluss	**Teilscore Qualitative Fragen**
■ Ermitteln von Kennzahlen wie – Vermögenslage – Ertragslage – Liquiditätslage ■ Bewerten der Kennzahlen	■ Jahresabschluss, qualitativ ■ Betriebswirtschaftliche Auswertung ■ Planung der Unternehmensentwicklung ■ Markt, Produkt, Branche ■ Unternehmen/Managementqualitäten ■ Kontoführung
GESAMTRATING → Ausfallwahrscheinlichkeit	

Die Zusammenfassung der Einzelbewertungen zu einer Gesamtbewertung der wirtschaftlichen Bonität erfolgt mithilfe eines komplexen Rechenwerks. Die Teilratings werden mit Gewichtungsfaktoren verdichtet. In der Regel wird der jahresabschlussorientierte Teil mit einem Anteil von 60–70 % und der qualitative Teil mit 30–40 % gewichtet.

Das Rating wird auf einer Punkte- oder Buchstabenskala (z. B. 1–18 Punkte oder AAA, AA+, …, A, BBB+, BBB …, CCC+ …, D) abgebildet.

Die Bonität ist					
ausgezeichnet	**sehr gut**	**gut**	**befriedigend**	**ausreichend**	**nicht ausreichend**
AAA	AA	A –	BB +	B	CCC –
AA +	AA –	BBB +	BB	B –	CC
	A +	BBB	BB –	CCC +	D
	A	BBB –	B +	CCC	

Ratingskala

Der Kreditzins der Bank wird risikogerecht festgelegt, das bedeutet für Unternehmen mit unterdurchschnittlicher Bonität höhere Kreditzinsen.

Zusammenhang Ratingergebnis und Sollzinssatz

Die Ratingsystematik dient maßgeblich zur Bestimmung der Preisuntergrenze eines einzelnen Kreditgeschäfts. Der Kundenkreditzinssatz (Sollzinssatz) setzt sich aus verschiedenen Komponenten zusammen, die beim Kreditinstitut als Kosten auftreten.

Neben den *Kosten der Refinanzierung* (meist Euribor oder ähnliche Größe) erfordert jeder Kredit eine Eigenkapitalunterlegung. Aufgrund der notwendigen kunden- bzw. geschäftsspezifischen Eigenkapitalbindung gemäß der Basel II-Vorgaben entstehen somit *Eigenkapitalkosten.* Daneben entstehen durch die Einräumung und Überwachung des Kreditengagements *Arbeitskosten – auch operative Kosten.* Diese Kosten bilden ebenfalls einen Bestandteil des Zinsaufschlags. Schließlich muss auch die Einzelrisikosituation des Engagements berücksichtigt werden, was durch die Berechnung der *Risikoprämie* des Geschäfts erfolgt.

Vier Faktoren bestimmen die Risikoprämie

Ermittlung (Schätzung) der Risikoparameter auf Basis einer Datenhistorie von mindestens zwei Jahren

kundenspezifisch | produktspezifisch | **Risikoprämie**

PD · EAD · LGD · M = EL

- Ratingergebnis

- Kreditart
- Kreditlimit
- Kreditinanspruchnahme

- Art der Sicherheit
- Wert der Sicherheit
- Insolvenzquote
- Kosten

- Art des Kredits
- Laufzeitvereinbarung

PD = Probability of Default (Ausfallwahrscheinlichkeit)
EAD = Exposure at Default (erwartete Inanspruchnahme bei Ausfall)
LGD = Loss Given Default (Verlustquote)
M = Maturity (Restlaufzeit der Forderung)
EL = Expected Loss (Risikoprämie)

Quelle: entnommen aus dem Studienwerk Frankfurt School

Alle genannten Faktoren sind für das Kreditinstitut effektiv anfallende Kosten und bilden somit die Preisuntergrenze für das einzelne Kreditgeschäft. Ein Gewinn kann erst dann erzielt werden, wenn die Preisuntergrenze des Kredits in der Kundenverhandlung überschritten werden kann.

	Referenzzinssatz in %
+	Eigenkapitalkosten in %
+	operative Kosten in %
+	Aufschlag für Risikokosten (Risikoprämie) in %
+	Gewinnaufschlag in %
=	Sollzinssatz des Darlehens

21.4.2.1 Quantitative Ratingkriterien (Analyse des Jahresabschlusses)

Der quantitative Bereich des Ratingprozesses befasst sich mit der Beurteilung der wirtschaftlichen und finanziellen Lage des Unternehmens. Er beinhaltet die Kernbereiche Jahresabschlussanalyse und die Kennzahlenanalyse im Bereich Vermögen, Kapital, Finanzkraft und Rentabilität.

Bei der *Analyse der Vermögenslage* steht die Untersuchung der Finanzierungsreserven des Unternehmens im Vordergrund. Die Analyse umfasst

- Vermögensgegenstände (Vermögensstruktur),
- Fremd- und Eigenkapital (Kapitalstruktur),
- Fristenkongruenz bei der Finanzierung von lang- und kurzfristigen Verbindlichkeiten durch das Vermögen (Finanzstruktur).

Hauptzweck der *Analyse der Finanzlage* ist die Beantwortung der Frage, ob das Unternehmen fähig ist, allen Zahlungsverpflichtungen nachzukommen. Hier werden die Liquidität und das finanzielle Gleichgewicht analysiert. Diese Beurteilung geschieht anhand von

- Liquiditätskennziffern und
- Cashflow-Analysen.

Die *Analyse der Erfolgslage* hat die Beurteilung der gegenwärtigen Ertragslage und der zukünftigen Ertragskraft zum Inhalt. Sie basiert hauptsächlich auf

- Rentabilitätsanalysen.

Die ermittelten Kennzahlen werden verglichen mit

- Zahlen zurückliegender Jahre des gleichen Unternehmens, um die zeitliche Entwicklung des Unternehmens zu erkennen (Zeitvergleich),
- Zahlen anderer Unternehmen der gleichen Branche, um eine Einstufung des Unternehmens innerhalb der Branche vornehmen zu können (Branchenvergleich).

Folgende Kennzahlen sind Gegenstand der Jahresabschlussanalyse[1]:

Analyse der(s):	Bilanzrelationen und Rentabilitätskennziffern	Erläuterungen, gewünschtes Verhältnis
1. Finanzlage		
a) Kapitalstruktur des Betriebs		
Eigenkapitalquote	$\frac{\text{Eigenkapital}}{\text{Bilanzsumme}} \cdot 100$	Gibt Auskunft darüber, ob das Eigenkapital des Unternehmens wirtschaftlich und unter dem Gesichtspunkt der Haftung als ausreichend angesehen werden kann. Je größer die Eigenkapitalquote (hoher Prozentsatz), desto günstiger wird aufgrund der Haftungsfunktion des Eigenkapitals die Kreditwürdigkeit beurteilt.
Fremdkapitalquote	$\frac{\text{Fremdkapital}}{\text{Bilanzsumme}} \cdot 100$	Gibt Auskunft darüber, inwieweit das Unternehmen von Gläubigern abhängig ist. Nach der „goldenen Finanzierungsregel" soll die Fremdkapitalquote nicht mehr als 50 % betragen. Das lässt sich aber nicht schematisch auf alle Branchen anwenden. Bei Betrieben mit hohem Anlagevermögen (z. B. Schwerindustrie, Chemie) wird häufig das Fremdkapital das Eigenkapital übersteigen (Fremdkapitalquote über 50 %). **Leitsatz:** ▪ Je mehr das Eigenkapital das Fremdkapital übersteigt, desto solider und sicherer ist das Unternehmen.
b) Vermögensstruktur des Betriebs (Anlagenquote)	$\frac{\text{Anlagevermögen}}{\text{Bilanzsumme}} \cdot 100$	Der Prozentsatz gibt Auskunft über die Anlageintensität und somit über den branchentypischen Aufbau eines Unternehmens. Er lässt erkennen, wie das Kapital verwendet wurde. Liegt der Prozentsatz über 50, so ist das Anlagevermögen größer als das Umlaufvermögen. Der Prozentsatz schwankt von Wirtschaftszweig zu Wirtschaftszweig. So wird in einem Elektrizitätswerk das Anlagevermögen sehr hoch sein (im Gegensatz zu einem Handelsbetrieb). Der Prozentsatz gibt auch Auskunft über die Fixkostenintensität des Unternehmens. Bei geringer Kapazitätsauslastung steigen bei einem hohen anlagebedingten Fixkostenblock die Stückkosten. **Leitsatz:** ▪ Je größer die Anlagenquote ist, desto geringer ist die Anpassungsfähigkeit des Unternehmens an den technischen Fortschritt sowie konjunkturelle und strukturelle Veränderungen.
c) Kapital-Vermögensstruktur (Investierung) Anlagendeckungsgrad 1 Anlagendeckungsgrad 2	$\frac{\text{Eigenkapital}}{\text{Anlagevermögen}} \cdot 100$ $\frac{\text{EK + langfr. FK}}{\text{Anlagevermögen}} \cdot 100$	Grundsätzlich sollte das Anlagevermögen (AV), insbesondere bei anlageintensiven Unternehmen, durch Eigenkapital (EK) finanziert sein, da es langfristig im Betrieb gebunden ist (goldene Bilanzregel). Der Prozentsatz sollte 100 betragen. Es kann aber auch noch langfristiges Fremdkapital (FK) herangezogen werden. Hierbei sollen EK und langfristiges FK das AV um etwa $^1/_3$ übersteigen, damit aus den langfristigen Mitteln noch ein Teil des Umlaufvermögens (UV) mitfinanziert werden kann (Prozentsatz $\sim$ 133). **Leitsätze:** ▪ Je mehr das AV durch EK gedeckt ist, umso richtiger ist die Kapitalverwendung (Investierung). ▪ Je mehr das UV durch FK gedeckt ist, umso richtiger ist die Kapitalverwendung.

1 Die im Folgenden angegebenen Kennziffern und Rentabilitäts-Kennzahlen sind abgestimmt mit der Formelsammlung für die schriftliche Abschlussprüfung im Ausbildungsberuf „Bankkaufmann/Bankkauffrau".

<table>
<tr><th>Analyse der(s):</th><th>Bilanzrelationen und Rentabilitätskennziffern</th><th>Erläuterungen, gewünschtes Verhältnis</th></tr>
<tr><td>d) Liquidität des Betriebs</td><td>Barliquidität:
$\frac{\text{liquide Mittel 1. Grades}}{\text{kurzfr. Verbindlichk.}} \cdot 100$

Einzugsbedingte Liquidität:
$\frac{\text{liquide Mittel 1. + 2. Grades}}{\text{kurzfr. Verbindlichk.}} \cdot 100$

Umsatzbedingte Liquidität:
$\frac{\text{liquide Mittel 1., 2. + 3. Grades}}{\text{kurzfr. Verbindlichk.}} \cdot 100$</td><td>Die Kennziffer „Liquidität“ drückt die Zahlungsfähigkeit des Betriebs aus. Es wird dem Umlaufvermögen das kurzfristige Fremdkapital gegenübergestellt. In dieser allgemeinen Formulierung ist diese Kennziffer allerdings nicht aussagefähig. Sowohl das Umlaufvermögen wie auch das kurzfristige Fremdkapital müssen aufgegliedert werden.
<table>
<tr><th>Aktiva</th><th>Passiva</th></tr>
<tr><td>Umlaufvermögen:
Liquide Mittel 1. Grades:
Kassenbestand
Bankguthaben
Schecks
Liquide Mittel 2. Grades:
Forderungen aus Lieferungen und Leistungen
Liquide Mittel 3. Grades:
Vorräte</td><td>kurzfr. Verbindlichkeiten</td></tr>
</table>
Das Verhältnis Umlaufvermögen zu den kurzfristigen Verbindlichkeiten (Liquiditätsprüfung) macht eine Aussage über die Fähigkeit des Unternehmens, kurzfristige Zahlungsverpflichtungen zu erfüllen. Beim Vergleich der kurzfristigen Verbindlichkeiten mit den liquiden Mitteln 1. bzw. 2. Grades wird sich in der Regel ergeben, dass die Verbindlichkeiten höher sind, was schließlich in vielen Fällen der Grund zur Aufnahme eines Bankkredits ist. Die liquiden Vermögensteile 1., 2. und 3. Grades (Umlaufvermögen) zusammengenommen müssen aber auf alle Fälle merklich größer sein als die kurzfristigen Verbindlichkeiten, wenn ein Bankkredit vertretbar sein soll.

Diese Liquiditätszahlen geben nur das durchschnittliche Deckungsverhältnis an. Die Bilanzzahlen sagen über die tatsächliche Fälligkeit der Verbindlichkeiten und des Zahlungseingangs der Forderungen nichts aus. Es bleibt offen, ob die Zahlungsbereitschaft tatsächlich gewährleistet ist. Hier wäre eine Betrachtung der Finanzbewegungen unerlässlich.

Leitsatz:
■ Je mehr die flüssigen Mittel die kurzfristigen Verbindlichkeiten decken, umso liquider ist das Unternehmen.</td></tr>
<tr><td>2. Erfolgslage</td><td></td><td></td></tr>
<tr><td>Rentabilität des Betriebs:
– Eigenkapitalrentabilität</td><td>$\frac{\text{Betriebsergebnis}}{\text{Eigenkapital[1]}} \cdot 100$</td><td>Die Rentabilitätsanalyse bringt die Effizienz der Kapitalverwendung zum Ausdruck. Sie ist damit Maßstab für den Erfolg des Betriebs.</td></tr>
<tr><td>– Gesamtkapitalrentabilität</td><td>$\frac{\text{Betriebsergebnis + Zinsaufwendungen}}{\text{Bilanzsumme[1]}} \cdot 100$</td><td>Die Gesamtkapitalrentabilität gibt im Gegensatz zur Eigenkapitalrentabilität an, ob die Aufnahme von Fremdkapital lohnend ist. Dies ist so lange der Fall, wie der Fremdkapitalzinsfuß unter der Gesamtkapitalrentabilität liegt. Da in diesem Fall die Investitionserträge höher sind als die Fremdkapitalkosten, wird bei unverändertem Eigenkapital die Eigenkapitalrentabilität erhöht (Leverage-Effekt der Finanzierung).</td></tr>
<tr><td>– Umsatzrentabilität</td><td>$\frac{\text{Betriebsergebnis}}{\text{Umsatzerlöse}} \cdot 100$</td><td>Die Umsatzrentabilität zeigt den prozentualen Anteil des Jahreserfolgs an den Umsatzerlösen.</td></tr>
</table>

1 zum Jahresende.

Analyse der(s):	Bilanzrelationen und Rentabilitätskennziffern	Erläuterungen, gewünschtes Verhältnis
– Cashflow-Rate	$\frac{\text{Cashflow}}{\text{Umsatzerlöse}} \cdot 100$	Die Cashflow-Rate gibt an, in welchem Umfang das Unternehmen in der Lage ist, liquide Mittel aus eigener Kraft am Markt zu erwirtschaften. (Wie viel Prozent der Umsatzerlöse sind als Liquidität im Unternehmen geblieben und stehen zur Finanzierung von Investitionen, zur Rückzahlung von Verbindlichkeiten und zur Gewinnausschüttung zur Verfügung?)
– Cashflow-Gesamtkapitalrentabilität	$\frac{\text{Cashflow}}{\text{durchschnittlich einges. Kapital}} \cdot 100$	Sie gibt den Umfang der Mittel an, die das durchschnittlich eingesetzte Kapital dem Unternehmen zur eigenen Kapitalerhöhung und damit für Investitionen zur Verfügung stellte.
Der **Cashflow** ist der Nettozufluss an liquiden Mitteln, den ein Unternehmen innerhalb einer Rechnungsperiode regelmäßig aus den Umsatzerlösen erwirtschaften kann. Er macht Aussagen über die Finanzierungsfähigkeit des Unternehmens aus eigener Kraft (Selbstfinanzierungskraft des Unternehmens). Cashflow = Betriebsergebnis + planmäßige Abschreibungen auf Sachanlagen + Zuführung zu den langfristigen Rückstellungen. Je größer der Cashflow, desto größer sind die Ertragskraft und der Finanzierungsspielraum (Investitions- und Schuldentilgungskraft) der Unternehmung. Der Cashflow korrigiert das Betriebsergebnis um Beträge, die zwar erfolgswirksam sind, aber keinen Kapitalabfluss bedeuten (planmäßige Abschreibungen auf Sachanlagen und Zuführung zu den langfristigen Rückstellungen). Diese Positionen werden dem Betriebsergebnis hinzugerechnet.		

Als ergänzende Kennzahlen können die Umschlagshäufigkeit der Forderungen und Verbindlichkeiten, die Lagerumschlagshäufigkeit, die Lagerdauer und die Prüfung der Beschäftigungslage herangezogen werden.

LS 3

Kreditorenziel (Lieferantenziel)	Durchschnittliches Kreditorenziel in Tagen: $\frac{\text{Verbindl. a. L. u. L. zum Jahresende} \cdot 365}{\text{Materialaufwand}}$	Diese Kennziffer sagt aus, wie viele Tage Lieferantenziel das Unternehmen im Geschäftsjahr in Anspruch genommen hat, d. h. nach wie viel Tagen die Rechnungen vom Unternehmen durchschnittlich bezahlt wurden. Diese Kennzahl dient zur Liquiditätsbeurteilung.
Debitorenziel (Kundenziel)	Durchschnittliches Debitorenziel in Tagen: $\frac{\text{Ford. a. L. u. L. zum Jahresende} \cdot 365}{\text{Umsatzerlöse}}$	Diese Kennziffer zeigt die durchschnittliche Zahlungsdauer der Kunden des Unternehmens (Schuldner, Debitoren) auf, d. h. nach wie vielen Tagen die Rechnungen durch Kunden des Unternehmens durchschnittlich bezahlt wurden. Diese Kennziffer ist wichtig für die Beurteilung der Liquidität des Unternehmens.
Lagermesszahlen	– Umschlagshäufigkeit: Wareneinsatz[1] : durchschnittlicher Lagerbestand – Durchschnittliche Lagerdauer in Tagen: 365 Tage : Umschlagshäufigkeit – Lagerumschlagsdauer in Tagen: (Vorräte : Wareneinsatz) · 365	Diese Kennzahlen werden zur Beurteilung der Liquidität ermittelt. Je öfter das Lager umgeschlagen wurde, desto höher sind die Umsatzerlöse und desto höher ist die Liquidität des Unternehmens.

1 Wareneinsatz = Warenanfangsbestand + Wareneinkäufe – Warenendbestand.

Beispiel zur Jahresabschlussanalyse:

Die Intex AG beantragt die Einräumung eines Betriebsmittelkredits in Höhe von 300 000,00 €. Das Unternehmen legt folgende Bilanzen und GuV-Rechnungen vor:

Bilanz der Intex AG zum 31. Dezember 20..

Aktiva	Berichtsjahr T€	Vorjahr T€
A. Anlagevermögen		
1. Sachanlagen	700	500
2. Finanzanlagen	400	330
B. Umlaufvermögen		
I. Vorräte		
1. Roh-, Hilfs- und Betriebsstoffe	350	371
2. Unfertige Erzeugnisse	120	130
3. Fertige Erzeugnisse und Waren	140	170
II. Forderungen und sonstige Vermögensgegenstände		
1. Forderungen aus Lieferungen und Leistungen	357	368
2. Sonstige Vermögensgegenstände	13	14
III. Schecks, Kassenbestand, Bundesbankguthaben, Guthaben bei Kreditinstituten	12	10
C. Rechnungsabgrenzung	8	7
Bilanzsumme	2 100	1 900

Passiva	Berichtsjahr T€	Vorjahr T€
A. Eigenkapital		
I. Gezeichnetes Kapital	800	800
II. Kapitalrücklagen	10	10
III. Gewinnrücklagen	130	70
IV. Bilanzgewinn	140	90
B. Sonderposten mit Rücklageanteil	–	–
C. Rückstellungen		
I. Rückstellungen für Pensionen (mittel- und langfristig)	240	200
II. Sonstige Rückstellungen (kurzfristig)	90	100
D. Verbindlichkeiten a. Lieferungen u. Leistungen (kurzfristig)	690	630
Bilanzsumme	2 100	1 900

Von den Pensionsrückstellungen sind 120 T€ im Berichtsjahr und 100 T€ im Vorjahr langfristige Verbindlichkeiten.

In den letzten 5 Jahren durchschnittlich eingesetztes Gesamtkapital = 2 000 T€. Im Berichtsjahr wurden 40 T€, im Vorjahr 10 T€ den langfristigen Rückstellungen zugeführt.

Die Zinsaufwendungen des Berichtsjahrs betragen 14 T€, die des Vorjahrs 12 T€.

Gewinn- und Verlustrechnung der Intex AG zum 31. Dezember 20..		Berichtsjahr T€	Vorjahr T€
	Umsatzerlöse (netto)	1 800	1 500
+/–	Bestandsveränderungen an fert. u. unfert. Erzeugnissen	+ 5	+ 10
+	Andere aktivierte Eigenleistungen	0	0
+	Sonstige betriebliche Erträge	+ 15	+ 12
–	Materialaufwand	– 300	– 230
–	Personalaufwand	– 540	– 490
–	Planmäßige Abschreibungen auf Sachanlagen	– 350	– 300
–	Sonstige betriebliche Aufwendungen	– 350	– 332
=	Betriebsergebnis	280	170

Anhang: Der Bilanzgewinn wird zur Gewinnausschüttung vorgeschlagen. Er ist als kurzfristiges Fremdkapital anzusehen.

BEURTEILUNG DER BILANZ UND DER GUV-RECHNUNG:

1. Finanzlage:

a) Kapitalstruktur:

$$\text{Eigenkapitalquote} = \frac{\text{Eigenkapital}}{\text{Bilanzsumme}} \cdot 100$$

$$\text{Fremdkapitalquote} = \frac{\text{Fremdkapital}}{\text{Bilanzsumme}} \cdot 100$$

Den eigenen Mitteln von 940 T€ (Vorjahr 880 T€) stehen 1 160 T€ (Vorjahr 1 020 T€) fremde Mittel gegenüber. Die Fremdkapitalquote beträgt 55,24 % (Vorjahr 53,68 %). Die Eigenkapitalquote des Unternehmens macht 44,76 % aus (Vorjahr 46,32 %). Die Eigenkapitalquote der Branche liegt bei 30 %. Die Kapitalstruktur ist sehr gut. Fast die Hälfte des Kapitals ist voraushaftendes Kapital.

b) Vermögenstruktur:

$$\frac{\text{Anlagevermögen}}{\text{Bilanzsumme}} \cdot 100$$

1 100 T€ (Vorjahr 830 T€) Anlagevermögen stehen 2 100 T€ (Vorjahr 1 900 T€) Bilanzsumme gegenüber. Die Anlagenquote beträgt 52,4 % (Vorjahr 43,7 %). Dieses Verhältnis gilt in der Branche als angemessen.

c) Kapital-Vermögensstruktur: Finanzierung des Anlagevermögens

$$\text{Anlagendeckungsgrad 1} = \frac{\text{Eigenkapital}}{\text{Anlagevermögen}} \cdot 100 = \frac{940}{1\,100} \cdot 100$$

$$= 85{,}5\,\% \text{ (Vorjahr } 106{,}0\,\%)$$

$$\text{Anlagendeckungsgrad 2} = \frac{\text{Eigenkapital + langfr. Fremdkapital}}{\text{Anlagevermögen}} \cdot 100$$

$$= \frac{940 + 120}{1\,100} \cdot 100 = 96{,}4\,\% \text{ (Vorjahr } 118{,}1\,\%)$$

Der Anlagendeckungsgrad hat sich zwar gegenüber dem Vorjahr verschlechtert, das Anlagevermögen ist aber durchaus noch durch Eigenkapital und langfristiges Fremdkapital finanziert. Die Kapitalverwendung ist in Ordnung.

d) Liquiditätsprüfung

Den kurzfristigen Verbindlichkeiten in Höhe von 920 T€ (Vorjahr 820 T€) stehen an liquiden Vermögensteilen 1. Grades nur 12 T€ (Vorjahr 10 T€) gegenüber. Hier ergibt sich ein Fehlbetrag. Unter Hinzunahme der liquiden Mittel 2. und 3. Grades ergibt sich aber ein Überschuss von 992 T€ – 920 T€ = 72 T€ (Vorjahr: 1 063 T€ – 820 T€ = 243 T€).

$$\text{Umsatzbedingte Liquidität} = \frac{\text{Umlaufvermögen}}{\text{kurzfristige Verbindlichkeiten}} \cdot 100 = \frac{992}{920} \cdot 100 = 107{,}8\,\%$$

$$\left(\text{Vorjahr: } \frac{1\,063}{820} \cdot 100 = 129{,}6\,\%\right)$$

Die Liquidität des Betriebs ist ebenso wie die Kapital- und Vermögensstruktur in Ordnung. Die liquiden Mittel 1., 2. und 3. Grades decken die kurzfristigen Verbindlichkeiten voll ab.

2. **Erfolgslage:**

Dem Bilanzgewinn von 140 T€ (Vorjahr 90 T€) steht ein Aktienkapital von 800 T€ gegenüber. Abschreibungen sind in Höhe von 350 T€ (Vorjahr 300 T€) gemacht worden, was im Verhältnis zum Anlagekapital von 700 T€ (Vorjahr 500 T€) als sehr hoch erscheint. Es lässt die Vermutung zu, dass der Betrieb hohe stille Reserven bildet. Unter Berücksichtigung der hohen Abschreibungen ist die Erfolgslage des Betriebs als gut zu bezeichnen.

$$\text{Eigenkapitalrentabilität} = \frac{\text{Betriebsergebnis} \cdot 100}{\text{Eigenkapital am Ende des Jahres}} = \frac{280 \cdot 100}{940} = 29{,}79\,\%$$

$$\left(\text{Vorjahr: } \frac{170 \cdot 100}{880} = 19{,}32\,\%\right)$$

$$\text{Gesamtkapitalrentabilität} = \frac{(\text{Betriebsergebnis} + \text{Zinsaufwendungen}) \cdot 100}{\text{Bilanzsumme am Ende des Jahres}} = \frac{(280 + 14) \cdot 100}{2\,100} = 14{,}00\,\%$$

$$\left(\text{Vorjahr: } \frac{(170 + 12) \cdot 100}{1\,900} = 9{,}58\,\%\right)$$

$$\text{Cashflow-Gesamtkapitalrentabilität} = \frac{\text{Cashflow}}{\text{durchschn. einges. Gesamtkapital}} \cdot 100$$

$= 280 + 350 + 40 = 670$ $\qquad \frac{670}{2\,000} \cdot 100 = 33{,}5\,\%$

(Vorjahr: $170 + 300 + 10 = 480$ $\qquad \frac{480}{2\,000} \cdot 100 = 24{,}0\,\%$)

Eigenkapital- und Gesamtkapitalrentabilität haben sich gegenüber dem Vorjahr deutlich verbessert. Verglichen mit den Rentabilitätskennziffern der Branche sind diese Zahlen als ausreichend zu bewerten. Die Gesamtkapitalrentabilität liegt über dem Kapitalmarktzins. Es lohnt sich für das Unternehmen Fremdkapital aufzunehmen, da dadurch die Eigenkapitalrentabilität noch weiter erhöht werden kann (Leverage-Effekt der Finanzierung). Die Finanzierungsfähigkeit des Unternehmens aus eigener Kraft hat sich gegenüber dem Vorjahr erhöht. Der Umfang der Mittel, die das eingesetzte Kapital dem Unternehmen für Investitionen zur Verfügung stellte, ist gestiegen.

Urteil:

Aufgrund der wirtschaftlichen und finanziellen Lage des Unternehmens könnte der Kredit von 300 000,00 € bedenkenlos gegeben werden. Als Absicherung des Kredits käme die Zession von Forderungen aus Lieferungen und Leistungen in Betracht. Auch an eine Sicherungsübereignung von Maschinen könnte gedacht werden.

(Zur besseren Beurteilung der Geschäftssituation müssten noch weitere Bilanzen herangezogen werden, außerdem der Kontoumsatz des Kunden – es handelt sich um ein langjähriges Geschäftsverhältnis.)

21.4.2.2 Qualitative Ratingkriterien[1]

Die Kennzahlen der Jahresabschlussanalyse sind vergangenheits- und stichtagbezogen. Sie sind nur beschränkt aussagefähig, da die allgemeine Marktsituation des Unternehmens nicht berücksichtigt wird, die allgemeinen Konjunkturzyklen der Wirtschaft unbeachtet bleiben und der Lebenszyklus eines Produkts keine Beachtung findet.

Bei der Beurteilung der qualitativen Kriterien stehen die Markt-, Zukunfts- und internen Aspekte des Unternehmens im Vordergrund. Die Integration von qualitativen Elementen verbessert die Fähigkeit der Früherkennung von Risiken.

- **Managementqualitäten.** Die Beurteilung der Managementqualitäten spielt beim Rating eine wichtige Rolle. Führungseigenschaften wie Zielstrebigkeit, Durchsetzungsvermögen, straffe Unternehmensführung und Entscheidungsfreudigkeit werden hier genauso überprüft wie die Konzentration des Managements auf die wichtigen Aufgaben. Eine grundlegende Information für die Bank sind Alter, Familienstand, Ausbildung, Branchen- und Facherfahrung. Das Vorhandensein von Unternehmenskonzept und -strategie ist ebenfalls bonitätsbeeinflussend.
- **Rechnungswesen und Controlling.** Das Rechnungswesen, das schon beim quantitativen Rating berücksichtigt wurde, wird hier nochmals bewertet. Für Kreditentscheidungen ist es relevant, dass ein aussagefähiges Rechnungswesen nicht nur die Vergangenheit und Gegenwart analysiert, sondern auch über die Planung den zukünftigen Markt erfasst.

  Beim Controlling werden Informationen aus allen betrieblichen Bereichen gesammelt. Der Controller hilft bei der Erarbeitung von Unternehmenszielen, erstellt Planungen, analysiert Abweichungen und macht der Geschäftsleitung Vorschläge zur Steuerung.
- **Anlage und Systeme.** Die Modernität und Produktivität der technischen Anlagen, die Betriebs- und Geschäftsausstattung und die Qualität des EDV-Systems etc. sind entscheidend für den Wettbewerbserfolg des Unternehmens. Eine gute technische Ausrüstung sichert die Leistungsfähigkeit. Untersucht wird insbesondere, ob Prozessabläufe und Produktionsverfahren dem technischen Stand entsprechen.
- **Personal und Organisation.** Gutes und motiviertes Personal ist einer der wichtigsten Erfolgsfaktoren des Unternehmens. Indikatoren für Personalprobleme können hohe Fluktuation, verminderte Leistungsbereitschaft, schlechtes Betriebsklima u.a. sein. Personalführung und das Einsetzen von personalwirtschaftlichen Instrumenten wie Personalbedarfsplanung und -einsatzplanung sind deshalb bonitätsbeeinflussend. Aus- und Fortbildungsplanung stellen sicher, dass gut geschultes Personal zur Verfügung steht.
- **Markt, Produkt, Branche.** Im Rahmen des qualitativen Ratings wird die Stellung des Unternehmens im relevanten Markt analysiert. Risikofaktoren können falsche Produkte, schrumpfende Märkte, starker Konkurrenzdruck, Produkte am Ende ihres Lebenszyklus etc. sein.

Ein weiterer Teilbereich dieses qualitativen Ratings ist die Berücksichtigung von Länderrisiken, wenn das Unternehmen nicht in Deutschland, sondern im Ausland ansässig ist.

Der qualitative Bereich wird gewöhnlich anhand von strukturierten Fragen mit vorgegebenen Antwortmöglichkeiten bearbeitet, das Ergebnis wird ebenfalls rechnergestützt zu einer Kennzahl verdichtet.

1 In Anlehnung an: Bonitz/Ostermann (Hrsg.); Handbuch zur Ratingvorbereitung und Ratingverbesserung, Wien 2004.

21.5 Kreditarten

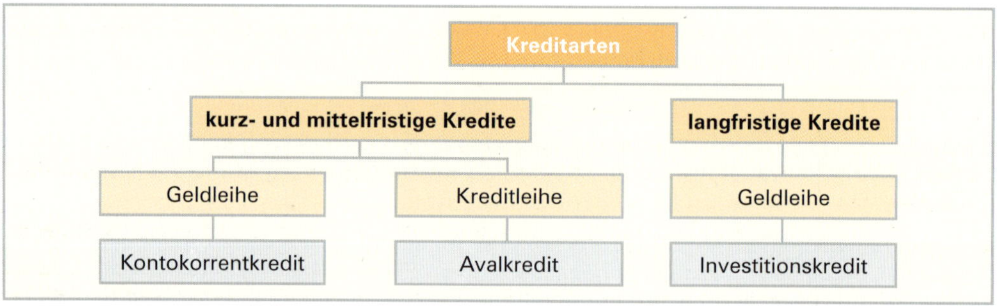

21.5.1 Der Kontokorrentkredit

LS 4

Wesen. Der Kontokorrentkredit ist die am meisten verbreitete Form des kurzfristigen Geschäftskredits. Hierbei wird mit dem Kunden eine Kreditgrenze vereinbart, bis zu der er sein laufendes Konto (Kontokorrent) überziehen darf. Der Kreditnehmer kann also die Inanspruchnahme des Kredits ganz seinem jeweiligen Kreditbedarf anpassen. Da in der Regel der gesamte Zahlungsverkehr des Kunden über das Kontokorrent läuft, weist dieses einen laufend veränderten Sollbestand auf und kann zeitweise sogar kreditorisch werden. Daraus ergibt sich für den Kreditnehmer eine merkliche Zinsersparnis, da die Kreditkosten nur von den jeweiligen Sollsalden berechnet werden.

Der Kontokorrentkredit kann zeitlich begrenzt oder bis zur Kündigung in Anspruch genommen werden. Er ist formal kurzfristig bzw. kurzfristig kündbar, kann aber durch ständige Prolongationen über längere Zeiträume laufen. Der Kontokorrentkredit gehört zu den Geldleihgeschäften der Bank, d. h., die Bank stellt dem Kreditnehmer Geld bereit.

Trotz ihres formal und juristisch kurzfristigen Charakters laufen Kontokorrentkredite meist über viele Jahre, wenn sie nicht von der Bank aufgrund wesentlicher Verschlechterungen in der Situation des Kreditnehmers gekündigt werden. Sie werden ständig stillschweigend oder ausdrücklich prolongiert. Bei vielen Kontokorrentkrediten ist es den Banken auch gar nicht möglich, diese kurzfristig zu kündigen, ohne ihre Kreditnehmer in Liquiditätsschwierigkeiten zu bringen und den Kredit eventuell selbst zu gefährden („eingefrorene" Kontokorrentkredite).

Rechtsgrundlagen. Rechtliche Grundlagen für den Kontokorrentkredit sind:

- der Kreditvertrag einschließlich der allgemeinen Geschäftsbedingungen,
- die BGB-Bestimmungen über den Darlehensvertrag,
- die HGB-Vorschriften über das Kontokorrent.

Für die Einräumung eines Kontokorrentkredits gelten zunächst die im Einzelfall im Kreditvertrag getroffenen Vereinbarungen (z. B. Bestimmungen über die Verwendung des Kredits, Erfüllung bestimmter Auflagen usw.) und die generell in den allgemeinen
Nr. 13/19 AGB Geschäftsbedingungen (AGB) vorgesehenen Bestimmungen, besonders im Hinblick auf die Notwendigkeit, den Kredit sofort fällig stellen oder eine Besicherung oder deren Verstärkung verlangen zu können.

Wenn im Einzelfall in bestimmten Punkten keine besonderen vertraglichen Vereinbarungen
§ 488 BGB gen vorliegen und auch die AGB hierzu nichts aussagen, gelten die BGB-Bestimmungen über das Darlehen. Für den Kontokorrentkredit kommen außerdem noch die Vorschriften des Handelsgesetzbuchs über das Kontokorrent hinzu, die die Bank und ihren Kunden

berechtigen, die aus der Geschäftsverbindung entspringenden beiderseitigen Ansprüche und Leistungen in Rechnung zu stellen und den daraus herrührenden Saldo in regelmäßigen Zeitabständen festzustellen und auszugleichen. Unter diesen Voraussetzungen kann derjenige Partner, dem der Kapitalüberschuss zusteht, vom Tage des Abschlusses an Zinsen von dem Überschuss verlangen. §§ 355 ff. HGB

Arten des Kontokorrentkredits (nach der Verwendung)	
Betriebs-mittel- oder Umsatzkredit	Kredit zwecks Finanzierung der Produktion und des Warenumschlags, z. B. zur ■ Vergrößerung des Warenlagers zwecks Ausnutzung günstiger Einkaufspreise, ■ Ausweitung der Produktion in Erwartung einer günstigen Konjunktur. Aus den Verkaufserlösen wird der Kredit zurückgezahlt. Er liquidiert sich damit selbst.
Saisonkredit	Kredit für Betriebe saisonabhängiger Branchen (Spielwarenbranche: Weihnachtsgeschäft; Konserven-, Fruchtsaftindustrie) zwecks Überbrückung saisonbedingter Engpässe in der Finanzierung. Er ist nach der „Verkaufswelle" wieder abzudecken, um eventuell zur folgenden „Produktions- oder Erntewelle" wieder aufgenommen zu werden.
Zwischen-kredit	Kredit zwecks kurzfristiger Zwischenfinanzierung, die später durch ein langfristiges Darlehen abgelöst wird (Finanzierung von Bauobjekten, nach deren Fertigstellung ein langfristiges Darlehen an die Stelle des kurzfristigen Kredits tritt). Zum Beispiel soll die Zeit bis zum Fälligwerden eines Bausparvertrags überbrückt werden.
Überziehungs-kredit	Kredit zur Überbrückung vorübergehender Liquiditätsanspannungen, z. B. zur ■ Skontoausnutzung bei Liefererrechnungen, ■ Überbrückung von Steuerterminen. Der Kontoinhaber überzieht ohne Absprache mit dem Kreditinstitut sein Konto oder sein Kreditlimit.

Banktechnische Abwicklung. Die vereinbarte Kreditgrenze wird in die EDV eingegeben bzw. in den Kontoführungsunterlagen vermerkt. Das Konto darf dann in Höhe des bewilligten Kredits überzogen werden, der jeweilige Sollsaldo gibt Aufschluss über die tatsächliche Inanspruchnahme des Kredits.

Bei Kontokorrentkrediten kann der Kreditbetrag auch einem Kreditsonderkonto belastet und dem laufenden Konto des Kunden gutgeschrieben werden, sodass auf dem laufenden Konto ein gleich hohes Guthaben entsteht. Beträge, die der Abdeckung des Kredits dienen, müssen über das Kreditsonderkonto gebucht werden.

Bedeutung des Kontokorrentkredits	
für den Kunden	**für das Kreditinstitut**
■ Inanspruchnahme des Kredits entsprechend dem jeweiligen Kapitalbedarf. Er kann den Erfordernissen entsprechend in Anspruch genommen und wieder abgedeckt werden. ■ Kreditzinsen werden nur vom jeweiligen Sollsaldo berechnet, dadurch Kostenersparnis. ■ Vielfache Verwendungsmöglichkeit des Kredits im Betrieb, z. B. Finanzierung von Produktion, Warenumschlag, Überbrückung von zeitweiligen Liquiditätsanspannungen, saisonbedingten Engpässen. ■ Kredit steht bei gegebener Kreditwürdigkeit durch ständige Prolongationen meist über viele Jahre zur Verfügung.	■ Anlagemöglichkeit für freie liquide Mittel, insbesondere Sicht- und Termineinlagen. ■ Durch Kontoführung genaues Bild über Wirtschaftslage und Zuverlässigkeit des Kunden. ■ Gute Erträge durch Sollzinsen, Provisionen und Nebeneinnahmen.

Kreditkosten. Die Kostengestaltung ist den Kreditinstituten freigestellt. So bestimmt Nr. 12 Abs. 2 der allgemeinen Geschäftsbedingungen: „Außerhalb des Privatkundengeschäfts bestimmt die Bank, wenn keine andere Vereinbarung getroffen wurde und gesetzliche Bestimmungen dem nicht entgegenstehen, die Höhe von Zinsen und Entgelten nach billigem Ermessen (§ 315 des Bürgerlichen Gesetzbuches)."

Die **Höhe der Kreditkosten** kann somit zwischen Kunden und Kreditinstituten frei vereinbart werden. Sie wird von verschiedenen Einflussgrößen bestimmt:

- Von der Marktlage, d.h. vom Wettbewerb der Banken untereinander.
- Von der Kostensituation. Für Kreditinstitute gibt es bei den Sollzinsen eine untere Grenze, die u.a. von den Refinanzierungskosten (z.B. Zinssatz für Spareinlagen) für die neu auszugebenden Kredite, der Bedarfskostenspanne und der Rentabilitätssituation der ausgelegten Kredite abhängig ist.
- Von der jeweiligen Verhandlungsmacht der Vertragspartner.
- Von der Risikoklasse des Kreditnehmers.

Die Kosten für einen Kontokorrentkredit können sich aus verschiedenen Komponenten zusammensetzen:

- Sollzinsen,
- Kreditprovision,
- Überziehungsprovision,
- Grundpreis für die Kontoführung,
- Entgelte für Buchungsposten,
- Entgelte für Kontoauszüge,
- Portoauslagen.

Sollzinsen und Kreditprovision. Für die Berechnung der Sollzinsen und der Kreditprovision können unterschiedliche Verfahren angewendet werden:

- Berechnung eines Nettosatzes, mit dem Sollzinsen und Kreditprovision (Bereitstellungsprovision) abgegolten werden.
- Gesonderte Berechnung einer Kreditprovision (Bereitstellungsprovision) neben den Sollzinsen.

Überziehungsprovision (Überziehungszinsen). Die Überziehungsprovision kommt dann zur Anwendung, wenn der Kunde ohne vorherige Krediteinräumung sein Konto überzieht bzw. seine ihm eingeräumte Kreditgrenze überschreitet. Die Überziehungsprovision beträgt im Normalfall 1,5 %–3 % p.a.; sie wird neben den Sollzinsen in Rechnung gestellt.

Die **Abrechnung** der Zinsen, Provisionen und Gebühren erfolgt monatlich. Der Kunde erhält eine Aufstellung über die in Rechnung gestellten Kosten (Rechnungsabschluss) und einen Kontoauszug, aus dem der neue Saldo nach Buchung der Abschlusszahlen ersichtlich ist.

Einwendungen wegen Unrichtigkeit oder Unvollständigkeit des Rechnungsabschlusses hat der Kunde spätestens vor Ablauf von sechs Wochen nach dessen Zugang zu erheben (Nr. 7 (2) AGB Banken; Nr. 7.3 AGB Sparkassen).

LS 5

21.5.2 Der Avalkredit

Wesen. Beim Avalkredit übernimmt eine Bank für ihren Kunden eine Bürgschaft oder eine Garantie. Avalkredite in der Form der Garantie werden hauptsächlich im Auslandsgeschäft gewählt.

Mit der Übernahme einer **Bürgschaft** verpflichtet sich das Kreditinstitut, für die Erfüllung der Verbindlichkeit des Kreditnehmers gegenüber einem Dritten einzustehen. Die Leistungspflicht des Kreditinstituts ist vom Bestehen und Umfang der verbürgten Forderung abhängig.

Mit der Stellung einer **Garantie** verpflichtet sich das Kreditinstitut, für einen bestimmten künftigen Erfolg einzustehen oder die Gewähr für einen künftigen, noch nicht entstandenen Schaden zu übernehmen. Die Leistungspflicht des Kreditinstituts ist vom Bestehen und Umfang der zu sichernden Forderung unabhängig.

Da die Bank beim Avalkredit keine eigenen Mittel einsetzt, handelt es sich um eine Kreditleihe. Bei der Bürgschaftsübernahme haftet die Bank stets selbstschuldnerisch. Beim Avalkredit in Form einer Garantie muss die selbstschuldnerische Haftung der Bank ausdrücklich erklärt werden. Da sich die Bank für eine fremde Verbindlichkeit verbürgt, stellt sie ihr Aval nur guten Kunden mit unzweifelhafter Bonität zur Verfügung.

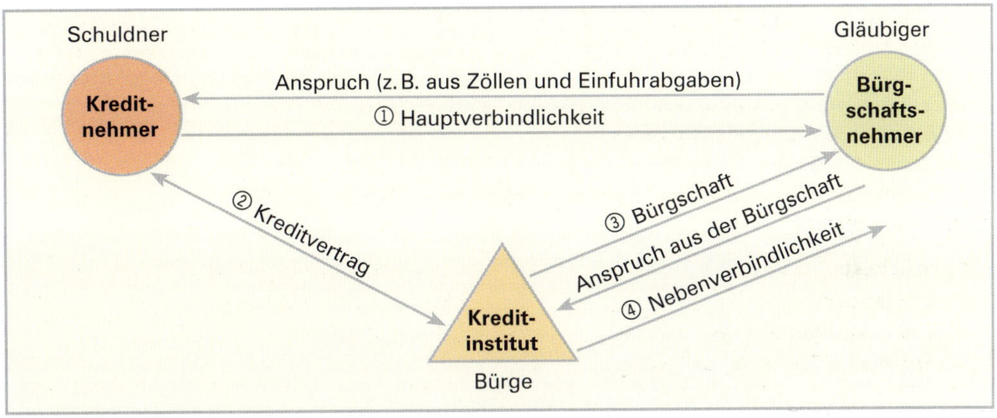

Rechtsgrundlagen. Rechtliche Grundlagen für den Avalkredit sind:

- der Kreditvertrag einschließlich der allgemeinen Geschäftsbedingungen, §§ 765–778 BGB
- die Bestimmungen des BGB und des HGB über die Bürgschaft (besondere gesetzliche Regelungen für Garantien gibt es nicht), §§ 349 – 350 HGB
- das Wechselgesetz (beim Wechselaval: Bank unterschreibt den Wechsel als Bürge).

Verwendung. Behörden wie Finanzverwaltung, Zollverwaltung verlangen bei Steuerstundungen, Zollstundungen eine Bürgschaft. Auch bei Vergabe großer Aufträge wird zur Sicherung der fristgemäßen Ausführung eine Geldhinterlegung verlangt, die durch eine Bankbürgschaft ersetzt werden kann. Zur Abwendung von Vollstreckungen im gerichtlichen Verfahren sind Bankbürgschaften ebenfalls geeignet. Die sehr häufige Anwendung des Avalkredits im Auslandsgeschäft erklärt sich aus den großen Unsicherheiten, die dieses Geschäft mit sich bringt.

Sicherheiten. Beim Avalkredit kann von einer Besicherung im Allgemeinen abgesehen werden. Falls eine Besicherung notwendig erscheint, eignen sich die im kurzfristigen Kreditgeschäft üblichen Sicherheiten.

Banktechnische Abwicklung. Die Bank gibt – nach Prüfung des Kreditantrags und Abschluss des Kreditvertrags – schriftlich eine Bürgschafts- oder Garantieerklärung ab. Diese wird dem Gläubiger des Kreditnehmers übergeben. Das Aval ist betragsmäßig und zeitlich begrenzt. Je nach Anwendungsform kann die zeitliche Dauer sehr kurz oder auch sehr lang bemessen sein. Nach Abwicklung der Zahlungsverpflichtungen des Kunden bzw. nach Beendigung der Laufzeit erlischt die Bürgschaft und die Bürgschaftserklärung wird der Bank zurückgegeben. Ebenfalls erlischt bei etwaiger Inanspruchnahme der Bank jede weitere Bürgschaftsverpflichtung aus der jeweiligen Bürgschaft. Der Avalkredit stellt für das Kreditinstitut eine Eventualverbindlichkeit dar, die in der Bilanz auf der Passivseite unter dem Bilanzstrich ausgewiesen wird.

Bei einem laufenden Avalkreditbedarf kann der Avalkredit aufgrund eines Rahmenvertrags revolvierend gewährt werden, d. h., innerhalb eines festgesetzten Avalrahmens lebt der Avalkredit am Ende der Laufzeit immer wieder auf, ohne dass ein neuer Kreditvertrag abgeschlossen werden muss.

Bei Avalkrediten **mit der Verpflichtung zur Zahlung auf erstes Anfordern** ist die Bank verpflichtet, die Bürgschaftssumme sofort auszuzahlen, wenn der Avalgläubiger den Eintritt des Bürgschaftsfalls mitteilt. Bei einem Avalkredit **ohne Verpflichtung zur Zahlung auf erstes Anfordern** muss die Bank Einwendungen des Kunden aus dem Grundgeschäft mit dem Avalgläubiger beachten. Erst nach Klärung dieser Einwendungen darf sie die Bürgschaftssumme auszahlen.

Kreditkosten. Dem Kunden wird eine Avalprovision berechnet, die in der Regel monatlich oder vierteljährlich seinem laufenden Konto belastet wird. Die Höhe richtet sich nach dem Umfang und der Laufzeit des Avals.

Aval-Arten	
Zoll- und Steueraval	Diese Avalart stellt die Steueransprüche einer Zollbehörde sicher. Importeure und Spediteure mit einem öffentlichen Zolllager lassen bei der Einfuhr von Waren in die Bundesrepublik Deutschland Zölle und Einfuhrabgaben gegen Bürgschaften ihrer Bank bis zum Weiterverkauf der Waren stunden. Die Avale werden gegenüber der Finanzverwaltung gestellt.
Holzgeld- und Branntweinmonopol-Aval	Die staatlichen Forstverwaltungen und die Bundesmonopolverwaltung für Branntwein stunden Kaufgelder für Holz bzw. für Branntwein, wenn eine Bankbürgschaft vorliegt.
Mietaval	Mieter müssen beim Einzug in das neue Mietobjekt eine Mietsicherheit (Mietkaution) beim Vermieter hinterlegen. Die Mietsicherheit kann in Form eines Mietavals der Bank des Mieters erbracht werden. Die Bank erklärt sich bereit, für die Kautionssumme zu haften.
Prozessaval	Nach erfolgtem Urteil wird durch eine Bürgschaft für den Beklagten erreicht, dass die Zwangsvollstreckung zunächst unterbleibt. Der Beklagte kann somit weitere Rechtsmittel ausschöpfen. Eine Prozessbürgschaft für den Kläger ermöglicht diesem die Durchsetzung der Zwangsvollstreckung aufgrund eines für vorläufig vollstreckbar erklärten Urteils. Wenn der Beklagte in der nächsten Instanz gewinnt, ist somit sichergestellt, dass der Kläger den eingetriebenen Betrag zurückzahlt.
Anzahlungs-, Bietungs-, Leistungs- und Lieferungsgarantie	▪ **Anzahlungsgarantie.** Die Bank garantiert hierbei i. d. R. die Rückzahlung von Anzahlungen, die ihr Kunde zur Durchführung eines Liefergeschäfts erhalten hat. Die Anzahlungsgarantie kommt aber auch vor bei Vorauszahlungen für bestimmte Dienstleistungsgeschäfte, deren Erstattung notwendig wird, wenn diese Geschäfte nicht zum Zuge kommen. ▪ **Bietungsgarantie.** Bei Ausschreibungen haftet die Bank der ausschreibenden Stelle mit einem bestimmten Betrag dafür, dass ihr Kunde bei Erhalt des Zuschlags auch die Ausführung des Auftrags übernimmt. ▪ **Leistungs-/Lieferungsgarantie.** Hier handelt es sich um die ordnungsgemäße Ausführung von Lieferkontrakten und Werksverträgen. Das Unternehmen, das eine Lieferungs- oder Leistungspflicht zu erfüllen hat, stellt seinem Auftraggeber durch sein Kreditinstitut ein Aval. (Siehe auch Garantien im Außenwirtschaftsverkehr, Kapitel 8.5.6, Band 1)

Bedeutung des Avalkredits	
für den Kunden	■ Geschäfte werden nicht immer Zug um Zug abgewickelt, sondern oft ist von einem Partner eine Vorleistung zu erbringen; die Gegenleistung kann für den Vorleistenden durch Aval einer Bank sichergestellt werden. ■ Der Avalkreditnehmer braucht liquide Mittel nicht in Anspruch zu nehmen bzw. keinen Kredit aufzunehmen, da er die Gegenleistung nicht sofort zu erbringen braucht. ■ Er spart Kosten. ■ Besondere Sicherheiten sind in der Regel nicht notwendig.
für das Kreditinstitut	■ Flüssige Mittel brauchen nicht zur Verfügung gestellt zu werden, trotzdem wird ein Ertrag erzielt. ■ Der Aufwand, der im Avalkreditgeschäft entsteht, ist gering.

21.5.3 Der Investitionskredit

LS 6

Investitionskredite sind langfristige Darlehen zur Finanzierung des betrieblichen Anlagevermögens, wie z. B. Grundstücke, Gebäude, Produktionsanlagen, Maschinen und Fahrzeuge sowie zur Beschaffung von Vorräten. Die Laufzeiten der Darlehen entsprechen meist der geplanten Nutzungsdauer des Investitionsgutes. Bei der Anschaffung der Investitionsgüter wird die Kreditsumme auf einmal ausbezahlt. Bezüglich der Tilgung werden Annuitäten-, Abzahlungs- oder Festdarlehen (siehe Kapitel 18.5.2) vereinbart. Die Rückflüsse aus der Investition sollen Zins- und Tilgungsverpflichtung abdecken.

Investitionskredite werden der gesamten Firmenkundschaft angeboten:

- Unternehmen zur Anlagenfinanzierung und für gewerbliche Bauvorhaben,
- Selbstständigen (z. B. Ärzte, Rechtsanwälte, Notare, Wirtschaftsprüfer) zur Praxisfinanzierung,
- Landwirten zur Anlagenfinanzierung.

Die Besicherung der Investitionskredite erfolgt insbesondere durch Eintragung von Grundschulden, Bürgschaften, Sicherungsübereignungen und Sicherungsabtretungen von Forderungen (Kapitel 18.8.3.2 und Kapitel 21.7).

Bedeutung des Investitionskredits	
für den Kunden	■ Die gewerbliche Wirtschaft erhält langfristiges Kapital, das der Erstellung und Erweiterung von Produktionsanlagen, von Bau- und Umbauvorhaben und der Schiffsfinanzierung dient. ■ Eine Erweiterung der Produktion und notwendige Rationalisierungs- und Modernisierungsarbeiten werden ermöglicht. Die Wettbewerbsfähigkeit steigt. ■ Der Kredit kann aus dem erwirtschafteten Ertrag zurückgezahlt werden. ■ Besonders für nicht emissionsfähige mittelständische Unternehmen ist der Investitionskredit ein Mittel der langfristigen Investitionsfinanzierung.
für das Kreditinstitut	Rentable Anlage der langfristig zur Verfügung stehenden Mittel.

Besondere Formen der gewerblichen Investitionskredite sind Schuldscheindarlehen und nachrangige Darlehen.

21.5.4 Besondere Kreditarten

(1) Das Schuldscheindarlehen

Wesen. Schuldscheindarlehen sind mittel- bis langfristige Großdarlehen, die von Kapitalsammelstellen (Lebensversicherungen, Pensionskassen, Sozialversicherungen und dgl.) häufig durch Vermittlung von Kreditinstituten an Industrieunternehmen, Kommunen, öffentliche Versorgungsträger usw. begeben werden.

Über die Aufnahme des Schuldscheindarlehens wird – wie der Name schon sagt – ein Schuldschein erteilt, der die Verpflichtung zur Verzinsung und Rückzahlung des Darlehens enthält.

Der Schuldschein ist kein Wertpapier. Der Besitz der Urkunde ist zur Geltendmachung des Rechts nicht erforderlich. Er dient zum Beweis für die Hergabe des Darlehens. In neuerer Zeit werden in zunehmendem Maße „schuldscheinlose Schuldscheindarlehen" gewährt. Der Schuldschein wird durch einen Kreditvertrag ersetzt.

Teilbeträge eines Schuldscheindarlehens können in der Regel mit einem Mindestbetrag von 50 000,00 € abgetreten werden.

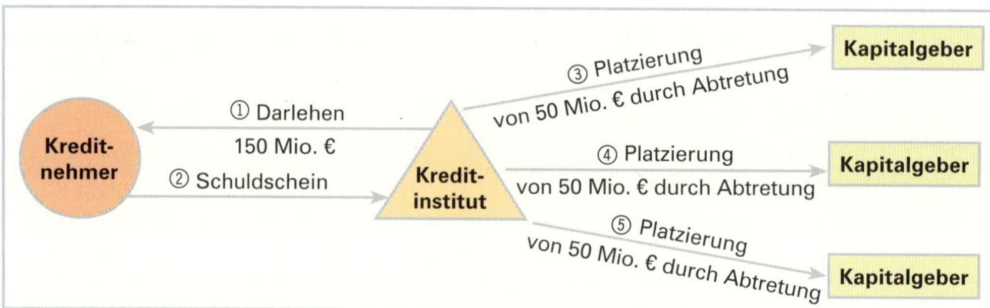

Verwendung. Schuldscheindarlehen bringen den Kreditnehmern große Beträge an langfristigem Kapital und dienen ebenso wie Anleihen der Finanzierung von Investitionen.

Sicherheit. Sie werden in der Regel durch Grundpfandrechte besichert. Wollen private Versicherungsunternehmen Schuldscheindarlehen aus Mitteln des Sicherungsvermögens erwerben, so müssen diese entweder erststellig dinglich gesichert, oder es muss eine öffentliche Bürgschaft vereinbart worden sein.

Banktechnische Abwicklung. Zwischen dem Kreditinstitut und dem Kreditnehmer wird ein langfristiger Kreditvertrag geschlossen. Das Kreditinstitut stellt dem Kreditnehmer das Darlehen – meist mehrere Millionen Euro – im eigenen Namen und für eigene Rechnung zur Verfügung und lässt sich gegebenenfalls den Schuldschein aushändigen. Durch Abtretung der Darlehensforderung (ganz oder teilweise) platziert das Kreditinstitut den Darlehensbetrag bei den Kapitalgebern. Dabei kann es auch vorkommen, dass Teilbeträge unplatziert bleiben, die das Kreditinstitut dann in den eigenen Bestand nehmen muss, bis eine endgültige Unterbringung gelingt. Unter Umständen werden Teilbeträge auch in Pension gegeben, d.h. unter der Verpflichtung zur Rücknahme auf befristete Zeit verkauft.

Kreditkosten. Die Zinsen für Schuldscheindarlehen liegen etwas höher als die für vergleichbare Anleihen (etwa $^1/_4$ % bis $^1/_2$ %), trotzdem ist das Schuldscheindarlehen gegenüber der Obligation oft kostengünstiger (Wegfall der Emissionskosten, der Kosten für Börsenzulassung, für Kurspflege, für die Einlösung von Zinsscheinen etc.). Das vermittelnde Kreditinstitut erhält eine Vermittlungsprovision (etwa $^1/_8$ bis 1 %).

(2) Nachrangige Darlehen

Nachrangige Darlehen sind einem klassischen Investitionskredit sehr ähnlich. Im Falle einer Finanzierungslücke oder bei Wachstumsvorhaben hat sich diese Finanzierungsform bewährt. Sie dient der Stärkung der Finanzkraft mittelständischer Unternehmen. Der entscheidende Unterschied ist, dass für das zur Verfügung gestellte Fremdkapital eine Nachrangigkeit vereinbart wird. Im Falle der Insolvenz des Darlehensnehmers werden zunächst alle herkömmlichen (nicht-nachrangigen) Kredite und Forderungen vollständig aus der Insolvenzmasse beglichen. Erst aus dem verbleibenden Betrag werden Nachrangdarlehen bedient, allerdings noch vor Gesellschafterdarlehen und Eigenkapital. Diese nachrangige Position im Insolvenzfall sowie das geringere Risiko für den Darlehensnehmer schlägt sich im Vergleich zur klassischen Fremdkapitalfinanzierung auch in höheren Zinsen nieder. Jedoch profitiert der Unternehmer von einer erhöhten Eigenkapitalquote und einem verbesserten Rating (vgl. auch Kapitel 21.6.5 Mezzanine Kapital).

(3) Weitergeleitete Kredite

Bei vielen zentralen Kreditaktionen von Bund und Ländern zur Förderung bestimmter Wirtschaftszweige, von Existenzgründungen, bestimmter neuer Technologien, des Umweltschutzes etc. finden weitergeleitete Kredite Anwendung. Kredite, die eine Bank aus zweckgebundenen fremden Mitteln an eigene Kunden weiterleitet, unterscheiden sich nach Art und Umfang der Risikoübernahme:

- **Treuhandkredite** leitet die Hausbank zwar im eigenen Namen, aber im Auftrag des Treugebers an die Begünstigten weiter. Sie übernimmt kein Kreditrisiko, sondern haftet nur für die organisationsmäßige Weiterleitung und ordnungsgemäße Verwaltung der Mittel. Als Entgelt erhält die Hausbank einen Zinsanteil oder eine (prozentuale) Verwaltungsgebühr. Diese Kredite erscheinen auf beiden Seiten der Bilanz in gleicher Höhe in der Position „Durchlaufende Kredite" (empfangene Kredite = Passivseite; gewährte Kredite = Aktivseite).
- **Durchgeleitete Kredite** werden dem vom Gläubiger bestimmten Empfänger unter partieller Haftung (z. B. 25 %) der Hausbank gewährt und von der Hausbank verwaltet. Der Bilanzausweis erfolgt unter „Forderungen an Kunden" bzw. „Verbindlichkeiten gegenüber Kreditinstituten".

Die Kreditmittel aus öffentlichen Förderungsprogrammen werden vor allem über die Kreditanstalt für Wiederaufbau (KfW-Mittelstandsbank) vergeben. Die Kreditanträge sind über die Hausbanken zu stellen. Die Mittel werden unter Einschaltung der Hausbanken zur Verfügung gestellt.

21.6 Besondere Finanzierungsformen

Bei kleineren und mittleren Unternehmen dominiert bei der Außenfinanzierung der Aktiva überwiegend der klassische Bankkredit. Alternative Finanzierungsformen gewinnen jedoch zunehmend an Bedeutung.

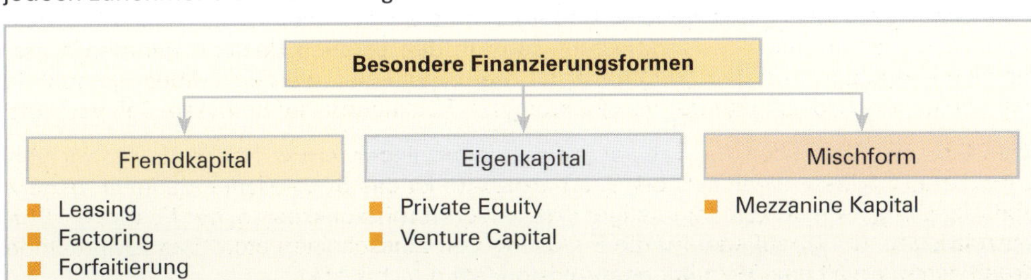

21.6.1 Leasing im Firmenkundengeschäft

LS 7

Leasing. Leasing ist die Vermietung oder Verpachtung beweglicher und unbeweglicher Wirtschaftsgüter durch die Produzenten dieser Güter oder durch eigens dafür geschaffene Leasinggesellschaften. Der Leasingnehmer (Kreditnehmer) erwirbt das Recht auf Nutzung der geleasten Wirtschaftsgüter. Eigentümerin des geleasten Gegenstands ist die Leasinggesellschaft. Sie bleibt es auch nach Bezahlung der vereinbarten Raten.

Leasinggeber. Nach der Stellung des Leasinggebers werden unterschieden *direktes Leasing* (Direktleasing) und *indirektes Leasing* (Indirektleasing). Beim direkten Leasing wird das Wirtschaftsgut durch den Hersteller selbst (oder durch dessen Tochtergesellschaft) vermietet oder verpachtet. Das Interesse des Herstellers am Absatz seiner Produkte steht hierbei im Vordergrund. Beim indirekten Leasing handelt es sich bei der Leasinggesellschaft um eine herstellerunabhängige Leasinggesellschaft, z. B. um Tochtergesellschaften von Kreditinstituten (z. B. GEFA-Leasing als Tochter der Société Générale Group), die das Leasingobjekt nach den individuellen Wünschen des Leasingnehmers ankauft und an den Leasingnehmer vermietet oder verpachtet.

Die Leasinggesellschaft trägt wie eine normale Bank ein Kreditrisiko (Bonität und Zahlungsfähigkeit des Leasingnehmers). Somit hat das Leasing „kreditähnlichen" Charakter.

Die „Leasingfähigkeits- und die Leasingwürdigkeitsprüfung" werden wie beim Kredit vorgenommen.

Leasingnehmer. Als Leasingnehmer können unterschieden werden:

- Unternehmen aus den Bereichen Handel, Produktion, Dienstleistung,
- öffentliche Haushalte (Bund, Länder und Gemeinden).

Leasinggegenstand. Nach der Art des Leasinggegenstands kann man unterscheiden: *Mobilienleasing – Immobilienleasing.* Beim Mobilienleasing werden mobile Wirtschaftsgüter, z. B. Kraftfahrzeuge, Datenverarbeitungsanlagen, Werkzeugmaschinen, Ladeneinrichtungen, Baumaschinen u. v. m. geleast. Beim Immobilienleasing sind z. B. Verwaltungsgebäude, Geschäftshäuser, Fabrikationshallen, Einkaufszentren und komplette Betriebsanlagen Leasinggegenstand.

Serviceleistungen des Leasinggebers. Der Leasingnehmer kann wählen zwischen

- Full-Service-Leasing („Dienstleistungsleasing"): Der Leasinggeber übernimmt Leistungen wie Wartung, Reparaturen, Versicherung des Leasinggegenstands und sonstige Leistungen.
- Teil-Service-Leasing: Der Leasingnehmer trägt einen Teil der Leistungen, z. B. Versicherung des Gegenstands.
- Net-Leasing: Der Leasingnehmer trägt alle Leistungen selbst.

Operate-/Financial-Leasing. Leasingverträge lassen sich nach Dauer und Kündbarkeit in Operate-Leasing und Financial-Leasing unterscheiden:

Merkmal	Operate-Leasing	Financial-Leasing
Laufzeit	kurzfristig, i. d. R. nicht mehr als ein Jahr	mittel- bzw. langfristig (sie beträgt zwischen 40 und 90 % der betriebsgewöhnlichen Nutzungsdauer des Leasinggegenstands)
Kündigung des Leasingvertrags	i. d. R. jederzeit kündbar (evtl. Kündigungsfrist)	während der Laufzeit keine Kündigung möglich

Merkmal	Operate-Leasing	Financial-Leasing
Verfahren am Laufzeitende	Rückgabe des Leasingobjekts nach Ablauf der Vertragszeit im gebrauchten Zustand (Gegenstand wird an weitere Leasingnehmer verleast)	Möglichkeiten: ■ Rückgabe des Leasinggegenstands an den Leasinggeber ■ Anschlussleasingvertrag mit neu zu vereinbarender Laufzeit ■ Kauf des Leasinggegenstands durch den Leasingnehmer zum vereinbarten Restwert oder zum aktuellen Marktpreis ■ Leasinggeber macht von seinem vertraglich vereinbarten Andienungsrecht Gebrauch, d.h., der Leasingnehmer ist zur Abnahme des Gegenstands verpflichtet
Leasingobjekt	Standardprodukt (z.B. Kfz)	Kauf durch Leasinggesellschaft nach den individuellen Wünschen des Leasingnehmers (z.B. Maschinen)
Investitionsrisiko	trägt der Leasinggeber, da ■ Leasingnehmer Gegenstand nur für eine kurze Zeit least, ■ die Leasingraten nicht zur Amortisation des Leasingobjekts ausreichen.	trägt der Leasingnehmer, da er mit den Leasingraten den Anschaffungswert des geleasten Gegenstands zurückzahlt (Vollamortisationsvertrag) oder nur einen Teil des Anschaffungswerts (Teilamortisationsvertrag) mit anschließendem Andienungsrecht durch den Leasinggeber.

Sale-and-lease-back-Verfahren. Der Leasinggeber kauft vom zukünftigen Leasingnehmer ein Wirtschaftsgut, das vom Leasingnehmer bereits genutzt wird und vereinbart mit ihm einen anschließenden Leasingvertrag, durch den der Leasingnehmer das Wirtschaftsgut wieder mietet. Durch den Verkauf setzt der Leasingnehmer das bisher in diesem Investitionsgut gebundene Kapital frei, das er dann für andere unternehmerische Zwecke verwenden kann.

Leasingvertrag. Der Leasingvertrag kann als Voll- oder Teilamortisationsvertrag ausgestaltet sein.

Bei der Vollamortisation decken die Leasingraten während der unkündbaren Grundmietzeit die Anschaffungs-/Herstellungskosten des Leasingobjekts, die Finanzierungs-, Risiko- und Verwaltungskosten sowie die Gewinnspanne des Leasinggebers ab. Für die Zeit nach Ablauf der Grundmietzeit sehen die Verträge unterschiedliche Formen der weiteren Nutzung des Leasingobjekts vor.

Bei der Teilamortisation bezahlt der Leasingnehmer über die Leasingraten nur einen Teil der Anschaffungs-/Herstellungskosten und der Finanzierungs-, Risiko- und Verwaltungskosten sowie der Gewinnzuschläge. Nach Auslaufen des Vertrags (Vertragsende) gibt es einen kalkulierten Restwert. Dieser Restwert kann mit Vertragsoptionen des Leasinggebers oder des Leasingnehmers verbunden sein.

Übliche Vertragsvereinbarungen sind:

- Verlängerungsoption mit Leasingratenkalkulation auf Basis des Restwerts,
- Kaufoption des Leasingnehmers,
- Andienungsrecht des Leasinggebers,
- Klauseln zur Beteiligung des Leasingnehmers an einem Verwertungserlös über kalkuliertem Restwert bzw. Pflicht zum Ausgleich der Differenz aus einem Verwertungserlös unter kalkuliertem Restwert.

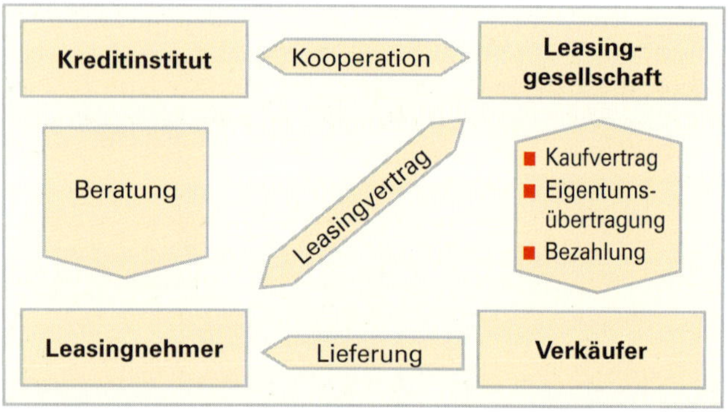

Leasing – wichtige Objektgruppen

Anteile am gesamten Neugeschäft (in Prozent):

- Pkw und Kombi 52 %
- Busse, Lkw und Hänger 14 %
- Produktionsmaschinen 16 %
- Büromaschinen und EDV 9 %
- Luft-, Schienen- und Wasserfahrzeuge 1 %
- Immaterielle Wirtschaftsgüter 1 %
- Medizintechnik 1 %
- Sonstige Ausrüstungen 6 %

Quelle: Börsen-Zeitung

Firmenkundenleasing	
Vorteile	**Nachteile**
■ Kein Einsatz von Eigen- oder Fremdkapital, damit kein Liquiditätsentzug. ■ Verwendung der eingesparten liquiden Mittel für andere/weitere Investitionen. ■ Die monatliche Leasingrate kann steuerlich als Aufwand angesetzt werden (unter Beachtung der vom Finanzamt vorgegebenen Mindest- bzw. Höchstlaufzeit des Leasingvertrags). ■ Schutz der Anlagen des Unternehmens vor Überalterung durch Rückgabe und Leasing eines neuen Gegenstands. ■ Bilanzkennzahlen (z. B. Gesamtkapitalrendite) verbessern sich.	■ Kein Eigentumserwerb. ■ Das Fehlen von Anlagevermögen mindert die Möglichkeit einer eventuell später notwendig werdenden Kreditsicherung. ■ Das Investitionsrisiko wird voll auf den Leasingnehmer überwälzt durch eine entsprechende Kalkulation der Mietraten (bei Vollamortisationsverträgen). ■ Kein Kündigungsrecht des Leasingnehmers während der Grundmietzeit. ■ Überwälzung aller Gefahren auf den Leasingnehmer (Untergang, Zerstörung, mangelnde Funktionsfähigkeit).

LS 8

21.6.2 Factoring/Forfaitierung

(1) Factoring

Factoring ist der *Ankauf von Forderungen* aus Warenlieferungen und Dienstleistungen durch eine Factoringgesellschaft. Beim Factoring sind zu unterscheiden: das Factorinstitut (meist eine Bank), der ursprüngliche Gläubiger der Geldforderung (= Klient) und der Schuldner (Kunde), welcher vom Klienten Ware auf Ziel bezogen hat. Der Factor zahlt dem Klienten den Wert der angekauften Forderungen, die er vorher auf Kreditwürdigkeit geprüft hat, bereits vor Fälligkeit des Rechnungsbetrags aus und zieht sie termingemäß beim Schuldner ein *(Finanzierungsfunktion des Factorings).* Er übernimmt das volle Risiko einer eventuellen Zahlungsunfähigkeit des Schuldners *(Delkrederefunktion des Factorings).*

Weiterhin kann der Factor auch *Dienstleistungsfunktionen* für den Klienten wahrnehmen, indem er dessen betriebliches Rechnungswesen führt, Rechnungen erstellt oder die Debitorenbuchhaltung übernimmt. Die Kosten des Factorings setzen sich zusammen aus den Zinsen für die Vorschüsse, aus Entgelt für die Übernahme des Ausfallrisikos und den Gebühren für die Dienstleistung. Die Factoringgesellschaften refinanzieren sich über den Geld- oder Kapitalmarkt oder über Banken.

Factoring	
Vorteile	**Nachteile**
■ Erhöhung der Liquidität bei Abgabe des Risikos. ■ 100 %ige Finanzierung der Außenstände. Keine Verluste. ■ Möglichkeit der schnellen Bezahlung der Lieferantenschulden und dadurch Ausnutzung von Skonti. ■ Entlastung der eigenen Buchhaltung. ■ Rationalisierung, da der Factor mit modernen Datenverarbeitungsanlagen arbeitet.	Unterbrechung des direkten Kontakts zwischen Lieferanten und Abnehmer.

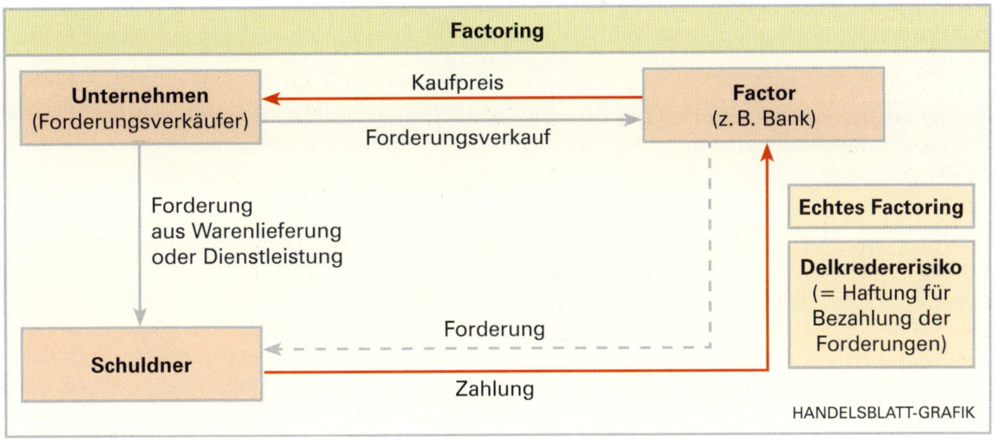

Quelle: Rödl & Partner

(2) Forfaitierung

Dem Factoring verwandt ist die Forfaitierung. Man versteht darunter den *Ankauf mittel- und langfristiger Exportforderungen* bei Vorliegen guter Sicherheiten durch eine Bank. Die *Bank verzichtet auf den Rückgriff* gegen den Exporteur bei Ausfall der Forderung. Als Sicherheiten können infrage kommen:

- Solawechsel des Käufers, der mit einem erstklassigen Bankaval versehen sein muss. (Der gezogene Wechsel, bei dem der Exporteur als Aussteller unterschreibt, ist ungeeignet, da der Exporteur damit eine wechselmäßige Verpflichtung eingeht. Der Rückgriff gegen ihn ist ja nicht möglich.)
- Bankgarantie oder besondere Bundesbürgschaft zugunsten des Schuldners.

Die Kosten einer Forfaitierung sind nach Land und Laufzeit unterschiedlich. Sie setzen sich aus dem Diskont und einer Bereitstellungsprovision vom Zeitpunkt der Zusage bis zum Geschäftsabschluss zusammen. Die deutschen Kreditinstitute sind bei den Forfaitierungsgeschäften bisher meist nur als Vermittler beteiligt.

Forfaitierung	
Vorteile	**Nachteile**
■ Erhöhung der Liquidität des Verkäufers unter Wegfall des Risikos. ■ Keine Überwachung und kein Inkasso der verkauften Forderung (s. Factoring!). ■ Bilanzentlastung.	Relativ hohe Kosten.

21.6.3 Private Equity

Im Gegensatz zu Public Equity, der Beteiligung an einer börsennotierten Gesellschaft, versteht man unter Private Equity die Beteiligung an einem nicht börsennotierten Unternehmen. Das von den Beteiligungsgesellschaften bereitgestellte Kapital wird nicht anonym, sondern individuell dem Unternehmen gewährt. Darüber hinaus können auf Wunsch auch Managementleistungen zur Verfügung gestellt werden.

Bevor der auf Zeit engagierte Finanzpartner dem Unternehmen ohne übliche Kreditsicherheiten Eigenkapital zur Verfügung stellt, wird er – alternativ zum externen Rating – im Rahmen einer Due Diligence das Unternehmen zusätzlich anhand interner Daten ausgiebig überprüfen.

Due Diligence heißt wörtlich übersetzt „gebührende Sorgfalt" und ist ein schriftlich dokumentierter Prozess, der die Risiken identifiziert und die Plausibilität der Unternehmensperspektiven prüft.

Zu welchem Zeitpunkt die Beteiligungsgesellschaft ihre Minderheitsbeteiligung aufgibt, hängt von verschiedenen Umständen ab, wie z. B. der Kapitalmarktentwicklung oder der Ausübung von Vorkaufsrechten.

Die häufigsten Anlässe der Finanzierung mittelständischer Unternehmen mittels Private Equity sind Wachstumsfinanzierungen bzw. Finanzierungen, die mit einer Änderung der Eigentümerstruktur (Management Buy-Out bzw. Management Buy-In) einhergeben.

Neben der Beteiligung an laufenden Erträgen erwarten die Investoren einen Gewinn durch eine spätere Veräußerung ihrer Anteile entweder an einen strategischen Investor oder nach einem Börsengang.

Die kapitalaufnehmende Gesellschaft sieht ihre Vorteile in der Verbesserung der Finanzstruktur, in der Unterstützung der strategischen Positionierung und ggf. in der Zuführung von weiterem Know-how, ohne befürchten zu müssen, dass der Investor in das operative Tagesgeschäft eingreift.

21.6.4 Venture Capital

Während beim Private Equity die Beteiligungsgesellschaften hohe Anforderungen an den Mandanten stellen, beteiligen sie sich hier an jungen, meist hochinnovativen Unternehmen. Neben dem Wagniskapital (Venture Capital) können sie bei Bedarf Managementleistungen und Branchenkontakte einbringen. Ausschlaggebend für die Beteiligung ist die Vorlage eines Business Plans, um das zu finanzierende Vorhaben beurteilen zu können. Zielsetzung ist, die Beteiligung zu einem späteren Zeitpunkt gewinnbringend zu veräußern.

Nachfolgende Merkmale bzw. Voraussetzungen sind für Venture Capital kennzeichnend:

- die Dienstleistung bzw. das Produkt ist innovativ,
- ein ausreichender Markt ist vorhanden,
- die Minderheitsbeteiligung sollte zeitlich befristet sein und
- dem Wagniskapitalgeber werden Mitsprache- und Kontrollrechte eingeräumt.

21.6.5 Mezzanine Kapital

Unter Mezzanine[1] Kapital (Alternativbezeichnung: Hybrid-Kapital) versteht man eine Mischform aus voll haftendem, unbesichertem Eigenkapital und besichertem Fremdkapital. Je nach Ausgestaltung weist es mehr oder weniger eigen- bzw. fremdkapitalähnlichen Charakter auf. Seit Einführung der Basel-II-Richtlinien bepreisen die Banken Kredite risikoadäquat. Diese vorsichtigere Kreditvergabe macht das Mezzanine Kapital interessant, vor allem dann, wenn die Kreditvergabe wegen nicht vorhandener Sicherheiten limitiert ist, der Fremdverschuldungsgrad sehr hoch oder das Unternehmensrating keine weitere Kreditaufnahme zulässt. Nach einer Mezzanine-Finanzierung erhöht sich das wirtschaftliche Eigenkapital, und es ermöglicht die weitere Aufnahme von Krediten.

Bei kleineren bis mittleren Unternehmen mit gutem Wachstumspotenzial wird das Mezzanine Kapital für Wachstumsfinanzierung oder für Unternehmenszukäufe eingesetzt. Für die Mezzanine Kapitalgeber, i.d.R. Banken, Versicherungen oder Private-Equity-Gesellschaften, besteht die Rendite aus einem Zinsanteil und einer erfolgsabhängigen Vergütung.

Gegenüber dem Fremdkapital ist das Mezzanine Kapital nachrangig, es bleibt jedoch gegenüber dem Eigenkapital vorrangig. Je nach Ausgestaltung hat es mehr Eigen- oder mehr Fremdkapitalcharakter. Eigenkapitalnahes Mezzanine Kapital wird ggf. wie Eigenkapital bezeichnet. Demgegenüber wird fremdkapitalnahes Mezzanine Kapital bilanziell als Fremdkapital ausgewiesen, jedoch bei der Bonitätsanalyse durch Banken wie Eigenkapital bewertet. Dies stärkt die Haftkapitalbasis des Unternehmens. Darüber hinaus sind die Zinszahlungen als Betriebsausgaben abzugsfähig.

Vorteile	Nachteile
■ Verbesserte Bonität. ■ Sicherheiten nicht belastet. ■ Langfristige Kapitalüberlassung (7–10 Jahre). ■ Stimmrechtsverhältnisse bleiben konstant. ■ Unabhängigkeit bleibt erhalten. ■ Gewinnabhängige Vergütung. ■ Hohe Flexibilität in der Vertragsgestaltung.	■ Ausführliche Unternehmensprüfung, weil der Kapitalgeber eine langfristig positive Ertrags- und Wachstumsprognose erwartet. ■ Im Vergleich zum Kredit höhere Kosten, weil das Risiko des Kreditgebers höher ist. ■ Befristete Kapitalüberlassung. ■ Mindesthöhe 500 000,00 €.

1 Der Begriff „Mezzanine" stammt aus der Architektur und bezeichnet ein Zwischengeschoss.

21.7 Kreditsicherheiten im Firmenkundengeschäft[1]

Kreditsicherheiten

aus dem Anlagevermögen des Kreditnehmers
- Grundpfandrechte (Grundschuld, Hypothek)
- Sicherungsübereignung von Anlagegegenständen
- Verpfändung von Anlagegegenständen

aus dem Umlaufvermögen des Kreditnehmers
- Sicherungsabtretung von Forderungen (Zession)
- Verpfändung von Forderungen
- Sicherungsübereignung und Verpfändung von Waren

aus dem Vermögen von Dritten
- Bürgschaft

21.7.1 Die Bürgschaft im Firmenkundengeschäft

LS 9

(1) Wesen

§ 765 BGB Die Bürgschaft ist ein Vertrag, durch den sich der Bürge gegenüber dem Gläubiger eines Dritten verpflichtet, für die Erfüllung der Verbindlichkeiten des Dritten einzustehen. Die Bürgschaft ist akzessorisch, d. h., für die Verpflichtung des Bürgen ist der jeweilige Bestand der Hauptverbindlichkeit maßgebend.

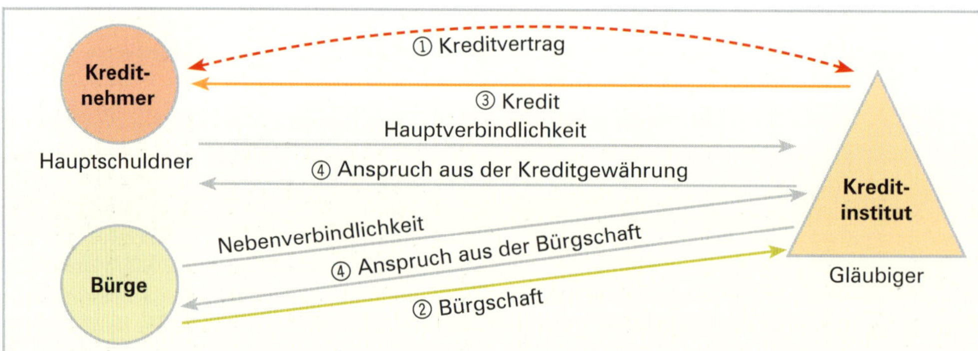

1 Die Merkmale der Kreditsicherheiten sind im Kapitel 10.6, Band 1 „Kreditsicherheiten im Privatkundengeschäft" bzw. im Kapitel 18.8.3.2 (Grundschuld) dargestellt.

Selbstschuldnerische Höchstbetragsbürgschaft

zur Sicherung bestimmter Forderungen der Bank

– Auszug –

Name/Firma des/der Bürgen mit Anschrift(en):
Rolf Kerkhoff, Bramsfeld 7, 45277 Essen

Für sämtliche Ansprüche, die der Commerzbank **Aktiengesellschaft** (nachstehend "Bank" genannt) aus

Bezeichnung der Forderung der Bank:
Darlehensforderung gemäß Kreditvertrag vom 20..-04-17

gegen:

Hauptschuldner - Name(n) und Anschrift(en) -:
Walter Reichenbach e.K., Körnerstr. 10, 45143 Essen

- bei mehreren Hauptschuldnern auch gegen jeden einzelnen von ihnen -

zustehen, übernehme(n) ich/wir hiermit die **selbstschuldnerische Bürgschaft** bis zum Höchstbetrag von

€ 70.000,00

in Worten: EUR - siebzigtausend ———

Für diese Bürgschaft gelten des weiteren folgende Bestimmungen, wobei ich/wir nachstehend einheitlich als "Bürge" bezeichnet werde(n):

1. Umfang der Bürgschaft

Der Bürge haftet aus dieser Bürgschaft nur bis zum oben genannten Höchstbetrag, und zwar auch dann, wenn er die Bürgschaft für mehrere Hauptschuldner übernimmt.

2. Fortbestand der Bürgschaft

Sichert die Bürgschaft Ansprüche aus einem Kreditvertrag, so bleibt sie unverändert bestehen, wenn der gesicherte Kredit prolongiert oder der Zinssatz geändert wird.

3. Inanspruchnahme aus der Bürgschaft, Verzicht auf Einreden

(1) Sind die durch die Bürgschaft gesicherten Ansprüche der Bank fällig und erfüllt der Hauptschuldner diese Ansprüche nicht, kann sich die Bank an den Bürgen wenden, der dann aufgrund seiner Haftung als Selbstschuldner nach Aufforderung durch die Bank Zahlung zu leisten hat. Die Bank ist nicht verpflichtet, zunächst gegen den Hauptschuldner gerichtlich vorzugehen oder ihr gestellte Sicherheiten zu verwerten.

(2) Die Zahlungsverpflichtung des Bürgen besteht auch dann, wenn der Hauptschuldner das Geschäft, das seiner Verbindlichkeit zugrunde liegt, anfechten kann (Verzicht auf die dem Bürgen nach § 770 Abs. 1 BGB zustehende Einrede der Anfechtbarkeit der Hauptschuld). Ferner kann sich der Bürge nicht darauf berufen, daß die Bank ihre Ansprüche durch Aufrechnung gegen eine fällige Forderung des Hauptschuldners befriedigen kann (Verzicht auf die dem Bürgen nach § 770 Abs. 2 BGB zustehende Einrede der Aufrechenbarkeit).

4. Übergang von Sicherheiten

(1) Vor vollständiger Erfüllung der Bürgschaftsschuld hat der Bürge keinen Anspruch auf Übertragung von Sicherheiten, die der Bank zur Sicherung der verbürgten Ansprüche bestellt worden sind.

(2) Soweit Sicherheiten kraft Gesetzes auf den Bürgen übergehen (z.B. Pfandrechte), bleibt es jedoch bei der gesetzlichen Regelung. Wenn die Ansprüche der Bank den oben genannten Höchstbetrag übersteigen und die kraft Gesetzes auf den Bürgen übergehenden Sicherheiten auch zur Sicherung des nicht verbürgten Teils der Ansprüche dienen, so steht hierfür der Bank gegenüber dem Bürgen ein vorrangiges Befriedigungsrecht zu.

(3)… (4)…

5. Anrechnung von Zahlungseingängen

Die Bank darf, sofern keine anderen Tilgungsbestimmungen entgegenstehen, den Erlös aus der Verwertung von Sicherheiten, die ihr der Hauptschuldner oder ein anderer Dritter bestellt hat, zunächst auf die dadurch gesicherten nicht verbürgten Ansprüche bzw. den Teil ihrer Ansprüche anrechnen, der den oben verbürgten Höchstbetrag übersteigt. Dies gilt auch für Sicherheiten, die der Bürge zur zusätzlichen Sicherung der Ansprüche gegen den Hauptschuldner bestellt hat, es sei denn, daß diese zur Unterlegung der Bürgschaft bestimmt waren. In derselben Weise - nämlich vorrangig mit den nicht verbürgten Ansprüchen bzw. dem hier nicht verbürgten Teil ihrer Ansprüche - darf die Bank alle vom Hauptschuldner oder für dessen Rechnung geleisteten Zahlungen verrechnen.

6. Haftung mehrerer Bürgen

(1) Haben sich mehrere Bürgen in gesonderten Bürgschaftsurkunden für dieselben Verbindlichkeiten des Hauptschuldners verbürgt, haftet jeder einzelne Bürge - im Verhältnis zur Bank unter Ausschluß eines Gesamtschuldverhältnisses - ungeachtet etwaiger Zahlungen eines anderen Bürgen solange für den vollen Betrag der von ihm übernommenen Bürgschaft, bis alle von ihm verbürgten Ansprüche der Bank vollständig erfüllt sind.

(2) Haben sich mehrere Bürgen in dieser Urkunde verbürgt, haften sie gegenüber der Bank als Gesamtschuldner. Dies bedeutet, daß die Bank den oben vereinbarten Höchstbetrag von jedem einzelnen Bürgen ganz oder teilweise fordern kann, insgesamt jedoch nicht mehr als diesen Betrag.

(3) Ausgleichsansprüche des in Anspruch genommenen Bürgen gegen die anderen Bürgen werden durch die vorstehende Regelung nicht berührt.

7. Zusätzliche Bürgschaftserklärungen

Die Bürgschaft gilt zusätzlich zu etwaigen weiteren vom Bürgen abgegebenen Bürgschaftserklärungen.

8. Stundung und Freigabe von Sicherheiten

Der Bürge wird von seiner Bürgschaftsverpflichtung nicht frei, wenn die Bank dem Hauptschuldner Stundung gewährt, andere Bürgen aus der Haftung entläßt oder sonstige Sicherheiten freigibt, insbesondere, wenn die Bank Verfügungen über Gegenstände zuläßt, die dem Pfandrecht der Bank unterliegen und dies im Rahmen der ordnungsgemäßen Durchführung und Abwicklung der Geschäftsverbindung zum Hauptschuldner oder zur Wahrung berechtigter Belange des Hauptschuldners oder der Bank geschieht. Der Bürge wird ebenfalls nicht frei, wenn die Bank Sicherheiten aufgibt, um eine sich aus anderen Sicherungsverträgen ergebende Freigabeverpflichtung zu erfüllen.

9. Recht des Bürgen zur Kündigung der Bürgschaft

(1) Der Bürge kann die Bürgschaft nach Ablauf eines Jahres ab dem Zeitpunkt ihrer Übernahme schriftlich kündigen. Die Kündigung wird mit einer Frist von drei Monaten nach dem Eingang bei der Bank wirksam.

(2) Dieses Kündigungsrecht besteht nicht für zeitlich befristete Bürgschaften und für Bürgschaften für Kredite mit fest vereinbarter Laufzeit. Bei Krediten mit fest vereinbarter Laufzeit, die in laufender Rechnung in Anspruch genommen werden können (Kontokorrentkredite), kann jedoch der Bürge die Bürgschaft - auch bei Prolongationen - mit einer Frist von drei Monaten zum Ende der jeweiligen Laufzeit der verbürgten Kredite kündigen.

(3) Das Recht auf Kündigung aus wichtigem Grund bleibt unberührt.

(4) Die Haftung des Bürgen besteht auch nach Wirksamwerden der Kündigung fort, beschränkt sich jedoch auf den Bestand der verbürgten Ansprüche, der zum Zeitpunkt der Kündigungswirkung vorhanden war. Die Regelungen dieser Bürgschaft gelten bis zum vollständigen Ausgleich der verbürgten Verbindlichkeiten des Hauptschuldners weiter. Alle Zahlungen - gleich welcher Art -, die zugunsten des Hauptschuldners nach Wirksamwerden der Kündigung eingehen, werden, sofern keine anderen Tilgungsbestimmungen entgegenstehen, zunächst mit den nicht verbürgten Ansprüchen der Bank bzw. demjenigen Teil ihrer Ansprüche verrechnet, der bei Wirksamwerden der Kündigung nicht durch die Bürgschaft gesichert ist. Weitere Zahlungseingänge führen zu einer Ermäßigung der Bürgschaftsschuld.

(5) Handelt es sich bei dem verbürgten Kredit um einen Kredit in laufender Rechnung (Kontokorrentkredit), können bis zum Wirksamwerden der Kündigung Kreditlinien, die vor Zugang der Kündigung zugesagt wurden, vom Hauptschuldner in Anspruch genommen werden.

(6) Der Bürge haftet nach Wirksamwerden der Kündigung auch für solche Ansprüche der Bank gegen den Hauptschuldner, die dadurch entstehen, daß die Bank sich im Auftrag des Hauptschuldners Dritten gegenüber - zum Beispiel durch Übernahme einer Bürgschaft oder einer Garantie - verpflichtet hat, für Verbindlichkeiten des Hauptschuldners einzustehen. Dies gilt jedoch nur dann, wenn der durch die Bürgschaft gesicherte Kredit vom Hauptschuldner in dieser Weise in Anspruch genommen werden kann.

10. Sicherheitenfreigabe

(1) Nach Befriedigung ihrer durch die Bürgschaft gesicherten Ansprüche wird die Bank die Bürgschaft freigeben.

(2) Die Bank ist schon vor vollständiger Befriedigung ihrer durch diese Bürgschaft gesicherten Ansprüche verpflichtet, auf Verlangen des Bürgen sowie andere ihr bestellte Sicherheiten (z.B. abgetretene Forderungen, Grundschulden) nach ihrer Wahl an den jeweiligen Sicherungsgeber ganz oder teilweise freizugeben, soweit der realisierbare Wert sämtlicher Sicherheiten

| % |

der gesicherten Ansprüche der Bank nicht nur vorübergehend überschreitet. Sofern kein Prozentsatz eingesetzt und auch anderweitig nichts anderes vereinbart wurde, ist ein Satz von 100 % maßgeblich.

(3) Die Ermittlung des realisierbaren Werts der Bürgschaft erfolgt im Zeitpunkt der Geltendmachung des Freigabeanspruchs auf der Grundlage der dann bestehenden Vermögens- und Einkommenssituation des Bürgen.

11. Unterrichtung über den Stand der Hauptschuld

Der Bürge wird sich über den jeweiligen Stand der Hauptschuld gegebenenfalls beim Hauptschuldner selbst unterrichten.

12. Rechtswahl

Für das Bürgschaftsverhältnis ist das Recht der Bundesrepublik Deutschland maßgebend.

Essen, 20..-04-17
Ort/Datum

Rolf Kerkhoff
Unterschrift(en)/Firmenstempel des/der Bürgen

(2) Formfreiheit

Die Bürgschaft eines Privatkunden bedarf der Schriftform. Diese Formvorschrift gilt nicht für die Bürgschaft des Kaufmanns. Sie ist formfrei, kann also auch mündlich vorgenommen werden, wenn sie aufseiten des Bürgen ein Handelsgeschäft ist. Haftet ein Kaufmann dagegen für einen Privatkredit, z. B. für den Kredit eines Familienangehörigen, ist die Bürgschaft für den Kaufmann kein Handelsgeschäft. Diese Bürgschaft ist schriftlich zu geben.

Im Bankgewerbe werden formularmäßige Bürgschaftserklärungen benutzt, die alle rechtlichen Erfordernisse enthalten und dem Sicherungsbedürfnis der Bank Rechnung tragen (vgl. Kapitel 10.6.2.6, Band 1 „Beurteilung der Bürgschaft als Kreditsicherheit").

Bei Firmenkunden nehmen Kreditinstitute wie im Privatkundengeschäft selbstschuldnerische Höchstbetragsbürgschaften mit engem Sicherungszweck herein. Oft sind diese Bürgschaften zudem zeitlich limitiert, z. B. auf ein Jahr. Vor Ablauf der vereinbarten Zeit müssen sie gegebenenfalls erneuert werden.

In besonderen Einzelfällen kann die Bürgschaft auch auf alle zukünftigen Kredite (weiter Sicherungszweck) ausgedehnt werden, um damit die gesamte Geschäftsverbindung abzusichern.

Die Bank muss beim Abschluss von Bürgschaftsverträgen besonders darauf achten, dass die vom Bürgen übernommene Haftung nicht nach § 138 BGB sittenwidrig und damit nichtig ist. Dieses Problem stellt sich vor allem dann, wenn

- der Bürge kein oder nur ein geringes eigenes Vermögen oder Einkommen hat,
- der Bürge zum Kreditnehmer in einem besonders engen persönlichen Verhältnis steht; dies ist vor allem bei Ehegatten, Kindern, Geschwistern, Großeltern sowie bei Partnern einer nichtehelichen Lebensgemeinschaft der Fall (Bürgschaft im „Rahmen der familiären Hilfsbereitschaft"),
- ein auffälliges Missverhältnis zwischen der übernommenen Haftung und der Leistungsfähigkeit des Bürgen besteht,
- die Tragweite der Bürgschaft durch die Bank verharmlost, die geschäftliche Unerfahrenheit des Bürgen durch die Bank bewusst ausgenutzt oder die Bürgschaftsübernahme durch psychische Druckausübung veranlasst wurde.

LS 10

21.7.2 Die Sicherungsübereignung im Firmenkundengeschäft

(1) Wesen

Die Sicherungsübereignung ist die Übertragung des Eigentums an einer beweglichen Sache durch den Kreditnehmer an das Kreditinstitut zur Sicherung einer Forderung. Das Kreditinstitut wird Eigentümer der Sache, der Kreditnehmer bleibt durch die Vereinbarung eines Besitzkonstituts unmittelbarer Besitzer.

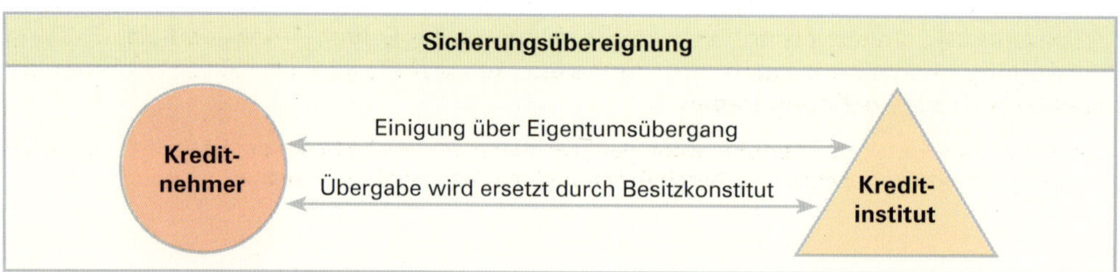

Die Sicherungsübereignung gewährt dem Kreditinstitut mehr Rechte als die Verpfändung von beweglichen Sachen. Es ist als Eigentümer in der Verwertung des Sicherungsguts freier als der Pfandgläubiger. Jedoch können für das Kreditinstitut Nachteile darin liegen, dass der Kreditnehmer unmittelbarer Besitzer bleibt (z. B. vertragswidrige Veräußerung der ihm nicht gehörenden Sache und damit Verlust des Eigentums).

(2) Zur Sicherungsübereignung geeignete Vermögensteile

Zur Sicherungsübereignung eignen sich selbstständige bewegliche Sachen *(Einzelübereignung)* und Sachgesamtheiten, z. B. Warenlager *(Raumübereignung).* Bewegliche Sachen, die wesentliche Bestandteile einer anderen Sache sind, können nicht übereignet werden. §§ 93, 94 BGB

Die Höhe der Beleihung hängt von den Verwertungsmöglichkeiten der Sicherungsgüter ab. Die Tilgung der gesicherten Forderung soll mindestens der fortschreitenden Wertminderung der Sicherungsgüter entsprechen.

Als selbstständige bewegliche Sachen, die sich zur Sicherungsübereignung eignen, kommen meist größere wertvollere Gegenstände infrage, wie zum Beispiel Maschinen, Autos, Fotoausrüstungen, Laden- bzw. Praxiseinrichtungen usw. Die Sicherungsübereignung solcher Gegenstände ist problemlos. Dem Erfordernis der Bestimmtheit wird durch die genaue Kennzeichnung des Sicherungsgegenstands Genüge getan, sodass dieser sich von allen anderen – insbesondere gleichartigen – Sachen des Kreditnehmers deutlich unterscheidet (so zum Beispiel werden die Gegenstände mit bestimmten Buchstaben, Zahlen oder Zeichen beschriftet, aus denen die Sicherungsübereignung hervorgeht). Außerdem werden im Sicherungsübereignungsvertrag die Fabrikationsnummer, die Typenbezeichnung, das amtliche Kennzeichen oder sonstige Unterscheidungsmerkmale der Sicherungsgegenstände festgehalten. Als *Besitzkonstitut* wird in diesen Fällen meist der *Leihvertrag* vereinbart.

Das Übereignungsgut muss gegen Risiken versichert sein. Die Bank hat also zu prüfen, ob die notwendigen Versicherungen, z. B. Feuerversicherung, Diebstahlversicherung, Vollkaskoversicherung, abgeschlossen und die Versicherungsbeiträge ordnungsgemäß bezahlt sind. Die Versicherungsgesellschaft muss benachrichtigt und die Ausstellung eines Sicherungsscheins beantragt werden.

In einem Sicherungsschein vereinbaren Sicherungsgeber, Sicherungsnehmer und Versicherungsgesellschaft, dass der Sicherungsgeber Prämienschuldner bleibt, aber im Schadensfall der Sicherungsnehmer den Versicherungsanspruch erhält.

(3) Form der Sicherungsübereignung

Für die Bankpraxis wurden *Musterverträge* und allgemeine *Sicherungsübereignungsbedingungen,* die meist ergänzende Bestimmungen bezüglich der Lagerung, Kennzeichnung der Versicherung, gesetzliche Pfandrechte Dritter, Anzeigepflicht, Prüfung, Verwertung, Rückübertragung u. a. enthalten, entwickelt, die den Erfordernissen der Rechtsprechung Rechnung tragen.

Die Sicherungsübereignung erfolgt, wenn der Kreditnehmer nicht im Besitz der Sache ist, z. B. weil er sie vermietet oder verpachtet hat, durch Abtretung des Herausgabeanspruchs.

Sicherungsübereignung mit Übergabeersatz (Auszug)

Sicherungsgeber (Name, Anschrift)
Paul Tepper GmbH
Danziger Str. 3
31789 Hameln

Bank
Volksbank Hameln
Pferdemarkt 181
31785 Hameln

Sicherungsgeber und **Bank** schließen folgenden Sicherungsvertrag:

1.) Zur Sicherung aller bestehenden, künftigen und bedingten Ansprüche der Bank ... gegen Firma Paul Tepper GmbH, Danziger Str. 3, 31789 Hameln ... aus der Geschäftsverbindung ..., auch wenn die Sicherheit anlässlich einer bestimmten Kreditgewährung bestellt wird, übereignet der Sicherungsgeber der Bank die unten genannten Gegenstände mit Bestandteilen und Zubehör.

2.) Der Sicherungsgeber erklärt, dass er Eigentümer dieser Gegenstände ist und dass er frei über diese Gegenstände verfügen kann. Der Sicherungsgeber ist zur Abgabe dieser Erklärung nicht berechtigt, wenn die Gegenstände ihm unter Eigentumsvorbehalt geliefert und bei Abgabe der Erklärung noch nicht restlos bezahlt oder bereits anderweitig sicherungsübereignet sind.

3.) Sicherungsgeber und Bank sind sich darüber einig, dass das Eigentum an den unten genannten Gegenständen mit Bestandteilen und Zubehör auf die Bank übergeht. Die Übergabe wird durch folgende Vereinbarung ersetzt: Die Bank belässt dem Sicherungsgeber die als Sicherheit dienenden Gegenstände zur unentgeltlichen Verwahrung in seinem unmittelbaren Besitz und gestattet ihm ihre weitere Benutzung.

Der Sicherungsgeber verpflichtet sich, die Gegenstände sachgemäß zu lagern, pfleglich zu behandeln und instand zu halten. ...

4.) Sollte der Sicherungsgeber entgegen der in Nr. 2 abgegebenen Erklärung nicht Eigentümer der Gegenstände sein, überträgt er hiermit sein Anwartschaftsrecht bzw. seinen Anspruch auf Rückübertragung des Eigentums auf die Bank. Erwirbt der Sicherungsgeber gleichwohl später das Eigentum an diesen Gegenständen, so geht im Augenblick des Eigentumserwerbs das Eigentum auf die Bank über. ...

5.) ...

6.) Der Sicherungsgeber verpflichtet sich,

a) auf Verlangen der Bank die Gegenstände in einer der Bank zweckmäßig erscheinenden Weise zu kennzeichnen,

b) auf Verlangen der Bank die als Sicherheit dienenden Gegenstände von anderen Gegenständen getrennt zu halten,

c) die Gegenstände ohne vorherige Zustimmung der Bank nicht aus den unten bezeichneten Räumen zu entfernen ...,

d) der Bank jederzeit Zutritt zu den Gegenständen zu gewähren, ihr Auskunft zu erteilen und ggf. Schriftstücke zur Einsicht vorzulegen,

e) die Sicherungsübereignung jedem Dritten bekannt zu geben, der das Sicherungseigentum der Bank beeinträchtigen könnte,

f) der Bank unverzüglich von drohenden bzw. eingetretenen Beeinträchtigungen des Sicherungseigentums (z. B. Beschädigung, Pfändung) zu benachrichtigen.

7.) Der Sicherungsgeber verpflichtet sich, die der Bank übereigneten Gegenstände für die Dauer der Übereignung gegen diejenigen Gefahren, für die der Bank ein Versicherungsschutz erforderlich erscheint, in ausreichender Höhe zu versichern und dies der Bank auf Verlangen jederzeit, insbesondere durch Vorlage der Versicherungsscheine, nachzuweisen. Der Sicherungsgeber wird bei dem Versicherer beantragen, der Bank einen Sicherungsschein zu erteilen. ...

8.) Die Bank ist befugt, bei Vorliegen eines wichtigen Grundes, insbesondere wenn Sicherungsgeber oder Schuldner ihren Verpflichtungen der Bank gegenüber nicht nachkommen, die Gegenstände in ihren unmittelbaren Besitz zu nehmen. ... Kommt der Sicherungsgeber seinen Verbindlichkeiten bei Fälligkeit nicht nach, so ist die Bank befugt, die Sicherheiten ohne gerichtliches Verfahren unter tunlichster Rücksichtnahme auf den Sicherungsgeber zu beliebiger Zeit an einem ihr geeignet erscheinenden Ort auf einmal oder nach und nach zu verwerten. Die Bank ist berechtigt, die Gegenstände zu einem angemessenen Preis selbst zu übernehmen. Der Sicherungsgeber ist verpflichtet, auf Verlangen der Bank das Sicherungsgut zu verwerten oder bei der Verwertung mitzuwirken. Der Sicherungsgeber hat alles, was er bei der Verwertung des Sicherungsgutes erlangt ..., unverzüglich an die Bank herauszugeben. Einen etwa verbleibenden Überschuss hat die Bank dem Sicherungsgeber unverzüglich auszuzahlen, soweit er nicht Dritten zusteht.

9.) Die Bank hat auf Verlangen des Sicherungsgebers ihre Rechte aus diesem Vertrag nach billigem Ermessen freizugeben, soweit sie diese nicht nur vorübergehend nicht mehr benötigt.

10.) ...

11.) Ist der Sicherungsgeber nicht zugleich Schuldner der persönlichen Forderung der Bank, so dienen seine Zahlungen oder Erlöse aus der Verwertung der Sicherungsgegenstände bis zur vollständigen Befriedigung der Bank als Sicherheitsleistung.

12.) ...

13.) ...

14.) ...

15.) Ergänzend gelten die Allgemeinen Geschäftsbedingungen der Bank, deren Wortlaut in den Geschäftsräumen der Bank eingesehen werden kann. Der Sicherungsgeber kann die Aushändigung dieser Allgemeinen Geschäftsbedingungen verlangen.

Hameln, den 20..-09-20
Ort, Datum

Paul Tepper GmbH

Sicherungsgeber

Hameln, den 20..-09-20
Ort, Datum

Volksbank Hameln

Sicherungsnehmer

Hiermit verzichte ich auf das mir an den unten stehenden Gegenständen jetzt und in Zukunft zustehende Vermieter- oder Verpächterpfandrecht.

Hameln, den 20..-09-20
Ort, Datum

Vermieter/Verpächter

Verzeichnis der übereigneten Gegenstände

Genaue Bezeichnung der Gegenstände z.B. bei Maschinen: Fabrikat, Fabrik-Nr. und Motor-Nr.; bei Kraftfahrzeugen: Fabrikat, Typ, Fahrgestell-Nr., Motor-Nr. und polizeiliches Kennzeichen;	Genauer Aufbewahrungsort, ggf. Lageskizze beifügen	Zeitwert EUR
1 Standbohrmaschine Type: Sichel, Baujahr: 20.. Masch.-Nr. 36 178	Betriebsräume der Paul Tepper GmbH Danziger Str. 3 31789 Hameln	42.300,00
1 Drehbank Type: Matador, Baujahr: 20.. Masch.-Nr. 91 500	wie oben	30.400,00

(4) Sicherungsübereignung von Warenlagern

Raumsicherungsvertrag. Bank und Kreditnehmer schließen zwecks Sicherungsübereignung von Warenlagern einen sogenannten *Raumsicherungsvertrag* ab. In einem solchen Sicherungsübereignungsvertrag wird vereinbart, dass alle Gegenstände, die sich in einem bestimmten Raum befinden, an die Bank übereignet sind. Es bedarf hierbei keiner genauen Bezeichnung jedes einzelnen Gegenstands. Die erforderliche Bestimmtheit wird erreicht durch die genaue Bezeichnung der Sicherungsräume und deren genaue Beschreibung im Vertrag.

Sicherungsübereignung eines Warenlagers mit festem Bestand. Dem Kreditnehmer ist es in diesem Falle nicht gestattet, Waren zwecks Verarbeitung bzw. Verkauf dem Lager zu entnehmen. Als Besitzkonstitut wird in diesem Fall ein *Verwahrungsvertrag* abgeschlossen. Diese Art der Sicherungsübereignung kommt in der Praxis kaum vor.

Sicherungsübereignung eines Warenlagers mit wechselndem Bestand. Die Übereignung von Warenlagern mit wechselndem Bestand spielt in der Praxis eine große Rolle, weil sie dem Bedürfnis des Handels nach einer Lagerfinanzierung entgegenkommt. Der Kreditnehmer erhält in diesem Falle durch Ermächtigung die Möglichkeit, die nach der Sicherungsübereignung nunmehr für ihn fremden Sachen im eigenen Namen weiterzuveräußern bzw. weiterzuverarbeiten, z.B. bei einem Tabaklager einer Zigarettenfabrik, wo die abgelagerte Ware in die Verarbeitung geht, während das Lager mit frischen Tabaken aufgefüllt wird. Als Besitzkonstitut wird zwischen der Bank und dem Kreditnehmer ein Kommissionsvertrag abgeschlossen. Damit stets ein bestimmter Mindestbestand vorhanden ist, muss der Kreditnehmer anstelle der veräußerten bzw. verarbeiteten Sachen neue Waren in den Sicherungsraum einbringen und das Lager damit auffüllen. Zu diesem Zweck muss er ein besonderes Bestandsbuch führen und regelmäßige Bestandsmeldungen an die Bank geben.

Die Verarbeitungs- bzw. Verkaufsermächtigung bildet für die Bank eine bestimmte Gefahr:

- Die Sachen, die der Kreditnehmer anstelle der veräußerten in das Warenlager einbringt, hat er im eigenen Namen erworben. Er selbst, nicht die Bank, ist also deren Eigentümer.
- Die Forderungen, die aus dem Verkauf der Sachen entstehen, sind Forderungen des Kreditnehmers, da dieser die Kaufverträge im eigenen Namen geschlossen hat.
- Bei der Verarbeitung von Rohstoffen (die entnommenen Waren) erwirbt der Kreditnehmer das Eigentum an den Erzeugnissen.

Der Anteil der dem Gläubiger gehörenden Sachen und Forderungen müsste somit immer kleiner werden. Aus diesem Grund wird bei der Sicherungsübereignung von Warenlagern mit wechselndem Bestand Folgendes vereinbart:

- Auch künftige vom Kreditnehmer noch zu erwerbende Sachen, die in das Warenlager eingebracht werden, gehen in das Eigentum der Bank über. Das Besitzkonstitut wird bereits bei Abschluss des Sicherungsübereignungsvertrags für die Zukunft vorweggenommen *(antizipiertes Besitzkonstitut).*

Falls das Lager bei Entnahmen nicht aufgefüllt wird, werden

- die künftigen aus dem Verkauf resultierenden Forderungen im Voraus an die Bank abgetreten *(Vorausabtretung)* und
- die aus dem Verkauf eingenommenen Erlöse an die Bank abgeführt.

  Oder es wird
- das Eigentum der vom Kreditnehmer hergestellten Erzeugnisse schon bei Vertragsabschluss durch antizipiertes Besitzkonstitut auf die Bank übertragen.

(5) Risiken der Sicherungsübereignung

Eine Kreditabsicherung durch Sicherungsübereignung ist zwar ein sehr gebräuchliches Sicherungsinstrument, sie ist aber recht problematisch, birgt vielerlei Gefahren für die Bank in sich und setzt daher ein großes Vertrauensverhältnis zum Kreditnehmer voraus. Gefahren für die Bank sind:

- Dem Eigentumsrecht der Bank steht als wesentliches Risiko gegenüber, dass sie dem Kreditnehmer den Besitz der übereigneten Sache belassen hat. Veräußert der Kreditnehmer vertragswidrig das ihm nicht mehr gehörende Sicherungsgut an einen gutgläubigen Dritten, so hat das Kreditinstitut gegenüber dem gutgläubigen Erwerber keinen Herausgabeanspruch.

  Schutz: Kredite nur an Kreditnehmer, die hinreichende Gewähr für getreuliche Verwahrung und Verwaltung bieten.

- Der Kreditnehmer ist nicht Eigentümer des übereigneten Gegenstands.

  Falls das Sicherungsgut noch nicht bezahlt ist, kann auf ihm ein *Eigentumsvorbehalt* lasten, der der Sicherungsübereignung vorgeht.

  Schutz: Einblick in die Kaufverträge, Quittung über Bezahlung usw. Bei erheblichen Liefererverbindlichkeiten keine Sicherungsübereignung. Erklärung des Kreditnehmers, dass die übereignete Sache sein ausschließliches Eigentum ist.

- Das Sicherungsgut wurde schon einem anderen Gläubiger sicherungsübereignet *(Doppelübereignung).* Bei betrügerischer mehrfacher Übereignung einer bestimmten Sache an verschiedene Kreditgeber gilt nur der zeitlich erste Übereignungsvertrag.

  Schutz: Ausdrückliche Versicherung des Sicherungsgebers, dass er zur freien Verfügung über das Sicherungsgut berechtigt ist.

- Der Wert der Sicherungsübereignung wird durch *Pfandrechte* beeinträchtigt, die an dem betreffenden Gegenstand bestehen und dem Sicherungseigentum vorgehen, da sie zuerst entstanden sind. Hierzu ist insbesondere das Pfandrecht des Vermieters zu rechnen, der sich wegen seiner Mietforderung an dem Sicherungsgut schadlos halten will. In solchen Fällen ist die Übereignung zwar möglich, aber das Sicherungsgut bleibt mit dem Pfandrecht belastet.

  Schutz: Gegen Vorlage der Quittungen prüfen, ob Miete, Pacht, Zölle usw. gezahlt sind. Verzichtserklärung des Vermieters auf sein Pfandrecht.

- Das Sicherungsgut ist Zubehör oder *wesentlicher Bestandteil eines Grundstücks* und haftet für ein Grundpfandrecht. Dem bei Abschluss des Sicherungsübereignungsvertrags vorhandenen Grundpfandrechtsgläubiger steht ein vorrangiges Befriedigungsrecht zu. So können z.B. Maschinen infolge ihrer Zubehöreigenschaft zum Grundstück etwaigen Hypotheken-/Grundschuldgläubigern bereits haften.

  Schutz: Vertrauen in die Bonität des Kunden.

- Das *Sicherungsgut verliert an Wert* (Verderb, Marktpreisrückgang, Absatz- bzw. Verwertungsschwierigkeiten).

  Schutz: Überdeckung des Kredits.

- Das *Sicherungsgut ist nicht genau bestimmt* worden, weil es der Kreditnehmer nicht gekennzeichnet hat.

  Schutz: Äußerste Sorgfalt bei Vertragsabschluss.

- Das *Sicherungsgut wird verkauft und nicht ersetzt.*

  Schutz: Lagerbesichtigungen, laufende Kontrollen, Bestandsmeldungen, Vorausabtretungen der aus dem Verkauf resultierenden Forderungen.

- Das *Sicherungseigentum geht unter durch Verarbeitung mit anderen Sachen.*

  Schutz: Antizipiertes Besitzkonstitut → Erweiterung des Sicherungseigentums auf das erstellte Produkt.

- Das *Sicherungsgut wird beschädigt, zerstört oder gestohlen.*

  Schutz: Versicherung des Guts und Ausstellung eines Sicherungsscheins zugunsten des Sicherungsnehmers.

(6) Verwertung von sicherungsübereigneten Gegenständen

Die **Verwertung des Sicherungsguts** richtet sich nach dem zwischen Bank und Kreditnehmer geschlossenen Vertrag. Fehlt eine entsprechende Vereinbarung, so ist die Bank berechtigt, aber nicht verpflichtet, die Verwertung nach den Regeln des Pfandverkaufs vorzunehmen. Das Kreditinstitut hat ein Selbsteintrittsrecht.

Bei Eintritt des Verwertungsrechts muss die Bank die Interessen des Kreditnehmers in angemessener Weise wahren. Dem Kreditnehmer muss vor der Verwertung Gelegenheit geboten werden, die Forderung zu tilgen. Die Verwertung selbst muss mit der gebotenen Sorgfalt durchgeführt werden. Die Bank darf sich z. B. nicht mit einem Verwertungserlös in Höhe ihrer Forderung begnügen (Verschleuderung des Gegenstands). Sie ist wirtschaftlich nur Treuhandeigentümer! Bei Nichtbeachtung macht sie sich schadensersatzpflichtig.

Absonderungsrecht bei Insolvenz. Bei Insolvenz des Kreditnehmers stünde der Bank als Eigentümerin eigentlich ein Aussonderungsrecht zu. Wegen des pfandrechtlichen Charakters der Sicherungsübereignung hat sie jedoch nur ein Absonderungsrecht. Die sicherungsübereigneten Gegenstände, die im Besitz des Schuldners sind, werden ausschließlich durch den Insolvenzverwalter (nicht durch das Kreditinstitut) verwertet (vgl. Kapitel 21.11 Insolvenzverfahren).

LS 11

21.7.3 Das Pfandrecht im Firmenkundengeschäft

(1) Wesen

Das Pfandrecht ist ein dingliches Recht an fremden Sachen oder Rechten zur Sicherung einer Forderung. Es berechtigt den Gläubiger, sich durch Verwertung des verpfändeten Gegenstandes zu befriedigen.

Art der Verpfändung	Erläuterung
Verpfändung von Forderungen	Der Kreditnehmer bleibt *Gläubiger der Forderung.* Durch die Anzeige an den Drittschuldner steht dem Kreditinstitut ein Pfandrecht an der Forderung zu. Das Recht wird belastet. Die Einziehung der Forderung darf das Kreditinstitut erst bei Pfandreife vornehmen. 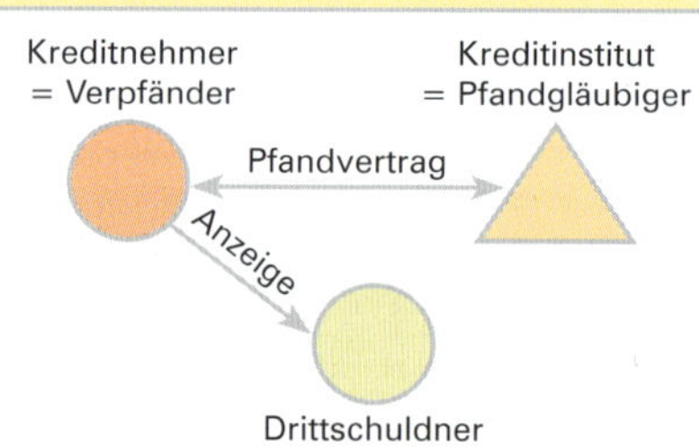 Nachteilig für den Kreditnehmer ist, dass eine Verpfändungsanzeige an den Drittschuldner erfolgen muss.
Verpfändung von beweglichen Sachen	Der Kreditnehmer bleibt *Eigentümer* der Sache. Das Kreditinstitut muss den unmittelbaren Besitz an der Pfandsache erlangen. Dem Kreditinstitut steht ein *Pfandrecht* an der Sache zu. Das Eigentum des Kreditnehmers ist mit einem *Pfand belastet.* Die Pfandverwertung darf das Kreditinstitut erst bei Pfandreife (= Fälligkeit der gesicherten Forderung) vornehmen. 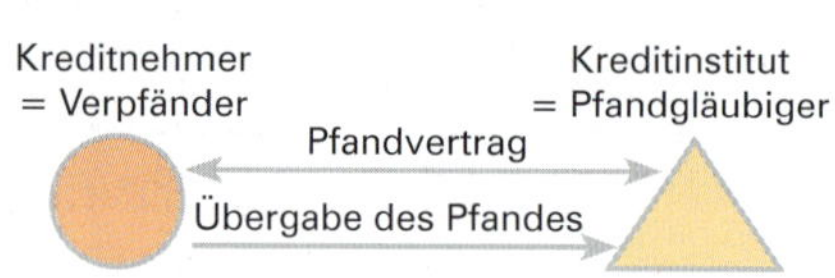 Wegen des Faustpfandprinzips scheidet eine Verpfändung von Sachen, die der Kreditnehmer nicht entbehren kann, aus.

biw
Bank für Investments und Wertpapiere

Alexander Müller e. K.

Interne Angabe der Bank/Ablagehinweise
12.335.095

Verpfändung von Sparguthaben, Sparbriefen, Festgeldern, Wertpapieren (Auszug)

Zwischen (nachstehend „Verpfänder" genannt)

Name und Anschrift des Verpfänders
Alexander Müller e. K., Endelstr. 6, 39106 Magdeburg

und dem oben genannten Kreditinstitut (nachstehend „Bank" genannt) **wird Folgendes vereinbart:**

1. Gegenstand der Verpfändung

Der Verpfänder verpfändet der Bank hiermit seine

☐ nachstehend aufgeführten, bei der Bank bestehenden **Sparguthaben** in der derzeitigen und künftigen Höhe einschließlich Zinsen:

Bezeichnung

unter Übergabe der jeweiligen Sparurkunden.

☐ der Bank gegenüber bestehende Forderungen, über die (ein) **Sparbrief(e)** ausgestellt ist/sind einschließlich Zinsen:

Bezeichnung

unter Übergabe des/der Sparbriefs(e).

☐ nachstehend bezeichneten, bei der Bank bestehenden **Festgeldeinlagen** in der derzeitigen und künftigen Höhe einschließlich Zinsen:

Bezeichnung

☒ bei der Bank in dem/den nachstehend aufgeführten Wertpapierdepot(s) jetzt und künftig verbuchten **Wertpapiere** einschließlich der Zins- und Gewinnanteilscheine nebst Erneuerungsscheinen sowie die auf Aktien anfallenden Bezugsrechte und Berichtigungsaktien:

Bezeichnung
Depot Nr. 2612480166

Ausgenommen sind jedoch

- im Ausland ruhende Wertpapiere
- eigene Aktien, Genussrechte, Genussscheine und nachrangige Verbindlichkeiten der Bank
- Aktien, Genussrechte, Genussscheine und nachrangige Verbindlichkeiten nachstehender Unternehmen

Unternehmen, in deren Mehrheitsbesitz die Bank steht oder von denen sie abhängig ist

☐ Ansprüche – vor allem Lieferungs- und Herausgabeansprüche –, die ihm wegen der in dem/den nachstehend aufgeführten, bei der Bank unterhaltenen Wertpapierdepot(s) verbuchten, im Ausland ruhenden Wertpapiere einschließlich der Zins- und Gewinnanteilscheine nebst Erneuerungsscheinen jetzt und künftig zustehen:

Bezeichnung

2. Orderpapiere

Soweit sich in den Depots Orderpapiere befinden und soweit solche zukünftig in die Depots aufgenommen werden, wird der Verpfänder diese Papiere, wenn nicht bereits geschehen, mit einem Blankoindossament versehen.

3. Verpfändung des Gegenwertes von Pfandgegenständen

(1) Gegenwerte der Pfandgegenstände (z. B. Rückzahlung fälliger Wertpapiere) wird die Bank einem Konto gutschreiben (Verrechnungskonto zum Depot). An den jeweiligen Guthaben auf derartigen Konten bestellt der Verpfänder der Bank hiermit ebenfalls ein Pfandrecht zur Sicherung der in Nr. 4 genannten Ansprüche.

(2) Die Bank wird dem Verpfänder eine Verfügung über diese Guthaben zur Anlage in Wertpapieren gestatten, die den zurückgezahlten oder ausgelosten Werten im Hinblick auf die Bonität des Emittenten und die sonstigen Risiken entspricht und die in dem oben genannten Depot zu verbuchen sind.

4. Sicherungszweck

Die Verpfändung erfolgt

☒ **zur Sicherung der Ansprüche, die der Bank aus dem/den nachstehend bezeichneten Kreditvertrag/Kreditverträgen** zustehen, und zwar auch dann, wenn die vereinbarte Laufzeit des/der Kredits/Kredite verlängert wird.

Bezeichnung des/der Kreditvertrages/Kreditverträge, ggf. Name des Kreditnehmers, falls dieser mit dem Verpfänder nicht identisch ist
Darlehensvertrag über 20 000,00 €
vom 15. 02. 20..

☐ **zur Sicherung aller bestehenden, künftigen und bedingten Ansprüche,** die der Bank mit ihren sämtlichen in- und ausländischen Geschäftsstellen aus der bankmäßigen Geschäftsverbindung gegen den Verpfänder zustehen. Hat dieser die Haftung für Verbindlichkeiten eines anderen Kunden der Bank übernommen (z. B. als Bürge), so sichert die Verpfändung die aus der Haftungsübernahme folgende Schuld erst ab deren Fälligkeit.

5. Zins- und Gewinnanteilscheine

Der Verpfänder ist nicht berechtigt, die Herausgabe von Zins- und Gewinnanteilscheinen der als Pfand haftenden Wertpapiere zu verlangen.

6. Verwertungsrecht der Bank

(1) Die Bank ist berechtigt, die Pfandgegenstände zu verwerten, wenn der Kreditnehmer mit fälligen Zahlungen auf die durch diesen Vertrag gesicherten Forderungen in Verzug ist. Die Bank wird die Pfandgegenstände nur in dem Umfang verwerten, als dies zur Erfüllung der rückständigen Forderungen erforderlich ist.

(2) Die Bank wird die Verwertung der Pfandgegenstände dem Verpfänder unter Fristsetzung schriftlich androhen. Stellt der Abschluss dieses Vertrages für den Verpfänder ein Handelsgeschäft dar, beträgt die Frist mindestens eine Woche. In allen übrigen Fällen beträgt sie einen Monat.

7. Rückgabe, Sicherheitenfreigabe

(1) Nach Befriedigung ihrer durch diese Verpfändung gesicherten Ansprüche hat die Bank an den Verpfänder die Pfandgegenstände und einen etwaigen Übererlös aus der Verwertung herauszugeben. Dies gilt nicht, wenn die Pfandgegenstände einem Dritten zustehen.

(2) Die Bank ist schon vor vollständiger Befriedigung ihrer durch die Verpfändung gesicherten Ansprüche verpflichtet, auf Verlangen die ihr verpfändeten Gegenstände sowie auch etwaige andere ihr bestellte Sicherheiten (z. B. abgetretene Forderungen, Grundschulden) nach ihrer Wahl an den jeweiligen Sicherungsgeber ganz oder teilweise freizugeben, sofern der realisierbare Wert sämtlicher Sicherheiten **110 %** der gesicherten Ansprüche der Bank nicht nur vorübergehend überschreitet.

(3) Die Bank wird bei der Auswahl der freizugebenden Sicherheiten auf die berechtigten Belange des Verpfänders und der Besteller zusätzlicher Sicherheiten Rücksicht nehmen.

8. Bewertung der Pfandgegenstände

(1) Vorbehaltlich einer anderweitigen Regelung wird der realisierbare Wert der Pfandgegenstände wie folgt festgelegt:

– **100 %**

Kontoguthaben in Euro auf Tages- oder Festgelder

– **bis zu 90 %**

Renten mit Rating AA oder besser, Geldmarktfonds in Euro (ohne Wandel-/Umtausch- und Optionsanleihen, Index-Zertifikate, Anleihen mit Andienungsrecht);

– **bis zu 70 %**

Renten in Euro mit Rating A-AA (ohne Wandel-/Umtausch- und Optionsanleihen, Index-Zertifikate, Anleihen mit Aktienandienungsrecht), offene Immobilienfonds und Rentenfonds mit Depotwährung in Euro;

[...]

9.–10. [...]

Pfandrechte

vertragliches Pfandrecht	gesetzliches Pfandrecht	Pfändungspfandrecht
Pfandrechte, die durch *Vertrag* zwischen dem Verpfänder und dem Pfandgläubiger entstehen (= Verpfändung).	Pfandrechte, die nicht durch einen Verpfändungsvertrag, sondern *kraft Gesetzes* entstehen, ohne dass die Parteien eine entsprechende Vereinbarung getroffen haben. Kraft Gesetzes können für Vermieter, Verpächter, Kommissionäre, Spediteure, Lagerhalter, Frachtführer Pfandrechte an den Sachen ihrer Schuldner entstehen.	Pfandrechte, die *kraft Zwangsvollstreckung* entstehen. Bei beweglichen Sachen nimmt der Gerichtsvollzieher die Sachen in Besitz oder er legt Siegel an. Bei Forderungen entsteht das Pfandrecht durch Zustellung eines gerichtlichen Pfändungsbeschlusses (Pfändung).
	gewähren dem Pfandgläubiger die gleichen Rechte wie ein durch Vertrag entstandenes Pfandrecht.	

Als Kreditsicherheit ist in erster Linie das vertragliche Pfandrecht von Bedeutung, das zwischen Kreditnehmer und Kreditinstitut vereinbart wird.

(2) Bewertungen

Beim Pfandrecht überwiegen die praktischen Nachteile: Bei *beweglichen Sachen* stört es, dass dem Eigentümer die Verfügungsgewalt und damit die Nutzungsmöglichkeit entzogen wird (Faustpfandprinzip). Aus diesem Grund scheidet eine Verpfändung von Sachen aus, auf die der Kreditnehmer in seinem Unternehmen nicht verzichten kann, z. B. Maschinen, Werkzeuge, Hilfsmaterialien usw. Hinzu kommt, dass die Bank als Pfandgläubiger die Aufbewahrungspflicht hat.

Die *Verpfändung von Forderungen* hat ebenfalls große Nachteile, weil sie nur wirksam wird, wenn sie dem Schuldner angezeigt wird. Die Kreditwürdigkeit des Kaufmanns würde beeinträchtigt. In der Praxis erfolgt die Kreditbesicherung aus diesen Gründen sehr selten durch Verschaffung eines Pfandrechts. Lediglich wenn Wertpapiere als Sicherheit angeboten werden, spielt das Pfandrecht noch eine Rolle. Die Praxis hat die Verpfändung weitgehend durch die Sicherungsübereignung und die sicherungsweise Abtretung von Forderungen ersetzt. Diese haben für den Kaufmann den Vorteil, dass einerseits die Übergabe des Pfands an den Gläubiger, andererseits die Anzeige an den Drittschuldner nicht unbedingt zu erfolgen brauchen.

(3) Pfandrecht an Wertpapieren

Pfandrecht an Inhaberwertpapieren. Die Bestellung eines Pfandrechts an einem Inhaberwertpapier erfolgt wie bei beweglichen Sachen (§ 1293 BGB) durch

- Einigung zwischen dem Kreditnehmer und dem Kreditinstitut über das Entstehen des Pfandrechts und
- Übergabe des Wertpapiers.

Wird das Inhaberwertpapier bereits beim Kreditinstitut verwahrt, genügt die Einigung mit dem Kreditnehmer.

Wird das Inhaberwertpapier von einem anderen Kreditinstitut verwahrt, sind zur Verpfändung

- die Einigung,
- die Abtretung des Herausgabeanspruchs und
- die Anzeige an das Kreditinstitut

erforderlich.

Die Verpfändung von Inhaberwertpapieren, die bei einem anderen Kreditinstitut verwahrt werden, ist jedoch mit Risiken verbunden, da das AGB-Pfandrecht des verwahrenden Kreditinstituts Vorrang hat. Deshalb bittet die kreditgewährende Bank die Depotbank um eine Rücktrittserklärung hinsichtlich ihres AGB-Pfandrechts oder sie veranlasst den Kunden, die Wertpapiere in ein Depot bei ihr zu übertragen.

Pfandrecht an Orderpapieren. Die Bestellung eines Pfandrechts an einem Orderpapier erfolgt durch

- Einigung zwischen dem Kreditnehmer und dem Kreditinstitut über das Entstehen des Pfandrechts und
- Übergabe des Wertpapiers, das mit einem Pfand- oder Blankoindossament versehen sein muss.

LS 12

21.7.4 Die sicherungsweise Abtretung von Forderungen im Firmenkundengeschäft

(1) Wesen

Die Sicherungsabtretung ist die Übertragung einer Forderung durch den Kreditnehmer an das Kreditinstitut zur Sicherung eines Kredits.

Sicherungszession

Der Kreditnehmer verschafft dem Kreditinstitut die uneingeschränkte *volle Gläubigerstellung.* Der Kreditnehmer gibt seine Gläubigerstellung auf.

Die Sicherungszession gewährt dem Kreditinstitut mehr Rechte als die Verpfändung von Forderungen. Es muss nicht, wie bei der Verpfändung, die Pfandreife nachgewiesen werden, um Zahlung verlangen zu können.

Für den Kreditnehmer besteht der Vorteil, dass die Sicherungszession in stiller Form, also ohne Anzeige an den Drittschuldner, wirksam ist.

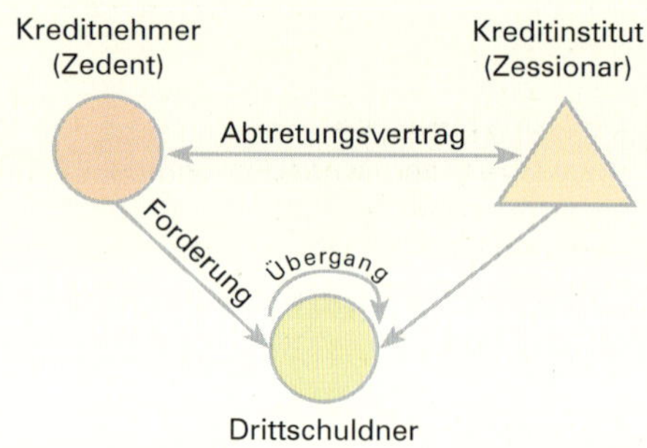

Im Firmenkundengeschäft werden zur Sicherstellung für gewährten oder noch zu gewährenden Kredit insbesondere Forderungen aus Warenlieferungen und Leistungen abgetreten.

Die Bank hat sich vor Annahme der Zession von der Abtretbarkeit der Forderung zu überzeugen. *Nicht abtretbar* sind Forderungen, deren Abtretung vertraglich verboten ist, z. B. bei größeren Industriefirmen, bei denen meist ein Abtretungsverbot in den Geschäftsbedingungen enthalten ist. Der Bundesverband deutscher Banken e. V. gibt in einer Liste die Firmen bekannt, die die Abtretbarkeit der gegen sie gerichteten Forderungen ausschließen.

§ 399 BGB § 354 a HGB

Ein vertraglicher Abtretungsausschluss ist aber unwirksam für den Fall, dass es sich bei dem Rechtsgeschäft, welches die Forderung begründet, um ein beiderseitiges Handelsgeschäft handelt. Der Schuldner kann mit schuldbefreiender Wirkung an den bisherigen Gläubiger leisten, auch wenn er von der Abtretung Kenntnis hat. Damit ist der Wert der Abtretung für das Kreditinstitut infrage gestellt.

In der Regel werden Zessionen als *stille Zessionen* vereinbart, um den Ruf des Unternehmens nicht zu schädigen. Erst bei Zahlungsverzug wird die Offenlegung veranlasst.

Deutsche Bank

Interne Angaben der Bank/Ablagehinweise
12.3648/0865

Abtretung einzelner Forderungen

Zwischen (nachstehend „Sicherungsgeber" genannt)

Name und Anschrift des Sicherungsgebers
Schumann OHG, Schwanenreih 6, 24939 Flensburg

und dem oben genannten Kreditinstitut (nachstehend „Bank" genannt) **wird Folgendes vereinbart:**

Abgetretene Forderungen

Lfd. Nr.	Rechnungs-datum	Name und Anschrift des Drittschuldners	Grund der Forderung	Fälligkeit	Betrag: EUR
1	10.01.20..	Kaufreich GmbH, Gutmannweg 7, 24943 Flensburg	Warenlieferung v. 10.01.20..	10.06.20..	36900,00

1. Gegenstand der Abtretung

Der Sicherungsgeber tritt hiermit an die Bank ab:

☒ Die **oben** aufgeführten Forderungen

☐ Die in der **Anlage** aufgeführten Forderungen. Die Anlage ist Bestandteil dieses Vertrages.

2. Sicherungszweck

Die Abtretung der Forderungen und die Übertragung der sonstigen in diesem Vertrag aufgeführten Rechte erfolgt

☐ zur **Sicherung der Ansprüche,** die der Bank **aus dem nachstehend bezeichneten Kreditvertrag** zustehen, und zwar auch dann, wenn die vereinbarte Laufzeit des Kredits verlängert wird.

Bezeichnung des Kreditvertrages, ggf. Name des Kreditnehmers, falls dieser mit dem Sicherungsgeber nicht identisch ist.

☒ zur **Sicherung aller bestehenden, künftigen und bedingten Ansprüche** der Bank mit ihren sämtlichen in- und ausländischen Geschäftsstellen **aus der bankmäßigen Geschäftsverbindung** gegen den Sicherungsgeber. Hat dieser die Haftung für Verbindlichkeiten eines anderen Kunden der Bank übernommen (z. B. als Bürge), so sichert die Abtretung die aus der Haftungsübernahme folgende Schuld erst ab deren Fälligkeit.

3. Übergang von Rechten und Sicherheiten

Mit den abgetretenen Forderungen gehen die Rechte aus den zugrunde liegenden Rechtsgeschäften auf die Bank über. Soweit für die abgetretenen Forderungen Sicherheiten bestellt sind, die nicht schon kraft Gesetzes auf die Bank übergehen, kann die Bank deren Übertragung auf sich verlangen.

4. Blankobenachrichtigungsschreiben

Der Sicherungsgeber hat der Bank auf ihre Anforderung Blankobenachrichtigungsschreiben zur Unterrichtung der Drittschuldner über die Abtretung auszuhändigen. Die Bank ist berechtigt, vom Sicherungsgeber unterschriebene Blankobenachrichtigungsschreiben zu vervielfältigen.

5. Einziehung der Forderungen durch den Sicherungsgeber, Abtretung der Ansprüche aus Schecks und Wechseln

Dem Sicherungsgeber ist es gestattet, die an die Bank abgetretenen Forderungen im Rahmen eines ordnungsgemäßen Geschäftsbetriebes einzuziehen. Wenn der Sicherungsgeber zur Bezahlung der der Bank abgetretenen Forderungen Schecks oder Wechsel erhält, tritt der Sicherungsgeber die ihm daraus zustehenden Ansprüche schon jetzt im Voraus sicherungshalber an die Bank ab. Die Bank kann zur Wahrung ihrer berechtigten Belange die Einziehungsbefugnis beschränken oder für die Einziehung Auflagen erteilen.

6. Verkauf der Forderungen

Der Verkauf der an die Bank abgetretenen Forderungen im Rahmen eines echten Factoring-Geschäftes bedarf der vorherigen schriftlichen Zustimmung der Bank.

7. Einziehung der Forderungen durch die Bank

(1) Wenn der Kreditnehmer mit fälligen Zahlungen auf die durch diesen Vertrag gesicherten Forderungen in Verzug ist, seine Zahlungen eingestellt hat oder die Eröffnung eines gerichtlichen Insolvenzverfahrens über sein Vermögen beantragt worden ist, ist die Bank berechtigt, die Einziehungsbefugnis zu widerrufen und die Forderungsabtretung auch im Namen des Sicherungsgebers gegenüber den jeweiligen Drittschuldnern offen zu legen und die Forderungen einzuziehen. Diese Maßnahmen wird die Bank nur in dem Umfange ergreifen, als es zur Erfüllung der rückständigen Forderungen erforderlich ist.

(2) Die Offenlegung der Forderungsabtretung und die Einziehung der Forderungen wird die Bank dem Sicherungsgeber unter Fristsetzung schriftlich androhen. Stellt der Abschluss dieses Vertrages für den Sicherungsgeber ein Handelsgeschäft dar, beträgt die Frist mindestens eine Woche. In allen übrigen Fällen beträgt sie einen Monat.

(3) Erlischt die Einziehungsbefugnis des Sicherungsgebers, so kann die Bank die Aushändigung aller Unterlagen über die abgetretenen Forderungen verlangen.

(4) Wenn die Bank Forderungen selbst einzieht, darf sie alle Maßnahmen und Vereinbarungen mit den Drittschuldnern treffen, die zur Realisierung der Forderungen erforderlich sind, insbesondere Stundungen und Nachlässe gewähren und Vergleiche abschließen.

(5) Der Sicherungsgeber wird auf Verlangen der Bank für diese die Forderung einziehen.

8. Informationspflichten des Sicherungsgebers

Werden abgetretene Forderungen gepfändet, hat der Sicherungsgeber die Bank hiervon unverzüglich zu informieren und den Pfändungsgläubiger unverzüglich schriftlich von dem Sicherungsrecht der Bank zu unterrichten.

27 Merkur-Nr. 0857

9. Einsichts- und Prüfungsrechte der Bank

(1) Der Sicherungsgeber ist verpflichtet, der Bank auf Verlangen alle Auskünfte, Nachweise und Urkunden zu geben, die zur Prüfung, Bewertung und zur Geltendmachung der abgetretenen Forderungen erforderlich sind. Beim Einsatz von EDV-Anlagen hat der Sicherungsgeber die erforderlichen Belege auszudrucken; falls der Ausdruck nicht vorgenommen wird, sind der Bank die hierfür erforderlichen Datenträger und EDV-Programme auszuhändigen, damit sie sich selber die Ausdrucke erstellen kann.

(2) Der Sicherungsgeber gestattet der Bank, zur Prüfung, Bewertung und Geltendmachung der abgetretenen Forderungen seine Unterlagen einzusehen oder durch einen Bevollmächtigten einsehen zu lassen.

10. Sicherheitenfreigabe

(1) Nach Befriedigung ihrer durch die Abtretung gesicherten Ansprüche hat die Bank an den Sicherungsgeber die ihr abgetretenen Forderungen zurückzuübertragen und einen etwaigen Übererlös aus der Verwertung herauszugeben. Die Bank wird jedoch die Sicherheit an einen Dritten übertragen, falls sie hierzu verpflichtet ist.

(2) Die Bank ist schon vor vollständiger Befriedigung ihrer durch die Abtretung gesicherten Ansprüche verpflichtet, auf Verlangen die ihr abgetretenen Forderungen sowie auch etwaige andere ihr bestellte Sicherheiten (z.B. übereignete Sachen, Grundschulden) nach ihrer Wahl an den jeweiligen Sicherungsgeber ganz oder teilweise freizugeben, sofern der realisierbare Wert sämtlicher Sicherheiten

110 %

der gesicherten Ansprüche der Bank nicht nur vorübergehend überschreitet.

(3) Die Bank wird bei der Auswahl der freizugebenden Sicherheiten auf die berechtigten Belange des Sicherungsgebers und der Besteller zusätzlicher Sicherheiten Rücksicht nehmen.

11. Rechtswirksamkeit

Sollte eine Bestimmung dieses Vertrages nicht rechtswirksam sein oder nicht durchgeführt werden, so wird dadurch die Gültigkeit des übrigen Vertragsinhaltes nicht berührt. Das gilt insbesondere, wenn die Unwirksamkeit sich nur auf einzelne Forderungen oder Forderungsteile erstreckt.

Ort, Datum, Unterschrift des Sicherungsgebers	Flensburg, 16.01.20.. Schumann OHG — Fritz Schumann
Ort, Datum, Unterschrift der Bank	Flensburg, 16.01.20.. Deutsche Bank AG — ppa. Klein

(2) Einzelabtretung – Rahmenabtretungsverträge

In der bankgeschäftlichen Praxis haben sich unterschiedliche Formen der Sicherungsabtretung von Forderungen herausgebildet.

Einzelzession. Bei der Abtretung einer einzelnen Forderung, entweder offen oder still, handelt es sich um eine *Einzelzession.* Diese Form der Kreditbesicherung wird gewählt, wenn der Bankkredit entweder als Bevorschussung einer speziellen Forderung gedacht ist oder wenn es sich um einen kurzfristigen und einmaligen Kreditbedarf handelt, zu dessen Besicherung die Abtretung einer Einzelforderung ausreicht.

Rahmenzessionsverträge. Für länger dauernde und hohe Kredite ist die Form der Einzelzession nicht zweckmäßig. Da die Außenstände sich meist aus einer Vielzahl kleiner Posten zusammensetzen, die unterschiedlich fällig sind, müssen die Abtretungsverträge der einzeln abgetretenen Forderungen bei Bezahlung laufend erneuert werden. Deshalb hat die Praxis sogenannte Rahmenabtretungsverträge entwickelt, und zwar die *Mantelzession* und die *Globalzession,* die in stiller oder offener Form vorgenommen werden können.

Im **Mantelzessionsvertrag** wird festgelegt, dass zur Sicherstellung des Kredits der Zedent Forderungen gegen mehrere Drittschuldner in einem bestimmten Gesamtbetrag der Bank abtritt und erledigte bezahlte Forderungen durch neue ersetzt. Der Kreditnehmer übernimmt also die Verpflichtung, der Bank neben den bestehenden Forderungen künftige Forderungen nach ihrer Entstehung abzutreten. Bei den Rahmenzessionen ist auf das Erfordernis der Bestimmbarkeit besonders zu achten. Der Zedent reicht in bestimmten Zeitabständen dem Zessionar Rechnungskopien und Debitorenlisten ein, aus denen der Name des Drittschuldners, der Betrag und das Fälligkeitsdatum ersichtlich sind. Durch den Abschluss des Mantelzessionsvertrags erfolgt jedoch noch keine Übertragung der Forderungsrechte an die Bank. Der eigentliche Forderungsübergang erfolgt erst mit Übergabe der Debitorenliste bzw. der Rechnungskopien. Die Bank ist hier auf die unbedingte Vertragstreue des Kreditnehmers angewiesen, da bei einer Unterlassung der Übersendung kein Forderungsübergang eintritt und die früher abgetretenen Forderungen bereits durch Erfüllung erloschen sein können. Auch tritt der Forderungsübergang erst mit Verzögerung, mindestens um die Postlaufzeit, ein.

Mantelabtretung (Auszug)

1. Zur Sicherung aller bestehenden und künftigen Forderungen ... tritt der Unterzeichnende – die Hermann Müller OHG, im Folgenden Zedent genannt – die ihm zustehenden Forderungen, die in dem einen Bestandteil dieser Erklärung bildenden Verzeichnis aufgeführt sind und insgesamt 100 000,00 € betragen, an die Bank ab.
2. Sinkt der Gesamtbetrag der abgetretenen Forderungen aus irgendwelchen Gründen unter 85 000,00 €, ist der Zedent verpflichtet, laufend neue Forderungen an die Bank abzutreten, bis der Gesamtbetrag von 100 000,00 € wieder erreicht ist.

Die **Globalzession** ist ein Vertrag, durch den der Kreditnehmer sämtliche gegenwärtigen und künftigen Forderungen aus bestimmten Geschäften oder gegen bestimmte Drittschuldner an den Kreditgeber abtritt. Der Vorteil liegt darin, dass die künftigen Forderungen bereits im Zeitpunkt ihrer Entstehung auf den Zessionar übergehen. Das Wirksamwerden der Abtretung der künftigen Forderungen hängt nicht mehr vom Willen des Zedenten ab und es bedarf nach Abschluss des Vertrags keiner weiteren Rechtshandlungen. Auch hierbei ist, um die Abtretung rechtswirksam zu machen, das Erfordernis der Bestimmbarkeit der zukünftigen Forderungen von Wichtigkeit. Die Bestimmbarkeit ist zum Beispiel bei folgenden Vereinbarungen gegeben:

- Abtretung aller Ansprüche des Zedenten gegen seine Abnehmer mit den Anfangsbuchstaben A–K,
- Abtretung aller Ansprüche des Zedenten gegen seine Abnehmer im Bundesland Sachsen-Anhalt.

Nicht bestimmbar ist dagegen die Vereinbarung „alle künftigen Einnahmen". Die Sicherungsabtretung aller zukünftigen Forderungen ohne jede Begrenzung ist unwirksam. Während bei der Mantelzession die Übergabe der Debitorenlisten zwingend erforderlich ist, weil erst hierdurch der Forderungsübergang vollzogen wird, sollte die Bank auch bei der Globalzession, bei der die Forderungen bereits mit ihrer Entstehung auf die Bank übergehen, die Bestandslisten regelmäßig einholen und plausibilisieren, damit in einem Insolvenzfall keine Anfechtung gemäß § 131 Abs. 1 InsO möglich ist. Die Globalzession bietet wegen der genannten Vorteile der Bank eine bessere Kreditsicherheit.[1]

Globalabtretung (Auszug)

1. Zur Sicherung aller bestehenden und künftigen Forderungen tritt der Unterzeichnende – die Hermann Müller OHG, im Folgenden Zedent genannt – die ihm zustehenden gegenwärtigen und künftigen Forderungen aus Verkäufen gegen alle Kunden mit den Anfangsbuchstaben A bis M an die Bank ab.
   Für die Bestimmung der Anfangsbuchstaben ist
   - bei Einzelpersonen der erste Buchstabe des ersten Familiennamens,
   - bei Firmen, die Familiennamen enthalten, der erste Buchstabe des ersten Familiennamens,
   - bei den sonstigen Firmen der erste Buchstabe der Firmenbezeichnung

   maßgebend.

1 Sie ist gemäß BGH-Urteil von 12/2007 grundsätzlich als insolvenzfest anzuerkennen.

Beispiel:

Die Bank schließt mit dem Kreditnehmer am 1. März einen Mantelzessionsvertrag. Es sollen bestimmte Forderungen durch Übersendung von Rechnungskopien abgetreten werden. Am 10. März werden einem Kunden vom Kreditnehmer Waren geliefert. Der Kreditnehmer reicht die Rechnungskopie am 15. März seiner Bank ein. Die Bank wird am 15. März mit Übergabe der Rechnungskopie Gläubigerin der Forderung.

Hätte die Bank am 1. März einen Globalzessionsvertrag (Abtretung aller Ansprüche gegen Kunden des Kreditnehmers in Niedersachsen; Kunde wohnt in Hannover) mit dem Kreditnehmer abgeschlossen, wäre sie bereits am 10. März mit Entstehen der Forderung Gläubigerin geworden, auch ohne weitere Rechtshandlungen des Kreditnehmers.

	Mantelzession	**Globalzession**
Begriff	Vertrag, durch den der Kreditnehmer Forderungen gegen mehrere Drittschuldner in einem bestimmten Gesamtbetrag abtritt und in dem er sich verpflichtet, erledigte bezahlte Forderungen durch neue zu ersetzen.	Vertrag, durch den der Kreditnehmer sämtliche gegenwärtigen und künftigen Forderungen aus bestimmten Geschäften oder gegen bestimmte Drittschuldner an die Bank abtritt.
Notwendige Bestimmbarkeit der Forderungen	Debitorenlisten bzw. Rechnungskopien.	Kennzeichnen der Drittschuldner nach den Anfangsbuchstaben ihres Namens, dem Wohnsitz oder Sitz ihrer Geschäftsniederlassung.
Rechtswirksamkeit der Abtretung	Übergabe der Debitorenliste bzw. Rechnungskopie an den Zessionar. Die Übergabe hat eine „konstitutive Wirkung“.	Im Zeitpunkt der Entstehung der Forderung. Die Übergabe der Debitorenliste bzw. Rechnungskopie an den Zessionar hat eine „deklaratorische Wirkung“.

(3) Risiken der Sicherungsabtretung von Forderungen

Die folgenden Gefahren können sich aus der Zession ergeben:

- Bei der stillen Zession erscheint der Zedent nach außen hin weiterhin als Inhaber der Forderung. Der Drittschuldner zahlt mit schuldbefreiender Wirkung an ihn. Bei Zahlungsschwierigkeiten besteht für die Bank die nicht zu unterschätzende Gefahr, dass der Zedent die bei ihm eingehenden Beträge entgegen den getroffenen Vereinbarungen nicht an die Bank abführt, sondern für andere Zwecke verwendet.

  Schutz: Verpflichtung des Kreditnehmers, die Drittschuldner zur Zahlung an das Kreditinstitut zu veranlassen (Angabe einer entsprechenden Kontoverbindung). Offenlegung der Zession.

- Weiterhin entsteht bei einer stillen Zession auch leicht der Anreiz zur Abtretung von Forderungen, die entweder überhaupt nicht, nicht mehr oder nicht mehr in voller Höhe bestehen, oder dem Zedenten noch nicht zustehen. Auch kann der Zedent Forderungen abgetreten haben, die zweifelhaft sind.

  Schutz: Periodische unangekündigte Einsichtnahme in die Geschäftsbücher und die Debitorenbuchhaltung des Kreditnehmers. Offenlegung der Zession.

- Der Zedent könnte eine Forderung abtreten, die er bereits an ein anderes Kreditinstitut abgetreten hat. Der zweite Zessionar erwirbt die Forderung trotz guten Glaubens nicht (Grundsatz der Priorität).

  Schutz: Prüfung der Bonität des Zedenten, Überdeckung des Kreditbetrags um bis zu 20 % durch abgetretene Forderungen, um gegen Ausfälle geschützt zu sein.

- Daneben kann die Abtretbarkeit der Forderung zwischen Zedent und Drittschuldner vertraglich ausgeschlossen worden sein. Die Forderung ist damit nicht abtretbar und kann von der Bank nicht beansprucht werden.
  Schutz: Prüfung der Liste des Bundesverbands deutscher Banken e. V., die die Firmen bekanntgibt, die die Abtretung der gegen sie gerichteten Forderungen ausschließen.
  Vorlage der Verträge mit den Abnehmern.
- Erhebliche Gefahren für die Bank können aber auch darin liegen, dass der Drittschuldner dem Kreditinstitut gegenüber alle Einreden geltend machen kann, die er gegen den Zedenten vorbringen kann, z. B. Einrede der Zahlungsverweigerung wegen falscher oder mangelhafter Lieferung oder Aufrechnungsansprüche, Einrede der Anfechtung, Einrede der Verjährung.
  Schutz: Verpflichtung des Kreditnehmers, das Kreditinstitut zu benachrichtigen, wenn die abgetretenen Forderungen beeinträchtigt werden.
- Die Vereinbarung eines **verlängerten Eigentumsvorbehalts** (vgl. folgende Tabelle) führt nicht selten zur Konkurrenz zwischen verlängertem Eigentumsvorbehalt und der Zession der Bank. Der Lieferant, der sich mithilfe des verlängerten Eigentumsvorbehalts die Forderungen gegen die Abnehmer seines Kunden hat abtreten lassen, beansprucht diese Forderungen ebenso wie die Bank, mit der die Sicherungsabtretung vereinbart wurde.

Arten des Eigentumsvorbehalts			
Einfacher Eigentumsvorbehalt (§ 449 BGB)	**Erweiterter Eigentumsvorbehalt**		
	Kontokorrentvorbehalt (§ 355 HGB)	Verlängerter Eigentumsvorbehalt (Vorausabtretungsklausel)	Weitergeleiteter Eigentumsvorbehalt
Der Lieferant hat sich das Eigentum an der von ihm gelieferten Ware bis zur Vollbezahlung vorbehalten. Dieser Eigentumsvorbehalt gilt nur so lange, wie die Ware unverarbeitet und unbearbeitet auf Lager liegt. Er geht unter durch Weiterverarbeitung, durch Verkauf der Ware an einen Dritten und durch Zahlung des Kaufpreises. **Beispiel:** Ein Garnlieferant behält sich das Eigentum an den Rohstoffen bis zur Bezahlung seiner Rechnung vor. Der Eigentumsvorbehalt geht jedoch unter, wenn die Rohstoffe (Garne) zu einer neuen Sache (dem Stoff) verarbeitet werden.	Der Lieferer macht den Übergang des Eigentums davon abhängig, dass nicht nur die Kaufpreisforderung hinsichtlich der gelieferten Ware, sondern auch alle anderen Forderungen, die er gegenüber seinem Abnehmer hat, beglichen werden. Dies ist die weitestgehende Form des Eigentumsvorbehalts. Es gehören sämtliche von einem bestimmten Lieferer bezogenen Waren und auch die aus dem Weiterverkauf resultierenden Forderungen dem Lieferanten so lange, wie er noch irgendeine Forderung gegenüber seinem Abnehmer hat.	Der verlängerte Eigentumsvorbehalt wird vereinbart bei Lieferung von Waren an einen Käufer, der mit diesen Waren Handel betreibt. Er liegt vor, wenn Lieferant und Käufer vereinbaren, dass an die Stelle des Eigentumsvorbehalts, wenn dieser durch Weiterveräußerung erlischt, die aus dem Verkauf entstehende Forderung treten soll. Der Lieferant lässt sich also die aus dem Verkauf der von ihm gelieferten und noch nicht bezahlten Ware entstandenen Ansprüche gegen die Abnehmer des Käufers im Voraus abtreten. **Beispiel:** Bei einer Weiterveräußerung der gelieferten Ware stehen dem Lieferer und nicht dem Käufer die gegen die Abnehmer entstandenen Forderungen zu.	Der Verkäufer vereinbart mit dem Käufer einer Ware, dass diese wiederum nur unter Eigentumsvorbehalt an den Abnehmer des Käufers veräußert werden darf.

Rechtswirksam ist normalerweise die Abtretung, die zeitlich zuerst vereinbart wurde (Grundsatz der Priorität). Einen gutgläubigen Erwerb einer bereits anderweitig abgetretenen Forderung gibt es nicht. Der Abschluss eines Globalabtretungsvertrags kann aber trotz des Prioritätsprinzips nicht sicherstellen, dass die Abtretung an das Kreditinstitut der Abtretung im Rahmen eines verlängerten Eigentumsvorbehalts vorgeht. Eine Globalzession ist sittenwidrig und nichtig, soweit sie sich auf Forderungen bezieht, die von einem verlängerten Eigentumsvorbehalt erfasst werden können (BGH-Urteil).

Schutz: Die Kreditinstitute vereinbaren aufgrund dieses BGH-Urteils im Sicherungsvertrag eine Teilabtretung (abgetreten wird der Forderungsteil, der die Kaufpreisforderung des Lieferanten übersteigt) oder die Einräumung eines Anwartschaftsrechts auf die Forderung (mit Erlöschen des verlängerten Eigentumsvorbehalts steht die Forderung dem Kreditinstitut zu).

Versicherung des Sicherungsgebers, dass keiner der Lieferanten einen Eigentumsvorbehalt geltend macht.

Auszug aus einem Globalabtretungsvertrag:

Forderungen, die einem nach Abschluss dieses Vertrags wirksam zustande gekommenen branchenüblichen verlängerten Eigentumsvorbehalt eines Lieferanten unterliegen, gehen erst dann auf die Bank über, wenn sie nicht mehr von diesem verlängerten Eigentumsvorbehalt erfasst werden; soweit diese Forderungen einem Lieferanten nur teilweise zustehen, ist die Abtretung dieser Forderungen an die Bank zunächst auf den dem Sicherungsgeber zustehenden Forderungsteil beschränkt; der Restteil geht auf die Bank erst über, wenn er von diesem verlängerten Eigentumsvorbehalt nicht mehr erfasst wird ...,

Die Bank ist berechtigt, den verlängerten Eigentumsvorbehalt durch Befriedigung des Lieferanten abzulösen.

(4) Verwertung der abgetretenen Forderungen

Wenn der Kreditnehmer seinen Verpflichtungen aus dem Kreditvertrag nicht mehr nachkommt, wird die Bank die ihr abgetretenen Forderungen verwerten. Sie wird erst einmal die Forderungen offen legen. Dazu hat sie sich bereits bei Abschluss des Zessionsvertrages Blankobenachrichtigungsschreiben des Kreditnehmers aushändigen lassen. In diese werden dann die entsprechenden Angaben des Drittschuldners eingetragen. Der Drittschuldner kann nach Offenlegung i. d. R. schuldbefreiend nur noch an die Bank zahlen. Die Verwertung erfolgt durch Einzug der Forderungen. Ist über das Vermögen des Zedenten (Kreditnehmer) das Insolvenzverfahren eröffnet worden, geht das Verwertungsrecht auf den Insolvenzverwalter über. Nur der Verwalter, nicht das Kreditinstitut, kann die abgetretenen Forderungen einziehen (vgl. Insolvenzverfahren Kapitel 21.11 → Absonderung abgetretener Forderungen).

21.7.5 Die Sicherungsgrundschuld

Bürgschaft, Verpfändung, Sicherungszession und Sicherungsübereignung eignen sich für die Sicherstellung kurzfristiger Kredite. Für mittel- und langfristige Kredite stellen sie jedoch wegen Bonitätsänderungen, Kursschwankungen, Wertverlusten und der Notwendigkeit ständiger Kontrollen keine ideale Sicherheit dar.

Die „klassische" Sicherheit für den mittel- und langfristigen Kredit sind wegen ihrer Wertstabilität Grundpfandrechte. Kreditinstitute vereinbaren zur Absicherung derartiger Kredite eine Sicherungsgrundschuld, wie bereits im Kapitel 18.8.3.2 „Baufinanzierung" dargestellt. Die Grundschuld eignet sich wegen ihrer Abstraktheit aber auch zur Deckung kurzfristiger Kredite, insbesondere von Kontokorrentkrediten.

21.8 Die Kreditüberwachung im Firmenkundengeschäft

LS 13

Die MaRisk beinhalten Mindestanforderungen an das Kreditgeschäft (Kapitel 21.2.3).

Jedes Kreditinstitut braucht

- aussagekräftige Risikoklassifizierungsverfahren für die erstmalige bzw. die turnusmäßige oder anlassbezogene Beurteilung des Adressenausfallrisikos,
- aussagekräftige Verfahren zur Früherkennung von Kreditrisiken, zur Steuerung von Kreditrisiken (Risikomanagement) und zur Überwachung von Kreditrisiken (Risikocontrolling).

Die Zuständigkeit für diese Verfahren ist zwingend außerhalb des Marktbereichs anzusiedeln.

Die **Notwendigkeit der Kreditüberwachung** ergibt sich aus den regelmäßig hohen Engagements der Kreditinstitute bei der Mehrzahl der Firmenkredite. Einlagen von Kunden aus dem Passivgeschäft werden im Aktivgeschäft an Kreditnehmer weitergegeben. Kreditausfälle in wesentlicher Höhe können den Bestand der Bank gefährden und damit Kundeneinlagen. Zudem fordert die Bundesanstalt für Finanzdienstleistungsaufsicht gemäß § 18 KWG „Offenlegung der wirtschaftlichen Verhältnisse" und während der gesamten Dauer des Kreditengagements eine kontinuierliche Überwachung des Kredits.

Die **Ursachen eines Kreditausfalls** können vielfältig sein. Einige Beispiele:

- Der Kreditnehmer bindet sich an einen Großkunden, der ausfällt. Damit wird dem Kreditnehmer mit einem Mal die Geschäftsgrundlage entzogen.
- Der Kreditnehmer ist in einer Branche tätig, die einen Nachfragerückgang zu verzeichnen hat. Die Auftragslage verschlechtert sich erheblich, die Gewinne des Unternehmens sinken.
- Der Kreditnehmer führt einen Großauftrag mangelhaft aus. Es kommt zum Einnahmeausfall und möglicherweise zu einer erheblichen Regressforderung.

Maßnahmen zur Vermeidung von Kreditausfällen. Kreditinstitute sind gehalten, geeignete Maßnahmen zur Kreditüberwachung zu treffen. Dazu gehören jährliche „Komplettüberprüfungen" des gesamten Kreditengagements einschließlich der Sicherheiten. Der Kunde hat entsprechende Unterlagen einzureichen (z. B. Bilanzen, Auftragsbücher). Die Bank wird die Unterlagen prüfen und ein direktes Gespräch mit dem Kunden gegebenenfalls im Zusammenhang mit einer Betriebsbesichtigung führen. Außerdem erfolgen vierteljährliche Grobüberprüfungen.

Auch die Beobachtung der Branchenentwicklung einschließlich der Situation von Lieferanten und Abnehmern des Kreditnehmers ist für die Risikoüberwachung von Bedeutung.

Bei Kunden einer hohen Risikoklasse (z. B. teilwertberichtigte Forderungen) erfolgt eine vollständige Überprüfung des Kreditengagements in kürzeren Abschnitten, in der Regel halbjährlich. Auch können kurzfristige Kontrollen von Fall zu Fall für einzelne Kunden erforderlich werden.

21.9 Zusammenfassung: Abwicklung eines Firmenkredits

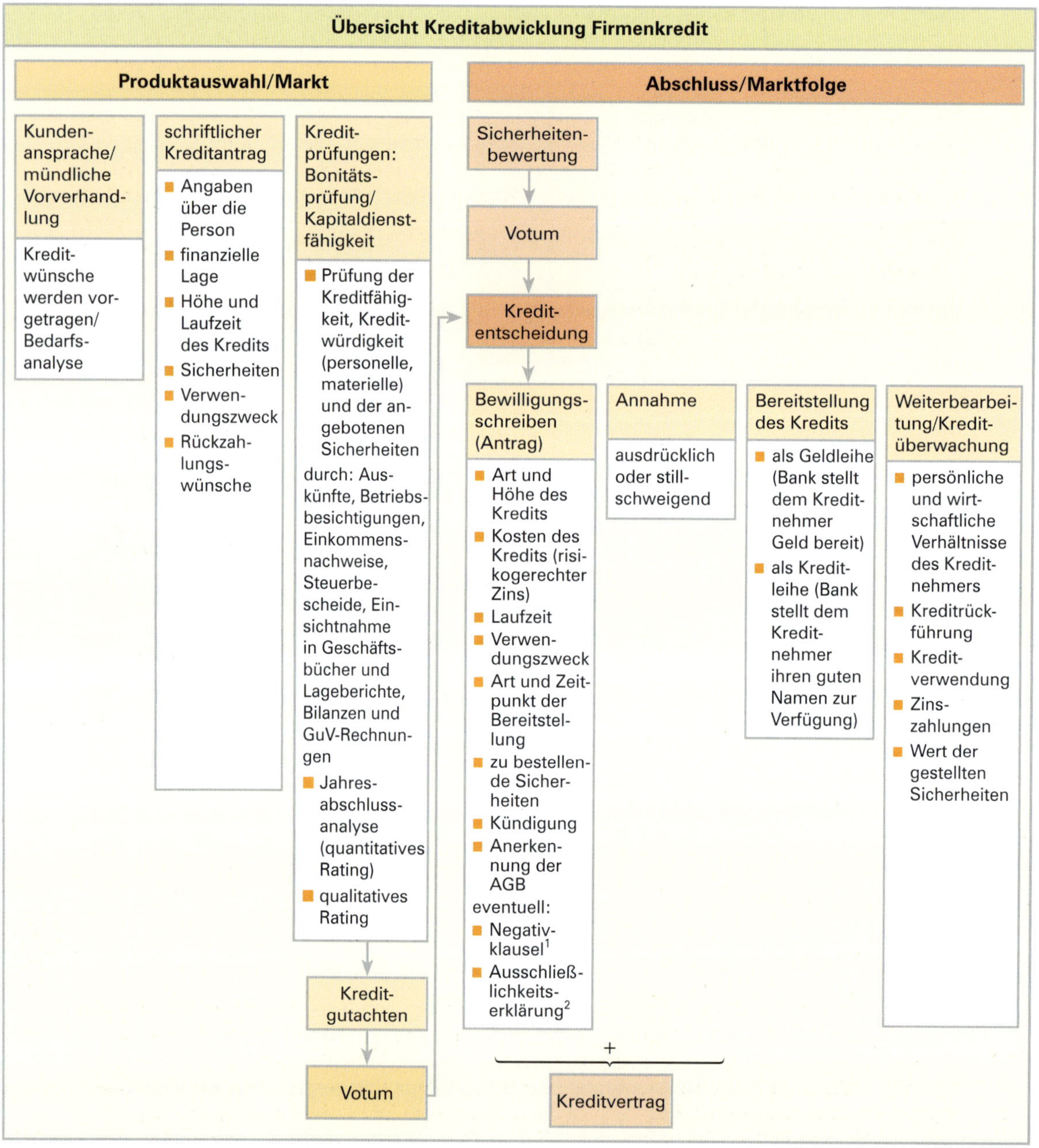

1 Die Negativklausel verpflichtet den Kreditnehmer, ohne Einverständnis der Kredit gebenden Bank Grundbesitz weder zu veräußern noch zu belasten oder dritten Personen keine Sicherheiten zu bestellen oder keine Kredite bei Dritten aufzunehmen.

2 Die Ausschließlichkeitserklärung verpflichtet den Kreditnehmer, nur bei der Kredit gebenden Bank Konten zu unterhalten.

21.10 Der notleidende Kredit

Selbst bei sorgfältiger Beachtung aller für eine Kreditgewährung wesentlichen Voraussetzungen und einer regelmäßigen Kreditüberwachung lässt sich nicht völlig ausschließen, dass der eingeräumte Kredit bei Fälligkeit nicht zurückgeführt wird oder nicht zurückgeführt werden kann. Man spricht dann von einem „notleidenden Kredit". Von großer Bedeutung ist, früh zu erkennen, dass ein Kredit notleidend ist. Es können dann noch Sanierungsmaßnahmen eingeleitet, Sicherheiten verstärkt oder aber Kredite fällig gestellt und eventuell auch noch abgedeckt werden. Können Rettungsmaßnahmen für den in finanzielle Schwierigkeiten geratenen Kreditnehmer nicht mehr rechtzeitig oder mit Erfolg durchgeführt werden, kommt es für den Kreditgeber darauf an, dass seine Sicherheiten im Insolvenzverfahren standhalten und für die schließliche Abdeckung des Kredits ausreichende Erlöse erbringen.

Maßnahmen zur Rettung des Kredits

- Kreditkündigung
- Sperrung der im Besitz des Kreditinstituts befindlichen Vermögenswerte des Kunden (AGB-Pfandrecht)
- Geltendmachung der Kreditsicherheiten (z. B. Offenlegung einer stillen Zession/ Inbesitznahme von sicherungsübereigneten Gegenständen)
- Verwertung der Kreditsicherheiten (z. B. Einziehung abgetretener Forderungen/ Verkauf sicherungsübereigneter Gegenstände)

Hat das Kreditinstitut keine Möglichkeiten, auf Kreditsicherheiten zurückzugreifen, muss es versuchen, im Wege der Zwangsvollstreckung aus dem Vermögen des Kreditnehmers Befriedigung zu erlangen. Voraussetzung für die Zwangsvollstreckung ist ein vollstreckbarer Titel, d. h. eine Urkunde, durch die die Vollstreckung in das Vermögen des Schuldners gerichtlich genehmigt wird. Der vollstreckbare Titel kann durch ein gerichtliches Mahnverfahren oder durch ein Klageverfahren erlangt werden (vgl. Kapitel 10.10.3 und 10.10.4, Band 1).

21.11 Insolvenzverfahren

LS 14

(1) Grundlagen

§ 1 InsO

Wesen. Kann ein Schuldner seinen Zahlungsverpflichtungen nicht nachkommen, werden seine Gläubiger oder der Schuldner selbst ein „Insolvenzverfahren" einleiten. Das Insolvenzverfahren dient dazu, die Gläubiger eines Schuldners gemeinschaftlich zu befriedigen, indem das Vermögen des Schuldners verwertet und der Erlös verteilt oder in einem Insolvenzplan eine abweichende Regelung insbesondere zum Erhalt des Unternehmens getroffen wird. Dem redlichen Schuldner wird Gelegenheit gegeben, sich von seinen restlichen Schulden zu befreien. Die Insolvenzordnung kennt das sogenannte „Regelinsolvenzverfahren" (Regelverfahren = traditionelles Insolvenzverfahren), das auf juristische Personen, z. B. Aktiengesellschaften, Gesellschaften mit beschränkter Haftung, Personenhandelsgesellschaften (OHG/KG), sowie selbstständig tätige natürliche Personen anzuwenden ist. Innerhalb des Regelinsolvenzverfahrens bietet die Insolvenzordnung das „Insolvenzplanverfahren" an. Die Verfahrensbeteiligten können in weitgehender Autonomie vom Regelverfahren abweichende Vereinbarungen treffen, um den Erhalt des Unternehmens zu ermöglichen.

§ 17 InsO **Insolvenzgründe.** Die Eröffnung des Insolvenzverfahrens setzt einen Eröffnungsgrund voraus. Allgemeiner Eröffnungsgrund ist die *Zahlungsunfähigkeit des Schuldners,* d.h. der Schuldner ist nicht mehr in der Lage, die fälligen Zahlungsverpflichtungen ganz oder teilweise zu erfüllen. Zahlungsunfähigkeit ist anzunehmen, wenn die Zahlungen eingestellt werden. (§ 18 InsO) Zulässig als Eröffnungsgrund ist auch eine *„drohende Zahlungsunfähigkeit"* des Schuldners. Ein Schuldner droht zahlungsunfähig zu werden, wenn er voraussichtlich nicht in der Lage sein wird, die bestehenden Zahlungsverpflichtungen im Zeitpunkt der Fälligkeit zu erfüllen. In diesem Fall ist nur der Schuldner selbst antragsberechtigt. (§ 19 InsO) Als dritter Insolvenzgrund ist die *Überschuldung* einer juristischen Person und z.B. der GmbH & Co. KG zugelassen. Überschuldung liegt vor, wenn das Vermögen des Schuldners die bestehenden Verbindlichkeiten nicht mehr deckt. In diesem Fall besteht eine „Antragspflicht" des Schuldners.

§§ 13, 14 InsO **Eröffnungsantrag.** Das Insolvenzverfahren wird nur auf schriftlichen Antrag eröffnet. Antragsberechtigt sind der Schuldner und die Gläubiger. Der Gläubiger hat seine Forderung und den Eröffnungsgrund glaubhaft darzulegen.

§ 47 InsO **Aussonderungsrecht.** Wer Eigentümer einer Sache ist, die sich im Besitz des Schuldners befindet (z.B. aufgrund eines Miet-, Leasingvertrages), kann die Herausgabe der Sache verlangen. Auch derjenige, der eine Sache unter einfachem Eigentumsvorbehalt geliefert hat, hat im Falle der Nichtzahlung durch den Schuldner ein Aussonderungsrecht. Der Aussonderungsberechtigte ist daher kein Insolvenzgläubiger.

§§ 49 ff. InsO **Absonderungsrecht.** Banken, denen der Schuldner zur Sicherung eines Kredits eine bewegliche Sache übereignet oder verpfändet oder eine Forderung übertragen hat, werden als absonderungsberechtigte Gläubiger behandelt. Die Absonderung („abgesonderte Befriedigung") (§ 166 InsO) ist gerichtet auf die vorzugsweise Befriedigung eines Anspruchs aus einem/einer zur Insolvenzmasse gehörenden Gegenstand/Forderung, d.h., dem absonderungsberechtigten Gläubiger steht grundsätzlich ein Anspruch auf den Verwertungserlös in Höhe seines Anspruchs (Hauptforderung, Zinsen und Kosten) zu. Der Insolvenzverwalter darf die beweglichen Sachen, an denen ein Absonderungsrecht besteht, freihändig verwerten, wenn er die Sachen in seinem Besitz hat. Er darf auch Forderungen, die der Schuldner zur Sicherung eines Anspruchs abgetreten hat, einziehen oder in anderer Weise verwerten. Die Bank wird somit vorrangig aus der Verwertung ihrer Sicherheiten befriedigt. Die Bank nimmt nur mit dem Teil ihrer Forderung am Insolvenzverfahren teil, für den sie keine abgesonderte Befriedigung erhält.

§ 165 InsO **Grundpfandrechte.** Die Verwertungsbefugnis für unbewegliche Gegenstände liegt allein beim Insolvenzverwalter.

(2) Ablauf des Insolvenzverfahrens

§ 13 InsO **Regelinsolvenzverfahren.** Das Regelinsolvenzverfahren wird durch einen Insolvenzantrag, der vom Schuldner oder vom Gläubiger gestellt werden kann, beim zuständigen Amtsgericht eingeleitet. Das Gericht prüft den Antrag und entscheidet anschließend, ob das Verfahren eröffnet oder – wenn nicht genügend Vermögen vorhanden ist, um ein Insolvenzverfahren durchzuführen – eingestellt wird. Mit der Eröffnung des Verfahrens bestimmt (§ 27 InsO) das Gericht den Insolvenzverwalter. Dieser erhält die Verwaltungs- und Verfügungsbefugnis über die Insolvenzmasse.

Das Regelinsolvenzverfahren kann anstatt vom gerichtlich bestellten Insolvenzverwalter auch in Eigenverwaltung geführt werden. Hierbei behält der Schuldner unter Aufsicht eines Sachverwalters die Vermögensverfügungsbefugnis über die Insolvenzmasse. §§ 270 ff. InsO

Der Insolvenzverwalter nimmt das zur Masse gehörende Vermögen sofort in Besitz und führt das Unternehmen fort. Die Gläubiger werden unter Fristsetzung aufgefordert, ihre Ansprüche anzumelden. Der Insolvenzverwalter bewertet das Vermögen des Schuldners, erstellt Verzeichnisse der Massegegenstände und der Gläubiger sowie eine Vermögensübersicht. Im Berichtstermin berichtet er der Gläubigerversammlung über die wirtschaftliche Lage des Schuldners und erläutert die Möglichkeit eines Unternehmenserhalts und eines Insolvenzplans (vgl. Insolvenzplanverfahren). Die Gläubigerversammlung entscheidet auf der Grundlage des Berichts über den Fortgang des Insolvenzverfahrens, insbesondere über die Stilllegung oder Fortführung des Schuldnerunternehmens. Nach dem Berichtstermin setzt ohne gegenteiligen Beschluss der Gläubigerversammlung die Verwertung der Masse ein. Die Verwertung kann auf drei verschiedenen Wegen betrieben werden: § 148 InsO § 28 InsO §§ 151 ff. InsO § 157 InsO § 159 InsO

- Liquidierung: Das gesamte Schuldnervermögen wird – in der Regel im Rahmen von Zwangsversteigerungen – verwertet. Die Gläubiger werden aus dem Erlös befriedigt.
- Sanierung (Wiederherstellung der Ertragskraft in der Hand des bisherigen Unternehmers): Nach der Sanierung fallen die erwirtschafteten Gewinne den Gläubigern zu.
- Übertragung: Mit dem Verkauf des Unternehmens an ein anderes Unternehmen wird der Kaufpreis zur Befriedigung der Gläubiger verwendet.

Nach Vollzug der Schlussverteilung beschließt das Gericht die Aufhebung des Insolvenzverfahrens. Nach Aufhebung des Verfahrens können die Gläubiger grundsätzlich ihre restlichen Forderungen, die im Insolvenzverfahren nicht befriedigt wurden, wieder unbeschränkt (zum Beispiel im Wege der Einzelzwangsvollstreckung) geltend machen. § 200 InsO § 201 InsO

Insolvenzplanverfahren. In einem Insolvenzplanverfahren können die Geschäfte trotz Insolvenz weitergeführt werden, während sich der Insolvenzverwalter um Sanierung oder Verkauf von Unternehmensteilen bemüht.

Ein Insolvenzplan, der u. a. die Befriedigung der Insolvenzgläubiger, die Verwertung und Verteilung der Insolvenzmasse sowie die Verfahrensabwicklung abweichend von den Vorschriften der Insolvenzordnung regelt, kann dem Insolvenzgericht vom Schuldner oder vom Insolvenzverwalter vorgelegt werden. Die Gläubigerversammlung kann den Insolvenzverwalter mit der Planerstellung beauftragen. § 218 InsO

Nach Annahme durch die Gläubiger bestätigt das Insolvenzgericht den Plan. Mit Rechtskraft des Beschlusses treten die Wirkungen des Planes für und gegen alle Beteiligte ein. Im Anschluss wird das Verfahren vom Gericht aufgehoben. §§ 254 ff. InsO

Kommt der Insolvenzplan nicht zustande, dann wird das Insolvenzverfahren als reguläres Insolvenzverfahren (vgl. Regelverfahren) weiterbetrieben.

Insolvenzquote. Die Insolvenzquote gibt den Prozentsatz an, den ein Insolvenzgläubiger nach Abschluss des Insolvenzverfahrens von seiner Forderung noch erhalten wird. Sie errechnet sich aus dem Verhältnis der verteilbaren Insolvenzmasse zu den anerkannten Insolvenzforderungen. Die Quote gibt zugleich Auskunft über den uneinbringlichen Forderungswert.

Beispiel:

Ein Gläubiger hat eine Forderung von 8000,00 € angemeldet, davon hat der Insolvenzverwalter 6800,00 € festgestellt. Der Rest wurde wegen fehlender Nachweise bestritten. Die verteilbare Insolvenzmasse beträgt nach Abschluss des Insolvenzverfahrens und Zahlung sämtlicher Verfahrenskosten (z. B. Gerichtskosten und Verwaltergebühren) 113300,00 €. Die gesamten anerkannten Insolvenzforderungen betragen 1900000,00 €.

$$\text{Insolvenzquote} = \frac{\text{Insolvenzmasse}}{\text{Insolvenzforderungen (Summe)}} \cdot 100$$

$$\frac{113\,300{,}00}{1\,900\,000{,}00} \cdot 100 = \underline{\underline{5{,}96\,\%}}$$

Der Gläubiger erhält auf seine Forderung somit 5,96 % von 6800,00 €, also 405,28 €.

Ablauf eines Insolvenzverfahrens

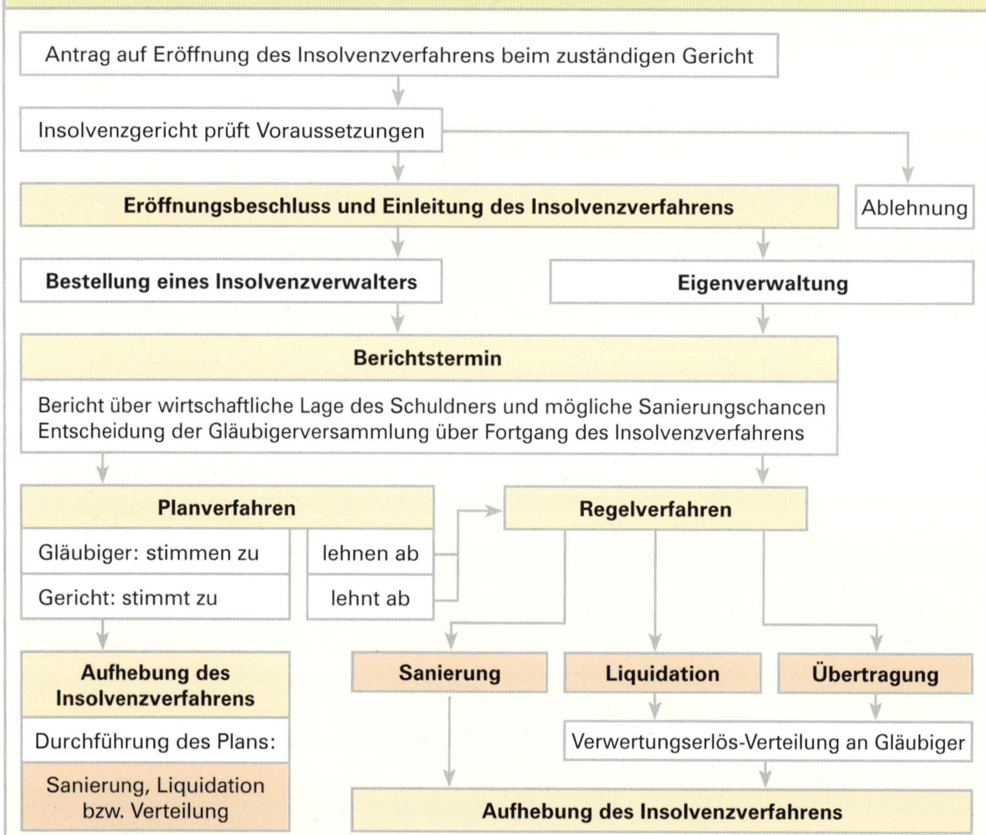

Quellen: Bundesjustizministerium, Archiv

Quelle: In Anlehnung an FAZ, 16. Juni 2009, Nr. 136.

21.12 Verjährung

(1) Wesen

§§ 194, 214 BGB

Verjährung ist eine Einredemöglichkeit des Schuldners. Sie bewirkt keinen Untergang des Anspruchs des Gläubigers, sondern der Schuldner ist nur berechtigt, nach Ablauf der Verjährungsfrist die Erfüllung zu verweigern. Leistet der Schuldner nach Eintritt der Verjährung trotzdem, so kann er die Leistung nicht unter Berufung auf die eingetretene Verjährung zurückfordern.

Verjährungs-frist	Gegenstand der Verjährung (Art der Ansprüche)	Beginn der Verjährung
2 Jahre (§ 438 BGB)	Es verjähren Mängelansprüche des Kauf- und Werkvertrags auf: ■ Nacherfüllung ■ Schadensersatz und ■ Ersatz der vergeblichen Aufwendungen Ausnahmen: ■ 5 Jahre bei Bauwerksmängeln und Mängeln von in Gebäuden eingebauten Sachen ■ 1 Jahr bei gebrauchten Sachen und Tieren bei Verbrauchsgüterkauf Bei Arglist gilt die Regelverjährung.	Ablieferung der Sache; Abnahme des Werks
3 Jahre (§ 195 BGB)	Die Regelverjährung **(= regelmäßige Verjährungsfrist)** gilt für alle Ansprüche, für die keine besonderen Fristen festgelegt sind. Insbesondere gilt sie bei Vertragsverletzungen, aus denen sich vertragliche oder gesetzliche Ansprüche ableiten (z. B. bei Lieferungs-, Zahlungs- und Annahmeverzug).	Schluss des Kalenderjahrs, in dem ■ der Anspruch entstanden ist und ■ der Gläubiger Kenntnis erlangt hat
10 Jahre (§ 196 BGB)	Es verjähren ■ Ansprüche auf Übertragung des Eigentums an einem Grundstück ■ Begründung, Übertragung, Änderung oder Aufhebung eines Rechts an einem Grundstück	Fälligkeit des Anspruchs (soweit nichts anderes bestimmt wurde)
30 Jahre (§ 197 BGB)	Es verjähren ■ Herausgabeansprüche aus Eigentum und anderen dinglichen Rechten ■ Rechtskräftig festgestellte Ansprüche ■ Ansprüche aus vollstreckbaren Vergleichen oder vollstreckbaren Urkunden ■ Ansprüche, die durch die im Insolvenzverfahren erfolgte Feststellung vollstreckbar geworden ist ■ Familien- und erbrechtliche Ansprüche	Fälligkeit des Anspruchs (soweit nichts anderes bestimmt wurde)

§ 212 BGB

(2) Neubeginn der Verjährung

Macht der Gläubiger den Anspruch gerichtlich geltend, z. B. durch Klage oder Mahnbescheid, oder erkennt der Schuldner seine Schuld durch Abschlags- oder Zinszahlungen, Sicherheitsleistungen oder in anderer Weise an, wird die Verjährung unterbrochen. Wenn die Verjährung unterbrochen wird, beginnt mit der Unterbrechung bzw. am Ende der Unterbrechungszeit die Verjährungsfrist neu.

Beispiel einer dreijährigen Verjährungsfrist, die zum Neubeginn führt:

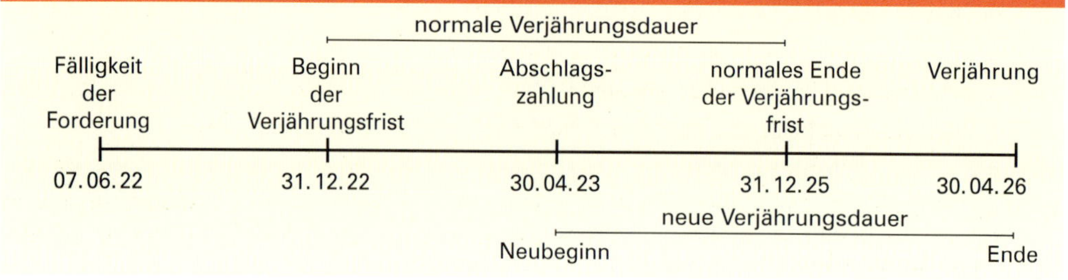

§§ 205, 209 BGB

(3) Hemmung der Verjährung

Ist der Schuldner aufgrund einer Vereinbarung mit dem Gläubiger vorübergehend zur Verweigerung der Leistung berechtigt (z. B. Stundung der Forderung durch den Gläubiger, Erhebung einer Klage, Zustellung eines Mahnbescheids), ist die Verjährung gehemmt. Der Zeitraum, in dem die Verjährung gehemmt ist, wird in die Verjährungsfrist nicht eingerechnet. Nach Beendigung der Hemmung läuft die Verjährungsfrist weiter.

Beispiel einer dreijährigen Verjährungsfrist, die zur Hemmung führt:

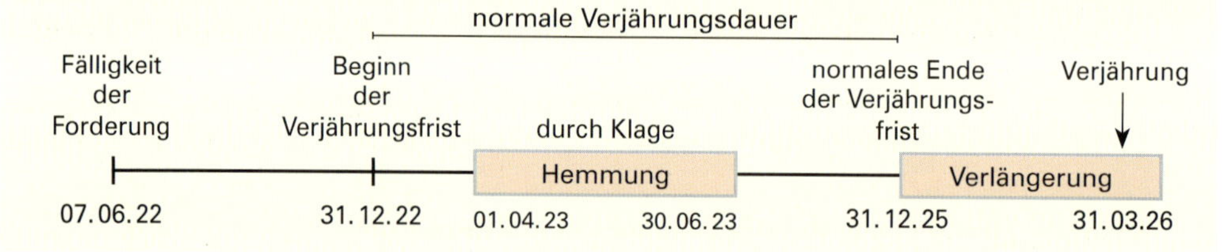

Kompetenztraining: Der Firmenkredit

1 Entscheiden Sie, ob sich nachstehende Aussagen auf die Eigenfinanzierung, Fremdfinanzierung, Selbstfinanzierung, Beteiligungsfinanzierung, Kreditfinanzierung, Außenfinanzierung oder Innenfinanzierung beziehen. Mehrfachnennungen sind möglich.

a) Ein Teil des Jahresüberschusses wird den Gewinnrücklagen zugeführt.

b) Kreditbeschaffung bei einem Kreditinstitut.

c) Kapitaleinlagen eines neuen Gesellschafters einer OHG.

d) Erhöhung des Grundkapitals gegen Einlagen.

e) Zielinanspruchnahme bei Lieferanten.

f) Verkauf einer Maschine, die bis auf den Erinnerungswert abgeschrieben war.

---

2 Die Mechatronik GmbH, vertreten durch den Geschäftsführer Leo Hermes, möchte expandieren. Für die Einführung neuer mechatronischer Systeme sollen 180 000,00 € investiert werden. Herr Hermes möchte die Investition wie folgt finanzieren:

- 60 000,00 € aus einbehaltenem Gewinn des Vorjahres
- 70 000,00 € durch die Aufnahme eines neuen Gesellschafters
- 50 000,00 € durch die Aufnahme eines langfristigen Darlehens bei der Hausbank

Stellen Sie fest, welche Aussagen in diesem Zusammenhang richtig sind.

a) Die Aufnahme des Darlehens bei der Hausbank stellt eine Eigenfinanzierung dar.

b) Die Aufnahme eines neuen Gesellschafters ist eine Form der Innenfinanzierung.

c) Die Aufnahme des Darlehens und des neuen Gesellschafters stellen jeweils eine Form der Außenfinanzierung dar.

d) Die Aufnahme eines neuen Gesellschafters ist eine Form der Fremdfinanzierung.

e) Bei der Finanzierung aus einbehaltenem Gewinn handelt es sich um eine Selbstfinanzierung.

f) Bei der Finanzierung aus einbehaltenem Gewinn und der Aufnahme eines neuen Gesellschafters handelt es sich um Formen der Selbstfinanzierung.

---

3 Welche Merkmale hinsichtlich eines Kontokorrentkredits sind richtig?

a) Der Kreditvertrag bei einem Kontokorrentkredit enthält die Vereinbarung, dass das Kreditinstitut bis zur festgesetzten Kreditgrenze Zahlungen aus dem Kontokorrentkonto leistet.

b) Bei einem Kontokorrentkredit erhält der Kunde eine klare Kalkulationsgrundlage, weil eine regelmäßige monatliche Rate vereinbart wird.

c) Kreditrückführungen erfolgen beim Kontokorrentkredit z. B. durch Überweisungseingänge, Lastschrifteinzüge und Bareinzahlungen.

d) Der Kontokorrentkredit als Betriebsmittel- oder Umsatzkredit dient u. a. der Finanzierung von Einkäufen, der Ausnutzung von Lieferantenskonti und der Zielgewährung an Abnehmer. Er wird aus Umsatzerlösen zurückgezahlt.

e) Bei einem Kontokorrentkredit trägt der Kunde kein Zinsänderungsrisiko.

f) Bei einem Kontokorrentkredit schreibt das Kreditinstitut den vereinbarten Betrag auf dem Geschäftsgirokonto des Kunden gut und erhöht damit seinen finanziellen Dispositionsspielraum. Der Kredit muss in konstanten Raten zurückgezahlt werden.

4 Die Bauunternehmung Hilgers KG hat von der Sanitärfachhandlung Kolbe GmbH den Auftrag erhalten, eine Lagerhalle zu errichten. Der Kostenvoranschlag für den Bau der Lagerhalle beläuft sich auf 890 000,00 €. Die Kolbe GmbH ist bereit, der Bauunternehmung Hilgers KG eine Anzahlung von 10 % der Auftragssumme zu leisten, falls diese eine entspechende Sicherheit stellt.

a) Nennen Sie die Bankleistung, die Ihr Kreditinstitut in diesem Zusammenhang der Hilgers KG anbieten kann.

b) Erläutern Sie die Rechtsverhältnisse, die im Zusammenhang mit der Bereitstellung der Sicherheit zwischen den Beteiligten entstehen.

---

5 Stellen Sie fest, welche der nachstehenden Aussagen zum Avalkredit falsch sind.

a) Beim Avalkredit in Form einer Bürgschaft ist die Leistungspflicht des Kreditinstituts vom Bestehen und Umfang der verbürgten Forderung abhängig.

b) Das Kreditinstitut stellt dem Kreditnehmer keine liquiden Mittel zur Verfügung.

c) Das Kreditinstitut gibt im Rahmen des Avalkredits eine Bürgschaft/Garantie ab.

d) Die Höhe der Kreditkosten ist vergleichbar mit der für einen Kontokorrentkredit.

e) Avalkredite werden immer als Blankokredite vergeben.

f) Das Kreditinstitut kann aus einem Avalkredit erst in Anspruch genommen werden, wenn der Avalbegünstigte seine Ansprüche gegen den Kunden (Kreditnehmer) gerichtlich geltend macht.

---

6 Die Hansabank AG prüft die Kreditwürdigkeit der Max Gruner Metallbau GmbH, die einen Betriebsmittelkredit über 800 000,00 € beantragt hat.

Welche der unten stehenden Aussagen sind in diesem Zusammenhang richtig?

a) Zur Beurteilung der Kreditwürdigkeit ist die Höhe des Stammkapitals von entscheidender Bedeutung, da die GmbH mit ihrem Stammkapital haftet.

b) Die Hansabank AG ist gesetzlich dazu verpflichtet, sich Einblick in die wirtschaftlichen Verhältnisse der GmbH zu verschaffen.

c) Die aus den Jahresabschlüssen ermittelten Kennziffern sind für die Beurteilung der Kreditwürdigkeit von entscheidender Bedeutung, da sie Auskunft über die zukünftige Unternehmensentwicklung geben.

d) Der Gesellschaftsvertrag wird eingesehen, um sich Klarheit über die Haftungsverhältnisse zu verschaffen.

e) Da die GmbH als juristische Person den Kredit beantragt, ist das Vermögen der Geschäftsführer und Prokuristen bei der Beurteilung der Kreditwürdigkeit ohne Bedeutung.

f) Bei einer Kreditwürdigkeitsprüfung beurteilt die Hansabank AG unter anderem die Beschäftigungssituation des Unternehmens sowie die Markt- und Konkurrenzverhältnisse.

---

7 Die Wilhelm Richter KG hat bei Ihrem Kreditinstitut einen Kontokorrentkredit über 200 000,00 € beantragt.

Welche der nachstehenden Aussagen zur Prüfung des Kreditantrags sind richtig?

a) Rechtswirksame Erklärungen für die KG können sowohl der Komplementär Richter als auch ein Kommanditist abgeben.

b) Bei der Würdigung des Kreditantrags ist zu berücksichtigen, dass der Kommanditist Gläubigern der KG gegenüber nicht persönlich haftet, wenn er seine Einlage bereits in voller Höhe geleistet hat.

c) Für die Prüfung der Kreditfähigkeit kommen auch Informationen der Schufa in Betracht.

d) Die Höhe der Einlage des Komplementärs Richter kann aus dem Handelsregister entnommen werden.

e) Zur Prüfung der Kreditwürdigkeit kann ein Auszug aus der Abteilung B des Handelsregisters herangezogen werden.

f) Bei Prüfung des Kreditantrags muss die Bonität des Komplementärs beachtet werden.

g) Der Kreditantrag muss von allen Komplementären und Kommanditisten gemeinsam gestellt werden.

8 Entscheiden Sie, welche der nachstehenden Aussagen richtig sind.

a) Eine Sicherheitenbestellung dient als Ersatz für eine mangelnde persönliche Kreditwürdigkeit.

b) Eine Sicherheitenbestellung dient der Einhaltung von Vorschriften des KWG.

c) Eine Sicherheitenbestellung wird für den Fall vorgenommen, dass sich die wirtschaftlichen Verhältnisse des Kreditnehmers verschlechtern.

d) Eine Sicherheitenbestellung setzt regelmäßig eine besondere Vereinbarung, den Sicherungsvertrag, voraus.

e) Bei einer fiduziarischen Sicherheitenbestellung besteht das Sicherungsrecht auch ohne eine Forderung. Der Kreditgeber hat sich aber im Rahmen des Sicherungsvertrages verpflichtet, von seinem Recht nur Gebrauch zu machen, wenn der Kreditnehmer seinen Verpflichtungen nicht nachkommt.

9 Welche der nachstehenden Aussagen zur Bilanzauswertung mittels eines Branchenvergleichs sind richtig?

a) Bei einem Branchenvergleich werden in der Regel Kennzahlen des eigenen Unternehmens mit den Durchschnittskennzahlen der eigenen Branche verglichen.

b) Beim Branchenvergleich werden keine Kennzahlen gebildet, sondern es werden nur die jeweiligen Bilanzwerte mit den Branchenwerten verglichen.

c) Bei einem Branchenvergleich wird auf eine Bilanzauswertung mithilfe eines Zeitvergleichs verzichtet.

d) Ein Branchenvergleich bezieht sich innerhalb der Branche auf Betriebe gleicher Art.

e) Bei einem Branchenvergleich werden nur die aus der GuV-Rechnung abgeleiteten Kennzahlen mit den Branchendurchschnittswerten verglichen.

f) Beim Branchenvergleich werden die Kennzahlen verschiedener Betriebe desselben Wirtschaftszweigs zum gleichen Zeitpunkt oder in einem gleichen Zeitraum miteinander verglichen. Er gibt Hinweise, wie das Unternehmen im Vergleich zur Gesamtbranche steht.

10 Im Rahmen der materiellen Kreditwürdigkeitsprüfung der Wübbe GmbH erstellen Sie eine Unternehmensanalyse. Sie ermitteln eine Gesamtkapitalrentabilität von 19,8 %. Welche der folgenden Aussagen hinsichtlich dieser Gesamtkapitalrentabilität sind richtig?

a) Diese hohe Gesamtkapitalrentabilität zeigt an, dass das Unternehmen in der Lage ist, liquide Mittel aus eigener Kraft am Markt zu erwirtschaften.

b) Diese hohe Gesamtkapitalrentabilität zeigt an, dass die Wübbe GmbH zahlungsfähig ist.

c) Diese hohe Gesamtkapitalrentabilität zeigt an, dass Fremdfinanzierungen für die Wübbe GmbH sinnvoll sind.

d) Diese hohe Gesamtkapitalrentabilität zeigt an, dass die Wübbe GmbH finanziell von Gläubigern unabhängig ist.

e) Diese hohe Gesamtkapitalrentabilität ist positiv einzuschätzen, weil sie deutlich über dem Zinssatz für Fremdkapital liegt.

f) Diese hohe Gesamtkapitalrentabilität zeigt an, dass die Investitionserträge höher sind als die Fremdkapitalkosten und dass dadurch bei unverändertem Eigenkapital die Eigenkapitalrentabilität der Wübbe GmbH erhöht wird.

11 Das Rechnungswesen der Möbel Kurz OHG weist in den letzten Jahren u.a. folgende Unternehmenskennzahlen aus:

	2019	2020	2021
Eigenkapitalquote	27,4 %	25,6 %	24,9 %
Umsatzentwicklung	+5,0 %	+12,5 %	+16,0 %
Kreditorenziel	30 Tage	45 Tage	60 Tage

Welche der folgenden Aussagen können Sie aufgrund der vorliegenden Unternehmenskennzahlen treffen?

a) Das Kreditorenziel hat sich positiv entwickelt. Die Verbindlichkeiten werden schneller beglichen.

b) Das Unternehmen hat einen zu hohen Anteil an langfristigem Fremdkapital.

c) Bei unverändertem nominellen Gesamtkapital hat sich der Anteil an Fremdkapital erhöht.

d) Das nominelle Eigenkapital des Unternehmens hat sich in den vergangenen Jahren verringert.

e) Der gestiegene Umsatz bei gleichzeitiger Reduzierung der Eigenkapitalquote ist auf eine zu geringe Marge bei der Preiskalkulation zurückzuführen.

12 Entscheiden Sie, ob es sich bei nachstehenden Kreditsicherheiten um Kreditsicherheiten

(1) aus dem Anlagevermögen des Kreditnehmers handelt,
(2) aus dem Umlaufvermögen des Kreditnehmers handelt,
(3) nicht aus dem Vermögen des Kreditnehmers handelt.

Kreditsicherheiten:

a) Sicherungsübereignung einer Produktionsanlage

b) Bürgschaft des Ehepartners

c) Grundschuld

d) Zession

e) Sicherungsübereignung von Waren

13 Prüfen Sie, welche der nachstehenden Aussagen zu den Kreditsicherheiten richtig sind.

a) Mit Abschluss des Sicherungsübereignungsvertrages wird die Bank Eigentümer des Sicherungsgutes.

b) Bei der Globalzession werden alle gegenwärtigen und alle künftig entstehenden Forderungen aus bestimmten Geschäften im Voraus abgetreten.

c) Die Abtretung einer Forderung ist erst wirksam, wenn sie dem Schuldner angezeigt wurde.

d) Sicherungsübereignungen werden hauptsächlich im Firmenkundengeschäft vereinbart.

e) Das Pfandrecht an einer Forderung entsteht mit der Einigung über die Pfandrechtsbestellung, dem Zugang der Anzeige über die Verpfändung bei dem Drittschuldner und der Auszahlung des Kredits.

14 Die Werkzeugmaschinenfabrik GmbH, vertreten durch den Geschäftsführer Paul Hansmann, benötigt für die Modernisierung ihrer Produktionsstätte ein Darlehen in Höhe von 100 000,00 €. Als Sicherheit verlangt die Hausbank eine bankübliche Bürgschaft von Herrn Hansmann. Herr Hansmann möchte nähere Informationen zu dieser Kreditsicherheit.

Stellen Sie fest, wie Sie den Kunden richtig beraten.

a) Wenn Herr Hansmann als Bürge in Anspruch genommen werden soll, kann er von der Hausbank die vorherige Zwangsvollstreckung in das Vermögen der Werkzeugmaschinenfabrik GmbH verlangen.

b) Wenn Herr Hansmann die Bürgschaft für die Werkzeugmaschinenfabrik GmbH übernimmt, kann die Bank nach seinem Ausscheiden aus dem Unternehmen keine Ansprüche mehr gegen ihn geltend machen.

c) Wenn Herr Hansmann die Bürgschaftserklärung in den Räumen der Bank abgibt, steht ihm bei diesem Bürgschaftsvertrag kein gesetzliches Widerrufsrecht zu.

d) Herr Hansmann kann als Bürge erst in Anspruch genommen werden, wenn die Werkzeugmaschinenfabrik GmbH zahlungsunfähig ist.

e) Die Hausbank ist nicht verpflichtet, vor der Inanspruchnahme von Herrn Hansmann als Bürgen zunächst andere Sicherheiten der Werkzeugmaschinenfabrik GmbH zu verwerten.

15 Die Malereinkauf Münster GmbH beantragt zur Finanzierung ihrer Außenstände einen Betriebsmittelkredit von 200 000,00 €. Die Sicherstellung soll durch Zessionen erfolgen.

a) Welche Art der Forderungsabtretung bietet sich an, wenn hierdurch ein dauerhafter Kreditbedarf besichert werden soll?

b) Führen Sie zwei Risiken an, die während der Laufzeit des Kredits den Sicherheitswert der Zessionen beeinträchtigen können.

c) Zeigen Sie jeweils eine geeignete Maßnahme zur Begrenzung dieser Risiken auf.

d) Welches Recht hätte das Kreditinstitut bezüglich der abgetretenen Forderungen, wenn über die Malereinkauf Münster GmbH ein Insolvenzverfahren eröffnet wird?

16 Zur Besicherung eines Kredits wurde zwischen der Bank und der Müller KG eine stille Globalzession vereinbart. Prüfen Sie, welche der nachstehenden Aussagen falsch sind.

a) Es werden alle gegenwärtigen und zukünftigen Forderungen der Müller KG abgetreten.

b) Zukünftig entstehende Forderungen sind rechtswirksam mit dem Zeitpunkt des Entstehens der Forderung abgetreten.

c) Es werden alle gegenwärtigen und zukünftigen Forderungen der Müller KG aus bestimmten Geschäften abgetreten.

d) Die Drittschuldner der Müller KG können nur noch mit schuldbefreiender Wirkung an die Bank zahlen.

e) Die Einreichung von monatlichen Bestandsmeldungen über die Forderungsbeträge und die Drittschuldner hat konstitutive Wirkung.

f) Um die Bestimmbarkeit der Forderungen zu gewährleisten, kann beispielsweise der Name eines bestimmten Bundeslandes, in dem mögliche zukünftige Drittschuldner ihren Sitz haben, im Zessionsvertrag festgehalten werden.

17 Ein Pulloverhersteller aus Köln lieferte unter Vereinbarung eines verlängerten Eigentumsvorbehalts Pullover im Werte von 250 000,00 € an den Großhändler Peoplewear AG. Die Peoplewear AG veräußerte diese (bereits vorbestellte) Ware mit einem Preisaufschlag von 50 % weiter an verschiedene Einzelhändler und räumte dabei Zahlungsziele von bis zu drei Monaten ein. Zur Finanzierung dieser Zahlungsziele beantragt die Peoplewear AG, eine langjährige, zuverlässige Kundin Ihres Kreditinstituts, einen Betriebsmittelkredit von 200 000,00 € und bietet zur Besicherung des Kredits die stille Globalabtretung ihrer Forderungen an die obigen Einzelhandelsunternehmungen an.

a) Welches Risiko ergibt sich für die kreditgewährende Bank aus dem oben genannten verlängerten Eigentumsvorbehalt im Zusammenhang mit der Abtretung? Erläutern Sie den Sachverhalt.

b) Ist das Kreditengagement trotz dieses Risikos vertretbar? Begründen Sie Ihre Entscheidung.

18 Zur Besicherung eines langfristigen Kredits lässt sich ein Kreditinstitut den finanzierten Gegenstand – einen Backautomaten zur Produktion von Brötchen – sicherungsübereignen.

a) Welche Rechtsstellung erlangt das Kreditinstitut am Sicherungsgut?

b) Zeigen Sie zwei Möglichkeiten zur Individualisierung des Sicherungsgegenstandes auf.

c) Der Kunde verpflichtet sich im Übereignungsvertrag, den Backautomaten gegen alle Risiken zu versichern.
Durch welche zusätzlichen Maßnahmen kann sichergestellt werden, dass im Schadensfall die Leistung der Versicherung unmittelbar an das Kreditinstitut erfolgt?

d) Der Backautomat war zum Zeitpunkt der Kreditvergabe mit einem Eigentumsvorbehalt des Herstellers belastet. Bei einer Betriebsbesichtigung stellt das Kreditinstitut fest, dass der Backautomat nicht mehr an seinem Standort ist, sondern inzwischen vom Hersteller zurückgeholt wurde.
Kann die Bank die Herausgabe des Backautomaten verlangen? Erläutern Sie die Rechtslage.

e) Wodurch endet das Sicherungseigentum an einem sicherungsübereigneten Gegenstand?

19 Bei der Sicherungsübereignung einer Abfüllanlage gibt es eine Reihe von Risiken, welche die Kredit gewährende Bank minimieren bzw. beseitigen möchte. Ordnen Sie den folgenden Risiken die unten stehenden Schutzmaßnahmen zu.

Risiken:

Die Abfüllanlage ...

(1) unterliegt einem Eigentumsvorbehalt.

(2) verliert an Wert oder wird zerstört.

(3) haftet als wesentlicher Bestandteil oder Zubehör eines Grundstücks für ein Grundpfandrecht.

(4) unterliegt einem gesetzlichen Pfandrecht.

Schutzmaßnahmen:

a) Erklärung des Vermieters, auf sein Sicherungsrecht zu verzichten.

b) Einsichtnahme in das Grundbuch und gegebenenfalls Bestellung weiterer Sicherheiten.

c) Übertragung des Anwartschaftsrechts auf Eigentumserwerb an die Kredit gewährende Bank, Lieferantenverbindlichkeiten sind sofort zu begleichen.

d) Angemessene Kreditüberdeckung, Abschluss einer Versicherung und Abtretung der Versicherungsansprüche an die Kredit gewährende Bank.

20 Zur Besicherung eines Kontokorrentkredits hat die Gerber OHG ihrer Hausbank 2500 Stück Worldnet-AG-Aktien, Kurs 120,00 €, Beleihungssatz 60 %, verpfändet.

a) Ermitteln Sie den Beleihungswert.

b) Nachdem der Börsenkurs der Aktien auf 90,00 € gefallen ist und sich die Börsensituation allgemein verschlechtert hat, wird der Beleihungssatz auf 50 % reduziert.
Um wie viel € müsste die Kreditlinie aufgrund dieses Sachverhalts gesenkt werden?

c) Der Geschäftsführer der Gerber OHG wünscht, dass die Kreditlinie in der ursprünglichen Höhe bestehen bleibt. Er bietet dem Kreditinstitut zusätzlich 4 % Öffentliche Pfandbriefe (kleinste Stückelung 1 000,00 €, Kurs 97,75 %) als Sicherheit an. Der Beleihungssatz beträgt 80 % des Kurswerts. Die Pfandbriefe befinden sich bei einer anderen Bank in der Girosammelverwahrung. Die Wertpapiere sollen im dortigen Depot verbleiben.
Bestimmen Sie den Nennwert der Pfandbriefe, die von der Gerber OHG zusätzlich zu verpfänden sind.

d) Nennen Sie die Rechtshandlungen, die zur Bestellung der Sicherheit erforderlich sind.

e) Nennen Sie zwei Gründe für das Erlöschen des Pfandrechts.

f) Wie können die Pfandbriefe schnell und problemlos verwertet werden?

21 Die Bürgschaft ist eine gebräuchliche Kreditsicherheit.

a) Benennen Sie die Bürgschaftsart, die Kreditinstitute bevorzugt hereinnehmen.

b) Nennen Sie die für Bürgschaften geltenden Formvorschriften des BGB und des HGB.

c) Warum ist bei der Sicherstellung eines Kontokorrentkredits durch eine Bürgschaft eine besondere Vereinbarung erforderlich?

d) Nennen Sie zwei Gründe, die gemäß BGB dazu führen, dass der Gläubiger seinen Anspruch gegenüber dem Bürgen verliert.

---

22 Zur Besicherung eines Investitionskredits bietet die Inhaberin der Unternehmensberatung Hoppmann, Frau Doris Hoppmann, ihrer Hausbank, der Sparkasse Karlsruhe, eine Kapitallebensversicherung an:

Versicherungssumme: 200 000,00 €

Versicherungsnehmer ist Doris Hoppmann.

Widerruflich Bezugsberechtigter für den Todesfall ist der Ehemann Frank Hoppmann.

a) Welche Rechtshandlungen sind zur Besicherung notwendig?

b) Nennen Sie drei Faktoren, die für die Höhe des Rückkaufswertes der Lebensversicherung bestimmend sind.

c) Begründen Sie, warum diese Abtretung regelmäßig als offene Zession durchgeführt wird.

d) Warum wird die Sparkasse Karlsruhe die Übergabe des Versicherungsscheines verlangen?

---

23 Die Druck AG hat von dem Druckzentrum Rheinland GmbH den Auftrag erhalten, 10 Druckmaschinen im Wert von 1,5 Mio. € zu liefern. Die Lieferung soll in fünf Monaten erfolgen. Die Rheinland GmbH ist bereit, der Druck AG eine Anzahlung von $^1/_3$ des Auftragswertes zu leisten, falls diese eine entsprechende Sicherheit stellen kann.

a) Nennen Sie das Produkt, das Ihr Kreditinstitut in diesem Zusammenhang der Druck AG anbieten kann.

b) Erläutern Sie die Rechtsverhältnisse bezüglich Vertragstyp, Vertragspartner und Vertragsinhalt, die im Zusammenhang mit der Bereitstellung der Sicherheit zwischen den Beteiligten entstehen.

c) Das infrage kommende Produkt soll auf die Lieferzeit begrenzt werden. Der Kostensatz beträgt 3 % p. a. Ermitteln Sie die der Druck AG entstehenden Kosten.

---

24 Der Reifenhersteller ROADSTAR AG plant eine Investition von 20 Mio. €. Die Finanzierung soll zu 80 % durch Bankkredit und zu 20 % durch Festgeld erfolgen. Der Hausbank der ROADSTAR AG liegen zur Beurteilung der Kreditwürdigkeit u. a. folgende Bilanzzahlen vor:

Anlagevermögen	112,50 Mio. €
Eigenkapital	100,00 Mio. €
Langfristiges Fremdkapital	75,00 Mio. €

Das Bilanzanalyseprogramm der Hausbank weist neben den Werten der ROADSTAR AG auch entsprechende Branchenvergleichsziffern aus. Im Branchendurchschnitt gilt hier z. B.:

1. Anlagendeckung durch Eigenkapital

$$\frac{\text{Eigenkapital}}{\text{Anlagevermögen}} \cdot 100 = 80\,\%$$

2. Anlagendeckung durch Eigenkapital und langfristiges Fremdkapital

$$\frac{\text{Eigenkapital + langfristiges Fremdkapital}}{\text{Anlagevermögen}} \cdot 100 = 135\,\%$$

Stellen Sie rechnerisch fest, ob nach der Kreditgewährung und nach erfolgter Investition eine Unterschreitung der Branchendurchschnittswerte vorliegt.

25 Im Zusammenhang mit der Anschaffung einer computergesteuerten Druckmaschine beantragt Ihr Firmenkunde, das Verlagshaus Stolte GmbH, bei Ihrem Kreditinstitut einen Investitionskredit. Die Maschine soll gemäß Angebot 59 500,00 € inkl. Umsatzsteuer kosten. Die betriebsgewöhnliche Nutzungsdauer wird mit 8 Jahren veranschlagt.

Zugunsten eines anderen Kreditinstituts ist das Firmengrundstück mit einer erstrangigen Buchgrundschuld über 95 000,00 € (60 % des Beleihungswerts) belastet. Das zugehörige Darlehen valutiert noch mit 31 525,23 €. Als Sicherheit für den Investitionskredit soll diese Buchgrundschuld dienen.

Geben Sie an, wie Sie den freien Teil der Buchgrundschuld als Sicherheit heranziehen können.

26 Bei der Analyse des Jahresabschlusses der Elektro Rabe GmbH fällt Ihnen auf, dass die Eigenkapitalquote des Unternehmens im Vergleich zum Vorjahr gesunken ist.

Prüfen Sie, welche Interpretation dies zulässt.

a) Die Elektro Rabe GmbH hat Mitarbeiter entlassen.

b) Die Elektro Rabe GmbH hat Anlagevermögen verkauft.

c) Die Elektro Rabe GmbH hat einen höheren Umsatz erwirtschaftet.

d) Die Elektro Rabe GmbH hat bei gleichbleibendem Eigenkapital eine höhere Bilanzsumme.

e) Die Elektro Rabe GmbH hat eine höhere Cashflow-Rate erzielt.

27 Ordnen Sie die unten stehenden Aussagen den entsprechenden Kennzahlen zu.

Kennzahlen:

(1) Gesamtkapitalrentabilität

(2) Kreditorenziel,

(3) Anlagedeckungsgrad II

(4) Eigenkapitalquote

(5) Cashflow-Rate

(6) Vermögensstruktur

Aussagen:

a) Die Kennzahl gibt Auskunft darüber, inwieweit das Unternehmen finanziell von Gläubigern abhängig ist. Je höher diese Kennzahl, desto günstiger wird die Kreditwürdigkeit des Unternehmens beurteilt.

b) Die Kennzahl zeigt auf, wie viel Tage Lieferantenziel das Unternehmen im Geschäftsjahr in Anspruch genommen hat.

c) Die Kennzahl gibt an, in welchem Umfang das Unternehmen in der Lage ist, liquide Mittel aus eigener Kraft am Markt zu erwirtschaften.

d) Die Kennzahl bringt die Effizienz der Kapitalverwendung zum Ausdruck. Sie gibt auch an, ob die Aufnahme von Fremdkapital lohnend ist.

e) Die Kennzahl macht eine Aussage über den Finanzierungsgrad des Anlagevermögens durch Eigenkapital und langfristiges Fremdkapital sowie über die Fristentsprechung von Investitionen und Kapital.

f) Die Kennzahl gibt Auskunft über die Anlageintensität und die Fixkostenintensität des Unternehmens.

28 Über das Vermögen der Baumann GmbH wird ein Insolvenzverfahren eröffnet. Stellen Sie fest, welche der nachstehenden Aussagen über die Verfügungsberechtigung des einzigen Geschäftsführers der GmbH zutreffen. Vollmachten über das Konto bestehen nicht.

a) Der Geschäftsführer kann über das Konto nur im Rahmen von Kontoguthaben verfügen.

b) An der Verfügungsberechtigung des Geschäftsführers ändert sich nichts.

c) Der Geschäftsführer und der Insolvenzverwalter sind jeweils einzeln verfügungsberechtigt.

d) Der Geschäftsführer und der Insolvenzverwalter sind nur gemeinschaftlich verfügungsberechtigt.

e) Der Insolvenzverwalter wird allein verfügungsberechtigt. Die Verfügungsberechtigung des Geschäftsführers erlischt.

---

29 Bringen Sie die unten stehenden Abwicklungsschritte bei einem (Standard-)Factoringgeschäft in die zeitlich richtige Reihenfolge.

Abwicklungsschritte:

a) Im Rahmen der Kundenlimite übernimmt die Factoring-Gesellschaft das Delkredererisiko für die Debitoren des Factoring-Kunden zu 100 %.

b) Der Abnehmer (Debitor) zahlt bei Fälligkeit seine Schulden an die Factoring-Gesellschaft.

c) Für jeden Abnehmer werden Limite zwischen dem Factoring-Kunden und der Factoring-Gesellschaft vereinbart.

d) Die Factoring-Gesellschaft bevorschusst im Rahmen der Kundenlimite die Ausgangsrechnungen des Factoring-Kunden bis zu 80 bzw. 90 %.

e) Die Factoring-Gesellschaft berechnet die Factoring-Gebühr und die Zinsen für den Vorschuss.

f) Die restlichen 10 bzw. 20 % der Forderungen werden an den Factoring-Kunden ausgezahlt.

g) Der Factoring-Kunde verkauft Forderungen an die Factoring-Gesellschaft und reicht seine jeweiligen Ausgangsrechnungen (Rechnungen an den Abnehmer) ein.

h) Der Factoring-Kunde begleicht mit der ihm zur Verfügung gestellten Liquidität seine Verbindlichkeiten.

i) 10 bzw. 20 % der Forderungen werden auf ein Sperrkonto für etwaige Ansprüche aus Mängelrügen und aus Skonti bzw. Boni gebucht.

---

30 Entscheiden Sie, welche der nachstehenden Aussagen zum Insolvenzverfahren über die Bau AG richtig sind.

a) Der Insolvenzeröffnungsantrag ist beim Landgericht am Sitz der Bau AG zu stellen.

b) Einzig zulässiger Eröffnungsgrund ist die Zahlungsunfähigkeit der Bau AG.

c) Verfügungsberechtigt ist der Insolvenzverwalter zusammen mit dem Vorstand der Bau AG.

d) Der Kredit gewährenden Bank steht für ihre sicherungsübereigneten Sachen ein Aussonderungsrecht zu.

---

31 a) Geben Sie drei Maßnahmen eines Kreditinstituts zur Überwachung des Kreditengagements an.

b) Ein Kreditinstitut befürchtet, dass ein Kredit notleidend wird. Führen Sie drei Maßnahmen an, die ein Kreditinstitut in diesem Fall ergreifen kann.

c) Für einen notleidend gewordenen Kredit sind keine ausreichenden Sicherheiten vorhanden. Welche Maßnahmen sind zu ergreifen und mit welchem Ziel?

---

32 Zur Besicherung des Kredits sollen aus dem Vermögen der Max Gruner Metallbau GmbH und des Alleingesellschafters Max Gruner zugunsten der Ruhrbank AG verschiedene Kreditsicherheiten bestellt werden. Als Kundenberater/-in sollen Sie das jeweils praxisgerechte Kreditsicherungsrecht empfehlen.

Welche der folgenden Kreditsicherungsrechte sind bei den unten stehenden Vermögenswerten geeignet?

Kreditsicherungsrechte:

(1) Stille Zession (Sicherungsabtretung)
(2) Offene Zession (Sicherungsabtretung)
(3) Pfandrecht an beweglichen Sachen
(4) Pfandrecht an Rechten
(5) Sicherungsübereignung
(6) Sicherungsgrundschuld

Vermögenswerte:

a) Festgeld von Max Gruner bei der Ruhrbank AG
b) Betriebsgrundstück mit Produktionshalle der Max Gruner Metallbau GmbH
c) Kapitallebensversicherung von Max Gruner
d) Aktien von Max Gruner in einem Depot der Ruhrbank AG
e) Unfertige und fertige Erzeugnisse der Max Gruner Metallbau GmbH

Situation: Die Kreditwürdigkeit eines Firmenkunden beurteilen

Sie sind Firmenkundenberater/-in der Kundenbank AG. Die SELMA AG, langjährige Kundin Ihrer Bank, plant die Anschaffung neuer Maschinen im Wert von 52 000,00 €. Björn Homann, Vorstandsmitglied der SELMA AG, beantragt zur Finanzierung einen Investitionskredit. Der gesamte Kaufpreis soll über ein Tilgungs-/Abzahlungsdarlehen finanziert werden. Herr Homann schätzt die Nutzungsdauer der Maschinen auf 8 Jahre. Die betriebsgewöhnliche Nutzungsdauer gemäß AfA-Tabelle beträgt 12 Jahre.

AUFGABEN:

1 Sie empfehlen Herrn Homann ein Darlehen mit einer Laufzeit von 8 Jahren. Begründen Sie dem Kunden Ihre Empfehlung.

2 Herr Homann ist mit Ihrer Empfehlung zur Laufzeit des Darlehens einverstanden. Sie bieten ihm das Tilgungsdarlehen über 52 000,00 € zu einem Zinssatz von 5,6 % p. a. an.
Berechnen Sie für die SELMA AG die Gesamtbelastung in € aus dem Darlehen für das erste Laufzeitjahr.

3 Berechnen Sie die Zinsen in € für das 2. Laufzeitjahr.

Zur Beurteilung der Kreditwürdigkeit der SELMA AG hat Björn Homann Ihnen die aufbereitete Bilanz und die aufbereitete Gewinn- und Verlustrechnung des letzten Geschäftsjahres eingereicht.

Aktiva **Aufbereitete Bilanz der SELMA AG zum 31. Dez. 20..** (in T€) Passiva

Anlagevermögen		**Eigenkapital**		
Immaterielle Vermögensgegenstände	8,5	Gezeichnetes Kapital		88,0
Sachanlagen	829,0	Kapitalrücklagen		274,0
Finanzanlagen	75,0	Gewinnrücklagen		449,5
Umlaufvermögen		Bilanzgewinn[1]		72,5
Vorräte	258,5	**Rückstellungen**		
Forderungen a. Lief. u. Leist.	84,5	(kurzfristig)		14,0
Kassenbestand, Guthaben bei Kreditinstituten	87,0	**Verbindlichkeiten**		
		Verbindl. gegenüber Kreditinstituten		412,0
		– langfristige Darlehen	395,0	
		– Kontokorrentkredite	17,0	
		Verbindlichkeiten a. Lief. u. Leist.		32,5
Summe der Aktiva	1 342,5	**Summe der Passiva**		1 342,5

Aufbereitete Gewinn- und Verlustrechnung der SELMA AG zum 31. Dezember 20..

	Umsatzerlöse	638,1 T€
–	Bestandsminderungen an fertigen und unfertigen Erzeugnissen	40,2 T€
+	Andere aktivierte Eigenleistungen	6,5 T€
+	Sonstige betriebliche Erträge	15,6 T€
–	Materialaufwand	298,0 T€
–	Personalaufwand	139,5 T€
–	Planmäßige Abschreibungen auf Sachanlagen	21,5 T€
–	Sonstige betriebliche Aufwendungen	35,0 T€
=	**Betriebsergebnis**	**126,0 T€**

Die Zinsaufwendungen betrugen 24,0 T€.

1 Der Bilanzgewinn wird ausgeschüttet. Er ist als kurzfristiges Fremdkapital anzusehen.

AUFGABEN:

4 Ermitteln Sie den Anlagendeckungsgrad II und die Gesamtkapitalrentabilität des Unternehmens. Runden Sie die Ergebnisse auf eine volle Stelle nach dem Komma auf.

5 Beurteilen Sie die in Aufgabe 4 ermittelten Werte im Hinblick auf die Kreditentscheidung.

6 Berechnen Sie die Eigenkapitalquote und erläutern Sie die Auswirkung der beabsichtigten Finanzierung auf die Eigenkapitalquote.

Um gegebenenfalls eine Besicherung der anstehenden Finanzierung durch eine Globalzession von Forderungen aus Lieferungen und Leistungen vornehmen zu können, beurteilen Sie die Werthaltigkeit der abzutretenden Forderungen. Hierbei ist auch das Zahlungsverhalten der Kunden von Bedeutung.

AUFGABEN:

7 Ermitteln Sie das Debitorenziel der SELMA AG.

8 Der Branchendurchschnitt für das Debitorenziel vergleichbarer Unternehmen liegt bei 45 Tagen. Beurteilen Sie das von Ihnen ermittelte Debitorenziel der SELMA AG.

9 Nennen Sie Möglichkeiten, diese Kennzahl zu verringern.

Sie überprüfen weiterhin die Kapitaldienstfähigkeit der SELMA AG. Folgende Informationen liegen Ihnen vor:

Bei dem in der Bilanz vom 31. 12. 20.. ausgewiesenen Darlehen von 395 000,00 € handelt es sich um einen Restbetrag eines von Ihrer Bank gewährten Abzahlungs-/Tilgungsdarlehens mit einer jährlichen Tilgungsleistung von 49 375,00 €. Der jährliche Kapitaldienst für das neue Darlehen beträgt (im ersten Jahr) 9 412,00 €.

AUFGABEN:

10 Ermitteln Sie aus den Ihnen vorliegenden Zahlen den Cashflow der SELMA AG.

11 Entscheiden Sie, ob die Kapitaldienstfähigkeit der SELMA AG für die zukünftige Gesamtbelastung gegeben ist und begründen Sie Ihre Entscheidung unter Angabe des Rechenweges.

Aufgrund Ihrer Prüfungen kommt die Kundenbank AG zu dem Ergebnis, dass das beantragte Darlehen gewährt werden kann. Zur Besicherung sollen Forderungen aus Lieferungen und Leistungen im Rahmen einer stillen Globalzession an die Kundenbank AG abgetreten und die neuen Maschinen sicherungsübereignet werden.

Der Entwurf des Kreditsicherungsvertrags sieht u. a. Folgendes vor:

(1) Zur Sicherung aller bestehenden und künftigen Ansprüche, die dem Kreditinstitut gegen den Sicherungsgeber aus der Geschäftsverbindung zustehen, tritt der Sicherungsgeber an das Kreditinstitut hiermit seine sämtlichen bestehenden und künftigen Forderungen aus Lieferungen und Leistungen gegen alle Schuldner des Sicherungsgebers mit den Anfangsbuchstaben A bis einschließlich M ab.

(2) Der Sicherungsgeber hat der Bank jeweils zum 1. eines jeden Monats eine Aufstellung („Debitorenliste“) einzureichen.

(3) Zur Festlegung einer Deckungsgrenze wird nicht auf den Nominalwert, sondern auf den Sicherungswert der abgetretenen Forderungen abgestellt; der jeweilige Sicherungswert wird von der Bank nach banküblichen Bewertungsgrundsätzen ermittelt. Der Sicherungswert aller abgetretenen Forderungen soll 120 % der zu sichernden Ansprüche der Bank erreichen.

(4) Die Bank ist berechtigt, die Abtretung dem Drittschuldner anzuzeigen.

Aufgaben:

12 a) Erläutern Sie Herrn Homann, warum Ihre Bank eine Einschränkung der abzutretenden Forderungen vornimmt.

b) Begründen Sie, warum die Bank sich vom Sicherungsgeber jeden Monat eine Debitorenliste einreichen lässt.

c) Zu welchem Zeitpunkt wird die Sicherungsabtretung der bestehenden Forderungen einerseits und der künftigen Forderungen andererseits rechtswirksam?

d) Die Bank bewertet die Forderungen des Sicherungsgebers mit 80 %. Welcher Nominalwert an Forderungen sollte von der Zession erfasst werden?

e) Begründen Sie die Nr. 4 der Vertragsbedingungen.

f) Erläutern Sie, welche Vorkehrung die Bank bereits bei Abschluss des Zessionsvertrages treffen sollte, damit sie bei einer eventuellen Zahlungsunfähigkeit der SELMA AG ihr Sicherungsrecht gegenüber den Drittschuldnern offenlegen kann.

g) Die Abtretung von Forderungen ist für die Kundenbank AG mit Risiken verbunden. Nennen Sie drei Risiken.

13 a) Bei der Sicherungsübereignung der Maschinen setzt die Kundenbank AG den Beleihungswert auf 60% des Kaufpreises fest.

Herr Homann möchte wissen, warum die Bank bei den neuwertigen Maschinen einen so hohen Sicherheitsabschlag vornimmt.

b) Nennen Sie die zu einer wirksamen Sicherungsübereignung erforderlichen Rechtshandlungen zwischen dem Sicherungsgeber und dem Sicherungsnehmer.

c) Nennen Sie drei Risiken, die Kreditinstitute als Sicherungsnehmer bei der Sicherungsübereignung eingehen und erläutern Sie jeweils eine Sicherungsmaßnahme der Bank.

d) Welcher der beiden Vertragspartner hat die zur Sicherung übereigneten Maschinen zu bilanzieren?

Begründen Sie Ihre Entscheidung.

e) Welches Recht hat der Sicherungsnehmer bei einer Insolvenz des Sicherungsgebers?

Verzeichnis der Abkürzungen

AktG	Aktiengesetz
AltZertG	Altersvorsorgeverträge-Zertifizierungsgesetz
AnlEntG	Anlegerentschädigungsgesetz
AnlV	Anlageverordnung
AO	Abgabenordnung
AVmG	Altersvermögensgesetz
AWG	Außenwirtschaftsgesetz
AWV	Außenwirtschaftsverordnung
BauSparkG	Gesetz über Bausparkassen
BBankG	Bundesbankgesetz
BBiG	Berufsbildungsgesetz
BDSG	Bundesdatenschutzgesetz
BetrVG	Betriebsverfassungsgesetz
BGB	Bürgerliches Gesetzbuch
BörsG	Börsengesetz
BörsZulV	Börsenzulassungsverordnung
CRR	Capital Requirements Regulation (EU-Verordnung zu Basel III)
DepotG	Depotgesetz
DSGVO	Datenschutz-Grundverordnung
EGBGB	Einführungsgesetz Bürgerliches Gesetzbuch
EinSiG	Einlagensicherungsgesetz
eIDAS	Verordnung über elektronische Identifizierung und Vertrauensdienste für elektronische Transaktionen im Binnenmarkt
eIDKG	Gesetz über eine Karte für Unionsbürger und Angehörige des Europäischen Wirtschaftsraums mit Funktion zum elektronischen Identitätsnachweis
ErbStDV	Erbschaftsteuer-Durchführungsverordnung
ErbStG	Erbschaftsteuer- und Schenkungsteuergesetz
EStG	Einkommensteuergesetz
EU-ErbVO	EU-Erbrechtsverordnung
eWpG	Gesetz zur Einführung von elektronischen Wertpapieren
FinDAG	Finanzdienstleistungsaufsichts-Gesetz
FinVermV	Finanzanlagenvermittlungsverordnung
GBO	Grundbuchordnung
GenG	Genossenschaftsgesetz
GmbHG	GmbH-Gesetz
GrEStG	Grunderwerbsteuergesetz
GTVO	EU-Geldtransferverordnung
GWB	Gesetz gegen Wettbewerbsbeschränkungen
HGB	Handelsgesetzbuch

InsO	Insolvenzordnung
KAGB	Kapitalanlagegesetzbuch
KStG	Körperschaftsteuergesetz
KVStG	Kapitalverkehrsteuergesetz
KWG	Kreditwesengesetz
LPartG	Gesetz über die Eingetragene Lebenspartnerschaft (Lebenspartnerschaftsgesetz)
MaRisk	Mindestanforderungen an das Risikomanagement
MiFID	EU-Direktive zum Wertpapierhandel/Europäische Finanzmarktrichtlinie (Markets in Financial Instruments Directive)
MiFIR	Europäische Finanzmarktverordnung (Markets in Financial Instruments Regulation)
MMVO/MAR	Marktmissbrauchsverordnung (Market Abuse Regulation)
MünzG	Münzgesetz
PAngV	Preisangabenverordnung
PartGG	Partnerschaftsgesellschaftsgesetz
PfandBG	Pfandbriefgesetz
PRIIPs-VO	Verpackte Anlageprodukte für Kleinanleger und Versicherungsanlageprodukte, die einem Anlagerisiko unterliegen (Packaged Retail and Insurance – based Investment Products)
RechKredV	Verordnung über die Rechnungslegung der Kreditinstitute
REITG	Gesetz über deutsche Immobilien – Aktiengesellschaften mit börsennotierten Anteilen
RiG	Risikoreduzierungsgesetz
SCAG	Europäische Genossenschaft
SEAG	Societas Europaea
StPO	Strafprozessordnung
StWG	Stabilitäts- und Wachstumsgesetz
UStG	Umsatzsteuergesetz
UWG	Gesetz gegen den unlauteren Wettbewerb
VAG	Versicherungsaufsichtsgesetz
VDG	Vertrauensdienstegesetz
VermAnlG	Vermögensanlagengesetz
VermBG	Vermögensbildungsgesetz
VVG	Versicherungsvertragsgesetz
WpHG	Wertpapierhandelsgesetz
ZAG	Zahlungsdiensteaufsichtsgesetz
ZKG	Zahlungskontengesetz
ZIdPrüfV	Zahlungskonto-Identitätsprüfungsverordnung
ZPO	Zivilprozessordnung

Stichwortverzeichnis

A

B